Java Standard Libraries

Professionelle Programmierung

Markus Gumbel, Marcus Vetter, Carlos Cárdenas

Java Standard Libraries

Java 2 Collections Framework und Generic Collection Library for Java

ADDISON-WESLEY

An imprint of Pearson Education

München • Boston • San Francisco • Harlow, England
Don Mills, Ontario • Sydney • Mexico City
Madrid • Amsterdam

Die Deutsche Bibliothek – CIP-Einheitsaufnahme

Ein Titeldatensatz für diese Publikation ist bei
der Deutschen Bibliothek erhältlich.

Die Informationen in diesem Produkt werden ohne Rücksicht auf einen
eventuellen Patentschutz veröffentlicht.
Warennamen werden ohne Gewährleistung der freien Verwendbarkeit benutzt.
Bei der Zusammenstellung von Abbildungen und Texten wurde mit größter
Sorgfalt vorgegangen.
Trotzdem können Fehler nicht vollständig ausgeschlossen werden.
Verlag, Herausgeber und Autoren können für fehlerhafte Angaben
und deren Folgen weder eine juristische Verantwortung noch
irgendeine Haftung übernehmen.
Für Verbesserungsvorschläge und Hinweise auf Fehler sind Verlag und
Herausgeber dankbar.

Alle Rechte vorbehalten, auch die der fotomechanischen Wiedergabe und der
Speicherung in elektronischen Medien.
Die gewerbliche Nutzung der in diesem Produkt gezeigten Modelle und Arbeiten
ist nicht zulässig.

Fast alle Hardware- und Softwarebezeichnungen, die in diesem Buch erwähnt werden,
sind gleichzeitig eingetragene Warenzeichen oder sollten als solche betrachtet werden.

Umwelthinweis:
Dieses Produkt wurde auf chlorfrei gebleichtem Papier gedruckt.
Die Einschrumpffolie – zum Schutz vor Verschmutzung – ist aus umweltverträglichem
und recyclingfähigem PE-Material.

10 9 8 7 6 5 4 3 2 1

03 02 01 00

ISBN 3-8273-1635-9

© 2000 by Addison-Wesley Verlag,
ein Imprint der Pearson Education Deutschland GmbH
Martin-Kollar-Straße 10–12, D-81829 München/Germany
Alle Rechte vorbehalten
Einbandgestaltung: vierviertel Gestaltung, Köln
Lektorat: Susanne Spitzer, sspitzer@pearson.de
Korrektorat: Simone Burst
Herstellung: TYPisch Müller, San Ginesio, Italien
Satz: reemers publishing services gmbh, Krefeld
Druck und Verarbeitung: Schoder Druck, Gersthofen
Printed in Germany

I Inhalt

	Vorwort	**xi**
I	**Einführung**	**I**
1.1	Worum geht es?	1
1.2	Motivation – Die Standardbibliotheken in Beispielen	2
1.2.1	Die Datenstruktur Menge	2
1.2.2	Sortieren eines Arrays von Integerzahlen	5
1.2.3	Das buchbegleitende Beispiel	8
1.2.4	Ein umfangreicheres Beispiel aus der Praxis	13
1.3	Voraussetzungen der Sprache Java	31
1.3.1	Die Klasse Object und ihre Methoden	32
1.3.2	Interfaces	46
1.3.3	Universelle Algorithmen mit Comparatoren	50
2	**Datenstrukturen und ihre Container**	**57**
2.1	Standardbibliotheken	57
2.1.1	Container – Behälter für Objekte	57
2.1.2	Laufzeitverhalten und Speicheranforderungen	59
2.2	Sequenzen	65
2.2.1	Abstrakter Datentyp für Sequenzen	65
2.2.2	Abstrakter Datentyp für Deques	72
2.3	Mengen und Dictionary	76
2.3.1	Abstrakter Datentyp für Mengen	77
2.3.2	Abstrakter Datentyp für Dictionaries (Maps)	78
2.3.3	Zugriff durch Hashing	79
2.3.4	Zugriff durch Suchbäume	82
2.4	Queues	93
2.4.1	Abstrakter Datentyp für Warteschlangen	93
2.4.2	Abstrakter Datentyp für Warteschlangen mit Prioritäten	94
2.4.3	Abstrakter Datentyp für Stacks	98
2.5	Iteratoren	99
2.5.1	Einsatzgebiete des Iterators	99
2.5.2	Unterschiedliche Realisierungen von Iteratoren	101
2.5.3	Ungültigkeit von Iteratoren	103

2.6	Sortieralgorithmen für Container	104
2.6.1	Mergesort	104
2.6.2	Quicksort	106

3 Einführung in das Collections Framework und JGL — 109

3.1	Übersicht	109
3.1.1	Das Collections Framework	109
3.1.2	Die Generic Collection Library for Java – JGL	110
3.2	Die Interfaces des Collections Frameworks	112
3.2.1	Das Interface Collection	114
3.2.2	Das Interface Set	121
3.2.3	Das Interface SortedSet	125
3.2.4	Das Interface List	131
3.2.5	Das Interface Map	141
3.2.6	Das Interface SortedMap	153
3.3	Die JGL-Interfaces	155
3.3.1	Das Interface Container	157
3.3.2	Das Interface Set	161
3.3.3	Die abstrakte Klasse Map	163
3.3.4	Das Interface Sequence	168
3.4	Iteratoren	171
3.4.1	Iteratoren des Collections Frameworks	171
3.4.2	Die Interface-Hierarchie der JGL-Iteratoren	179
3.4.3	Bereiche unter JGL – die Iteratorsicht	185
3.5	Die Containerklassen	187
3.5.1	Containerklassen des Collections Frameworks	187
3.5.2	JGL-Containerklassen	192
3.5.3	JGLs Containerklassen und ihre Iteratoren	195
3.5.4	Spezielle Design-Aspekte der Generic Collection Library for Java	197

4 Die Algorithmen des Collections Frameworks und JGL im Überblick — 209

4.1	Funktionale Objekte	209
4.1.1	Vorteile generischer Programmierung	209
4.1.2	Comparatoren im Collections Framework	210
4.1.3	Prädikate in JGL	218
4.1.4	Funktoren in JGL	228
4.2	Algorithmen des Collections Frameworks	231
4.3	JGL-Algorithmen	233
4.3.1	Die Algorithmen im Schnelldurchlauf	233
4.3.2	Varianten der Algorithmen	240

5 Die Containerklassen der Standardbibliotheken — 245

5.1	Tabellarische Übersicht der Interfaces	245
5.1.1	Collections Framework	245
5.1.2	JGL	250

5.2	Arrays	253
5.2.1	ArrayList	255
5.2.2	Array	257
5.2.3	Vector	262
5.2.4	Native Arrays	265
5.3	Deque	269
5.4	Verkettete Listen	272
5.4.1	LinkedList (Collections Framework)	275
5.4.2	SList und DList	279
5.5	Stacks	285
5.5.1	Stack (Collections Framework)	287
5.5.2	Stack (JGL)	290
5.6	Warteschlangen	294
5.6.1	Queue	295
5.6.2	PriorityQueue	297
5.7	Mengen durch Hashing	300
5.7.1	HashSet (Collections Framework)	303
5.7.2	HashSet (JGL)	306
5.8	Mengen mit Suchbäumen	309
5.8.1	TreeSet	311
5.8.2	OrderedSet	313
5.9	Maps mit Hashing	315
5.9.1	HashMap (Collections Framework)	317
5.9.2	Hashtable	322
5.9.3	HashMap (JGL)	325
5.9.4	WeakHashMap	327
5.10	Maps mit Suchbäumen	330
5.10.1	TreeMap	332
5.10.2	OrderedMap	335
5.11	Weitere Methoden des Collections Frameworks	338
5.11.1	Read-Only-Zugriff	338
5.11.2	Singleton und Empty Container	341
5.11.3	Die Enumeration im Collections Framework	343
5.12	Eigene Erweiterungen	343
5.12.1	Read-Only-Sichten unter JGL	344
5.12.2	Eigene Containerklassen im Collections Framework	348
5.12.3	Eine Prioritätenwarteschlange im Collections Framework	352
6	**Algorithmen für Containerklassen**	**365**
6.1	Vordefinierte funktionale Objekte von JGL	365
6.1.1	Der Aufbau von funktionalen Objekten	365
6.1.2	Gebrauchsfertige Prädikate und Funktoren	367
6.1.3	ComparableComparator für JGL	370
6.2	Sortieren und Umordnen von Objekten	371
6.2.1	Sortieren im Collections Framework	371
6.2.2	Sortieren mit JGL	375
6.2.3	Ändern der logischen Reihenfolge von Elementen in JGL	377
6.2.4	Sonstige Methoden, die die Reihenfolge ändern	381

6.3	Auswerten von Containern	387
6.3.1	Suchen von Objekten	387
6.3.2	Das größte und das kleinste Element	390
6.3.3	Unterschiede zwischen Elementen	392
6.3.4	Filtern von Elementen	395
6.3.5	Rechnen in Containern	397
6.3.6	Mengenoperationen für Sequenzen in JGL	400
6.4	Verändern von Containern mit JGL	402
6.4.1	Ersetzen von Elementen in JGL	402
6.4.2	Füllen und Kopieren von Listen im Collections Framework	406
6.4.3	Löschen von Elementen mit Algorithmen in JGL	408
6.4.4	Austauschen aller Elemente zweier Container in JGL	409
6.5	Eigene Erweiterungen	409
6.5.1	Unäre Prädikate mit dem Collections Framework	410
6.5.2	Filtern von Elementen als Iteratorsicht unter JGL	416

7	**Spezielle Aspekte Javas**	**423**
7.1	Objektserialisierung	423
7.2	Nebenläufigkeit	425
7.2.1	Probleme durch parallelen Zugriff auf Container	426
7.2.2	Threadsicherheit im Collections Framework und JGL	431
7.2.3	Synchronisation von Transaktionen	433

8	**Vergleich der beiden Frameworks**	**437**
8.1	Performance	437
8.1.1	Aufbau der Tests	437
8.1.2	Verschiedene Operationen	440
8.1.3	Algorithmen: Sortieren und minimales Element	448
8.1.4	Synchronisierte Klassen	452
8.2	Vergleich der Konzepte	454
8.2.1	Design-Unterschiede	454
8.2.2	Fehleranfälligkeit	457
8.2.3	Algorithmen	458
8.3	Kochrezepte – welche Lösung bietet sich an?	460
8.3.1	Welcher Containertyp ist der richtige?	460
8.3.2	Systematische Vorgehensweise	462
8.3.3	Fragenkatalog	464

9	**Vergleich der Java-Standardbibliotheken mit der STL für C++**	**467**
9.1	Allgemeine Unterschiede	467
9.1.1	Template oder Object	467
9.1.2	Überladene Operatoren	474
9.1.3	Aufbau des Frameworks	476
9.1.4	Weitere Unterschiede	478
9.2	Vergleich der Containerklassen und Iteratoren	479
9.2.1	Sequenzielle Container	479
9.2.2	Assoziative Container	485

9.2.3	Adapter-Container	491
9.2.4	Vergleich der Iteratoren	493
9.3	Algorithmen	496
9.3.1	Vergleich der Algorithmen	496
9.3.2	Funktionale Objekte	496
A	**Anhang: Die UML-Notation**	**499**
A.1	Grundzüge der Unified Modelling Language	499
A.2	Use Case View	499
A.3	Logical View	500
A.3.1	Klassendiagramm	500
A.3.2	Objektdiagramm	505
A.3.3	Sequenzdiagramm	506
A.4	Die Component View und die Deployment View	507
B	**Literaturverzeichnis**	**509**
	Index	**513**

Vorwort

Die Softwarepakete Collections Framework und Generic Collection Library for Java, besser bekannt als JGL (sprich: Dschaggel), umfassen grundlegende Datenstrukturen wie etwa verkettete Listen und gängige Algorithmen wie das Sortieren von Elementen. Die Datenstrukturen mitsamt ihren Algorithmen sind in Objekte, die so genannten Containerklassen, eingebettet. Dieses Buch richtet sich an alle Programmierer, die diese Containerklassen nutzen und so die Länge des Sourcecodes sowie die Entwicklungszeit drastisch kürzen möchten. Anfänger ohne tiefer gehende Kenntnisse der Datenstrukturen und Algorithmen erhalten hier die Möglichkeit, die Containerklassen zu nutzen, ohne sich um die internen Details – also die Implementierung der Algorithmen – zu kümmern. Studenten zeigt dieses Buch, wie Datenstrukturen und Algorithmen aus objektorientierter Sicht realisiert und erweitert werden. Professionelle Softwareentwickler erhalten ein umfangreiches Nachschlagewerk, das die beiden *quasi*-Standardbibliotheken, die zur Zeit für Java verfügbar sind, integriert behandelt.

Dieses Buch ist aber kein Nachschlagewerk für das Application Programmer's Interface (API), sondern es soll die Konzepte und Prinzipien der Standardbibliotheken vermitteln. Wir haben bewusst auf eine ausführliche Aufzählung aller Klassen, Interfaces und Methoden der beiden Frameworks verzichtet, da diese Auflistung ohnehin in den *javadoc*-generierten HTML-Seiten viel besser zu handhaben ist. Aus diesem Grund sollten Sie die Dokumentation griffbereit haben, wenn Sie mit diesem Buch arbeiten, um die Namen von Methoden oder die Parameterliste nachschauen zu können.

Inhaltsübersicht

Das Buch ist wie folgt gegliedert:

- Kapitel 1 – Einführung

    Dieses Kapitel zeigt anhand von Beispielen, wie sich die Standardbibliotheken für Java nutzen lassen. Zuerst werden zwei einfache Beispiele gezeigt, auf die das buchbegleitende und ein weiteres, umfangreiches Beispiel folgen. Der zweite Teil des Kapitels vermittelt die Grundlagen der Sprache Java, die nötig sind, um die Konzepte der Standardbibliotheken zu verstehen. Er stellt aber keine allgemeine Einführung in die objektorientierte Programmierung oder die Sprache Java im Speziellen dar.

▶ Kapitel 2 – Datenstrukturen und Container

Das zweite Kapitel zeigt den Zusammenhang zwischen Anforderungen, die an einen Container in Form eines abstrakten Datentyps gestellt werden, und der Realisierung mit einer dafür geeigneten Datenstruktur. Der Begriff Iterator wird eingeführt und im Anschluss gehen wir auf das Sortieren von Elementen ein. Dieses Kapitel kann beim ersten Lesen übersprungen werden, falls nur die Anwendung der Standardbibliotheken von Interesse ist.

▶ Kapitel 3 – Einführung in das Collections Framework und JGL

In diesem Kapitel werden die beiden Bibliotheken Collections Framework und JGL vorgestellt. Die Beschreibung der Frameworks legt einen Schwerpunkt auf deren Interfaces, da sich an ihnen die Funktionalität der Container *klassenunabhängig* erklären lässt. Zusätzlich zu den Interfaces und Containerklassen werden die Iteratoren eingeführt.

▶ Kapitel 4 – Die Algorithmen des Collections Framework und JGL im Überblick

Neben den Interfaces und Containerklassen spielen die algorithmischen Möglichkeiten der Standardbibliotheken eine entscheidende Rolle. Das Prinzip der funktionalen Objekte wird in diesem Kapitel beschrieben und eine Übersicht über alle Algorithmen gegeben.

▶ Kapitel 5 – Die Containerklassen der Standardbibliotheken

Dieses Kapitel baut vor allem auf Kapitel 3 auf und beschreibt die einzelnen Klassen der Standardbibliotheken aus der Sichtweise der Container und nicht der Interfaces. Hier finden Sie alle Informationen über die Funktionsweise und Einsatzgebiete eines Containers. Eigene Erweiterungen geben Einblick in das Design der Java-Klassen und zeigen, wie die Funktionalität der Bibliotheken ergänzt wird.

▶ Kapitel 6 – Algorithmen für Containerklassen

So wie Kapitel 5 auf Kapitel 3 aufbaut, ist für dieses Kapitel vor allem Kapitel 4 Voraussetzung. Die Algorithmen der Standardbibliotheken werden nach ihren Aufgaben aufgelistet und besprochen.

▶ Kapitel 7 – Spezielle Aspekte Javas

Da Java eine sehr mächtige Sprache ist, die viele Konzepte bereits im JDK integriert, möchten wir in diesem Kapitel auf spezielle Aspekte im Zusammenhang mit Containerklassen eingehen. Wir zeigen, wie Container serialisiert und dauerhaft gespeichert bzw. wieder eingelesen werden können und was zu beachten ist, wenn die Container von mehreren Threads gleichzeitig benutzt werden.

▶ Kapitel 8 – Vergleich der beiden Frameworks

Als Java-Entwickler steht man vor der Frage, welches der beiden Frameworks sich am besten eignet – dieses Kapitel soll Ihnen helfen, sich zu entscheiden. Zu Beginn werden die Ergebnisse aus Performancetests besprochen, die zeigen, wie schnell sich bestimmte Operationen auf die Container anwenden lassen. Danach diskutieren wir die Besonderheiten der Frameworks, wie beispielsweise das Design der Interfaces oder die algorithmischen Fähigkeiten. Als Abschluss zeigen wir praktische Lösungsansätze, wie die Standardbibliotheken effizient genutzt werden können.

▶ Kapitel 9 – Vergleich der Standardbibliotheken mit der STL für C++

Eine bekannte Standardbibliothek unter C++ ist die STL (Standard Template Library). Für Softwareentwickler, die sich in C++ und der STL auskennen und in Java programmieren, bietet dieses Kapitel einen Quereinstieg, indem es in kurzer Form die wichtigsten Unterschiede zwischen den Standardbibliotheken in Java und der STL skizziert.

▶ Anhang – Die UML-Notation

Da in dem Buch einige UML-Diagramme verwendet werden, gibt dieser Anhang eine kurze Einführung in die Unified Modelling Language. Leser, die bisher nicht mit der UML gearbeitet haben, finden hier alles Nötige, um die Abbildungen zu verstehen.

In diesem Buch sind sehr viele Beispiele enthalten, die Ihnen den Inhalt anschaulich vermitteln. Um die Länge der gezeigten Listings nicht zu lang zu gestalten, haben wir uns entschieden, nur Teile des Sourcecodes zu zeigen, obwohl die in diesem Buch gezeigten Listings Auszüge aus kompletten, lauffähigen Programmen sind. Die vollständigen Programme finden Sie auf der beiliegenden CD. In Java ist es üblich, nicht den gesamten Packagenamen vor eine Klasse zu schreiben, sondern die entsprechende import-Anweisung zu nutzen. Da sich die import-Anweisungen fast ausschließlich auf die Packages der Standardbibliotheken beziehen, also *java.util* bzw. *com.objectspace.jgl*, wird die import-Anweisung fast nie in einem Listing angegeben. Obwohl es bei einigen Containerklassen zu Verwechslungen zwischen den beiden Frameworks kommen kann, da es z.B. in beiden Fällen die Klasse *HashSet* gibt, sollte aus dem Kontext klar sein, um welche Klasse es sich handelt.

Die beiliegende CD

Auf der CD befinden sich alle Beispielprogramme, die im Buch in Form eines Listings gezeigt sind. Gemäß der Java-Konventionen sind die Klassen in Packages unterteilt, die alle mit dem Header *com.addisonwesley.jsl* beginnen. Danach folgt das Kapitel, in dem die Klasse verwendet wird, also z.B. *com.addisonwesley.jsl.kap1*. Klassen der so genannten Miniwelt befinden sich im Package *com.addisonwesley.jsl.miniworld*. Die meisten Klassen bestehen aus statischen Methoden, die kurze Beispiele enthalten, andere Klassen wiederum lassen sich auch instanziieren. Aus dem Klassennamen sollte ersichtlich sein, um welches Beispiel es sich handelt, sofern der Name nicht ohnehin im Text angegeben wird. Die Listingnummern befinden sich in Kommentaren der Klasse: Referenziert eine Klasse nur ein oder wenige Listings, steht die Listingnummer im Kopf der Klasse, andernfalls befinden sich die Nummern an jeder Methode. Die zugehörigen Listings lassen sich beispielsweise mit einem Webbrowser suchen, da die von javadoc generierten HTML-Seiten ebenfalls auf der CD enthalten sind. Weitere Informationen zum Gebrauch der CD befinden sich als HTML-Datei auf der CD (Datei *index.html*).

Außerdem wird die JGL-Version 3.1.0, die zum Ausführen der Beispielprogramme installiert sein muss, auf der CD mitgeliefert. Die Klassen des Collections Framework befinden sich im JDK selbst, so dass hierfür keine weiteren Installationen nötig sind.

Schreibweisen

Listings sind in der Schriftart `courier` gesetzt, um deutlich zu machen, dass dieser Text einem lauffähigen Java-Programm entnommen ist. Genauso wird mit Sourcecode-Fragmenten verfahren, die im Fließtext des Buches erwähnt werden und Bezug auf ein Listing nehmen. Beispiele sind Variablennamen, wie `a = new LinkedList()` oder Methoden, wie z. B. `Sorting.sort()`.

Namen von Klassen, die ganz allgemein erwähnt werden und keinen unmittelbaren Bezug zu einem Listing haben, sind *kursiv* geschrieben. Ein Beispiel hierfür ist ein Verweis auf die Klasse *JList* des Swing-Packages. Sprechen wir aber von der Instanziierung der *JList*-Klasse in Listing 1.1, so schreiben wir wieder `JList`. Methodennamen hingegen sind immer in `courier` formatiert.

In Tabellen, die Methoden auflisten, wurde die UML-Notation gewählt. Eine Methode `boolean foo(Object a)` in Java lautet in dieser Schreibweise `foo(a: Object): boolean`.

Danksagung

Zuerst möchten wir ganz herzlich unseren Kolleginnen und Kollegen der Abteilung Medizinische und Biologische Informatik des Deutschen Krebsforschungszentrums in Heidelberg unter der Leitung von Prof. Dr. Hans-Peter Meinzer danken. Ohne deren Unterstützung – vor allem durch die teilweise Freistellung von anderen Projekten – wäre dieses Buch nicht in solch kurzer Zeit entstanden. Großer Dank gilt weiterhin allen, die das Buch während seiner Entstehung immer wieder gelesen und somit geholfen haben, Fehler auszumerzen. Dies sind: Ivo Wolf, Christoph Giess, Thomas Köhler, Susanne Wassmuth, Nina Belovska, Dr. Antje Schroeder, Olaf Bublitz, Dr. Oliver Karch, Peter Hassenpflug und Michael Ebel. Susanne Spitzer als Lektorin und dem Verlag Addison-Wesley danken wir für die angenehme und unkomplizierte Zusammenarbeit. Und zum guten Schluss richten wir unseren Dank an unsere Familien und Freunde, insbesondere Susanne Wassmuth, Nina Belovska und Nohazarahit Garcia, die während des Projekts viel Verständnis aufgebracht haben.

Anregungen und Kritik

Ein Buch mit mehr als 500 Seiten lässt sich nur schwer als Ganzes überschauen, so dass sich Fehler kaum vermeiden lassen. Wir hoffen, dass wir die gröbsten Schnitzer bereits entfernt haben, die restlichen bitten wir zu entschuldigen. Um Fehler – ob inhaltlicher oder formaler Art – korrigieren zu können, möchten wir Sie, liebe Leser, ermuntern, uns falsche oder unverständliche Stellen zu melden. Für Anregungen, Verbesserungsvorschläge und Kritik sind wir sehr dankbar.

Die email-Adressen lauten:

- M.Gumbel@dkfz-Heidelberg.de
- M.Vetter@dkfz-Heidelberg.de
- C.Cardenas@dkfz-Heidelberg.de

Die Standardbibliotheken werden uns auch in Zukunft beschäftigen, so dass Sie Neuigkeiten und etwaige Korrekturen unter folgender Webadresse finden:

- http://mbi.dkfz-Heidelberg.de/mbi/jsl

1 Einführung

In diesem Kapitel möchten wir Sie anhand von einfachen Beispielen motivieren, die Klassen der Java Standard Libraries zu verwenden, um die Länge Ihres Sourcecodes und die Entwicklungszeit drastisch zu verkürzen. Im Anschluss erörtern wir die Besonderheiten und Grundlagen Javas, die für die Nutzung der Bibliotheken Voraussetzung sind.

Mit zwei kurzen, aussagekräftigen Beispielen und einem ausführlichen Beispiel möchten wir Ihnen zunächst die Möglichkeiten der Standardbibliotheken vor Augen führen. Im Rahmen dieser Einführung werden wir auch das buchbegleitende Beispiel vorstellen: die Modellierung von Prozessen rund um den Eisenbahnverkehr, wie z.B. die Abfrage von Fahrplänen. Diese Vorgänge sind Ihnen als Leser vertraut und sollten somit einfach zu verstehen sein.

1.1 Worum geht es?

Dieses Buch behandelt die beiden Softwarepakete *Collections Framework* und *Generic Collection Library for Java*, besser bekannt als *JGL*. Die Abkürzung JGL steht für die ältere Bezeichnung *Java Generic Library*. Beide Bibliotheken, die frei verfügbar sind, bieten eine Vielzahl von grundlegenden Datenstrukturen wie beispielsweise verkettete Listen oder erweiterbare Arrays und viele Algorithmen. Die Datenstrukturen und ihre zugehörigen Algorithmen sind in Objekte eingebettet, die als Containerklassen bezeichnet werden. Damit stehen Ihnen eine Vielzahl von Klassen zur Verfügung, die Ihnen das Selbstschreiben von komplexeren Datenstrukturen und Algorithmen ersparen.

Historisch betrachtet war JGL vor dem Collections Framework verfügbar. Die erste Version, JGL 1.0, wurde im Juni 1996 veröffentlicht. Zu dieser Zeit war das *Java Developer Kit (JDK)* 1.0 aktuell. Seit 1998 ist die Version 3.1.0 im Einsatz, an der bisher keine Änderungen mehr vorgenommen wurden, da keine gravierenden Bugs aufgetreten sind [JGL Webadresse, JGL User Guide V. 3.1]. Sun hat es verpasst, ein umfangreiches Framework für Containerklassen in ihr JDK aufzunehmen. Lediglich die Klassen *Hashtable*, *Vector* und *Stack* sind bereits seit JDK 1.0 im Package *java.util* enthalten. Algorithmen jedoch – wie z.B. das Sortieren der Elemente in einem *Vector* – wurden nicht unterstützt. Aus diesem Grund hat sich schnell eine große Benutzergemeinde um JGL gebildet, denn kein professioneller Softwareentwickler wollte unter Java das Rad ständig von Neuem erfinden. Bereits die Version JGL 2.0 wurde und wird von mehr als 100.000 Entwickler genutzt [JGL Webadresse].

JGL ist wiederum eine Adaption der *Standard Template Library* (STL). Die STL ist eine Sammlung von Containerklassen und Algorithmen für die Sprache C++ [Josuttis 1996, Breymann 1998, Willms 2000]. Im Gegensatz zu den Standardbibliotheken von Java lassen sich aber C++-Programme, die die STL verwenden, nicht so leicht portieren, da es zu einigen Kompatibilitätsproblemen zwischen verschiedenen STL-Implementierungen kommt. In Java sind die Standardbibliotheken sofort einsatzfähig, da der Bytecode garantiert portabel ist. Um JGL zu nutzen, müssen Sie nur das JAR-Archive in den Klassenpfad aufnehmen, und diese Datei (*jgl3.1.0.jar*) hat lediglich eine Länge von 941 KBytes! Die Klassen des Collections Frameworks hingegen sind bereits Bestandteil des Java Developer Kits, so dass Sie ihre Fähigkeiten in jeder Java-2-Umgebung sofort nutzen können.

JGL ist kompatibel zum JDK 1.1. Da viele Internetbrowser, wie z.B. Netscape, immer noch das JDK 1.1 als virtuelle Maschine verwenden, sind die Klassen des Collections Framework zur Zeit nicht ohne weiteres für Applets einsatzfähig.

Bevor wir auf die beiden Standardbibliotheken im Detail eingehen, möchten wir einige Beispiele vorstellen, damit Sie einen Eindruck gewinnen, wie die Containerklassen eingesetzt werden.

1.2 Motivation – Die Standardbibliotheken in Beispielen

Dieses Buch behandelt Standardbibliotheken. Das sind – vereinfacht gesagt – Klassen, die dem Softwareentwickler immer wieder benötigte Datenstrukturen und Algorithmen zur Verfügung stellen, so dass dieser keine solchen Datenstrukturen selbst zu implementieren braucht. In fast jeder Anwendung aus Praxis oder Forschung werden Datenstrukturen zum Verwalten von Objekten benötigt oder eine Liste von Elementen muss nach bestimmten Gesichtspunkten sortiert werden. Die folgenden drei Beispiele sollen sie dazu einladen, von diesen Möglichkeiten Gebrauch zu machen.

1.2.1 Die Datenstruktur *Menge*

Im folgenden ersten Beispiel (`FirstExample`) sollen Zahlen in einer Datenstruktur, die die Eigenschaften einer Menge im mathematischen Sinne hat, gespeichert werden. Das heißt, dass beliebig viele Zahlen in die Datenstruktur eingefügt werden können und dass beispielsweise abgefragt werden kann, ob eine Zahl in der Menge enthalten ist. Hierfür benutzen wir die seit Java 2 (ab Java Developer Kit 1.2) vorhandene Klasse *TreeSet*, die genau diese Eigenschaften bereits *gebrauchsfertig* zur Verfügung stellt. Eine

1.2 Motivation – Die Standardbibliotheken in Beispielen

Klasse, die speziell dafür gedacht ist, bestimmte Datenstrukturen und gegebenenfalls auch zugehörige Algorithmen nachzubilden, wird als *Containerklasse* bezeichnet. Neben den Containerklassen, die ab Java 2 standardmäßig mitgeliefert werden und als Collections Framework bezeichnet werden, gibt es ein weiteres Framework, das bereits vor Java 2 Containerklassen zur Verfügung gestellt hat: Gemeint ist die Generic Collection Library for Java, ehemals Java Generic Library, weshalb dieses Package als JGL abgekürzt wird. In dem ersten Beispiel möchten wir die Datenstruktur Menge nur in der Implementierung des Collections Framework zeigen. Ein Auszug aus der Klasse FirstExample zeigt die Instanziierung der Klasse TreeSet (siehe Listing 1.1):

```
public class FirstExample {
...
  public static void main( String[] args ) {
    // Lege eine Menge an.
    java.util.TreeSet set = new java.util.TreeSet();
...
  }
}
```
Listing 1.1: Instanziierung der Klasse TreeSet

Die Klasse TreeSet befindet sich in dem Package *java.util*, in dem noch viele weitere in diesem Buch besprochene Containerklassen untergebracht sind. Wenn Sie das Objekt set angelegt haben, ist es zunächst leer. Neue Zahlen, die als Integer-Objekt dargestellt werden, können nun mit der add()-Methode dem Objekt set hinzugefügt werden (siehe Listing 1.2):

```
Integer a = new Integer(1);     // Zahl 1
Integer b = new Integer(-1);    // Zahl -1
Integer c = new Integer(0);     // Zahl 0

set.add(a);     // Füge a in die Menge set ein.
set.add(b);     // Füge b in die Menge set ein.
set.add(c);     // Füge c in die Menge set ein.
```
Listing 1.2: Hinzufügen von Zahlen in eine Menge

Sie brauchen die Größe der Menge, d.h. die Anzahl der Elemente, die jemals in die Menge aufgenommen werden, nicht zuvor angeben, denn die Größe wird dynamisch angepasst, ohne dass Sie sich darum kümmern müssen. Das ist ein bedeutender Unterschied zu selbst programmierten Lösungen, beispielsweise mit einem Array. Wenn Sie Elemente in ein natives Array hinzufügen wollen, unterliegt es Ihrer Kontrolle, den Index auf die nächste zu belegende Stelle zu verwalten. Sie sind weiterhin gezwungen, dem Array eine bestimmte Länge zu geben, z.B. die Länge 20. Fügen Sie dann das 21. Element hinzu, so kommt es zu einem Überlauf. Wir geben nun den Inhalt der Menge aus und benutzen die Methode contains(), um festzustellen, ob ein Objekt in der Menge enthalten ist (siehe Listing 1.3).

```
System.out.println( "set = " + set );

if (set.contains(b))                    // Ist b in set enthalten?
  System.out.println("b = " + b + " ist in set enthalten.");

if (set.contains(new Integer(0)))  // Ist 0 in set enthalten?
  System.out.println("0 ist in set enthalten.");
```

Listing 1.3: *Ausgabe der Menge und Abfrage, ob eine Zahl in ihr enthalten ist.*

Dieser Programmausschnitt erzeugt die folgende Ausgabe:

```
set = [-1, 0, 1]
b = -1 ist in set enthalten.
0 ist in set enthalten.
```

Die println-Anweisung gibt den Inhalt der Menge in gut leserlicher Form aus. Wenn Sie genau hinschauen, so bemerken Sie, dass die Zahlen aufsteigend sortiert (-1, 0, 1) ausgegeben werden, obwohl sie in einer unsortierten Reihenfolge (1, -1, 0) hinzugefügt wurden. Die sortierte Ausgabe ist kein Zufall, sondern eine Eigenschaft der Klasse *TreeSet*: Alle Elemente werden intern automatisch nach einem so genannten Standard- oder Defaultkriterium angeordnet. Bei Integerzahlen ist dies die gewohnte natürliche Reihenfolge ganzer Zahlen. Containerklassen können also auch dazu genutzt werden, Ihnen Sortierarbeit abzunehmen.

In der anschließenden if-Abfrage wird mit der Methode contains() überprüft, ob die Variable b mit Wert -1 in der Menge enthalten ist. Dies ist der Fall und die Meldung »b = -1 ist in set enthalten« erfolgt. Natürlich können wir mit dieser Methode auch fragen, ob die Zahl 0 enthalten ist. Was können wir tun, falls wir keine Referenz mehr auf alle Objekte in der Menge set haben, so wie es der Fall ist, wenn wir nur eine Referenz auf eine Menge mit unbekanntem Inhalt haben und trotzdem das Vorhandensein einer bestimmten Zahl prüfen wollen? Anwort: contains() wird eine Referenz auf ein anderes Integer-Objekt aber mit gleichem Zahlenwert übergeben. Im Beispiel wird mit dieser Methode überprüft, ob eine Zahl mit Wert 0 enthalten ist. Auch hier wird unsere Anfrage bestätigt. Sie könnten sich jetzt fragen, woher die Klasse *TreeSet* weiß, dass eine 0 enthalten ist, wo doch eine andere Referenz, nämlich die Instanz c, mit dem Wert 0 in der set gespeichert ist? Diese und weitere Fragen werden wir später beantworten, wenn das *Werkzeug* dafür bereitgestellt wurde. Nur so viel: Die Gleichheit von Objekten wird in den Standardbibliotheken, ob Collections Framework oder Generic Collection Library for Java, durch eine besondere Methode, equals(), festgestellt. Und dieser Gleichheitsbegriff beruht nicht auf gleichen Referenzen, sondern auf gleichen *Eigenschaften*. Die equals()-Methode besprechen wir in Kapitel 1.3.1 *Die Klasse Object und ihre Methoden* auf Seite 32.

Sicherlich lässt sich zu der Datenstruktur Menge noch viel mehr sagen und wir könnten die Realisierung in der Generic Collection Library for Java ebenfalls vorstellen, doch wir belassen es bei diesem kurzen Beispiel und wenden uns nun dem Sortieren zu.

1.2.2 Sortieren eines Arrays von Integerzahlen

Dieses zweite Beispiel soll Ihnen zeigen, wie effizient die Standardbibliotheken auch für primitive Datentypen wie *int* oder *float* eingesetzt werden können und dass auch Algorithmen Bestandteil der Standardbibliotheken sind. Angenommen, Sie stehen vor dem Problem, ein Array aus *int*-Zahlen sortieren zu müssen. Die Statistiker unter Ihnen benötigen so etwas für die Berechnung des Medians, also des mittleren Elements in einer Liste von sortierten Werten. Dieses Element können Sie aber nur dann ermitteln, wenn das Array mit Werten sortiert vorliegt, was selten der Fall ist. Das zweite Beispiel (SecondExample) zeigt exemplarisch ein solches Array, das als statische Variable numbers vorliegt (siehe Listing 1.4).

```
public class SecondExample {
  ...
  // Das Array, das sortiert werden soll:
  public static int[] numbers = {
    1, 3, -2, 4, 3, 8, -4, 0, 1, 5, -2, 7, -6, 3, 3, -1, 3
  };
  ...
}
```

Listing 1.4: Ein Array aus Zahlen, das sortiert werden soll.

Falls Sie sich nicht mit den Standardbibliotheken in Java auskennen, bleibt Ihnen nur die Möglichkeit, einen eigenen Sortieralgorithmus zu schreiben oder sich auf die Suche nach bereits vorhandenen Sortieralgorithmen für Integerzahlen zu machen. Doch die Suche ist meist vergebens und nicht selten entscheidet man sich dafür, dieses einfache und bereits tausendfach gelöste Problem selbst zu implementieren, indem man einen Algorithmus aus einem Buch übernimmt. Leider sind gute Sortieralgorithmen, wie etwa Quicksort oder Mergesort (näheres dazu siehe auch Kapitel 2.6 *Sortieralgorithmen für Container*), nicht so einfach zu verstehen und durch das Abtippen des Sourcecodes können leicht Fehler eingebaut werden. Als Alternative bietet sich ein einfacher Algorithmus an, der gut zu verstehen ist, dafür aber sehr langsam sortiert. Eines dieser einfachen Sortierverfahren ist Bubblesort. Es ist in der von uns geschriebenen Methode bubbleSort() realisiert (siehe Listing 1.5):

```
public static void bubbleSort(int[] numbers) {
  // Durchlaufe alle Zahlenpaare mit Indizes i, j:
  for (int i = 0; i < numbers.length; i++)
    for (int j = i + 1; j < numbers.length; j++)
      if (numbers[i] > numbers[j])
      {
        // Vertausche die beiden Zahlen:
        int h = numbers[j];
```

```
            numbers[j] = numbers[i];
            numbers[i] = h;
        }
    }
```

Listing 1.5: Bubblesort zum Sortieren von Zahlen

Um Ihnen zu verdeutlichen, dass die Implementierung solcher Algorithmen umständlich ist, möchten wir ihn kurz besprechen: Der Algorithmus durchläuft in der äußeren Schleife alle Zahlen mit Index i im Array von 0 bis $n-1$. Für jedes Element i wird nun ein Vergleich mit den noch folgenden Elementen j im Array gemacht (Innere Schleife). Falls das weiter hinten stehende Element mit Index j kleiner als das Element mit Index i ist, so werden die Elemente ausgetauscht. Auf diese Weise wandern die kleinen Zahlen – wie aufsteigende Luftblasen im Wasser – zum Anfang des Arrays.

Obwohl dieser Sortieralgorithmus zu den einfachsten zählt, ist es auch für Profis kein Vergnügen, ihn abtippen zu müssen. Aber Schlimmer noch: Das Problem des Bubblesort-Algorithmus ist sein schlechtes Laufzeitverhalten. Wie wir in Kapitel 2.1.2 Laufzeitverhalten und Speicheranforderungen sehen werden, hat dieser Algorithmus die Komplexität $O(n^2)$. Diese ungewohnt anmutende Schreibweise bedeutet lediglich, dass die Dauer der Ausführung quadratisch von der Länge des zu bearbeitenden Arrays abhängt. Angenommen, die Verarbeitungszeit für ein Element, das sortiert wird, dauert 0,001 ms. Dann beträgt die Zeit für 20 Elemente nur $0{,}001 \cdot 20^2 = 0{,}04$ ms. Für 1.000 Zahlen steigt der Zeitbedarf aber schon auf $0{,}001 \cdot 1.000^2 = 1.000$ ms. Für eine kleine Länge, wie in dem Beispiel, spielt dies keine Rolle, für große n ist die Bearbeitungszeit jedoch unakzeptabel. Wäre ein guter Algorithmus zum Einsatz gekommen, würde keine große Wartezeit entstehen.

Das Beispiel macht aber noch einen weiteren Schwachpunkt deutlich: Wenn in einer späteren Projektphase statt Integerzahlen zusätzlich noch Float-Zahlen sortiert werden müssten, wäre unser eben besprochener Algorithmus unbrauchbar, da er den Datentyp `int` und nicht `float` erwartet, obwohl das Prinzip des Sortierens das gleiche ist. Ein Algorithmus sollte also für eine große Klasse von Objekten verfügbar sein. Tatsächlich verfolgen die Standardbibliotheken diesen Ansatz, wie wir im Kapitel 4 Die Algorithmen des Collections Frameworks und JGL im Überblick sehen werden.

Schauen wir uns nun die Lösung des Problems mit den Standardbibliotheken an. Das Sortieren des Integer-Arrays soll nun mit beiden Frameworks gelöst werden (siehe). Beachten Sie bitte, dass wir für jeden Algorithmus ein eigenes, jedoch identisches Array benutzen, um sicherzustellen, dass auch jede Implementierung (Bubblesort, Collections Framework und JGL) korrekt sortiert bzw. kein bereits sortiertes Array vorgesetzt bekommt. Für Bubblesort ist es die Variable `numbers`, wie bereits in Listing 1.4 gezeigt, für das Collections Framework lautet sie `numbersCF` und für JGL schließlich `numbersJGL`.

1.2 Motivation – Die Standardbibliotheken in Beispielen

Im Collections Framework besteht das Sortieren des Arrays numbersCF aus dem Aufruf einer einzigen Methode, also einer Zeile Sourcecode (siehe Listing 1.6, print() ist eine Hilfsfunktion, die die Liste der Zahlen formatiert als String zurückgibt).

```
System.out.println("Zahlen unsortiert:  " + print(numbers));

// Eigener Sortieralgorithmus:
bubbleSort( numbers );

// Sortieren mit dem Collections Framework:
Arrays.sort(numbersCF);

// Kleide das Array in eine JGL-Containerklasse ein
// und sortiere es:
IntArray array = new IntArray(numbersJGL);
Sorting.sort(array);

System.out.println("Zahlen BubbleSort:  " + print(numbers));
System.out.println("Zahlen Collections: " + print(numbersCF));
System.out.println("Zahlen JGL:         " + print(numbersJGL));
```

Listing 1.6: *Sortieren des Arrays numbers mit Bubblesort, dem Collections Framework und JGL*

Die statische Methode sort() innerhalb der Klasse java.util.Arrays erledigt bereits alle Arbeit für uns, und das mit garantiert optimalem Laufzeitverhalten. Außerdem besteht nicht die Gefahr, den Sortieralgorithmus versehentlich falsch implementiert zu haben. Ganz analog kann das Array auch mit JGL sortiert werden (siehe Listing 1.6). Hierzu ist es allerdings notwendig, das native int-Array in eine für JGL verständliche Form umzuwandeln. Dazu werden so genannte Wrapper- oder Adapterklassen benutzt, die für jedes native Array, das aus primitiven Datentypen (*int, float, ...*) besteht, bereits vorhanden sind. Die println-Anweisungen des Beispiels erzeugen die folgende Ausgabe:

```
Zahlen unsortiert:   1  3 -2  4  3  8 -4  0  1  5 -2  7 -6  3  3 -1  3
Zahlen BubbleSort:  -6 -4 -2 -2 -1  0  1  1  3  3  3  3  3  4  5  7  8
Zahlen Collections: -6 -4 -2 -2 -1  0  1  1  3  3  3  3  3  4  5  7  8
Zahlen JGL:         -6 -4 -2 -2 -1  0  1  1  3  3  3  3  3  4  5  7  8
```

Glücklicherweise liefern alle drei Sortierverfahren dasselbe Ergebnis.

Wie in Java üblich, werden die benötigten Klassen über die import-Anweisung in den Quellcode eingebunden. Listing 1.7 zeigt die verwendeten Packages.

```
import java.util.*;                     // Containerklassen des JDK 1.2
import com.objectspace.jgl.*;           // Containerklassen von JGL.
import com.objectspace.jgl.algorithms.*; // Algorithmen von JGL.
import com.objectspace.jgl.adapters.*;   // Adapterklassen von JGL.
```

Listing 1.7: *Typische import-Anweisungen zum Benutzen der Standardbibliotheken*

Für das Collections Framework müssen Sie dazu lediglich das `java.util`-Package importieren. Hierin sind alle Klassen enthalten. Für JGL hingegen werden gleich drei Packages benötigt: `com.objectspace.jgl` für die Basisklassen – im Beispiel `Array` – `com.objectspace.algorithms` für den Sortieralgorithmus – im Beispiel `Sorting.sort` – und schließlich `com.objectspace.adapters` für die Einbettung von primitiven Datentypen in die JGL-Infrastruktur – im Beispiel `IntArray`.

In dem dritten Beispiel möchten wir Ihnen einige weitere Containerklassen und neue Algorithmen vorstellen. Dieses Beispiel lehnt sich eng an Probleme aus der Praxis an, weshalb zuvor ein etwas größeres, buchbegleitendes Beispiel vorgestellt wird.

1.2.3 Das buchbegleitende Beispiel

In diesem Abschnitt möchten wir das buchbegleitende Beispiel vorstellen. Es soll dazu dienen, uns Klassen und deren Instanzen zur Verfügung zu stellen, an denen die Standardbibliotheken praxisnah veranschaulicht werden können.

Unsere Miniwelt

Mittelpunkt unseres Beispiels sind Bahnlinien zwischen Städten, auf denen Züge fahren. Die Sicht auf diese Welt wird in dem Beispiel sehr vereinfacht, um die Dinge nicht komplizierter zu machen, als sie ohnehin schon sind. Deshalb haben wir die Modellierung der Klassen als *Miniwelt* bezeichnet. Schnittstelle zur Miniwelt wird die Klasse *Miniworld* sein, die eine Vielzahl von Methoden bereithält, die Objekte der Miniwelt zurückgeben, wie z.B. alle Züge oder alle Städte.

Im Folgenden werden die Eigenschaften des Beispiels beschrieben und anschließend die Implementierung erläutert.

Verbindungen zwischen Städten In der Miniwelt gibt es sechs Städte (siehe). Je zwei Städte können durch Bahnlinien verbunden sein. Eine Verbindung hat eine bestimmte Länge. Die Strecke zwischen Berlin und Dresden ist beispielsweise 195 km lang. Jede Verbindung entspricht einer eingleisigen Strecke in eine Richtung, jedoch gibt es zwischen jeder Stadt Verbindungen in beide Richtungen.

Züge Es gibt insgesamt vier Arten von Zügen: ICE, IC, IR und RE. Die Züge werden durch ihren Namen voneinander unterschieden. Jeder Zug besteht aus einer Reihe von Waggons. Die Miniwelt kennt nur zwei Typen von Waggons, solche für Personen und solche für den Transport von Gütern. Personenwaggons bestehen aus Abteilen, in denen sich Sitzplätze für die Passagiere befinden. Jeder Waggon gehört zu einem Zug, innerhalb des Zuges identifiziert ihn eine eindeutige Zahl.

1.2 Motivation – Die Standardbibliotheken in Beispielen

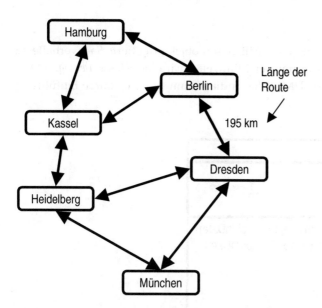

Abbildung 1.1: Die Landkarte des buchbegleitenden Beispiels. Zwischen allen gezeigten Städten gibt es Verbindungen in beide Richtungen. Für jede Verbindung ist die Länge in km bekannt, hier z.B. zwischen Berlin und Dresden 195 km.

Beschreibung der Zeitpläne der Züge Der Fahrplan eines Zuges kann aus einer Tabelle entnommen werden, die alle Verbindungen enthält. Tabelle 1.1 zeigt einen Ausschnitt daraus für den Zug *Beethoven*. Um die Komplexität des Beispiels zu reduzieren, werden die Standzeiten der Züge in den Städten auf Null gesetzt. Dadurch ist beispielsweise die Ankunftszeit eines Zuges in einer Stadt gleich der Abfahrzeit des Zuges in eine andere Stadt. Außerdem fahren alle Züge an jedem Tag der Woche, also unabhängig von einem Datum. Lediglich die Tageszeit spielt für den Fahrplan eine Rolle.

Route	Abfahrtszeit	Zugname
...		
München – Heidelberg	09:00	Beethoven
Heidelberg – Kassel	12:00	Beethoven
Kassel – Hamburg	14:00	Beethoven
Hamburg – Kassel	16:00	Beethoven
Kassel – Heidelberg	18:00	Beethoven
Heidelberg – München	21:00	Beethoven
...		

Tabelle 1.1: Auszug des Zeitplans: Gezeigt ist der Fahrplan des ICE-Zugs Beethoven. Dieser Zug fährt von München nach Hamburg und zurück.

Implementierung der Miniwelt

Personen Personen eignen sich in vielen Fällen, um objektorientierte Sachverhalte zu demonstrieren. Deshalb gibt es in unserer Miniwelt auch eine Klasse *Person*. Abbildung 1.2 zeigt das entsprechende UML-Klassendiagramm (für eine kurze Einführung in die UML, siehe 10 *Anhang*).

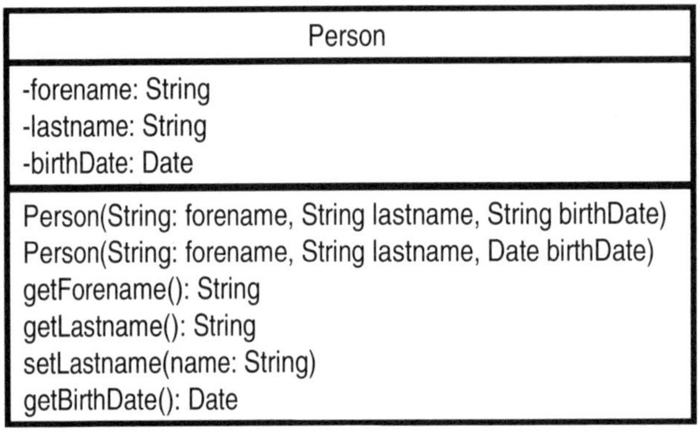

Person
-forename: String   -lastname: String   -birthDate: Date
Person(String: forename, String lastname, String birthDate)   Person(String: forename, String lastname, Date birthDate)   getForename(): String   getLastname(): String   setLastname(name: String)   getBirthDate(): Date

Abbildung 1.2: Die Klasse Person der Miniwelt und ihre öffentlichen Methoden

Die Klasse *Person* wird mit den privaten Attributen forename, lastname und birthDate beschrieben, die über die öffentlichen Methoden getForename(), getLastname() und getBirthDate() abgefragt werden. Der Nachname kann mit der Methode setLastname() nachträglich verändert werden – alle anderen Werte sind Konstanten, die nur über den Konstruktor gesetzt werden können.

Züge Ein Zug wird durch die Klasse *Train* repräsentiert. Jeder Zug hat einen Namen, z.B. Beethoven, der mit der Methode getName() erfragt wird. Den Typ des Zugs liefert die Methode getType() als Ergebnis. Die unterschiedlichen Typen werden als Konstanten innerhalb der Klasse *Train* gespeichert (ICE, IC, IR oder RE).

Die Klasse *Train* stellt Methoden für das Einfügen und Löschen von Objekten der Klasse *Waggon* zur Verfügung. Ein Zug besteht aus mindestens einem Waggon und die Liste der Waggons wird mit Hilfe der Methoden addWaggon(), removeWaggon() und linkWaggons() verwaltet. Neue Wagen werden an das Ende des Zuges angehängt und removeWaggon() entfernt den letzten Wagen des Zugs. Sollen einige Waggons zweier Züge aneinander gehängt werden, wird dafür die Methode linkWaggons() benutzt – sie hängt die ersten n Wagen eines anderen Zuges an den letzten Waggon an. Über getSize() wird die Anzahl der Waggons abgefragt, die ein Zug besitzt.

1.2 Motivation – Die Standardbibliotheken in Beispielen

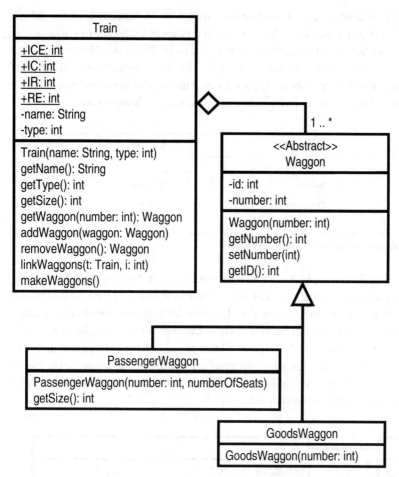

Abbildung 1.3: Klassendiagramm für die Objekte Train und Waggon bzw. deren Spezialisierungen

Die Klasse *Waggon* besitzt eine Nummer, die die Wagennummer innerhalb ihres Zuges kennzeichnet. Diese Nummer darf frei vergeben und verändert werden. Beispielsweise werden damit alle Waggons eines Zugs durchlaufend nummeriert. *Waggon* ist eine abstrakte Klasse, von der die Klassen *PassengerWaggon* und *GoodsWaggon* abgeleitet sind. Diese Spezialisierungen dienen in erster Linie dazu, auch vererbte Klassen in der Miniwelt anzubieten. Ein Passagierwaggon enthält eine Anzahl von Sitzplätzen, die über den Konstruktor initialisiert werden. Mit der Methode getSize() wird die Anzahl der Plätze abgefragt.

Fahrpläne Die Klassen, die für die Beschreibung von Fahrplänen notwendig sind, sind *Route*, *City*, *Train* und *RouteTimeTrain*.

Eine Stadt, also die Klasse *City*, ist ausschließlich durch ihren Namen gekennzeichnet, der mit getName() erfragt wird. Eine *Route* besteht aus zwei Objekten der Klasse *City* sowie der Länge der Strecke dazwischen. Dafür gibt es in Route die Methoden getDepartureCity(), getDestinationCity() und getLength(), die die entsprechende Eigenschaft dieser Klasse zurückgeben. In Tabelle 1.2 wird ein Auszug der verwendeten Strecken gezeigt – jede Zeile dieser Tabelle entspricht einer Instanz der Klasse *Route*.

von	bis	Länge
...		
Hamburg	Berlin	300 km
Berlin	Dresden	195 km
Dresden	München	465 km

Tabelle 1.2: Auszug aus der Streckenbeschreibung der Miniwelt

Die Klasse *RouteTimeTrain* hat die Aufgabe, eine Route, einen Zeitpunkt und einen Zug in Verbindung zueinander zu stellen. Damit ist es möglich, alle Zugverbindungen darzustellen, ähnlich wie in einer relationalen Datenbank mehrere Tabellen verknüpft sind. Eine Zeile aus Tabelle 1.1 auf Seite 9 entspricht einer Instanz der Klasse *RouteTimeTrain*. Aus einer Liste aller Objekte dieser Klasse ist es beispielsweise möglich, den Fahrplan für einen Zug zu ermitteln, wenn man alle Einträge für diesen Zug nimmt und nach der Zeit sortiert. Die Abfrage der einzelnen Attribute der Objekte wird durch eine entsprechende get-Methode ermöglicht.

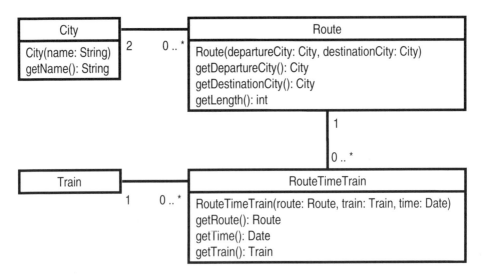

Abbildung 1.4: Klassendiagramm für die Modellierung des Fahrplans

Die Schnittstelle zur Miniwelt

In der Klasse *Miniworld* schließlich haben wir die eben besprochenen Klassen mit Leben gefüllt (siehe). Es gibt eine Reihe von statischen Methoden, die alle Instanzen der Miniwelt, also die Züge, Personen, Städte usw. zur Verfügung stellen. Die Methode `getAllRoutes()` beispielsweise gibt alle Strecken, d.h. Instanzen der Klasse *Route*, zurück. Zweckmäßigerweise sind diese Objekte bereits in Containerklassen gespeichert, so dass alle Methoden eine Referenz auf den jeweiligen Container liefern.

Miniworld
getAllCities(): SortedSet
getAllCitiesJGL(): Container
getAllRoutes(): Set
getAllRoutesJGL(): Container
getAllTrains(): SortedSet
getAllTrainsJGL(): Container
getAllRouteTimeTrains(): Set
getAllRouteTimeTrainsJGL(): Container
getAllPersons(): Set
getAllPersonsJGL(): Container

Abbildung 1.5: Mit diesen Methoden der Klasse Miniworld lassen sich die Objekte der Miniwelt abfragen.

Um möglichst schnell eine Containerklasse für das Collections Framework oder die Generic Collection Library for Java zur Verfügung gestellt zu bekommen, gibt es alle Methoden in zwei Ausführungen: Die Variante für das Collections Framework gibt eine Instanz auf das Interface *Set* bzw. *SortedSet* zurück. Die Gruppe aller Personen der Miniwelt wird also einfach als eine Menge von Personen aufgefasst. Für die beiden Klassen *City* und *Train* liegen die Instanzen in sortierter Reihenfolge vor, d.h. sowohl die Städte als auch die Züge sind standardmäßig nach ihren Namen angeordnet – daher das Interface *SortedSet*. Die JGL-spezifischen Methoden geben keine Menge, sondern ganz allgemein einen *Container* zurück. Ein *Container* ist das Basisinterface der Generic Collection Library for Java für jede Containerklasse.

Im nächsten Kapitel werden wir dieses kleine, hier vorgestellte Framework bereits nutzen, um die Standardbibliotheken an einem größeren Beispiel weiter vorzustellen.

1.2.4 Ein umfangreicheres Beispiel aus der Praxis

Als drittes und letztes einführendes Beispiel möchten wir zeigen, wie Elemente grafischer Benutzeroberflächen mit Hilfe der Standardbibliotheken einfacher realisiert werden. Abbildung 1.6 zeigt das Fenster des Beispiels. Unsere Aufgabe ist es, eine Auswahlliste aller Zugverbindungen, die aus einer Stadt abfahren, zu erstellen. Diese

Liste wird in der Mitte des Fensters angezeigt. Die Stadt wird über eine Combobox ausgewählt, die rechts oben zu sehen ist. Über zwei Radiobuttons können die angezeigten Zugverbindungen nach der Abfahrtszeit bzw. nach dem Zugnamen sortiert werden. Außerdem kann die Liste nach den vier Zugtypen ICE, IC, IR und RE gefiltert werden. Dies wird durch die vier Checkboxen rechts unten realisiert. Dieses umfangreiche Beispiel richtet sich an erfahrene Java-Programmierer, die an diesem Beispiel aus der Praxis sehen möchten, wie die Standardbibliotheken in ein vorgegebenes Framework – hier Swing – integriert werden.

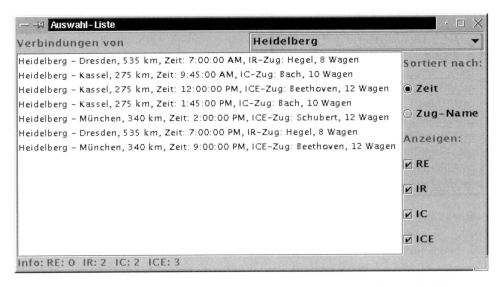

Abbildung 1.6: Ein Beispiel, das die Programmierung grafischer Elemente (JComboBox, JList, JRadioButton und JCheckBox) zeigt. Um benutzerfreundlich zu sein, müssen die angezeigten Elemente der Listen sortiert vorliegen.

Die Combobox zur Auswahl der Stadt wird durch die Swing-Klasse JComboBox und die Auswahlliste der Verbindungen durch die Swing-Klasse JList realisiert. Wie in den meisten benutzerfreundlichen Anwendungen müssen die angezeigten Daten sortiert vorliegen, damit sich der Benutzer leicht mit der Darstellung zurechtfindet. Weder die JComboBox noch die JList unterstützen das Sortieren ihrer angezeigten Elemente, so dass diese Aufgabe zwangsläufig Ihnen als Programmierer überlassen wird. Hierfür wollen wir die Standardbibliotheken einsetzen. Gemäß den uns gestellten Anforderungen braucht die Städteauswahlliste nur einmal – beim Start des Programms – alphabetisch sortiert zu werden, da die Auswahl der Städte unverändert bleibt. Die Auswahlliste der Verbindungen jedoch muss jedes Mal, wenn eine neue Stadt, ein neuer Zug-Filter oder eine neue Sortierreihenfolge ausgewählt wurde, aktualisiert werden. Um das Beispiel nicht mit Informationen zu überladen, sparen wir uns Details zur Implementierung der eigentlichen Benutzeroberfläche und konzentrieren uns auf die Implementierung der Auswahlliste.

Auswahl der Städte

Die eigentlichen Daten – Züge, Städte und Verbindungen – werden von der im Kapitel Das buchbegleitende Beispiel Das buchbegleitende Beispiel beschriebenen Klasse *Miniworld* verwaltet. Sie erinnern sich: Jeder Zug und jede Stadt wird von je einem Objekt repräsentiert. Die Klasse *Miniworld* stellt nun Zugriffsmethoden bereit, mit denen alle Städte, Züge und Verbindungen abgefragt werden können. Mit der Methode `getAllCities()` besteht beispielsweise ein Zugriff auf alle Städte. Die Methode gibt eine Referenz auf eine *SortedSet* zurück, also eine Menge von Städten, die in einer sortierten Reihenfolge vorliegen. Intern werden die Städte in der Containerklasse *TreeSet* gehalten, die, wie im ersten Beispiel gezeigt, ihre Elemente bereits automatisch sortiert. Bei der Realisierung der Miniwelt haben wir uns entschieden, die Städte nach ihrem Namen zu sortieren. Die Combobox mit allen Städten kann nun auf einfache Weise erzeugt werden:

```
whatCity = new JComboBox(Miniworld.getAllCities().toArray());
```

Der Konstruktor von `JComboBox` erwartet als Argument ein `Object`-Array. Jede Container-Klasse des Collections Frameworks stellt die Methode `toArray()` bereit, die ein *Object*-Array liefert, das alle Elemente des Containers enthält. Hierbei werden die einzelnen Objekte, also die Städte, nicht kopiert, sondern lediglich ein Verweis auf sie übergeben. Beim Anzeigen der Combobox wird von jedem Objekt des Arrays die Methode `toString()` aufgerufen. Diese Methode ist in der Klasse *City* überschrieben und gibt den Namen der Stadt zurück.

Liste der Verbindungen

Die Liste der Verbindungen lässt sich leider nicht so leicht realisieren – Verbindungen müssen für die jeweilige Stadt herausgesucht, nach Zugtypen gefiltert und nach den Zugnamen bzw. der Abfahrtszeit sortiert werden. Dies bedeutet, dass sich der Inhalt der Verbindungsliste in Abhängigkeit der Benutzereingabe verändert. Es reicht also nicht aus, beim Erzeugen eines *JList*-Steuerelements dem Konstruktor ein Array mit allen Verbindungen zu übergeben.

Das Anzeigen von Listen, deren Inhalt sich ändern kann, wird in Java-Swing durch so genannte *ListModel* realisiert. Ein *ListModel* beschreibt die Schnittstelle einer Klasse, deren Aufgabe es ist, abhängige Objekte über die Veränderung der Liste zu benachrichtigen. In unserem Beispiel ist neben dem Listensteuerelement *JList* die Statuszeile am unteren Rand des Fensters ein weiterer Kandidat für eine weitere Sicht auf die gefilterte Liste der Verbindungen. Neben der Anzahl aller gefundenen Verbindungen wird die Aufteilung der Verbindungen auf die einzelnen Zugtypen aufgeschlüsselt.

Außer den beiden erwähnten Steuerelementen *JList* und Statuszeile könnte man sich noch weitere Sichten auf die Zugverbindungen vorstellen, beispielsweise eine grafische Darstellung der einzelnen Fahrzeiten. Der Einsatz eines *ListModel* ermöglicht es, beliebig viele solcher Datensichten, also die gefilterte Liste aller Zugverbindungen zu definieren, die bei einer Änderung der Daten, sei es durch die Auswahl einer neuen Stadt oder die Selektion bestimmter Zugtypen, automatisch informiert werden. Bei der Entwicklung von Java-Programmen stößt man häufig auf die unterschiedlichsten Modelle. Es existieren neben dem *ListModel* noch eine Reihe weiterer Model-Strukturen, wie z. B. das *TreeModel*, das abhängige Objekte über Veränderungen in einer Baumdatenstruktur informiert.

Insbesondere dann, wenn Daten, die in Listen, Vektoren oder Bäumen gehalten werden, durch eine Benutzeroberfläche darzustellen sind, lohnt es sich, das Prinzip und die Funktionsweise von *Model*-Strukturen näher zu erläutern. Bevor wir also auf die Realisierung der Verbindungsliste mit den Standardbibliotheken näher eingehen, möchten wir das Interface *ListDataModel* kurz vorstellen. Abbildung 1.7 zeigt, was in diesem Kapitel noch besprochen wird.

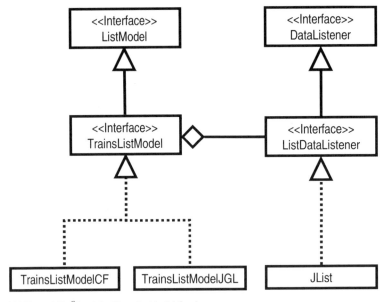

Abbildung 1.7: Übersicht über die Model-Struktur

Die Standardbibliotheken kommen in den Klassen *TrainsListModelCF* und *TrainsListModelJGL* zum Einsatz, die das Interface *TrainsListModel* je mit dem Collections Framework bzw. der Generic Collection Library for Java realisieren.

Die Model-Struktur

Die Aufgabe eines *Models* ist es, abhängige Objekte über Änderungen der verwalteten Daten zu benachrichtigen. Eine solche Datenstruktur wird in der Informatik als Document-Viewer-Architektur bezeichnet, in der Nomenklatur der Entwurfsmuster nach [Gamma et al. 1994] ist sie auch als *Beobachtermuster* bekannt. Werden die Daten eines *Models* verändert, so wird garantiert, dass alle abhängigen und registrierten Objekte über diese Veränderung benachrichtigt werden, die dann ihrerseits auf Veränderungen reagieren können. Um abhängige Objekte zu benachrichtigen, verwaltet ein Model nicht nur die Daten – in unserem Fall die gefilterten und sortierten Zugverbindungen –, sondern auch eine Liste aller für die Benachrichtigung registrierten Objekte. In Abbildung 1.8 ist die prinzipielle Struktur eines *Models* gezeigt. Swing realisiert eine Model-Struktur stets über zwei Interfaces: das eigentliche Model-Interface, das von einer Klasse, die als Datenverwaltung auftritt, implementiert wird, und den *DataListener*, eine Schnittstelle, die von der Klasse implementiert wird, die über Datenveränderungen informiert werden soll. Abbildung 1.8 zeigt die Klasse *AnyModel*, welche das Interface *Model* implementiert und über eine Komposition einer 1-zu-n-Relation, also zu beliebig vielen *DataListener*, unterhält. Als Beispiel ist hier die Klasse *AnyView* gezeigt, die stellvertretend für eine Sicht auf die Daten steht. Das Interface *DataListener* ist die gemeinsame Schnittstelle aller Sichten, über die das Model Nachrichten der Datenveränderung mitteilen kann.

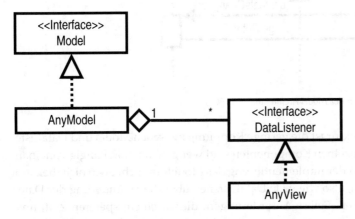

Abbildung 1.8: Klassendiagramm der Model-Architektur

Die Interaktion der beteiligten Objekte untereinander lässt sich in einem Sequenzdiagramm verdeutlichen. Falls Sie mit dieser Darstellung nicht vertraut sind, schauen Sie im Kapitel 10.3 *Logical View* nach. Abbildung 1.9 zeigt ein Objekt m vom Typ *AnyModel*, das für die Verwaltung von Daten zuständig ist. Zwei weitere Objekte *v1* und *v2* vom Typ *AnyView* sind Sichten auf die Daten. Bevor ein Objekt über Veränderungen benachrichtigt werden kann, muss es sich beim Model mit der Methode addListener() anmelden. Bei der Veränderung der Daten wird das Ereignis dataChanged() ausgelöst, das sequenziell alle registrierten Listener über die Methode contentsChanged() informiert. Die Methode contentsChanged() enthält als Argument meist ein Objekt, das nähere Auskunft über die Veränderung der Daten enthält. In Abhängigkeit von dieser Information kann eine Datensicht entscheiden, ob sie ihren eigenen Zustand aktualisieren muss. Im Sequenzdiagramm zeigen die Methoden getData() die Aktualisierung der Datensicht an.

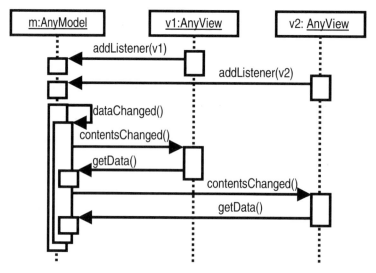

Abbildung 1.9: *Sequenzdiagramm der Model-Architektur*

Der Vorteil dieser Architektur ist die geringe Kopplung zwischen Model und DataListener. Das bedeutet: Die einzelnen Komponenten sind weitgehend unabhängig voneinander. Bei dem Entwurf und der Implementierung des Models braucht noch nicht bekannt zu sein, wie viele Sichten, also wie viele DataListener, über die Veränderung der Daten informiert werden müssen. Selbst Anforderungen, die zu einem späteren Zeitpunkt hinzukommen, können integriert werden, ohne bestehende Komponenten zu verändern. Ein weiterer Vorteil einer geringen Kopplung kann in der Wiederverwendbarkeit einzelner Komponenten gesehen werden – es könnte beispielsweise eine Komponente zur Visualisierung der Zugverbindungen an verschiedenen Stellen einer Software oder gar in unterschiedlichen Softwareprojekten eingesetzt werden. Das Kriterium dafür ist lediglich die Einhaltung der durch das Interface vereinbarten Schnittstellen.

Das ListModel

Das in unserem umfangreichen Beispiel eingesetzte *ListModel* ist eine konkrete von Swing zur Verfügung gestellte Model-Architektur. Es besteht aus den beiden Interfaces *ListModel* und *ListDataListener* sowie der Klasse *ListDataEvent*. Abbildung 1.10 zeigt das *ListModel*-Interface mit seinen Methoden. Für die Verwaltung der abhängigen Objekte existieren die beiden Methoden addListDataListener() und removeListDataListener(), mit denen beliebig viele *ListDataListener* hinzugefügt und wieder entfernt werden können. Beim Eintreten einer Datenveränderung müssen die *ListDataListener* in der Lage sein, über eine definierte Schnittstelle die Daten abzufragen. Zu diesem Zweck stellt das *ListModel* zwei weitere Methoden bereit. Mit der Methode getSize() soll die Anzahl der Listenelemente abgefragt werden können und die Methode getElementAt() liefert den jeweiligen Listeneintrag zurück. Die minimale und doch vollständige Schnittstelle zur Abfrage von Listeneinträgen bewirkt die schwache Kopplung zwischen den beteiligten Komponenten und garantiert schließlich die Konsistenz der Architektur.

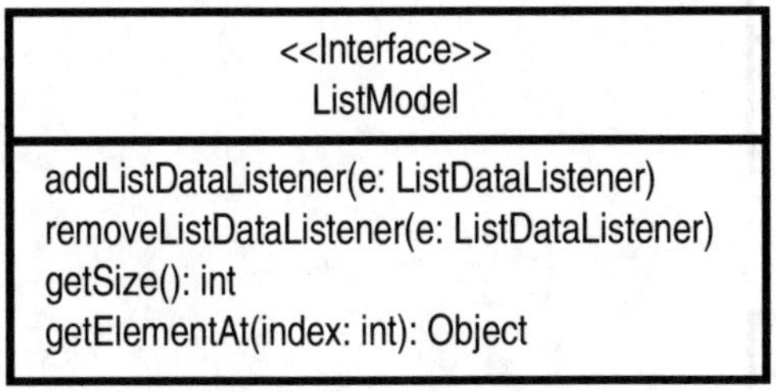

```
<<Interface>>
ListModel
─────────────────────────────────────────
addListDataListener(e: ListDataListener)
removeListDataListener(e: ListDataListener)
getSize(): int
getElementAt(index: int): Object
```

Abbildung 1.10: Das ListModel-Interface

Das zweite Interface muss von jeder Klasse implementiert werden, die über Veränderungen des ListModels informiert werden möchte. An dieser Stelle setzt nun die Interaktion zwischen den eigenen Daten und den mit Swing realisierten Benutzerinterfaces ein. Steuerelemente, die Listen darstellen können, wie die *JList* oder die *JComboBox*, implementieren bereits das Interface *ListDataListener*. Abbildung 1.11 zeigt das ListDataListener-Interface mit seinen Benachrichtigungsmethoden. intervalAdded() wird aufgerufen, wenn der Liste ein neues Element oder ein zusammenhängendes Intervall von Elementen hinzugefügt wurde. Die Position der neuen Elemente wird mittels des Parameters ListDataEvent angegeben. IntervalRemoved() hingegen benachrichtigt die ListDataListener beim Entfernen eines Elements oder Intervalls. Kann eine Veränderung der Liste nicht über Index 0 oder Index 1 angegeben werden, so sind die veränderten Elemente der Liste nicht zusammenhängend und die Methode contensChanged() wird aufgerufen.

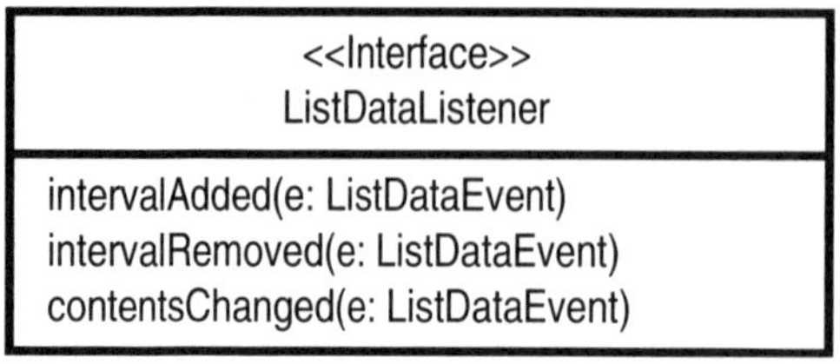

```
          <<Interface>>
          ListDataListener
---------------------------------
intervalAdded(e: ListDataEvent)
intervalRemoved(e: ListDataEvent)
contentsChanged(e: ListDataEvent)
```

Abbildung 1.11: Das Interface ListDataListener

Die Klasse ListDataEvent hat die Aufgabe, die *ListDataListener* über Art und Position der Veränderung in einer Liste zu informieren. Die Klasse stellt hierzu die in Abbildung 1.12 gezeigten Methoden bereit. `getIndex0()` und `getIndex1()` geben den Bereich der Veränderung an. `getType()` beschreibt die Art der Veränderung, die durch Konstanten der Klasse definiert sind. Die von *EventObject* geerbte Methode `getSource()` erlaubt dem Listener, die Quelle des Events zu erfragen.

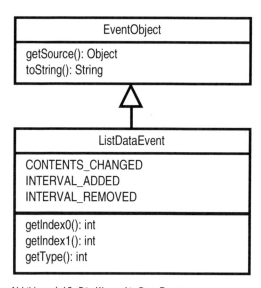

Abbildung 1.12: Die Klasse ListDataEvent

Swing stellt für das *ListModel* eine Defaultimplementierung bereit: Die Klasse *AbstractListModel* übernimmt bereits die Verwaltung der *ListDataListener*, so dass Ihnen nur noch die Aufgabe zukommt, bei einer Veränderung der Liste ein entsprechendes Event auszulösen.

Das in diesem Kapitel besprochene Beispiel wurde sowohl durch das Collections Framework als auch mittels JGL realisiert, um Ihnen Unterschiede der Frameworks praxisnah zu erläutern. Um die gesamte Anwendung nicht zweimal zu schreiben, wurden nur die unterschiedlichen Stellen des Programms ein zweites Mal entwickelt. Für die Verwaltung der Daten, das heißt für das Filtern und Sortieren der Verbindungen, ist nur das *ListModel* verantwortlich. Alle anderen Komponenten der Anwendung kommunizieren über festgelegte Schnittstellen und sind folglich nicht durch den Austausch der Datenverwaltung betroffen. Werfen wir noch einen Blick auf die Schnittstelle der Datenverwaltung: Das *ListModel* beschreibt bereits die Schnittstelle für die Kommunikation mit abhängigen Objekten. Zur Manipulation der Daten muss noch eine weitere Schnittstelle festgelegt werden, die es zulässt, die Datenverwaltung von JGL und Collections Framework über eine gemeinsame Schnittstelle anzusprechen. Hierzu wurde das im Listing 1.8 gezeigte Interface TrainsListModel eingeführt. Es ist direkt von *ListModel* abgeleitet (vergleiche Abbildung 1.7).

```java
public interface TrainsListModel extends ListModel {
    /**
     * Anfangswerte der Zug-Checkboxes.
     */
    public boolean[] filterInit = {true, true, true, true};

    /**
     * Konstanten zur Unterscheidung der Sortierreihenfolge.
     */
    public static final int TRAIN_TIME = 1;
    public static final int TRAIN_NAME = 2;

    public boolean getTrainTypeFilter(int type);

    public void setTrainTypeFilter(int type, boolean visible);

    public void setCity(City city);

    public void setSorting(int how);
}
```

Listing 1.8: Das Interface TrainsListModel

Das Array filterInit gibt den Anfangszustand der vier Checkboxes zum Filtern der Zugtypen (RE, IR, IC, ICE) vor. Mit der Methode setTrainTypeFilter() können die Filterwerte von Seiten der Anwendung gesetzt werden. Die Methode setCity() setzt eine neue Stadt, für die alle Verbindungen angezeigt werden sollen. Mittels setSort()wird das Sortierungskriterium der Verbindungen bestimmt. Hierfür dienen die Konstanten TRAIN_TIME und TRAIN_NAME, die angeben, ob nach der Zeit oder dem Zugnamen sortiert wird.

In den folgenden zwei Kapiteln wird gezeigt, wie das Filtern und Sortieren der Daten mittels des Collections Frameworks und JGL realisiert werden können. Zunächst noch einmal die Liste der gestellten Aufgaben:

▶ Zugverbindungen einer Stadt heraussuchen.

▶ Zugverbindungen nach Zugtypen filtern.

▶ Sortieren der Zugverbindungen nach Zugnamen oder Abfahrtszeit.

▶ Benachrichtigung der als *ListDataListener* angemeldeten Komponenten (z.B. die *Jlist*).

Diese Aufgaben sollen von der Datenverwaltungsklasse *TrainsListModelCF* bzw. *TrainsListModelJGL* realisiert werden. Alle im Interface *TrainsListModel* aufgeführten Methoden werden hier implementiert.

Datenverwaltung mittels Collections Framework

Als Erstes möchten wir Ihnen zeigen, wie die Verwaltung der Daten mittels des Collections Frameworks realisiert werden kann.

Beim Auswählen einer Stadt wird die Funktion `setCity()` aufgerufen, die aus der Menge aller Zugverbindungen der Miniwelt die geeigneten Verbindungen heraussucht und in einer Liste speichert. Vor der Suche ist noch nicht bekannt, wie viele Zugverbindungen in die Liste aufgenommen werden müssen. Beim Erzeugen der Liste kann die erforderliche Größe demnach noch nicht angegeben werden – als geeignet erscheint deshalb eine Liste, deren Größe beliebig erweiterbar ist. Im Collections Framework gibt es hierfür die Containerklasse *LinkedList* – eine doppelt verkettete Liste, die es zulässt, an beliebiger Stelle neue Elemente einzufügen oder zu entfernen.

```
import com.addisonwesley.jsl.miniworld.*;
import java.util.*;
...
public class TrainsListModelCF implements TrainsListModel {
  // Liste der aktuell angezeigten Verbindungen:
  private List list = new LinkedList();

  // Liste der zu benachrichtigenden Listener:
  private List listener = new Vector(2, 1);

  private City currentCity;           // Ausgewählte Stadt.
  private int timeSort = TRAIN_TIME; // Sortierkriterium.
  private boolean[] filter;
  ...
}
```

Listing 1.9: *Liste der aktuell angezeigten Zugverbindungen*

Listing 1.9 zeigt die privaten Variablen der Klasse `TrainsListModelCF`. In der ersten Zeile wird eine leere `LinkedList` zur Aufnahme der aktuellen Zugverbindungen erzeugt. Eine zweite `LinkedList` namens `listener` ist für die Aufnahme der *ListDataListener* zuständig. Die Anzahl der *ListDataListener* ist in diesem Beispiel bekannt. Es sind die *Jlist*, in der die Verbindungen als Liste angezeigt werden, und die Statusbar, die eine kleine Statistik über die Verbindungen bereitstellt. Hierfür eignet sich als Containerklasse ein `Vector`, dem im Konstruktor die Anfangsgröße übergeben werden kann. Mit dem zweiten Parameter des Konstruktors wird angegeben, um wie viele Speicherplätze sich der `Vector` vergrößern soll, falls die angegebene Größe überschritten wird. In der Variablen `currentCity` wird die aktuell angezeigte Stadt referenziert und `timeSort` ist ein einfacher *int*-Wert, der sich das aktuelle Sortierkriterium merkt.

Das Interface `ListModel` verlangt für die Verwaltung der `ListDataListener` zwei Funktionen: das Hinzufügen mit `addListDataListener()` und Entfernen mit `removeListDataListener()` von Listener. Listing 1.10 zeigt, dass dies mit den Methoden `add()` und `remove()` der Containerklasse `Vector` leicht bewerkstelligt wird. Das *ListModel* zu implementieren ist fast nur noch Tipparbeit.

```
/**
 * Fügt dem ListModel ein Listener hinzu.
 */
public void addListDataListener(ListDataListener l) {
   listener.add(l);
}

/**
 * Entfernt aus dem ListModel ein Listener.
 */
public void removeListDataListener(ListDataListener l) {
   listener.remove(l);
}
```

Listing 1.10: *Verwaltung der ListDataListener in der Variable* `listener`

Um das Interface *ListModel* vollständig zu implementieren, sind noch zwei weitere Methoden notwendig. Die Methode `getSize()` liefert die Anzahl der gefundenen Zugverbindungen zurück. Mit der Methode `getElementAt()` können die einzelnen Listeneinträge abgefragt werden. In unserem Fall werden Objekte vom Typ `RouteTimeTrain` zurückgegeben. Deren Methode `toString()` erzeugt die in Abbildung 1.6 gezeigte Ausgabe.

```
/**
 * @return Gibt die Anzahl der Listenelemente zurück.
 */
public int getSize() {
   return list.size();
}
```

```
/**
 * @return Gibt das Element mit Index 'index' aus der Liste zurück.
 */
public Object getElementAt(int index) {
  return list.get(index);
}
```

Listing 1.11: Zugriffsmethode des ListModels

Iteratoren zum Durchlaufen der Elemente eines Containers Es wurden nun alle vom *ListModel* geforderten Methoden mit Hilfe des Collections Frameworks implementiert. Um die volle Funktionalität des Models zu erreichen, benötigen wir jedoch noch eine Methode, mit der alle *ListDataListener* benachrichtigt werden (siehe Listing 1.12).

```
/*
 * Benachrichtigt alle Listener über eine Änderung der Daten.
 */
public void intervalAdded() {
  Iterator i = listener.iterator();
  ListDataEvent event = new ListDataEvent(this,
    ListDataEvent.CONTENTS_CHANGED, 0, list.size());

  while (i.hasNext())
    ((ListDataListener) i.next()).intervalAdded(event);
}
```

Listing 1.12: Benachrichtigung aller ListDataListener

In der Methode intervalAdded() wird ein so genannter *Iterator* erzeugt – jede Containerklasse hat eine entsprechende Methode, die einen Iterator zurückgibt. Mit ihm können sequenziell alle Elemente der Variablen listener angesprochen werden. In der zweiten und dritten Zeile wird ein ListDataEvent erzeugt, das allen *ListDataListener* übergeben wird. Der erste Parameter des Konstruktors verlangt eine Referenz auf den Erzeuger des Events. Mit dem zweiten Parameter soll der Typ des Events näher spezifiziert werden – beim Auswählen einer Stadt oder beim Sortieren der Zugverbindungen sind stets alle Einträge der Liste betroffen, so dass es an dieser Stelle ausreicht, immer den Typ CONTENTS_CHANGED anzugeben. Durch den dritten und vierten Parameter wird der Bereich der Veränderung angegeben. Die letzten Zeilen zeigen, wie über alle Elemente der Liste iteriert wird. Die Methode hasNext() gibt an, ob sich der Iterator bereits am Ende der Liste befindet. Mit der Methode next() kann schrittweise durch die Liste iteriert werden, sie gibt stets das Objekt der aktuellen Position zurück. Bevor die Methode intervalAdded() der Listener aufgerufen wird, muss das zurückgegebene *Object* nach *ListDataListener* gecastet werden.

Nun wenden wir uns der Aufgabe zu, für eine vorgegebene Stadt eine Liste von Zugverbindungen zusammenzustellen. Das Listing 1.13 zeigt die Methode createNewList(), die im Folgenden näher besprochen wird.

1.2 Motivation – Die Standardbibliotheken in Beispielen

```
/*
 * Erzeugt eine neue Liste von Zugverbindungen.
 */
private void createNewList() {
  Iterator i = Miniworld.getAllRouteTimeTrains().iterator();
  list.clear();          // Löscht die Liste der Zugverbindungen.

  while (i.hasNext()) {
    RouteTimeTrain rtt = (RouteTimeTrain) i.next();
    Route route = rtt.getRoute();
    if (route.getDepartureCity().equals(currentCity))
      if (filter[rtt.getTrain().getType() - 1] == true)
        list.add(rtt);
  }

  if (timeSort == TRAIN_TIME)
    Collections.sort(list, TRAIN_TIME_SORT);
  else
    Collections.sort(list, TRAIN_NAME_SORT);

  intervalAdded();
}
```

Listing 1.13: Erzeugen einer Liste mit Zugverbindungen

In der ersten Zeile wird ein Iterator angefordert, mit dem über alle Zugverbindungen iteriert wird. Die Methode `clear()` löscht die Liste der aktuellen Zugverbindungen, d.h. alle Elemente werden aus dem Container entfernt. In der nachfolgenden while-Schleife werden alle Verbindungen daraufhin überprüft, ob die aktuelle Stadt Ausgangspunkt der Verbindung ist und ob der Zugtyp der Verbindung vom Benutzer ausgewählt ist. Treffen alle Kriterien zu, kann die Verbindung in die Liste der aktuellen Verbindungen aufgenommen werden. Anschließend müssen die Zugverbindungen in der gewünschten Weise sortiert werden. Das Sortieren der Zugverbindungen erklären wir im Anschluss. Vorab möchten wir noch erwähnen, dass die Methode `intervalAdded()`am Ende noch alle registrierten Komponenten über die Änderung der Liste benachrichtigt.

Sortieren von Elementen nach eigenen Kriterien Wählt der Benutzer der Anwendung nachträglich ein anderes Sortierkriterium, so ist es anders als im obigen Fall nicht nötig, die Liste der Zugverbindungen erneut aufzubauen. Es reicht aus, sie lediglich neu zu sortieren. Das Listing 1.14 zeigt die zugehörige Methode `setSorting()` der Klasse `TrainsListModelCF`, die in diesem Fall als Callback der Benutzeroberfläche aufgerufen wird. Nach dem Sortieren der Liste müssen wiederum alle registrierten Komponenten zum Neuzeichnen der Steuerelemente aufgerufen werden. Das Auswählen einer neuen Stadt und das Setzen des Filters für Zugtypen erfordert das erneute Aufbauen der Zugverbindungsliste.

```
/**
 * Sortiert trainList nach dem entsprechenden Kriterium.
 * @param how TRAIN_TIME oder TRAIN_NAME
 */
public void setSorting(int how) {
  switch (how) {
  case TRAIN_TIME:
    timeSort = TRAIN_TIME;
    Collections.sort(list, TRAIN_TIME_SORT);
    break;
  case TRAIN_NAME:
    timeSort = TRAIN_NAME;
    Collections.sort(list, TRAIN_NAME_SORT);
    break;
  default:
    throw new RuntimeException("Nicht unterstütztes Kriterium " +
    how);
  }
  intervalAdded();
}
```

Listing 1.14: Neusortieren der Zugverbindungen

Es lohnt sich, an dieser Stelle näher auf das eigentliche Sortieren der Liste einzugehen. Die folgende Zeile bewirkt das Sortieren der Zugverbindungsliste nach der Abfahrtszeit:

```
Collections.sort(list, TRAIN_TIME_SORT);
```

Die Klasse java.util.Collections bietet eine Reihe nützlicher Methoden für Containerklassen des Collections Frameworks an. Die Methode sort() zum Sortieren von Objekten, die das Interface *List* implementiert haben, existiert in zwei Varianten. Die erste Variante erwartet lediglich einen Parameter, die zu sortierende *List*. Um eine Liste sortieren zu können, müssen die Elemente der Liste ein Kriterium aufweisen, das eine Größer-Kleiner-Relation zulässt. Das Collections Framework verlangt von den Elementen in einer *List* die Implementierung des Interfaces *Comparable*, das als einzige Methode compareTo() deklariert. Die meisten Klassen des JDK implementieren dieses Interface bereits, wie beispielsweise die Wrapper-Klassen *Integer* und *Float*, die eine natürliche Größer-Kleiner-Relation aufweisen (1 < 2 < ... < 100 usw.). Im ersten Beispiel in Kapitel Die Datenstruktur Menge Die Datenstruktur Menge wurden die Integerzahlen in der Klasse *TreeSet* dadurch »von alleine« sortiert. Benutzerdefinierte Objekte, die in einem *List*-Container aufgenommen werden sollen und durch eine »natürliche« Relation in größer und kleiner einzuteilen sind, sollten deshalb das Interface *Comparable* immer implementieren.

Anders als in den bisherigen Beispielen möchten wir nach einem Kriterium sortieren, für das es nicht von vornherein ein vordefiniertes Kriterium gibt. Deshalb übergeben wir der Methode sort() ein weiteres Argument: TRAIN_TIME_SORT ist eine Konstante, die zusammen mit ihrem Pendant TRAIN_NAME_SORT in Listing 1.15 realisiert ist.

```
/**
 * Sortiert Züge aufsteigend nach der Zeit.
 */
static final Comparator TRAIN_TIME_SORT = new Comparator() {
  public int compare(Object o1, Object o2) {
    Date time1 = ((RouteTimeTrain) o1).getTime();
    Date time2 = ((RouteTimeTrain) o2).getTime();
    return time1.compareTo(time2);
  }
};

/**
 * Sortiert Züge aufsteigend nach dem Namen.
 */
static final Comparator TRAIN_NAME_SORT = new Comparator() {
  public int compare(Object o1, Object o2) {
    Train train1 = ((RouteTimeTrain) o1).getTrain();
    Train train2 = ((RouteTimeTrain) o2).getTrain();
    return train1.compareTo(train2);
  }
};
```

Listing 1.15: *Realisierung von Comparatoren zum Sortieren von Zugverbindungen*

In unserem Beispiel möchten wir die Liste der Zugverbindungen nach zwei unterschiedlichen Kriterien sortieren, es kann aber immer nur eine natürliche Reihenfolge geben. Für diesen Fall stellt die Klasse *java.util.Collections* eine zweite Variante der Methode sort() bereit. Als weiteren Parameter wird eine Klasse erwartet, die das Interface *Comparator* implementiert. Das Interface *Comparator* stellt die Methode compare() bereit, die zwei Objekte erwartet, diese vergleicht und das Ergebnis als Integerzahl zurückliefert.

Auf die genaue Syntax der gezeigten Klassen gehen wir im Kapitel 4.1.2 *Comparatoren im Collections Framework* noch genauer ein. Vorweg sei gesagt, es handelt sich um namenlose statische Klassen, die innerhalb einer Rahmenklasse deklariert sind.

Datenverwaltung mittels Generic Collection Library for Java

Wenden wir uns nun der Implementierung des Interfaces TrainsListModel mit der Generic Collection Library for Java zu. Die Membervariablen der Klasse TrainsListModelJGL zeigt Listing 1.16. Die Listener werden – anders als in der *Collections-Framework*-Lösung – in einem JGL-Array gehalten. Die Verbindungen, die in der *JList* angezeigt werden, speichert das JGL-Array list. Die Variablen trainSort und listFilter dienen dem Sortieren und Filtern der Zugverbindungen. Diese so genannten *funktionalen Objekte* werden weiter unten näher beschrieben.

```
import com.addisonwesley.jsl.miniworld.*;
import com.objectspace.jgl.*;
import com.objectspace.jgl.algorithms.*;
...
public class TrainsListModelJGL implements TrainsListModel {

  // Liste der aktuell angezeigten Verbindungen:
  private Array list = new Array();

  // Liste der zu benachrichtenden Listener:
  private Array listener = new Array();

  // Prädikat, das die Sortierreihenfolge bestimmt:
  private TrainSort trainSort = new TrainSort();

  // Prädikat, das die Datensätze filtert:
  private FilterView listFilter = new FilterView();

  private City currentCity;
  private boolean[] filters;
...
}
```

Listing 1.16: Die Membervariablen der JGL-Lösung für das TrainsListModel

Die Methoden addListDataListener() und removeListDataListener() zum Hinzufügen bzw. Entfernen der *ListDataListener* unterscheiden sich mit einem JGL-Array bis auf andere Methodennamen nicht. Deshalb möchten wir an dieser Stelle auf die Implementierung verzichten. Genauso verhält es sich mit den Methoden getSize() und getElement() des *ListModel*-Interfaces. Deutliche Unterschiede ergeben sich aber beim Erzeugen einer neuen Liste. Die createNewList()-Methode sieht unter Nutzung der Generic Collection Library for Java beispielsweise so aus (siehe Listing 1.17):

```
/*
 * Erzeugt eine neue Liste von Zugverbindungen.
 */
private void createNewList() {
  Array a = new Array(Miniworld.getAllRouteTimeTrains().toArray());
  list = (Array) Filtering.select(a, listFilter);
  Sorting.sort(list, trainSort);
  intervalAdded();
}
```

Listing 1.17: Erzeugen einer Liste von Zugverbindungen mit JGL

Im Vergleich zu der Lösung mit dem Collections Framework fällt sofort auf, dass diese Methode aus weniger Zeilen Sourcecode besteht. Warum dies so ist und wo der Sourcecode geblieben ist, wollen wir uns nun anschauen. In der ersten Zeile dieser Methode werden in einem Array der Generic Collection Library for Java alle Verbindungen der Miniwelt kopiert. Danach benutzen wir einen in JGL bereits vorhandenen Algorithmus zum Filtern von Objekten in einem Container. Der Algorithmus wird durch die Methode `Filtering.select()` aufgerufen. Sie erwartet als Parameter einen JGL-Container, der gefiltert werden soll. Dies ist unser Array a mit allen Verbindungen. Das zweite Argument `listFilter` ist ein so genanntes *Unary Predicate*, das angibt, nach welchen Kriterien gefiltert wird. Die Variable `listFilter` (vergleiche) ist eine Instanz eines solchen Prädikates. Die Realisierung ist in Listing 1.18 gezeigt. Etliche Anweisungen der `createNewList()`-Methode der *Collections-Framework*-Lösung sind in dieses Unary Predicate verlagert worden.

```
/**
 * Filtert die Datensätze nach den ausgewählten Kriterien,
 * also den Checkboxes für Zugtypen und der ausgewählten Stadt.
 */
private class FilterView implements UnaryPredicate {

  public boolean execute(Object o) {
    RouteTimeTrain rtt = (RouteTimeTrain) o;
    if (rtt.getRoute().getDepartureCity().equals(currentCity) == false)
      return false;
    int type = rtt.getTrain().getType() - 1;
    return filters[type];
  }
}
```

Listing 1.18: Ein UnaryPredicate zum Filtern von Zugtypen

Ein *UnaryPredicate* ist ein Interface, das eine Methode `execute()` besitzt. In unserem Fall wird das Prädikat in der `Filtering.select()`-Methode benutzt, um festzustellen, ob eine Zugverbindung angezeigt werden soll oder nicht. Das Argument o ist ein Kandidat, der in der `select()`-Methode ausgewählt oder abgelehnt wird. In unserem Beispiel gibt `execute()` dann true zurück, falls das Objekt vom Typ RouteTimeTrain angezeigt werden soll. Das ist der Fall, wenn 1) der Abfahrtsort gleich der ausgewählten Stadt (currentCity) und 2) in den Checkboxes der Zugtyp markiert ist. Die Klasse FilterView, die das *UnaryPredicate* implementiert, verwaltet in privaten Membervariablen den Zustand der Checkboxes (filters) sowie die ausgewählte Stadt (city). Da die Arbeit in diese Klasse delegiert wurde, gestaltet sich das Filtern der Datensätze in der Methode createNewList() sehr komfortabel: Es braucht nur eine Methode aufgerufen zu werden.

Nachdem in der Variablen list die gefilterten Daten vorliegen, werden diese mit dem bereits bekannten Sortierverfahren Sorting.sort() in die richtige Reihenfolge gebracht. Auch diese Methode erlaubt als weiteren Parameter ein Prädikat, das die Sortierreihenfolge festlegt, so dass wir nach der Zeit bzw. nach dem Namen sortieren können. Die Variable `trainSort` ist eine Instanz der Klasse `TrainSort`. Im Gegensatz zu dem Unary Predicate `listFilter` handelt es sich hierbei um ein so genanntes *Binary Predicate*. Die Klasse `TrainSort` implementiert dazu das Interface `BinaryPredicate` (siehe Listing 1.19). Ein *BinaryPredicate* besitzt wie auch das *UnaryPredicate* eine Methode `execute()`, die aber zwei Objekte als Parameter erwartet. Diese beiden Objekte sollen in irgendeiner Weise miteinander verglichen werden. Welche Bedeutung dieser Vergleich hat, folgt aus dem Kontext. In unserem Beispiel möchten wir damit die Zugverbindungen sortieren, so dass der Vergleich von zwei Objekten in diesem Kontext eine Sortierreihenfolge bedeutet. Ist das erste Objekt kleiner als das zweite, so gibt `execute()` true zurück, andernfalls `false`. Da es zwei Sortierreihenfolgen gibt, ist auch hier die eigentliche Fallunterscheidung in das Binary Predicate verlagert worden. Mit der Methode `setCriteria()` wird die Reihenfolge verändert, die intern in einer privaten Membervariablen hinterlegt ist.

```
/**
 * Sortiert Züge aufsteigend nach dem Zug-Namen.
 */
private class TrainSort implements BinaryPredicate {

  public void setCriteria(int how) {
    switch (how) {
    case TRAIN_TIME:
      criteria = TRAIN_TIME;
      break;
    case TRAIN_NAME:
      criteria = TRAIN_NAME;
      break;
    default:
      throw new RuntimeException("Nicht unterstütztes Kriterium " +
      how);
    }
  }

  public boolean execute(Object o1, Object o2) {
    switch (criteria) {
    case TRAIN_TIME:
      RouteTimeTrain rtt1 = (RouteTimeTrain) o1;
      RouteTimeTrain rtt2 = (RouteTimeTrain) o2;
      Date time1 = rtt1.getTime();
      Date time2 = rtt2.getTime();
      return (time1.compareTo(time2) < 0);

    case TRAIN_NAME:
      RouteTimeTrain rtt3 = (RouteTimeTrain) o1;
      RouteTimeTrain rtt4 = (RouteTimeTrain) o2;
      String n1 = rtt3.getTrain().getName();
      String n2 = rtt4.getTrain().getName();
```

```
        return (n1.compareTo(n2) < 0);
    }
    return false;
}

private int criteria = TRAIN_TIME;
};
```

Listing 1.19: Ein BinaryPredicate, das für das Sortieren der Verbindungen zuständig ist

Innerhalb der `execute()`-Methode wird in einer switch-Anweisung geschaut, ob nach der Zeit (TRAIN_TIME) oder dem Namen (TRAIN_NAME) sortiert wird. Anschließend werden die als Argumente übergebenen Objekte entsprechend gecasted und es findet ein Vergleich mit der `compareTo()`-Methode statt.

Abschlussbemerkung

Dieses umfangreiche Beispiel zeigt uns, wie die Containerklassen der Standardbibliotheken in bestehende Frameworks des Java Developer Kits sehr leicht eingebunden werden können. Es zeigt außerdem, dass es in den Standardbibliotheken viele Gemeinsamkeiten, aber auch Unterschiede gibt. Beide Frameworks bieten fast die gleichen Containerklassen, so dass es hier auf den ersten Blick keine Rolle spielt, für welche der beiden Bibliotheken Sie sich entscheiden. Algorithmen werden in JGL jedoch durch das Konzept der Unary- und BinaryPredicates besser unterstützt, als dies im Collections Framework der Fall ist.

1.3 Voraussetzungen der Sprache Java

In diesem Kapitel werden jene Konzepte der Sprache Java vorgestellt, die sich für Standardbibliotheken als besonders nützlich erweisen. Wenn Sie als Leser mit diesen hier vorgestellten Konzepten bereits vertraut sind, können Sie diesen Abschnitt überspringen. Wir werden später in Kapitel 3 *Einführung in das Collections Framework und JGL* nochmals auf diesen Abschnitt zurückkommen.

Die Entwickler haben beim Entwurf der Sprache Java viele ungünstige Eigenschaften aus älteren objektorientierten Sprachen nicht übernommen und stattdessen – soweit möglich – alles Gute, das bisher bekannt war, in dieser neuen Sprache vereinigt. Dieser späte Erscheinungszeitpunkt stattet Java mit einer Reihe von Eigenschaften aus, mit denen der objektorientierte Programmentwurf in einer in der Praxis tatsächlich eingesetzten Sprache bisher am besten realisiert werden kann. Gerade die Standardbibliotheken, die in diesem Buch besprochen werden, nutzen diese Eigenschaften in hohem Maße.

1.3.1 Die Klasse *Object* und ihre Methoden

Containerklassen, die ausführlich ab Kapitel 3 *Einführung in das Collections Framework und JGL* ab Seite 109 eingeführt und besprochen werden, nutzen die Tatsache, dass in Java automatisch alle Klassen auch von der Klasse Object abgeleitet sind. Selbst wenn in der Definition einer Klasse keine Superklasse mit dem Schlüsselwort extends angegeben wird, so leitet der Compiler diese stets von Object ab. Abgeleitete Klassen haben auf diese Weise stets Object als Basisklasse. Dies hat weit reichende Konsequenzen: *Jede Referenz auf ein unbekanntes Objekt ist mindestens vom Typ Object* und die Klasse selbst stellt bereits einige Methoden zur Verfügung. Somit kann sich ein Softwareentwickler darauf verlassen, dass jedes Objekt bereits ein Minimum an Funktionalität besitzt. Es lohnt sich deshalb, einen Blick auf die Methoden dieser Basisklasse zu werfen (siehe Abbildung 1.13).

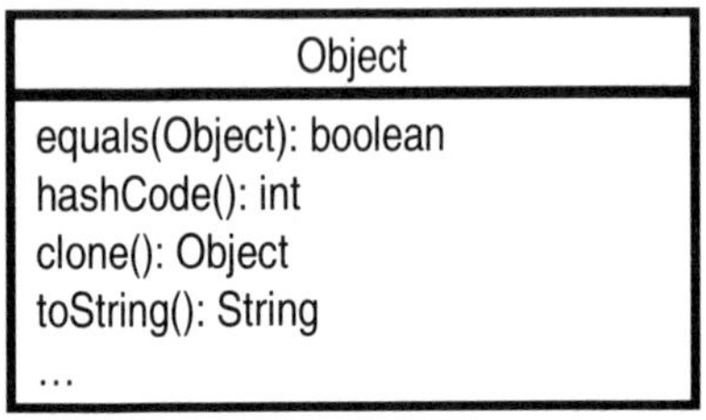

```
           Object
-----------------------------
equals(Object): boolean
hashCode(): int
clone(): Object
toString(): String
...
```

Abbildung 1.13: Die in diesem Abschnitt besprochenen Methoden der Klasse Object in UML-Notation

Virtuelle Methoden am Beispiel von toString()

Die Methode toString() dient dazu, ein Objekt – also eine Instanz – mit Worten beschreiben zu können. Immer dann, wenn es im Programm nötig ist, eine Instanz kurz näher zu erklären, kann diese Methode aufgerufen werden. Das folgende Beispiel (ToString in Listing 1.20) zeigt vier Klassen A, B, C und D, die diese Methode toString() teilweise überschreiben, um sie für ihre Zwecke anzupassen. B ist von A abgeleitet, C von B usw.

```
public class ToString {
  ...
  class A {          // Leere Klasse.
  }

  class B extends A {
    // Überschreibe Methode toString() von Object:
    public String toString() {
      return "Ich bin wie Klasse B.";
    }
  }
```

```
class C extends B { // Leere Klasse.
}

class D extends C {
  // Überschreibe Methode toString() von B:
  public String toString() {
    return "Ich bin wie Klasse D.";
  }
  ...
}
```

Listing 1.20: Vier abgeleitete Klassen, die die Funktionsweise überschriebener Methoden demonstrieren

A erweitert explizit keine Klasse, doch implizit wird A von Object abgeleitet, so dass bereits in A die Methode toString() vorhanden ist. In den Klassen A und C wird toString() nicht überschrieben. Unter dem Überschreiben einer Methode versteht man bei objektorientierten Sprachen einen Methodennamen, der in mehreren, voneinander abgeleiteten Klassen vorkommt. In unserem Fall kommt toString()in den Klassen Object, B und D vor. In Java wird beim Aufruf einer solchen Methode zur Laufzeit bestimmt, welche Methode für die Ausführung genommen wird – genauer, in welcher Klasse die Methode aufgerufen wird. Diese Art der Auswahl wird als *dynamische Bindung* bezeichnet. Methoden, die auf diese Art ausgewählt werden, nennt man *virtuell*. Anders als beispielsweise in C++ sind in Java Methoden standardmäßig immer virtuell. Lediglich Methoden, deren Namen das Schlüsselwort final voransteht, sind fest an ihre Klasse gebunden. In diesem Fall kann nicht zur Laufzeit ermittelt werden, welche Methode die richtige ist, sondern es wird eindeutig die zur der Klasse gehörende Methode ausgeführt.

Der folgende Sourcecode-Auszug (Listing 1.21) instanziiert die vier Klassen und ruft für jede die toString()-Methode auf.

```
public class ToString {
  ...
  public static void main(String[] args) {
    // Lege vier Instanzen an:
    A a = new A();
    B b = new B();
    C c = new C();
    A d = new D();        // Referenz auf A, nicht auf D!
    System.out.println("a=" + a.toString());
    System.out.println("b=" + b.toString());
    System.out.println("c=" + c.toString());
    System.out.println("d=" + d.toString());
    // Dasselbe ohne toString():
    System.out.println("Und noch einmal." );
    System.out.println("a=" + a);
    System.out.println("b=" + b);
    System.out.println("c=" + c);
```

```
      System.out.println("d=" + d);
    }
  }
  ...
  }
```
Listing 1.21: Anwendung der vier Klassen, um die Funktionsweise überschriebener Methoden zu demonstrieren

Ein Blick auf die Ausgabe des Programms demonstriert die Funktionsweise virtueller Methoden.

```
a=kap2_2.A@e5c153f1
b=Ich bin wie Klasse B.
c=Ich bin wie Klasse B.
d=Ich bin wie Klasse D.
Und noch einmal.
a=kap2_2.A@e5c153f1
b=Ich bin wie Klasse B.
c=Ich bin wie Klasse B.
d=Ich bin wie Klasse D.
```

A hat keine eigene toString()-Methode, so dass zur Laufzeit entschieden wird, die Methode einer in der Klassenhierarchie nächsthöheren Klasse, die eine solche Methode implementiert hat, aufzurufen: Das ist die Klasse Object, da A direkter Nachfolger dieser Klasse ist. Wie das Beispiel zeigt, gibt die toString()-Methode der Klasse Object einen kryptischen Text zurück, so dass Sie geradezu aufgefordert sind, diese Methode zu überschreiben. In B überschreiben wir diese Methode mit einem sinnvollen Text und so erhalten wir b=Ich bin wie Klasse B. zurück. In Objekt C ergibt sich der gleiche Fall wie bei A: C besitzt keine eigene toString()-Methode, dadurch wird die in der Klassenhierarchie nächsthöhere toString()-Methode aufgerufen. Das ist nun die Methode in Klasse B, so dass nochmals die gleiche Ausgabe erfolgt. Objekt D schließlich hat toString() wieder überschrieben, allerdings ist D eine Referenz auf ein Objekt vom Typ A (vergleiche)! Welche toString()-Methode wird nun ausgewählt? Die Antwort lautet: Die Methode in Objekt D, deshalb die Ausgabe d=Ich bin wie Klasse D. Obwohl d eine Referenz auf eine Klasse vom Typ A ist, entscheidet die tatsächliche Klassenzugehörigkeit darüber, welche Methode aufgerufen wird. Sie legen die Klassenzugehörigkeit mit dem Ausdruck new IrgendeineKlasse() fest. Da d beim Instanziieren als Typ D angelegt wurde, also mit new D(), wird somit toString() auch in der Klasse D aufgerufen. Es gehört zu den Eigenschaften objektorientierter Programmierung, dass die Referenz auf ein Objekt nur auf irgendeine der abgeleiteten Klassen der tatsächlichen Klasse zu zeigen braucht.

Wie Sie im zweiten Teil der println()-Anweisungen sehen, kann in einer System.out.println()-Anweisung der explizite Aufruf von toString() auch weggelassen werden. Der Grund hierfür ist, dass println() als Argument ein Object erwartet und von diesem Objekt toString() ausführt. Da Strings in Java eine eigene Klasse sind und somit auch von der Klasse *Object* vererbt werden, ist dies möglich. Natürlich liefert `toString()` in diesem Fall einfach seinen String zurück. Deshalb können Sie beim Aufruf einer `println()`-Methode beliebige Objekte und nicht ausdrücklich Strings übergeben. Genau genommen sind sogar noch weitere Vereinbarungen für Strings wie die Verknüpfung mit dem +-Zeichen getroffen worden, auf die wir in diesem Zusammenhang aber nicht näher eingehen wollen.

Sollten Ihnen die in diesem Abschnitt eingeführten Begriffe nichts sagen, so sollten Sie vielleicht noch einmal ein Java-Buch in die Hand nehmen und die Kapitel über die objektorientierte Programmierung studieren.

Gleichheit von Objekten mit `equals()`

Wenn Sie zwei Zahlen vergleichen wollen, so ist das eine einfache Sache: Entweder die Zahlen sind gleich oder nicht. Anders sieht es beispielsweise bei Vektoren aus. Ein Vektor ist im mathematischen Sinne eine (geordnete) Liste von Zahlen, beispielsweise a = (42, -1, 23, 9), b = (1, 2, 3) oder c = (42, -1, 23). Wann sind nun Vektoren gleich? Um diese Frage zu beantworten, muss genau festgelegt werden, was Gleichheit von Vektoren eigentlich bedeuten soll. Eine intuitive Definition möge sein: Zwei Vektoren a und b sind gleich, falls 1) sie die gleiche Anzahl von Elementen haben und 2) alle Elemente paarweise gleich sind. Nach dieser Festlegung sind keine der drei oben genannten Vektoren gleich. Hier wird deutlich, dass der Gleichheitsbegriff nicht für alle Dinge selbstverständlich ist. Für zwei Objekte kann deshalb auch nicht ohne weiteres gesagt werden, ob sie gleich sind. Um aber die Möglichkeit bereitzustellen, dass zwei beliebige Instanzen auf Gleichheit überprüft werden können, gibt es in der Klasse `Object` die Methode `equals()`.

▶ `public boolean equals()`

Sie liefert `true` zurück, falls das als Argument mitgelieferte Objekt mit dem eigenen gleich ist, oder `false`, falls nicht. Die Wrapper-Klasse `Integer` beispielsweise, die das Objekt für den primitiven Datentyp `int` darstellt, hat `equals()` überschrieben und benutzt den bekannten Gleichheitsbegriff ganzer Zahlen. Andere Klassen, so wie die im folgenden Beispiel, müssen da etwas genauer vorgehen.

Angenommen, wir haben Angaben über Personen und müssen entscheiden, ob zwei Personen gleich sind. In der im Kapitel 1.2.3 *Das buchbegleitende Beispiel* vorgestellten Miniwelt hat die Klasse *Person* drei Attribute, sprich Membervariablen, die eine Person kennzeichnen: ihr Vor- und Name sowie ihr Geburtsdatum. Natürlich ist dies stark vereinfacht, doch für diesen Fall genügt diese einfache Sichtweise der Dinge. Zwei Personen der Miniwelt sollen gleich sein dann und nur dann, wenn sowohl ihr Vor- bzw. Nachname als auch ihr Geburtsdatum identisch sind. Ein berechtigter Einwand ist, dass zwei Dinge nur dann gleich sein können, wenn es sich um dieselben Dinge handelt. Dieser strenge Gleichheitsbegriff wird in Programmiersprachen und speziell in Java durch einen Vergleich der Referenzen realisiert. Zeigen zwei Referenzen `a` und `b` auf denselben Speicherplatz, so handelt es sich ohne Zweifel um dieselben Objekte, also sind sie gleich. Der Ausdruck a == b liefert true. Wir brauchen aber einen allgemeineren Gleichheitsbegriff, um auch Objekte, die nicht ihren Speicherplatz teilen, als gleich zu betrachten. Im zweiten einführenden Beispiel 1.2.2 *Sortieren eines Arrays von Integerzahlen* auf Seite 5 haben wir von diesem allgemeinen Gleichheitsbegriff bereits Gebrauch gemacht, als überprüft wurde, ob die Zahl 0 in der Menge set enthalten ist (vergleiche Listing 1.3 auf Seite 4). Dieselbe Situation ergibt sich, falls Referenzen auf zwei Personen vorliegen, deren Herkunft unbekannt ist und die nicht denselben Speicher teilen, also falls person1 == person2 den Wert false ergibt. Ist vielleicht doch die gleiche Person gemeint? Ein Aufruf der Methode person1.equals(person2) sollte dies klären. Schauen wir uns eine Implementierung der equals()-Methode der Klasse Person näher an (siehe Listing 1.22):

```
public class Person implements Comparable, Cloneable {
...
  public boolean equals(Object object) {
    // Prüfe, ob eine Null-Referenz übergeben wurde:
    if (object == null)
      return false; // Null bedeutet laut Definition false.

    // Prüfe, ob es sich um die gleiche Referenz handelt.
    if (this == object)
      return true; // Das ist der Fall, also true.

    // Prüfe, ob das Argument objekt vom Typ Person ist:
    if (object instanceof Person) {
      // Das ist der Fall, also kann gecasted werden:
      Person other = (Person) object;
      // Nun folgen die eigentlichen Gleichheitskriterien:
      if (forename.equals(other.getForename()) &&
          lastname.equals(other.getLastname()) &&
          birthDate.equals(other.getBirthDate()))
        return true;
    }
    return false;
  }
...
}
```

Listing 1.22: Die equals()*-Methode der Klasse* Person

Das ist schon recht viel Sourcecode, der nötig ist, um die Gleichheit zweier Personen festzustellen. Grund dafür ist, dass einige Spezialfälle und Konventionen seitens Java eingehalten werden sollten, die nun näher besprochen werden.

Es ist ratsam, zu Beginn bei einem Vergleich einige Standardfälle zu überprüfen: Ist das als Argument gelieferte Objekt eine Null-Referenz, so fordert das Java 2 API, dass false zurückgegeben wird [Java 2 API/Object]. Zeigt das Objekt auf das gleiche Objekt, in

1.3 Voraussetzungen der Sprache Java

dem `equals()` aufgerufen wurde – kurz (`this == object`)? –, so handelt es sich zweifelsohne um das gleiche Objekt und das Ergebnis ist `true`. Tritt keiner der beiden genannten Fälle ein, so wird als dritte Möglichkeit überprüft, ob das Argument überhaupt vom gleichen Typ ist wie das Objekt, in dem die Methode aufgerufen wurde. Java bietet hierfür das Schlüsselwort `instanceof`, das wie ein boolescher Ausdruck `true` ergibt, falls zwei Objekte zur gleichen Klasse gehören, bzw. `false`, falls nicht.

Als Nächstes sollte überprüft werden, ob die für das Objekt relevanten Daten mit denen des anderen Objekts identisch sind. Hierfür gibt es keine allgemein gültigen Regeln. Ob zwei Instanzen als gleich betrachtet werden sollen oder nicht, liegt im Ermessen des Softwareentwicklers. Nach unserer Vereinbarung sollen Personen den gleichen Namen und das gleiche Geburtsdatum haben, um als gleich angesehen zu werden. Auch zum Überprüfen des Vor- bzw. Nachnamens und des Geburtsdatums benutzen wir die `equals()`-Methode und delegieren so die Aufgabe an die Klassen *String* bzw. *Date*.

Hierzu sind einige Anmerkungen angebracht: Ein weiteres Aufrufen der `equals()`-Methode in Membervariablen – so wie eben geschehen – führt eventuell zu einer Rekursion, die alle verschachtelten Objekte auf Gleichheit überprüft. Zum Beispiel ist es denkbar, dass die Methode `equals()` der Klasse `Date` wiederum weitere `equals()`-Methoden ihrer Membervariablen aufruft usw. Das heißt, solange ein Objekt weitere Objekte aggregiert, können auch diese in den Vergleich mit einbezogen werden. Manchmal kann es aber auch sinnvoll sein, dass die Membervariablen nur dem engeren Gleichheitsbegriff genügen sollen, also dass sie auf das gleiche Objekt verweisen. Dann wird nicht die `equals()`-Methode angewandt, sondern nur der Vergleich der Referenzen. Die Situation ist sehr ähnlich, falls eine Kopie eines Objekts angelegt wird. Eine Kopie lässt sich mit der Methode `clone()` erzeugen, die im übernächsten Abschnitt *Kopieren eines Objektes mit clone()* ab Seite 41 näher besprochen wird. Hier beschreiben wir auch die Unterschiede der beiden Verfahren.

Überprüfen wir nun unsere Implementierung der `equals()`-Methode mit dem folgenden Programm `Equals` (siehe Listing 1.23).

```java
public class Equals {

  public static void main(String[] args) {
    try {
      Person peter = new Person("Peter", "Mayer", "10.07.1962");
      Person jasmin = new Person("Jasmin", "Wolf", "31.12.1975");
      Person peter2 = peter;          // Referenz.
      // Clone:
      Person jasmin2 = new Person("Jasmin", "Wolf", "31.12.1975");
      // Kein Clone:
      Person jasmin3 = new Person("Jasmin", "Wolf", "31.12.1979");
      Integer zahl = new Integer(1);  // Zahl.
```

```
      compare(peter, jasmin);        // Unterschiedliche Personen.
      compare(peter, peter2);        // Referenz.
      compare(jasmin, jasmin2);      // Zwei Clones.
      compare(jasmin, jasmin3);      // Zwei verschiedene Clones.
      compare(peter, zahl);          // Artfremde Objekte.
      compare(peter, null);          // Vergleich mit null-Objekt.
    }
    catch (Exception e) {
      System.err.println(e);
    }
  }

  public static void compare(Object object1, Object object2) {
    System.out.print("Vergleiche " + object1 +
                     " und " + object2+": ");
    if ( object1.equals(object2))
      System.out.println("gleich.");
    else
      System.out.println("verschieden!");
  }
}
```

Listing 1.23: Wann sind zwei Personen gleich?

Es werden fünf Referenzen auf Person angelegt, wovon peter2 lediglich eine weitere Referenz auf peter darstellt. Die Prozedur compare() ruft in der if-Abfrage die equals()-Methode beider Argumente object1 und object2 auf. Dabei fällt auf, dass die Argumente nicht vom Typ Person sind, sondern vom Typ Object. Möglich macht dies die im vorigen Abschnitt beschriebene Tatsache, dass alle Objekte automatisch von Object erben – darum reicht es aus, eine Referenz von diesem Typ zu übergeben. Diese Verallgemeinerung erlaubt es uns auch, ein artfremdes Objekt wie die Integerzahl 1 mit einer Person vergleichen zu können.

Die Ausgabe sieht so aus:

```
Vergleiche Peter Mayer und Jasmin Wolf: verschieden!
Vergleiche Peter Mayer und Peter Mayer: gleich.
Vergleiche Jasmin Wolf und Jasmin Wolf: gleich.
Vergleiche Jasmin Wolf und Jasmin Wolf: verschieden!
Vergleiche Peter Mayer und 1: verschieden!
Vergleiche Peter Mayer und null: verschieden!
```

Beachten Sie, dass die toString()-Methode der Klasse Person nur den Namen, nicht aber das Geburtsdatum ausgibt. Das ist Vereinbarungssache und aus didaktischen Gründen hier recht nützlich, da nun zwei äußerlich gleiche Personen verschieden sind.

Wie erwartet, sind Peter und Jasmin verschiedene Personen. Zwei Referenzen, die auf das gleiche Objekt zeigen, so wie peter und peter2, sind natürlich gleich. Interessant ist der Vergleich von jasmin und jasmin2: Dies sind zwei verschiedene Objekte, die keinen gemeinsamen Speicher nutzen, da sie mit zwei new-Anweisungen erstellt wurden.

Trotzdem sind sie per Definition gleich, da sowohl der Name als auch das Geburtsdatum gleich sind. `jasmin3` hat den gleichen Namen, aber ein anderes Geburtsdatum als `jasmin`, so dass hier der Vergleich negativ ausfällt. Schließlich liefert der Vergleich der Person `peter` mit einer Integerzahl bzw. mit einer *null*-Referenz das Ergebnis `false`.

Geforderte Eigenschaften von `equals()` Das Java 2 API fordert von der Methode `equals()`, dass sie die Eigenschaften einer so genannten Äquivalenzrelation erfüllt. Diese Eigenschaften sind eigentlich intuitiv bereits klar, eine Verletzung würde sehr schnell zu Widersprüchen führen:

1. Sei `a` eine Referenz auf ein Objekt. Dann muss gelten: `a.equals(a)` liefert `true` (Eigenschaft: *reflexiv*).

2. Für zwei Referenzen `a` und `b` auf Objekte muss gelten: `a.equals(b)` liefert `true` dann und nur dann, falls auch `b.equals(a)` `true` ergibt (Eigenschaft: *symmetrisch*).

3. Für alle Referenzen `a`, `b` und `c` auf Objekte muss gelten: Falls `a.equals(b)` `true` ergibt und `b.equals(c)` auch `true` zurückliefert, dann muss auch `a.equals(c)` `true` liefern (Eigenschaft: *transitiv*).

Eigenschaft (1) besagt lediglich, dass ein Objekt sich selbst ähnlich sein sollte, so wie es der oben beschriebene Test (`this == o`) realisiert. Bedingung (2) ist notwendig, damit das Ergebnis eines Vergleichs nicht von der Reihenfolge abhängig ist, und (3) schließlich stellt klar, dass der Gleichheitsbegriff unter allen Objekten gleich definiert ist.

Die Methode `equals()` wird in Containerklassen benutzt, um festzustellen, ob Instanzen gleich sind. Im ersten einführenden Beispiel (siehe Listing 1.3 auf Seite 4) benutzt die Methode `contains()` der Klasse *TreeSet* diese Methode, um gleiche Zahlen zu finden.

> Ein Programmierfehler, der einem gerne unterläuft, ist zu vergessen, diese Methode in eigenen Klassen zu überschreiben. So kann es passieren, dass eigentlich gleiche Objekte durch die überschriebene `equals()`-Methode als verschieden angesehen werden, obwohl dem nicht so ist. Bei Containern, die keine Duplikate zulassen, führt dies zu unangenehmen Nebeneffekten.

Der Hashwert eines Objekts mittels `hashCode()`

Die letzte Methode aus der Klasse `Object`, die in diesem Abschnitt besprochen wird, ist `hashCode()`:

▶ `public int hashCode()`

Diese Methode liefert einen so genannten Hashwert (oder Hashcode) h zurück, der als Argument in einer Hashfunktion H gebraucht wird. Hashverfahren, die ausführlicher in Kapitel 2.3.3 *Zugriff durch Hashing* erklärt sind, werden eingesetzt, um beispielsweise eine Vielzahl von Objekten in einem Array der festen Länge N zu speichern. Mit dem Hashwert eines Objektes wird dafür der Index des Array-Speicherplatzes errechnet. Ziel solcher Hashverfahren ist es, ein Element in dem Array sehr schnell zu finden, falls möglich, mit direktem Zugriff. Angenommen alle gespeicherten Objekte werden auf verschiedene Arrayplätze abgebildet, dann reicht es aus, über die Hashfunktion den Index zu errechnen, um auf das Objekt zugreifen zu können.

Prinzipiell könnte auch die Hashfunktion einen Hashwert für ein Objekt errechnen, doch ist es objektorientierter, dies der jeweiligen Klasse zu überlassen. Deshalb liefert hashCode() für den Hashwert einen Vorschlag, der üblicherweise als Argument der Hashfunktion übergeben wird. Durch eine geeignete Hashfunktion wird dann ein Index, $i = H(h)$, $0 \leq i < N$, errechnet. Der Hashcode h eines Objekts muss eine ganze Zahl sein und aus dem zu speichernden Datum in irgendeiner Weise berechnet werden. Der Wertebereich darf beliebig groß werden, denn eine Einschränkung auf den abgebildeten Speicherbereich erfolgt durch die Hashfunktion $i = H(h)$, die die Werte auf das Intervall $0, ..., N-1$ abbildet. Diese Eigenschaft besitzt z.B. eine Modulo-Funktion: $H(h) = h$ mod N. Es wird dabei durchaus geduldet, dass zwei unterschiedliche Objekte ein und denselben Hashcode h haben und somit den gleichen Speicherplatz adressieren. Diesen Vorgang bezeichnet man als Überlauf, der als Sonderfall behandelt werden muss. Beispielsweise könnten diese Objekte, deren Hashcode den gleichen Index ergibt, zusätzlich in einer verketteten Liste verwaltet werden. Einzelheiten, wie eine solche Hashfunktion realisiert werden kann, und weitere Details werden im Kapitel 2.3.3 Zugriff durch Hashing besprochen. In diesem Abschnitt möchten wir nur beschreiben, was Sie bei der Entwicklung eigener hashCode()-Methoden beachten müssen.

Als erstes Beispiel für eine solche Methode nehmen wir die Realisierung der *Integer*-Klasse: Diese hashCode()-Methode liefert einfach den Integerwert i der Zahl zurück, also $h := i$. Strings hingegen rechnen ihren Text in eine Zahl um. Der Hashwert der Klasse *String* errechnet sich nach

$$h = s_0 \cdot 31^{(n-1)} + s_1 \cdot 31^{(n-2)} + ... + s_{n-1}.$$

Hierbei bezeichnet n die Länge des Strings s. s_i ist der Unicode-Wert des Zeichens, auf das mit der Methode s.charAt(i) zugegriffen wird. Sinn dieses langen Ausdruck ist, dass auch Strings mit ähnlichem Text unterschiedliche Hashwerte erhalten. Als eigenes Beispiel nehmen wir die überschriebene hashCode()-Methode der Klasse Person. Die eine Person kennzeichnenden Attribute sind die Membervariablen forename, lastname und birthDate, die vom Typ String bzw. Date sind. Der Hashwert eines Objekts vom Typ Person möge sich nun aus der Summe der Hashwerte des Vor- bzw. Nachnamens und des Geburtsdatums zusammensetzen (siehe Listing 1.24).

```
public class Person implements Comparable, Cloneable {
  ...
  public int hashCode() {
    return forename.hashCode() + lastname.hashCode() +
      birthDate.hashCode();
```

```
    }
    ...
}
```
Listing 1.24: Die Methode `hashCode()` *der Klasse* `Person`

Damit ist gewährleistet, dass alle Eigenschaften in die Berechnung des Werte eingehen und so unterschiedliche Personen mit hoher Wahrscheinlichkeit verschiedene Hashcodes besitzen. Im nächsten Abschnitt sehen wir, dass bestimmte Eigenschaften von dieser Methode gefordert werden, die nicht verletzt werden dürfen.

Geforderte Eigenschaften von `hashCode()` Nach der Spezifikation des Java 2 APIs werden zwei Forderungen an den Rückgabewert dieser Methode gestellt [Java 2 API/Object].

1. Während der Ausführung eines Programms muss `hashCode()` für das gleiche Objekt auch immer den gleichen Integerwert zurückliefern. Von einem Start einer Applikation zum anderen darf sich der Wert hingegen ändern.

2. Falls zwei Objekte gleich im Sinne ihrer `equals()`-Methode sind, so müssen auch ihre `hashCode()`-Methoden identische Werte liefern. Allerdings müssen gemäß `equals()` unterschiedliche Objekte nicht notwendigerweise verschiedene Werte zurückgeben.

Die `hashCode()`-Methode in der Klasse `Person` erfüllt diese Anforderungen, denn sowohl `forename`, `lastname` als auch `birthDate` gehen in die Berechnung des Hashcodes mit ein.

In einigen Containerklassen der Standardbibliotheken werden Objekte wie Elemente einer Menge behandelt. Je nach Eigenschaft der Menge dürfen keine doppelten Elemente in einer Menge vorhanden sein. Hierbei wird die `hashCode()`-Methode benutzt, um das Objekt in der Hashtabelle zu lokalisieren. Hätten zwei Objekte, die gleich im Sinne ihrer `equals()`-Methode sind, verschiedene Hashwerte, würden sie auf verschiedene Plätze innerhalb der Hashtabelle verteilt. Somit würden die Duplikate nicht gefunden. Das heißt, die Methode `hashCode()` ist neben `equals()` eine der zentralen Methoden, die für Standardbibliotheken benötigt werden.

> Oft wird beim Programmieren vergessen, diese Methode in eigenen Klassen zu überschreiben. In der Generic Collection Library for Java wird der Hashwert u.a. als Rang verwendet, um Objekten eine Reihenfolge zuzuweisen. Wird zudem die geforderte Eigenschaft 2 ignoriert, so führt dies zu undefinierten Ergebnissen.

Kopieren eines Objektes mit `clone()`

Primitive Datentypen wie `int` oder `float` lassen sich leicht kopieren. In Listing 1.25 ist eine Folge von Zuweisungen zu sehen. Zuerst wird eine Kopie der Variablen `a` angelegt, sodann wird `a` verändert.

```
int a = 1;
int b = a;  // Kopie!
a = 2;
System.out.println("a = " + a + " und b = " + b);
```
Listing 1.25: Kopieren von primitiven Datentypen

Dieses Programm liefert als Ausgabe

a = 2 und b = 1

Nachdem b der Wert von a zugewiesen wurde, kann a verändert werden, ohne dass sich dadurch b ändert. Infolgedessen wird bei primitiven Datentypen immer eine echte Kopie des Datums angelegt. Wie sieht es bei Objekten aus?

Listing 1.26 zeigt das Objekt petra1, Petra Müller, von der eine Kopie angelegt wird (petra2). Nun soll – wie im eben vorgestellten Beispiel – das Original verändert werden. Dazu geben wir petra1 einen neuen Nachnamen.

```
Person petra1 = new Person("Petra", "Müller", "13.11.1957");
Person petra2 = petra1;
petra1.setLastname("Maier");
System.out.println("petra1 = " + petra1 + ", petra2 = " + petra2);
```
Listing 1.26: Kopieren der Referenz auf ein Objekt

Das println()-Statement ergibt

petra1 = Petra Maier, petra2 = Petra Maier

Beide Variablen zeigen die gleiche Person. Das heißt, die Änderung von petra1 betrifft auch petra2! Es wurde keine wirkliche Kopie des Objektes erstellt, sondern nur eine Kopie der Referenz. Auch wenn man im Zusammenhang mit Java nicht von Pointern spricht, so werden im Sinne von C++ mit einer solchen Zuweisung nur die Pointer kopiert.

Java bietet mit der Methode

- protected Object clone()

die Möglichkeit, eine echte Kopie eines Objektes zu erhalten. Diese Methode ist in der Klasse *Object* als protected deklariert, so dass sie nicht direkt aufgerufen werden kann. Der Grund liegt darin, dass clone() in der Klasse *Object* keine Kopie eines Objektes erstellen kann, da sie nicht wissen kann, welche Eigenschaften die abgeleitete Klasse hat. Normalerweise sind solche Methoden als abstrakt gekennzeichnet mit der Folge, dass die zugehörige Klasse nicht instanziiert werden kann. Für die Klasse *Object* soll diese Einschränkung aber nicht gelten, darum wurde die abstrakte Klasse nachgeahmt, indem sie in *Object* als protected, also von außen nicht zugreifbar, deklariert wurde. Sollen abgeleitete Klassen die clone()-Methode anbieten, müssen sie die Methode als public überschreiben.

Schauen wir uns nun die `clone()`-Methode für die Klasse Person an, damit wir eine echte Kopie machen können (siehe Listing 1.27)):

```java
public class Person implements Comparable, Cloneable {
  ...
  private String forename;   // Vorname der Person.
  private String lastname;   // Nachname der Person
  private Date birthDate;    // Und ihr Geburtsdatum.
  ...
  public Object clone() {
    return new Person(forename, lastname, (Date) birthDate.clone());
  }
  ...
}
```

Listing 1.27: Die `clone()`-Methode der Klasse Person

Da die Klasse Person nur drei Membervariablen und keine weiteren verschachtelten Objekte besitzt, reicht es aus, einfach eine neue Instanz zurückzugeben, die im Konstruktor die Werte der Originalklasse übergeben bekommt. Das Geburtsdatum wird ebenfalls geklont, da sich Objekte vom Typ *Date* nachträglich noch verändern lassen, indem z.B. eine neue Zeit gesetzt wird. Starten wir einen neuen Versuch (siehe Listing 1.28).

```java
Person petra3 = (Person) petra1.clone();
petra1.setLastname("Schulze");
System.out.println("petra1 = " + petra1 + ", petra3 = " + petra3);
```

Listing 1.28: Anlegen einer Kopie der Klasse Person mit der `clone()`-Methode

Nun erhalten wir nach dem Ändern des Nachnamens die richtigen Ergebnisse. Die Kopie petra3 bleibt von der Änderung im Original unberührt, wie die folgende Ausgabe beweist.

```
petra1 = Petra Schulze, petra3 = Petra Maier
```

Als Abschluss dieses Abschnittes möchten wir noch die Begriffe *shallow copy* und *deep copy* einführen. Dazu ein Beispiel: Ein Zug der Miniwelt besteht aus mehreren Waggons. Jeder Waggon hat eine Nummer, die frei vergeben werden kann. So ist es denkbar, dass die Waggonnummer der Reihenfolge der angehängten Wagen entspricht. Die Klasse Train aggregiert eine Liste von Objekten der Klasse Waggon. Wie sieht es mit einer Kopie eines Objektes vom Typ Train aus? Der nachfolgende Sourcecode erzeugt eine Kopie eines Zuges (siehe Listing 1.29).

```java
// Wähle den ersten Zug der Miniwelt:
Train t = (Train) Miniworld.getAllTrains().first();
// Ändere Wagen an Position 4 in Nr. 400:
t.getWaggon(3).setNumber(400);
System.out.println("Original " + t);
for (int i = 0; i < t.getSize(); i++)
  System.out.println("  " + t.getWaggon(i));
```

```
// Erzeuge eine "shallow copy":
Train t2 = (Train) t.clone();
System.out.println("Kopie " + t2);
for (int i = 0; i < t2.getSize(); i++)
  System.out.println(" " + t2.getWaggon(i));
```

Listing 1.29: *Mit der Methode* `clone()` *werden Objekte kopiert. Von dem Objekt* t *wird eine Kopie in der Variablen* t2 *erzeugt.*

Zunächst wird der erste Zug in der Miniwelt der Variablen t und anschließend dem vierten Wagen die Nummer 400 zugewiesen. Danach erzeugen wir eine Kopie des Zuges mit der `clone()`-Methode. Die `println()`-Ausgabe zeigt, dass auch die Waggons mit vervielfältigt wurden.

```
Original RE-Zug: Albrecht, 6 Wagen
  Passagierwaggon Nr.: 1
  Passagierwaggon Nr.: 2
  Passagierwaggon Nr.: 3
  Passagierwaggon Nr.: 400
  Passagierwaggon Nr.: 5
  Güterwaggon Nr.: 6
Kopie RE-Zug: Albrecht, 6 Wagen
  Passagierwaggon Nr.: 1
  Passagierwaggon Nr.: 2
  Passagierwaggon Nr.: 3
  Passagierwaggon Nr.: 400
  Passagierwaggon Nr.: 5
  Güterwaggon Nr.: 6
```

Nun wird Wagen Nr. 2 in der Kopie verändert – die Wagennummer lautet jetzt 200.

```
// Ändere Wagen an Position 2 in Nr. 200 in der Kopie:
t2.getWaggon(1).setNumber(200);
System.out.println("Original " + t);
for (int i = 0; i < t.getSize(); i++)
  System.out.println(" " + t.getWaggon(i));
```

Listing 1.30: *Eine verschachtelte Variable der Kopie* t2 *wird verändert.*

Die Ausgabe zeigt, dass davon auch das Original betroffen ist. Obwohl zum Kopieren die Methode `clone()` benutzt wurde, kann die Kopie immer noch das Original beeinflussen.

```
Original RE-Zug: Albrecht, 6 Wagen
  Passagierwaggon Nr.: 1
  Passagierwaggon Nr.: 200
  Passagierwaggon Nr.: 3
  Passagierwaggon Nr.: 400
  Passagierwaggon Nr.: 5
  Güterwaggon Nr.: 6
```

Dies ist kein wirklicher Fehler, sondern beabsichtigt. Es wurden in der `clone()`-Methode nämlich keine neuen Wagen erzeugt, sondern nur die Referenzen auf die Wagen des zu kopierenden Objektes kopiert. Die Realisierung der Methode `clone()` sieht wie folgt aus (Listing 1.31):

```
public class Train implements Comparable, Cloneable, Serializable {
  ...
  public Object clone() {
    // Erzeuge einen neuen, leeren Zug:
    Train t = new Train(getName(), getType());
    // Übertrage alle vorhandenen Waggons in die Kopie:
    for (int i = 0; i < getSize(); i++)
      t.addWaggon(getWaggon(i));
    return t;
  }
  ...
}
```

Listing 1.31: *Die Methode* `clone()` *der Klasse* `Train`

Zunächst wird eine neue Instanz t der Klasse `Train` mit den Parametern Zugname und Zugtyp angelegt, die die gleichen sind wie die des zu kopierenden Zuges. Anschließend werden alle Waggons dem neuen Objekt zugefügt. Jetzt haben beide Referenzen t und this die gleichen Eigenschaften, obwohl sie auf verschiedene Objekte verweisen. Allerdings teilen sich beide dieselben Waggons, da nur die Referenzen auf die Waggons kopiert wurden. Diese Art, ein Objekt zu kopieren, wird als *shallow copy* (flache Kopie) bezeichnet. Das Gegenteil ist eine *deep copy* (tiefe Kopie), bei der auch alle verschachtelten Kopien tatsächlich mit `new()` neu erzeugt wurden. Dies geschieht entweder direkt in der `clone()`-Methode wie bei Person oder es wird an die zu kopierende Klasse delegiert, indem ein weiterer `clone()`-Aufruf erfolgt.

> Die `clone()`-Methode wird auch in den Standardbibliotheken genutzt. Jede Containerklasse gibt eine shallow copy von sich zurück. Sie müssen sich also bewusst sein, dass eine Kopie eines Containers dieselben Objekte referenziert.

Es gibt weiterhin noch das Interface *Cloneable* im Package *java.lang*, das anzeigt, ob ein Objekt durch die `Object.clone()`-Methode geklont werden kann. Das Interface *Cloneable* besitzt keine Methoden oder Konstanten, daher ist es nach den Entwurfsmustern von [Grand 1998] ein Markierungsinterface. Falls ein Objekt dieses Interface implementiert, braucht es keine eigene `clone()`-Methode zu besitzen. Stattdessen wird die `clone()`-Methode in der Klasse *Object* benutzt. Diese erzeugt eine neue Instanz des Objekts und weist allen Variablen die Werte des zu klonenden Objekts zu. Die Variablen selbst werden nicht geklont, sondern es werden nur die Referenzen zugewiesen. D.h. auf diese Weise wird eine shallow copy erzeugt. In den meisten Fällen ist es aber trotzdem notwendig, die `clone()`-Methode zu überschreiben, da selten nur die Verweise kopiert werden. In der `clone()`-Methode der Klasse *Person* z.B. wurde eine Kopie der Klasse *Date* angefertigt, da ein Objekt von diesem Typ im Gegensatz zu Strings verändert werden kann. Wird versucht, Instanzen zu klonen, die das Interface nicht implementieren, wird eine *CloneNotSupportedException* erzeugt.

1.3.2 Interfaces

Eine der mächtigsten Neuerungen in Java war die Einführung von so genannten Interfaces, Sprachkonstrukten, die die Beschreibung von Klassen-Schnittstellen ermöglichen. Für den Benutzer einer Klasse reicht es aus, nur ihre öffentlichen *(public)* Methoden und Konstanten zu kennen. Diese beschreiben die so genannten Schnittstellen für den Programmierer. Wie die Aufgabe einer Funktion gelöst wird, ist Sache der implementierenden Klassen – verschiedene Klassen können die Aufgabe unterschiedlich lösen.

Die in diesem Buch besprochenen Standardbibliotheken nutzen Interfaces sehr stark. Für unterschiedliche Container-Typen, wie Listen und Mengen, existieren eigene Interfaces. Sie werden von den eigentlichen Container-Klassen nach unterschiedlichen Kriterien implementiert. Um zu verstehen, welche Vorteile diese Interfaces bieten, soll in diesem Abschnitt das zugrunde liegende Konzept näher besprochen werden.

Das Schlüsselwort Interface

Die Trennung von Schnittstelle und Implementierung ist eine altbekannte Forderung in der objektorientierten Programmierung; ihr wird Java durch Interfaces gerecht. In einem Interface werden Methoden und Konstanten bekannt gegeben, die später von Klassen implementiert werden. Ähnlich wie bei Klassen wird die Beschreibung von Interfaces durch ein Schlüsselwort eingeleitet, gefolgt von einem eindeutigen Namen. Im Gegensatz zu Klassen dürfen jedoch keine Variablen deklariert werden. Jede Deklaration einer Variablen erhält von Java automatisch die Modifizierer *public*, *static* und *final* (siehe Listing 1.32).

```
public interface MyCollection {
  final static int MAX_SIZE = 0x7FFF;   // Definition einer Konstanten
  int MIN_SIZE = 0;                     // Automatisch final static
  boolean add(Object element);          // Deklaration von Funktionen
  boolean remove(Object element);
}
```

Listing 1.32: Syntax eines Interfaces

Methoden werden durch Typ, Namen und Liste der Argumente angegeben. Obwohl die Variablennamen der Argumente nicht benötigt werden, müssen sie laut Sprachdefinition mit angegeben werden. Um dem späteren Benutzer von Interfaces die Arbeit zu erleichtern, sollten Sie bei der Benennung von Funktionen und Argumenten aussagekräftige Namen verwenden.

Ein weiterer wichtiger Unterschied zwischen Interfaces und Klassen ist, dass ein Interface von beliebig vielen Interfaces abgeleitet werden kann. Die Eigenschaft, Methoden und Konstanten von mehreren »Vater«-Interfaces zu erben, wird als Mehrfachvererbung bezeichnet.

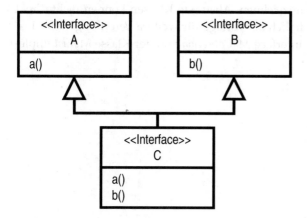

Abbildung 1.14: Mehrfachvererbung von Interfaces

Abbildung 1.14 zeigt, wie das Interface C die Methoden von den Interfaces A und B enthält. Um Mehrdeutigkeit zwischen Bezeichnern zu vermeiden, ist eine Mehrfachvererbung von Klassen in Java nicht erlaubt. Stellen Sie sich vor, zwei Vaterklassen besitzen Funktionen, deren Name, Type und Parameter exakt übereinstimmen, dann ist bei einem Aufruf der Methode in der Kindklasse nicht eindeutig festgelegt, von welcher Vaterklasse die Funktion aufgerufen wird. Bei Interfaces besteht hingegen keine Mehrdeutigkeit, denn die Implementierung der Methode, also der auszuführende Code, wird ja erst in der implementierenden Klasse festgelegt. Syntaktisch werden Vererbungen in Java durch das Schlüsselwort *extends* angegeben. Bei einer Mehrfachvererbung werden die Vater-Interfaces durch Kommas getrennt aufgezählt. Im Listing 1.33 wird das Interface C aus Abbildung 1.14 gezeigt, das die Methoden von den Interfaces A und B erbt.

```java
public interface A {
  void a();
}

public interface B {
  void b();
}

public interface C extends A, B {
  void c();
}
```

Listing 1.33: Mehrfachvererbung von Interfaces

Bisher wurden nur die Definition und Vererbung von Interfaces betrachtet, nun wenden wir uns der Implementierung eines Interfaces durch eine Klasse zu. Eine Klasse, die ein oder mehrere Interfaces implementiert, muss *alle* zugehörigen Funktionen implementieren, selbst dann, wenn eine Funktion des Interfaces eigentlich nicht benötigt wird. Werden nicht alle Funktionen eines aufgeführten Interfaces implementiert, so ist die Klasse als *abstract* zu kennzeichnen. Abstrakte Klassen können nicht direkt instanziiert werden, sie dienen lediglich als Vorlage für weitere Vererbungen. Im Listing 1.34 wird das oben definierte Interface *MyCollection* von der Klasse *MyList* implementiert.

```
class MyList implements MyCollection {
  boolean add(Object element) {
    ...
  }
  boolean remove(Object element) {
    ...
  }
  ...
}
```

Listing 1.34: Implementierung eines Interfaces

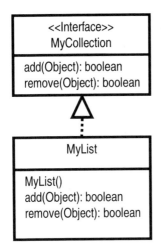

Abbildung 1.15: Implementierung eines Interfaces

Das Besondere an diesem Konzept ist die Möglichkeit, ein Objekt über eine Schnittstelle der Klasse, also über ein Interface, zu referenzieren. Beispielsweise erwartet eine Funktion nicht eine Klasse als Parameter, sondern eine Schnittstelle. Diese Schnittstelle kann jedoch von unterschiedlichen Klassen erfüllt werden. Diese Eigenschaft der Interfaces wird benutzt, um beispielsweise allgemeine Sortierfunktionen für Containerklassen zu schreiben. Alle zu sortierenden Container implementieren ein Interface, das

Zugriffsfunktionen auf ihre Daten bereitstellt. Wie der tatsächliche Zugriff auf die Daten erfolgt, ist dann Sache der Containerklassen und wird sich bei einem Array oder einer verketteten Liste erheblich unterscheiden. Das Listing 1.35 zeigt, wie die Referenz einer Klasse *MyList* dem Interface *MyCollection* zugewiesen wird. Anschließend können Operationen über die *MyCollection*-Schnittstelle aufgerufen werden.

```
MyCollection c = new MyList();           // Erzeugen einer Liste.
String s = new String("Erstes Element"); // Erzeugen eines Strings.
c.add(s);                                // Element in die Liste aufnehmen.
```

Listing 1.35: *Referenz auf ein Interface*

Java bietet mit dem *instanceof*-Operator zur Laufzeit die Möglichkeit, ein Objekt nach seinem Typ zu befragen. Als Typ sind in diesem Sinne nicht nur Klassen, sondern auch implementierte Interfaces zu verstehen (siehe Listing 1.36).

```
if (container instanceof MyCollection)
   ((MyCollection) container).add(element);
```

Listing 1.36: *Typüberprüfung zur Laufzeit*

Interface-Hierarchien

Mit der Vererbung und Mehrfachvererbung von Schnittstellen steht in Java ein mächtiges Werkzeug für das Design von Anwendungen und Klassenbibliotheken bereit. Die Architektur der Standardbibliotheken nutzt diese Möglichkeiten. Besonders deutlich wird dies in der gelungenen Architektur des Collections Frameworks, das hier exemplarisch vorweggenommen wird.

Die Architektur beruht auf einer strikten Trennung von Schnittstellen und Implementierung. Während die Hierarchie der Interfaces die konzeptionelle Struktur bildet, realisiert die Klassen-Hierarchie die Implementierungsstruktur im Sinne der Code-Wiederverwendung.

Die allgemeinste Formulierung für den Umgang mit einer Sammlung von Elementen ist durch das Interface *Collection* gegeben. Es beschreibt unter anderem Funktionen, um Elemente zu einer Sammlung hinzuzufügen und zu entfernen. Von *Collection* sind zwei weitere Interfaces abgeleitet; *List* und *Set*. Das Interface *List* formuliert zusätzlich spezielle Zugriffsfunktionen, die beim Umgang mit Listen erforderlich sind. Das Interface *Set* stellt Funktionen bereit, die für den Umgang mit Mengenoperationen von Nutzen sein können, wie beispielsweise eine Operation zur Ermittlung von Schnittmengen. Das Interface *SortedSet* ist ein weiteres Interface, das direkt von *Set* abgeleitet ist und die Funktionalität sortierter Mengen verfeinert. Neben der beschriebenen Interface-Hierarchie existieren unabhängig von *Collection* zwei weitere Container Interfaces, *Map* und *SortedMap*, die Funktionen zum Umgang mit Schlüssel-Wert-Paaren definieren.

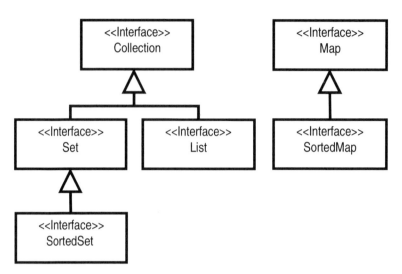

Abbildung 1.16: Interface-Hierarchie des Collection Frameworks

Die eigentliche Implementierung der Container-Funktionalität ist in eine Klassenhierarchie gepackt, deren Klassen entsprechende Interfaces implementieren. Zu jedem Interface gibt es mehrere Implementierungen, um unterschiedlichen Anforderungen gerecht zu werden. Umgekehrt gibt es Klassen, die mehrere Interfaces implementieren. Diese Trennung von Schnittstelle und Implementierung erlaubt die Formulierung von Operationen auf Containern, ohne die Festlegung, welche Containerklasse schließlich bearbeitet wird. Diese Abstraktion sollte auch bei der Realisierung von Anwendungen beibehalten werden, um zu einem späteren Zeitpunkt Containerklassen zum Zweck der Code-Wiederverwendung auszutauschen oder um eine Containerklasse durch eine selbst entwickelte, problemspezifische und effizientere Version zu ersetzen.

1.3.3 Universelle Algorithmen mit Comparatoren

In C++ wurden Templates eingeführt, um Klassen und ihre Methoden vom benutzten Datentyp unabhängig zu machen. Templates (Schablonen) sind Platzhalter für einen Datentyp, der in dem Programm nicht näher spezifiziert ist. Erst bei der Instanziierung einer Templateklasse wird angegeben, welcher Datentyp oder welche Klasse benutzt wird. Im Abschnitt 2.1.2 haben wir einen Bubblesort-Algorithmus für int-Zahlen implementiert und erwähnt, dass das Verfahren für andere Zahlendarstellungen, wie `long`, `float` oder `double`, prinzipiell das gleiche ist. Mit Templates ließe sich der Bubblesort-Algorithmus von dem Datentyp unabhängig formulieren, vorausgesetzt der später eingesetzte Datentyp unterstützt den Operator <.

1.3 Voraussetzungen der Sprache Java

Obwohl Java keine Templates kennt, lassen sich viele Eigenschaften, die die Vorteile eines Templates ausmachen, auch in dieser Sprache nutzen. In diesem Kapitel möchten wir Ihnen die Konzepte von Basisklassen am Beispiel der Klasse *Number* zeigen. Im zweiten Teil gehen wir auf Comparatoren ein – das sind Interfaces, die das Vergleichen von Objekten ermöglichen.

Basisklassen

Im folgenden Beispiel möchten wir Ihnen zeigen, wie ein Bubblesort-Algorithmus unabhängig von der benutzten Zahlendarstellung aussieht. Die beiden Arrays aus Listing 1.37 sollen damit sortiert werden.

```
public static int[] intArray = {
   1, 3, -2, 4, 3, 8, -4, 0, 1,
   5, -2, 7, -6, 3, 3, -1, 3
};
public static float[] floatArray = {
   1.2f, 3f, -2.1f, 4f, 3f, 8.5f, -4f, 0f, 1f,
   5.1f, -2f, 7f, -6.2f, 3.9f, 3f, -1f, 3f
};
```

Listing 1.37: Zwei Arrays aus unterschiedlichen Datentypen, die sortiert werden sollen

Das Java Developer Kit stellt die abstrakte Klasse *Number* zur Verfügung, deren Instanzen Zahlen – allerdings unabhängig vom internen Format – darstellen. *Number* ist von *Object* abgeleitet und hat als direkte Nachfolger die bekannten Zahlenklassen *Byte*, *Short*, *Integer*, *Long*, *Float* und *Double*. Diese abstrakte Klasse besitzt für jede Zahlenrepräsentation eine Methode, die die Zahl im entsprechenden Format (`int`, `float` usw.) liefert. Abbildung 1.17 zeigt die Klasse in der UML-Notation.

Um die in Listing 1.37 gezeigten Arrays mit ein und derselben Methode zu sortieren, müssen beide Arrays in ein Array aus *Number*-Objekten umgewandelt werden. Listing 1.38 zeigt den zugehörigen Sourcecode.

```
// Kopiere natives int-Array in Number-Format:
Number[] intNumbers = new Number[intArray.length];
for (int i = 0; i < intArray.length; i++)
   intNumbers[i] = new Integer(intArray[i]);
System.out.println("int[] unsortiert:   " + print(intNumbers));
bubbleSort(intNumbers);
System.out.println("int[] sortiert:     " + print(intNumbers));

// Kopiere natives float-Array in Number-Format:
Number[] floatNumbers = new Number[floatArray.length];
for (int i = 0; i < floatArray.length; i++)
   floatNumbers[i] = new Float(floatArray[i]);
```

```
System.out.println("float[] unsortiert: " + print(floatNumbers));
bubbleSort(floatNumbers);
System.out.println("float[] sortiert:   " + print(floatNumbers));
```

Listing 1.38: Die nativen int- bzw. float-Arrays werden in ein Array aus Number-Objekten umgewandelt. Diese allgemeine Zahlendarstellung kann mit dem universellen Bubblesort-Algorithmus sortiert werden.

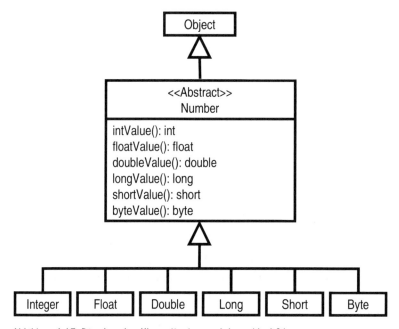

Abbildung 1.17: Die abstrakte Klasse Number und deren Nachfolger

Nach diesem Schritt wird die Methode bubbleSort() sowohl für das int-Array wie auch für das float-Array aufgerufen. Die folgende Ausgabe des Programms zeigt, dass der universelle Algorithmus tatsächlich funktioniert:

```
int[] unsortiert:   1, 3, -2, 4, 3, 8, -4, 0, 1, 5, -2, 7, -6, 3, 3, -1, 3
int[] sortiert:     -6, -4, -2, -2, -1, 0, 1, 1, 3, 3, 3, 3, 3, 4, 5, 7, 8
float[] unsortiert: 1.2, 3.0, -2.1, 4.0, 3.0, 8.5, -4.0, 0.0, 1.0, 5.1, -2.0, 7.0,
-6.2, 3.9, 3.0, -1.0, 3.0
float[] sortiert:   -6.2, -4.0, -2.1, -2.0, -1.0, 0.0, 1.0, 1.2, 3.0, 3.0, 3.0,
3.0, 3.9, 4.0, 5.1, 7.0, 8.5
```

Der bereits im Kapitel Sortieren eines Arrays von Integerzahlen Sortieren eines Arrays von Integerzahlen vorgestellte Bubblesort-Algorithmus sieht dann wie folgt aus:

```
public static void bubbleSort(Number[] numbers) {
  // Durchlaufe alle Zahlenpaare mit Indizes i, j:
  for (int i = 0; i < numbers.length; i++)
    for (int j = i + 1; j < numbers.length; j++)
      // Benutze den double-Wert für den Vergleich:
      if (numbers[i].doubleValue() > numbers[j].doubleValue())
      {
        // Vertausche die beiden Zahlen:
        Number h = numbers[j];
        numbers[j] = numbers[i];
        numbers[i] = h;
      }
}
```

Listing 1.39: *Ein universeller Bubblesort-Algorithmus, der unabhängig vom zugrunde liegenden Zahlenformat funktioniert.*

Alle Zahlen, die bisher (vergleiche zweites einführendes Beispiel in Kapitel 1.2.3 *Das buchbegleitende Beispiel* auf Seite 8) als Integerzahlen dargestellt wurden, gehören nun der Klasse Number an. Der Vergleich, ob die Zahl mit Index i größer ist als die Zahl mit Index j, wird mit den double-Werten der Zahlen ausgeführt, um eine möglichst große Genauigkeit zu erreichen. Hierfür werden *alle* Zahlen, also beispielsweise auch die ganzzahligen Integerzahlen, in diese Fließkommadarstellung umgewandelt. Diese cast-Operation kostet natürlich unnötige Zeit, dafür ist der Bubblesort-Algorithmus aber für alle Zahlen anwendbar.

Comparable

Zum Abschluss dieses Kapitels möchten wir zeigen, dass dieser Algorithmus noch verallgemeinert werden kann, so dass auch beliebige Objekte und nicht nur Zahlen damit sortiert werden. Im dritten einführenden Beispiel (vergleiche Kapitel 1.2.4 *Ein umfangreicheres Beispiel aus der Praxis* auf Seite 13) wurde bereits gezeigt, wie Zugverbindungen nach der Zeit oder dem Zugnamen sortiert werden. Der Trick besteht darin, dass der Vergleich, hier also das Größerzeichen >, noch allgemeiner formuliert wird.

Um beliebige Elemente vergleichen zu können, benötigen sie eine äquivalente Darstellung als Zahl – diese Zahl möchten wir als Rang eines Objekts bezeichnen. Dafür führen wir die Funktion $R(x)$ ein, die ein Objekt in einen Zahlenwert umwandelt, der seinem Rang entspricht. Damit lassen sich zwei Objekte über ihren Rang vergleichen, beispielsweise

$R(x) < R(y)$.

Die Funktion R kann beliebig formuliert sein. Für Objekte, die Zahlen darstellen, also *Integer* usw., bietet sich die natürliche Reihenfolge der Zahlen an, da sie ihrem Rang entspricht:

$R(i) := i$.

Eine Möglichkeit, einem Objekt einen Rang zuzuordnen, besteht darin, den Hashwert, den die Methode `hashCode()` eines Objekt liefert, dafür zu verwenden. Die Generic Collection Library for Java verfolgt diesen Ansatz und nutzt den Hashwert als standardmäßigen Rang für Objekte, die in irgendeiner Weise sortiert werden. Die Entwickler des Java Developer Kits haben sich gegen diesen Missbrauch der `hashCode()`-Methode entschieden, gleichzeitig aber eingesehen, dass es bis Java 1.1 keinen geeigneten Mechanismus dafür gab.

Seit Java 2 wurde zu diesem Zweck das *Comparable*-Interface eingeführt, welches sich im Package *java.lang* befindet und somit zu den elementaren Dingen von Java gehört. Alle Objekte, die untereinander vergleichbar sind, implementieren dieses Interface, also alle Klassen, die von *Number* abgeleitet sind, wie *Integer*, *Float* usw., aber auch Strings und einige andere Klassen. Damit ist es möglich zu entscheiden, ob ein Objekt x kleiner als ein anderes ist.

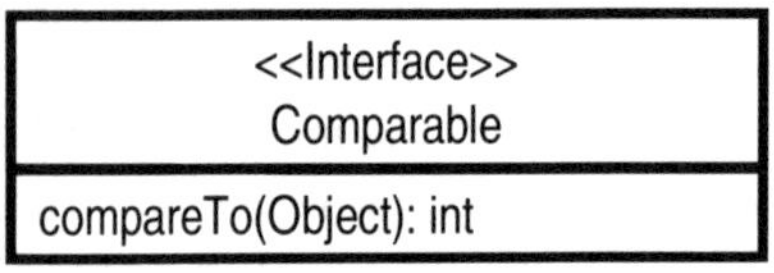

<<Interface>> Comparable
compareTo(Object): int

Abbildung 1.18: Das Interface Comparable

Das Interface, das in Abbildung 1.18 gezeigt ist, besitzt nur eine Methode: `compareTo()`. Sie erwartet als Argument ein Objekt, das ebenfalls das *Comparable*-Interface implementiert hat. Sei x das Objekt, das `compareTo()` aufruft, und y der Parameter, also `x.compareTo(y)`, dann gilt:

1. $R(x) < R(y) \Leftrightarrow$ `x.compareTo(y) < 0`
2. $R(x) = R(y) \Leftrightarrow$ `x.compareTo(y) == 0`
3. $R(x) > R(y) \Leftrightarrow$ `x.compareTo(y) > 0`

Für unser Beispiel heißt das, dass der Bubblesort-Algorithmus kein Array der Klasse *Number* mehr benötigt, sondern auch mit Objekten arbeitet, die das *Comparable*-Interface implementieren. Die Elemente werden daher in ein Array des Interfaces *Comparable* kopiert, wie Listing 1.40 zeigt.

```
Comparable[] numbers1 = new Comparable[intArray.length];
Comparable[] numbers2 = new Comparable[floatArray.length];
bubbleSortComparable(numbers1);
bubbleSortComparable(numbers2);
```

Listing 1.40: Anstellte des Arrays aus der Klasse Number wird nun ein allgemeines Object-Array zum Sortieren genutzt.

1.3 Voraussetzungen der Sprache Java

Anschließend wird die bubbleSortComparable()-Methode aufgerufen, die in Listing 1.41 erkärt wird.

```
public static void bubbleSortComparable(Comparable[] objects) {
  // Durchlaufe alle Zahlenpaare mit Indizes i, j:
  for (int i = 0; i < objects.length; i++)
    for (int j = i + 1; j < objects.length; j++) {
      // Benutze die compareTo()-Methode für den Vergleich:
      if (objects[i].compareTo(objects[j]) > 0)
      {
        // Vertausche die beiden Objekte:
        Comparable h = objects[j];
        objects[j] = objects[i];
        objects[i] = h;
      }
    }
}
```

Listing 1.41: Der Bubblesort-Algorithmus in seiner allgemeinsten Form

In der if-Abfrage wird die Methode compareTo() aufgerufen. Ist das Ergebnis > 0, so ist das Element an Position *i* größer als das an Position *j* und wird deshalb vertauscht. Die Methode bubbleSortComparable() erlaubt als Parameter nur Objekte, die das *Comparable*-Interface implementiert haben.

Geforderte Eigenschaften der compareTo()-Methode Weiterhin verlangt die Vereinbarung für ein *Comparable* folgendes Verhalten:

1. sgn(x.compareTo(y)) == -sgn(y.compareTo(x)) für alle x, y

   Werden zwei Objekte x und y miteinander verglichen, so muss ein Vergleich in umgekehrter Reihenfolge das entgegengesetzte Vorzeichen haben. Die Methode sgn() gibt +1 für eine positive, -1 für eine negative Zahl und 0 für die Zahl 0 zurück.

2. Falls x.compareTo(y) > 0 und y.compareTo(z) > 0 ist, dann muss gelten:

   x.compareTo(z) > 0.

   Mit Worten: Ist x größer als y und y größer als z, so muss auch x größer z sein. Als selbstverständlich kann auch die folgende Bedingung verstanden werden:

3. Aus x.compareTo(y) == 0 folgt sgn(x.compareTo(z)) == sgn(y.compareTo(z)) für alle z.

   Stellt der Comparator die Gleichheit von x und y fest, so muss der Vergleich mit beliebigen Objekten z für x und y die gleichen Ergebnisse liefern.

Wie sieht es mit dem Zusammenhang zur equals()-Methode aus, falls der Comparator Gleichheit feststellt?

> Werden zwei Objekte miteinander verglichen und stellt die compareTo()-Methode ihre Gleichheit fest, so bedeutet dies nicht zwingend die Gleichheit der Objekte im Sinne ihrer equals()-Methode. Als Grundlage des Vergleichs dürfen bei equals() und compareTo() unterschiedliche Kriterien herangezogen werden. Es wird aber seitens des APIs dringend empfohlen, dass sich beide Verfahren konsistent verhalten.

Verschiedene Definitionen für Comparatoren

Das *Comparable*-Interface gibt eine Zahl als Ergebnis einer Funktion – nennen wir sie $c(x, y) := $ x.compareTo(y) – zurück, die das Ergebnis des Vergleichs angibt. Manchmal reicht es aus, nur zu fragen, ob ein Element kleiner ist als ein anderes. Dieser Vergleich betrifft das <-Zeichen, mit dem der Rang der Objekte verglichen wird. Zwischen diesem Vergleich und dem *Comparable*-Interface besteht folgender Zusammenhang:

$R(x) < R(y) \Leftrightarrow c(x, y) < 0$

In JGL versteht man die linke Seite des Ausdrucks als einen Comparator, wohingegen das Collections Framework die Funktion $c(x, y)$ als Comparator ansieht. Das Interface *Comparator*, das von den Eigenschaften mit dem *Comparable*-Interface vergleichbar ist, wird im Kapitel 4.1.2 *Comparatoren im Collections Framework* näher besprochen. Als Comparator erwartet es – wie die Comparatoren unter JGL – zwei Argumente.

2 Datenstrukturen und ihre Container

Dieses Kapitel gibt einen Überblick über Containerklassen aus der Sicht der ihnen zugrunde liegenden Datenstrukturen und Algorithmen. Es leistet jedoch keine vollständige Einführung in dieses umfangreiche Gebiet der Informatik, sondern bespricht diejenigen Aspekte, die zum Verständnis des Buches nötig sind.

2.1 Standardbibliotheken

2.1.1 Container – Behälter für Objekte

Es ist theoretisch möglich, die Standardbibliotheken zu nutzen, ohne sich mit Datenstrukturen und Algorithmen auszukennen. Um aber die Unterschiede der Containerklassen zu verstehen und somit die Stärken zu nutzen und die Schwächen zu vermeiden, sind letztlich doch Kenntnisse über die zugrunde liegenden Datenstrukturen und Algorithmen nötig. Denn eines ist klar: Die Standardbibliotheken basieren intern auf Datenstrukturen, die in der Informatik schon sehr lange bekannt sind. Viele der in den folgenden Kapiteln vorgestellten Methoden sind bereits in den sechziger Jahren und davor entwickelt worden. Was bieten also Standardbibliotheken Neues?

1. Die Standardbibliotheken sind objektorientiert konzipiert. Die Klassen liegen »gebrauchsfertig« vor und können sehr leicht genutzt werden.
2. Die Sichtweise auf die Datenstrukturen und Algorithmen erfolgt auf einer abstrakten Ebene und wird durch die Funktionalität und nicht durch die Implementierung bestimmt.

Punkt 1 besagt, dass alle guten Eigenschaften der objektorientierten Programmierung auch für die beiden Standardbibliotheken Collections Framework und Generic Collection Library for Java gelten. Die Klassen können sehr elegant und einfach genutzt werden – sie sind praktisch gebrauchsfertig – und den eigenen Anforderungen durch Vererbung angepasst werden. Der zweite Punkt betont, dass nicht die Machbarkeit eines Algorithmus oder die Eleganz einer Datenstruktur im Mittelpunkt der Betrachtung steht, sondern die Funktionen, die die Datenstrukturen und Algorithmen bieten. Diese Sichtweise lehnt sich sehr eng an den Begriff des abstrakten Datentyps (ADT) an. Ein abstrakter Datentyp trennt bewusst die Implementierung von der Spezifikation eines Problems [Gütig 1992]. Eine Spezifikation heißt beispielsweise, dass eine Datenstruktur die Eigenschaft haben soll, dass ihr ein Element hinzugefügt werden kann. Die add()-Methode aus dem ersten Beispiel (siehe Kapitel 1.2.1 *Die Datenstruktur Menge*, Listing 1.2 auf Seite 3) realisiert diese Anforderung, da sie Objekte in eine Menge (*TreeSet*) hinzufügt. Es gibt unterschiedliche Möglichkeiten, einen abstrakten Datentyp zu formulieren. Die Beschreibung durch eine Algebra im mathematischen Sinne ist eine davon. Eine andere, etwas abgeschwächte Form dieser sehr strengen und sehr trockenen Darstellung ist die Beschreibung der Funktionalität durch Methoden im objektorientierten Sinne. Diese Art der Darstellung möchten wir in diesem Kapitel 2 *Datenstrukturen und ihre Container* verwenden.

In dem Buch von M. T. Goodrich und R. Tamassia [Goodrich & Tamassia 1998] wird eine weitere Bibliothek für Containerklassen beschrieben. Sie hat den Namen *Data Structures Library in Java* (*JDSL*) und ist für akademische Zwecke frei verfügbar [JDSL Webadresse]. Zur Zeit ist die JDSL kompatibel zu Java 1.1. In der JDSL gibt es eine klare Trennung zwischen einem abstrakten Datentyp und der Implementierung eines Containers. Neben der STL gibt es noch die Bibliothek *LEDA*, die – bedingt – Containerklassen in C++ zur Verfügung stellt [LEDA Webadresse]. Allerdings liegt der Schwerpunkt von LEDA nicht auf Containerklassen, sondern auf weiteren Algorithmen wie z.B. geometrische und kombinatorische Algorithmen der Informatik. Die Bibliothek ist außerdem nicht frei verfügbar.

Was sind Container?

Container sind Objekte, die ausschließlich dem Zweck dienen, andere Objekte zu speichern. Das Verwalten von Daten ist von zentraler Bedeutung für Algorithmen, deshalb liegt es auf der Hand, in einer objektorientierten Programmiersprache Klassen zur Verfügung zu stellen, die diese Aufgabe unterstützen. Containerklassen sind also die objektorientierte Erweiterung von gewöhnlichen Datenstrukturen, wie etwa verkettete Listen oder native Arrays, die in einem Objekt eingebettet sind.

Es gibt aber nicht zu jeder Datenstruktur einen entsprechenden Container. Z.B. gibt es keinen Container *Binärbaum*. Aber fast jeder Typ einer Datenstruktur wird intern zur Speicherung der Elemente genutzt, ein binärer Suchbaum beispielsweise intern für die Realisierung des Datentyps Menge oder Dictionar, aber die Eigenschaften eines Baums werden durch die Schnittstelle der Klasse nicht nach außen bekannt gegeben.

Verschiedene Algorithmen haben unterschiedliche Anforderungen an den Datentyp, beispielsweise wie schnell über einen Index auf ein Element zugegriffen oder ein Element in den Container hinzugefügt werden kann. Deshalb gibt es verschiedene Containerklassen, die jeweils nur in Teilaspekten ihrer Funktionalität effizient sind. Die Effizienz des Containers hängt wiederum sehr stark von der intern benutzten Datenstruktur ab. Jeder Container kapselt eine interne Datenstruktur, die für seine Aufgabe und Anforderungen besonders effizient eingesetzt wird.

2.1 Standardbibliotheken

In den folgenden Kapiteln möchten wir die unterschiedlichen Sichtweisen auf Datentypen präsentieren, die in der Informatik bekannt sind. Diese abstrakten Datentypen unterscheiden sich deutlich in Hinsicht auf ihr Einsatzgebiet, so dass sie verschiedene Möglichkeiten anbieten, wie Objekte in einen Container hinzugefügt oder entfernt werden. Parallel dazu werden Implementierungen vorgestellt, die für diesen Datentyp besonders geeignet sind. In Tabelle 2.1 sind Methoden gezeigt, die jeder Container unabhängig von seiner Spezialisierung besitzt.

Funktion	Zweck
clear()	entfernt alle Elemente aus dem Container
size(): int	die Anzahl der Elemente in diesem Container
iterator(): Iterator	gibt einen Iterator zurück, mit dem alle Elemente in dem Container durchlaufen werden können

Tabelle 2.1: *Allgemeine Anforderungen an eine Containerklasse*

Manchmal ist es sinnvoll, alle Elemente auf einmal aus dem Container zu entfernen. Daher verlangen wir von einem Container, dass er dafür die Funktion clear() zur Verfügung stellt. Er sollte weiterhin über die Anzahl der Elemente Auskunft geben, weshalb die Funktion size() gefordert wird. Außerdem hat sich ein Entwurfsmuster, das so genannte *Iterator*-Pattern, als sehr nützlich erwiesen, so dass jeder Container einen Iterator bereitstellen sollte, mit dem alle Elemente in sequenzieller Folge durchlaufen werden. Iteratoren stellen wir im Kapitel 2.5 *Iteratoren* vor.

Falls Sie sich mit den grundlegenden Datenstrukturen und Algorithmen bereits auskennen, so können Sie dieses Kapitel überspringen und direkt mit Kapitel 3 *Einführung in das Collections Framework und JGL* weitermachen.

2.1.2 Laufzeitverhalten und Speicheranforderungen

Die Standardbibliotheken bieten eine Vielzahl von Containerklassen für die unterschiedlichsten Zwecke. Die internen Unterschiede sind anhand der Schnittstelle – des Application Programmer's Interfaces (API) – nicht zu erkennen, sie werden aber deutlich, wenn Sie die Containerklassen in ihrem Laufzeitverhalten und Speicherbedarf vergleichen. In diesem Kapitel wollen wir beschreiben, wie solche Vergleiche analytisch vollzogen werden.

Elementare Instruktionen

Die Ausführung eines Algorithmus benötigt auf verschiedenen Rechnern mit hoher Wahrscheinlichkeit unterschiedliche Zeiten. Dies hat viele Gründe: Zum einen hängt die Schnelligkeit des Programms unmittelbar mit der benutzten Taktrate des Prozessors zusammen. Aber selbst wenn diese bei zwei Computern gleich ist, heißt das nicht, dass die Ausführungszeit gleich ist. Viele weitere Faktoren wie der benutzte Prozessortyp, die Zeit, die ein Speicherzugriff benötigt usw. tragen zu dem Laufzeitverhalten eines Algorithmus bei. Aus diesem Grund wird in der Informatik die Analyse eines Algorithmus stark vereinfacht, um von der tatsächlich benutzten Hardware unabhängig zu sein.

Ein erster Abstraktionsschritt ist deshalb, einen Algorithmus in so genannte Elementarinstruktionen (auch Elementaroperation) zu unterteilen und anzunehmen, dass jede Elementarinstruktion die gleiche Zeit T dauert. Weiß man die Anzahl der elementaren Anweisungen, dann ist die Gesamtlaufzeit relativ zu T ebenfalls bekannt. Elementare Instruktionen fassen viele Details eines Prozessors und des verwendeten Compilers zusammen. Ein Beispiel für eine Elementaroperation ist die Zuweisung einer Variablen `int a = 10`. Niemand kann ohne weiteres sagen, wie schnell diese Operation der Programmiersprache Java wirklich auf einem Rechner dauert.

Fassen wir zusammen: Im Folgenden wird bei der Analyse eines Algorithmus nur die Anzahl elementarer Operationen als Maß für die Geschwindigkeit herangezogen. Elementare Operationen sind u. a.

- Variablenzuweisungen, z. B. `int a = 10;`
- if-Abfragen, z. B. `if (a < b) ...`
- Arithmetische Operationen, z. B. `a++;` oder `Math.sin(x);`

Ob die Sinusfunktion *wirklich* eine elementare Operation ist, sei dahingestellt. Aber auch hier gilt: Niemand weiß mit Sicherheit, um wie viel komplexer das Berechnen einer solchen Funktion im Vergleich zum Erhöhen einer Variablen um 1 ist – deshalb erlauben wir diese starke Vereinfachung. Genau genommen hängt diese Entscheidung davon ab, ob die Zeit für die Berechnung einer solchen Funktion von einer von uns als wichtig erachteten Variablen abhängt. Üblicherweise ist die Anzahl der Elemente n, die verarbeitet werden, eine solche Variable, die Einfluss auf die Laufzeit eines Algorithmus nimmt.

Als Beispiel wählen wir den Bubblesort-Algorithmus aus Listing 1.5, der nochmals in Listing 2.1 gezeigt wird. Die Frage lautet: Wie viele elementare Instruktionen werden ausgeführt, falls das Array eine Größe von n Elementen hat?

```java
public static void bubbleSort(int[] numbers) {
  // Durchlaufe alle Zahlenpaare mit Indizes i, j:
  for (int i = 0; i < numbers.length; i++)
    for (int j = i + 1; j < numbers.length; j++)
      if (numbers[i] > numbers[j])
      {
        // Vertausche die beiden Zahlen:
        int h = numbers[j];
        numbers[j] = numbers[i];
        numbers[i] = h;
      }
}
```

Listing 2.1: Der Bubblesort-Algorithmus aus dem einführenden Beispiel

2.1 Standardbibliotheken

Um die Frage zu beantworten, wollen wir überlegen, wie oft eine elementare Instruktion durchlaufen wird: Es gibt zwei verschachtelte Schleifen. Die äußere durchläuft alle Indizes jeweils von 0, ..., $n-1$, also n mal. Die innere läuft in Abhängigkeit von i jeweils von $i+1$, ..., $n-1$, also $n-(i+1)$ mal. Tabelle 2.2 zeigt die elementaren Instruktionen.

Elementare Operation	Gewichtung	Anzahl sortiert	Anzahl umgekehrt sortiert
i = 0 in äußerer for-Schleife	1 ×	1	1
i < number.length in äußerer for-Schleife	1 ×	n + 1	n + 1
i++ in äußerer for-Schleife	1 ×	n	n
j = i + 1 in innerer for-Schleife	2 ×	n	n
j < number.length in innerer for-Schleife	1 ×	n (n + 1) / 2	n (n + 1) / 2
j++ in innerer for-Schleife	1 ×	(n – 1) n / 2	(n – 1) n / 2
if (numbers[i] > numbers[j])	1 ×	(n – 1) n / 2	(n – 1) n / 2
Zuweisungen innerhalb des if-Blocks	3 ×	0	(n – 1) n / 2

Tabelle 2.2: Die elementaren Anweisungen des Bubblesort-Algorithmus

Die Zuweisung i = 0 in der äußeren for-Schleife wird genau einmal ausgeführt. Der Vergleich i < numbers.length wird $n+1$-mal ausgeführt, da unmittelbar vor dem Abbruch der Schleife ein weiterer Vergleich nötig ist. Der Zähler i wird so oft erhöht, wie die Schleife durchlaufen wird, also n-mal. Ebenso oft wird die innere Schleife initialisiert, d.h. j = i + 1 ausgeführt. Diese Anweisung entspricht zwei elementaren Operationen (Inkrementierung von i und Zuweisung).

Jetzt wird es interessant: Wie oft wird der Block der inneren Schleife durchlaufen? Ist $i = 0$, dann wird die innere Schleife $n-1$-mal durchlaufen, bei $i = 1$ hingegen $n-1-1$-mal usw. Insgesamt werden die Anweisungen innerhalb der inneren Schleife

$(n-1) + (n-1) - 1 + ... + 1$-mal

ausgeführt. Eine Summe aus Zahlen 1, 2, ..., N kann als geschlossene Summenformel $S(N)$ geschrieben werden, es gilt:

$$S(N) = \sum_{i=1}^{N} i = \frac{N(N+1)}{2}$$

Daraus folgt für die Summe von $n-1$ Zahlen:

$$S(n-1) = \frac{(n-1)(n-1+1)}{2} = \frac{(n-1)n}{2}$$

Also wurden die Anweisung j++ und alle Anweisungen innerhalb der inneren Schleife insgesamt $S(n-1) = (n-1)\,n\,/\,2$-mal durchlaufen. Für den Vergleich j < numbers.length müssen wir wieder eins dazuzählen, d. h. dieser Vergleich wird pro Schleifendurchlauf $n-i$-mal gemacht, also insgesamt $S(n) = n\,(n+1)\,/\,2$ mal ausgeführt.

Angenommen, die Elemente liegen bereits in der richtigen Reihenfolge vor, dann wird der innere Block der if-Abfrage

```
if (numbers[i] > numbers[j])
{
    // Vertausche die beiden Zahlen:
    int h = numbers[j];
    numbers[j] = numbers[i];
    numbers[i] = h;
}
```

nie ausgeführt. Das heißt, die Anzahl elementarer Instruktionen innerhalb dieses if-Blocks ist 0. Der umgekehrte Fall liegt vor, wenn die Elemente in umgekehrt sortierter Reihenfolge eintreffen. Dann werden die Zahlen in jedem Schritt vertauscht, d. h. der Block in der if-Abfrage wird immer ausgeführt. Die Anzahl der elementaren Instruktionen ist also 3 (drei Variablenzuweisungen).

Summiert man die Anzahl für alle Einträge der Tabelle 2.2 multipliziert mit ihrer Gewichtung in Spalte *Gewichtung* auf, ergibt sich die Anzahl der ausgeführten elementaren Instruktionen. Im besten Fall (Spalte *Anzahl sortiert*) ist dies

$$T_1(n) = 1 + (n+1) + 3n + \frac{n(n+1)}{2} + 2\frac{(n-1)n}{2} = \frac{3}{2}n^2 + \frac{7}{2}n + 2$$

und im schlechtesten Fall (Spalte rechts, *Anzahl unsortiert*)

$$T_2(n) = T_1(n) + 3\frac{(n-1)n}{2} = 3n^2 + 2n + 2$$

In beiden Fällen hängt die Laufzeit – gleichbedeutend mit der Anzahl der elementaren Operationen – von der Anzahl der Elemente n ab. Das heißt, je größer die Zahl n ist, umso schlechter ist die Laufzeit, da beide Funktionen $T(n)$ quadratisch mit n wachsen.

Die O-Notation

Der nächste Schritt ist, dass eine Funktion der Art $T(n)$ vereinfacht wird, indem alle Koeffizienten vernachlässigt werden. Weiterhin sollen die Bestandteile der Formel, die nicht für den prinzipiellen Verlauf der Funktion zuständig sind, ebenfalls unter den Tisch fallen. Im Bubblesort-Beispiel ist $T(n)$ eine Parabel, die nach oben offen ist. Dafür ist das n^2 in der Formel zuständig – das n bzw. die Konstante 2 ändern an dieser Tatsache nichts, die Parabel wird dadurch nur verschoben.

Aus diesem Grund versucht man, Funktionen wie $T(n)$ in bestimmte Klassen einzuteilen, wobei die Klassen selbst die Eigenschaft der Funktion $T(n)$ möglichst gut repräsentieren sollen. In unserem Beispiel würde $T_1(n)$ und $T_2(n)$ in die Klasse $O(n^2)$ eingestuft. Salopp gesagt heißt dies, dass die Laufzeit des Algorithmus quadratisch (n^2) zu der Größe des zu sortierenden Arrays wächst – wie genau dieser Zusammenhang ist, spielt keine Rolle.

Hier ist die genaue Definition, mit der solche Klassen beschrieben sind (Definition 1):

$$T(n) \in O(g) \Leftrightarrow \exists n_0, c > 0 : \forall n \geq n_0 : T(n) \leq c \cdot g(n)$$

g ist die Funktion, die in Klammern der O-Notation steht. Ein Algorithmus gehört zu dieser Klasse, wenn ab einem bestimmten $n \geq n_0$ die Funktion $T(n)$ kleiner als $g(n)$ multipliziert mit einer Konstanten c ist. Die Konstanten c und n_0 können geeignet gewählt werden.

Die Funktion $g(n) = 10\,n^2$ ist immer größer als beide Funktionen $T(n)$, insbesondere als der schlechteste Fall, $T_2(n)$, für $n \geq 1$, wie sich mit etwas Mathematik zeigen lässt. Daher ist gemäß Definition 1 $c = 10$ und $n_0 = 1$, und wir sagen, der Bubblesort-Algorithmus hat die Laufzeit $O(n^2)$, was heißen soll, dass $T(n) \in O(n^2)$ ist.

Diese O-Notation findet sich in vielen Büchern, die die Effizienz eines Algorithmus zum Thema haben. Wir möchten an dieser Stelle betonen, dass hinter dieser vereinfachten Darstellung noch viel mehr steckt, als sich auf den ersten Blick vermuten lässt. Zum Beispiel hat der Bubblesort auch die Laufzeit $O(2^n)$, obwohl ihn niemand mit dieser exponentiellen Funktion charakterisieren würde. Aber gemäß Definition 1 ist 2^n eine Funktion, die irgendwann größer als jedes Polynom sein wird. Was wir aber eigentlich suchen, ist eine Klasse von Funktionen, die sich möglichst gut an eine Funktion $T(n)$ anpasst – hier also an ein Polynom. Aus diesem Grund gibt es weitere, genauere Definitionen für diese Art von Funktionsklassen, auf die wir aber nicht weiter eingehen können.

Eine weitere Eigenschaft, die O-Notation unterschlägt, ist, dass ein Algorithmus mit einer *guten* Laufzeit $O(1)$ und einer sehr großen Konstante c, z.B. $c = 10^{100}$, trotzdem langsamer ist als einer mit einer quadratischen Laufzeit und einer kleinen Konstante c. Das heißt in einigen Fällen ist ein – theoretisch – langsamerer Algorithmus in allen praktischen Fällen effizienter als ein – theoretisch – schnellerer Algorithmus.

Die O-Notation hat natürlich auch gute Eigenschaften: Es lassen sich nämlich Rechenregeln für Ausdrücke innerhalb der Klammer des Os formulieren, z.B. $u(n) + v(n) = O(\max\{u(n), v(n)\})$. Auf diese Weise lassen sich Schlussfolgerungen für zusammengesetzte Algorithmen ziehen, denn nicht jeder Algorithmus ist so kompakt und lässt sich so genau analysieren, wie wir es im Beispiel oben getan haben.

Tabelle 2.3 zeigt die üblichen Klassen von Funktionen, in die Algorithmen eingeteilt werden. Nach dieser Konvention hat der Bubblesort-Algorithmus eine quadratische Laufzeit.

O-Notation	Sprechweise	Typische Algorithmen
$O(1)$	konstant	Zugriff auf Arrayelement
$O(n)$	linear	Kopieren von Elementen
$O(\log n)$	logarithmisch	Suchen im sortierten Array
$O(n \log n)$		gute Sortieralgorithmen
$O(n^2)$	quadratisch	schlechte Sortieralgorithmen
$O(2^n)$	exponentiell	Backtracking-Algorithmen

Tabelle 2.3: Typische Algorithmen und ihr Laufzeitverhalten in der O-Notation

Wie Sie aus Tabelle 2.3 ersehen, gehört Bubblesort zu der Klasse der schlechten Sortieralgorithmen. Die in den Standardbibliotheken verwendeten Sortieralgorithmen benutzen die so genannten Merge- bzw. Quicksort, die eine $O(n \log n)$-Laufzeit haben. Diese Algorithmen werden im Kapitel 2.6 Sortieralgorithmen für Container auf Seite 90 näher beschrieben. Ein Logarithmus log hat in diesem Buch – wie in der Informatik üblich – die Basis 2, obwohl für die O-Notation jede Basis erlaubt wäre, da sich Logarithmen mit unterschiedlichen Basen nur um eine Konstante unterscheiden – Konstanten spielen aber in der O-Notation gerade keine Rolle.

In diesem Buch werden wir öfter Gebrauch von dieser vereinfachten Darstellung machen. In den folgenden Abschnitten werden Algorithmen skizziert, die Elemente in einen Container einfügen, verändern oder löschen. Dabei geben wir mit dieser O-Notation die Kosten an. In den Kapiteln 5 Die Containerklassen der Standardbibliotheken und 6 Algorithmen für Containerklassen werden alle Container der beiden Bibliotheken ausführlich beschrieben. Auch hier stellen wir die Eigenschaften in der O-Notation für jeden Container übersichtlich dar.

Speicherverbrauch

Nicht nur das Laufzeitverhalten ist für einen Algorithmus von Bedeutung, sondern auch sein Speicherverbrauch. Deshalb gelten alle Überlegungen, die als Kostenmaß die Laufzeit hatten, auch für den benötigten Speicherplatz. Falls sich der genaue Speicherverbrauch nicht voraussagen lässt, weil nicht jedes belegte Byte bekannt ist, bietet sich ebenfalls die O-Notation dafür an.

In den folgenden Kapiteln möchten wir die abstrakten Datentypen näher besprechen.

2.2 Sequenzen

Unter dem Begriff *Sequenz* fassen wir Datenstrukturen auf, bei denen die Elemente in einer bestimmten Reihenfolge vorliegen. Zu jedem Element gibt es einen Vorgänger und einen Nachfolger, wenn sich das Element nicht am Rande der Sequenz befindet. Ein Beispiel für eine Sequenz ist das native Array: Die Objekte sind der Reihe nach linear gespeichert und können über ihren Index angesprochen werden. Ein Objekt mit Index i hat als unmittelbaren Vorgänger das Objekt mit Index $i - 1$ und als unmittelbaren Nachfolger das Objekt mit Index $i + 1$.

Eine formale Definition der Sequenzen lautet:

> Es sei $O = \{k_0, \ldots, k_{n-1}\}$ eine Menge von Datenobjekten. Die Datenstruktur $L(k_0, \ldots, k_{n-1})$ heißt Sequenz, wenn sie die folgenden Bedingungen erfüllt:
>
> 1. Für jedes Element k_i existiert genau ein Nachfolgeelement k_{i+1} für alle $(i = 0, \ldots, n - 2)$.
>
> 2. Für jedes Element k_i existiert genau ein Vorgängerelement K_{i-1} für alle $(i = 1, \ldots, n - 1)$.

Nun wollen wir uns die Anforderungen an Datenstrukturen anschauen, welche die Eigenschaften einer Sequenz besitzen.

2.2.1 Abstrakter Datentyp für Sequenzen

Der abstrakte Datentyp (ADT) der Sequenz definiert sich über seine elementaren Methoden; sie sind in Tabelle 2.4 aufführt.

Funktion	Zweck
insertAt(i: int, o: Object)	fügt ein Element *o* an Position *i* ein
remove(i: int)	entfernt Element an Position *i*
get(i: int)	liefert das Element an Position *i*

Tabelle 2.4: Spezifikation des abstrakten Datentyps Sequenz

Eine Sequenz zeichnet sich dadurch aus, dass die einzelnen Elemente über ihren Index angesprochen werden. Beim Einfügen eines Elements wird die Position über den Index direkt angegeben. Für alle nachfolgenden Elemente der Liste bedeutet dies eine Verschiebung um eine Position nach hinten. Umgekehrt rutschen beim Entfernen alle nachfolgenden Elemente um eine Position nach vorn.

Implementierungen Es gibt zwei sinnvolle Implementierungen für den abstrakten Datentyp Sequenz:

- als sequenziell gespeicherte lineare Liste (Array),
- als verkettete Liste.

Beide Implementierungen weisen Vorzüge bzw. Nachteile auf, die wir im Folgenden erörtern wollen.

Sequenziell gespeicherte lineare Liste (Array)

Als eine sequenziell gespeicherte lineare Liste betrachten wir eine Datenstruktur, bei der sich die Speicheradresse eines Elements direkt über die Listenposition ergibt. Unter Java stehen hierfür native Arrays bereit. In einem nativen Array liegen die einzelnen Daten direkt hintereinander gespeichert.

Listing 2.2 legt ein natives Array für fünf *Integer*-Objekte an und füllt es mit Einträgen. Abbildung 2.1 zeigt, wie die Referenzen sequenziell im Speicher vorliegen.

```
Integer[] intArray;
intArray = new Integer[5];

for (int i = 0; i < 5; i++)
    intArray[i] = new Integer(i + 1);
```

Listing 2.2: Erzeugen und Füllen eines nativen Arrays

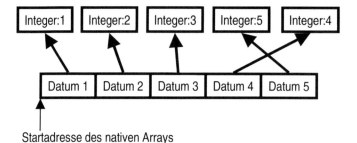

Abbildung 2.1: Sequenziell gespeicherte Daten. Die Referenzen auf die Integerobjekte liegen aufeinander folgend vor, wohingegen die Objekte selbst beliebig im Speicher verteilt sein können.

Eine sequenziell gespeicherte lineare Liste basiert primär auf der Speicherung von Elementen in einem nativen Array. Ihre Eigenschaften ergeben sich aus der Betrachtung elementarer Operationen.

Einfügen eines Elements In Listing 2.2 wurden die Elemente aufeinander folgend in das native Array geschrieben. Die Anzahl der eingetragenen Elemente stimmt mit der Größe des Arrays genau überein. Von einer linearen Liste wird jedoch verlangt, Elemente an eine beliebige Listenposition einfügen und beliebig viele Elemente in eine Liste aufnehmen zu können.

Das Einfügen an eine beliebigen Listenposition erfordert, dass alle nachfolgenden Referenzen tatsächlich um eine Listenposition nach hinten kopiert werden.

Datum D
insertAt(1,D)
Datum A
Datum B
Datum C
leer
leer
Position 0
Position 1
Position 2
Position 3
Position 4

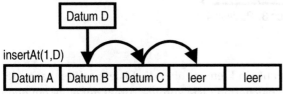

Abbildung 2.2: Vor dem Einfügen eines Elements

Abbildung 2.2 zeigt, wie ein Element `D` an die Listenposition 1 eingefügt wird. Die Elemente `B` und `C` müssen jeweils um eine Listenposition nach hinten kopiert werden. Die Organisation des Arrays nach der Operation ist in Abbildung 2.3 gezeigt.

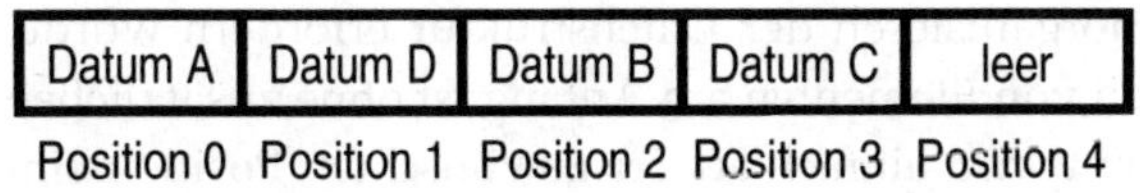

Datum A
Datum D
Datum B
Datum C
leer
Position 0
Position 1
Position 2
Position 3
Position 4

Abbildung 2.3: Nach dem Einfügen

Bei sehr großen Listen ist das Einfügen am Anfang und in der Mitte der Liste sehr teuer, da alle nachfolgenden Einträge umkopiert werden müssen. Das Einfügen am Ende der Liste hingegen ist in den meisten Fällen ausgesprochen günstig.

Die Forderung nach der Unterbringung einer beliebigen Anzahl von Elementen kann selbst das Einfügen am Ende der Liste zu einer teuren Operation werden lassen. Ist die Kapazität des nativen Arrays erreicht, so muss ein neues, größeres Array allokiert werden und alle Einträge des alten in das neue umkopiert werden (dynamisches Array).

Entfernen eines Elements Soll das letzte Element gelöscht werden, so kann das durch ein einfaches Dekrementieren der Variablen geschehen, welche die Listengröße angibt. Soll ein Eintrag am Beginn oder in der Mitte der Liste gelöscht werden, so müssen alle nachfolgenden Einträge um eine Listenposition nach vorne kopiert werden. Abbildung 2.4 zeigt das Entfernen des ersten Elements.

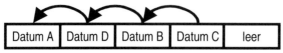

Abbildung 2.4: Entfernen des ersten Elements

Zugriff auf ein Element Der Zugriff auf ein Element über die Listenposition kann, der obigen Definition der sequenziell gespeicherten Liste zufolge, direkt mit einer einzigen Operation erfolgen. Sequenzen dieses Typs kommen daher sehr häufig zum Einsatz.

Verkettete Liste

Eine Sequenz lässt sich auch als verkette Liste realisieren. Darunter ist eine Datenstruktur zu verstehen, die ihre Elemente so verwaltet, dass jedes Element auf seine direkten Nachbarn verweist. Der Vorteil dieser Datenstruktur gegenüber der oben besprochenen linearen Liste ist die Möglichkeit des stetigen Anwachsens einer verketteten Liste. Eine Kapazitätsgrenze, die das Neuorganisieren der Datenstruktur erfordern würde, ist nicht gegeben. Auch das Einfügen von Elementen am Anfang ist ohne zusätzlichen Aufwand möglich. Ein neues Element wird einfach an der gewünschten Position eingekettet.

Die Einträge der verketteten Liste halten die Referenz zu ihren Nachbarn nicht selbst, sondern sind Teil eines Knotens. Jeder Knoten besteht aus dem Element und Verweisen auf Nachbarknoten. Eine verkettete Liste besteht also aus Knoten, die, wie eine Kette, aneinander aufgehängt werden. Es wird zwischen einfach- und doppelt verketteten Listen unterschieden, die wir im Folgenden getrennt betrachten wollen.

Einfach verkette Listen In einer einfach verketteten Liste verweist jeder Knoten lediglich auf seinen direkten Nachfolger, der letzte Knoten referenziert auf einen Pseudoknoten, der seinerseits auf sich selbst verweist und damit das Ende der Liste markiert. Zwei Referenzen Head und Tail verweisen auf den Anfang bzw. das Ende der Liste. Abbildung 2.5 zeigt den prinzipiellen Aufbau einer einfach verketteten Liste.

2.2 Sequenzen

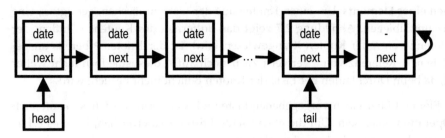

Abbildung 2.5: Einfach verkettete Liste

Einfügen eines Elements Bevor ein Element in eine verkettete Liste eingefügt werden kann, muss zuvor ein Knoten erzeugt werden, der zum einen die spätere Verkettung realisiert und zum anderen das Datum referenziert. Anschließend wird der neue Knoten in die bestehende Liste eingekettet. Betrachten wir hierzu Abbildung 2.6: Ein Knoten mit dem Datum X soll zwischen die Knoten B und C eingefügt werden. Es sind hierzu folgende Schritte erforderlich:

1. Die next-Referenz des Knotens B wird der next-Referenz des Knotens X zugewiesen.
2. Die next-Referenz des Knotens B zu C wird gelöscht, indem ihr der Knoten X zugewiesen wird.

Die Liste ist daraufhin in natürlicher Weise um ein Element angewachsen.

Soll ein Element an eine bestimmte Listenposition eingefügt werden, dessen Knoten nicht bekannt ist, so kann diese Operation dennoch teuer werden, da unter Umständen die gesamte Liste durchlaufen werden muss, um an die gewünschte Listenposition zu gelangen.

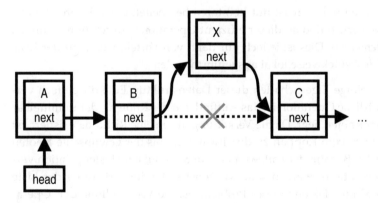

Abbildung 2.6: Einfügen eines Knoten in eine verkettete Liste

Entfernen eines Elements Um einen Knoten aus der Liste zu löschen, genügt es, eine Referenz umzubiegen. Abbildung 2.7 zeigt das Entfernen des Knotens B. Indem der next-Referenz von A der Knoten X zugewiesen wird, ist der Knoten B bereits ausgehängt. Die next-Referenz von B verweist zwar noch auf X, dies ist jedoch nicht weiter störend, da beim Durchlaufen der Liste der Knoten B nicht mehr besucht wird.

Soll ein Element über einen vorgegebenen Listenindex entfernt werden, so kann auch diese Operation teuer sein. Um die gewünschte Position zu erreichen, kann es erforderlich sein, die gesamte Liste zu durchlaufen.

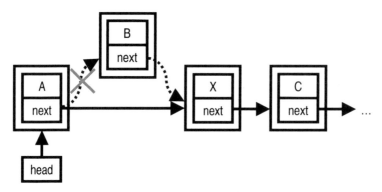

Abbildung 2.7: Entfernen eines Elements

Zugriff auf ein Element Der Zugriff auf ein Element über die Listenposition kann bei einer verketteten Liste im Gegensatz zur sequenziell gespeicherten Liste ausgesprochen aufwändig sein. Im ungünstigsten Fall ist es notwendig, alle Elemente der Liste zu durchlaufen, um beispielsweise an das vorletzte Element zu gelangen.

Verkettete Listen werden daher meist mit Iteratoren bearbeitet, die sich ihre aktuelle Position in der Liste merken und an dieser effizient Operationen durchführen können (siehe Kapitel 2.5 *Iteratoren*). Dies ist jedoch nur dann von Vorteil, wenn auf der Liste Operationen zumindest stückweise lokal ausgeführt werden.

Betrachten wir noch einige Eigenschaften dieser Datenstruktur: Eine für einfach verkettete Listen unnatürliche Operation ist das Auffinden eines Knotens, der unmittelbar vor einem gegebenen Knoten liegt. Da die Verkettung nur in eine Richtung existiert, ist es erforderlich, die Liste vom Kopf an zu durchwandern, bis der gewünschte Knoten erreicht wird. Dies ist z. B. dann der Fall, wenn ein Iterator auf eine Listenposition verweist, dessen Knoten entfernt werden soll. Wie sonst sollte die Verkettung der Liste durchgeführt werden? Eine Lösung dieses Problems ist die Verwandlung der Operation des Entfernens des aktuellen Knotens in die des nächsten Knotens. Das analoge Problem beim Einfügen eines neuen Knotens in die Liste kann auf die gleiche Weise gelöst werden.

2.2 Sequenzen

Die einfach verkettete Liste benötigt im Gegensatz zur doppelt verketteten Liste weniger Speicherplatz. Auch das Ein- und Ausketten kann mit weniger elementaren Operationen erfolgen. Daher ist sie der doppelt verketteten Liste vorzuziehen, wenn eine Liste stets nur in einer Richtung durchlaufen wird.

Doppelt verkettete Listen Die doppelt verkettete Liste zeichnet sich dadurch aus, dass ihre Knoten nicht nur ihren direkten Nachfolger referenzieren, sondern auch ihren Vorgänger. Listen dieses Typs lassen sich daher sowohl vorwärts als auch rückwärts durchlaufen. Betrachten wir auch hier die elementaren Operationen einer linearen Liste.

Einfügen eines Knotens Als Beispiel fügen wir wieder den Knoten X zwischen die Knoten B und C ein. Das Einfügen eines Knotens erfolgt in vier Schritten:

1. Der next-Referenz des Knoten X wird die next-Referenz des Knoten B zugewiesen.
2. Der prev-Referenz des Knoten X wird die prev-Referenz des Knoten C zugewiesen.
3. Der next-Referenz des Knoten B wird der Knoten X zugewiesen.
4. Der prev-Referenz des Knoten C wird der Knoten X zugewiesen.

Das Problem, an die gewünschte Listenposition zu gelangen, ist auch bei der doppelt verketteten Liste nicht gelöst. Im ungünstigsten Fall müssen jedoch nicht n Knoten durchlaufen werden, sondern nur $n/2$, da die Liste auch von hinten durchlaufen werden kann. Das Zeitverhalten der Operation, die ein Element an die Listenposition r einfügen soll, kann nun wie folgt angegeben werden:

$O(\text{Min}(r + 1, n - r + 1))$

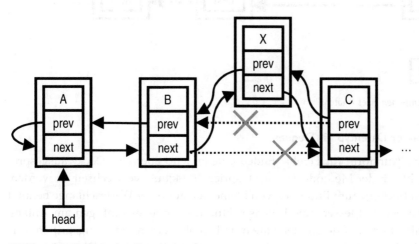

Abbildung 2.8: Einfügen eines Knotens

Entfernen eines Knotens Beim Entfernen eines Knotens genügt es, die in der Liste verbleibenden benachbarten Knoten der Liste zu verändern. Als Beispiel löschen wir das Element B aus der Liste in Abbildung 1.1. Es sind die folgenden elementaren Operationen notwendig:

1. Der next-Referenz des Knoten A wird die next-Referenz des Knoten B zugewiesen.
2. Der prev-Referenz des Knoten X wird die prev-Referenz des Knoten B zugewiesen.

Das Entfernen eines Elements an der Listenposition r weist das folgende Zeitverhalten auf:

$O(\text{Min}(r + 1, n - r + 1))$

Zugriff auf ein Element Das Zeitverhalten beim Zugriff auf ein Element, das sich an der Listenposition r befindet, kann folgendermaßen charakterisiert werden:

$O(\text{Min}(r + 1, n - r))$

Im ungünstigsten Fall bedeutet dies $n/2$ Schritte durch die Liste.

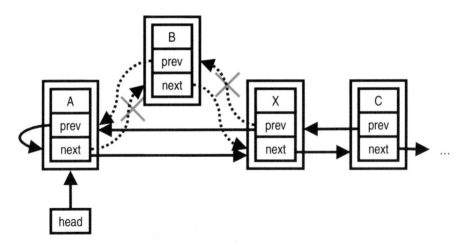

Abbildung 2.9: Entfernen eines Knotens

2.2.2 Abstrakter Datentyp für Deques

Deque ist eine Kurzform für Double-Ended Queue, wird aber als »Deck« ausgesprochen, um nicht mit der Methode dequeue(), sprich »de-kjuu«, verwechselt zu werden, die in einigen Büchern zum Entfernen von Elementen aus einer Warteschlange benutzt wird. Gemeint ist stattdessen eine Datenstruktur, die schnelles Einfügen am Anfang und Ende zulässt und auf deren Elemente trotzdem über einen Index zugegriffen werden kann. Abbildung 2.10 zeigt eine schematische Darstellung dafür. Diese Definition

2.2 Sequenzen

weicht von der üblichen Darstellung einer Deque in der Informatik ab, da hier kein effizienter Zugriff über einen Index gefordert wird [Goodrich & Tamassia 1998, Sedgewick 1998]. Da JGL aber diese Eigenschaft von einer Deque fordert, möchten wir diese Definition verwenden.

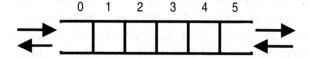

Abbildung 2.10: Die Anforderungen an den Datentyp Deque

Eine Deque besitzt somit alle Funktionen des Datentyps Sequenz, bietet aber zusätzlich Funktionen an, mit denen Elemente am Anfang oder Ende der Deque hinzugefügt oder gelöscht werden. Diese Methoden sind in Tabelle 2.5 zusammengefasst.

Funktion	Zweck
pushFront(o: Object)	fügt ein Element am Anfang an
pushBack(o: Object)	fügt ein Element am Ende an
popFront(): Object	entfernt ein Element am Anfang der Deque und gibt es zurück
popBack(): Object	entfernt ein Element am Ende der Deque und gibt es zurück
insertAt(i: int, o: Object)	fügt ein Element an Position *i* ein
remove(i: int)	löscht das Element an Position *i*
get(i: int): Object	gibt das Element an Position *i* zurück

Tabelle 2.5: Spezifikation des abstrakten Datentyps Deque

Implementierungen

Verkettete Liste Eine doppelt verkettete Liste besitzt bereits alle Eigenschaften, die nötig sind, um diesen abstrakten Datentyp zu implementieren. Allerdings ist ein Indexzugriff auf ein Element kostenaufwändig, nämlich $O(n)$, da im worst-case die halbe Liste durchlaufen werden muss. Aus diesem Grund werden Deques auch durch native Arrays realisiert, die wir im nächsten Abschnitt besprechen möchten.

Ein Array aus Arrays Eine alternative Implementierung für eine Deque besteht darin, die Objekte in einem gewöhnlichen Array, einem so genannten Block, aufzunehmen. Im Falle eines Überlaufs wird vor bzw. hinter diesem Array ein neues, leeres angehängt, das das neue Element aufnimmt. Im Folgenden möchten wir diese Art der internen Darstellung näher besprechen, da die Klasse *Deque* der Generic Collection Library for Java diese Art der Implementierung verwendet.

In einer Deque gibt es ein Array der Größe B, das pro Arrayplatz je ein weiteres Array, das so genannte Block-Array, speichert. Ein Block-Array hat die feste Länge N und nimmt die eigentlichen Objekte auf. Dieses Block-Array wird einfach als Block bezeichnet. Zu Beginn, wenn die Deque leer ist, sind keine Blöcke vorhanden, lediglich das äußere Array hält Platz für B Blöcke bereit. Erst beim ersten Einfügen eines Elements wird ein Block erzeugt, indem an dessen Platz ein neues Block-Array allokiert wird. Das neue Element belegt darin die Position 0 (siehe Abbildung 2.11 a). Werden nach und nach an dem Rand der Deque neue Elemente hinzugefügt, wird bei einem Überlauf ein neuer Block angehängt, der das neue Element aufnimmt (siehe Abbildung 2.11 b und c). Schließlich kann es dazu kommen, dass die Anzahl der verfügbaren Blöcke nicht mehr ausreicht, um weitere hinzuzufügen. Ist dies der Fall, wird eine neues äußeres Array mit der doppelten Kapazität ($2 \cdot B$) erzeugt und alle bereits vorhandenen Block-Arrays werden dorthin kopiert (siehe Abbildung 2.11 d).

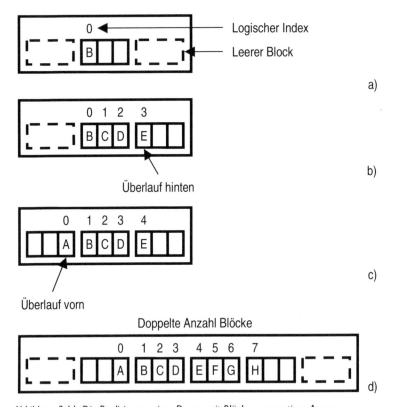

Abbildung 2.11: Die Realisierung einer Deque mit Blöcken aus nativen Arrays

Das Hinzufügen oder Löschen von Objekten, die sich nicht am Rand der Deque befinden, zieht ein Umkopieren von Objekten nach sich. Am Beispiel des Einfügens wollen wir dies verdeutlichen. In Abbildung 2.12 oben soll das Element X an Position drei eingefügt werden. Es gibt zwei Richtungen, in die Elemente verschoben werden können, um Platz zu machen: in Richtung Anfang oder in Richtung Ende. Da der Abstand vom Anfang zur Position drei kürzer ist als von Position drei bis zum Ende – also 7 – 3 = 4 –, ist es sinnvoll, die Elemente bis einschließlich Platz 3 nach links zu verschieben. Dies wird in Abbildung 2.12 veranschaulicht.

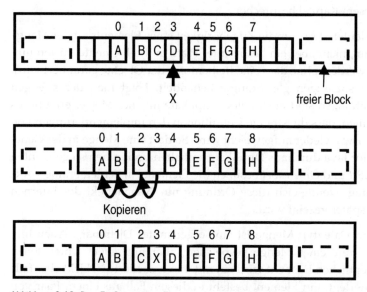

Abbildung 2.12: *Das Einfügen eines Elements in eine Deque, die auf Arrays basiert, zieht das Umkopieren von Objekten nach sich.*

Eine Einfügeoperation am Rand der Deque kostet O(1) Zeit, falls für das Einfügen keine Umkopieraktionen nötig sind. Im ungünstigen Fall jedoch, wenn Sie Elemente in die Mitte der Deque einfügen, werden bis zu $n/2$ Elemente umkopiert, so dass die Kosten dafür O(n) betragen. Das Gleiche gilt für das Löschen eines Elements aus der Mitte der Deque. Das Entfernen von Elementen am Rand ist immer in O(1) möglich.

2.3 Mengen und Dictionary

In vielen Fällen wird eine Datenstruktur benötigt, in der Objekte nur verwaltet werden sollen, aber die Elemente keine Reihenfolge oder ähnliche weitere Eigenschaften besitzen müssen. Diese Eigenschaft erfüllt eine Menge oder Set. Im ersten einführenden Beispiel in Kapitel 1.2.1 *Die Datenstruktur Menge* haben wir eine solche Menge vorgestellt, in die Zahlen eingefügt wurden, und wir hatten abgefragt, ob ein Element enthalten ist. Alle Datentypen, die solche Operationen unterstützen, werden allgemein als *Mengen* oder *Sets* bezeichnet. Den Datentyp Menge und dafür geeignete Datenstrukturen möchten wir in diesem Kapitel besprechen.

Der Mengenbegriff bedeutet, dass nur die Zugehörigkeit eines Elements zu der Menge festgestellt werden kann, nicht aber ein bestimmter Platz in ihr. Elemente dürfen hinzugefügt und entfernt werden, ohne dass eine Reihenfolge der Objekte garantiert wird. Alle Elemente werden sozusagen gleichrangig behandelt. Folgt man der strengen mathematischen Definition, so sind auch keine Duplikate in einer Menge erlaubt. Es sei hier vorweggenommen, dass die strenge Definition in den Implementierungen von Mengen (*Set*-Interface usw.) wieder aufgeweicht wird: So darf eine Menge in der Generic Collection Library for Java durchaus Duplikate enthalten und in den so genannten sortierten Mengen *TreeSet* und *OrderedSet* besitzen die Elemente in beiden Frameworks sehr wohl eine Ordnung, wenngleich diese Ordnung nur Nebeneffekt der internen Datenstruktur ist, wie später gezeigt wird.

Eng verwandt mit dem Datentyp Menge ist ein so genanntes Dictionary. Auch hier werden Elemente im Sinne einer Menge gespeichert, aber mit einem Unterschied: Zusätzlich zu dem eigentlichen Element wird ein mit ihm assoziiertes Objekt ebenfalls in dem Dictionary hinterlegt. Ein Element besteht in diesem Fall aus einem Paar von zwei Objekten, die als Schlüssel (engl. *key*) und Wert (engl. *value*) bezeichnet werden. Ein Beispiel für eine solche Beziehung ist der Name einer Person, der mit einer Telefonnummer assoziiert ist oder die Zuordnung von römischen Zahlen zu Zahlen unseres Zehnersystems. Zum Suchen einer römischen Zahl wird der Schlüssel, also z.B. die Zahl 10, benutzt. Der dem Schlüssel zugeordnete Wert ist die römische Darstellung X. Da die hierfür benutzten Datenstrukturen und Algorithmen dieselben sind, möchten wir auch diesen Datentyp hier vorstellen.

In Abbildung 2.13 sind die beiden Datentypen Menge und Dictionary schematisch gezeigt. Abbildung 2.13 a) zeigt Zahlen, die in der Menge enthalten sind, Abbildung 2.13 b) veranschaulicht die Beziehung zwischen Schlüsseln und ihren zugehörigen Werten am Beispiel der römischen Zahlen.

2.3 Mengen und Dictionary

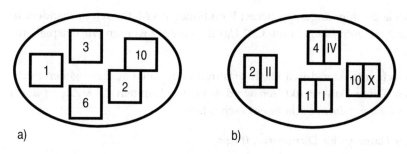

Abbildung 2.13: Schematische Darstellung der Datentypen Menge a) und Dictionary b)

2.3.1 Abstrakter Datentyp für Mengen

Tabelle 2.6 zeigt die für den Datentyp *Menge* geforderten Funktionen. Die einzige Möglichkeit, Elemente in die Menge einzufügen, ist die Funktion add(). Ist das Objekt nicht in der Menge vorhanden, wird es hinzugefügt. Ist bereits ein gleiches Element vorhanden, dann wird das neue Element nicht eingefügt, da Duplikate in einer Menge nicht erlaubt sind.

Funktion	Zweck
add(o: Object): boolean	fügt ein Element *o* in die Menge ein; war die Aktion erfolgreich, so ist das Ergebnis *true*, andernfalls *false*
remove(o: Object): boolean	entfernt ein Element; wurde das Objekt nicht gefunden, ist das Ergebnis *false*
contains(o: Object): boolean	fragt ab, ob ein Element in der Menge enthalten ist; das Ergebnis ist *true*, falls dies der Fall ist, andernfalls *false*
intersection(s: Set): Set	bildet die Schnittmenge mit der Menge *s*
union(s: Set): Set	bildet die Vereinigungsmenge mit der Menge *s*

Tabelle 2.6: Spezifikation des abstrakten Datentyps einer Menge

Die Funktion remove() löscht ein Element aus der Menge, falls es in ihr enthalten ist. Um festzustellen, ob überhaupt ein Objekt in der Menge gespeichert ist, wird die Funktion contains() zur Verfügung gestellt. Mengen haben die Eigenschaft, dass mit ihnen die Vereinigungs- oder die Schnittmenge gebildet werden kann. Aus diesem Grund soll der Datentyp Menge auch diese Operationen unterstützen – in unserem Beispiel intersection() und union().

Beide Frameworks bieten Containerklassen für den abstrakten Datentyp Menge an. Diese Containerklassen implementieren das Interface *Set*, das in beiden Frameworks den gleichen Namen trägt, aber unterschiedliche Eigenschaften besitzt. In diesem

Interface sind viele der hier angesprochenen Funktionen als Methoden vorhanden. In den Kapiteln 3.2.2 *Das Interface Set* und 3.3.2 *Das Interface Set* werden wir Beispiele für Mengen geben.

Mengen lassen sich entweder durch Hashverfahren oder einen ausgewogenen Suchbaum realisieren. Diese Datenstrukturen werden in den Kapiteln 2.3.3 *Zugriff durch Hashing* und 2.3.4 *Zugriff durch Suchbäume* beschrieben.

2.3.2 Abstrakter Datentyp für Dictionaries (Maps)

In Tabelle 2.7 sind die grundlegenden Funktionen aufgeführt, die der Datentyp Dictionary bietet. Alle Operationen, die ein Element in ein Dictionary einfügen oder entfernen, benötigen einen Schlüssel als Argument. Ein Schlüssel ist ein Begriff der Informatik, der seinen Ursprung in der klassischen Datenverarbeitung bzw. in Datenbanken hat, in der Datensätze zur Speicherung der Daten benutzt wurden. Ein Datensatz besteht hier üblicherweise aus Daten, die den Datensatz eindeutig kennzeichnen, und weiteren Daten, die quasi als Anhang zusätzliche Informationen enthalten.

Ein Schlüssel besteht aus denjenigen Daten eines Datensatzes, die diesen eindeutig kennzeichnen. Daraus folgt: Besitzen zwei Datensätze den gleichen Schlüssel, so handelt es sich um die gleichen Datensätze. In der Sprache Java hat ein Schlüssel prinzipiell die gleiche Funktion, nur wird er hier anders ermittelt, weil Daten nicht mehr datensatzweise, sondern in Objekten gespeichert sind.

Deshalb gibt es keinen Schlüssel im eigentlichen Sinne mehr, sondern das Objekt selbst wird als Schlüssel verwendet. Um die Gleichheit von zwei »Datensätzen«, also Objekten, zu ermitteln, wird das gesamte Objekt mit einem anderen verglichen. Dafür wird die in Kapitel 1.3.1 *Die Klasse Object und ihre Methoden* besprochene equals()-Methode der Klasse Objekt benutzt.

Das Gleiche gilt für den einem Schlüssel – oder Objekt – zugeordneten Wert. Dieser ist ein Objekt. Fassen wir zusammen:

▶ Als Schlüssel dient in Java das Objekt selbst. Jedes Objekt kann als Schlüssel eingesetzt werden.

▶ Als zugehöriger Wert zu einem Schlüssel darf ein beliebiges Objekt verwendet werden.

Alle Funktionen erwarten folglich zwei Argumente: ein Objekt, das als Schlüssel dient, und einen zugehörigen Wert. Damit unterscheiden sich Mengen von Dictionaries nur dadurch, dass in einem Dictionary nur besondere Objekte, nämlich Paare (k, v) enthalten sein dürfen. Dieses Paar ist ein Objekt, das sich nach außen wie das Objekt k verhält, aber zusätzlich noch den Anhang v speichert. Duplikate werden anhand des Schlüssels k erkannt.

2.3 Mengen und Dictionary

> Aus diesem Grund lassen sich Dictionary-Einträge als gewöhnliche Elemente einer Menge auffassen. Alle Operationen, die mit Elementen einer Menge möglich sind, werden bei Dictionary-Einträgen nur auf die Schlüssel angewandt – der zugehörige Wert wird einfach als »Ballast« mit in der Menge gespeichert.

In Tabelle 2.7 sind die Anforderungen an den Datentyp Dictionary aufgelistet.

Funktion	Zweck
`add(k: Object, v: Objekt): boolean`	fügt einen Eintrag bestehend aus Schlüssel *k* und Wert *v* in das Dictionary ein; ist der Schlüssel bereits vorhanden, wird der Eintrag nicht eingefügt und *false* zurückgegeben
`remove(k: Object): boolean`	entfernt einen Eintrag mit Schlüssel *k*, falls kein Schlüssel gefunden wurde, ist das Ergebnis *false*
`containsKey(k: Object): boolean`	prüft, ob ein Eintrag mit Schlüssel *k* in dem Dictionary enthalten ist
`getValue(k: Object): Object`	gibt den Wert zu Schlüssel *k* zurück

Tabelle 2.7: Spezifikation des abstrakten Datentyps eines Dictionaries

Der abstrakte Datentyp Dictionary wird in den Standardbibliotheken als Map (engl. Karte) bezeichnet. Entsprechend heißt das Interface im Collections Framework *Map*. In JGL hingegen gibt es für ein Dictionary kein eigenes Interface, sondern die abstrakte Klasse *Map* übernimmt diese Aufgabe. Die abstrakte Klasse *Dictionary* im Package *java.util* ist eine, mittlerweile veraltete, Basisklasse für Dictionary-Implementierungen im JDK, die es seit Java 1.0 gibt.

In den Kapiteln 3.2.5 *Das Interface Map* und 3.3.3 *Die abstrakte Klasse Map* werden wir Beispiele für Maps zeigen.

2.3.3 Zugriff durch Hashing

Im Abschnitt *Der Hashwert eines Objekts mittels `hashCode()`* in Kapitel 1.3.1 auf Seite 39 wurde bereits die Methode `hashCode()` der Klasse `Object` besprochen und ein erstes Anwendungsszenarium gezeigt. In diesem Abschnitt soll dieses Thema nochmals aufgegriffen und detaillierter besprochen werden.

Datenstrukturen für Mengen oder Dictionaries müssen vor allem das schnelle Suchen von Elementen, also die Funktionen `contains()` bzw. `containsKey()`, unterstützen. Ist erst einmal das Element oder der Platz, an den ein neues Element gehört, gefunden, so können die Operationen wie `add()` oder `remove()` in konstanter Zeit ausgeführt werden.

Die Idee des Hashings ist, dass Elemente in einem Array mit fester Länge N gespeichert werden. Ist bekannt, welchen Arrayplatz i ein Element hat, kann auf das Element in konstanter Zeit $O(1)$ zugegriffen werden. Das Array wird als Hashtabelle und die

Arrayplätze werden üblicherweise als *Buckets* (engl. Eimer) oder Behälter bezeichnet. In Java besitzt jedes Objekt über die `hashCode()`-Methode einen Wert, aus dem ein Arrayplatz berechnet werden kann. Da der Wertebereich jedoch im Allgemeinen größer als das Array sein wird, wird aus dem Hashwert h der Platz mit Hilfe einer Hashfunktion $H(h)$ berechnet.

Als Beispiel dafür möchten wir die Modulo-Hashfunktion verwenden. Sie lautet

$i = H(h) := |h| \mod N$.

Da die `hashCode()`-Methode der Klasse *Object* auch negative Werte zurückgeben darf und wir nur positive Speicheradressen belegen können, ist es notwendig, in irgendeiner Weise einen Hashwert größer 0 zu bilden – daher wurde von h der Betrag gebildet.

Als Beispiel möchten wir die Instanzen von acht Personen aus Listing 2.3 auf ein Array der Länge $N = 10$ verteilen.

```
Person anja = new Person("Anja", "Müller", "12.02.1972");
Person jenny = new Person("Jenny", "Schulze", "20.07.1969");
Person peter = new Person("Peter", "Werner", "29.09.1958");
Person karl = new Person("Karl", "Meinzer", "24.09.1931");
Person susanne = new Person("Susanne", "Schlegel", "11.08.1970");
Person tim = new Person("Tim", "Thorn", "03.11.1984");
Person hans = new Person("Hans", "Meise", "01.04.1919");
Person edith = new Person("Edith", "Pfeiffer", "17.10.1934");
```

Listing 2.3: Acht Instanzen der Klasse Person, die mit einer Hashfunktion auf ein Array der Länge N = 10 verteilt werden.

Benutzen wir die Modulo-Hashfunktion, so ergeben sich bei den acht Personen folgende Hashwerte und Speicheradressen (siehe Tabelle 2.8). Der Hashwert wurde gemäß der `hashCode()`-Methode der Klasse *Person* aus dem Listing 1.24 auf Seite 41 berechnet.

Person	**Hashwert**	**Index bzw. Bucket-Nummer**
Anja	420265167	7
Jenny	737076340	0
Peter	1466236528	8
Karl	-775427904	4*
Susanne	1179143574	4*
Tim	213833276	6*
Hans	-255934996	6*
Edith	-204900574	4*

Tabelle 2.8: Die Hashwerte und ihr errechneter Index bei acht Personen. Ein * symbolisiert eine Kollision.

Obwohl die Anzahl der zehn Arrayplätze nicht ausgeschöpft wurde, kommt es zu einem Adressenkonflikt: Der Index des Objekts karl, susanne und edith lautet für alle 4 und für tim und hans 6. Kollisionen lassen sich also nicht vermeiden. Das Auftreten einer solchen Kollision ist nicht selten, weshalb gewöhnlich solche Mehrfachadressierungen berücksichtigt werden. Können beliebig viele Elemente auf einen Speicherplatz abgebildet werden, so bezeichnet man dies als *offenes Hashing*. Es liegt nahe, die Kollisionen in einer verketteten Liste zu speichern. Falls ein Behälter nur eine bestimmte Anzahl von Elementen aufnehmen kann und es sonst zu einem Laufzeitfehler kommen würde, nennt man dies *geschlossenes Hashing*. Üblicherweise würde man aber beim geschlossenen Hashing versuchen, durch geeignete Verfahren einen neuen Behälter zu finden, der das Element noch aufnehmen kann. Die Hashverfahren der Standardbibliotheken verwenden alle das offene Hashing.

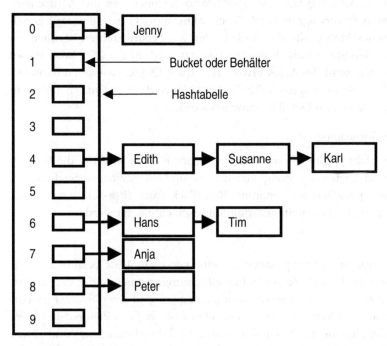

Abbildung 2.14: *In einem Array der Länge zehn sind acht Personen über eine Hashfunktion gespeichert. Die Objekte werden pro Speicherplatz in einer verketteten Liste gespeichert, die beliebig viele Elemente für einen Arrayplatz zulässt (offenes Hashing).*

Suchen von Elementen Das Berechnen des Arrayplatzes i benötigt O(1) Zeit. Gäbe es keine Kollisionen, so wäre dies eine sehr gute Zugriffszeit. Im schlechtesten Fall fallen aber alle Elemente in der Hashtabelle auf einen Arrayplatz. Die Folge ist, dass im ungünstigsten Fall alle n Elemente der verketteten Liste durchlaufen werden müssen, um ein Element o zu finden bzw. dessen Nichtvorhandensein zu zeigen. Das heißt, im worst-case betragen die Kosten für das Lokalisieren eines Elements $O(n)$.

Einfügen und Löschen von Elementen Die Hauptarbeit für das Hinzufügen oder Löschen eines Elements ist das Berechnen des Platzes, an den das neue Element gehört oder an dem das zu löschende ist. Aus den Überlegungen von oben folgt, dass dies im günstigsten Fall in $O(1)$ bzw. im schlechtesten Fall in $O(n)$ Zeit geschieht. Das Einfügen bzw. Löschen selbst ist – nachdem der Platz bestimmt wurde – immer in $O(1)$ möglich, da nur ein Element in die Liste eingefügt oder aus ihr entfernt werden muss.

Loadfaktor Angenommen, die Hashfunktion verteilt alle n Elemente gleichmäßig auf die Arrayplätze, dann ist die erwartete Anzahl von Elementen pro Arrayplatz $f = n/N$. Dieses Verhältnis wird als *Loadfaktor* oder *Füllfaktor* bezeichnet. Um die Wahrscheinlichkeit einer Kollision zu verringern, wird dieser Faktor typischerweise unter 1 gehalten. Ein gebräuchliches Maß dafür, das auch in den auf Hashverfahren beruhenden Containerklassen in den Standardbibliotheken benutzt wird, ist $f = 0{,}75$. Wird dieses Verhältnis überschritten, wird das Array erweitert und alle Objekte werden umkopiert. Näheres dazu erfahren Sie im Kapitel 5 *Die Containerklassen der Standardbibliotheken*, in dem diese Containerklassen im Detail besprochen werden.

2.3.4 Zugriff durch Suchbäume

Neben dem Hashverfahren gibt es eine weitere effiziente Datenstruktur, die für den Datentyp Menge und Dictionary geeignet ist: Dies sind ausgewogene Suchbäume, wobei wir hier im speziellen so genannte Red-Black-Trees (Rot-Schwarz-Bäume) besprechen möchten, da sie in den Standardbibliotheken eingesetzt werden.

Suchbäume

In Kapitel 2.2.1 Abstrakter Datentyp haben wir eine verkettete Liste besprochen. Die Elemente dieser Liste sind durch Zeiger in beide Richtungen miteinander verbunden. Jetzt möchten wir diese Darstellung etwas verallgemeinern und einen Suchbaum vorstellen. Im Gegensatz zu Elementen der verketteten Liste hat ein Element in einem Suchbaum zwei oder allgemein n Nachfolger (auch als Söhne bezeichnet) und genau einen Vorgänger. Die Nachfolger eines Knotens werden als Kinder bezeichnet. Knoten, die keine Nachfolger mehr haben, nennt man *Blätter* des Baumes. Ein weiterer besonderer Knoten ist die so genannte *Wurzel*: Dies ist der oberste Knoten im Baum, der keinen Vorgänger hat.

Bäume sind eine so allgemeine und wichtige Datenstruktur in der Informatik, dass es den Rahmen dieses Kapitels sprengen würde, alle ihre Eigenschaften und Funktionen vorzustellen. Beispielsweise ist die hier vorgeschlagene Implementierung über verkettete Listen nur eine Möglichkeit, einen Baum darzustellen – im Kapitel 2.4.2 *Abstrakter*

2.3 Mengen und Dictionary

Datentyp für Warteschlangen mit Prioritäten, in dem die Datenstruktur Heap besprochen wird, zeigen wir die Realisierung eines Baums in einem Array. Aus diesen Gründen möchten wir uns darauf beschränken, nur die Eigenschaften von Bäumen näher zu erläutern, die für das Verständnis des Datentyps Menge und Dictionary von Bedeutung sind. Für eine grundlegende Einführung in diese Thema möchten wir auf einschlägige Literatur verweisen [Wirth 1996, Gütig 1992, Sedgewick 1998, Goodrich & Tamassia 1998].

Im Folgenden werden vorerst nur Bäume behandelt, die maximal zwei Nachfolger besitzen können. Diese Bäume werden daher Binärbäume genannt. Ein Knoten eines Binärbaums wird als v bezeichnet, sein linker Nachfolger mit v_1 und sein rechter Nachfolger mit v_2. Es ist auch möglich, dass ein Knoten nur einen oder, falls es sich um ein Blatt handelt, keinen Nachfolger hat. Die zugehörigen Elemente der Knoten werden entsprechend als k, k_1 bzw. k_2 bezeichnet.

Um die Elemente in einem Binärbaum möglichst schnell zu finden, ohne alle Knoten zu durchlaufen, hat sich folgende *Sortierung* des Baums als besonders nützlich erwiesen (Sortierkriterium SK):

> Der linke Nachfolger v_1 des Knotens v hat die Eigenschaft, dass der Rang seines Elements kleiner oder gleich des Ranges des Elements des Knotens ist, also $R(k_1) \leq R(k)$.
>
> Der rechte Nachfolger v_2 hat die Eigenschaft, dass der Rang seines Elements größer als der Rang des Knotens ist, also $R(k) > R(k_2)$.

$R(k)$ bedeutet gemäß Kapitel 1.3.3 Universelle Algorithmen mit Comparatoren, dass aus dem Element des Knotens v der Rang berechnet wird, um einen Vergleich für eine Sortierreihenfolge vornehmen zu können.

Abbildung 2.15 zeigt drei Binärbäume, in denen die Elemente entsprechend ihres Ranges eingeordnet sind. Der Einfachheit halber haben wir uns für ganze Zahlen entschieden, die eine natürliche Reihenfolge aufweisen. Diese Art der Binärbäume wird als Suchbaum bezeichnet.

Betrachten wir den Baum a) in Abbildung 2.15. Wenn wir an der Wurzel (5) stehen, dann garantiert uns die eben eingeführte Sortiervorschrift, dass alle Elemente im linken Teilbaum nicht größer als 5 und alle Elemente im rechten Teilbaum größer als 5 sind. Möchten wir beispielsweise feststellen, ob die Zahl 7 enthalten ist, reicht es aus, im rechten Teilbaum weiter zu suchen. Dies ist in Abbildung 2.15 c) gezeigt. Zum Einfügen eines Elements kommen wir später.

Es ist also möglich, die Elemente in einer sortierten Reihenfolge zu durchlaufen, dem so genannten Inorder-Durchlauf.

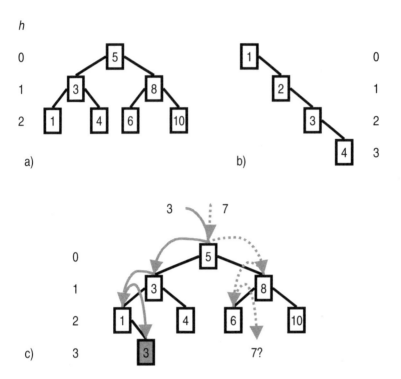

Abbildung 2.15: Suchbäume: a) zeigt einen ausgeglichenen Suchbaum mit sieben Elementen. In b) ist ein Baum zu einer verketteten Liste entartet. c) zeigt am Beispiel der Zahlen 3 und 7, wie Elemente in einen Suchbaum eingefügt bzw. gesucht werden.

> Wird für den Datentyp Menge oder Dictionary ein Suchbaum als interne Datenstruktur verwendet, bekommen Sie als Nebeneffekt eine Menge oder ein Dictionary, deren Schlüssel eine Ordnung aufweisen.

Das Besondere an einem Suchbaum ist weiterhin der schnelle Zugriff auf seine Elemente. Unter der Höhe h eines Baumes versteht man die Anzahl von Knoten, die durchlaufen werden müssen, um von der Wurzel zu dem am weitesten unten stehenden Blatt zu gelangen. Die Wurzel wird dabei nicht mitgezählt. Der Baum in Abbildung 2.15 a) hat eine Höhe von 2. Um ein Element in einem Suchbaum zu finden bzw. dessen Nichtvorhandensein nachzuprüfen, sind maximal h Schritte notwendig, da beim Erreichen eines Blattes alle in Frage kommenden Elemente durchsucht wurden. Je geringer die Höhe eines Baums ist, umso schneller lassen sich Elemente darin finden.

Im optimalen Fall liegen alle Blätter eines Baums auf einer Höhe, um ein Blatt zu erreichen sind dann $h = \lfloor \log n + 1 \rfloor$ Schritte notwendig. Im ungünstigsten Fall hingegen ist der Baum zu einer Liste entartet, d.h. jeder Knoten hat nur einen Nachfolger und dieser zeigt stets in dieselbe Richtung. Ein entarteter Baum ist in Abbildung 2.15 b) zu sehen. In diesem Fall sind drei Schritte notwendig, um zu dem Blatt (4) zu gelangen. Allgemein gilt:

Ein Baum mit n Knoten hat mindestens die Höhe $h = \lfloor \log n + 1 \rfloor$ und maximal $n - 1$, also $\lfloor \log n + 1 \rfloor \leq h \leq n - 1$.

Einfügen neuer Elemente Neue Elemente werden in einen Suchbaum nach folgendem Prinzip eingefügt: Durchlaufe so lange alle Knoten unter Berücksichtigung der Sortiervorschrift, bis ein Blatt erreicht wird. Füge dann den neuen Knoten in Abhängigkeit des Rangs des Elements als linken oder rechten Nachfolger ein. Der entartete Baum in Abbildung 2.15 b) ist entstanden, indem nach und nach die Elemente 1, 2, 3 und 4 eingefügt wurden. In Abbildung 2.15 c) wird gezeigt, wie die Zahl 3 in den Baum eingefügt wird.

Löschen von Elementen Um ein Element k aus einem Suchbaum zu entfernen, sind zwei Schritte notwendig: Zuerst wird der Knoten gesucht, der das Element enthält. Falls das Element im Baum enthalten ist, wird es mitsamt Knoten entfernt – dieser Knoten wird als v bezeichnet. Falls der entfernte Knoten ein Blatt ist und somit keine Nachfolger hat, sind wir bereits fertig.

Falls nicht, sind noch zwei Fälle zu unterscheiden:

1. Ist einer der Nachfolger ein Blatt, dann wird der entfernte Knoten v durch diesen Blatt-Nachfolger ersetzt.

2. Als letzte Möglichkeit bleibt noch, dass der entfernte Knoten v zwei Nachfolger v_1 und v_2 hatte. In diesem Fall muss der Knoten mit dem kleinsten Element des rechten Nachfolgers (v_2) gesucht werden – dieser Knoten, w, steht immer am weitesten links in diesem rechten Teilbaum mit Wurzel v_2. Der Knoten w hat maximal einen Nachfolger und wird aus dem Teilbaum entfernt und an die Stelle des gelöschten Knotens v gesetzt. Dabei wurde w wie im Fall 1 entfernt.

Wie auch in einer verketteten Liste werden Knoten ersetzt, indem die Zeiger der Vorgänger bzw. Nachfolger entsprechend umgesetzt werden.

Da alle Operationen, wie Einfügen oder Löschen von Elementen, davon abhängig sind, wie schnell ein Knoten gefunden wird, sind diese Operationen besonders effizient in ausgeglichenen Bäumen. Ausgeglichen im engeren Sinne bedeutet, dass sich relativ zu jedem Knoten die Höhen der Teilbäume maximal um 1 unterscheiden. Suchbäume garantieren nur dann die günstige Suchzeit von $O(\log n)$, wenn sie auch nach vielen Einfüge- und Löschoperationen immer ausgeglichen bleiben. Zur Liste entartete Bäume haben die ungünstige Suchzeit von $O(n)$. Aus diesem Grund möchten wir nun eine Variante des hier vorgestellten Suchbaums vorstellen, der stets ausgeglichen bleibt.

Rot-Schwarz-Bäume

Eine Klasse der ausgewogenen Bäumen bilden die so genannten *Red-Black-Trees* oder auch *Rot-Schwarz-Bäume* [Goodrich 1998, Sedgewick 1998]. Diese Datenstruktur wird sowohl im Collections Framework wie auch in der Generic Collection Library for Java für Sets oder Dictionaries verwendet, weshalb wir näher auf sie eingehen wollen. Eine ebenfalls sehr bekannte Datenstruktur für ausgewogene Bäume sind die AVL-Bäume, benannt nach deren Entwicklern G. M. Adelson-Velskii und Y. M. Landis [Adelson-Velskii & Landis 1962], die aber in den Standardbibliotheken nicht zum Einsatz kommen.

Rot-Schwarz-Bäume unterscheiden sich von einem binären Suchbaum dadurch, dass jeder Knoten eine zusätzliche Eigenschaft besitzt. Er kann entweder rot oder schwarz sein. Dieses Attribut bezieht sich sowohl auf den Knoten selbst wie auch auf die Verbindung zu seinem Vater (siehe Abbildung 2.16). Für die Knoten des Baums gilt (RBT-Bedingungen):

▶ Die Wurzel ist immer schwarz.

▶ Ein Nachfolger eines roten Knotens ist schwarz.

▶ Alle Blätter haben die gleiche Anzahl schwarzer Vorfahren.

Ein Rot-Schwarz-Baum muss per Definition diesen Bedingungen genügen, ansonsten ist seine Integrität verletzt. Aus diesen drei Bedingungen lässt sich erahnen, dass Rot-Schwarz-Bäume immer ausgeglichen sind: Zwar dürfen bedingt rote Knoten in den Baum eingebaut sein, die Anzahl der schwarzen Knoten jedoch muss für alle Blätter gleich sein, so dass zu einer Liste entartete Bäume niemals rot-schwarz sein können. Das Finden von Elementen bzw. des zugehörigen Knotens entspricht dem Suchen in einem gewöhnlichen Binärbaum. Das Hinzufügen bzw. Löschen von Elementen funktioniert prinzipiell wie in einem normalen Suchbaum, es zieht jedoch einige weitere Aktionen nach sich, um die Integrität des Baums wieder herzustellen. Dieser Aufwand garantiert dafür aber, dass der Baum auch nach sehr vielen Einfüge- oder Löschoperationen nicht zu einer Liste degeneriert.

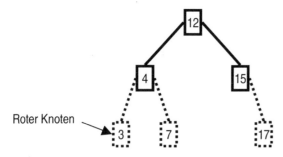

Abbildung 2.16: Ein Beispiel für einen Rot-Schwarz-Baum. Rote Knoten sind gestrichelt dargestellt.

Die Aktionen, die nötig sind, um nach dem Einfügen oder Löschen eines Knotens wieder einen gültigen Rot-Schwarz-Baum herzustellen, sind sehr dubios, wenn sie nicht an einem korrespondierenden 2-3-4-Baum erklärt werden. Aus diesem Grund möchten wir zuvor die typischen Merkmale an einem 2-3-4-Baum erklären und dann diese Eigenschaften auf Rot-Schwarz-Bäume übertragen. Allerdings wird es uns nicht möglich sein, die Operationen an einem Rot-Schwarz-Baum zu erklären, weil damit das Kapitel den Rahmen des Buchs sprengen würde. Für das Verständnis reicht es vollkommen, die Aktionen in den korrespondierenden 2-3-4-Bäumen zu verstehen, denen wir uns nun zuwenden.

2-3-4 Bäume

2-3-4 Bäume verdanken ihren Namen der Tatsache, dass die Anzahl ihrer Nachfolger zwei bis maximal vier Knoten betragen darf – es handelt sich also nicht mehr um Binärbäume, wohl aber um Suchbäume. Ein Knoten eines 2-3-4-Baums besteht aus mindestens einem Element und maximal drei Elementen, die als k_1 bis k_3 bezeichnet werden. Diese Elemente kann man sich in einer Liste eingetragen vorstellen. Jedes dieser Elemente entspricht einem Knoten eines binären Suchbaums, der einen linken und rechten Nachfolgerknoten besitzt und deren Nachfolger dem Sortierkriterium (SK) genügen. Angrenzende Elemente in einem Knoten teilen sich jeweils einen Nachfolgerknoten. Abbildung 2.17 zeigt ein Beispiel für einen solchen 2-3-4-Baum, der dem Rot-Schwarz-Baum in Abbildung 2.16 entspricht.

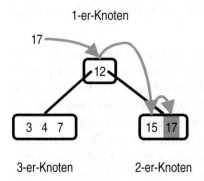

Abbildung 2.17: Ein 2-3-4-Baum, in den die Zahl 17 eingefügt wird

Ein Element wird wie in einen Binärbaum eingefügt, nur dass der Nachfolgerknoten erst in der Liste der Elemente gesucht werden muss. In Abbildung 2.17 wird zuerst der 1-er-Wurzelknoten durchsucht. Da das einzige Element die 12 ist, gehört die 17 in den letzten Nachfolgerknoten. In diesem Knoten wird sie hinter die 15 einsortiert. Um bei der Beschreibung von 2-3-4-Bäumen keine Ausnahmen erklären zu müssen, betrachten wir im Folgenden nur Bäume, die keine Duplikate enthalten.

Der Trick, einen 2-3-4-Baum immer ausgeglichen zu halten, besteht darin, dass beim Einfügen eines neuen Knotens der Baum nicht wie üblich nach unten wächst, sondern gegebenenfalls ein neuer Wurzelknoten *oben* hinzugefügt wird. Damit bleiben die Blätter des 2-3-4-Baums alle auf einer Höhe. Umgekehrt wird beim Löschen eines Elements nie ein Knoten von unten, sondern gegebenenfalls wird die Wurzel *oben* entfernt. Kurz gesagt:

> Ein 2-3-4 Baum und somit äquivalent ein Red-Black-Tree wächst nur nach oben und verkleinert sich von der Wurzel beginnend nach unten.

Einfügen eines neuen Elements Ein neues Element k wird in einen 2-3-4-Baum eingefügt, indem es so lange innerhalb des Baumes nach unten weitergereicht wird, bis es einen Blatt-Knoten erreicht. In diesem Knoten wird es in die Liste an seinem entsprechenden Platz eingefügt. Konnte der Knoten neue Elemente aufnehmen, ist die Einfügeoperation abgeschlossen. Ist es aber zu einem Überlauf gekommen, d.h. besitzt der Knoten nun mehr als drei Elemente, dann entstehen Folgeaktionen, die diesen Überlauf beheben. Bezeichnen wir v als diesen Blatt-Knoten.

▷ v wird durch zwei neue Knoten v'' und v' ersetzt, wobei v'' ein neuer 2-er-Knoten mit den Elementen k_1, k_2 und v' ein 1-er-Knoten mit dem Element k_4 ist.

▷ Falls v die Wurzel des 2-3-4-Baums ist, wird eine neue Wurzel u erzeugt. Andernfalls sei u der Vorgänger von v.

▷ Das noch übrig gebliebene Element k_3 wird nun in u einsortiert und dessen Zeiger auf die Knoten v'' und v' gesetzt.

Es kann nach diesen Aktionen vorkommen, dass in dem Knoten u ebenfalls ein Überlauf entstanden ist. In diesem Fall wird der Überlauf nach dem gleichen Prinzip aufgelöst, so lange bis ein Vorgängerknoten keinen Überlauf aufweist und ein neues Element aufgenommen hat. Im ungünstigsten Fall propagiert dieser Fehler bis zum Wurzelknoten, bei dem ein Überlauf immer durch eine neue Wurzel aufgelöst werden kann. Abbildung 2.18 zeigt die hier besprochenen Einfügeaktionen. Die Zahl 12 wird im rechten unteren Knoten an die entsprechende Position innerhalb der Liste eingefügt. Hierbei tritt ein Überlauf auf, denn dieser Knoten enthält vier Elemente. Deshalb wird er aufgespalten und die Zahl 14 wird in den Vaterknoten u eingefügt – die Knoten v'' und v' sind nun gültig. Allerdings ist es nun im Knoten u zu einem Überlauf gekommen, der schließlich in c) aufgelöst wurde. Dabei wurde eine neue Wurzel erzeugt, da u bereits der Wurzelknoten war. Die neue Wurzel enthält nur ein Element und alle Überläufe sind jetzt bereinigt und der Baum ist um eine Position nach oben gewachsen.

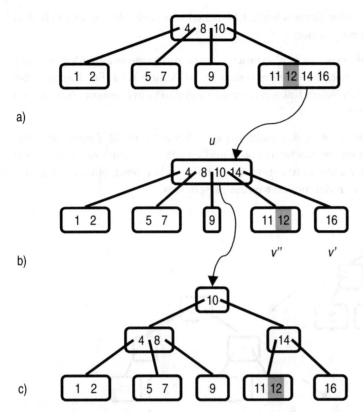

Abbildung 2.18: Einfügeoperationen in einen 2-3-4-Baum: Die Zahl 12 erzeugt zwei Überläufe in a) und b), die in c) schließlich aufgelöst wurden. Die Hilfslinie deutet an, dass die Zahlen 14 und 10 in den Vaterknoten wandern.

Es kann gezeigt werden, dass die Höhe eines 2-3-4-Baums mit n Elementen O(log n) ist. Das Durchlaufen der Liste von Elementen in einem Knoten erfordert maximal drei Operationen. Daraus folgt, dass das Finden eines Elements die Kosten O(log n) hat. Das Aufteilen eines Knotens nach einem Überlauf kostet O(1) Zeit. Als Folge des Einfügens eines Elements sind maximal O(log n) solcher Aufteilungen möglich, d.h. die Kosten sind einschließlich dem Suchen der Einfügeposition O(log n + log n) = O(log n).

Löschen eines Elements Der erste Schritt, ein Element k zu löschen, besteht darin, es in dem Baum zu lokalisieren. Prinzipiell werden in einem 2-3-4-Baum Elemente nur aus einem Blatt entfernt. Sollte sich das Element nicht in einem Blatt befinden, ist eine Austauschaktion nötig. Dafür wird das Element k, das sich in einem internen Knoten befindet, mit dem am weitesten rechts stehenden Element in einem Blatt vertauscht.

Jetzt wird das Element aus dem Blatt entfernt. Befindet sich in dem Blatt noch mehr als ein Element, ist die Lösch-Operation abgeschlossen. Falls nicht, ist es zu einer Unterbesetzung gekommen, d.h. der Knoten besitzt kein Element mehr. In diesem Fall sind einige weitere Aktionen notwendig:

1. Besitzt v einen Nachbarknoten w, also einen Knoten mit gemeinsamen Vater u, der mehr als ein Element hat, dann findet eine *Transfer*-Aktion statt: Ein Element des Vaters u wandert in den leeren Knoten v, wo im Gegenzug ein Element aus w in den Vater u verschoben wird.

2. Hat v keinen Nachbarknoten, der mehr als ein Element enthält, findet eine *Verschmelzung* zwischen einem Nachbarknoten und v statt – ein neuer Knoten v' wird erzeugt, der alle Elemente von v und w enthält. Dabei wird ein Element des gemeinsamen Vaters u in den neuen Knoten verschoben.

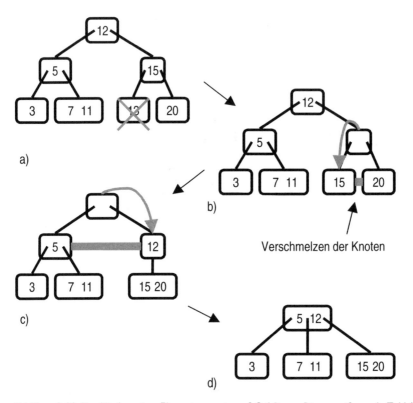

Abbildung 2.19: Das Löschen eines Elements aus einem 2-3-4-Baum: Die zu entfernende Zahl 13 befindet sich in einem Blatt. Durch das Entfernen des Elements kommt es zu zwei Unterbesetzungen von Knoten, bis schließlich das Entfernen der Wurzel diese Unterbesetzung aufhebt, c) und d). Der graue Balken steht für eine Verschmelzung der Knoten.

2.3 Mengen und Dictionary

Bei dieser Aktion kann es wiederum passieren, dass eine weitere Unterbesetzung im Vaterknoten u auftritt. Diese muss – analog zu der Einfügeoperation – so lange aufgelöst werden, bis eventuell der Wurzelknoten durch eine Verschmelzung entfernt wird. In diesem Fall ist der 2-3-4-Baum in der Höhe um eins geschrumpft. Abbildung 2.19 zeigt dafür ein Beispiel.

Es wurde ein einfaches Beispiel gewählt, bei dem das zu löschende Element, hier die Zahl 13, sich bereits in einem Blatt befindet. Durch das Entfernen des letzten Elements in diesem Blatt kommt es zu einer Unterbesetzung, die durch das Verschmelzen beider Knoten und dem Verschieben eines Elements des Vaters aufgehoben wird. Allerdings tritt jetzt im Vaterknoten eine neue Unterbesetzung auf, die ebenfalls durch eine Verschmelzungsaktion aufgelöst wird. Dabei wird das letzte Element aus der Wurzel verschoben, weshalb die Wurzel aufgegeben wird. Dadurch ist der Baum in seiner Höhe um eins geschrumpft.

Eine Transfer- oder Verschmelzungsaktion beim Löschen eines Elements kostet $O(1)$ Zeit. Wie auch beim Einfügen sind maximal $O(\log n)$ solcher Folgeaktionen notwendig, um wieder einen gültigen 2-3-4-Baum zu erhalten. Deshalb kann das Löschen eines Elements in $O(\log n)$ Zeit bewerkstelligt werden.

2-3-4 Bäume mittels Rot-Schwarz-Bäumen

Kommen wir nun auf die Rot-Schwarz-Bäume zurück. Ein 2-3-4-Baum lässt sich 1:1 in einen Rot-Schwarz-Baum umwandeln. Dazu wird ein 2-er- und ein 3-er-Knoten mit Hilfe von roten Knoten konstruiert. Die roten Knoten dienen sozusagen als Kennzeichnung, dass sie zu einem übergeordneten schwarzen Knoten gehören, der einem 2-er- oder 3-er-Knoten im 2-3-4-Baum entspricht. Abbildung 2.20 zeigt die »Übersetzungstabelle«.

Ein 1-er-Knoten entspricht einem normalen Knoten eines binären Suchbaums. Ein 2-er-Knoten wird durch eine Schwarz-Rot-Kombination realisiert, wobei durch die Symmetrie zwei Varianten möglich sind. Ein 3-er-Knoten schließlich wird durch einen schwarzen Knoten dargestellt, der zwei rote Knoten als Nachfolger hat.

Der Grund, warum nicht direkt mit 2-3-4-Bäumen gearbeitet wird, liegt darin, dass in einem Rot-Schwarz-Baum die üblichen Methoden zum Suchen von Objekten angewendet werden können – die Farbe des Knotens spielt dabei keine Rolle.

Das Einfügen eines Elements entspricht dem Anhängen eines Elements in einen gewöhnlichen Suchbaum. Der neue Knoten wird rot gefärbt, was dem Einfügen des Elements in einem Blatt-Knoten des äquivalenten 2-3-4-Baums entspricht. Dabei kann es vorkommen, dass die Integrität des Rot-Schwarz-Baums verletzt ist, die RBT-Bedingungen also nicht erfüllt werden. Es sind also eine Reihe von Rotationen oder Umfärbungen des Baums notwendig, um wieder einen gültigen Rot-Schwarz-Baum zu erzeugen. Diese Operationen, die wir aus Platzgründen nicht näher beschreiben möchten, entsprechen beispielsweise der Auflösung eines Knotenüberlaufs in einem 2-3-4-Baum. Auch in einem Rot-Schwarz-Baum kann sich dieser Vorgang bis zur Wurzel fortsetzen, so dass auch hier eine neue Wurzel erzeugt wird. Ganz analog verhält es sich bei dem Löschen eines Elements, auf das wir aus Platzgründen ebenfalls nicht näher eingehen können.

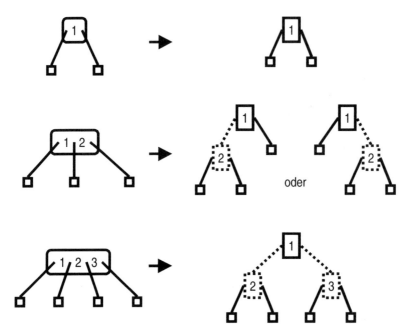

Abbildung 2.20: Korrespondierende Darstellungen eines 2-3-4-Baums als Rot-Schwarz-Baum. a) 1-er-Knoten, b) 2-er-Knoten, c) 3-er-Knoten. Die kleineren Quadrate stellen beliebige andere Knoten oder Teilbäume dar. Gestrichelte Knoten stehen für rote Knoten.

Die Kosten für das Suchen, Einfügen und Löschen von Elementen sind gleich der Kosten eines 2-3-4-Baums. Ein Rot-Schwarz-Baum garantiert auch im ungünstigsten Fall für diese Operationen ein logarithmisches Verhalten, weshalb er sich als gute Datenstruktur für Sets oder Maps eignet.

Weitere Informationen zu Rot-Schwarz-Bäumen finden Sie z.B. in [Sedgewick 1998] oder [Goodrich & Tamassia 1998].

2.4 Queues

Queues – auf deutsch Warteschlangen – dienen dazu, Elemente in eine Schlange einzureihen. Eine Warteschlange besitzt nur einen Zugang, über den die Elemente hinzugefügt werden, und einen Ausgang, über den die Elemente die Schlange verlassen.

2.4.1 Abstrakter Datentyp für Warteschlangen

Elemente, die in eine Warteschlange eingefügt werden, können diese nur nach dem FIFO-Prinzip verlassen. FIFO ist die Abkürzung für First-In-First-Out. Das Prinzip ist dasselbe wie bei einer Schlange an der Kasse eines Supermarkts. Kunden, die sich zuerst anstellen, kommen auch zuerst an die Kasse und können so eher gehen. In Abbildung 2.21 sehen wir ein Schema, das eine Warteschlange verdeutlicht. Das nächste Element, das die Schlange verlässt, ist Element A. Neue Elemente werden am Ende der Warteschlange eingereiht, direkt hinter Element F. Von außen ist kein Zugriff auf die Elemente im Inneren der Schlange möglich.

Abbildung 2.21: Das Prinzip einer Warteschlange

Üblicherweise wird das Hinzufügen eines neuen Elements mit der Funktion push() und das Entfernen eines Elements mit pop() bezeichnet. Daran möchten wir uns auch bei dem abstrakten Datentyp einer Queue halten (siehe Tabelle 2.9). Bevor ein pop()-Befehl ausgeführt wird, der das Element entfernt, möchte man manchmal wissen, welches Element das nächste sein wird, das die Schlange verlässt. Hierfür stellt uns der ADT Queue die top()-Funktion zur Verfügung.

ADT für Warteschlangen

Funktion	Zweck
push(Object)	fügt ein Element an die Warteschlange an
pop(): Object	entnimmt das Element am Anfang der Schlange
top(): Object	gibt eine Referenz auf das erste Element, ohne es zu entfernen

Tabelle 2.9: Spezifikation des abstrakten Datentyps einer Warteschlange

Implementierungen

Jede Datenstruktur, die die Eigenschaften einer Sequenz hat, eignet sich auch für die Darstellung einer Warteschlange. Besonders gut geeignet sind verkettete Listen, da bei diesen das Einfügen und das Löschen von Elementen an den Extremitäten direkt, also mit O(1) Kosten, möglich sind.

2.4.2 Abstrakter Datentyp für Warteschlangen mit Prioritäten

Warteschlangen mit Prioritäten (engl. priority queues) unterscheiden sich von Warteschlangen im eigentlichen Sinne dadurch, dass die Reihenfolge der Schlange nicht dem FIFO-Prinzip genügen muss. Um bei dem Beispiel der Kasse im Supermarkt zu bleiben: Kunden, die nur wenige Artikel haben, werden – falls es nette Menschen in der Schlange gibt – vorgelassen oder formal gesagt, diese Kunden haben eine höhere Priorität. Vor allem in Betriebssystemen kommt diese Datenstruktur zum Einsatz. Hier sind die Kunden beispielsweise Prozesse, die auf den Prozessor warten und sich deshalb in eine Queue einreihen müssen. Prozesse mit hoher Priorität jedoch werden bevorzugt behandelt. Als Beispiel für die Priorität nehmen wir eine Zahl – je kleiner eine Zahl, desto höher ist ihre Priorität. Werden die Zahlen 4, 2, 8, 3, 4, 7, 1 und 9 in die Schlange eingereiht, so steht das Element 1 am Anfang der Schlange, danach folgt die 2 usw. Abbildung 2.22 zeigt die Warteschlange mit Prioritäten schematisch.

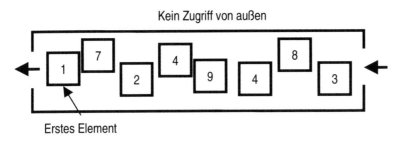

Abbildung 2.22: Das Prinzip einer Warteschlange mit Prioritäten

Der abstrakte Datentyp unterscheidet sich nicht von dem einer gewöhnlichen Warteschlange, wir verweisen deshalb auf Kapitel 2.4.1 *Abstrakter Datentyp für Warteschlangen*. Warteschlangen mit Prioritäten lassen sich natürlich in sortierten Bäumen, also Suchbäumen wie im Kapitel 2.3.4 *Zugriff durch Suchbäume* beschrieben, realisieren. Da aber der interne Zustand der Warteschlange keine Rolle spielt, sondern nur das jeweils erste Element benötigt wird, bietet ein Suchbaum mehr Funktionalität als nötig. Eine Datenstruktur, die den Anforderungen einer Priority Queue gerade gerecht wird, ist ein Heap.

Heaps

Ein Baum, bei dem für jeden Knoten die nachfolgende Bedingung 1 gilt, wird als partiell geordneter Baum oder als *Heap* (Haufen) bezeichnet.

Bedingung 1

Für jeden Teilbaum T mit Wurzel x und alle Knoten y eines T untergeordneten Teilbaums gilt: $R(x) \leq R(y)$

$R(x)$ ist ein Rang, also eine Funktion, die einem Objekt eine Zahl – ihrem Rang – zuweist, um sie miteinander vergleichen zu können. Diese Funktion ist nur notwendig, falls sich die Elemente nicht sowieso vergleichen lassen. Natürliche Zahlen z.B. benötigen keinen eigenen Comparator, da sie sich direkt vergleichen lassen (vergleiche 1.3.3 Universelle Algorithmen mit Comparatoren/*Comparable*).

Wichtig ist hierbei, dass der Baum nicht vollständig geordnet sein muss, aber für jede Wurzel ist sichergestellt, dass ihr Element das kleinste (oder zumindest eines der kleinsten) des Teilbaums ist. In Abbildung 2.23 ist ein solcher Heap gezeigt.

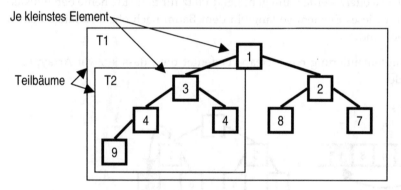

Abbildung 2.23: Ein Beispiel für einen Heap

Im Teilbaum T_1 – also dem kompletten Baum – ist die Wurzel die Zahl 1, für sie gibt es im gesamten Baum kein Element, das größer als 1 ist. In dem echten Teilbaum T_2 ist 3 das kleinste Element bezüglich dessen Unterknoten 9, 4 und 4. Aus Abbildung 2.23 wird ersichtlich, dass die Elemente im Gegensatz zu Suchbäumen nicht sortiert sind. Ein Inorder-Durchlauf durch diesen Baum würde keine sortierte Reihenfolge der Elemente ergeben.

Heaps sind sehr gut geeignet für die Realisierung einer Warteschlange mit Prioritäten, denn für diese Datenstruktur brauchen die Elemente nicht alle sortiert vorliegen. Es wird nur gefordert, dass das vorderste Element, das die Warteschlange als Nächstes verlässt, die niedrigste Priorität hat.

Eine einfache Implementierung für einen Heap ist seine Einbettung in ein Array, d.h. der Baum wird als Array dargestellt. Die Wurzel des Baumes befindet sich an Arrayposition 1. Wir wollen für diesen Abschnitt vereinbaren, dass das erste Element in dem Array den Index 1 und nicht wie sonst üblich den Index 0 hat. Die Indizes S_1 und S_2 der beiden Nachfolger eines Elements mit Index i berechnen sich wie folgt:

$S_1(i) = 2 \cdot i$

$S_2(i) = 2 \cdot i + 1$

Umgekehrt wird der Index P des Vaterknotens für ein Element mit Index i durch

$$P(i) = \begin{cases} i/2 & \text{falls } i \text{ gerade} \\ (i-1)/2 & \text{falls } i \text{ ungerade} \end{cases}$$

bestimmt (für $i > 1$).

Einfügen von neuen Elementen Abbildung 2.24 verdeutlicht das Einfügen der Zahl 1. Das neue Element wird an das Ende des Arrays angehängt. Gegebenenfalls muss zuvor das Array erweitert werden, um genügend Platz für neue Elemente bereitzustellen. Jetzt wandert dieses Element so lange in dem Baum nach oben, so lange dessen Vorgänger kleiner sind.

In der Array-Implementierung eines Heaps bedeutet dies, dass je zwei Arrayplätze vertauscht werden.

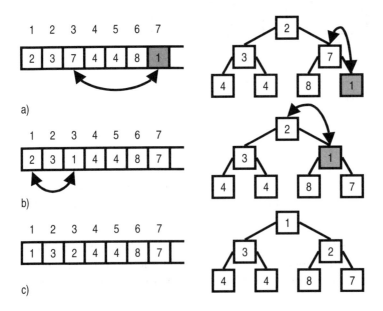

Abbildung 2.24: Das Einfügen eines neuen Elements in einem Heap

2.4 Queues

Die Zahl – in der Abbildung grau – wird an die letzte Position im Baum, die auch der letzten Position im Array entspricht, eingefügt (siehe Abbildung 2.24 a). Da 7 > 1 ist, werden beide Knoten vertauscht. Auch der neue Vorgänger der 1, die Zahl 2, ist noch größer. Deshalb werden auch diese Paare vertauscht (siehe Abbildung 2.24 b). Da die Zahl 1 jetzt die Wurzel des Baums ist, haben wir sichergestellt, dass die Heap-Eigenschaft (Bedingung 1) wieder hergestellt wurde (siehe Abbildung 2.24 c).

Löschen von Elementen Das Entfernen eines Elements heißt, das vorderste Element aus der Prioriäten-Warteschlange zu löschen. In Abbildung 2.25 ist ein solcher Vorgang zu sehen. Das erste Element entspricht der Wurzel des Baums, hier die Zahl 1. Beim Löschen wird zu Beginn dieses Element mit dem letzten Element in dem Baum bzw. dem Array ersetzt (siehe Abbildung 2.25 a).

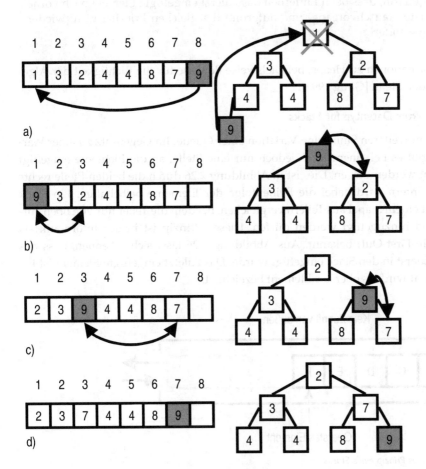

Abbildung 2.25: Das Löschen eines Elements in einem Heap

Jetzt befindet sich ein Element an der Wurzel des Baums, hier die 9, das zuvor wegen seines Ranges unten im Heap zu finden war. Die weitere Strategie besteht also darin, dieses Element wieder nach unten sinken zu lassen und dabei das kleinste, dem wir begegnen, nach oben durchzureichen. So lange dieses Element Nachfolger hat, wird es mit dem *kleinsten* Nachfolger vertauscht. In Abbildung 2.25 b) sind die Nachfolger der 9 die Zahlen 3 und 2. Da 2 kleiner ist als 3, werden die Paare 9 und 2 vertauscht. Auch im nächsten Teilbaum ist es notwendig, die 9 weiter nach unten sinken zu lassen, getauscht werden die 9 und die 7. Schließlich ist die Heapeigenschaft wieder hergestellt.

> Heaps haben allerdings den Nachteil, dass in Schlangen, die nur Elemente mit gleicher Priorität enthalten, das FIFO-Prinzip nicht automatisch eingehalten wird. Der Grund liegt darin, dass beim Entfernen das zuletzt eingefügte Element nach vorne gelangt (erster Tauschvorgang) und aufgrund der gleichen Priorität nicht wieder nach unten wandert.

Weitere Informationen zu Heaps, beispielsweise Beweise für die Richtigkeit der Algorithmen, finden Sie in [Gütig 1992].

2.4.3 Abstrakter Datentyp für Stacks

Stacks sind im weiteren Sinne eine Variation einer Queue. Im Gegensatz zu einer Warteschlange gibt es bei einem Stack jedoch nur eine Stelle, an die Elemente eingefügt oder entfernt werden dürfen. Dies ist in Abbildung 2.26 durch die beiden Pfeile rechts angedeutet. Intern wird dabei die Reihenfolge der Elemente beibehalten. Ein Stack lässt sich mit einem Stapel aus Tellern vergleichen, bei dem die Teller nur von oben entnommen und hinzugefügt werden dürfen. Dieses Prinzip ist in der Informatik als LIFO (Last-In-First-Out) bekannt. Aus Abbildung 2.26 lässt sich erkennen, dass das Element A zuerst in den Stack eingefügt wurde. Das zuletzt eingefügte Element ist F – dieses Element wird als oberstes Element bezeichnet.

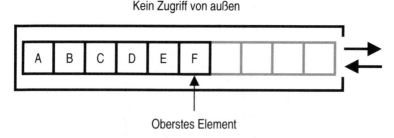

Abbildung 2.26: Das Prinzip eines Stacks

Stacks spielen vor allem bei Betriessystemen und der Ausführung von Programmen eine wichtige Rolle. In vielen Programmiersprachen – so auch in Java – werden die lokalen Variablen einer Methode auf einem Stack gelegt. Am Ende des Methodenaufrufs werden alle lokalen Variablen wieder vom Stack entfernt.

Die Anforderungen an den abstrakten Datentyp eines Stacks sind die gleichen wie die einer Warteschlange (siehe Tabelle 2.10). Lediglich die Bedeutung des `pop()`-Befehls hat sich dahingehend geändert, dass das zuletzt hinzugefügte Element entfernt wird.

Funktion	Zweck
push(Object)	legt ein Element auf den Stack
pop(): Object	entnimmt das oberste Element vom Stack
top(): Object	gibt eine Referenz auf das oberste Element, ohne es zu entfernen

Tabelle 2.10: Spezifikation des abstrakten Datentyps Stack

Implementierung

Wie auch bei einer gewöhnlichen Warteschlange eignen sich für die Implementierung eines Stacks alle Datenstrukturen, die die Eigenschaften einer Sequenz haben. So kann eine doppelt verkettete Liste eingesetzt werden, an deren Ende die Elemente hinzugefügt oder entfernt werden. Am Anfang der Liste und in der Mitte dürfen keine Änderungen zugelassen werden.

Eine alternative Implementierung bietet ein erweiterbares Array, vor allem dann, wenn sich das Hinzufügen und Entnehmen von Elementen auf den Stack im Gleichgewicht hält. In diesem Fall kommt es selten zu einer Reallokation des nativen Arrays. Das oberste Element wird durch einen Index adressiert, der bei einem `push()`-Aufruf um eins erhöht und bei einem `pop()`-Aufruf um eins erniedrigt wird.

2.5 Iteratoren

Ein Iterator ist ein Objekt, das einen sequenziellen Zugriff auf beliebige Datenstrukturen zulässt. Im engeren Sinne handelt es sich um ein *Behaviour Pattern* nach [Gamma et al. 1994] bzw. *Structural Pattern* nach [Grand 1998]. In diesem Kapitel werden die Einsatzgebiete und Besonderheiten des Iterators besprochen.

2.5.1 Einsatzgebiete des Iterators

In seiner einfachsten Form erlaubt ein Iterator nur das Durchlaufen eines Containers vom Anfang zum Ende. Das Interface *Enumeration*, das seit dem JDK 1.0 vorhanden ist, ist ein Beispiel dafür (siehe Listing 2.4), das wir uns stellvertretend für Iteratoren kurz näher ansehen wollen.

```
Set set = new OrderedSet();
for (int i = 0; i < 10; i++) {
  set.add(new Integer(i));
}

Enumeration enum = set.elements();
while (enum.hasMoreElements()) {
  Object o = enum.nextElement();
  System.out.println("Element: " + o);
}
```

Listing 2.4: *Die Enumeration als Beispiel für einen einfachen Iterator*

In die Set set werden zehn Integerzahlen eingefügt. Mit der Methode elements() erhält man eine Referenz auf eine Enumeration, die nur die zwei Methoden hasMoreElements() und nextElement() hat. In einer while-Schleife wird der Iterator (die Enumeration) so lange durchlaufen, bis hasMoreElements() *false* liefert, d.h. keine weiteren Elemente mehr verfügbar sind. Die nextElement()-Methode bewirkt zwei Dinge: Zum einen liefert sie das Objekt, auf das der Iterator zeigt, zum anderen verschiebt sie die Position um eins weiter. Eine Enumeration kann also nur in eine Richtung durchlaufen werden. Die Ausgabe sieht wie folgt aus:

```
Element: 0
Element: 1
Element: 2
Element: 3
Element: 4
Element: 5
Element: 6
Element: 7
Element: 8
Element: 9
```

Iteratoren eignen sich für drei Dinge:

▶ Sie dienen als eine Art Zeiger auf ein Element in einem Container. Für einen Container können beliebig viele Iteratoren gleichzeitig existieren. Ein Iterator kann immer nur auf ein Element zeigen, seine Position ist aber variabel.

▶ In Containern, deren Elemente keine Position besitzen (Mengen und Dictionaries), sind sie die einzige Möglichkeit, gezielt auf *alle* Elemente des Containers zuzugreifen.

▶ Viele Algorithmen lassen sich ausschließlich mit Iteratoren formulieren. Damit können diese Algorithmen unabhängig von der zugrunde liegenden Containerklasse ablaufen. Im Collections Framework machen die abstrakten Klassen intern von dieser Eigenschaft Gebrauch. In der Generic Collection Library for Java hingegen arbeiten zusätzlich sehr viele öffentlich zugängliche Algorithmen mit Iteratoren.

2.5 Iteratoren

Außerdem

▶ dienen in der Generic Collection Library for Java zwei Iteratoren als linker bzw. rechter Rand eines Bereichs (siehe Kapitel 3.4.3 Bereiche unter JGL – die Iteratorsicht).

Spezialfälle einer Iteratorposition sind der Anfang oder das Ende eines Containers. Wohin zeigt die *Enumeration* in unserem Beispiel, nachdem `hasMoreElements()` *false* anzeigt? Um diese Spezialfälle zu beschreiben, möchten wir zuvor die beiden prinzipiellen Realisierungen eines Iterators besprechen.

2.5.2 Unterschiedliche Realisierungen von Iteratoren

Es sind zwei Möglichkeiten denkbar, wie ein Iterator auf Elemente in einem Container zeigen kann:

1. Der Iterator zeigt *auf* ein Element.
2. Der Iterator steht *zwischen* zwei Elementen.

In Abbildung 2.27 sind diese beiden Prinzipien verdeutlicht. Der Iterator *i* zeigt auf das Element C in dem Container *a*. Wird seine Position um eins verschoben, so zeigt er anschließend auf das nächste Element (B oder D). Als Spezialfall ergeben sich Zeiger, die auf die – nicht vorhandenen – Elemente vor dem ersten Element bzw. hinter dem letzten zeigen.

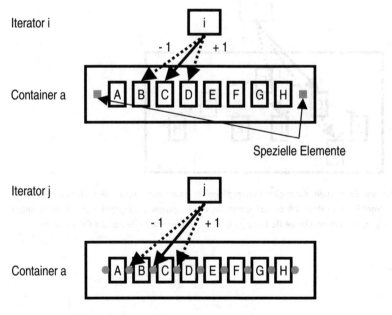

Abbildung 2.27: Die zwei Möglichkeiten, Iteratoren zu realisieren

Die alternative Realisierung geht von Anfang an davon aus, dass ein Iterator niemals auf ein Element selbst verweist, sondern immer davor bzw. dahinter steht. Er springt sozusagen von Lücke zu Lücke. In Abbildung 2.27 wird dies am Beispiel des Iterators *j* gezeigt. Der Vorteil hierbei ist, dass keine virtuellen Elemente am Anfang und Ende des Containers nötig sind. Ein solcher Iterator zeigt auf den Anfang eines Containers, falls er vor dem ersten Element steht, und er zeigt auf das Ende, wenn er hinter dem letzten Element positioniert ist.

Das Collections Framework arbeitet mit Iteratoren des zweiten Typs, JGL hingegen benutzt Iteratoren, die direkt auf Elemente des Containers zeigen.

Anfangs- und Enditeratoren Ein Iterator, der an den Anfang des Containers zeigt, wird üblicherweise als *Anfangsiterator* bezeichnet. Zeigt der Iterator auf das Ende des Containers, nennt man ihn *Enditerator*. Die beiden Standardbibliotheken bieten Methoden, die Iteratoren zurückgeben, die auf diese Positionen zeigen.

Mächtigkeit eines Iterators In Abhängigkeit des Containers lassen sich Iteratoren sehr einfach oder eher umständlich implementieren. Stellen Sie sich vor, Sie müssten einen Iterator für eine verkettete Liste schreiben. Ein Iterator dafür braucht einfach nur auf einen Knoten der Liste zu verweisen und das Verschieben der Iteratorposition bedeutet lediglich einen Sprung vor bzw. zurück in der Liste. Ganz anders sieht es aus, falls der Container intern einen Suchbaum benutzt.

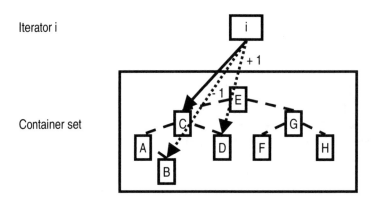

Abbildung 2.28: *Eine Liste von Elementen, die in einem ausgeglichenen Baum verwaltet werden. Der Iterator i zeigt auf das Element C. Der Nachfolger D lässt sich einfach ermitteln, der Vorgänger B hingegen nicht, da er in einem anderen Teil des Baumes gespeichert ist. Die weiße Kette zwischen den Elementen deutet die Ordnung der Elemente an.*

Speichern Sie die Elemente in einer Menge, die durch einen ausgeglichenen Baum realisiert ist (*TreeSet* im Collections Framework bzw. *OrderedSet* bei JGL), dann liegen benachbarte Elemente im Sinne eines Iterators unter Umständen sehr weit auseinander. Sehr weit auseinander meint in diesem Kontext, dass etliche Schritte notwendig sind, um auf das nächste Element im Baum zugreifen zu können. In Abbildung 2.28 zum Beispiel kann der Nachfolger von C, das Element D, noch leicht ermittelt werden – es ist der rechte Sohn von C. Der Vorgänger B hingegen ist kein direkter Nachfolger oder Vorgänger von C, sondern der Baum muss teilweise durchlaufen werden, um das Element B zu erreichen.

Aus diesem Grund macht es Sinn, die Iteratoren mit unterschiedlichen Funktionen auszustatten. Für eine einfach verkettete Liste beispielsweise erlauben wir nur das Iterieren in eine Richtung, vom Listenanfang zum Ende der Liste, da ein Sprung rückwärts im ungünstigsten Fall das Durchlaufen der ganzen Liste nach sich zieht, wenn der Iterator am Ende der Liste steht. Für eine doppelt verkettete Liste oder ein Array hingegen ist es nicht schwierig, in beide Richtungen zu iterieren, da sich die Elemente einfach bestimmen lassen.

2.5.3 Ungültigkeit von Iteratoren

Es ist klar, dass ein Iterator immer nur im Zusammenhang mit seinem Container existieren kann. Umgekehrt kann aber ein Container *ohne* Iterator instanziiert werden. Ein Problem, dass sich daraus ergibt, ist, dass ein Container – unabhängig von dessen Iteratoren – verändert werden kann, ohne dass ein Iterator davon benachrichtigt werden müsste. Dies hat zur Folge, dass ein Iterator ungültig werden kann. Diese Probleme treten auf, falls Sie in Ihrem Programm Iteratoren verwenden und gleichzeitig den Container verändern, beispielsweise wenn mehrere Threads gleichzeitig mit einem Container arbeiten (siehe auch Kapitel 7.2 *Nebenläufigkeit*).

Es lassen sich zwei Arten von ungültigen Iteratoren unterscheiden:

1. Die dem Iterator zugehörige Containerklasse wird derart verändert, dass der Iterator unter Umständen ein Element mehrmals aufzählt, eins unterschlägt oder ein bereits gelöschtes Element immer noch ausgibt. Es kommt jedoch zu *keiner* Exception.

2. Der Iterator verliert den Bezug zu seinem Element, auf das er verweist. In diesem Fall wird eine Exception erzeugt. Dieser Fall tritt z.B. ein, wenn das Element gelöscht wird, auf das der Iterator zeigt, und der Iterator nicht auf ein anderes umgesetzt wird.

Das Collections Framework bietet einen größeren Schutz vor ungültigen Iteratoren, da in jedem Fall eine Exception generiert wird, wenn ein Container verändert wurde. In JGL hingegen können beide Fehlertypen auftreten.

In Kapitel 5 Die Containerklassen der Standardbibliotheken werden zusammen mit den Containerklassen auch die Eigenschaften ihrer Iteratoren besprochen. Hier geben wir auch Beispiele, wie ein Iterator in einen inkonsistenten Zustand gerät. Vor allem bei Anwendungen, in denen mehrere Threads parallel auf einen Container zugreifen, können sehr leicht ungültige Iteratoren entstehen.

2.6 Sortieralgorithmen für Container

Das Sortieren von Elementen in einer Sequenz ist ein in der Praxis sehr oft benötigter Algorithmus. Das Collections Framework benutzt hierfür eine Variante des Mergesort-Algorithmus und JGL verwendet eine Variante von Quicksort. Aus diesem Grund möchten wir diese beide Algorithmen etwas näher vorstellen.

2.6.1 Mergesort

Mergesort ist ein Sortierverfahren, das eine Komplexität von $O(n \log n)$ hat. Im Gegensatz zu Quicksort ist dieses Verhalten selbst im worst-case garantiert. Gute Sortieralgorithmen, wie Quick- und Mergesort, funktionieren nach dem so genannten *Teile-und-Herrsche-Prinzip* (engl. *divide and conquer*). Es lässt sich wie folgt formulieren (nach [Gütig 1992]):

Wenn die zu bearbeitende Menge klein genug ist

    dann löse das Problem direkt

sonst

    Teile: Zerlege die Menge in mehrere Teilmengen

    Herrsche: Löse das Problem rekursiv für jede Teilmenge

    und berechne aus den zurückgegebenen Teilmengen eine Lösung für das Gesamtproblem.

Diese Prinzip möchten wir nun anwenden, um Elemente zu sortieren, die in einer Liste $L = k_0, k_1, ..., k_{n-1}$ mit n Elementen vorliegen. Der Algorithmus *Mergesort* lautet:

▶ Wenn die Menge L nur ein Element groß ist, gib die Liste mit dem Element zurück.

▶ Andernfalls wende das Teile-und-Herrsche-Prinzip an:

1. Teile die Liste möglichst gleich auf, d.h. $L_1 = k_0, ..., k_{(n+1)/2-1}$ und $L_2 = k_{(n+1)/2}, ..., k_{n-1}$

2. Rufe den Mergesort-Algorithmus rekursiv mit diesen beiden Listen auf: $L'_1 = Mergesort(L_1)$ und $L'_2 = Mergesort(L_2)$.

3. Füge die zurückgegebenen Teillisten L'_1 und L'_2 sortiert zusammen.

2.6 Sortieralgorithmen für Container

Abbildung 2.29 soll diesen Sachverhalt verdeutlichen. Die Liste L besteht zu Beginn aus den unsortierten Zahlen 4, 9, 1, 6, 3, 8 und 2 (Abbildung 2.29 a). Im ersten Schritt wird die Liste zwischen Position 2 und 3 gespalten. Dieser Vorgang wird so lange fortgeführt, wie eine Liste mehr als zwei Elemente besitzt. In Abbildung 2.29 d) schließlich liegen alle Elemente in Teillisten der Länge 1 vor, bei dem Element 4 war dies bereits einen Stufe vorher der Fall. Damit ist die Aufteilen-Phase abgeschlossen.

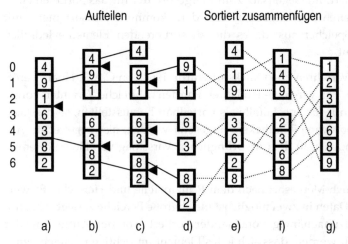

Abbildung 2.29: Sortieren nach dem Mergesort-Verfahren. Der Keil deutet die Stelle an, an der die Liste aufgespaltet wird.

Jetzt beginnt die eigentliche Arbeit für das Mergesort-Verfahren: Die Teillisten werden wieder zusammengesetzt und dabei sortiert (Abbildung 2.29 e bis g). Da garantiert ist, das alle Teillisten bereits sortiert sind, lässt sich das Zusammenfügen zweier Teillisten leicht realisieren: In einer Schleife werden beide Teillisten schrittweise bis zum Ende durchlaufen, wobei die Position für jeden Schritt mit einem Index gemerkt wird. Das kleinere Element, das sich an der aktuellen Position befindet, wird immer zuerst in die neue Liste einsortiert und der Index auf dieses Element um einen Platz weiter verschoben.

Durch das Zusammenfügen der Elemente in eine neue Liste benötigt Mergesort zusätzlichen Speicher für die zweite Liste oder das zweite Array. Trickreiche Implementierungen, auf die wir nicht näher eingehen wollen, kommen auch nur mit einer Liste aus [Huang & Langston 1988, Dvorak & Durian 1988]. Weitere Informationen zu Mergesort finden Sie z.B. in [Goodrich & Tamassia 1998, Sedgewick 1998, Gütig 1992 oder Wirth 1996].

2.6.2 Quicksort

Quicksort ist das Sortierverfahren, das vermutlich am häufigsten eingesetzt wird, denn im Mittel ist es eines der schnellsten Sortierverfahren – Quicksort führt in den meisten Situationen zu guten Ergebnissen. Es benötigt im Mittel zum Sortieren von n Elementen $n \log n$ Schritte. Im ungünstigsten Fall kann es jedoch bis zu n^2 Schritte benötigen. Für große n existiert allerdings eine schnelleres Verfahren, der Mergesort, das stets ein $n \log n$ Verhalten garantiert. Im Gegensatz zum Mergesort, der für das Sortieren eines Arrays stets den doppelten Speicherbedarf erfordert, kommt Quicksort meist mit weniger zusätzlichem Speicher aus, da es die zu sortierenden Elemente lediglich gegeneinander austauscht.

Das zugrunde liegende Verfahren von Quicksort wurde 1962 von C.A.R. Hoare veröffentlicht [Hoare 1962]. In den vergangenen Jahren wurden zahlreiche Varianten vorgeschlagen, die sich meist nur für Spezialfälle als vorteilhaft herausstellten, so dass sich Realisierungen, die in Softwarebibliotheken eingesetzt werden, also regelrechte Allzweck-Sortierfunktionen, eher an dem ursprünglichen Vorschlag von Hoare orientieren.

Quicksort sortiert wie auch Mergesort nach dem Prinzip Teile und Herrsche. Es werden die zu sortierenden Daten in zwei möglichst gleichgroße Bereiche zerlegt (partitioniert) und anschließend unabhängig voneinander sortiert. Vor der Aufteilung der Daten muss sichergestellt werden, dass sich jedes Element im richtigen Bereich befindet. Hierzu wird ein beliebiges Element, das so genannte *Pivot*-Element (oder nur Pivot), herausgegriffen und alle Elemente, die kleiner sind, auf eine Seite und die, die größer sind, auf die andere gebracht. Die Aufteilung der Daten erfolgt anschließend an diesem Pivot-Element. Die hierbei entstehenden Teilbereiche können nach dem gleichen Verfahren unabhängig voneinander sortiert werden, bis ein Bereich nur noch zwei Elemente umfasst, der dann auf triviale Weise sortiert werden kann.

Die Regeln des Algorithmus können wie folgt formuliert werden:

▶ Gegeben sei eine Liste $L = k_0, k_1, \ldots, k_{n-1}$ mit n Elementen.

▶ Wähle ein beliebiges Pivot-Element p, z.B. das mittlere Element der Liste, $p = k_{n/2-1}$. Sortiere die Liste L so, dass sich jeweils links vom Pivot-Element p alle kleineren Elemente und rechts alle größeren Elemente befinden.

1. Setze zwei Referenzen r_1 und r_2 jeweils auf den Beginn und an das Ende der Liste.

2. Vergleiche das erste Element, auf das die Referenz r_1 zeigt, mit dem Pivotelement. Ist das Element kleiner als das Pivot, so setze den Zeiger auf das nächste Element. Wiederhole diesen Vergleich so lange, bis r_1 ein Element referenziert, das größer oder gleich dem Pivot-Element ist.

3. Vergleiche das Element, auf das die Referenz r_2 verweist, mit dem Pivotelement. Ist das letzte Element größer als das Pivot, so setze die Referenz auf das nächste Element der Liste in Richtung Anfang der Liste. Setze diesen Vergleich so lange fort, bis r_2 ein Element referenziert, das kleiner ist als das Pivot.

4. Es ist offensichtlich, dass r_1 und r_2 Elemente referenzieren, die sich im falschen Teilbereich befinden. Vertausche daher die Elemente und setze beide Referenzen in ihrer Richtung um eins weiter.

5. Wiederhole die Vorgänge von 2. bis 4. so lange, bis sich die Referenzen r_1 und r_2 treffen. Bei diesem Vorgang kann auch das Pivot-Element selbst seinen Platz innerhalb der Liste gewechselt haben, so dass es nun an der richtigen, endgültigen Listenposition steht. Es ist nun sichergestellt, dass sich alle Elemente, die kleiner als das Pivot-Element sind, davor und alle, die größer sind, dahinter befinden. Die Teilbereiche können daher unabhängig voneinander sortiert werden.

▶ Teile an der Stelle des Pivot-Elements die Liste L in die Teillisten L_1 und L_2. Verfahre mit den Teillisten L_1 und L_2 auf die gleiche Weise, bis die entstehenden Teillisten die Größe zwei erreicht haben.

Gelingt es, das Pivot-Element so zu wählen, dass ungefähr gleich viele Elemente größer als das Pivot-Element sind wie auch kleiner, so ist die Zahl der Aufteilungen ungefähr log n. Bei $n-1$-Vergleichen mit dem Pivot-Element und im Mittel $n/2$-Vertauschungen ergibt sich zusammen mit den log n-Aufteilungen eine Komplexität von O(n log n). Es kann zwar nicht sichergestellt werden, dass die Aufteilung in zwei gleich große Bereiche immer gelingt, im Mittel ergibt sich jedoch eine gute Näherung. Die Berücksichtigung der exakten Wahrscheinlichkeit ergibt eine Komplexität von O(2 n log n). Das entspricht 38% Operationen mehr als im Idealfall [Sedgewick 1998].

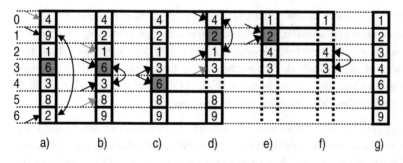

Abbildung 2.30: Sortieren nach dem Quicksort-Verfahren. Die dicken schwarzen Linien kennzeichnen Teillisten.

Abbildung 2.30 zeigt das prinzipielle Vorgehen des Quicksort-Verfahrens. Im Abschnitt a befindet sich eine Liste mit sieben Zahlen in unsortierter Reihenfolge. Der Algorithmus beginnt mit der Wahl des Pivot, in unserem Fall das mittlere Element an der Position drei, die Zahl 6. Anschließend werden zwei Referenzen, r_1 und r_2, auf das erste und letzte Element der Liste gesetzt. Nun wird das Element an der Position 0, die Zahl 4 mit dem Pivot-Element verglichen; vier ist kleiner als sechs. Die Referenz r_1 wird so lange weiter gesetzt, bis ein Element größer als das Pivot-Element referenziert wird. Das Element an der Position 1, die Zahl 9, ist größer als die 6, das erste zu vertauschende Element ist gefunden. Nachfolgend vergleicht die Referenz r_2 am Listenende ihre Elemente mit dem Pivot-Element: Bereits das Element an der Position sechs ist kleiner als das Pivot-Element und muss vertauscht werden. Die von r_1 und r_2 referenzierten Elemente werden vertauscht und die Referenzen jeweils eins weiter gesetzt. Das Ergebnis ist in Abschnitt b dargestellt. Die Referenz r_1 steht nun auf der Listenposition zwei und r_2 auf der Listenposition fünf. Der Vergleich mit dem Pivot-Element wird fortgesetzt, die Elemente, die sich relativ zum Pivot-Element auf der richtigen Seite befinden, werden in Abbildung 2.30 mit einem grauen Pfeil dargestellt. Erst die Elemente an Position drei und vier müssen wieder gegeneinander ausgetauscht werden. Nach dem Weitersetzen der Referenzen haben sich diese getroffen, die Position von r_1 ist höher als die Position von r_2. Das Pivot-Element befindet sich jetzt an seiner endgültigen Listenposition.

Die Teillisten L_1 = 4, 2, 1, 3 und L_2 = 8, 9 können unabhängig voneinander sortiert werden. Für die Liste L_1 wird die Zahl zwei als Pivot-Element gewählt, es müssen noch die Elemente vier und eins miteinander vertauscht werden. Aus L_1 gehen wieder zwei Teillisten hervor. Eine der Teillisten enthält lediglich ein Element, die Eins. Die zweite Teilliste enthält die Elemente vier und drei, die durch Vertauschen sortiert werden können. Der Versuch die Teilliste L_2 zu sortieren ergibt, dass es sich um eine Liste der Größe zwei handelt, deren Elemente in sortierter Reihenfolge vorliegen.

In ungünstigen Fällen kann das zugrunde liegende Verfahren sehr störanfällig sein, bis zu dem Punkt, dass es nicht konvergiert und zum Abbruch gebracht werden muss, so dass zusätzliche Maßnahmen notwendig sind, diese Sonderfälle abzufangen.

Quicksort benötigt eigentlich keinen zusätzlichen Speicher, da die Elemente jeweils gegeneinander ausgetauscht werden. Tatsächlich benötigt der rekursive Aufruf von Quicksort auch Speicher auf dem Programmstack. Im worst case kann dies dazu führen, dass Quicksort einschließlich der zu sortierenden Liste den doppelten Speicher benötigt, der dann im Gegensatz zum Mergesort zur Hälfte auf dem Stack gebraucht wird und zum Überlauf des Programmstacks führen kann.

Obwohl Quicksort kein $n \cdot \log n$-Verhalten garantiert, ist es eines der schnellsten Sortierverfahren. Der Grund hierfür sind schnelle innere Schleifen, die von einem Prozessor sehr schnell ausgeführt werden. Ein zweiter Grund für die hohe Geschwindigkeit liegt darin, dass Quicksort im Speicher temporär lokal arbeitet – so werden die Cache-Mechanismen der Prozessoren effektiv genutzt.

3 Einführung in das Collections Framework und JGL

3.1 Übersicht

Im letzten Kapitel haben wir verschiedene abstrakte Datentypen vorgestellt und gezeigt, wie diese prinzipiell realisiert sind. Nun wird die Sichtweise geändert. Es ist nun nicht von Interesse, wie die Details der Implementierung aussehen, sondern wie der Funktionsumfang möglichst einfach in einem Framework zur Verfügung gestellt wird. Wie bereits in den einführenden Kapiteln besprochen, besteht ein Framework in Java für generische Datenstrukturen und Algorithmen aus drei unterschiedlichen Komponenten:

▶ Interfaces: Sie beschreiben Schnittstellen der Container unabhängig von der Implementierung.

▶ Implementierungen: Jedes der Interfaces wird durch eine konkrete Datenstruktur realisiert.

▶ Algorithmen: Für Interfaces, Container oder Iteratoren gibt es Methoden zum effizienten Durchsuchen und Bearbeiten der zugrunde liegenden Datenstrukturen.

Für Java gibt es zwei solcher Frameworks, das seit Java 2 im JDK enthaltene Collections Framework und die ältere Generic Collection Library for Java (JGL). Diese Bibliotheken bringen alle im Kapitel 2 Datenstrukturen und ihre Container vorgestellten Konzepte, also Datenstrukturen und Algorithmen, und noch weitere Funktionen mit. Bevor in den nachfolgenden Kapiteln auf Details eingegangen wird, möchten wir in diesem Kapitel die gesamte Funktionalität dieser Standardbibliotheken im Überblick vorstellen.

3.1.1 Das Collections Framework

Das Collections Framework ist seit Java 2, also dem JDK 1.2, Bestandteil des Core-APIs. Es erweitert die bereits seit dem JDK 1.0 vorhandenen Klassen *Vector*, *Stack* und *Hashtable* zu einem umfassenden Framework für Containerklassen und – das ist neu – für einige Algorithmen. Alle Interfaces und Klassen befinden sich im dem Package *java.util*.

Das Collections Framework kennt folgende Containerklassen

- *ArrayList*   Erweiterbares Array
- *LinkedList*   Doppelt verkettete Liste
- *HashSet*   Menge, basierend auf Hashverfahren
- *TreeSet*   Sortierte Menge, basierend auf einem Red-Black-Tree
- *HashMap*   1-zu-1-Zuordnungen, basierend auf Hashverfahren
- *WeakHashMap*   1-zu-1-Zuordnungen, basierend auf Hashverfahren, mit so genannten schwachen Referenzen.
- *TreeMap*   1-zu-1-Zuordnungen, basierend auf einem Red-Black-Tree

sowie die bereits seit Java 1.0 bestehenden, nachträglich dem Collections Framework assoziierten Klassen

- *Vector*   Erweiterbares Array
- *Hashtable*   1-zu-1-Zuordnungen, basierend auf Hashverfahren
- *Stack*   Stapel nach dem LIFO-Prinzip

Jede dieser Klassen sollte aber über eines der Interfaces angesprochen werden, die im Kapitel 3.2 Die Interfaces des Collections Frameworks beschrieben werden.

Beachten Sie bitte, dass mit Ausnahme der älteren Klassen keine Container thread-sicher sind. In einem Programm, bei dem mehrere Threads gleichzeitig auf einen Container des Collections Frameworks zugreifen, kann es daher zu Laufzeitfehlern kommen. Alle Container lassen sich aber nachträglich thread-sicher machen, wie im Kapitel 7.2 *Nebenläufigkeit* gezeigt wird.

3.1.2 Die Generic Collection Library for Java – JGL

Da das Java Developer Kit 1.0 und 1.1 nur relativ wenig Unterstützung für Containerklassen geboten hat, wurde bereits im Jahr 1996 die Java Generic Library oder JGL von der Firma Objectspace entwickelt. Mittlerweile wurde dieses Framework umbenannt in Generic Collection Library for Java, die Abkürzung aber beibehalten.

JGL hat folgende Containerklassen realisiert:

- *Array*   Erweiterbares Array
- *Deque*   Erweiterbares Array mit schnellen Operationen am Anfang und Ende
- *SList, Dlist*   Einfach bzw. doppelt verkettete Liste
- *HashSet*   Menge, basierend auf Hashverfahren

3.1 Übersicht

- *OrderedSet* Sortierte Menge, basierend auf einem Red-Black-Tree
- *HashMap* 1-zu-1-oder 1-zu-n-Zuordnungen, basierend auf Hashverfahren
- *OrderedMap* 1-zu-1-oder 1-zu-n-Zuordnungen, basierend auf einem Red-Black-Tree
- *PriorityQueue* Warteschlange mit Prioritäten
- *Queue* Warteschlange nach dem FIFO-Prinzip
- *Stack* Stapel nach dem LIFO-Prinzip

Alle diese Kassen sind thread-sicher, d.h. werden sie von mehreren Threads gleichzeitig genutzt, kommt es zu keinen Laufzeitfehlern, die durch fehlende Synchronisation bedingt ist. Allerdings werden wir im Kapitel 7.2 *Nebenläufigkeit* sehen, dass diese Eigenschaft noch nicht ausreicht, um Dateninkonsistenzen gänzlich zu verhindern.

Alle Container implementieren eines der folgenden Interfaces:

- *Container* implementiert jede Containerklasse.
- *Sequence* für Container, deren Elemente eine Position haben.
- *Set* für die beiden Mengen *HashSet* und *OrderedSet*.

Im Gegensatz zu älteren Releases sind die Interfaces und Container auf sechs Packages aufgeteilt worden. In Tabelle 3.1 sehen Sie eine Übersicht. Alle Packages befinden sich im Pfad *com.objectspace.**. Der * ist ein Platzhalter für weitere Namen, die in Tabelle 3.1 gezeigt sind.

Package	Zweck	Anzahl Klassen	Anzahl Interfaces	Anzahl Exceptions
jgl	grundlegende Interfaces und Containerklassen	22	12	1
jgl.adapters	Wrapperklassen für native Arrays	29		
jgl.algorithms	Algorithmen	22		
jgl.functions	Funktionen	22		
jgl.predicates	Comparatoren und unäre Prädikate	49		
jgl.util	einige Utility-Klassen	7		

Tabelle 3.1: Übersicht über die Struktur der Generic Collection Library for Java(JGL)

Auf dem ersten Blick scheint die Generic Collection Library for Java aus einer sehr großen Zahl von Klassen zu bestehen, die sicherlich nur schwer zu handhaben wären. Kennt man aber die Philosophie des Frameworks, dann ist klar, dass es nur wenige unterschiedliche Klassen gibt, deren Zweck Sie kennen lernen müssen, um JGL zu nutzen. Das Package *.adapters beispielsweise enthält ausschließlich Wrapperklassen für native Arrays. Da in Java acht primitive Datentypen existieren und die Wrapperklassen sowohl für Arrays fester Länge wie als Adapter für erweiterbare Arrays benötigt werden, haben wir schon 16 prinzipiell gleiche Klassen in diesem Package. Die restlichen Klassen sind zugehörige Iteratoren (+8), Wrapperklassen für `Object[]` inklusive Iterator (+2) und die Klasse *Vector* (+2) sowie eine abstrakte Basisklasse (+1), insgesamt also 29 Klassen.

Alle Algorithmen befinden sich im Package *.algorithms. Die beiden Packages *.functions und *.predicates enthalten so genannte Funktionale Objekte, die einerseits in den Containerklassen selbst als Comparator gebraucht werden und andererseits die Algorithmen spezialisieren. Im Package *.util schließlich sind einige nützliche Klassen untergebracht, beispielsweise eine Klasse für Benchmarks.

Eine Ausnahme bildet das Package *com.objectspace.jgl.voyager*. Alle Containerklassen und Algorithmen lassen sich mit zusätzlicher Software der Firma Objectspace auf mehrere Rechnern verteilen. So ist es z.B. möglich, eine Instanz eines Containers auf einem anderen Rechner im Netz anzulegen. Dafür ist es allerdings notwendig, einen so genannten *Object Request Broker* (ORB) zu kaufen, der die Verwaltung der im Netz verteilten Objekte übernimmt [Voyager Webadresse]. Der ORB der Firma Objectspace erweitert die Möglichkeiten eines allgemeinen *Common Object Request Brokers* (CORBA) durch die Besonderheiten der Sprache Java (für weitere Informationen zu CORBA siehe z.B. [Orfali & Harkey 1998]). Da diese Software nicht frei verfügbar ist und somit nicht ohne weiteres genutzt werden kann, wird sie in diesem Buch nicht näher behandelt.

3.2 Die Interfaces des Collections Frameworks

In diesem Abschnitt möchten wir Ihnen die Interfaces des Java Collections Framework vorstellen. Für die Lösung der meisten Probleme unter Einsatz des Collections Framework ist die Kenntnis der Interfaces meist ausreichend. Im Unterschied zu JGL oder der STL von C++ ist die bereitgestellte Schnittstelle, die Interface-Hierarchie des Collections Frameworks, sehr sorgfältig entworfen. Die Interfaces beschreiben auf unterschiedlichen Abstraktionsebenen die Funktionalität der Containerklassen vollständig.

Die Interface-Hierarchie des Collections Frameworks ist in Abbildung 3.1 dargestellt. Zwei Bäume bilden die Hierarchie der Container. Der linke Baum, dessen Wurzel das Interface *Collections* bildet, repräsentiert Sammlungen von Objekten. Der rechte Baum, aus den Interfaces *Map* und *SortedMap* bestehend, ist für die Verwaltung von Schlüssel-Wert-Paaren zuständig.

3.2 Die Interfaces des Collections Frameworks

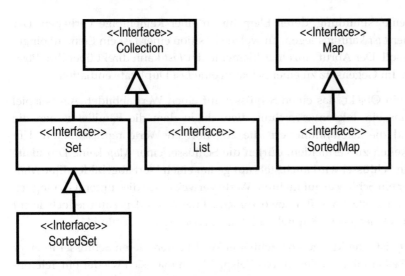

Abbildung 3.1: Die Interface-Hierarchie des Collections Framework

Jedes Container-Interface des Collections Framework entspricht einem allgemeinen Datenmodell der Informatik, so dass die einzelnen Interfaces wie nachfolgend charakterisiert werden können:

▶ Das Interface *Collection* repräsentiert eine Gruppe von Objekten. Es handelt sich bei diesem Interface um eine sehr allgemeine Beschreibung einer Sammlung. Sie macht allerdings noch keine Aussage darüber, ob in einer entsprechenden Objektgruppe Duplikate vorkommen oder die enthaltenen Elemente in einer geordneten Reihenfolge vorliegen. Die Methoden des *Collection-Interface* sind elementar für jeden Container.

▶ Das Interface *Set* repräsentiert eine Menge von Objekten, die keine Duplikate enthalten kann. Eine Set entspricht einer Menge im mathematischen Sinne. Spezielle Methoden, die für Mengenoperationen notwendig sind, werden vom Interface bereitgestellt.

▶ Die *SortedSet* ist eine *Set*, deren Elemente in einer aufsteigenden Reihenfolge vorliegen. Sortierte Mengen werden zur Mengenverwaltung benutzt, deren Elemente einer natürlichen Reihenfolge unterliegen, wie beispielsweise die Menge aller Städte in unserer Miniwelt, deren natürliche Reihenfolge auf der alphanummerischen Ordnung der Städtenamen beruht.

▶ Die *List* ist eine Sammlung, deren Elemente in einer Reihenfolge vorliegen. Der Benutzer einer *List* kann festlegen, an welche Position einer *List* ein Element eingefügt werden soll. Der Abruf einzelner Elemente der *List* kann direkt über ihre Position erfolgen. Im Gegensatz zu einer *Set* kann eine *List* Duplikate enthalten.

▶ Die *Map* ist ein Objekt, das einen Schlüssel auf einen Wert abbildet. Als Beispiel hierfür ist uns ein Telefonverzeichnis dienlich, in dem die Familiennamen die Schlüssel und die Telefonnummern die zugehörigen Werte repräsentieren. Um Mehrdeutigkeiten zu vermeiden, dürfen die Schlüssel einer *Map* keine Duplikate enthalten. Ein Schlüssel wird auch stets auf genau einen Wert abgebildet. Eine *MultiMap*, bei der ein Schlüssel auf mehrere Werte verweist, wie dies unter JGL möglich ist, existiert im Collections Framework nicht. Eine *MultiMap* kann jedoch leicht nachgebildet werden (siehe Kapitel 3.2.5 *Das Interface Map* auf Seite 141).

▶ Die *SortedMap* ist eine Menge von Schlüssel-Wert-Paaren, deren Schlüssel in einer geordneten Reihenfolge vorliegen. Als Beispiel kann man sich wieder ein Telefonverzeichnis vorstellen, in dem die Namen alphabetisch geordnet sind.

In den vorgestellten Interfaces wird noch keine Annahme über die Realisierung der Containerklassen getroffen. Sie beschreiben lediglich notwendige Methoden, die beim Umgang mit entsprechenden Containern erforderlich sind. Das JDK stellt für die meisten dieser Interfaces zwei unterschiedliche Implementierungen bereit, deren zugrunde liegende Datenorganisationen für verschiedene Einsatzgebiete Vorteile bieten. Die vom JDK bereitgestellten Containerklassen unterstützen alle von den Interfaces deklarierten Methoden. Möchten Sie jedoch eigene Containerklassen implementieren oder Klassen von Zweitanbietern einsetzen, so ist die tatsächliche Realisierung aller deklarierten Methoden nicht sichergestellt. Um damit verbundenen Fehlern vorzubeugen, wurden die Methoden in zwei Gruppen, in unbedingt und bedingt vorhanden, aufgeteilt. Die Methoden der zweiten, also nicht unbedingt bereitgestellten Gruppe, sollen bei fehlender Realisierung eine *UnsupportedOperationException* auslösen.

3.2.1 Das Interface *Collection*

Im Gegensatz zu allen anderen Interfaces des Collections Frameworks wird das *Collection*-Interface durch keine Klasse direkt realisiert. Seine Aufgabe liegt vielmehr in der Zusammenfassung der Gemeinsamkeiten von *List* und *Set*. So ist es möglich, Listen und Mengen auf eine generalisierte Weise gemeinsam zu verwalten.

Wenn Sie beispielsweise eine Methode implementieren, die sowohl für Mengen als auch für Listen einsetzbar ist, so können Sie eine Methode allgemein für *Collection* entwickeln. Im Listing 3.1 ist die Methode `printContainerSize()` gezeigt, die als Parameter ein *Collection* erwartet. Aufgabe dieser Funktion ist es lediglich, die Größe der übergebenen Container auf die Standardausgabe auszugeben. Anschließend werden eine verkettete Liste (`LinkedList`) und eine *HashSet* erzeugt, die jeweils einer Referenz vom Typ

3.2 Die Interfaces des Collections Frameworks

Collection zugewiesen werden. In die verkettete Liste werden zwei, in die *HashSet* wird ein Objekt eingefügt. Anschließend wird für jeden Container die Funktion `printContainerSize()` aufgerufen.

Über das *Collection*-Interface stehen nicht alle Methoden bereit, die eine Liste zur Verfügung stellt, sondern nur diejenigen, die sowohl in *List* wie auch in *Set* vorhanden sind. Für viele Aufgaben sind die bereitgestellten Methoden des *Collection*-Interface jedoch ausreichend.

```
void printContainerSize(Collection c) {
  System.out.println( "Anzahl der Elemente: " + c.size());
}
...
Collection a = new LinkedList();
Collection b = new HashSet();
a.add(new Integer(1));
a.add(new Integer(2));
b.add(new Integer(2));

printContainerSize(a);
printContainerSize(b);
```

Listing 3.1: Einsatz des Collection-Interfaces

Die Ausgabe des Programms lautet:

```
Anzahl der Elemente: 2
Anzahl der Elemente: 1
```

Die Abbildung 3.2 zeigt das *Collection*-Interface als UML-Darstellung.

Die Methoden können in vier Gruppen eingeteilt werden:

- Grundoperationen
- Mengenoperationen
- Array-Operationen
- Vergleich und Hashing-Methode

Grundoperationen Die ersten sechs Methoden bilden die Grundoperationen. Mittels der Methode `size()` kann die Anzahl der im Container enthaltenen Elemente in Erfahrung gebracht werden. Überschreitet die Zahl der enthaltenen Elemente die Zahl, die durch einen Integer-Wert maximal dargestellt werden kann, so entspricht der Rückgabewert der Zahl `Integer.MAX_VALUE`.

Eine weitere Möglichkeit, Informationen über den Zustand eines Containers zu erlangen, bietet die Methode `isEmpty()`, die über das Vorhandensein von Elementen im Container aufklärt.

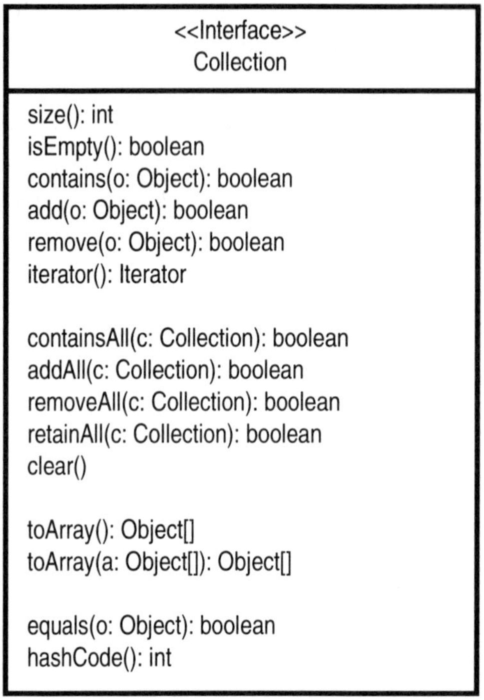

```
┌─────────────────────────────────────┐
│            <<Interface>>            │
│             Collection              │
├─────────────────────────────────────┤
│ size(): int                         │
│ isEmpty(): boolean                  │
│ contains(o: Object): boolean        │
│ add(o: Object): boolean             │
│ remove(o: Object): boolean          │
│ iterator(): Iterator                │
│                                     │
│ containsAll(c: Collection): boolean │
│ addAll(c: Collection): boolean      │
│ removeAll(c: Collection): boolean   │
│ retainAll(c: Collection): boolean   │
│ clear()                             │
│                                     │
│ toArray(): Object[]                 │
│ toArray(a: Object[]): Object[]      │
│                                     │
│ equals(o: Object): boolean          │
│ hashCode(): int                     │
└─────────────────────────────────────┘
```

Abbildung 3.2: Das Collection-Interface

Die Methode `contains()` gibt Auskunft darüber, ob ein bestimmtes Objekt in einem Container enthalten ist. Als Vergleichskriterium zweier Elemente wird die in der Klasse *Object* definierte Methode `equals()` verwendet.

Mittels der Methode `add()` können beliebige Elemente in einen Container eingefügt werden. Als Parameter wird lediglich *Object* erwartet. Da jede Klasse in *Java* automatisch von *Object* abgeleitet ist, kann der Methode `add()` jedes Objekt übergeben werden. In einem Container können folglich Objekte unterschiedlicher Typen enthalten sein. Der Rückgabewert vom Typ *boolean* gibt darüber Auskunft, ob das Einfügen eines Elements erfolgreich war. Wenn Sie beispielsweise versuchen, in einer *Set* ein Duplikat einzufügen, so wird der Rückgabewert *false* sein.

Die Methode `add()` gehört zu den Methoden, die nicht unbedingt von jeder Containerklasse bereitgestellt wird. Das Design des *Collection*-Interfaces legt im Falle einer fehlenden Implementierung die Auslösung einer *UnsupportedOperationException* fest. Wie bereits erwähnt, implementieren die Containerklassen des JDK alle Methoden des Interfaces, so dass diese Ausnahme nur von Read-Only- oder Containern fremder Hersteller ausgelöst werden kann. Von der Methode `add()` können noch zwei weitere Exceptions ausgelöst werden. Möchten Sie das Einfügen von Objekten unterschiedlicher Typen in einen Container verhindern, so können Sie die Methode `add()` einer ent-

3.2 Die Interfaces des Collections Frameworks

sprechenden Containerklasse überschreiben und den Klassentyp der einzufügenden Objekte auf Gültigkeit überprüfen. Darf ein übergebenes Objekt nicht eingefügt werden, so ist eine *ClassCastException* auszulösen. Eine zweite Ausnahme bezieht sich auf eine Situation, in der Sie sicherstellen möchten, das Objekte eines Containers neben dem Klassentyp weiteren Kriterien genügen – so möchten Sie die Konsistenz der enthaltenen Elemente gesichert wissen. Eine *IllegalArgumentException* sollte dann von einer überschriebenen `add()`-Methode ausgelöst werden, wenn die geforderten Bedingungen nicht erfüllt sind.

Die Methode `remove()` entfernt ein einzelnes Element aus dem Container. Der Parameter vom Typ *Object* gibt Auskunft darüber, welches Element aus dem Container entfernt werden soll. Als Vergleichskriterium wird die Methode `equals()` des übergebenen Objekts benutzt. Befinden sich mehrere Elemente im Container, deren Vergleich mit `equals()` positiv ausfällt, so wird stets das erste Element entfernt. Auch diese Methode muss nicht von jeder Containerklasse realisiert werden – der Aufruf dieser Methode sollte dann stets zu einer *UnsupportedOperationException* führen.

Listing 3.2 zeigt wie Elemente in einen Container eingefügt und entfernt werden. Nach dem Einfügen von vier Elementen des Typs *Integer* wird der Container mittels `println()` ausgegeben. Auf der Standardausgabe erscheint:

    [1, 2, 3, 2]

Anschließend wird die Methode `remove()`aufgerufen, um eine 2 aus dem Container zu entfernen. Die nachfolgende Ausgabe des Containers ergibt:

    [1, 3, 2]

In der Methode `remove()` wurden der Reihe nach die Elemente des Containers mit dem übergebenen Objekt verglichen und das erste übereinstimmende Element entfernt. Nachfolgend soll noch mal eine 2 entfernt und der Inhalt des Containers ausgegeben werden:

    [1, 3]

Der zugehörige Quelltext wird in Listing 3.2 dargestellt.

```
Collection l = new LinkedList();
l.add(new Integer(1));
l.add(new Integer(2));
l.add(new Integer(3));
l.add(new Integer(2));

System.out.println(l);
l.remove(new Integer(2));
System.out.println(l);

l.remove(new Integer(2));
System.out.println(l);
```

Listing 3.2: Entfernen von Elementen

Einen sequenziellen Zugriff auf alle Elemente bietet die Methode `iterator()`, die über eine einheitliche Schnittstelle Zugriff auf Listen- und Mengenelemente ermöglicht. Ein Beispiel soll auch hier die prinzipielle Vorgehensweise aufzeigen. Zunächst werden in Listing 3.3 drei Integerzahlen in einen *Vector* abgelegt. Anschließend werden die Zahlen aufsummiert und ausgegeben. Die Methode `iterator()` liefert einen `Iterator` zurück, mit dem sequenziell alle Elemente des Containers angesprochen werden können. Die Methode `hasNext()` prüft, ob weitere Elemente im Container vorhanden sind. Mittels der Methode `next()` können die einzelnen Elemente abgerufen werden, wobei der Iterator sich jeweils zum nächsten Element bewegt.

```
Collection v = new Vector();
v.add(new Integer(1));
v.add(new Integer(2));
v.add(new Integer(3));

int sum = 0;
Iterator i = v.iterator();

while (i.hasNext()) {
  Integer val = (Integer) i.next();
  sum += val.intValue();
}

System.out.println(sum);
```

Listing 3.3: Iterieren über die Elemente eines Containers

Mengenoperationen Die Mengenoperationen bilden die zweite Gruppe von Operationen. Mit einem Befehl kann auf effiziente Weise der gesamte Container verändert werden. Jede dieser Methoden kann mit den oben beschriebenen Basisoperationen nachgebildet werden – effizienter und für den Entwickler übersichtlicher erreichen dies jedoch die Mengenoperatoren.

Die Methode `b.containsAll(a)` überprüft, ob alle Elemente der Collection a in Collection b enthalten sind. Der Vergleich erfolgt über die Methode `equals()` der Elemente der Collection a.

Mittels der Methode `b.addAll(a)` können alle Elemente einer *Collection* einer zweiten *Collection* hinzugefügt werden. Ähnlich wie die Methode `add()`, können drei unterschiedliche Exceptions ausgelöst werden.

3.2 Die Interfaces des Collections Frameworks

▶ *UnsupportedOperationException*: Bei fehlender Implementierung der Funktionalität.

▶ *ClassCastException*: Wenn ein Element aufgrund seines Klassentyps nicht in einen Container aufgenommen werden darf.

▶ *IllegalArgumentException*: Wenn an ein Element gestellte Forderungen zur Aufnahme in einen Container nicht erfüllt sind.

Die Methode b.removeAll(a) entfernt alle Elemente aus der Collection b, die auch im Collection a enthalten sind. Der Gleichheitsvergleich wird wiederum über die equals()-Methoden der Elemente der Collection a realisiert. Bei fehlender Funktionalität kann auch hier eine *UnsupportedOperationException* ausgelöst werden.

Das genaue Gegenteil verrichtet die Methode b.retainAll(a), mit der alle Elemente aus b entfernt werden, die nicht in a enthalten sind. Das Resultat sind zwei Collections, die die gleichen Elemente enthalten.

Eine weitere Methode ist clear(). Sie entfernt alle Elemente eines Containers. Da selbst clear() eine *UnsupportedOperationException* auslösen kann, wird deutlich, dass jede containerverändernde Methode in der Lage ist, diese Ausnahme zu generieren. *UnsupportedOperationExceptions* werden am häufigsten bei konstanten Containern erzeugt, d.h. bei Objektsammlungen, die keine Veränderung erfahren dürfen.

Array-Operationen Die Methode toArray() gibt alle Elemente des Containers als natives Array zurück. Beim Aufruf der Methode wird ein neues Array mittels *new* erzeugt. Dem Benutzer ist die Veränderung des Arrays, ohne Auswirkung auf den Container, freigestellt. Für die Elemente des Arrays gilt dies allerdings nicht, da die Elemente im Array nur referenziert und nicht kopiert werden. Mit anderen Worten, die Veränderungen der Elemente des Arrays haben Auswirkung auf die Elemente im Container, weil es sich um dieselben Objekte handelt.

Die bisher besprochene Methode toArray() gibt ein Array vom Typ *Object* zurück. In einigen Fällen möchte man jedoch Arrays vom Typ der tatsächlich im Container enthaltenen Objekte verwenden oder zumindest vom Typ einer spezifischeren Basisklasse. Zu diesem Zweck existiert eine weitere Variante der Methode toArray(), die als Parameter ein Array vom gewünschten Datentyp erwartet. Anzahl der Elemente und Größe des Arrays sollten übereinstimmen. Ist das übergebene Array jedoch kleiner, so wird ein neues Array vom gleichen Typ und geeigneter Größe erzeugt, mit den Elementen gefüllt und zurückgegeben. Übergibt man ein Array, das mehr Speicherplätze bereitstellt, als Elemente im Container vorhanden sind, so werden unbesetzte Plätze mit *null* beschrieben. Es ergibt sich ein Problem, wenn die im Container enthaltenen Elemente dem Klassen- oder Schnittstellentyp des Arrays nicht entsprechen oder in den entsprechenden Arraytyp nicht umgewandelt werden können. In einem solchen Ausnahmefall löst die Methode toArray() eine *java.lang.ArrayStoreException* aus. Listing 3.4 zeigt, wie einer verketteten Liste Objekte unterschiedlicher Typen hinzugefügt werden. Der Methode `toArray()` wird ein *Integer*-Array der Größe *null* übergeben. Beim Aufruf der Methode wird ein *Integer*-Array der Größe drei erzeugt, in welches alle Elemente der verketteten Liste eingefügt werden. Beim Einfügen des dritten Elementes tritt jedoch eine Ausnahme auf, da Objekte vom Typ *String* nicht nach dem Typ *Integer* gecastet werden können. Um diesen Fehler abzufangen, wurde der Methodenaufruf innerhalb eines try-Blocks durchgeführt.

```
Collection l = new LinkedList();
l.add(new Integer(1));
l.add(new Integer(2));
l.add(new String("Das ist ein String"));

Integer[] intarray = null;

try {
  intarray = (Integer[]) l.toArray(new Integer[0]);
}
catch (java.lang.ArrayStoreException e) {
  System.out.println(e);
}
```

Listing 3.4: Aufruf der Methode `toArray()`. *Das Array* `intarray` *bleibt leer.*

Vergleiche mit `equals()` und Hashing-Methoden Nicht nur Elemente eines Containers werden miteinander verglichen. In einigen Fällen ist es auch sinnvoll, ganze Sammlungen miteinander zu vergleichen. Daher stellt sich die Frage, unter welcher Bedingung zwei Container a und b als gleich bezeichnet werden? Für Container, die lediglich das Interface *Collection* implementieren, stellt das Collections Framework keine besonderen Bedingungen für Gleichheit. Da zudem im JDK keine direkte Implementierung des Interfaces *Collection* enthalten ist, steht es dem Entwickler frei, eigene Definitionen von Gleichheit für *Collection*-Container zu überlegen. Zu beachten ist nur, dass eine generelle Vereinbarung für die Methode `equals()` eine symmetrische Gleichheit verlangt. Das bedeutet, zwei Objekte dürfen dann und nur dann als gleich bezeichnet werden, wenn neben a.equals(b) auch b.equals(a) gilt (siehe Kapitel 1.3.1 *Die Klasse Object und ihre Methoden*). Für Containerklassen, die das Interface *Set* oder *List* implementieren, ist die Gleichheit genau definiert – sie darf sich bei unterschiedlichen Implementierungen nicht unterscheiden. Die Methoden `List.equals()` bzw. `Set.equals()` liefern auch dann *false*, wenn zwei Container dieselben Elemente, aber jeweils vom anderen Typ enthalten. Die beiden *Sets* müssen sowohl die gleichen Elemente enthalten als auch in ihrer Anzahl übereinstimmen. Darüber hinaus verlangt die *List* zusätzlich die gleiche Reihenfolge der Elemente.

Die Methode `hashCode()` berechnet für ein *Collection*-Objekt einen Hashwert, einen Integer-Wert, der ein Objekt möglichst eindeutig identifiziert. Mit Hilfe eines Hashwerts wird die Position eines Objekts in einem Array bestimmt, in dem der Hashwert als Grundlage für die Berechnung des relativen Speicherplatzes innerhalb eines Arrays dient (siehe Kapitel 2.3.3 *Zugriff durch Hashing* auf Seite 79). Für die Bestimmung eines möglichst eindeutigen Hashwerts ist die Einbeziehung besonderer Objekteigenschaften notwendig. Für einen Container könnte die Anzahl der enthaltenen Elemente eine mögliche Eigenschaft darstellen.

Mit *Object*, der Basisklasse aller Javaklassen, wird bereits ein guter Hashwert bereitgestellt. Weshalb beinhaltet das Interface *Collection* nochmals diese Methode? Es existiert eine Regel, die sich auf die beiden Methoden `equals()` und `hashCode()` bezieht und besagt, wenn die Methode `equals()` die Gleichheit zweier Objekte feststellt, so müssen sich die Hashwerte der Objekte ebenfalls gleichen (siehe auch Kapitel 1.3.1 *Die Klasse Object und ihre Methoden*). Der Umkehrschluss gilt jedoch nicht: zwei Objekte, die denselben Hashwert liefern, müssen im Sinne von `equals()` nicht gleich sein. Die Designer des Collections Frameworks möchten die Entwickler daran erinnern, dass beim Überschreiben der Methode `equals()` auch die Methode `hashCode()` überschrieben werden muss.

3.2.2 Das Interface Set

Eine Containerklasse, die das Interface *Set* implementiert, darf keine Duplikate enthalten. Sie entspricht einer Menge im mathematischen Sinne. Das Interface *Set* ist vom Interface *Collection* abgeleitet. Es beinhaltet die gleichen Methoden wie das Interface *Collection* und definiert darüber hinaus keine zusätzlichen Methoden. Das Besondere des *Sets* sind das festgelegte Verhalten der Methoden `equals()` und `hashCode()` sowie das Verbot von Duplikaten. Zwei *Sets* sind unabhängig von der Implementierung gleich, wenn sie die gleichen Elemente enthalten.

Die Besonderheit einer *Set*, Duplikate zu verbieten, ist im Listing 3.5 verdeutlicht. In einer doppelt verketteten Liste werden fünf Zahlen mit Duplikaten eingefügt und ausgegeben. Das JDK stellt die Klasse *HashSet* als Repräsentanten für eine *Set* bereit. Dem Konstruktor der *HashSet* wird eine *Collection* mit Duplikaten übergeben. Die Ausgabe der *Set* zeigt, dass in der *Set* keine Duplikate enthalten sind. Auf diese Weise lassen sich einfach Duplikate entfernen. Eine weitere Eigenschaft einer *Set* zeigt sich in der Ausgabe: Während die *List* ihre Elemente in der eingefügten Reihenfolge hält, kümmert sich eine *Set* nicht um die Reihenfolge ihrer Elemente. Sie kann sich je nach verwendetem Datenmodell und Implementierung unterscheiden. Die Klasse *HashSet* hält ihre Elemente, wie es der Name vermuten lässt, in einer Hashtabelle. Die Reihenfolge wird so vom Hashwert der Elemente bestimmt.

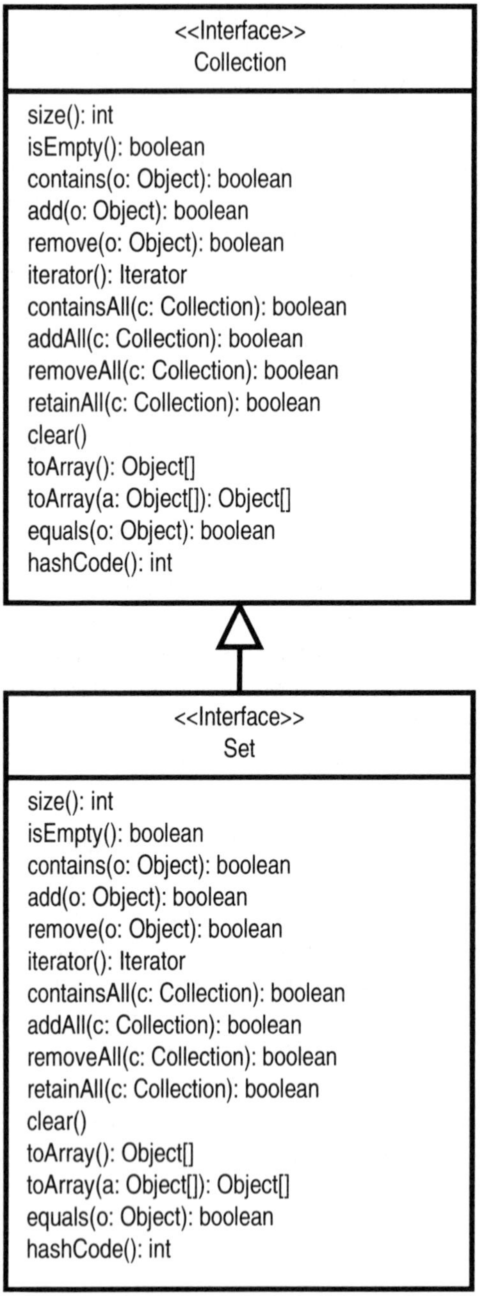

```
┌─────────────────────────────────────────┐
│          <<Interface>>                  │
│           Collection                    │
├─────────────────────────────────────────┤
│ size(): int                             │
│ isEmpty(): boolean                      │
│ contains(o: Object): boolean            │
│ add(o: Object): boolean                 │
│ remove(o: Object): boolean              │
│ iterator(): Iterator                    │
│ containsAll(c: Collection): boolean     │
│ addAll(c: Collection): boolean          │
│ removeAll(c: Collection): boolean       │
│ retainAll(c: Collection): boolean       │
│ clear()                                 │
│ toArray(): Object[]                     │
│ toArray(a: Object[]): Object[]          │
│ equals(o: Object): boolean              │
│ hashCode(): int                         │
└─────────────────────────────────────────┘
```

```
┌─────────────────────────────────────────┐
│          <<Interface>>                  │
│              Set                        │
├─────────────────────────────────────────┤
│ size(): int                             │
│ isEmpty(): boolean                      │
│ contains(o: Object): boolean            │
│ add(o: Object): boolean                 │
│ remove(o: Object): boolean              │
│ iterator(): Iterator                    │
│ containsAll(c: Collection): boolean     │
│ addAll(c: Collection): boolean          │
│ removeAll(c: Collection): boolean       │
│ retainAll(c: Collection): boolean       │
│ clear()                                 │
│ toArray(): Object[]                     │
│ toArray(a: Object[]): Object[]          │
│ equals(o: Object): boolean              │
│ hashCode(): int                         │
└─────────────────────────────────────────┘
```

Abbildung 3.3: Das Interface Set enthält die gleichen Methoden wie Collection.

3.2 Die Interfaces des Collections Frameworks

```
Collection list = new LinkedList();
list.add(new Integer(1));
list.add(new Integer(2));
list.add(new Integer(2));
list.add(new Integer(4));
list.add(new Integer(1));

System.out.println("List: " + list);

Collection set = new HashSet(list);

System.out.println("Set: " + set);
```
Listing 3.5: *Entfernen von Duplikaten*

Die Ausgabe des Programms:

```
List: [1, 2, 2, 4, 1]
Set:  [4, 2, 1]
```

Die Mächtigkeit einer *Set* zeigt sich durch den Einsatz von Mengenoperationen. Das Listing 3.1 zeigt ein einfaches Programm, das aus zwei Mengen X und Y eine Vereinigungsmenge, Differenzmenge und symmetrische Differenz bildet. Nach dem Erzeugen und Füllen der Mengen x, y werden sie ausgegeben. Um die Mengen x, y nicht zu verändern, werden die Ergebnismengen in eigenen Containern untergebracht. Die Vereinigungsmenge v wird erzeugt, indem bereits dem Konstruktor die Collection x übergeben wird, welche die Menge X enthält, und danach die Menge Y mit addAll() hinzugefügt wird.

Von jeder *Collection*-Containerklasse wird ein Konstruktor verlangt, der als Argument eine *Collection* erwartet. Beim Erzeugen lässt sich ein Container mit Elementen füllen. Mittels der Methode addAll() werden alle Elemente des Containers x dem Container hinzugefügt, die nicht bereits in v enthalten sind.

Die Schnittmenge lässt sich mit Hilfe der Methode retainAll() erzeugen, in dem alle Elemente aus s entfernt werden, die sowohl in s als auch in x enthalten sind.

Unter einer symmetrischen Differenz zwischen x und y ist zu verstehen, dass jeweils nur die Elemente enthalten bleiben, die exklusiv nur in x bzw. in y enthalten sind. Es werden aus beiden Mengen diejenigen Elemente entfernt, die sowohl in x als auch in y enthalten sind.

```
Set x = new HashSet();
Set y = new HashSet();
x.add(new Integer(1));
x.add(new Integer(2));
x.add(new Integer(3));

y.add(new Integer(3));
y.add(new Integer(4));
y.add(new Integer(5));
```

```
System.out.println("Menge x: " + x);
System.out.println("Menge y: " + y);

// Vereinigungsmenge
Set v = new HashSet(x);
v.addAll(y);
System.out.println("Vereinigungsmenge: " + v);

// Schnittmenge
Set s = new HashSet(x);
s.retainAll(y);
System.out.println("Schnittmenge: " + s);

// Symmetrische Differenz
Set m1 = new HashSet(x);
Set m2 = new HashSet(y);
m1.removeAll(y);
m2.removeAll(x);
System.out.println("Symmetrische Differenz von x, y:");
System.out.println("Menge 1: " + m1);
System.out.println("Menge 2: " + m2);
```

Listing 3.6: Mengenoperationen

Auf der Standardausgabe erscheint:

```
Menge x: [3, 2, 1]
Menge y: [5, 4, 3]
Vereinigungsmenge: [5, 4, 3, 2, 1]
Schnittmenge: [3]
Symmetrische Differenz von x, y:
Menge 1: [2, 1]
Menge 2: [5, 4]
```

Ein letztes Beispiel soll verdeutlichen, wie einfach mit einer *Set* Duplikate von Strings identifiziert werden können. Die Methode add() bestätigt das erfolgreiche Einbinden eines Objektes mit *true*. Der Versuch, ein Duplikat in eine Set einzufügen, wird mit dem Rückgabewert *false* beantwortet.

```
import java.util.*;

public class FindDuplicateString {

  public static void main(String []args) {
    Set duplikate = new HashSet();

    for (int i = 0; i < args.length; i++)
      if (!duplikate.add(args[i]))
        System.out.println("Duplikate: " + args[i]);
  }
}
```

Listing 3.7: Auffinden von String-Duplikaten

Das Programm wird mit Strings folgendermaßen aufgerufen:

```
java FindDuplicateString Hase Katze Schildkröte Schildkröte
```

so ist die Ausgabe:

```
Duplikate: Schildkröte
```

3.2.3 Das Interface SortedSet

Eine *SortedSet* ist eine *Set*, die ihre Elemente in einer aufsteigenden Reihenfolge sortiert. Das Sortierkriterium kann neben der natürlichen Ordnung der Elemente auch ein externes Ordnungskriterium, ein *Comparator*, sein. Das Interface *SortedSet* ist von *Set* abgeleitet: Es stellt neben den Operationen einer *Set* drei weitere Gruppen von Operationen bereit:

- Bereichssichten: Unterstützt sortierte Untermengen.

- Rückgabe der Endpunkte: Rückgabe des größten und kleinsten Elements.

- *Comparator*-Zugriff: Wurde zum Sortieren der *SortedSet* ein Comparator verwendet, so kann dieser abgefragt werden.

Abbildung 3.4 zeigt die *SortedSet* in einem UML-Klassendiagramm.

Set Operationen Methoden, die die *SortedSet* von *Set* erbt, verhalten sich bis auf zwei Ausnahmen wie die der *Set*. Die erste Besonderheit bezieht sich auf das Iterieren über die Elemente. Während bei der *Set* die Elemente in beliebiger Reihenfolge vorliegen, ist die Reihenfolge beim Iterieren über die Elemente einer *SortedSet* über das Ordnungskriterium definiert. Die zweite Ausnahme hat dieselbe Ursache und bezieht sich auf die `toArray()`-Methoden. Auch hier werden die Elemente in definierter Reihenfolge im Array abgelegt.

Die Elemente in einer *SortedSet* werden beim Einfügen in einer sortierten Reihenfolge abgelegt. Hierbei ist es notwendig, die einzelnen Elemente miteinander auf größer bzw. kleiner zu vergleichen. Dies kann auf zwei unterschiedliche Weisen bewerkstelligt werden:

- Die Klassen der Elemente können das Interface *Comparable* implementieren. *Comparable* stellt die Methode `compareTo()` bereit, um zwei Objekte auf größer, kleiner und gleich zu überprüfen. Immer dann, wenn für Objekte einer Klasse eine natürliche Größer- Kleiner-Relation existiert, sollen diese Klassen das Interface *Comparable* implementieren. Die meisten Klassen von Java 2 implementieren bereits das Interface *Comparable*, so z.B. die Wrapperklassen *Integer*, *Float* usw., für die eine natürliche Ordnung (-1 < 0 < 1 < 2) existiert. Das Interface *Comparable* wird in Kapitel 1.3.3 *Comparable* auf Seite 53 ausführlich erläutert.

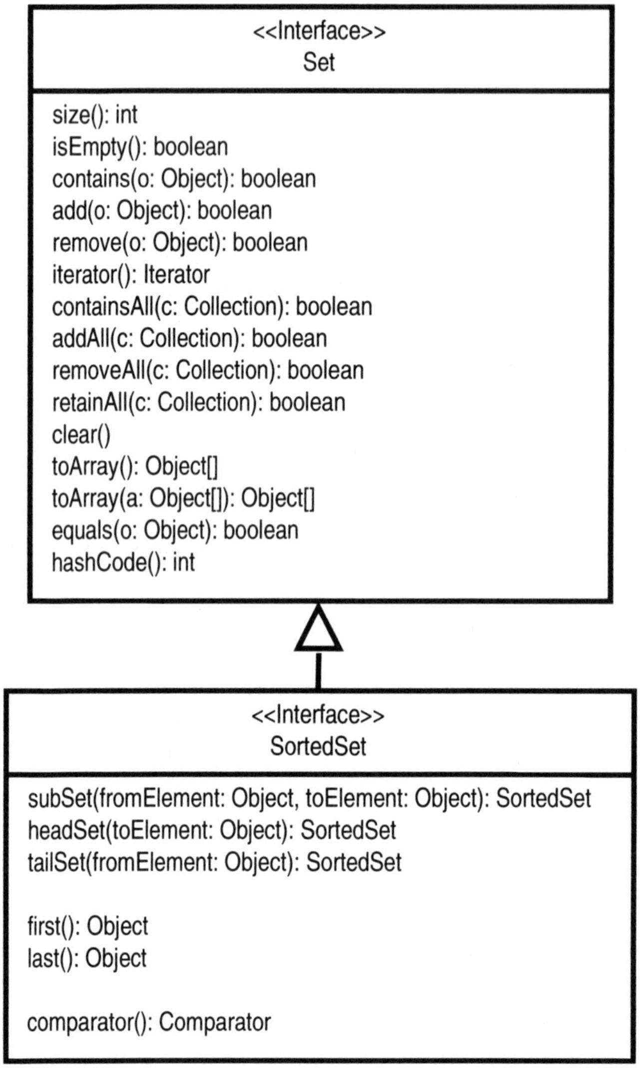

```
<<Interface>>
Set
```
size(): int
isEmpty(): boolean
contains(o: Object): boolean
add(o: Object): boolean
remove(o: Object): boolean
iterator(): Iterator
containsAll(c: Collection): boolean
addAll(c: Collection): boolean
removeAll(c: Collection): boolean
retainAll(c: Collection): boolean
clear()
toArray(): Object[]
toArray(a: Object[]): Object[]
equals(o: Object): boolean
hashCode(): int

```
<<Interface>>
SortedSet
```
subSet(fromElement: Object, toElement: Object): SortedSet
headSet(toElement: Object): SortedSet
tailSet(fromElement: Object): SortedSet

first(): Object
last(): Object

comparator(): Comparator

Abbildung 3.4: Das Interface SortedSet

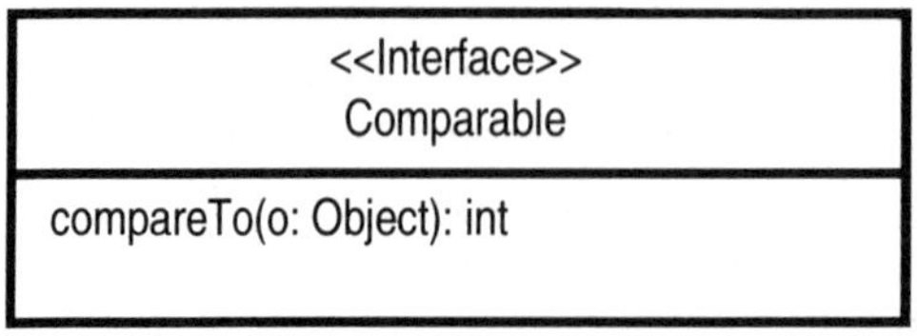

```
<<Interface>>
Comparable
```
compareTo(o: Object): int

Abbildung 3.5: Das Interface Comparable

3.2 Die Interfaces des Collections Frameworks

▶ Wenn die Elemente in einer »unnatürlichen« Reihenfolge angeordnet werden sollen oder ein natürliches Ordnungskriterium nicht existiert, wird das Interface *Comparable* von den Elementen nicht implementiert. Dann kann dem Konstruktor der *SortedSet* ein Objekt übergeben werden, das die Elemente nach einem selbst gewählten Kriterium vergleicht. Die Klasse eines solchen vergleichenden Objektes hat das Interface *Comparator* zu implementieren. *Comparator* stellt eine Methode compare(Object o1, Object o2) bereit, die zwei Objekte erwartet, die miteinander auf größer, kleiner, gleich vergleicht und das Ergebnis als int-Zahl zurückgibt.

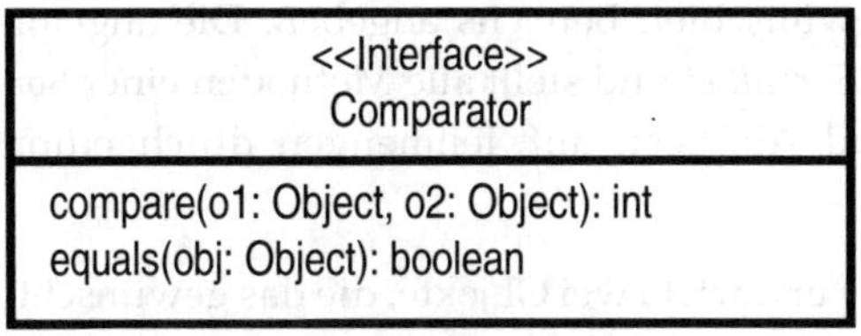

```
┌─────────────────────────────────────┐
│         <<Interface>>               │
│          Comparator                 │
├─────────────────────────────────────┤
│ compare(o1: Object, o2: Object): int│
│ equals(obj: Object): boolean        │
└─────────────────────────────────────┘
```

Abbildung 3.6: Das Interface Comparator

Sie können eigene *Comparatoren* implementieren und so beliebige Ordnungskriterien definieren. Im Kapitel 4.1.2 *Comparatoren im Collections Framework* auf Seite 210 wird ausführlich auf *Comparatoren* eingegangen. Zusammenfassend lässt sich folgende Aussage machen:

> Damit ein Element in einer *SortedSet* aufgenommen werden kann, muss die Klasse des Elements entweder das Interface *Comparable* implementieren oder Sie übergeben dem Konstruktor der *SortedSet* einen Comparator, der ein Ordnungskriterium für die Elemente definiert.

Werden in eine *SortedSet*, die keinen zusätzlichen Comparator enthält, Elemente eingefügt, die nicht das Interface *Comparable* implementieren, so wird eine *java.lang.ClassCastException* ausgelöst.

Konstruktoren Die *SortedSet* verlangt von den implementierenden Containerklassen vier Konstruktoren:

▶ Einen parameterlosen Standardkonstruktor: Er erzeugt eine leere *SortedSet*. Das Ordnungskriterium ist die natürliche Ordnung der Elemente.

▶ Ein *Collection*-Konstruktor: Er erwartet als Parameter eine Collection. Der *SortedSet*-Container wird mit den Elementen der übergebenen Collection gefüllt. Auch hier wird die Reihenfolge aus der natürlichen Ordnung der Elemente abgeleitet.

▶ Ein *Comparator*-Konstruktor: Er erwartet als Parameter einen Comparator, der ein Ordnungskriterium vorgibt.

▶ Ein Copy-Konstruktor: Er erwartet als Parameter eine *SortedSet*. Es werden sowohl die Referenzen auf die Elemente kopiert als auch, falls vorhanden, der Comparator. Enthält der übergebene Container keinen Comparator, wird die Reihenfolge auch hier von den Elementen selbst bestimmt.

Bereichssichten Eine Bereichssicht ist ein Ausschnitt, eine Untermenge aus einer sortierten Menge. Sie können den Ausschnitt beliebig wählen, indem Sie beispielsweise ein erstes und ein letztes Element des gewünschten Bereichs angeben. Die angeforderte Bereichssicht ist wiederum vom Typ *SortedSet* und stellt alle Methoden einer *SortedSet* bereit. So können Operationen und Abfragen auf Teilmengen durchgeführt werden.

Die Methode subSet(fromElement, toElement) erwartet zwei Objekte, die das gewünschte Intervall begrenzen. Zu beachten ist, dass es sich um ein halboffenes Intervall handelt:

[fromElement, toElement[

Das Objekt fromElement ist das erste Element der Bereichssicht (geschlossene Intervallgrenze), wohingegen das Objekt toElement nicht mehr Teil der Bereichssicht ist (offene Intervallgrenze). Abbildung 3.7 zeigt ein Objektdiagramm einer Bereichssicht. Die sortierte Menge enthält fünf Elemente {A, B, C, D, E}. Als Bereichsgrenzen werden die Elemente B und E angegeben. Die daraus entstehende Bereichssicht enthält die Elemente {B, C, D}. Da die hintere Intervallgrenze eine offene Intervallgrenze darstellt, gehört E nicht mehr zur Menge der Bereichssicht.

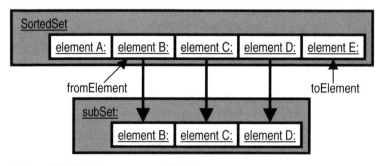

Abbildung 3.7: Objektdiagramm einer SubSet

Listing 3.8 zeigt wie aus einer sortierten Menge eine Bereichssicht erzeugt werden kann. Die Klasse *TreeSet* ist die vom JDK bereitgestellte *SortedSet*. Das Beispiel zeigt die Menge s mit fünf Elementen. Zunächst wird die Menge s mittels println() ausgegeben. Anschließend erzeugt die Methode subSet() eine Bereichssicht mit den Intervallgrenzen B, E. Auf dieser Bereichssicht können nun Operationen ausgeführt werden, exemplarisch bestimmt die Methode size() die Anzahl der Elemente. Die Programmausgabe zeigt, dass im Intervall [B, E[die Elemente {B, C, D} enthalten sind.

```
SortedSet s = new TreeSet();
SortedSet sub = null;

try {
  s.add("A");
  s.add("B");
  s.add("C");
  s.add("D");
  s.add("E");
}
catch (ClassCastException e) {
  System.out.println(e);
}

System.out.println("Menge: " + s);
System.out.println("Anzahl der Elemente: " + s.size());

try {
sub = s.subSet("B", "E");
}
catch (NullPointerException e) {
  System.out.println(e);
}
catch (IllegalArgumentException e) {
  System.out.println(e);
}

System.out.println("\nSubSet: " + sub);
System.out.println("Anzahl der Elemente: " + sub.size());
```

Listing 3.8: Erzeugen einer SubSet

Die Programmausgabe lautet:

```
Menge: [A, B, C, D, E]
Anzahl der Elemente: 5

SubSet: [B, C, D]
Anzahl der Elemente: 3
```

Eine noch zu beantwortende Frage lautet: Sind in einer Bereichssicht Elemente enthalten, wenn die Bereichsgrenzen von demselben Element gebildet werden? Als Beispiel rufen wir die Methode subSet() mit den folgenden Bereichsgrenzen [C, C[auf. Die Ergebnismenge ist leere Menge {}.

Was ist die Ergebnismenge, wenn als Bereichsgrenze [B und F[angegeben ist? In der Menge s befindet sich kein Element F. Dieses stünde, in der Ordnungsrelation, nach dem Element E. Die Ergebnismenge ist somit [B, C, D, E].

Das Element F ist nicht Teil der Menge s. Nach der Ordnungsrelation stünde das Element F jedoch hinter dem Element E. Die Ergebnismenge ist [B, C, D, E].

Neben subSet() stellt eine *SortedSet* die zwei Methoden headSet(toElement) und tailSet(fromElement) bereit. headSet() kann eine Bereichssicht beginnend mit dem ersten Element bis zu toElement (exklusive) bilden. Abbildung 3.8 verdeutlicht, dass auch bei dieser Methode die angegebene Intervallgrenze offen ist und das als Intervallgrenze angegebene Element D nicht mehr in der Bereichssicht enthalten ist.

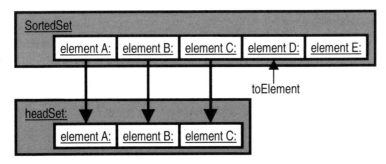

Abbildung 3.8: Das Objektdiagramm einer HeadSet

Die Methode tailSet() bildet ein Intervall beginnend mit dem Element fromElement bis zum letzten Element. Die vordere Intervallgrenze ist hier, wie bei der Methode subSet(), geschlossen, das angegebene Element ist also ein Teil der Bereichssicht.

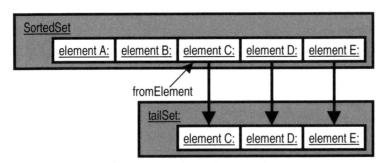

Abbildung 3.9: Das Objektdiagramm einer TailSet

Rückgabe der Endpunkte Eine Besonderheit der *SortSet* ist die Möglichkeit, mittels der Methoden `first()` und `last()` sowohl das erste als auch das letzte Element abzurufen. Im Gegensatz zu einer *List*, in der Elemente über ihre Positionen definiert sind, kann in einer Menge nicht von der Elementposition eins gesprochen werden. Die vorgestellten Methoden sind eher als Zugriff auf das größte oder kleinste Element im Sinne des Ordnungskriteriums zu verstehen. Ist kein Element in der Menge enthalten, so wird beim Aufruf einer der Methoden eine *java.util.NoSuchElementException* ausgelöst.

Comparator-Zugriff Ein Comparator ist ein externes Sortierkriterium. Um die Datenstruktur entsprechend zu strukturieren, wird er bereits beim Konstruieren einer *SortedSet* übergeben. Es ist nicht vorgesehen, eine existierende *SortedSet* nach einem neuen Kriterium umzustrukturieren, es kann jedoch mit der Methode `comparator()` nach ihrem externen Sortierkriterium befragt werden. Unterliegt die Anordnung der Elemente dem von den Elementen selbst definierten, natürlichen Ordnungskriterium, so liefert die Methode *null* zurück.

3.2.4 Das Interface *List*

Das Interface *List* entspricht einer Sammlung, deren Elemente in einer vom Benutzer vorgegebenen Reihenfolge vorliegen. In der Informatik spricht man auch von einer Sequenz, diese Bezeichnung wurde auch für das Listäquivalent in JGL gewählt. Der Benutzer kann festlegen, an welche Position der *List* ein Element eingefügt werden soll. Der Abruf einzelner Elemente kann direkt über ihre Position erfolgen. Das *List*-Interface stellt alle benötigten Methoden bereit, um komfortabel und effizient mit Listen bzw. Sequenzen zu arbeiten. Die Operationen des List-Interface können wieder in Gruppen untergliedert werden:

▷ Positionszugriff: Hinzufügen, Entfernen und Austauschen von Elementen über ihre Position.

▷ Suchen: Suchen von Elementen. Die Rückgabe ist die Listenposition.

▷ List-Iterator: Erweiterter Listeniterator, zum Vorwärts- und Rückwärtspositionieren, Einfügen und Entfernen von Elementen an der Iteratorposition.

▷ Bereichssicht: Unterstützt beliebige Bereichsoperationen auf einer Liste.

Abbildung 3.10 zeigt das *List* Interface als UML-Klassendiagramm. Eine *List* zeichnet sich dadurch aus, dass die Position der Elemente vom Benutzer festgelegt werden kann. Hingegen legt bei der *Set* und *SortedSet* der Hashwert bzw. das vorgegebene Ordnungskriterium die Reihenfolge der Elemente fest.

Die in *Collection* deklarierte Methode `add()` gehört zur Grundfunktionalität eines jeden Containerinterface, im Kontext der *List* fügt sie Elemente stets am Ende der Liste ein. Nichts anderes gilt für die Methode `addAll()`, mit deren Hilfe eine *Collection* an eine Liste angefügt werden kann.

Auch das Verhalten der Methode remove() weist im Kontext einer *List* einen beachtenswerten Unterschied auf. Container, deren Elemente als Teil einer Menge aufgefasst werden, untersagen Duplikate. In diesem Fall stellt der Aufruf von remove() sicher, dass ein angegebenes Element sich nicht mehr in der Menge befindet. Eine *List* verhält sich anders: Die Methode remove() entfernt stets nur das erste Element in der Liste, deren equals()-Methode *true* liefert. Es können sich also noch Duplikate im Container befinden.

Deutlich wird dies im Programmausschnitt, das Listing 3.9 zeigt. Aus einer Liste von Städten mit Duplikaten wird mittels der Methode remove() die Stadt Frankfurt entfernt. In der Ausgabe ist zu sehen, dass die Stadt Frankfurt an der Stelle eins und drei der Liste auftritt. Der Aufruf von remove() entfernt jedoch nur den Eintrag an der Stelle eins.

```
List cities = new ArrayList();
cities.add(new City("München"));
cities.add(new City("Frankfurt"));
cities.add(new City("Hamburg"));
cities.add(new City("Frankfurt"));
cities.add(new City("München"));

System.out.println(cities);
Object frankfurt = new City("Frankfurt");
System.out.println("remove(): " + frankfurt);
cities.remove(frankfurt);
System.out.println(cities);
```

Listing 3.9: Die Methode remove() *des Interfaces List*

Als Programmausgabe erscheint:

```
[München, Frankfurt, Hamburg, Frankfurt, München]
 remove(): Frankfurt
[München, Hamburg, Frankfurt, München]
```

Sollen alle Einträge von Frankfurt entfernt werden, so ist die Methode removeAll() geeignet. Diese Methode überprüft jedes Element der Liste auf Übereinstimmung, so dass auch Duplikate entfernt werden. Als Parameter erwartet diese Methode anstelle eines einzelnen *Object* eine *Collection*, eine Sammlung von Elementen also. In unserem Fall möchten wir nur Frankfurt entfernen und nicht gleich eine Sammlung von mehreren Elementen. Um dafür das zu entfernende Element nicht erst in einen Container einfügen zu müssen, stellt die Klasse *Collections* die statische Methode singelton() bereit, die ein *Object* erwartet und eine *Set* zurückliefert. In Listing 3.10 ist gezeigt, wie mittels der Methode removeAll() auch Duplikate aus einer *List* entfernt werden können.

3.2 Die Interfaces des Collections Frameworks

```
System.out.println(cities);
Object frankfurt = new City("Frankfurt");
System.out.println("removeAll(): " + frankfurt);
cities.removeAll(Collections.singleton(frankfurt));
System.out.println(cities);
```
Listing 3.10: *Entfernen von Elementen aus einer List mittels der Methode* `removeAll()`

```
[München, Frankfurt, Hamburg, Frankfurt, München]
removeAll(): Frankfurt
[München, Hamburg, München]
```

Die Ausgabe zeigt, dass diesmal alle Einträge von Frankfurt aus der Liste entfernt wurden.

Die Methoden `iterator()` und `toArray()` verhalten sich wie zu erwarten, indem sie die Elemente in der Reihenfolge liefern, in der sie eingefügt beziehungsweise positioniert wurden. Zu beachten ist auch die Methode `equals()` von Listen. Zwei Listen werden im Sinne von `equals()` als gleich betrachtet, wenn sie die gleichen Elemente in derselben Reihenfolge aufweisen.

Konstruktor Jeder *Collection*-Container sollte mindestens zwei Konstruktoren bereitstellen: einen parameterlosen Standardkonstruktor, der einen leeren Container erzeugt, und einen Konstruktor, der bereits mittels Parameter vom Typ *Collection* den Container mit Elementen füllt. Das Collections Framework verlangt darüber hinaus für *List* keine weiteren Konstruktoren.

Positionszugriff Die Grundoperationen einer *List* sind Methoden, die Elemente über ihre Listenposition manipulieren.

Mittels der Methode `add(int index, Object element)` kann ein Element an eine beliebige Position innerhalb der Liste oder an das Ende einer Liste eingefügt werden. Zu beachten ist, dass die Position bzw. der Index von 0 gezählt wird. Beim Einfügen eines Elements am Beginn oder innerhalb einer Liste verschieben sich alle nachfolgenden Elemente um eine Listenposition.

Abbildung 3.11 zeigt das Einfügen eines Elementes X an die Position 1. In Abbildung 3.12 ist die resultierende Liste gezeigt. Das Element B, das sich ursprünglich an der Position eins befand, wurde samt seinen Nachfolgern um eine Listenposition nach hinten verschoben.

Beim Versuch, ein Element an eine nicht existierende Position einzufügen, wird eine *IndexOutOfBoundsException* ausgelöst. Das bedeutet, beim Einfügen eines Elements darf der angegebene Index nicht größer sein als der größte Index der Liste plus eins. Auf das Beispiel in Abbildung 3.12 bezogen, darf beim Einfügen des nächsten Elements der Index nicht größer als fünf sein.

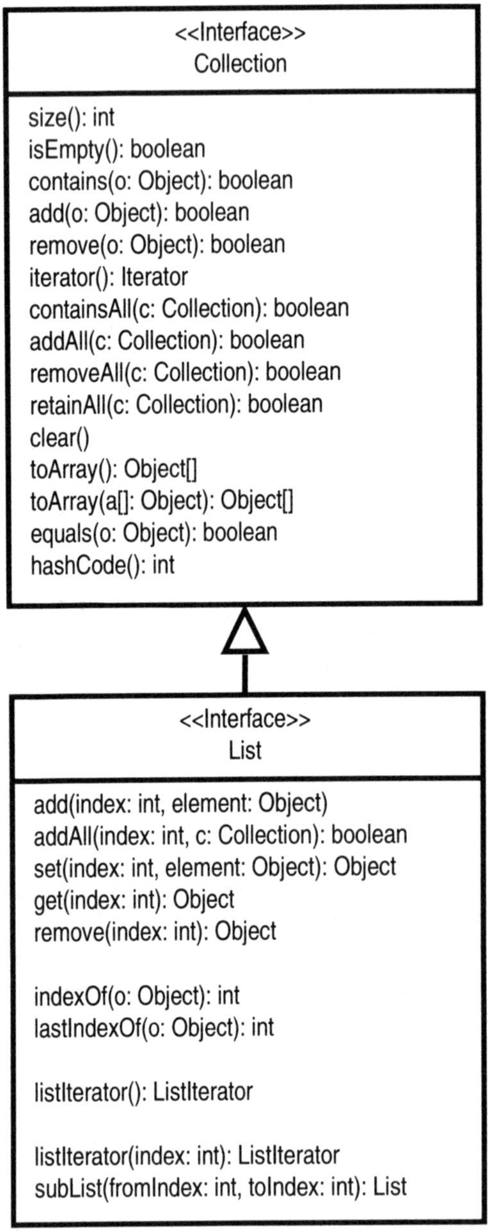

```
┌─────────────────────────────────────────┐
│             <<Interface>>               │
│              Collection                 │
├─────────────────────────────────────────┤
│ size(): int                             │
│ isEmpty(): boolean                      │
│ contains(o: Object): boolean            │
│ add(o: Object): boolean                 │
│ remove(o: Object): boolean              │
│ iterator(): Iterator                    │
│ containsAll(c: Collection): boolean     │
│ addAll(c: Collection): boolean          │
│ removeAll(c: Collection): boolean       │
│ retainAll(c: Collection): boolean       │
│ clear()                                 │
│ toArray(): Object[]                     │
│ toArray(a[]: Object): Object[]          │
│ equals(o: Object): boolean              │
│ hashCode(): int                         │
└─────────────────────────────────────────┘
```

```
┌─────────────────────────────────────────┐
│             <<Interface>>               │
│                 List                    │
├─────────────────────────────────────────┤
│ add(index: int, element: Object)        │
│ addAll(index: int, c: Collection): boolean │
│ set(index: int, element: Object): Object │
│ get(index: int): Object                 │
│ remove(index: int): Object              │
│                                         │
│ indexOf(o: Object): int                 │
│ lastIndexOf(o: Object): int             │
│                                         │
│ listIterator(): ListIterator            │
│                                         │
│ listIterator(index: int): ListIterator  │
│ subList(fromIndex: int, toIndex: int): List │
└─────────────────────────────────────────┘
```

Abbildung 3.10: Das Interface List

3.2 Die Interfaces des Collections Frameworks

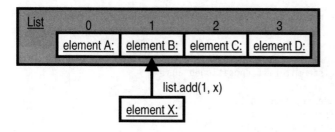

Abbildung 3.11: Einfügen eines Elements in eine List

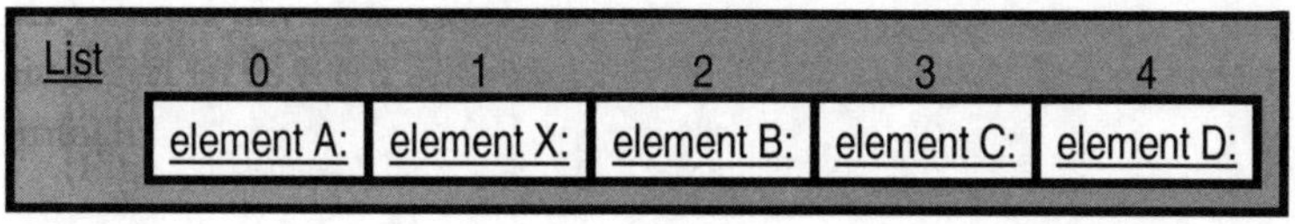

Abbildung 3.12: Verschobene Listenposition nach dem Einfügen eines Elements

Die Methode `addAll(int index, Collection c)` ist in der Lage, eine Sammlung von Elementen an eine vorzugebende Position einzufügen. Die Elemente des übergebenen *Collection* bleiben beim Einfügen in ihrer Reihenfolge erhalten. Alle nachfolgenden Elemente werden um die Anzahl der einzufügenden Elemente nach hinten verschoben. Das Listing 3.11 zeigt das Einfügen von drei Elementen X, Y, Z ab der Listenposition zwei.

```
void createList() {

    // Erzeugen einer Liste mit vier Elementen.
    List list = new LinkedList();
    list.add("A");
    list.add("B");
    list.add("C");
    list.add("D");

    // Erzeugen eines Collection mit drei Elementen.
    Collection c = new ArrayList();
    c.add("X");
    c.add("Y");
    c.add("Z");

    System.out.println("\nVorher:");
    printList(list);
```

```
    // Elemente ab der Listenposition 2 einfügen.
    list.addAll(2, c);
    System.out.println("\nNachher:");
    printList(list);
}

// Gibt den Inhalt einer Liste mit Listenpositionen aus.
void printList(List l) {
    System.out.println("\nIndex\tElement\n");
    for (int i = 0; i < l.size(); i++)
        System.out.println(i + "\t" + l.get(i));
}
```

Listing 3.11: *Einfügen eines Collection in eine List*

Die Ausgabe des Programms lautet:

```
Vorher:

Index    Element

0        A
1        B
2        C
3        D

Nachher:

Index    Element

0        A
1        B
2        X
3        Y
4        Z
5        C
6        D
```

Eine weitere wichtige Methode des Interface *List* get(int index) wurde bereits im Listing 3.11 verwendet. get() liefert das jeweilige Element der Listenposition index zurück. Eine *IndexOutOfBoundsException* wird ausgelöst, falls der angegebene Index die Anzahl der Elemente minus eins überschreitet.

Die Methode set(int index, Object element) ermöglicht es, ein Element auf einer Listenposition durch ein anderes Element zu ersetzen. Als Rückgabewert liefert die Methode ein Objekt, das ersetzte Element der Listenposition. Auch diese Methode kann verschiedene Exceptions auslösen. Eine *IndexOutOfBoundsException* wird ausgelöst, falls der angegebene Index die Listenpositionen überschreitet. Eine *UnsupportedOperationException* wird ausgelöst, wenn die Containerklasse die Funktionalität nicht unterstützt. Dies ist immer dann der Fall, wenn ein Container schreibgeschützt ist. Eine *ClassCastException* wird hervorgerufen, wenn der Klassentyp eines übergebenen Objekts nicht in den Container aufgenommen werden darf. Es steht Ihnen frei, Containerklassen selbst zu implementieren oder eigene Containerklassen von existierenden abzuleiten. Auf diese Weise können Sie durch das Überschreiben der Methoden add() bzw. set() kontrollieren, welche Klassentypen eingefügt werden dürfen. Abbildung 3.13 zeigt, wie die Methode set() ein vorhandenes Element durch ein anderes Element ersetzt.

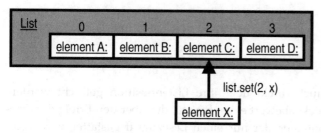

Abbildung 3.13: *Ersetzen von Elementen mittels der Methode* set()

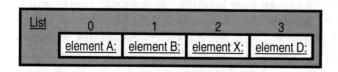

Abbildung 3.14: *Nach dem Ersetzen eines Elements*

Die Methode set() und get() der *List* wird im Listing 3.12 dazu verwendet, zwei Elemente einer Liste auszutauschen. Die Methode swap() erhält als Parameter eine *List* sowie zwei Indizes der auszutauschenden Elemente. Die Methode bubbleSort() sortiert eine übergebene List nach dem in Kapitel 1.2.2 *Sortieren eines Arrays von Integerzahlen* auf Seite 5 erläuterten Bubblesort-Verfahren. Zwei Elemente der Liste werden über das Interface *Comparable* miteinander verglichen. Der Austausch zweier Elemente erfolgt über die Methode swap().

```
public static void swap(List l, int i, int j) {
  Object tmp = l.get(i);
  l.set(i, l.get(j));
  l.set(j, tmp);
}

public static void bubbleSort(List list) throws ClassCastException {
  // Durchlaufe alle Zahlenpaare mit Indizes i, j:
```

```
    int size = list.size();
    for (int i = 0; i < size; i++)
      for (int j=i+1; j<size; j++)
        if (((Comparable) list.get(i)).compareTo(list.get(j)) >= 0)
          swap(list, i, j);
}
```
Listing 3.12: Sortieren einer Liste von Zahlen

In einem kleinen Testprogramm wird der Methode `bubbleSort()` eine Liste von Integer-Zahlen übergeben. Die Ausgabe des Programms wird im Folgenden dargestellt:

```
Vorher:
[-9, 3, 7, 8, -8, 4, 1, 0, -6, -7, -3, -4, 9, 5, 6, -5, -2, -1, 2]

Nach bubbleSort():
[-9, -8, -7, -6, -5, -4, -3, -2, -1, 0, 1, 2, 3, 4, 5, 6, 7, 8, 9]
```

Einzelne Elemente können auch direkt über ihre Listenposition gelöscht werden, `remove(int index)` liefert als Rückgabewert einen *boolean*, der über den Erfolg der Operation Auskunft gibt. Ein Container, der nur einen Lesezugriff gestattet, wird beim Aufruf dieser Methode eine *UnsupportedOperationException* auslösen.

Suchen Die Manipulation von Elementen einer Liste über die jeweilige Listenposition erfordert die Lokalisation von Objekten. Das *List*-Interface stellt hierfür zwei Methoden bereit. Die Methode `indexOf(Object o)` liefert die Listenposition des Elementes zurück, welches `o.equals(element)` gleich *true* ergibt. Kann kein entsprechendes Element in der Liste gefunden werden, so ist der Rückgabewert minus eins. Es wird stets das erste übereinstimmende Element der Liste ermittelt.

Eine zweite Methode `lastIndexOf(Object o)` ermittelt das letzte übereinstimmende Element der Liste. Sie verhält sich ansonsten wie die Methode `indexOf()`. Beide Methoden sind aus Performancegründen mit Vorsicht zu genießen, da sie im Mittel die Hälfte aller Elemente durchlaufen müssen, um einen Treffer zu erzielen.

List-Iterator Die Erweiterung der Funktionalität einer *List* gegenüber einem allgemeinen *Collection* setzt sich im *ListIterator* fort. Ein *ListIterator* ist ein Interface, das spezielle Iterator-Funktionalität für Listen deklariert. Diesen Iteratortyp möchten wir im Kapitel 3.4 Iteratoren des Collections Frameworks auf Seite 90 näher besprechen.

Bereichssicht Eine Bereichssicht ist ein Ausschnitt, ein Bereich einer Liste, der wie eine vollständige Liste behandelt werden kann. Die Methode `subList()` liefert einen solchen Ausschnitt. Der Rückgabewert ist ebenfalls vom Typ *List*. Es stehen damit alle bekannten Operationen von *List Collection* und *Collections* auch für Bereichssichten bereit. Als Bereichsgrenzen sind `fromIndex` und `toIndex` anzugeben. Es handelt sich hierbei um ein halboffenes Intervall, das folgendermaßen angegeben werden kann:

`[fromIndex, toIndex[`

3.2 Die Interfaces des Collections Frameworks

Der angegebene Index fromIndex ist ein Teil der Bereichssicht, der Index toIndex hingegen nicht mehr. Dies wird in Abbildung 3.15 deutlich: als fromIndex ist der Index eins angegeben, Element B ist demnach ein Teil der Bereichssicht. Als toIndex ist drei angegeben, das Element D ist kein Teil der Bereichssicht.

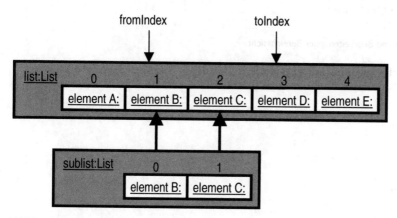

Abbildung 3.15: Bereichssicht einer List

In der sublist beginnt das erste Element B wieder mit dem Index 0. Alle Veränderungen der sublist wirken sich direkt auf die ursprüngliche list aus. Das Listing 3.13 zeigt einen Programmausschnitt, in dem eine Bereichssicht erzeugt wird. Zu Beginn werden alle Elemente der Liste mit ihrem Index ausgegeben. Anschließend wird mittels der Methode subList() eine Bereichssicht erzeugt. list und sublist entsprechen der Abbildung 3.15. Der Aufruf von size() auf der sublist gibt die Anzahl der Elemente von sublist wieder. Dass eine Veränderung der sublist Auswirkungen auf die list mit sich bringt, ist mit der Methode clear() demonstriert, die alle Elemente der sublist entfernt. Die erneute Ausgabe der Liste zeigt, dass auch hier die Elemente B und C entfernt wurden.

```
// Ausgabe der Liste mit Index
System.out.println("List:");
printList(list);

// Erzeugen einer Bereichssicht
List subList = list.subList(1, 3);

// Anzahl der Elemente in der Bereichssicht
System.out.println("\nSublist:\n\nSize: " + subList.size());

// Ausgabe der Bereichssicht mit Index
```

```
printList(subList);

// Löschen aller Elemente der Bereichssicht
subList.clear();

// Ausgabe der Liste mit Index
System.out.println("\nList:");
printList(list);
```

Listing 3.13: Erzeugen und Bearbeiten einer Bereichssicht

Die Ausgabe des Programms lautet wie folgt:

```
List:

Index     Element

0         A
1         B
2         C
3         D
4         E

Sublist:

Size: 2

Index     Element

0         B
1         C

List:

Index     Element

0         A
1         D
2         E
```

Bereichssichten einer *List* sind jedoch mit Vorsicht zu genießen. Sie sollten sie nur temporär benutzen, eine Veränderung, die direkt auf der ursprünglichen Liste ausgeführt wird, führt sofort zur Ungültigkeit der Bereichssicht. Jede Methode, die anschließend auf der Bereichssicht ausgeführt wird, löst eine *ConcurrentModificationException* aus. Erzeugen Sie mehrere Bereichssichten auf eine Liste und verändern Sie diese über eine davon, so werden alle weiteren ungültig.

> Stellen Sie sicher, dass während der Existenz einer Bereichssicht Veränderungen der Liste ausschließlich über diese Bereichssicht durchgeführt werden.

3.2.5 Das Interface *Map*

Die *Map* ist ein Container, der jeweils einen Schlüssel auf einen Wert abbildet. Um Mehrdeutigkeiten zu vermeiden, dürfen die Schlüssel einer *Map* keine Duplikate enthalten. Jeder Schlüssel verweist auf nur einen Wert. Als Beispiel kann ein Telefonverzeichnis dienen, in dem die Familiennamen die Schlüssel und die Telefonnummern die zugehörigen Werte repräsentieren. Das Interface *Map* ist nicht von *Collection* abgeleitet; *Map* und *SortedMap* bilden eine eigenständige Interface-Hierarchie. Von einer *Map* können drei unterschiedliche *Collection*-Sichten abgefragt werden:

- Eine *Set*, die alle Schlüssel enthält.
- Ein *Collection*, das alle Werte der *Map* enthält.
- Eine *Set*, die Schlüssel-Wert-Paare enthält.

Die Schlüssel einer *Map* sind auch tatsächlich wie eine *Set* organisiert. Wird ein Objekt als Schlüssel verwendet, so dürfen an ihm keine Änderungen vorgenommen werden, da sonst die Konsistenz der *Map* nicht mehr garantiert ist. Unter einer Änderung ist hierbei die Eigenschaftsänderung der Methoden `equals()` und `compareTo()` bzw. `compare()` zu verstehen.

Eine Klasse, die das Interface *Map* implementiert, sollte ähnlich wie bei den Interfaces *Set* und *List* mindestens zwei Konstruktoren bereitstellen: einen argumentlosen Standardkonstruktor, der eine leere *Map* erzeugt, und einen Konstruktor, der als einziges Argument eine *Map* erwartet, um eine neue *Map* mit denselben Schlüssel-Wert-Paaren zu erzeugen.

Abbildung 3.16 zeigt das Interface *Map* in einer UML-Darstellung.

Die Methoden der *Map* können in vier Gruppen untergliedert werden:

- Grundoperationen
- Mengenoperationen
- *Collection*-Sichten
- Vergleich und Hashing-Methode

Grundoperationen Die ersten sieben Methoden gehören zu den Grundoperationen. Die bereits aus dem *Collection*-Interface bekannten Methoden `size()` und `isEmpty()` geben die Auskunft über die Anzahl der Elemente.

Mit der Methode `containsKey(Object key)` wird das Vorhandensein eines Schlüssels überprüft. Sofern der im Parameter angegebene Schlüssel mit den enthaltenen Schlüsseln nicht klassentypkonform ist, kann eine *ClassCastException* ausgelöst werden. Die Übergabe von *null* kann zu einer *NullPointerException* führen, falls die konkrete *Map* keine *null*-Schlüssel akzeptiert.

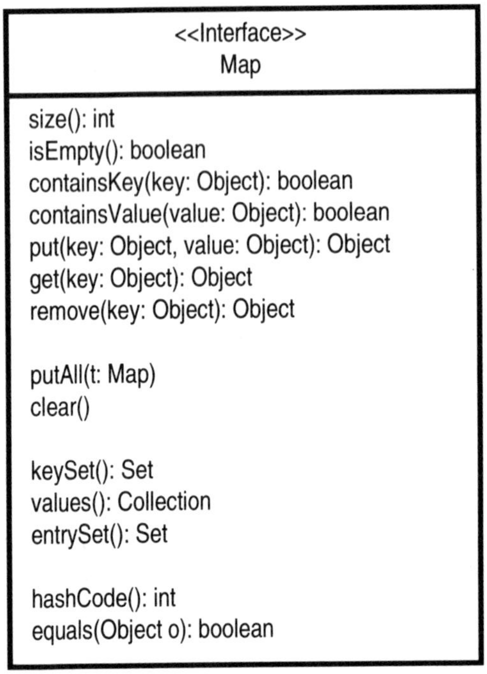

```
        <<Interface>>
            Map

size(): int
isEmpty(): boolean
containsKey(key: Object): boolean
containsValue(value: Object): boolean
put(key: Object, value: Object): Object
get(key: Object): Object
remove(key: Object): Object

putAll(t: Map)
clear()

keySet(): Set
values(): Collection
entrySet(): Set

hashCode(): int
equals(Object o): boolean
```

Abbildung 3.16: Das Interface Map

Möchten Sie anstelle eines Schlüssels das Vorhandensein eines bestimmten Wertes nachprüfen, so lässt sich dies mit der Methode containsValue(Object value) erreichen.

Listing 3.14 zeigt, wie die Existenz eines Schlüssels und eines Wertes abgefragt wird. Das JDK liefert, als konkrete Implementierung einer *Map*, die Klasse *HashMap*, die ihre Schlüssel als Hashtabelle organisiert. Nach dem Erzeugen einer *HashMap* werden vier Schlüssel-Wert-Paare eingefügt. Die Ausgabe zeigt die Zuordnung von Schlüsseln und Werten. Die Reihenfolge der Einträge richtet sich nicht nach der Eingabe, sondern nach den Hashwerten der Schlüssel. Anschließend prüft die Methode containsKey() das Vorhandensein des Schlüssels "Lorenz" und die Methode containsValue(), ob in den Werteinträgen die "110" aufzufinden ist.

Zu Beginn wird eine HashMap erzeugt:

```
Map map = new HashMap();

map.put("Heiland", "011833/12345");
map.put("Hassenpflug", "011833/23456");
map.put("Lorenz", "011833/34567");
map.put("Gies", "011833/45678");
```

```
System.out.println("Ausgabe der Map:");
System.out.println(map);

if (map.containsKey("Lorenz"))
  System.out.println("Der Key 'Lorenz' ist enthalten");
else
  System.out.println("Der key 'Lorenz' ist nicht enthalten");

if (map.containsValue("110"))
  System.out.println("Der Wert '110' ist enthalten");
else
  System.out.println("Der Wert '110' ist nicht enthalten");
```

Listing 3.14: Abfrage von Schlüssel und Wert einer Map

Die Ausgabe des Programms lautet:

```
Ausgabe der Map:
{Heiland=011833/12345, Gies=011833/45678, Lorenz=011833/34567, Hassenpflug=011833/
23456}

Der Key 'Lorenz' ist enthalten

Der Wert '110' ist nicht enthalten
```

Wie in Listing 3.1 dargestellt, werden die Schlüssel-Wert-Paare mit der Methode put(Object key, Object value) in eine *Map* eingefügt. Befindet sich bereits ein gleicher Schlüssel in der *Map*, so wird der zugehörige Wert durch den neuen Wert ersetzt. Als Rückgabewert liefert put() den ersetzten Wert, anderenfalls gibt put() eine *null* zurück. Die Veränderung einer *Map* durch das Hinzufügen von Schlüssel-Wert-Paaren kann fehlschlagen, wenn die *Map* nur zum Lesen freigegeben ist. Die Folge ist eine *UnsupportedOperationException*. Unterstützt die konkrete *Map* keine *null*-Einträge als Werte oder Schlüssel, so kann auch eine *NullPointerException* ausgelöst werden. Sind in einer *Map* nur bestimmte Klassen als Schlüssel oder Wert erlaubt, so ist auch eine *ClassCastException* möglich. *IllegalArgumentException* können immer dann ausgelöst werden, wenn eine konkrete *Map* Konsistenzüberprüfungen der eingefügten Werte oder Schlüssel vornimmt. Die vom JDK gelieferten Container nehmen keine Konsistenzüberprüfungen vor, sie akzeptieren jeden Objekttyp. Überprüfungen dieser Art bleiben Ihnen überlassen, indem Sie eigene Containerklassen ableiten, um die Konsistenz Ihrer Container zu sichern.

Die wichtigste Aufgabe einer *Map* ist die Abfrage eines Wertes über ihren Schlüssel. Die Methode get(Object key) kommt dieser Forderung nach. Liefert get() eine *null* zurück, so ist nicht gewährleistet, dass die *Map* den übergebenen Schlüssel nicht enthält. Es ist möglich, dass der Schlüssel explizit auf eine *null* verweist. Um sicherzustellen, dass kein Schlüssel in der Map enthalten ist, wird auf die Methode containsKey() verwiesen. Die Methode get() kann ebenfalls zwei Ausnahmen generieren; *ClassCastException* und *NullPointerException*, sofern der Schlüssel den Anforderungen nicht genügt.

Das Entfernen von Werten erfolgt gleichermaßen über ihre Schlüssel, die Methode remove(Object key) liefert den entfernten Wert zurück. Der Rückgabewert *null* kann auch hier darauf zurückzuführen sein, dass dem Schlüssel explizit *null* zugewiesen ist. Eine Map, die keine Veränderungen gestattet, wird beim Entfernen eines Elements eine *UnsupportedOperationException* auslösen.

Mengenoperationen Maps unterstützen lediglich zwei Mengenoperationen; putAll(Map t) und clear(). Die Methode clear() entfernt alle Schlüssel-Wert-Paare einer *Map*. Auch sie kann eine *UnsupportedOperationException* auslösen. Die Methode putAll()fügt alle Schlüssel-Wert-Paare von t in die *Map* ein. Bereits vorhandene Schlüssel werden durch die neuen Schlüssel-Wert-Paare ersetzt. Die möglichen Exceptions entsprechen der bereits präsentierten Methode put().

Collection-Sichten. Unter *Collection*-Sichten ist zu verstehen, dass alle Schlüssel bzw. Werte einer *Map* als *Set* bzw. *Collection* abgefragt werden können. Die Methode keySet() liefert eine *Set* aller Schlüssel, values() liefert ein *Collection* aller Werte der Map. Die zurückgegebenen Container sind von der *Map* nicht unabhängig. Veränderungen, die in der *Map* vorgenommen werden, wirken sich unmittelbar in der entsprechenden Sicht aus, umgekehrt werden die in der *Set* vorgenommenen Veränderungen auch in der *Map* realisiert. Mögliche Operationen sind:

- Iterator.remove()
- Set.remove()
- Set.removeAll()
- Set.retainAll()
- Set.clear()

Nicht unterstützt werden die Methoden add() und addAll(), sie können nur direkt mit der *Map* durchgeführt werden. Probleme treten allerdings dann auf, wenn gleichzeitig über die *Set* iteriert und Veränderungen in der *Map* vorgenommen werden. Das Ergebnis des verwendeten Iterators ist in diesem Fall nicht definiert. Möchten Sie während des Iterierens Elemente aus der *Map* löschen, ohne die Gültigkeit des Iterators zu verlieren, so ist dies nur über die Methode remove() des Iterators möglich. Die Iteratoren werden im Kapitel 3.4.1 *Iteratoren des Collections Frameworks* auf Seite 171 erklärt.

Das Listing 3.15 zeigt, wie mittels der Methode keySet() alle Schlüssel der *Map* aus Listing 3.14 abgefragt werden. Die zurückgegebene *Set* wird anschließend aufgefordert, einen Iterator zu erzeugen, mit dessen Hilfe die Schlüssel einzeln ausgegeben werden.

3.2 Die Interfaces des Collections Frameworks

```
Set keys = map.keySet();

Iterator i = keys.iterator();

while (i.hasNext())
   System.out.println("Schlüssel: " + i.next());
```
Listing 3.15: Iterieren über alle Schlüssel

Als Ausgabe erscheint:

```
Schlüssel: Heiland
Schlüssel: Gies
Schlüssel: Lorenz
Schlüssel: Hassenpflug
```

Die Methode `values()` liefert alle Werte der *Map* als *Collection* zurück. Auch hier wirken sich Veränderungen der *Map* direkt auf das *Collection* aus. Das Löschen eines Wertes im *Collection* führt umgekehrt zum Entfernen des entsprechenden Schlüssel-Wert-Paares in der Map. Die unterstützten Methoden sind die gleichen wie bei den Schlüsseln:

▶ `Iterator.remove()`

▶ `Collection.remove()`

▶ `Collection.removeAll()`

▶ `Collection.retainAll()`

▶ `Collection.clear()`

Das Einfügen von Werten in das *Collection* ist hier ebenfalls nicht möglich, da keine Schlüsselzuordnung realisierbar ist. Die Methoden `add()` und `addAll()` werden daher nicht unterstützt.

Im Listing 3.16 ist gezeigt, wie mit Hilfe der Methode `values()` die Werte einer *Map* abgefragt und über das *Collection*-Interfaces angesprochen werden können. Im Beispiel wird der Wert der Position eins mit der Methode `remove()` des Iterators entfernt. Die anschließende Ausgabe der *Map* zeigt, dass auch hier Wert und Schlüssel entfernt wurden.

```
Collection values = map.values();

// Erzeugen eines Iterators auf der Position 0
Iterator j = values.iterator();

// Iterator um zwei Position weitersetzen
for (int pos = 0; pos < 2 && j.hasNext(); pos++)
   j.next();

// Ausgabe der Map vor der Veränderung
System.out.println("Vor der Veränderung:\t" + map);
```

```
// Vorheriges Element entfernen
j.remove();

// Ausgabe der Map
System.out.println("Nach der Veränderung:\t" + map);
```
Listing 3.16: Iterieren über alle Werte

Als Ausgabe erscheint:

```
Vor der Veränderung:    {Heiland=011833/12345, Gies=011833/45678, Lorenz=011833/
34567, Hassenpflug=011833/23456}

Nach der Veränderung:   {Heiland=011833/12345, Lorenz=011833/34567,
Hassenpflug=011833/23456}
```

Eine weitere Sicht auf eine *Map* kann über die Methode `entrySet()` abgerufen werden. Sie liefert als Rückgabewert eine *Set*, die alle Schlüssel-Wert-Paare enthält. Gemeint sind dabei nicht die Schlüssel oder Werte, sondern eine der *Map* eigene Verwaltungsstruktur, die jeweils einen Schlüssel und einen Wert als Aggregation verwaltet. Das Interface *Map.Entry* bildet die Schnittstelle dieser Verwaltungsobjekte. Abbildung 3.17 zeigt die zugehörige UML-Darstellung.

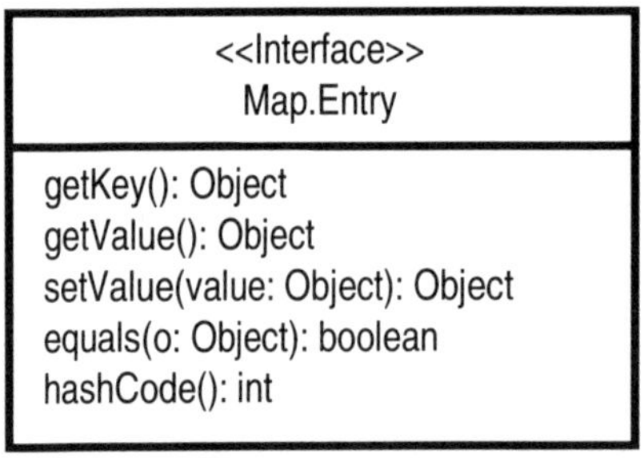

```
┌─────────────────────────────────────┐
│           <<Interface>>             │
│            Map.Entry                │
├─────────────────────────────────────┤
│ getKey(): Object                    │
│ getValue(): Object                  │
│ setValue(value: Object): Object     │
│ equals(o: Object): boolean          │
│ hashCode(): int                     │
└─────────────────────────────────────┘
```

Abbildung 3.17: Das Interface Map.Entry

Wir möchten jetzt kurz auf die Funktionalität des Interfaces *Map.Entry* eingehen. Über die Methode `getKey()` kann der Schlüssel eines jeden Paares abgefragt werden; die Methode `getValue()` liefert den zugehörigen Wert. Während der Iteration über die *Set* können die einzelnen Paare direkt angesprochen werden. Die Methode `setValue()` lässt zu, den Wert eines Paares direkt zu setzen. Es ist die einzige Operation, die während des Iterierens die *Map* verändern kann, ohne ein undefiniertes Verhalten des Iterators auszulösen. `setValue()` kann dabei wieder alle Ihnen bereits bekannten Ausnahmen *UnsupportedOperationException*, *ClassCastException*, *IllegalArgumentException* und *NullPointerException* generieren.

3.2 Die Interfaces des Collections Frameworks

Die Methode `equals()` liefert beim Vergleich zweier *Map.Entry* true, wenn beide Objekte die gleiche Zuordnung von Schlüssel und Wert bilden. Das ist der Fall, wenn der Ausdruck:

```
e1 != null && e2 != null && e1.getKey().equals(e2.getKey()) &&
e1.getValue().equals(e2.getValue())
```

gleich *true* ergibt.

Schließlich möchten wir Ihnen noch die Methode `hashCode()` vorstellen. Zwei Objekte, deren equals-Methoden die Gleichheit der Objekte feststellen, müssen nach der bekannten Forderung der `hashcode()`-Methode auch dieselben Hashcodes liefern. Dies wird bei einem *Entry* wie folgend realisiert:

```
int hashcode = (e.getKey()==null   ? 0 : e.getKey().hashCode()) ^
               (e.getValue()==null ? 0 : e.getValue().hashCode());
```

Handelt es sich um die gleiche Zuordnung zweier identischer Objekte, so liefert `hashcode()` stets einen identischen Hashcode.

Die eher theoretische Betrachtung von *Map.Entry* wird in Listing 3.17 veranschaulicht. Die Methode `entrySet()` gibt eine *Set* zurück, die alle *Map.Entry* der Map enthält. Das Iterieren über die Elemente der *Set* bietet den direkten Zugriff auf die einzelnen Schlüssel-Wert-Paare. Bei der Ausgabe wird einzeln auf den Schlüssel und den Wert zugegriffen.

```
Set entrys = map.entrySet();

Iterator k = entrys.iterator();

while (k.hasNext()) {
  Map.Entry e = (Map.Entry) k.next();
  System.out.println("\nSchlüssel:\t" + e.getKey()
                   + "\nWert:\t\t" + e.getValue());
}
```

Listing 3.17: Abfrage aller Schlüssel-Wert-Paare einer Map

Als Ausgabe erscheint:

```
Schlüssel:    Heiland
Wert:         011833/12345

Schlüssel:    Lorenz
Wert:         011833/34567

Schlüssel:    Hassenpflug
Wert:         011833/23456
```

Die Mächtigkeit der *Collection*-Sichten wird besonders dann deutlich, wenn sie zur Durchführung von Mengenoperationen auf einer Map benutzt werden. Listing 3.18 zeigt, wie einfach nachgeprüft werden kann, ob alle Schlüssel-Wert-Paare einer Map auch in einer zweiten enthalten sind.

```
if (map1.entrySet().containsAll(map2.entrySet())) {
    ...
}
```

Listing 3.18: Map als Untermenge einer zweiten

Möchten Sie anstelle der Schlüssel-Wert-Paare nach der Schlüsselübereinstimmung zweier Maps abfragen, so können Sie wie in Listing 3.19 gezeigt vorgehen.

```
if (map1.keySet().equals(map2.keySet())) {
    ...
}
```

Listing 3.19: Gleichheit aller Schlüssel zweier Maps überprüfen

Im Folgenden möchten wir Ihnen zeigen, wie Sie unter der zur Hilfenahme dieser Methoden komplexere Aufgaben lösen können. Stellen Sie sich ein Programm vor, das für die Lösung einer Aufgabe eine Menge von Attributen bekommt. Die Aufgabe ist nun herauszufinden, ob alle notwendigen und vor allem zulässigen Attribute vom Benutzer eingegeben wurden. Als Beispiel nehmen wir die Reservierung eines Sitzplatzes in einem Zug unserer imaginären Miniwelt. Notwendige Attribute sind hierbei das Datum und die Uhrzeit der Zugfahrt, sowie Abfahrt und Ankunftsort. Zusätzliche, optionale Attribute wären beispielsweise Raucher, Schlafwagen, Speisewagen, Rollstuhlplatz, erste Klasse, Gruppenreservierung oder das Alter des Reisenden.

Zunächst definieren wir alle benötigten Container. Zur Verwaltung der vom Benutzer übergebenen Attribute verwenden wir eine *Map*, die als Schlüssel die Namen der Attribute und als Wert die vom Benutzer gewählten Vorgaben enthält. In zwei *Sets* werden die Namen der notwendigen und zulässigen Attribute verwaltet.

```
public class Application {

    // vom Benutzer eingegebene Attribute
    Map attributes = new HashMap();

    // notwendige Attribute
    Set necessaryAttributes = new HashSet();

    // zulässige Attribute
    Set allowedAttributes = new HashSet();

    ...

}
```

Listing 3.20: Definition der Container der Klasse Application

3.2 Die Interfaces des Collections Frameworks

Listing 3.21 zeigt, wie die notwendigen Attribute der *Set* necessaryAttributes und die zulässigen Attribute der *Set* allowedAttributes hinzugefügt werden. Mittels der Methode addAll() kann die Menge der notwendigen der zulässigen Attributenmenge hinzugefügt werden, so dass nur noch die Differenzmenge von Hand eingegeben werden muss.

```
public class Application {
...

  void setAttributes() {
    // notwendige Eingaben
    necessaryAttributes.add("Datum");
    necessaryAttributes.add("Uhrzeit");
    necessaryAttributes.add("Abfahrtsbahnhof");
    necessaryAttributes.add("Ankunftsbahnhof");

    // zulässige Eingaben
    allowedAttributes.addAll(necessarieAttributes);
    allowedAttributes.add("Raucher");
    allowedAttributes.add("Schlafwagen");
    allowedAttributes.add("Speisewagen");
    allowedAttributes.add("Rollstuhlplatz");
    allowedAttributes.add("erste Klasse");
    allowedAttributes.add("Gruppenreservierung");
    allowedAttributes.add("Alter des Reisenden");
  }
  ...

}
```

Listing 3.21: Definition der notwendigen und zulässigen Attribute

Die eigentliche Überprüfung der Attribute ist in Listing 3.22 gezeigt. Zu Beginn wird die Zustandsvariable lookingGood auf *true* gesetzt. Anschließend liefert die Methode keySet() alle Schlüssel der *Map* und die Namen der eingegebenen Attribute in einer *Set* zurück. In der ersten if-Abfrage wird überprüft, ob alle notwendigen Attribute in der Menge der eingegebenen Attribute enthalten sind. Falls nicht, wird im if-Block eine neue *Set* erzeugt, die am Ende die fehlenden Attributnamen enthalten soll. Dem Konstruktor der *Set* werden alle notwendigen Attributnamen übergeben und anschließend nur noch die vom Benutzer eingegebenen Attribute entfernt. Dann wird die Zustandsvariable lookingGood auf *false* gesetzt. Die Ausgabe von absence zeigt dem Benutzer alle fehlenden Attribute an.

In der zweiten if-Abfrage wird auf angegebene unzulässige Attribute überprüft. Dies kann mit der Frage geklärt werden, ob die Menge der eingegebenen Attribute in der Menge der erlaubten Attribute vollständig enthalten ist. Auch hier wird im Fehlerfall eine neue *Set* angelegt, die am Ende alle unerlaubten Attribute enthalten soll. Dem

Konstruktor werden alle eingegebenen Attribute übergeben und mit der Methode `removeAll()` diejenigen entfernt, die in der Menge der zulässigen Attribute enthalten sind. Übrig bleiben nur die unerlaubten.

```
public class Application {
...

  boolean testAttributes() {
    boolean lookingGood = true;

    // Collection-Sicht auf die Attributnamen.
    Set attributesSet = attributes.keySet();

    // Sind alle notwendigen Attribute vorhanden?
    if (!attributesSet.contains(necessaryAttributes)) {
      Set absence = new HashSet(necessaryAttributes);
      absence.removeAll(attributesSet);
      lookingGood = false;
      System.out.println("\nFehlende Eingaben: " + absence);
    }

    // Liegen unzulässige Eingaben vor?
    if (!allowedAttributes.containsAll(attributesSet)) {
      Set unlicensed = new HashSet(attributesSet);
      unlicensed.removeAll(allowedAttributes);
      lookingGood = false;
      System.out.println("\nUnerlaubte Eingaben: " + unlicensed);
    }

    return lookingGood;
  }
...

}
```

Listing 3.22: Überprüfen der Attribute

In diesem Beispiel wurde gezeigt, wie Sie mittels der *Collection*-Sichten eine *Map* und *Sets* gemeinsam verwenden können.

In der Praxis lassen sich viele Probleme mit Hilfe von Containern schnell und flexibel lösen. Oft werden Lösungen gewählt, die weitaus komplizierter und unflexibler sind.

Eine denkbare Erweiterung unseres Beispieles wäre die Abfrage der notwendigen und zulässigen Attribute von jedem einzelnen Zug, so dass auf Besonderheiten wie das Vorhandensein eines Speisewagens eingegangen werden kann.

Vergleich und Hashing-Methode Die Methode `equals()` einer *Map* ergibt dann *true*, wenn es sich bei dem übergebenen Objekt ebenfalls um eine *Map* handelt, die dieselben Schlüssel-Wert-Paare enthält. Konkret bedeutet dies, dass zwei *Maps*, `m1` und `m2`, als gleich bezeichnet werden, sofern folgende Bedingungen erfüllt werden:

```
m1 != null && m2 != null
```

Zusätzlich muss gelten:

```
m1 instanceof Map && m1 instanceof Map
```

sowie der eigentliche Vergleich:

```
m1.entrySet().equals(m2.entrySet())
```

Rufen wir uns die Bedeutung der Gleichheit zweier *Map.Entry* `e1` und `e2` in Erinnerung:

```
e1 != null && e2 != null && e1.getKey().equals(e2.getKey()) &&
e1.getValue().equals(e2.getValue())
```

Für jedes Schlüssel-Wert-Paar der *Map* wird überprüft, ob es sich um den gleichen Schlüssel und den gleichen Wert handelt.

Wie für jedes Objekt gilt auch für die Methode `hashCode()` der Menge, dass zwei von `equals()` als gleich befundene Objekte die gleichen Werte liefern müssen.

Zum einen gilt für die Methode `hashCode()`, wie für jedes Objekt, dass zwei von `equals()` als gleich befundene Objekte die gleichen Hashwerte ergeben müssen.

Zum anderen soll aber der Hashwert eine möglichst individuelle Aussage über das Objekt repräsentieren. Zwei *Maps*, die bis auf ein Schlüssel-Wert-Paar die gleichen Einträge enthalten, sollten über ihren Hashwert unterscheidbar sein. Das JDK realisiert den Hashwert der Klasse *AbstractMap*, der Basisklasse aller *Map*-Klassen des JDK, über die Aufaddierung der Hashwerte aller *Map.Entry* Einträge. Der jeweilige Hashwert ergibt sich wiederum aus der bitweisen Exklusiv-Oder-Verknüpfung der Hashwerte aus Schlüssel- und Wert-Objekt. Damit wird die Veränderung des Hashwerts einer Map schon bei der Zuordnung eines neuen Wertes zu einem Schlüssel sichergestellt.

MultiMap

Unter einer Multimap wird nicht die Zuordnung eines Wertes zu einem Schlüssel verstanden, sondern, wie bereits besprochen, beliebig vieler Werte. Das JDK stellt keine Containerklasse bereit, welche dieser Aufgabe direkt nachkäme; mit den vorhandenen Containerklassen ist es jedoch einfach, eine Multimap zu simulieren. Zu jedem Schlüssel wird nicht direkt ein Wert zugeordnet, sondern eine Liste mit beliebig vielen Werten.

Die prinzipielle Vorgehensweise soll an einem Beispiel erläutert werden: Nehmen wir noch einmal Bezug auf die Sitzplatzreservierung für Züge unserer Miniwelt. Jede Reservierung soll einem bestimmten Zug zugeordnet werden, wobei jeder Zug mehr als eine Reservierung erhalten kann. Eine gewöhnliche *Map*, die einem Schlüssel (Zug) genau einen Wert (Reservierung) zuordnet, ist für diese Aufgabe ungeeignet. Ersetzen wir den Wert (Reservierung) durch eine Liste von Reservierungen, so kann die Aufgabe gelöst werden.

Genau diese Vorgehensweise wird im Listing 3.23 verfolgt. Die Klasse BookingAdministration zur Verwaltung von Reservierungen enthält eine gewöhnliche *Map* namens multiMap. Die drei aufgeführten Methoden zum Hinzufügen, Lesen und Entfernen von Reservierungen haben die Aufgabe, den komplizierten Zugriff auf die Daten zu verbergen.

Die Methode addBooking() fügt zu einem vorgegebenen Zug eine Reservierung hinzu. Mit der Methode get() wird die *Map* nach dem Wert zum Schlüssel train befragt. Da alle Werte der *Map* Listen von Reservierungen sind, kann der Rückgabewert von get() direkt nach *List* gecastet werden. Falls der angegebene Zug nicht in der Map enthalten ist, muss er hinzugefügt werden. Als zugehöriger Wert ist eine neue Liste zu erzeugen, welcher anschließend die Reservierung zugefügt wird. Mit der Methode getBooking() kann die Liste der Reservierungen eines vorgegebenen Zuges abgefragt werden. Kniffliger wird das Entfernen einer Reservierung. Über die *Map* besteht kein direkter Zugriff auf die einzelnen Reservierungen, so dass alle Reservierungen durchsucht werden müssen. Die Methode values() liefert ein *Collection* mit allen Werten der Map. In der nachfolgenden for-Schleife wird über alle Wert-Einträge der *Map* iteriert. Die Variable list enthält somit jeweils die Liste der Reservierungen für einen Zug. Mittels contains() wird jede Liste nach der Reservierung befragt und mit remove() gegebenenfalls entfernt. Anschließend soll noch der Fall abgefangen werden, wenn zu einem Zug keine weiteren Reservierungen vorliegen. Im Fall einer leeren Liste kann auch der zugehörige Schlüssel aus der *Map* entfernt werden. Die Methode remove() des Iterators entfernt aus der Map sowohl den Wert als auch den Schlüssel.

```
public class BookingAdministration {
  Map multiMap = new HashMap();

  /**
   * Fügt einem Zug eine Reservierung hinzu.
   */
  void addBooking(Train train, Booking booking) {
    List list = (List) multiMap.get(train);

    if (list == null) {
      list = new ArrayList();
      multiMap.put(train,list);
    }
```

```
    list.add(booking);
  }

  /*
   * Gibt alle Reservierungen eines Zuges zurück.
   */
  List getBooking(Train t) {
    return (List) multiMap.get(t);
  }

  /*
   * Entfernt eine Reservierung.
   */
  void removeBooking(Booking booking) {
    Collection trains = multiMap.values();

    for (Iterator i = trains.iterator(); i.hasNext()) {
      List list = (List) i.next();

      if (list.contains(booking) == true) {
        list.remove(booking);

        // Liegen noch weitere Reservierungen für den Zug vor?
        if (list.isEmpty())
          i.remove(); // entferne den Zug samt Liste aus der Map

        return;
      }
    }
  }
  ...
}
```

Listing 3.23: Verwaltung von Reservierungen in einer Multimap

3.2.6 Das Interface *SortedMap*

Eine *SortedMap* ist eine *Map*, deren Schlüssel aufsteigend sortiert vorliegen. Analog zur *SortedSet* müssen die Einträge, in diesem Fall allerdings nur die Schlüssel, untereinander vergleichbar sein. Ebenfalls vergleichbar mit der *SortedSet* ist die erweiterte Funktionalität zu den unsortierten Varianten:

▶ Bereichssichten

▶ Zugriff auf den größten und kleinsten Schlüssel

▶ Zugriff auf ein eventuell vorhandenes externes Ordnungskriterium

Die Größer-kleiner-Relation der Schlüssel untereinander kann wieder auf zwei Arten gewährleistet werden. Entweder die Klassen der Schlüssel implementieren das Interface *Comparable* mit der Methode `compareTo()` und sind untereinander vergleichbar. Oder ein externes Ordnungskriterium, ein *Comparator*, wird bereitgestellt, der eine Größer-kleiner-Relation der Schlüssel definiert.

Eine Klasse, die das Interface *SortedMap* bereitstellt, sollte mindestens über vier Konstruktoren verfügen:

▶ Einen parameterlosen Standardkonstruktor, der eine leere *SortedMap* erzeugt.

▶ Einen Konstruktor, der als einzigen Parameter einen *Comparator* erwartet.

▶ Einen Konstruktor, der als Parameter *Map* erwartet und eine neue *SortedMap* mit denselben Schlüssel-Wert-Paaren erzeugt, jedoch mit sortierten Schlüsseln.

▶ Einen Konstruktor, der eine *SortedMap* erwartet und eine neue *SortedMap* mit denselben Schlüssel-Wert-Paaren erzeugt. Sollte die übergebene *SortedMap* einen Comparator zur Ordnung der Schlüssel verwenden, so wird dieses Ordnungskriterium übernommen.

Die Abbildung 3.18 zeigt das UML-Diagramm der *SortedMap* in ihrer Vererbungshierarchie.

Bereichssichten Die drei Methoden `subMap(fromKey, toKey)`, `headMap(toKey)` und `tailMap(fromKey)` ermöglichen es, auf eine *Map* beliebige Bereichssichten abzurufen. Der Schlüssel `fromKey` ist dabei stets Teil der Intervalls, wohingegen der Schlüssel `toKey` nicht mehr im Intervall enthalten ist. In Abbildung 3.7 bis Abbildung 3.9 ist das Prinzip von Bereichssichten auf eine sortierte Menge grafisch veranschaulicht. Die Methoden `headMap()` und `tailMap()` können die Ausnahmen *ClassCastException* und *NullPointerException* auslösen, sollten die übergebenen Parameter nicht mit den enthaltenen Schlüsseln vergleichskompatibel sein. Die Methode `subMap()` kann noch zusätzlich eine *IllegalArgumentException* auslösen, wenn `fromKey` größer als `toKey` ist.

Zugriff auf den größten und kleinsten Schlüssel Die Methoden `firstKey()` und `lastKey()` ermöglichen den Zugriff auf den größten bzw. kleinsten Schlüssel einer *SortedMap*. Sollten in einer *Map* keine Schlüssel-Wert-Paare enthalten sein, kommt es zu einer *NoSuchElementException*.

Zugriff auf das externe Ordnungskriterium Wurde dem Konstruktor einer *SortedSet* ein externes Ordnungskriterium übergeben, nach welchem die enthaltenen Schlüssel geordnet werden, so kann dieses mit der Methode `comparator()` abgefragt werden.

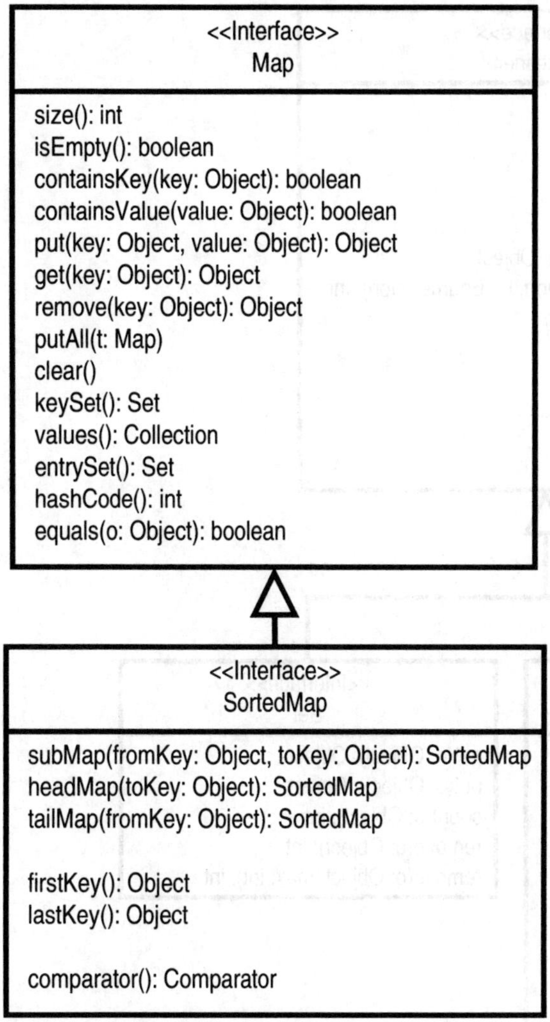

```
         <<Interface>>
            Map
-----------------------------------
size(): int
isEmpty(): boolean
containsKey(key: Object): boolean
containsValue(value: Object): boolean
put(key: Object, value: Object): Object
get(key: Object): Object
remove(key: Object): Object
putAll(t: Map)
clear()
keySet(): Set
values(): Collection
entrySet(): Set
hashCode(): int
equals(o: Object): boolean
```

```
         <<Interface>>
          SortedMap
-----------------------------------
subMap(fromKey: Object, toKey: Object): SortedMap
headMap(toKey: Object): SortedMap
tailMap(fromKey: Object): SortedMap

firstKey(): Object
lastKey(): Object

comparator(): Comparator
```

Abbildung 3.18: Das Interface SortedMap

3.3 Die JGL-Interfaces

In diesem Abschnitt möchten wir die grundlegenden Schnittstellen der Generic Collection Library for Java vorstellen, aus denen das Framework der Containerklassen aufgebaut ist. JGL bietet drei Interfaces, von denen je eines von allen Containerklassen implementiert wird. Alle Schnittstellen und Klassen befinden sich in dem Package

```
com.objectspace.jgl.
```

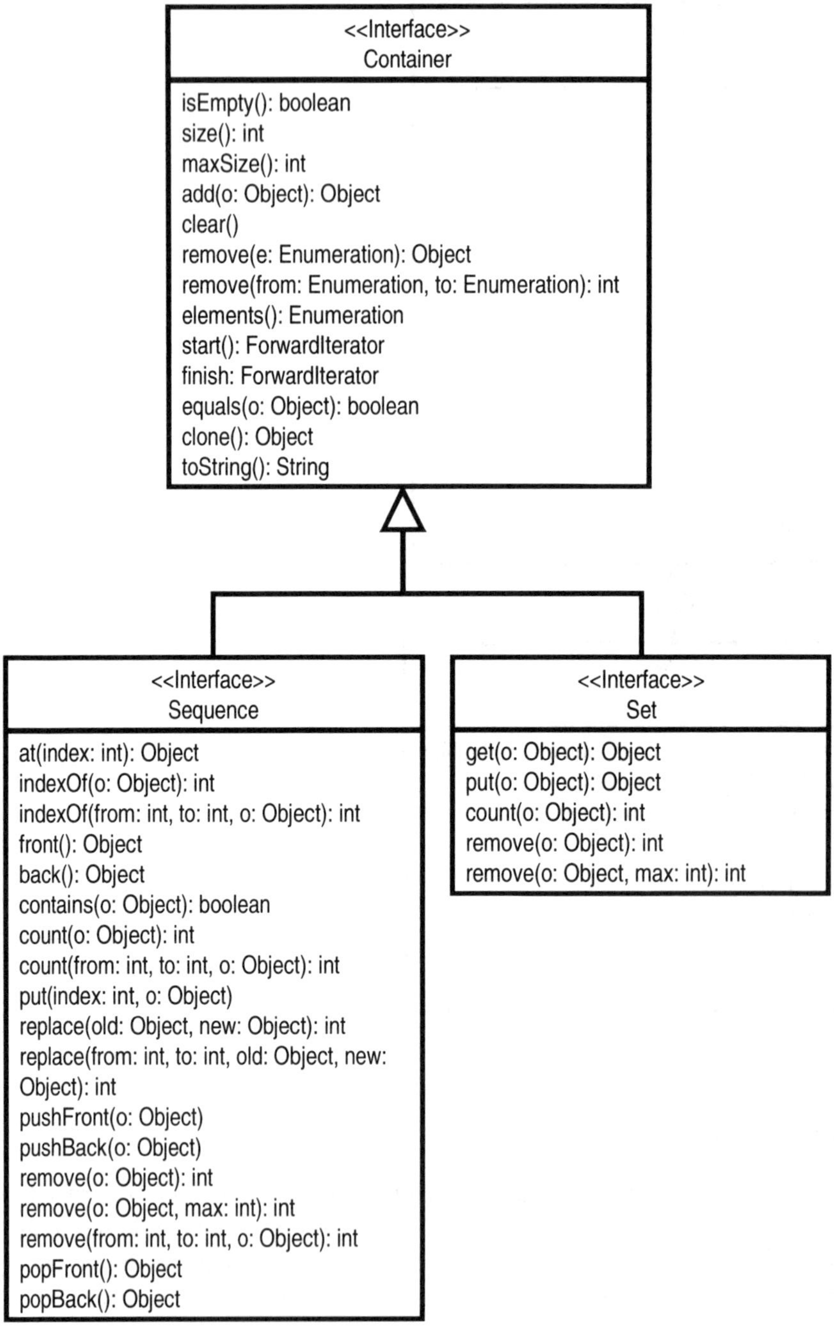

```
           ┌─────────────────────────────────────────┐
           │            <<Interface>>                │
           │              Container                  │
           ├─────────────────────────────────────────┤
           │ isEmpty(): boolean                      │
           │ size(): int                             │
           │ maxSize(): int                          │
           │ add(o: Object): Object                  │
           │ clear()                                 │
           │ remove(e: Enumeration): Object          │
           │ remove(from: Enumeration, to: Enumeration): int │
           │ elements(): Enumeration                 │
           │ start(): ForwardIterator                │
           │ finish: ForwardIterator                 │
           │ equals(o: Object): boolean              │
           │ clone(): Object                         │
           │ toString(): String                      │
           └─────────────────────────────────────────┘
```

<<Interface>> Sequence	<<Interface>> Set
at(index: int): Object	get(o: Object): Object
indexOf(o: Object): int	put(o: Object): Object
indexOf(from: int, to: int, o: Object): int	count(o: Object): int
front(): Object	remove(o: Object): int
back(): Object	remove(o: Object, max: int): int
contains(o: Object): boolean	
count(o: Object): int	
count(from: int, to: int, o: Object): int	
put(index: int, o: Object)	
replace(old: Object, new: Object): int	
replace(from: int, to: int, old: Object, new: Object): int	
pushFront(o: Object)	
pushBack(o: Object)	
remove(o: Object): int	
remove(o: Object, max: int): int	
remove(from: int, to: int, o: Object): int	
popFront(): Object	
popBack(): Object	

Abbildung 3.19: Die Interface-Hierarchie der Generic Collection Library for Java

3.3 Die JGL-Interfaces

Abbildung 3.19 zeigt die Interface-Hierarchie der Generic Collection Library for Java. JGL kennt nur drei Interfaces: Das Basis-Interface *Container*, das von allen Containerklassen implementiert wird, das Interface *Sequence*, das Methoden für eine Aufzählung von Elementen bereithält, und das Interface *Set* für Mengenoperationen. Es fällt auf, dass das Interface *Sequence* im Vergleich zu den anderen Interfaces deutlich mehr Methoden enthält.

3.3.1 Das Interface *Container*

In dem Basis-Interface *Container* sind grundlegende Methoden beschrieben, die einen Container charakterisieren. Die Methode isEmpty() liefert *true* zurück, falls die Containerklasse leer ist. Mit size() kann die Anzahl der Elemente in dem Container abgefragt werden. Es gibt Container, die nur eine bestimmte Anzahl von Elementen aufnehmen können. Wrapperklassen, die sich auf ein natives Array beziehen, können nicht erweitert werden. Die Anzahl der maximalen Elemente erfahren Sie über die Methode maxSize(). Erweiterbare Containerklassen können maximal 2.147.483.647 Objekte speichern. Das entspricht dem positiven Wertebereich einer int-Zahl in Java (Integer.MAX_VALUE).

Hinzufügen von Elementen Elemente werden mit der Methode add() hinzugefügt (siehe Listing 3.24). In Abhängigkeit von der tatsächlich benutzten Containerklasse werden neue Objekte üblicherweise an das Ende der Liste von Elementen angefügt, falls es sich bei dem Container um eine Sequenz handelt, oder lediglich in die Menge der Elemente aufgenommen.

Iteratoren Das Interface *Container* stellt Methoden zum Löschen von Elementen zur Verfügung, die einen Iterator als Argument erwarten. Deshalb möchten wir zuvor die Methoden beschreiben, die einen Iterator zurückgeben.

Seit JDK 1.0 gibt es einen einfachen Iteratortyp, das Interface *Enumeration*. Die Methode elements() gibt eine solche Enumeration zurück, die auf das erste Element in dem Container zeigt (siehe Abbildung 3.20). Das Interface *Container* kennt auch Methoden, die neben dem Iterator *Enumeration* auch spezielle JGL-Iteratoren, die so genannten *ForwardIteratoren*, zurückgeben. JGL kennt eine Menge verschiedener Iteratortypen, die detaillierter in Kapitel 3.4.2 Die Interface-Hierarchie erörtert werden. Die Methode start() liefert analog zu elements() einen *ForwardIterator* zurück, der auf das erste Element der Aufzählung zeigt. Entsprechend gibt die Methode finish() einen *ForwardIterator* zurück, der auf den Platz *hinter* dem letzten Element verweist. Abbildung 3.20 verdeutlicht dies. Wie wir in 3.4.2 *Die Interface-Hierarchie* sehen werden, sind alle Iteratoren der Generic Collection Library for Java von dem Interface *Enumeration* abgeleitet. Ferner gibt es für jede Containerklasse sogar einen eigenen Iteratortyp, so dass diese hier beschriebenen Methoden einen sehr spezialisierten Iterator zurückgeben, der mindestens vom Typ *ForwardIterator* ist. D.h. auch die Methode elements() liefert einen *ForwardIterator* zurück, gibt allerdings nur die Methoden einer *Enumeration* bekannt. elements() ist eine typische Methode, die seit Java 1.0 verwendet wird, nun aber durch das Collections Framework quasi veraltet ist. Da JGL vor dem Collections Framework entwickelt wurde, besitzt es auch diese Zugriffsmöglichkeit auf eine Enumeration.

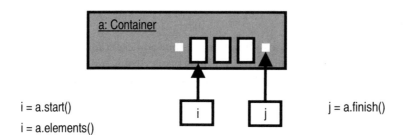

Abbildung 3.20: Die Positionen der Iteratoren, die mit start() bzw. finish() zurückgegeben werden

Besitzen die Objekte der Containerklasse eine natürliche Ordnung, so hat auch die Enumeration bzw. der Iterator dieselbe Reihenfolge der Elemente. Andernfalls ist die Reihenfolge, mit der der Iterator durchlaufen wird, von dem zugrunde liegenden Datenmodell abhängig und gilt damit als undefiniert.

Löschen von Elementen Für das Löschen von Elementen stehen für einen *Container* folgende Methoden zur Verfügung: Der Aufruf von clear() entfernt alle Elemente auf einmal – anschließend ist der Container leer. Möchten Sie nur bestimmte Elemente löschen, so benötigen Sie einen Iterator, der auf das zu entfernende Element zeigt. In Listing 3.24 wird damit ein Objekt aus einem Array-Container entfernt.

```
Container a = new Array();
// Füge fünf Elemente in den Container ein:
a.add(new Integer(1));
a.add(new Integer(2));
a.add(new Integer(3));
a.add(new Integer(4));
a.add(new Integer(5));

System.out.println("Container vorher: " + a);
Enumeration iter = a.elements();
iter.nextElement(); // Zeige auf 2. Element.
Object r = a.remove(iter);
if (r != null)
   System.out.println("Es wurde die Zahl " + r + " entfernt.");
System.out.println("Container nachher: " + a);
```

Listing 3.24: Entfernen eines Objektes über eine Enumeration

3.3 Die JGL-Interfaces

In diesem Beispiel werden fünf Zahlen in einen Container vom Typ *Array* eingefügt. Mit der Methode `elements()` erhalten Sie eine Referenz auf eine *Enumeration,* die auf das erste Element des Containers zeigt. Nach dem Aufruf von `nextElement()` verweist der Zeiger auf das zweite Element – hier die Zahl 2. Dieses Objekt wird nun mit der `remove()`-Methode gelöscht. Hier ist die Ausgabe dieses Programmausschnitts:

```
Container vorher: Array( 1, 2, 3, 4, 5 )
Es wurde die Zahl 2 entfernt.
Container nachher: Array( 1, 3, 4, 5 )
```

Die spezialisierten Containerklassen bzw. deren Interfaces stellen jedoch wesentlich *benutzerfreundlichere* Methoden zum Entfernen eines einzelnen Elements zur Verfügung, so dass Sie auf diese Weise selten Elemente entfernen müssen. Aus Performance-Gründen ist es aber manchmal sinnvoll, Elemente über einen Iterator zu löschen, wie das folgende Beispiel zeigt: Angenommen Sie haben einen Iterator, der auf ein Element in einer verketteten Liste zeigt. Wenn Sie diese Variante der `remove()`-Methode nutzen, dann braucht das zu löschende Element nicht erst in der Liste gesucht zu werden, sondern die Position ist bereits bekannt, so dass das Objekt sofort entfernt werden kann.

Falls das zu löschende Element tatsächlich entfernt wurde, erhalten Sie die Referenz auf das gerade gelöschte Element zurück, andernfalls *null.* Die zurückgegebene Referenz ermöglicht es Ihnen, das soeben entfernte Element weiter zu bearbeiten, es z. B. in einer anderen Containerklasse wieder einzufügen.

Wenn Sie einen Bereich löschen wollen, müssen Sie zwei Enumerationen oder Iteratoren, die auf den Anfang bzw. auf das Ende des zu löschenden Bereichs zeigen, als Argument übergeben. Der Rückgabewert der Methode nennt in diesem Fall die Anzahl der tatsächlich gelöschten Objekte. Als Beispiel möchten wir jetzt die Elemente 3 bis 5 löschen (siehe Listing 3.25).

```
System.out.println("Container vorher: " + a);
ForwardIterator it1 = a.start();
ForwardIterator it2 = a.finish();
it1.nextElement(); // Zeige auf 2. Element.
int n = a.remove(it1, it2);
System.out.println("Es wurden " + n + " Elemente entfernt.");
System.out.println("Container nachher: " + a);
```

Listing 3.25: Löschen eines Bereichs, der durch zwei Iteratoren markiert ist

In Listing 3.25 wurde Gebrauch von den `start()`- und `finish()`-Methoden eines Containers gemacht. Die Ausgabe

```
Container vorher: Array( 1, 3, 4, 5 )
Es wurden 3 Elemente entfernt.
Container nachher: Array( 1 )
```

zeigt, dass die Zahlen 3, 4 und 5 entfernt wurden.

Iteratoren sind zentraler Bestandteil der Generic Collection Library for Java. So liegt es nahe, für jede Containerklasse das Löschen mit Iteratoren anzubieten, weshalb diese Methoden in das Basisinterface *Container* aufgenommen wurden. Die Klassen der Generic Collection Library for Java überprüfen bei jedem Aufruf dieser remove()- Methode, ob es sich um einen zu dem Container, also zu der Instanz, gehörigen Iterator handelt. Ist dies nicht der Fall, wird die Exception *IllegalArgumentException* erzeugt.

Gleichheit und Kopien Das *Container*-Interface beinhaltet auch die Methoden clone(), equals() und toString(). Diese Methoden sind bereits alle in der Klasse *Object* realisiert, so dass eine Containerklasse automatisch mit diesen Methoden ausgestattet ist. Im Gegensatz zum Collections Framework kennt JGL keine Vorschriften, wie der Gleichheitsbegriff zwischen Containern definiert ist. Die Methode equals() überprüft, ob es sich um einen gleichen Container handelt. Wie dieser Gleichheitsbegriff aussieht, hängt von der tatsächlichen Containerklasse und – anders als beim Collections Framework – von dem Interface ab. Allerdings lassen sich allgemeingültige Aussagen für bestimmte Gruppen von Containern treffen: Container, die das *Sequence*-Interface implementieren, sind dann gleich, falls ihre Elemente in der gleichen Reihenfolge vorliegen und beide Sequenzen gleich lang sind. Mengen hingegen müssen lediglich dieselben Elemente enthalten.

Die toString()-Methode druckt den Namen der Containerklasse gefolgt von den Elementen des Containers in Klammern. Die clone()-Methode erzeugt ein shallow copy des Containers, wie das Beispiel in Listing 3.26 demonstriert (zu shallow copy siehe Kapitel 1.3.1 *Die Klasse Object und ihre Methoden*).

```
Container a = new SList();
// Füge drei Elemente in den Container ein:
a.add("A");
a.add("B");
a.add("C");

System.out.println("Container a vorher: " + a);
Container b = (Container) a.clone();
System.out.println("Lösche erstes Element in a.");
a.remove(a.start());    // Lösche erstes Element.
System.out.println("Container a: " + a);
System.out.println("Container b: " + b);
```

Listing 3.26: Die clone()-Methode eines JLG-Containers erzeugt eine shallow copy

Als Container haben wir eine einfach verkettete Liste gewählt, in die wir die drei Elemente A, B und C einfügen. Nachdem die Kopie angelegt wurde, kann das Original verändert werden, ohne dass sich dies auf die Kopie auswirkt. Dies zeigt die zugehörige Ausgabe:

```
Container a vorher: SList( A, B, C )
Lösche erstes Element in a.
Container a: SList( B, C )
Container b: SList( A, B, C )
```

3.3.2 Das Interface *Set*

Das *Set*-Interface wird von zwei Containerklassen implementiert: der Klasse *HashSet* und der Klasse *OrderedSet*. Beiden Containern ist gemein, dass ihre Elemente in einer Datenstruktur, die die Eigenschaft einer Menge hat, gespeichert werden. Im Gegensatz zu den zahlreichen Methoden des Interfaces *Sequence* benötigt eine Menge nur wenige Methoden. JGL erlaubt Duplikate in Mengen, falls dies über einen Konstruktor so angegeben wird.

Hinzufügen von Elementen Die beiden Paare `get()` und `put()` erlauben das Abfragen bzw. Hinzufügen von Elementen in die Menge. Da *Set* von dem Interface *Container* abgeleitet ist, das bereits die Methode `add()` zum Hinzufügen von Objekten zur Verfügung stellt, ist die Methode `put()` eigentlich überflüssig, da sie dieselbe Funktionalität bieten könnte. Die Entwickler der Generic Collection Library for Java haben aber in den Containerklassen *HashSet* und *OrderedSet* einige Besonderheiten eingebaut:

▶ Die Methode `put()` fügt ein Element der Menge hinzu, falls noch kein passendes Element vorhanden ist – das Ergebnis ist dann *null*. Andernfalls ersetzt sie das erste passende Element mit dem neuen und gibt das alte als Ergebnis zurück. Das bedeutet also, dass mit dieser Methode niemals Duplikate hinzugefügt werden können.

▶ Die `add()`-Methode verfolgt eine andere Strategie: Falls keine Duplikate erlaubt sind, fügt `add()`ein noch nicht vorhandenes Element in die Menge ein – jeder weitere Versuch jedoch, ein Duplikat einzufügen, lässt die Menge unverändert, und es wird das erste passende Element als Ergebnis zurückgegeben. Sind jedoch Duplikate erlaubt, werden diese der Menge mit `add()` immer hinzugefügt.

Daraus ergibt sich als Konsequenz für Mengen, bei denen Duplikate erlaubt sind: Nur mit `add(o)` können Duplikate tatsächlich hinzufügt werden, `put(o)` hingegen ersetzt das erste Duplikat mit dem Objekt *o*.

In Listing 3.27 wird eine Variable vom Typ *Set* s erzeugt, die ein *OrderedSet*-Container ist, der Duplikat erlaubt. Dieser Set werden fünf Zahlen 1 bis 5 hinzugefügt.

```
Set s = new OrderedSet(true);  // Erlaube Duplikate.
// Füge fünf Elemente in die Set ein:
s.put(new Integer(1));
s.put(new Integer(2));
s.put(new Integer(3));
s.put(new Integer(4));
s.put(new Integer(5));
```

```
System.out.println("Set vorher:   " + s);
Object o = s.get(new Integer(3));
if (o != null)
  System.out.println("s enthält " + o +".");

Object r = s.put(new Integer(3));     // Keine Duplikate!
if (r != null)
  System.out.println("3 war bereits enthalten: " + r);
r = s.add(new Integer(3));            // Duplikate möglich.
if (r == null)
  System.out.println("3 erfolgreich hinzugefügt.");
System.out.println("Set nachher: " + s);
```

Listing 3.27: Das Einfügen und Abfragen von Elementen in einer Set

Mit der Methode `get()` wird abgefragt, ob sich die Zahl 3 in der Menge befindet, was der Fall ist. Jetzt demonstrieren wir den Unterschied zwischen `put()` und `add()`: Während keine weitere Zahl 3 mit `put()` hinzugefügt werden kann, obwohl in der Menge Duplikate erlaubt sind, ist dies mit der `add()`-Variante möglich.

Hier ist die Ausgabe des Beispiels:

```
Set vorher:  OrderedSet( 1, 2, 3, 4, 5 )
s enthält 3.
3 war bereits enthalten: 3
3 erfolgreich hinzugefügt.
Set nachher: OrderedSet( 1, 2, 3, 3, 4, 5 )
```

Löschen von Elementen Neben den `remove()`-Methoden über einen Iterator aus dem Interface *Container* ist es im Interface *Set* möglich, Elemente direkt zu löschen (siehe Listing 3.28, das an Listing 3.27 anschließt):

```
s.remove(new Integer(3));  // Lösche alle Zahlen 3.
System.out.println("Set nachher: " + s);

s.add(new Integer(4));     // Füge dreimal die 4 hinzu.
s.add(new Integer(4));
s.add(new Integer(4));
System.out.println("Set vorher:  " + s);
Integer vier = new Integer(4);
int n = s.count(vier);
System.out.println("Es gibt " + n + " mal die 4.");
int m = s.remove(vier, 2); // Lösche max. zweimal eine 4.
System.out.println(m + " mal die 4 entfernt.");
System.out.println("Set nachher: " + s);
```

Listing 3.28: Das Löschen von Elementen in einer Set

3.3 Die JGL-Interfaces

Die Anweisung s.remove(new Integer(3)) löscht alle Zahlen 3 in der Menge. Hierbei wird wie üblich die equals()-Methode der Objekte benutzt, um die Gleichheit festzustellen. Die zweite Variante unterscheidet sich von der ersten dahingehend, dass eine maximale Anzahl zu löschender Elemente als Parameter angegeben wird. Um dies zu zeigen, fügen wir zuvor mit der add()-Methode drei weitere Zahlen 4 hinzu. Die Ausgabe ergibt:

```
Set nachher: OrderedSet( 1, 2, 4, 5 )
Set vorher:  OrderedSet( 1, 2, 4, 4, 4, 4, 5 )
Es gibt 4 mal die 4.
2-mal die 4 entfernt.
Set nachher: OrderedSet( 1, 2, 4, 4, 5 )
```

Erwartungsgemäß wurden die ersten beiden 2en gelöscht, die gefunden wurden.

In diesem Beispiel wurde auch die Methode count() eingeführt. Mit ihr können die Anzahl der Elemente, die dem als Parameter übergebenen Objekt im Sinne von equals() gleichen, gezählt werden.

3.3.3 Die abstrakte Klasse *Map*

Seit JDK 1.0 gibt es im Package *java.util* die abstrakte Klasse *Dictionary*, die analog einer *Map* funktioniert und Schlüssel auf assoziierte Objekte abbildet. *Hashtable* ist der entsprechende Container, der von *Dictionary* abgeleitet ist. Um zu der Klasse *Dictionary* kompatibel zu bleiben, haben sich die Entwickler der Generic Collection Library for Java entschieden, Maps von dieser Klasse abzuleiten und kein eigenes Interface dafür einzuführen. Die Mehrfachvererbung über Interfaces erlaubt zusätzlich, dass alle Maps in JGL auch die Eigenschaften eines Containers haben (siehe Abbildung 3.21). Mittlerweile ist *Dictionary* allerdings als *deprecated* (abgelehnt, veraltet) gekennzeichnet und durch das Interface *Map* des Collections Frameworks ersetzt.

Da JGLs abstrakte Klasse *Map* aber die Rolle eines Interfaces übernimmt, möchten wir sie hier ebenfalls vorstellen. In Anlehnung an das Beispiel des Collections Frameworks benutzen wir eine Map, um Telefonbucheinträge mit Namen zu assoziieren.

Hinzufügen und Abfragen von Elementen In Listing 3.29 wird für diesen Zweck eine *OrderedMap* angelegt, also eine Map, in der die Elemente sortiert vorliegen. Mit der put()-Methode werden – wie auch im *Map*-Interface des Collections Frameworks – der Schlüssel und der zugehörige Wert hinzugefügt.

```
Map m = new OrderedMap(true);  // Erlaube Duplikate.
// Füge vier Einträge in die Map ein:
m.put("Heiland", "011833/12345");
m.put("Hassenpflug", "011833/23456");
m.put("Lorenz", "011833/34567");
m.put("Gies", "011833/45678");
```

```
System.out.println("Map vorher:    " + m);
Object o = m.get("Lorenz");
if (o != null)
  System.out.println("Key \"Lorenz\" hat Value: " + o +".");

Object r = m.put("Heiland", "011833/1234");  // Keine Duplikate!
if (r != null)
  System.out.println(r + " wurde ersetzt.");

Pair pair = new Pair("Heiland", "0170/123456");
r = m.add(pair);                              // Duplikate möglich.
if (r == null)
  System.out.println("Hinzufügen war erfolgreich.");
System.out.println("Map nachher: " + m);
```

Listing 3.29: Das Hinzufügen und Abfragen von Elementen in einer Map

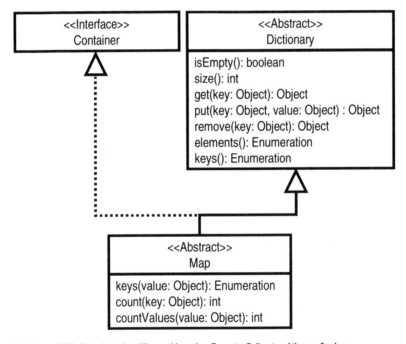

Abbildung 3.21: Die abstrakte Klasse Map der Generic Collection Library for Java

Mit der Methode `get()` ist es möglich, den Wert eines zugehörigen Schlüssels zu erfragen. Der Rückgabewert ist *null*, falls der Schlüssel nicht gefunden wurde. Wie auch die Mengen der Generic Collection Library for Java erlauben Maps Duplikate in ihren Schlüsseln (MultiMaps). Die im Beispiel benutzte *Map* ist eine MultiMap, da im Konstruktor der boolesche Wert *true* übergeben wurde.

3.3 Die JGL-Interfaces

Die Methode `add()` ist im Interface *Container* definiert und erwartet ein *Object* als Parameter. Da aber Einträge in einer Map aus Schlüssel und Wert bestehen, erwartet diese Methode ein Objekt der Klasse *Pair* (siehe Abbildung 3.22). Diese mit *Map.Entry* des Collections Frameworks vergleichbare Klasse besitzt zwei öffentliche Variablen `first` und `second`, die in diesem Zusammenhang als Schlüssel und Wert dienen. Möchten Sie die `add()`-Methode nutzen, so müssen Sie ein solches *Pair*-Objekt als Argument übergeben. Wird versucht, ein dazu nicht kompatibles Objekt zu übergeben, wird eine *IllegalArgumentException* erzeugt. In Listing 3.29 wird auf diese Weise der Eintrag (`"Heiland"`, `"0170/123456"`) der Map hinzugefügt, wie die folgende Ausgabe des Programms bestätigt:

```
Map vorher: OrderedMap( Pair( Lorenz, 011833/34567 ), Pair( Heiland, 011833/12345
), Pair( Gies, 011833/45678 ), Pair( Hassenpflug, 11833/23456 ) )
Key Lorenz hat Value: 011833/34567.
011833/12345 wurde ersetzt.
Hinzufügen war erfolgreich.
Map nachher: OrderedMap( Pair( Lorenz, 011833/34567 ), Pair( Heiland, 011833/1234
), Pair( Heiland, 0170/123456 ), Pair( Gies, 011833/45678 ), Pair( Hassenpflug,
011833/23456 ) )
```

Pair
+ first: Object + second: Object
equals(Object): boolean equals(Pair): boolean hashCode(): int toString(): String clone(): Object

Abbildung 3.22: Die Klasse Pair der Generic Collection Library for Java

Für beide JGL-Containerklassen *HashMap* und *OrderedMap*, die von *Map* abgeleitet sind, gilt für die `add()`- bzw. `put()`-Methode ganz analog zum Interface *Set*:

▶ Falls keine Duplikate erlaubt sind, lässt die `add(Object pair)`-Methode die *Map* unverändert und gibt den ersten Wert als Ergebnis zurück, der mit dem Schlüssel *key* assoziiert ist. Sind jedoch Duplikate erlaubt, werden ungeachtet vorhandener Schlüssel neue Einträge hinzugefügt.

▶ Unabhängig davon, ob es sich um eine Multimap handelt, ersetzt die `put(Object key, Object value)`-Methode den ersten passenden Eintrag in einer *Map* oder fügt den Eintrag der *Map* hinzu, falls noch keiner vorhanden ist.

In Listing 3.29 führt der Aufruf der `put()`-Methode deshalb zu einer Änderung des Eintrages, der alte Eintrag wird ersetzt. Bitte achten Sie darauf, dass keine *null*-Elemente erlaubt sind:

> Schlüssel oder ihre assoziierten Werte dürfen in der Generic Collection Library for Java kein *null*-Objekt enthalten. Andernfalls wird eine *NullPointerException* erzeugt.

Iteratoren Die Iteratoren, die im Interface *Container* definiert sind, haben in einer *Map* unterschiedliche Bedeutungen. Diese Methoden sind neu: `keys()` und `values()`.

- `keys()` liefert alle Schlüssel der *Map*.
- `key(Object value)` liefert alle Schlüssel, die zu dem Wert *value* gehören.
- `elements()` liefert alle Werte der *Map*.
- `start()` liefert alle Elemente der *Map* als *Pair*-Objekte.
- `values(Object key)` liefert alle Werte, die zu einem Schlüssel *key* gehören.

Im folgenden Beispiel (Listing 3.30) möchten wir die `values()`-Methoden kurz demonstrieren.

```
System.out.println("\nAlle Werte zu \"Heiland\"");
ForwardIterator sub = (ForwardIterator) m.values("Heiland");
while (sub.hasMoreElements())
  System.out.println(" " + sub.nextElement());

System.out.println("\nAlle Werte zu \"Meier\"");
sub = (ForwardIterator) m.values("Meier");
while (sub.hasMoreElements())
  System.out.println(" " + sub.nextElement());
```

Listing 3.30: Die beiden Iteratoren, mit denen alle Schlüssel bzw. alle Werte durchlaufen werden.

Hier ist die Ausgabe zu diesem Beispiel:

```
Alle Werte zu "Heiland"
011833/1234
0170/123456

Alle Werte zu "Meier"
```

Werden keine passenden Werte zu dem Schlüssel gefunden, zeigt der Iterator bereits auf das Ende.

Löschen von Elementen Die `remove()`-Methode aus dem Interface *Container* erwartet einen Iterator, der auf das zu löschende Element zeigt. Dabei verweist der Iterator auf ein Objekt vom Typ *Pair* (siehe Listing 3.31).

3.3 Die JGL-Interfaces

```
ForwardIterator fi = m.start();
fi.advance(3);
Pair p = (Pair) fi.get();
System.out.println("Iterator zeigt auf: " + p);
m.remove(fi);
System.out.println("Map nachher: " + m);
```
Listing 3.31: Löschen eines Elements in einer Map über die Iteratorposition

Im Beispiel lassen wir den Iterator auf den Eintrag Gies mit Wert 011833/45678 zeigen. Die println()-Anweisungen ergeben:

```
Iterator zeigt auf: Pair( Gies, 011833/45678 )
Map nachher: OrderedMap( Pair( Lorenz, 011833/34567 ), Pair( Heiland, 011833/1234 ), Pair( Heiland, 0170/123456 ), Pair( Hassenpflug, 11833/23456 ) )
```

Eine weitere Methode, die in der abstrakten Klasse *Dictionary* definiert ist, löscht Elemente in einer *Map* über ihren Key. In Listing 3.32 wird deshalb ein Iterator verwendet, den die keys()-Methode zurückgibt, um über die get()-Methode an einen Schlüssel zu gelangen.

```
System.out.println("Map vorher:  " + m);
ForwardIterator ki = (ForwardIterator) m.keys();
ki.advance(1);
Object k = ki.get();
System.out.println("Zeige auf Key \"" + k + "\".");
Object u = m.remove(k);
if (u != null)
   System.out.println(u + " wurde entfernt.");
System.out.println("Map nachher: " + m);
```
Listing 3.32: Das Löschen von Elementen mit einem bestimmten Schlüssel in einer Map

Der Iterator zeigt nach advance(1) auf den Schlüssel Heiland. Wie die Ausgabe dazu zeigt, gibt die remove()-Methode den Wert 011833/1234 des als erstes gelöschten Elements zurück:

```
Map vorher:  OrderedMap( Pair( Lorenz, 011833/34567 ), Pair( Heiland, 011833/1234 ), Pair( Heiland, 0170/123456 ), Pair( Hassenpflug, 011833/23456 ) )
Zeige auf Key "Heiland".
011833/1234 wurde entfernt.
Map nachher: OrderedMap( Pair( Lorenz, 011833/34567 ), Pair( Hassenpflug, 011833/23456 ) )
```

Das Löschen von Elementen in einer *Map* mit Duplikaten verhält sich also analog zu einer Menge mit Duplikaten, denn auch hier werden *alle* passenden Elemente entfernt.

Sonstige Methoden Die Methode count(Object key) zählt die Anzahl von Schlüsseln, die gleich dem Parameter *key* sind. Im Gegensatz dazu wird mit der Methode countValues(Object value) die Anzahl der Einträge ermittelt, die als Wert gleich dem Objekt *value* sind.

3.3.4 Das Interface *Sequence*

Eine Erweiterung des *Container*-Interfaces für Containerklassen, deren Elemente eine Reihenfolge besitzen, stellt das Interface *Sequence* dar. Klassen, die dieses Interface implementieren, sind *Array, Deque* und die verketteten Listen *SList* und *DList* sowie die *ArrayAdapter*-Klassen. Die Klasse *OrderedSet* macht von diesem Interface keinen Gebrauch, obwohl deren Elemente sehr wohl eine Ordnung haben, diese Reihenfolge aber ein Nebeneffekt des intern benutzten Suchbaums ist und nicht primär zur Eigenschaft einer Menge gehört.

Zugriff über einen Index Alle Methoden erweitern das Interface *Container* in Hinsicht auf einen direkten Zugriff auf die Elemente der Containerklasse über einen Index. Mit dieser Zugriffsart können Elemente sowohl abgefragt als auch hinzugefügt, verändert oder gelöscht werden. Die Methode at() erlaubt einen indizierten Zugriff auf ein Element an einer bestimmten Position. Beispielsweise ist hiermit ein Direktzugriff auf einen Arrayplatz der Klasse *Array* möglich. Den umgekehrten Weg bietet die Methode indexOf(). Zu einem von Ihnen vorgegebenen Objekt der Aufzählung wird der zugehörige Index zurückgeliefert. Innerhalb einer Sequenz gibt es immer ein erstes und ein letztes Element. Dafür stellt JGL die Methoden front() und back() zur Verfügung, die das erste bzw. das letzte Element der Aufzählung als Ergebnis zurückgeben. Ist nur von Interesse, ob ein Element überhaupt in der Aufzählung vorkommt, kann die Methode contains() benutzt werden. Sie liefert *true* als Ergebnis, falls das als Parameter übergebene Objekt in der Sequenz vorhanden ist, oder *false*, falls nicht.

Hinzufügen von Elementen Das Hinzufügen von neuen Elementen in eine *Sequence* kann immer mit der Methode add() des abgeleiteten Interfaces *Container* geschehen. Standardmäßig werden mit dieser Methode neue Elemente an das Ende der Aufzählung gehängt. Möchten Sie ein Objekt an einer bestimmten Stelle platzieren, so bietet Ihnen das *Sequence*-Interface die Methode put() an. Dabei wird das alte Element an der adressierten Stelle überschrieben. Falls der Index außerhalb der gültigen Grenzen liegt, wird eine *IndexOutOfBoundsException* geworfen. Eine alternative Möglichkeit, Objekte in einer Sequenz zu ersetzen, stellen zwei Varianten der Methoden replace() zur Verfügung. Die erste Version erwartet als Argumente zwei Elemente und tauscht das erste mit dem zweiten Element aus. Dabei werden alle Elemente in der Sequenz ausgetauscht, die gleich dem ersten Argument sind. Diese Methode ist dann nützlich, wenn Sie den Index für das zu ersetzende Objekt nicht kennen oder mehrere Elemente auf einmal ersetzen wollen. Die zweite Version hat dieselbe Funktion mit der Erweiterung, dass der Bereich, in dem Objekte ausgetauscht werden, eingeschränkt werden kann. Als weitere Parameter erwartet diese Methode einen unteren bzw. oberen Index, der diesen Bereich beschreibt. Beide Methoden geben die Anzahl der Substitutionen zurück. In Listing 3.33 sehen Sie einen Sourcecode-Ausschnitt, der die hier besprochenen Methoden zeigt.

3.3 Die JGL-Interfaces

```
Sequence s = new SList();   // Nimm eine Liste als Sequence.
for (int i = 10; i < 20; i++)
    s.add(new Integer(i));

System.out.println("s: " + s);

Object o = s.at(2);            // Element an Position 2.
System.out.println("Element an Position s[2] = " + o);

int i = s.indexOf(new Integer(15)); // Index des Elements 15.
System.out.println("Index des Elements 15 = " + i);

System.out.println("Anfang von s: " + s.front());
System.out.println("Ende von s:   " + s.back());

s.put(1, "Elf");        // Ersetze Element an Platz 1 mit "Elf".
// Ersetze alle Elemente 17 mit "Siebzehn":
s.replace(new Integer(17), "Siebzehn");
System.out.println("s nachher: " + s);
```

Listing 3.33: *Die grundlegenden Methoden einer Sequence*

Die Ausgabe ist fast selbsterklärend:

```
s: SList( 10, 11, 12, 13, 14, 15, 16, 17, 18, 19 )
Element an Position s[2] = 12
Index des Elements 15 = 5
Anfang von s: 10
Ende von s:   19
s nachher: SList( 10, Elf, 12, 13, 14, 15, 16, Siebzehn, 18, 19 )
```

Löschen von Elementen Das *Sequence*-Interface erweitert die Möglichkeiten des *Container*-Interfaces, Elemente zu löschen, um zwei weitere Methoden. Es ist in einer *Sequence* möglich, ein zu löschendes Objekt direkt anzugeben. Innerhalb der Sequenz werden dann alle Objekte dieser Art entfernt. Die Anzahl der tatsächlich gelöschten Objekte wird als Ergebnis der Methode zurückgegeben. Sie können mit einer Variante dieser remove()-Methode die maximale Anzahl zu löschender Objekte festlegen, indem Sie diese Zahl als weiteren Parameter übergeben.

Listing 3.34 erläutert den Sachverhalt an einem Beispiel.

```
Sequence s = new Array();
// Füge vier Elemente in die Sequenz ein:
s.add(new Integer(1));
s.add(new Integer(2));
s.add(new Integer(3));
s.add(new Integer(2));

System.out.println("Sequence vorher: " + s);
```

```
int a = s.remove(new Integer(2)); // Neue Instanz!
System.out.println("Es wurden " + a + " Elemente entfernt.");
System.out.println("Sequence nachher: " + s);
```

Listing 3.34: Löschen eines Elements in einer Sequence

Eine Aufzählung enthält vier Elemente, davon zweimal die Zahl 2. Mit der Anweisung `remove(new Integer(2));` wird die gesamte Sequenz nach der Zahl 2 durchsucht und diese – falls sie gefunden wird – entfernt.

```
Sequence vorher: Array( 1, 2, 3, 2 )
Es wurden 2 Elemente entfernt.
Sequence nachher: Array( 1, 3 )
```

Hier sehen Sie ein weiteres Beispiel, wie der Gleichheitsbegriff über die Methode *equals()* in den Standardbibliotheken eingesetzt wird. Obwohl als Parameter eine Referenz auf eine andere Instanz der Zahl 2 übergeben wird, werden alle Einträge der Zahl 2 gelöscht. Das ist möglich, weil JGL für jedes Element des Containers die Methode `equals()` mit dem zu löschenden Objekt als Parameter aufruft.

> Interessanterweise gibt es in dem Interface *Sequence* keine Möglichkeit, Elemente über einen Index hinzuzufügen oder zu löschen.

In Kapitel 3.5.4 *Spezielle Design-Aspekte der Generic Collection Library for Java* werden wir zeigen, dass letztlich doch jede Containerklasse, die einer Sequenz entspricht, Methoden für diese Zwecke bereithält.

Besondere Methoden, die sich auf die Ränder der Sequence beziehen. Da jede Aufzählung ein erstes und ein letztes Element besitzt, bietet das *Sequence*-Interface Methoden an, die das erste bzw. letzte Element löschen oder an diesen Stellen ein neues Element einfügen. Methoden, die etwas hinzufügen, beginnen mit dem Präfix *Push-* und Methoden, die etwas löschen, fangen mit *Pop-* an. `pushFront()` fügt ein neues Element am Anfang der Aufzählung ein. Dieses neue Element ist dann das erste Element in der Sequenz. Analog fügt `pushBack()` ein neues Element am Ende der Aufzählung ein. Diese Operation ist mit der Methode `add()` identisch. `popFront()` bzw. `popBack()` entfernt das Element am Anfang bzw. am Ende der Liste und gibt es als Rückgabewert zurück. Listing 3.35 zeigt ein Beispiel:

```
Sequence s = new DList();

s.pushBack("Y");
s.pushFront("B");
System.out.println("Sequence s: " + s);
s.pushBack("Z");
s.pushFront("A");
System.out.println("Sequence s: " + s);
```

3.4 Iteratoren

```
Object front = s.popFront();
Object back = s.popBack();
System.out.println("front = " + front + ", back = " + back);
System.out.println("Sequence s: " + s);
```
Listing 3.35: *Das Hinzufügen und Entfernen von Objekten am Anfang bzw. Ende einer Sequence*

Zuerst werden die Buchstaben B und Y am Anfang bzw. Ende der doppelt verketteten Liste angefügt, danach folgen A und Z. Anschließend werden die äußeren Elemente A und Z durch den Aufruf der Methoden popFront() bzw. popBack() wieder entfernt.

```
Sequence s: DList( B, Y )
Sequence s: DList( A, B, Y, Z )
front = A, back = Z
Sequence s: DList( B, Y )
```

Diese hier vorgestellten Methoden haben ihren Ursprung in den ADT für doppelt verkettete Listen oder Deques, in JGL wurden sie aber auch auf einfache Listen und Arrays übertragen.

Sonstige Methoden Wie auch in dem Interface *Set* oder in der abstrakten Klasse *Map* gibt es in einer *Sequence* die Möglichkeit die Anzahl von Elementen mittels count(Object o) zu zählen. Da die Elemente in einer Sequenz eine Position besitzen, gibt es eine Variante der count()-Methode, mit dem sich der Bereich durch zwei Indizes [von, bis] einschränken lässt.

3.4 Iteratoren

Ein Iterator ermöglicht einen sequenziellen Zugriff auf die Elemente eines Containers, ohne die zugrunde liegende Datenrepräsentation offen zu legen. Ein Iterator des Collections Frameworks bietet Ihnen über das Interface *Iterator* bzw. *ListIterator* einen einheitlichen Zugriff auf die Elemente eines Containers. Die Generic Collection Library for Java präsentiert sich mit einer ganzen Reihe von Iteratoren – auch diese möchten wir in diesem Kapitel vorstellen.

3.4.1 Iteratoren des Collections Frameworks

Ein Red-Black-Tree erfordert eine aufwändigere Traversierung als eine verkettete Liste. Jede Containerklasse stellt daher ihren eigenen *Iterator* bereit, der genau weiß, wie die einzelnen Elemente zu durchlaufen sind. Um alle Iteratoren auf gleiche Weise bedienen zu können, stellt das Collections Framework das Interface *Iterator* bereit, welches jeder *Iterator* implementiert. Genau genommen stellt das Collections Framework zwei Interfaces für Iteratoren bereit, das Interface *Iterator* und das Interface *ListIterator*, welches die Funktionalität eines Iterators zu einem speziellen List-Iteratoren erweitert. Abbildung 3.23 zeigt die Iteratoren als UML-Darstellung und deren Vererbungshierarchie.

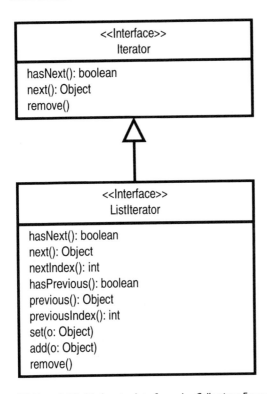

Abbildung 3.23: Die Iterator-Interfaces des Collections Frameworks

Das Interface *Collection* stellt die Methode `iterator()` bereit, deren Rückgabewert vom Typ *Iterator* ist. So stellen alle Container auf direkte, oder im Falle von *Maps* über die *Collection*-Sichten auf indirekte, Weise einen *Iterator* zur Verfügung.

Eine *Map* oder *SortedMap* bietet nicht direkt einen *Iterator* an. Über die verschiedenen *Collection*-Sichten der *Map* ist es jedoch möglich, Iteratoren zu erhalten, die einen sequenziellen Zugriff auf die Elemente der *Map* gewährleisten. Algorithmen, die mittels Iteratoren operieren, können somit für alle Containerklassen verwendet werden.

Der gewöhnliche Iterator ermöglicht das sequenziell vorwärtsgerichtete Iterieren durch eine Sammlung von Objekten. Mittels der Methode `hasNext()` lässt sich überprüfen, ob noch weitere Elemente enthalten sind. Die Methode `next()` liefert das nächste Element zurück und setzt den *Iterator* um eine Position weiter.

Vor der Abfrage des nächsten Elements durch die Methode `next()` sollte stets die Methode `hasNext()` verwendet werden. Wird die Methode `next()` für einen Iterator aufgerufen, der bereits das Ende der Datenstruktur erreichte, kommt es zu einer *NoSuchElementException*. Listing 3.36 zeigt das korrekte Iterieren über die Elemente eines *Collections*.

3.4 Iteratoren

```
Collection c = new ArrayList();
...
Iterator i = c.iterator();
while (i.hasNext())
   System.out.println(i.next());
```
Listing 3.36: Iterieren über ein Collection

Das Interface *Iterator* stellt eine Methode bereit, die ein zuletzt zurückgegebenes Element aus einem Container entfernt. Im Falle eines Read-Only-Containers wirft die Methode remove() des zugehörigen Iterators eine *UnsupportedOperationException*.

Nach dem Entfernen eines Elements befindet sich der Iterator in einem undefinierten Zustand. Erst nach einem erneuten Aufruf der Methode next() kehrt der Iterator in einen gültigen Zustand zurück, der es erlaubt, erneut ein Element zu entfernen.

Der erneute Aufruf der Methode remove(), ohne den vorigen Aufruf der Methode next(), führt zu einer *IllegalStateException*. Listing 3.37 zeigt das Löschen aller Einträge eines Containers über die remove() Methode des *Iterator*.

```
Iterator i = c.iterator();
while (i.hasNext())
   i.remove();
```
Listing 3.37: Löschen aller Elemente aus einem Container c

> Zu beachten ist: Ein Iterator wird ungültig, wenn in seiner Lebenszeit eine Veränderung am Container vorgenommen wird, die er nicht selbst ausführt. (Siehe hierzu Kapitel 2.5 *Iteratoren* auf Seite 99).

Wurde eine Veränderung direkt am Container oder über einen weiteren Iterator vorgenommen, wirft ein ungültig gewordener Iterator beim nächsten Aufruf seiner Methoden eine *ConcurrentModificationException*.

Betrachten wir zwei Beispiele, in denen jeweils ein Iterator seine Gültigkeit verliert. Listing 3.38 zeigt, wie eine direkte Veränderung an der Containerklasse nach der Erzeugung des Iterators zu seiner Ungültigkeit führt.

```
Collection c = new ArrayList();
for (int i = 0; i < 10; i++)
   c.add(new Integer(i));

Iterator i = c.iterator();

c.add(new Integer(99));

try {
   if (i.hasNext())
      i.next();
}
```

```
catch (ConcurrentModificationException e) {
  System.out.println(e);
}
```

Listing 3.38: Ungültigkeit eines Iterators durch eine direkte Veränderung des Containers

Die Ausgabe des Programms lautet:

```
java.util.ConcurrentModificationException
```

Das zweite Beispiel in Listing 3.39 zeigt, dass der Iterator auch dann ungültig wird, wenn ein zweiter *Iterator* den Container verändert. Während der Lebenszeit des Iterators i2 entfernt der Iterator i1 ein Element aus dem Container. Beim nächsten Aufruf einer Methode des Iterators i2 kommt es zu einer *ConcurrentModificationException*.

```
List list = new ArrayList();
for (int i = 0; i < 10; i++)
  list.add(new Integer(i));

Iterator i1 = list.iterator();
Iterator i2 = list.iterator();

try {
  if (i1.hasNext())
    System.out.println(i1.next());

  i1.remove();

  if (i2.hasNext())
    System.out.println(i2.next());
}
catch (ConcurrentModificationException e) {
  System.out.println(e);
}
```

Listing 3.39: Ungültigkeit eines Iterators durch eine Veränderung des Containers über einen zweiten Iterator

Die Ausgabe des Programms lautet:

```
0
java.util.ConcurrentModificationException
```

Das Interface *ListIterator* ist vom Interface *Iterator* abgeleitet. Es erweitert die Funktionalität des *Iterators* im Sinne einer Liste. Zum einen ist der *ListIterator* ein bidirektionaler Iterator, der sich beliebig vorwärts und rückwärts positionieren lässt, zum anderen kann der Index der aktuellen Iteratorposition erfragt und neue Elemente können während der Iteration eingefügt oder ersetzt werden.

3.4 Iteratoren

Das Interface *List* stellt zwei Methoden bereit, die es erlauben, List-Iteratoren anzufordern. Die Methode `listIterator()` gibt einen *ListIteratoren* zurück, der auf das erste Element der *List* zeigt. Die `listIterator(int index)`-Methode liefert einen *ListIteratoren*, der sich bereits vor dem Element mit der Listenposition `Index` befindet. Die bereitgestellten Methoden des *ListIteratoren*-Interfaces sind in der Abbildung 3.23 dargestellt.

Zur Veranschaulichung eines *ListIterators* stellt man sich die jeweilige Iteratorposition zwischen den Elementen vor. Die Methoden `next()` und `previous()` liefern dann das nächste bzw. vorige Element und setzen sich anschließend auf die nächste bzw. vorige Iteratorposition (Abbildung 3.24).

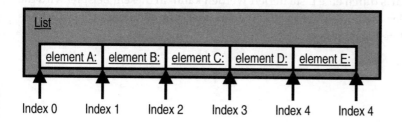

Abbildung 3.24: Sechs mögliche Iterator-Positionen in einer Liste mit fünf Elementen

Die Methode `hasNext()` prüft, ob das Ende der Liste bereits erreicht ist. `next()` liefert das nächste Element und setzt die Iteratorposition um eins weiter. Die Methode `nextIndex()` liefert den Index des nächsten Elements. In Listing 3.40 sind alle drei Methoden verwendet, um den Inhalt einer Liste auszugeben. Die Methode `hasNext()` kann als Schleifenbedingung verwendet werden. Der *ListIterators* steht zu Beginn vor dem ersten Element A. Die Methode `nextIndex()` liefert den Index des Elements A, nämlich *null*. Die Methode `next()` liefert das nächste Element und positioniert den *ListIterator* eins weiter.

```
List list = new LinkedList();

list.add("A");
list.add("B");
list.add("C");
list.add("D");
list.add("E");

ListIterator i = list.listIterator();

while (i.hasNext())
   System.out.println( "Index: " + i.nextIndex()
                    + " Element: " + i.next());
```
Listing 3.40: Vorwärts-Iterieren durch eine List

Die Programmausgabe lautet:

```
Index: 0 Element: A
Index: 1 Element: B
Index: 2 Element: C
Index: 3 Element: D
Index: 4 Element: E
```

Äquivalent zu den vorwärtsgerichteten Methoden existieren noch hasPrevious(), previous() und previousIndex(). Bevor mit Hilfe von previous() zum vorigen Element gewechselt wird, sollte mittels der Methode hasPrevious()überprüft werden, ob der *ListIterator* den Listenanfang erreicht hat. Im Listing 3.41 ist gezeigt, wie mit diesen drei Methoden rückwärts durch eine Liste iteriert werden kann. In diesem Beispiel wird die zweite Variante der Methode listIterator() verwendet, um den Iterator auf die Position hinter das letzte Element zu setzen.

```
List list = new LinkedList();

list.add("A");
list.add("B");
list.add("C");
list.add("D");
list.add("E");

ListIterator i = list.listIterator(list.size());

while (i.hasPrevious())
   System.out.println( "Index: " + i.previousIndex()
                    + " Element: " + i.previous());
```

Listing 3.41: Rückwärts-Iterieren durch eine List

Die Programmausgabe lautet:

```
Index: 4 Element: E
Index: 3 Element: D
Index: 2 Element: C
Index: 1 Element: B
Index: 0 Element: A
```

Wird ein Iterator über das letzte bzw. erste Element einer Liste hinauspositioniert, so lösen die Methoden next() und previous() eine NoSuchElementException aus. Die Abfrage der Listenposition durch nextIndex() und previousIndex(), außerhalb des gültigen Bereichs, liefert als Rückgabewert der Listenposition eine minus eins.

Eine weitere Besonderheit des *ListIterators* ist die Möglichkeit des Einfügens, Ersetzens und Löschens der Elemente an der Iteratorposition. Die Gültigkeit des Iterators geht hierbei nicht verloren. Die Methode add() des *ListIterators* fügt ein neues Element zwischen der aktuellen Position und dem nächsten Element ein. Die Iteratorposition steht anschließend hinter dem neu eingefügten Element. Abbildung 3.25 und Abbildung

3.26 zeigen das Einfügen eines Elementes X durch die Methode add() des *ListIterators*. Auch hier können die drei Exceptions *UnsupportedOperationException, ClassCastException* und *IllegalArgumentException* ausgelöst werden.

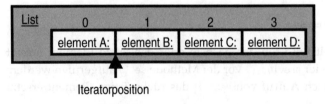

Abbildung 3.25: Iteratorposition vor dem Aufruf von add()

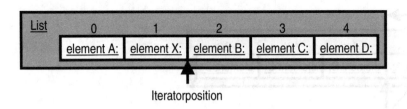

Abbildung 3.26: Iteratorposition nach dem Einfügen des Elements X

Die Methode set() ersetzt das letzte Element, das von next() oder previous() zurückgegeben wurde. Welches Element gelöscht wird, hängt davon ab, welche Methode, next() oder previous(), zuvor aufgerufen wurde. Zu beachten ist, dass set() nicht direkt nach einem Aufruf von add() oder remove() verwendbar ist. Die Folge wäre eine *IllegalStateException*. Erst der Aufruf von next() oder previous() versetzt den Iterator nach add() oder remove() in einen zulässigen Zustand zurück.

Listing 3.42 zeigt, wie mittels Iteratoren ein Listenausschnitt mit einem *Object* gefüllt werden kann. Zwei *ListIterator* i1 und i2 geben den Anfang und das Ende des zu füllenden Bereichs an. Als Schleifenbedingung wird geprüft, ob das Ende der Liste oder das letzte Element des angegebenen Bereichs erreicht wurde. Im Schleifenrumpf erhöht next() die Iteratorposition um eins, anschließend ersetzt set() das letzte Element durch o.

```
/*
 * Füllt eine Liste von der Iteratorposition i1 bis zur
 * Iteratorposition i2 (einschließlich) mit einem Object o.
 */
public static void fill(ListIterator i1, ListIterator i2,
```

```
                                            Object element) {
    while (i1.hasNext() && i1.previousIndex() != i2.nextIndex()) {
      i1.next();
      i1.set(element);
    }
  }
```
Listing 3.42: Füllen einer Liste mittels Iteratoren

Damit dem Iterator mitgeteilt wird, ob das nächste oder das letzte Element ersetzt wird, muss entweder next() oder previous() vor der Methode set() aufgerufen werden. Abbildung 3.27 zeigt, dass nach Aufruf von next()$_1$ das rückwärtige Element ersetzt wird.

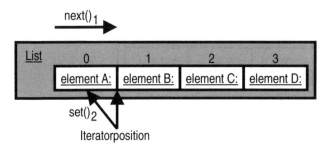

Abbildung 3.27: Überschreiben des Elementes A mittels der Methode set(). Die Indizes an den Methoden geben die Reihenfolge der Ausführungen an.

Hingegen führt der Aufruf von previous()$_1$ vor set()$_2$ dazu, dass das nächste Element überschrieben wird. Dieser Zusammenhang wird in Abbildung 3.28 verdeutlicht.

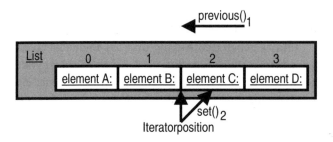

Abbildung 3.28: Überschreiben des Elements C mittels der Methode set(). Die Indizes an den Methoden geben die Reihenfolge der Ausführungen an.

3.4 Iteratoren

Die möglichen Exceptions sind neben der erwähnten *IllegalStateException* die bekannten Ausnahmen *UnsupportedOperationException* und *ClassCastException*.

Die Methode remove() entfernt das letzte Element, das von next() oder previous() zurückgegeben wurde. Ähnlich wie bei set(), entscheidet der letzte Aufruf von next() oder previous() darüber, ob das rückwärtige oder das nächste Element entfernt wird. Als Merkregel gilt:

> Die Methoden set() und remove() beziehen sich stets auf das Element, das beim letzten Aufruf von den Methoden next() oder previous() zurückgegeben wurde.

Neben der *UnsupportedOperationException* ist die *IllegalStateException* eine weitere Ausnahme der Methode remove(), die immer dann ausgelöst wird, wenn keine Klarheit darüber herrscht, ob das nächste oder das rückwärtige Element entfernt werden soll.

3.4.2 Die Interface-Hierarchie der JGL-Iteratoren

Im Gegensatz zur einfachen Schnittstellenhierarchie für Iteratoren des Collections Frameworks gibt es in JGL fünf Interfaces für Iteratoren. Abbildung 3.29 zeigt Ihnen die gesamte Interface-Hierarchie der JGL-Iteratoren.

Nur lesend – die Enumeration Das Basisinterface für Iteratoren, die lesend auf einen Container zugreifen, bildet die *Enumeration*, die seit JDK 1.0 im Package *java.util* eingeführt wurde. Unter einem lesenden Iterator versteht JGL einen Iterator, der auf die Elemente eines Containers nur lesend zugreifen kann, den Container selbst aber nicht verändern (schreiben) darf. Es ist also mit diesen Iteratoren nicht möglich, ein Objekt in einem Container durch ein anderes zu ersetzen, wohl aber den Inhalt eines Elements zu verändern. Das Interface *Enumeration* stellt zwei Methoden für das Durchlaufen einer Menge von Objekten bereit: Mit hasMoreElements() können Sie erfragen, ob hinter dem aktuellen Zeiger noch weitere Elemente bereitstehen. Wenn dies der Fall ist, bekommen Sie mit nextElement() das nächste Objekt geliefert (siehe Listing 3.43) und der Iterator springt um eine Position weiter.

```
Container c = new Array();
// Füge Elemente in den Container ein:
for (int i = 0; i < 10; i++)
  c.add(new Integer(i));

Enumeration e = c.elements();
while (e.hasMoreElements()) {
  Integer i =(Integer) e.nextElement();
}
```

Listing 3.43: Zugriff auf die Elemente eines Containers über eine Enumeration

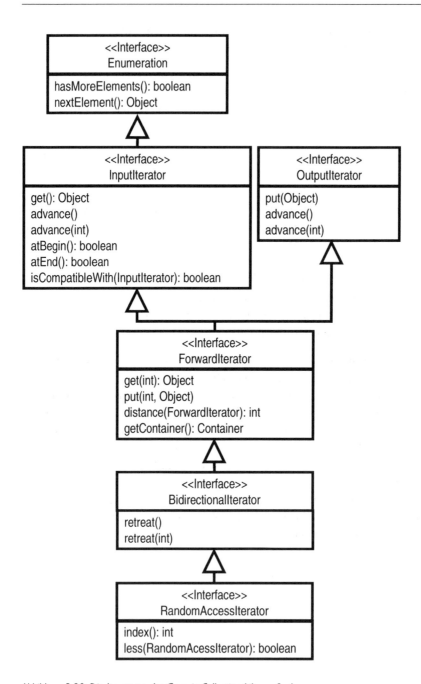

Abbildung 3.29: Die Iteratoren der Generic Collection Library for Java

3.4 Iteratoren

> Alle Iteratoren in JGL zeigen – anders als im Collections Framework – nicht zwischen zwei Elemente, sondern direkt auf ein Element (vergleiche dazu Kapitel 2.5.2 *Unterschiedliche Realisierungen von Iteratoren* auf Seite 101).

Die *Enumeration* genügt den Anforderungen eines nur lesenden Iterators, da die Objekte mit `nextElement()` aus dem Container nur gelesen, der Container aber nicht geschrieben – also verändert – werden kann.

Der InputIterator Von dem Interface *Enumeration* ist der *InputIterator* abgeleitet. Ein *InputIterator* erweitert eine *Enumeration* mit Methoden, die einen Zugriff auf das Element ermöglichen, ohne die Iteratorposition zu verändern. Die Methode `get()` zum Lesen liefert entsprechend der Methode `nextElement()` das Element zurück, auf das der Iterator gerade verweist. Anders als `nextElement()` wird der Zeiger durch `get()` aber nicht weiterbewegt. Hierfür muss explizit eine der Methoden `advance()` aufgerufen werden, die den Iterator um eine bzw. um die als Argument angegebene Anzahl von Plätzen weiterbewegt. Das *InputIterator*-Interface ermöglicht außerdem noch die Abfrage, ob sich der Iteratorzeiger am Anfang (`atBegin()`) oder am Ende (`atEnd()`) der Aufzählung befindet. Die Methode `isCompatibleWith()` dient dazu, anzuzeigen, ob zwei Iteratoren als Bereich benutzt werden dürfen. Voraussetzung dafür ist, dass beide Iteratoren zu dem gleichen Container gehören und vom gleichen Typ sind. Ist dies der Fall, liefert die Methode *true* als Ergebnis.

Nur schreibend – der OutputIterator Bevor wir auf weitere Details eingehen, möchten wir aber das Gegenstück eines *InputIterators* vorstellen: Der *OutputIterator* stellt einen Iteratortyp dar, mit dem es möglich ist, das Element im Container, auf das er zeigt, durch ein anderes zu ersetzen. Die dafür zuständige Methode `put()` ersetzt das über den Zeiger referenzierte Objekt in seinem Container mit dem als Parameter übergebenen Element. Aus dem UML-Klassendiagramm in Abbildung 3.29 ist zu entnehmen, dass ein *OutputIterator* keine Methoden anbietet, mit denen festgestellt werden kann, ob noch weitere Elemente verfügbar sind, wie dies die Methode `hasMoreElements()` der *Enumeration* ermöglicht. Sie können ihn nur mit einem anderen Iterator vergleichen.

Es gibt in JGL zwei Klassen, die nur einen *OutputIterator*, aber keinen *InputIterator* erwarten: Der *InsertIterator* und der *ObjectOutputStreamIterator* des Packages *com.objectspace.jgl.util* implementieren das *OutputIterator*-Interface. Einige Algorithmen, etwa `Filtering.unique()`, geben einen *OutputIterator* zurück. Umgekehrt gibt es einige Algorithmen, beispielsweise `Finding.find()`, die als Parameter einen *InputIterator* erwarten. Diese Methode sucht nach dem ersten Element in einem Bereich, der durch zwei Iteratoren definiert ist. Dafür ist es nicht nötig, die Elemente zu verändern.

Lesend und schreibend in eine Richtung – der ForwardIterator Im Interface *Forward-Iterator* schließlich haben wir einen Iterator zur Verfügung, der an Funktionalität dem *ListIterator* des *Collections Frameworks* ähnelt.

Sie fragen sich vielleicht, warum es möglich ist, in diesem Fall von mehreren Interfaces zu erben, obwohl Mehrfachvererbung in Java doch verboten ist. Das liegt daran, dass es zu keinem Konflikt bezüglich doppelter Methoden kommen kann. Denn erst die Klasse, die ein Interface implementiert, legt die Funktionalität der Methode fest und nicht bereits die Schnittstellen. Doppelte Methoden wie beispielsweise advance() in *InputIterator* bzw. *OutputIterator* werden nur einmal von der implementierenden Klasse realisiert. Deshalb macht es nichts, wenn eine Methode in verschiedenen Schnittstellen mehrfach genannt wird (siehe Kapitel 1.3.2 *Interfaces*).

> Alle Iteratoren, die von Containerklassen der Generic Collection Library for Java zurückgegeben werden, sind mindestens vom Typ *ForwardIterator*. Für Methoden der Algorithmen gilt dies nicht.

Listing 3.44 demonstriert die Funktionalität am Beispiel des Containers c (siehe Listing 3.43), dessen Integerzahlen beim Durchlaufen das entgegengesetzte Vorzeichen erhalten.

```
ForwardIterator fi = c.start();
while (fi.hasMoreElements()) {
  Integer i =(Integer) fi.get();
  Integer j = new Integer(-i.intValue());
  fi.put(j);
  fi.advance();
}
System.out.println(c);
```

Listing 3.44: Die Abfrage und das Ersetzen von Elementen mit einem ForwardIterator

Die Methode hasMoreElements() kann auch hier für die Abfrage nach unbearbeiteten Elementen genutzt werden. Mit get() wird auf das aktuelle Element zugegriffen. get() liefert stets ein *Object* zurück. Falls Sie eine andere Klasse erwarten, ist es notwendig, einen Cast-Operator anzuwenden. Im Beispiel wird eine Integerzahl ausgelesen (i) und in der Variablen j der negative Wert als Integer-Objekt gespeichert. Diese neue Variable wird mit der put()-Methode in dem Containerplatz, auf den der Iterator fi zeigt, gespeichert. Dabei wird der alte Wert (i) überschrieben. Im Gegensatz zu der Methode nextElement() wird beim Schreib- bzw. Lesezugriff die Zeigerposition nicht verändert. Deshalb rufen wir am Ende der while-Schleife die Methode advance() auf, die den aktuellen Zeiger um eine Position nach vorne rückt.

> Der Aufruf der nextElement()-Methode liefert zuerst das Element zurück, auf das der Iterator zeigt, und springt dann um eine Position nach vorn (advance()).

3.4 Iteratoren

Wenn Sie nur mit den Methoden get() oder put() auf die Elemente zugreifen, sind Sie als Programmierer selbst dafür verantwortlich, den aktuellen Zeiger zu verschieben.

In beide Richtungen – der BidirectionalIterator Bisher haben uns die Iteratortypen nur erlaubt, uns in eine Richtung – nach vorn – zu bewegen. Ein *BidirectionalIterator* hingegen ermöglicht mit der Methode retreat() auch das Rücksetzen des Zeigers um eine Stelle bzw. die angegebenen Stellen. Das folgende Beispiel (Listing 3.45) durchläuft einen Container mit einem BidirectionalIterator vom Anfang bis zum Ende und zurück.

```
// Erzeuge eine geordnete Menge mit 5 Zahlen:
Set s = new OrderedSet();
for (int i = 0; i < 5; i++)
  s.add(new Integer(i));

BidirectionalIterator bi = (BidirectionalIterator) s.start();
while (!bi.atEnd()) {
  Object I = bi.get();
  System.out.println("-> " + I);
  bi.advance();
}
while (!bi.atBegin()) {
  bi.retreat();          // Zuerst zurückspringen!
  Object I = bi.get();
  System.out.println("<- " + I);
}
```

Listing 3.45: Der BidirectionalIterator in JGL

Als Beispielcontainer wurde eine geordnete Menge, die OrderedSet, gewählt. Hier benutzen wir die Methoden atEnd() und atBegin() des Interfaces *InputIterator*, um festzustellen, ob sich der Iterator am Anfang oder am Ende des Containers befindet. Beachten Sie bitte, dass beim Rückwärtslaufen zuerst der Iterator um eine Positon zurückgesetzt werden muss, da er zu Beginn *hinter* dem letzten Element steht und somit auf *null* zeigt. Hier ist die Ausgabe des Programms:

```
-> 0
-> 1
-> 2
-> 3
-> 4
<- 4
<- 3
<- 2
<- 1
<- 0
```

Iteratoren sind universell einsetzbar – der RandomAccessIterator Die Iteratoren der Generic Collection Library for Java bieten gerade so viel Funktionalität, wie die zugehörige Datenstruktur zulässt. Verkettete Listen erlauben im Interface *Sequence* zwar einen Zugriff auf ein Element über einen Index, allerdings wird dabei in Kauf genommen, dass im worst case sehr viele Elemente durchlaufen werden müssen, bevor das adressierte Objekt erreicht wird. Einen schnellen Zugriff über einen Index erlaubt nur ein Array-basierter Container. Listing 3.46 zeigt ein Beispiel, wie ein *RandomAccessIterator* quasi als vollwertiges Array eingesetzt werden kann.

```
// Erzeuge ein Array mit 10 Zahlen:
Array a = new Array();
for (int i = 0; i < 10; i++)
  a.add(new Integer(i));

RandomAccessIterator ai = (RandomAccessIterator) a.start();
// Ende - Anfang ergibt die Größe des Arrays:
int size = ai.distance(a.finish());
System.out.println("Die Größe des Arrays ist " + size);
for (int i = 0; i < size; i++) {
  Integer I = (Integer) ai.get(i);  // Zugriff über Index.
  Integer J = new Integer(2*I.intValue());
  ai.put(i, J);                     // Ändern des "Arrays".
}
for (int i = 0; i < size; i++) {
  Integer I = (Integer) ai.get(i);  // Zugriff über Index.
  System.out.println("I = " + I);
}
```

Listing 3.46: Voller Zugriff auf ein Array durch dessen Iterator

Da wir nachschlagen können und sehen, dass die Variable a einen *ArrayIterator* assoziiert hat, kann dieser zu einem RandomAccessIterator gecastet werden, da ein *ArrayIterator* diesen implementiert (vergleiche Abbildung 3.29). Über die Methode distance(), die im Interface *ForwardIterator* definiert ist, wird die Größe des Arrays erfragt, indem die Anzahl der Elemente zwischen Anfang und Ende des Iteratorbereichs ermittelt wird. Jetzt kann bei einem *RandomAccessIterator* die Variable i als Laufvariable eingesetzt und über die indizierten get()- und put()-Methoden direkt auf die Elemente zugegriffen werden.

Im Beispiel werden die Zahlen von 0 bis 9 verdoppelt. Die Ausgabe dieses Beispiels sieht wie folgt aus:

```
Die Größe des Arrays ist 10
I = 0
I = 2
I = 4
I = 6
I = 8
I = 10
```

3.4 Iteratoren

```
I = 12
I = 14
I = 16
I = 18
```

Prinzipiell wäre die Simulation dieses Arrayzugriffs auch mit einem *BidirectionalIterator* möglich, jedoch wäre das Laufzeitverhalten ungleich schlechter, da intern kein Index-basierter Zugriff möglich ist. Da JGL aber sehr spezialisierte Iteratoren verwendet, ist garantiert, dass die get()- und put()-Methoden tatsächlich nur mit O(1)-Kosten verbunden sind.

Wenn der Index der zugrunde liegenden Containerklasse bekannt ist, ist es ebenfalls möglich zu entscheiden, ob ein *RandomAcessIterator* vor einem anderen Iterator steht. Genau dies gibt der Aufruf der Methode less() zurück.

Das sehr gut gelungene Design der Interface-Hierarchie des Collections Frameworks spiegelt sich im Design der Iterator-Hierarchie der Generic Collection Library for Java wider.

3.4.3 Bereiche unter JGL – die Iteratorsicht

Das Gegenstück zu den Collections- oder Bereichssichten des Collections Frameworks stellt ein Bereich aus zwei Iteratoren dar. Diese Art von Bereichen möchten wir als *Iteratorsicht* bezeichnen. Iteratorsichten finden sich überall im JGL-Framework, weshalb dieses Thema hier erläutert werden soll.

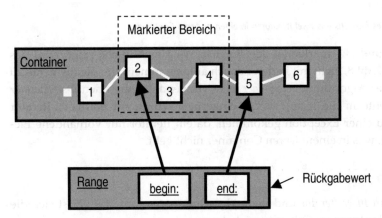

Abbildung 3.30: *Ein Bereich aus zwei Iteratoren. Die weißen Linien geben die Reihenfolge vor, in der die Elemente durchlaufen werden.*

Abbildung 3.30 zeigt das Prinzip: Der erste Iterator zeigt auf den Anfang des Bereichs, wohingegen der zweite *hinter* das letzte Element verweist. In einigen Fällen gibt eine Methode ein Objekt der Klasse *Range* zurück. Diese Klasse hat zwei öffentliche Membervariablen vom Typ *Object*: `begin` und `end`. Diese Variablen dienen u.a. auch der Aufnahme zweier Iteratoren.

InsertIterator

Ein besonderer Iterator, der im Package *com.objectspace.jgl.util* zu finden ist, ist der *InsertIterator*, der das *InputIterator*-Interface implementiert. Bei jedem Aufruf der `put()`-Methode fügt dieser Iterator das Element in seinen zugehörigen Container ein. Das folgende Beispiel zeigt eine *Sequence*, aus der drei Zahlen aus einer Liste in eine Menge eingefügt werden (Listing 3.47).

```
Container c = new SList();
for (int i = 0; i < 10; i++)
  c.add(new Integer(i));

ForwardIterator fi1 = c.start();
fi1.advance(5);    // Zeige auf Element 5.
ForwardIterator fi2 = (ForwardIterator) fi1.clone();
fi2.advance(3);    // Zeige auf Element 8.
// Kopieren eines Bereichs in eine Containerklasse:
Container s = new HashSet();
Copying.copy(fi1, fi2, new InsertIterator(s));
System.out.println("c = " + c);
System.out.println("s = " + s);
```

Listing 3.47: Einfügen eines Bereichs aus zwei Iteratoren in einen anderen Container

Die Iteratoren `fi1` und `fi2` markieren den Bereich. Wie die Ausgabe zeigt, wird das letzte Element, die Zahl 8, nicht mit in den Bereich aufgenommen. Um die Elemente zu kopieren, wurde der Algorithmus `Copying.copy()` verwendet. Durch den *InsertIterator* werden alle Elemente in die leere *HashSet* eingefügt. Würde ein normaler Iterator benutzt, wäre es zu einer Exception gekommen, da ein Iterator nur vorhandene Elemente überschreibt, was in einem leeren Container nicht geht.

```
c = SList( 0, 1, 2, 3, 4, 5, 6, 7, 8, 9 )
s = HashSet( 5, 6, 7 )
```

Zusammen mit dem *InsertIterator* und dem Algorithmus `Copying.copy()` lässt sich die `addAll()`-Methode des Interface *Collection* nachahmen.

3.5 Die Containerklassen

3.5.1 Containerklassen des Collections Frameworks

Dieses Kapitel gibt einen Überblick über die Containerklassen des Collections Frameworks. Das JDK stellt für jedes Container-Interface mindestens eine implementierende Klasse, die Containerklasse, bereit. Tabelle 3.2 zeigt die zugehörigen Interfaces.

Containerklassen	Interfaces					
	Collection	Set	SortedSet	List	Map	SortedMap
HashSet	X	X				
TreeSet	X	X	X			
ArrayList	X			X		
LinkedList	X			X		
(Vector)	X			X		
HashMap					X	
WeakHashMap					X	
TreeMap					X	X

Tabelle 3.2: Containerklassen des Collections Frameworks mit ihren Container-Interfaces

Die Klassen *HashSet*, *TreeSet*, *ArrayList*, *LinkedList* und *Vector* sind jeweils Containerklassen vom Typ *Collection*. *HashSet* und *TreeSet* sind zu Mengen spezialisiert und implementieren das Interface *Set*. Die *TreeSet* ist noch weiter spezialisiert, so dass sie die Funktionalität einer *SortedSet* bereitstellt, die ihre Elemente in geordneter Reihenfolge hält. *ArrayList*, *LinkedList* und *Vector* hingegen realisieren Listen auf unterschiedliche Weise.

Daneben stehen die Klassen *HashMap*, *WeakHashMap* und *TreeMap*, die Mengen von Schlüssel-Wert-Zuordnungen realisieren. Alle drei Klassen implementieren das Interface *Map*. Die Klasse *TreeMap* stellt zusätzlich die Funktionalität einer *SortedMap* bereit, ihre Elemente hält sie in der Ordnung der Schlüssel vor.

Abgesehen von der Klasse *Vector*, die aus der JDK Version 1.0 stammt, genügen die Containerklassen des Collections Frameworks einer Namenskonvention. Der Name setzt sich aus dem verwendeten Datenmodell und dem zu realisierenden, abstrakten Datentyp zusammen. Tabelle 3.3 listet in den Spalten das verwendete Datenmodell, die konkrete Implementierung, und in den Zeilen den zu realisierenden abstrakten Datentyp in Form der Interfaces auf.

Interface		Implementierung			
		Hashtabelle	größenveränderliches Array	ausgeglichener Baum (Tree)	verkettete Liste
	Set	HashSet		TreeSet	
	List		ArrayList		LinkedList
	Map	HashMap, WeakHashMap		TreeMap	

Tabelle 3.3: Namesgebung der Containerklassen

Im Folgenden möchten wir Ihnen eine weitere Sichtweise auf die Containerklassen des Collections Frameworks aufzeigen – ihre Implementierungsstruktur. Was ist damit gemeint? Neben der in Abbildung 3.1 auf Seite 113 gezeigten Vererbungshierarchie der Interfaces, die sich auf die Verallgemeinerung bzw. Spezialisierung der Schnittstellen von Containerklassen bezieht, lässt sich die Implementierung der Klassen in einer ähnlichen hierarchischen Struktur realisieren. Hierbei ist nicht die Generalisierung der Schnittstelle das Ziel, sondern die Vererbung von Funktionalität zum Ziel der Code-Wiederverwendung.

Methoden, die in mehreren Klassen benötigt werden und ihre Aufgabe auf gleiche Weise bewerkstelligen, können bereits in so genannten Basisklassen realisiert werden. Davon abgeleitete Kindklassen müssen diese Methoden nicht nochmals implementieren, sondern nutzen die vorhandene Implementierung.

Das Collections Framework macht auch von diesem Mechanismus der objektorientierten Programmierung regen Gebrauch. Keine der Containerklassen implementiert direkt ihre Interfaces. Stattdessen nutzen sie als Hilfsmittel abstrakte Klassen. Eine abstrakte Klasse kann nicht direkt instanziiert werden, sie dient als Basisklasse für weitere Ableitungen. In ihnen werden all diejenigen Methoden implementiert, die spätere Containerklassen nutzen können. Abbildung 3.31 zeigt die *Collection*-Containerklassen mit all ihren Interfaces und abstrakten Klassen.

Die Abbildung 3.31 zeigt, dass jede Containerklasse ein direkter Nachfolger einer abstrakten Klasse ist, in der die meisten Methoden bereits implementiert bereitstehen. So besitzt die Klasse *AbstractCollection* 13 von 15 Methoden des Interfaces *Collection*. Die Klasse *AbstractSet* ist von *AbstractCollection* abgeleitet, sie implementiert zusätzliche Methoden des Interfaces *Set*. Die eigentlichen Containerklassen *HashSet* und *TreeSet* beinhalten nur noch die Datenhaltung sowie den zugehörigen Iterator und die elementaren Methoden wie add( ), size( ) und iterator( ).

Die Klasse *AbstractList* erweitert *AbstractCollection* um die Funktionalität des Interfaces *List*. Von ihr sind die beiden Containerklassen *ArrayList* und *Vector* abgeleitet. Die Klasse *AbstractSequentialList* stellt zusätzlich die Funktionalität einer verketteten Liste bereit. Ihr direkter Nachfolger ist die Klasse *LinkedList*.

3.5 Die Containerklassen

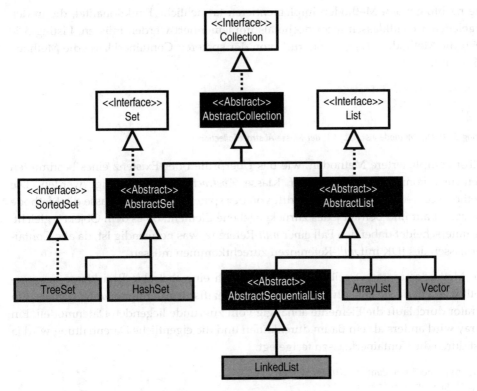

Abbildung 3.31: Die Implementierungshierarchie des Collections Framework

Die Aufgabe der abstrakten Klassen wird deutlich, wenn wir einen Blick auf ihre Realisierung werfen. Beispielhaft greifen wir die Klasse *AbstractCollection* heraus und besprechen einige ihrer Methoden.

Das Listing 3.48 zeigt den Standardkonstruktor von *AbstractCollection*. Er ist als *protected* deklariert um zu demonstrieren, dass diese Klasse nicht direkt zu instanziieren ist.

```
protected AbstractCollection() {
}
```
Listing 3.48: Konstruktor der Klasse AbstractCollection

Zwei weitere Methoden zeigt Listing 3.49. Sie sind als *abstract* deklariert und besagen lediglich, dass die Kindklassen diese Methoden zu implementieren haben.

```
public abstract Iterator iterator();
public abstract int size();
```
Listing 3.49: Die Methode iterator() und size() der Klasse AbstractCollection

Die nachfolgenden Methoden implementieren tatsächliche Funktionalität, die in den abgeleiteten Kindklassen nicht nochmals implementiert werden müssen. Listing 3.50 zeigt die Methode `isEmpty()`. Sie ruft von der späteren Containerklasse die Methode `size()` auf.

```
public boolean isEmpty() {
  return size() == 0;
}
```

Listing 3.50: Die Methode `isEmpty()` *der Klasse AbstractCollection*

Selbst kompliziertere Methoden, wie das Überprüfen der Existenz eines bestimmten Elements, können schon von der Klasse *AbstractCollection* erledigt werden. Die Methode `contains()` in Listing 3.51 ruft von der späteren Containerklasse die Methode `iterator()` auf und befragt jedes zurückgegebene Element, ob es dem Objekt o gleicht. Sie unterscheidet dabei den Fall einer *null*-Referenz, was notwendig ist, da alle Containerklassen des JDK mit *null*-Referenzen zurechtkommen müssen.

Die Methode `iterator()` selbst kann nicht durch eine abstrakte Basisklasse bereitgestellt werden, da sie einen für den Container spezifischen Iterator erzeugen muss. Ein Iterator durchläuft die Elemente abhängig vom zugrunde liegenden Datenmodell. Ein Array wird anders als ein Baum durchlaufen und die eigentliche Datenhaltung wird ja erst durch die Containerklassen festgelegt.

```
public boolean contains(Object o) {
  Iterator e = iterator();
  if (o == null) {
    while (e.hasNext())
      if (e.next() == null)
        return true;
  } else {
    while (e.hasNext())
      if (o.equals(e.next()))
        return true;
  }
  return false;
}
```

Listing 3.51: Die Methode `contains()` *der Klasse AbstractCollection*

Selbst die Methode `add()` erfährt eine Default-Implementierung. Auch hier gilt: Die eigentliche Arbeit, das Einfügen der Elemente, kann erst in der Containerklasse erledigt werden. Es werden jedoch Containerklassen bereitgestellt, die lediglich lesenden Zugriff auf ihre Elemente gestatten. Bei einer solchen Containerklasse kann die Implementierung der Methode `add()` entfallen. Überschreibt eine Containerklasse die Methode `add()` nicht, wird beim Aufruf eine *UnsupportedOperationException* ausgelöst.

3.5 Die Containerklassen

```
public boolean add(Object o) {
  throw new UnsupportedOperationException();
}
```

Listing 3.52: Die Methode add() *der Klasse AbstractCollection*

Als Letztes sei noch auf eine Mengenoperation eingegangen. Listing 3.53 zeigt, wie auf einfache Weise die Methode containsAll() realisiert wird. Für jedes Element der übergebenen *Collection* wird die Methode contains() aufgerufen. Auch hier ist der Iterator das zugrunde liegende Werkzeug, komplexe Operationen allgemein zu beschreiben.

```
public boolean containsAll(Collection c) {
  Iterator e = c.iterator();
  while (e.hasNext())
    if (!contains(e.next()))
      return false;

  return true;
}
```

Listing 3.53: Die Methode containsAll() *der Klasse AbstractCollection*

Das Gleiche gilt für die restlichen Methoden der Klasse *AbstractCollection*. Die Methoden toArray(), remove(), addAll(), removeAll(), retainAll(), clear() und toString() können direkt durch Iterator-Operationen realisiert werden.

Die abstrakte Klasse *AbstractList* implementiert zusätzliche Listenfunktionalität. Der zusätzliche *ListIterator* ist dafür die Voraussetzung.

Auch für *Maps* existiert eine abstrakte Klasse, nämlich *AbstractMap*. Sie stellt die grundlegende Funktionalität einer Map bereit. Abbildung 3.32 zeigt die zugrunde liegende Implementierungsvererbung. Das JDK bietet drei Containerklassen, die das Interface *Map* implementieren. Die Klasse *HashMap* ist ein Container, der seine Schlüssel in einer Hashtabelle verwaltet. Die Reihenfolge der Elemente einer *HashMap* ist ungeordnet. Die Klasse *TreeMap* implementiert zusätzlich das Interface *SortedMap*, die Schlüssel sind in einem Red-Black-Tree organisiert, so dass sie beim Iterieren über die Schlüssel in aufsteigender Ordnung zurückgegeben werden. Eine besondere Containerklasse ist *WeakHashMap*, ihre Funktionalität und das Zugriffsverhalten entspricht der *HashMap*. Die Besonderheit liegt darin, dass ein Schlüssel-Wert-Paar nur so lange im Container verbleibt, wie der Schlüssel außerhalb des Containers noch irgendwo im Programm referenziert wird. Fast magisch werden all die Einträge entfernt, auf deren Schlüssel keine Referenzen mehr existieren.

Eigenschaften und Verhalten der einzelnen Containerklassen werden in Kapitel 5 *Die Containerklassen der Standardbibliotheken* auf Seite 245 näher erläutert.

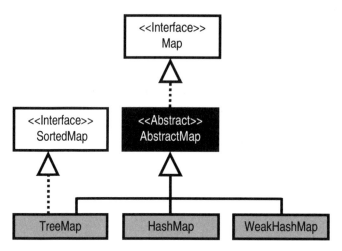

Abbildung 3.32: Die Implementierungshierarchie von Maps

3.5.2 JGL-Containerklassen

Die Generic Collection Library for Java hat eine im Vergleich zum Collections Framework des JDKs sehr simple Klassen-Hierarchie. Fast alle Containerklassen sind direkte Nachfolger der Klasse *Object*. Eine Ausnahme bilden die Maps, da diese von der seit Java 1.0 vorhandenen *Dictionary*-Klasse abgeleitet sind. Die meisten Containerklassen implementieren das *Container*- bzw. *Sequence*-Interface. Lediglich die beiden Mengendarstellungen (*HashSet* und *OrderedSet*) erben die Eigenschaften des *Set*-Interfaces. Abbildung 3.33 zeigt das Framework im Überblick.

Im Gegensatz zum Collections Framework sind *alle* Containerklassen der Generic Collection Library for Java von einem gemeinsamen Interface, dem Interface *Container*, vererbt. Dieses ist die kleinste gemeinsame Grundlage, um Container allgemein zu adressieren.

Container, die nur das Container-Interface implementieren

Container, die weder die Eigenschaft einer Menge haben noch in irgendeiner Form aufzählbar sind, implementieren direkt das *Container*-Interface. Dies sind die Klassen *Queue*, *PriorityQueue* und *Stack*.

Queue ist die Implementierung einer Warteschlange, deren Elemente nach dem FIFO-Prinzip hinzugefügt oder entfernt werden. Die Objekte haben zwar auf diese Weise eine natürliche Reihenfolge, sie darf jedoch nach außen nicht sichtbar sein. Eine Warteschlange, bei der die Elemente nicht nach dem FIFO-Prinzip, sondern nach einer anderen Priorität geordnet werden, ist die *PriorityQueue*. Die Containerklasse *Stack* schließlich bildet die Datenstruktur Stack in JGL ab. Diese Datenstrukturen wurden im Kapitel 2.4 *Queues* ausführlicher besprochen.

3.5 Die Containerklassen

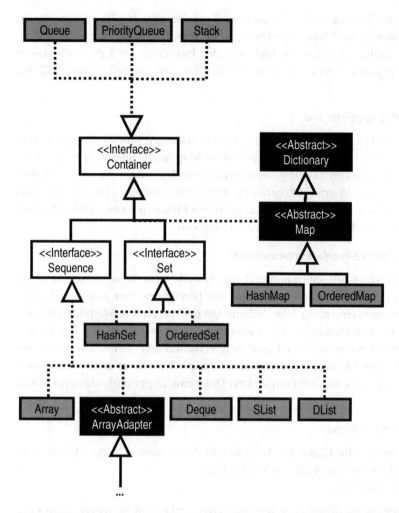

Abbildung 3.33: Das Framework der Containerklassen der Generic Collection Library for Java im Überblick

Container, die das Set-Interface implementieren

Die Generic Collection Library for Java kennt zwei Container, die das *Set*-Interface implementieren: Dies sind die *HashSet*, die das Hashing als Datenmodell benutzt, und die *OrderedSet*, die einen Red-Black-Tree als zugrunde liegende Datenstruktur hat. Ein Red-Black-Tree ist ein Suchbaum, der in jedem Fall ausgewogen bleibt (siehe Kapitel 2.3.4 *Zugriff durch Suchbäume*). Da in einer *OrderedSet* die Elemente in einem Suchbaum gespeichert sind, besitzen die Elemente eine natürliche Reihenfolge. Als Comparator zwischen Elementen wird – falls über ein binäres Prädikat nicht anders angegeben – der Hashwert der Elemente benutzt. Binäre Prädikate werden in Kapitel 4.1.3 *Prädikate in JGL* eingeführt.

Anders als bei den Containern des Collections Frameworks, die ihre Elemente im Sinne einer mathematischen Menge speichern, ist es unter JGL möglich, dass die Mengen Duplikate enthalten. Bei der Beschreibung des Interfaces *Set* haben wir davon bereits Gebrauch gemacht (siehe 3.3.2 *Das Interface Set* und speziell Listing 3.27 auf Seite 161).

Container, die von Map abgeleitet sind

Wie im Kapitel 3.3.3 *Die abstrakte Klasse Map* bereits erläutert, gibt es unter JGL kein eigenes Interface für eine Map. Die Realisation einer Map ist die abstrakte Klasse *Map*, von der *HashMap* und *OrderedMap* abgeleitet sind. *HashMap* ordnet die Schlüssel über eine Hashtabelle den assoziierten Objekten zu, und *OrderedMap* sortiert die Schlüssel in einem Red-Black-Tree. Deshalb liegen analog zu den Elementen einer *OrderedSet* alle Schlüssel in der *OrderedMap* in sortierter Reihenfolge vor.

Container, die das Sequence-Interface implementieren

Eine zweite Gruppe von Containern bilden *Array*, *ArrayAdapter*, *Deque*, *SList* und *DList*, die alle das *Sequence*-Interface implementieren. Wie bereits erwähnt, besitzen die Elemente dieses Containers eine natürliche Reihenfolge und besondere Methoden für den direkten Zugriff auf die Elemente. *Array* entspricht dem in Kapitel 5.1 *Tabellarische Übersicht der Interfaces* vorgestellten allgemeinen, erweiterbaren Array und ein *Deque* ist ein Array, auf dessen Elemente an den beiden Grenzen besonders effizient zugegriffen wird. Eine *SList* ist eine einfach (single) und *DList* eine doppelt (double) verkettete Liste.

Wrapperklassen für native Arrays

Eine dem Array verwandte Klasse ist *ArrayAdapter*. Diese abstrakte Basisklasse wird von allen Adapterklassen geerbt, die in dem Package

com.objectspace.jgl.adapters

hinterlegt sind. Der Zweck dieser Adapter- oder Wrapperklassen ist, native Arrays aus primitiven Datentypen wie `int[]` oder `float[]` in eine JGL-konforme Darstellung umzuwandeln. Danach stehen alle Funktionen und Algorithmen auch für native Arrays zur Verfügung. Abbildung 3.34 zeigt eine Übersicht aller Adapterklassen.

Die Namenskonvention ist, dass ein Adapter mit dem Datentyp anfängt, z.B. *Int-* oder *Char-*, und mit dem Typ des Adapters aufhört, z.B. *-Array* oder *-Buffer*. Es werden zwei Arten von Adaptern unterschieden.

Jeder primitive Datentyp besitzt in diesem Package einen entsprechenden Adapter. Eine Ausnahme bilden die Adapter für ein Array der Basisklasse *Object*, also `Object[]`, und der Adapter für die Klasse *Vector* des Packages *java.util*, die keine primitiven Datentypen kapseln.

3.5 Die Containerklassen

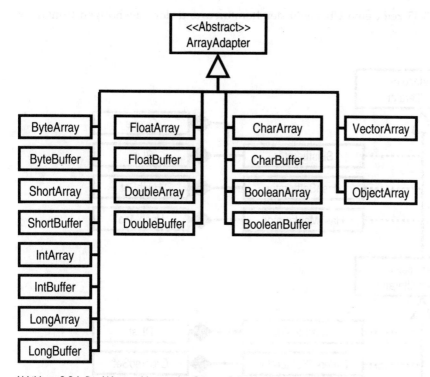

Abbildung 3.34: Die Wrapperklassen der Generic Collection Library for Java

> Adapter, die die Endung -*Array* haben, sind in ihrer Größe nicht erweiterbar, da die Elemente die Arrayeinträge des nativen Arrays sind. Endet ein Adapter mit -*Buffer*, so können diese Arrays nachträglich erweitert oder verkleinert werden, da die Elemente zuvor aus dem nativen Array kopiert werden.

3.5.3 JGLs Containerklassen und ihre Iteratoren

Jede Containerklasse der Generic Collection Library for Java besitzt einen eigenen Iterator. Es hängt von dem Funktionsumfang der Containerklasse ab, mit welchem Iteratortyp sie assoziiert ist. Je umfangreicher der Zugriff auf die Elemente des Containers ist, umso spezialisierter ist auch der zugeordnete Iterator. Jeder Container stellt mindestens einen *ForwardIterator* über die Methoden start() und finish() bereit. Die meisten Containerklassen geben aber tatsächlich speziellere Iteratoren, als durch ihr implementiertes Interface spezifiziert, mit diesen Methoden zurück.

> Besitzt ein Container einen spezialisierten Iterator, gibt es in dieser Klasse die Methoden begin() und end(), die den gleichen Zweck wie start() und finish() haben, jedoch den zur Klasse zugehörigen Iteratortyp als Rückgabewert haben.

Abbildung 3.35 zeigt eine Übersicht der Iteratoren und der zugehörigen Containerklassen.

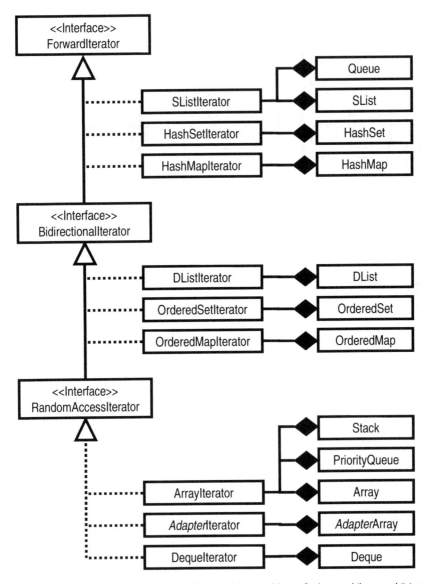

Abbildung 3.35: Die Containerklassen der Generic Collection Library for Java und ihre zugehörigen Iteratoren

3.5 Die Containerklassen

Die einfach verkettete Liste *SList* kann auf natürliche Weise nur vom Anfang zum Ende der Liste durchlaufen werden, so dass sie folglich auch nur einen *ForwardIterator* haben darf. Der Container *Queue* basiert standardmäßig intern auf einer *SList*, weshalb der assoziierte Iterator ebenfalls ein *SListIterator* ist. Die Elemente der Mengen *HashSet* und *HashMap* besitzen zwar keine definierte Reihenfolge, können aber trotzdem in eine Richtung mit einem *ForwardIterator* durchlaufen werden.

Die Containerklassen *DList*, *OrderedSet* und *OrderedMap*, die keinen direkten Zugriff auf ihre Elemente ermöglichen, deren Objekte aber leicht in beide Richtungen durchsucht werden können, haben assoziierte Iteratoren, die den *BidirectionalIterator* implementieren.

Alle Containerklassen, die intern auf einem Array basieren, haben Iteratoren, die das Interface *RandomAccessIterator* implementieren. Dazu gehören auch die Adapterklassen für native Arrays. Jeder Adapter hat einen eigenen Iterator (siehe Kapitel 3.5.2 *JGL-Containerklassen*). Die Klassen *PriorityQueue* und *Stack* haben keinen eigenen Iterator, da sie intern ein Array für die Darstellung des Heaps (siehe Kapitel 2.4.2 *Abstrakter Datentyp für Warteschlangen mit Prioritäten*) oder des Stacks nutzen. Aus diesem Grund stellen sie den *ArrayIterator* des intern verwendeten Arrays nach außen zur Verfügung.

Ein Iterator ohne zugehörige Containerklasse macht keinen Sinn. Dennoch könnten Sie in der Generic Collection Library for Java einen Iterator instanziieren, der keinen Bezug zu einem Container hat.

> Im Gegensatz zu den Iteratoren des Collections Frameworks wird keine Exception erzeugt, falls ein Iterator ungültig wird.

Allerdings sind die Iteratoren der jeweiligen Containerklasse derart realisiert, dass sie nur selten in einen undefinierten Zustand gelangen. Die Forderung an einen Iterator, jedes Element eines Containers nur einmal zu durchlaufen, kann aber in vielen Fällen nicht erfüllt werden. In Kapitel 5 *Die Containerklassen der Standardbibliotheken* wird im JGL-bezogenen Teil gezeigt, unter welchen Umständen ein Iterator falsche Elemente anzeigt. Dort werden wir auch Beispiele dafür anführen.

3.5.4 Spezielle Design-Aspekte der Generic Collection Library for Java

Innerhalb der Generic Collection Library for Java gibt es eine Reihe von Methoden, die zwar in jeder Gruppe von Containern, also den Gruppen-Sequenzen, Mengen oder Maps, vorkommen, aber kein Äquivalent in einem Interface besitzen. Sicherlich lässt sich aber die Funktionalität einer ganzen Gruppe von Klassen leichter merken, weshalb wir hier diese Methoden so vorstellen möchten, als *wären* sie in einem Interface definiert.

Das Sequence-Interface noch einmal

Einige der Klassen, die das *Sequence*-Interface implementieren, erlauben das Einfügen von Elementen über einen Iterator sowie das Einfügen und Löschen über einen Index. Diese Methoden sind eigentlich ein zentraler Bestandteil des Interfaces *Sequence*, sie wurden jedoch nicht darin aufgenommen. Aus diesem Grund möchten wir etwas näher auf diese Prinzipien eingehen, weil sie in ähnlicher Form in den JGL-Klassen *Array*, *Deque*, *SList* und *DList* angewendet werden. Das Collections Framework, das ein ausgefeilteres Design der Interfaces vorweist, hat entsprechende Methoden bereits in seinen Interfaces für Containerklassen oder der Iteratoren *List* bzw. *ListIterator* definiert.

In der Größe unveränderliche Wrapperklassen, die von *AdapterArray* abgeleitet sind, wie z.B. *IntArray*, besitzen keine Methoden, um Elemente einzufügen oder zu löschen, haben aber das *Sequence*-Interface implementiert. Veränderliche Wrapperklassen, wie z.B. *IntBuffer*, hingegen stellen die im Folgenden besprochenen Methoden zur Verfügung.

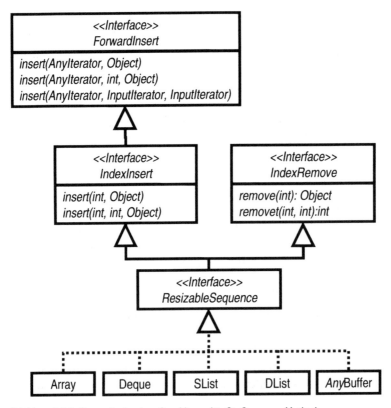

Abbildung 3.36: *Eine gedachte Interface-Hierarchie für Sequence-Methoden*

3.5 Die Containerklassen

Abbildung 3.36 zeigt eine mögliche Interface-Hierarchie, um Ihnen zu verdeutlichen, welche Container zusätzliche Methoden besitzen, die in keinem Interface definiert sind. Die Interfaces *ForwardInsert*, *IndexInsert* und *IndexRemove* sind von uns zu diesem Zweck eingeführt worden. *AnyIterator* meint einen spezialisierten Iterator, z.B. *DListIterator*, und *AnyBuffer* meint eine Wrapperklasse wie beispielsweise *IntBuffer*. Da das von uns erdachte *ForwardInsert*-Interface containerklassenabhängige Iteratoren erwartet, kann es unter JGL nicht wirklich ein allgemeines Interface für erweiterte Sequenzen geben.

Einfügen über Iteratorposition Alle hier gezeigten Sequenzen erlauben das Einfügen von Elementen an einer Position, die durch einen Iterator beschrieben wird. Tatsächlich erwarten diese Methoden keinen *ForwardIterator*, sondern einen zur Klasse gehörigen Iterator. Die Methode `insert(ForwardIterator it, Object o)` lautet in der *SList* zum Beispiel `insert(SListIterator it, Object o)`.

Der Vorteil dieser Methode liegt darin, dass die Stelle in einem Container, wo ein Objekt eingefügt wird, nicht erst gesucht werden muss. Diese Tatsache wurde auch schon beim Löschen von Elementen über einen Iterator angesprochen. Weiterhin kann der Container schauen, wie viele Elemente eingefügt werden sollen, indem er die `distance()`-Methode auf die Iteratoren anwendet, die einen Bereich definieren. Dies wird bei einem Array genutzt, um nicht *n*-mal die nachfolgenden Elemente um *einen* Platz nach hinten zu kopieren, sondern alle Elemente *auf einmal* um *n* Plätze.

Einfügen von Elementen in unterschiedliche Container Im folgenden Beispiel nutzen wir die Eigenschaft, Elemente über Iteratorangaben einfügen zu können, um in eine Liste aus Zahlen Buchstaben aus einer Menge einzubauen (siehe Listing 3.54).

```
// Array mit Zahlen 0, 1, ..., 9:
Array a = new Array();
for (int i = 0; i < 10; i++)
   a.add(new Integer(i));

// Menge mit Buchstaben A, B, C, D und E:
Set s = new HashSet();
s.add("A");
s.add("B");
s.add("C");
s.add("D");
s.add("E");

System.out.println("a vorher:  " + a);
System.out.println("s vorher:  " + s);

ForwardIterator it1 = s.start();
it1.advance(1);   // Positioniere Iterator auf 2. Element (B).
ForwardIterator it2 = s.start();
it2.advance(3);   // Positioniere Iterator auf 4. Element (D).
```

```
ArrayIterator p = a.begin();
p.advance(4);     // Starte Einfügen bei Position 4.
a.insert(p, it1, it2);

System.out.println("a nachher: " + a);
System.out.println("s nachher: " + s);
```
Listing 3.54: Das Einfügen von Elementen mit Iteratoren

Die Iteratoren `it1` und `it2` werden auf das zweite bzw. vierte Element der Menge positioniert. Da JGL die Elemente standardmäßig nach ihrem Hashwert speichert, sind dies die Buchstaben B und D. Der `ArrayIterator` p zeigt vor dem Einfügen auf die fünfte Position, also die Zahl 4. Mit `p.insert(p, it1, it2)` werden die Zahlen eingefügt. Schauen wir uns die Ausgabe an:

```
a vorher:   Array( 0, 1, 2, 3, 4, 5, 6, 7, 8, 9 )
s vorher:   HashSet( A, B, C, D, E )
a nachher:  Array( 0, 1, 2, 3, B, C, 4, 5, 6, 7, 8, 9 )
s nachher:  HashSet( A, B, C, D, E )
```

Die Buchstaben sind zwischen die Zahlen 3 und 4 gelangt – Elemente werden also vor der Iteratorposition eingefügt. Da der Iterator `it2` auf den Buchstaben D zeigt, dieser aber nicht in die List eingebaut wurde, heißt dies:

> Das Element am rechten Rand eines Bereichs, der durch zwei Iteratoren markiert ist, wird beim Aufruf der `insert()`-Methode nicht eingefügt (d.h. ausschließlich rechtes Element, wie bei Bereichen aus zwei Iteratoren üblich).

Dieses Beispiel zeigt außerdem, dass durch das Einfügen über Iteratoren Elemente aus unterschiedlichen Containern vermischt werden können. Der Container, aus dem die Elemente eingefügt wurden, hier die Menge `s`, bleibt davon unberührt. Verkettete Listen besitzen so genannte `splice()`-Methoden, die sich von der Methode `insert()` dadurch unterscheiden, dass die eingefügten Elemente aus ihrer ursprünglichen Liste entfernt werden. Näheres dazu wird in Kapitel 5.4.3 *SList* beschrieben.

Einfügen und Löschen über Index Da die Elemente einer Sequenz eine Position in ihrem Container besitzen, ist es denkbar, sie über ihre Position hinzuzufügen oder zu löschen. Bei Listen ist dies mit der ungünstigen Eigenschaft verbunden, dass die Position nur vom Anfang (oder dem Ende) der Liste aus mit dem Durchlaufen der Liste erreicht werden kann. Trotzdem wurden diese Methoden bei verketteten Listen vorgesehen. Bei Arrays zieht das Einfügen oder Löschen eines Elements in einem Array das Umkopieren der nachfolgenden Elemente um einen Platz nach vorn bzw. nach hinten nach sich, so dass auch diese Operation mit erheblichen Kosten verbunden ist. Aber auch in Arrays werden diese Methoden angeboten.

3.5 Die Containerklassen

In dem folgenden Beispiel (siehe Listing 3.55) möchten wir Ihnen diese Funktion demonstrieren.

```
// s ist eine Sequence:
Array s = new Array();
s.insert(0, "A");  // Füge vor Position 0 das A ein.
s.insert(0, "B");  // Füge vor Position 0 das B ein.
s.insert(1, "C");  // Füge vor Position 1 das C ein.
System.out.println("Sequence s vorher: " + s);
s.remove(1);       // Lösche Element an Position 1.
System.out.println("Sequence s danach: " + s);
```

Listing 3.55: *Einfügen und Löschen von Elementen über ihre Position in einer Sequence*

Die Ausgabe dazu lautet:

```
Sequence s vorher: Array( B, C, A )
Sequence s danach: Array( B, A )
```

> Die insert()-Methoden fügen neue Elemente vor der aktuellen Position ein – durch das Verschieben der Elemente befindet sich das frisch eingefügte Objekt dann an diesem Platz.

Durch diese Vereinbarung lassen sich auch Elemente in eine leere Sequenz einfügen, so wie es mit Element A geschehen ist. Die remove()-Methode entfernt das Element an der angegebenen Position.

Das Set-Interface noch einmal

Analog zum *Sequence*-Interface gibt es unter JGL einige Methoden, die auch in allen Klassen vorkommen, die das *Set*-Interface (*HashSet* und *OrderedSet*) implementieren, aber im Interface selbst nicht definiert sind. Diese Methoden möchten wir hier vorstellen.

Abbildung 3.37 zeigt ein gedachtes Interface *ExtendedSet*, das diese Methoden beschreibt.

Beide Klassen, *HashSet* und *OrderedSet*, besitzen Methoden aus dem gedachten Interface *ExtendedSet*. *AnySet* meint hier eine der beiden Klassen und *AnyIterator* ist ein Iterator. Die Methoden umfassen zwei Gruppen. Die erste Gruppe, in Abbildung 3.37 oben dargestellt, umfasst Operationen für Mengen, wie etwa das Bilden von Schnittmengen. Die zweite Gruppe an Methoden beschreibt einen Bereich von Elementen.

Mengenoperationen Die Mengenoperationen sind prinzipiell die gleichen wie im Collections Framework, die in Kapitel 3.3.2 *Das Interface Set* vorgestellt wurden: Es lassen sich die Schnitt- und Vereinigungsmenge sowie die Differenzmenge zweier Mengen bilden. Im Gegensatz zum Collections Framework lassen sich aber die Operationen direkt durch eine Methode mit entsprechenden Namen erreichen. Diese Operationen beziehen sich auf Mengen im mathematischen Sinne, deshalb gilt:

Beachten Sie bitte, dass diese Operationen nur auf Mengen möglich sind, in denen keine Duplikate erlaubt sind.

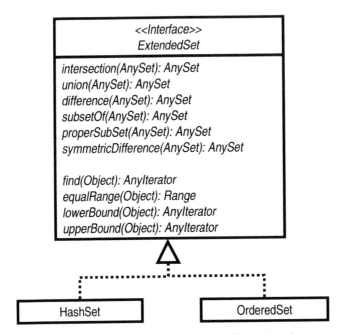

Abbildung 3.37: Eine gedachte Interface-Hierarchie für Set-Methoden

Wird eine dieser Methoden in einer Menge aufgerufen, in der Duplikate erlaubt sind, kommt es zu einer *InvalidOperationException*. Listing 3.56 zeigt ein Beispiel für die Operationen.

```
// Füge die Zahlen 1, 2, 3 bzw. 2, 3, 4 in die Mengen x und y ein.
// Da die Methoden nicht im Interface Set definiert sind,
// wird mit der Klasse selbst gearbeitet, hier HashSet:
HashSet x = new HashSet();
x.add(new Integer(1));
x.add(new Integer(2));
x.add(new Integer(3));

HashSet y = new HashSet();
y.add(new Integer(2));
y.add(new Integer(3));
y.add(new Integer(4));

System.out.println("Menge x = " + x);
System.out.println("Menge y = " + y);
```

3.5 Die Containerklassen

```
Set intersection = x.intersection(y);
Set union = x.union(y);
Set diff = x.difference(y);
Set symDiff = x.symmetricDifference(y);

System.out.println("Schnittmenge = " + intersection);
System.out.println("Vereinigungsmenge = " + union);
System.out.println("Symmetrische Differenz = " + symDiff);
```
Listing 3.56: Die Mengenoperationen der beiden Mengen HashSet und OrderedSet in JGL

Da diese Methoden nicht in den Interfaces definiert sind und nur die konkreten Containerklassen als Parameter erwarten, müssen die Variablen x und y vom Typ *HashSet* oder *OrderedSet* sein. Im Beispiel wird eine *HashSet* benutzt. Die Ausgabe ergibt:

```
Menge x = HashSet( 1, 2, 3 )
Menge y = HashSet( 2, 3, 4 )
Schnittmenge = HashSet( 2, 3 )
Vereinigungsmenge = HashSet( 1, 2, 3, 4 )
Symmetrische Differenz = HashSet( 1, 4 )
```

Zusätzlich zu diesen Mengenoperationen gibt es zwei Methoden, die *true* zurückgeben, falls z eine Teilmenge bzw. eine echte Teilmenge von x ist. Teilmenge (Schreibweise $z \subseteq x$) heißt, dass alle Elemente der Menge z auch in x enthalten sind, bei einer echten Teilmenge ($z \subset x$) besitzt z außerdem weniger Elemente als x. Die entsprechenden Methoden heißen `subsetOf()` und `properSubsetOf()`, sie werden im Listing 3.57 veranschaulicht. Diese Operationen sind zwar nicht direkt im Collections Framework vorhanden, ließen sich aber mit mehreren Methodenaufrufen nachbilden.

```
HashSet z = (HashSet) x.clone();

boolean subset = z.subsetOf(x);
boolean properSubset = z.properSubsetOf(x);

System.out.println("z Untermenge von x? " + subset);
System.out.println("z echte Untermenge von x? " + properSubset);
```
Listing 3.57: Weitere Mengenoperationen, die im Collections Framework nicht vorhanden sind

z ist eine Kopie der Menge x. Also ist z eine Teilmenge von x, aber keine echte, da z genauso groß ist wie x. Die Ausgabe zeigt wie erwartet:

```
z Untermenge von x? true
z echte Untermenge von x? false
```

Bereiche aus Iteratoren Da in Mengen der Generic Collection Library for Java Duplikate erlaubt sind, ist die Methode `get(Object o)` nicht in allen Fällen ausreichend, um eine Referenz auf ein Element in der Menge zu erhalten, das gleich zu *o* ist. Stattdessen wäre es nützlicher, einen Bereich auf *alle* Elemente zu erhalten, die gleich dem Objekt *o* sind. Dafür gibt es in allen Containern, die das Interface *Set* implementieren, die Methode `equalRange()`, die einen Bereich aus zwei Iteratoren zurückgibt, die auf das erste bzw. *hinter* das letzte passende Element zeigen.

> Obwohl die Elemente in einer Menge nicht immer sortiert vorliegen, ist gewährleistet, dass der Bereich aus Iteratoren, den der Aufruf `equalRange(Object o)` ergibt, nur Elemente enthält, die gleich zu *o* sind.

Schauen wir uns ein Beispiel dazu an (siehe Listing 3.58).

```
HashSet s = new HashSet(true);

s.add(new Float(1.0));
s.add(new Float(2.1));
s.add(new Float(0.1));
s.add(new Float(3.5));
s.add(new Float(1.0));      // 1.0 ist doppelt.
System.out.println("s vorher:   " + s);

// Alle Zahlen 1.0 in dieser Menge:
Range r = s.equalRange(new Float(1.0));
// Erzeuge eine Kopie von r.begin, die verändert wird:
ForwardIterator fi = (ForwardIterator) r.begin.clone();
while (!fi.equals(r.end))
   System.out.println("  " + fi.nextElement());

s.remove(r.begin, r.end);
System.out.println("s nachher: " + s);
```

Listing 3.58: Duplikate werden über einen Bereich aus zwei Iteratoren ermittelt.

In die Menge s werden fünf float-Zahlen eingefügt, wobei 1,0 doppelt vorkommt. Mit `s.equalRange(new Float(1.0))` wird ein *Range*-Objekt zurückgegeben, das alle gefundenen Elemente adressiert, die gleich zu 1,0 sind. Damit die gefundenen Elemente über den Iterator ausgegeben werden können, wird eine Kopie fi des ersten Iterators angefertigt. Mit dieser Kopie wird der Bereich durchlaufen. Anschließend wird die `remove()`-Methode, die einen Bereich von Iteratoren erwartet, aufgerufen, um alle Duplikate zu löschen. Zugegeben, die Methode `remove(Object o)` des Interfaces *Set* hätte ebenfalls alle Duplikate entfernt, aber erstens führen bekanntlich viele Wege nach Rom und zweitens ist das Löschen über Iteratoren schneller. Hier ist die Ausgabe:

```
s vorher:  HashSet( 3.5, 1.0, 1.0, 0.1, 2.1 )
  1.0
  1.0
s nachher: HashSet( 3.5, 0.1, 2.1 )
```

Übrigens lässt sich an der Ausgabe bereits erahnen, dass gleiche Elemente auch in einer Hashtabelle »an einem Stück« gespeichert werden – die Zahlen 1,0 stehen direkt hintereinander, obwohl die Hashwerte von Floatzahlen keine sortierte Reihenfolge der Zahlen bedingen. Anders als beispielsweise bei der Klasse *Integer*, bei der der Hashwert gleich dem Zahlenwert ist, wird bei *Float*-Objekten als Hashwert die interne Darstellung der Fließkommazahl benutzt. Dadurch sind Hashmengen mit diesen Elementen auch nicht *indirekt* sortiert.

Die Methoden lowerBound(Object o) und upperBound(Object o) liefern jeweils einen Iterator, der auf das erste bzw. letzte Element zeigt, das gleich dem Parameter *o* ist. In einer Menge, deren Elemente eine Ordnung besitzen, kann diese Eigenschaft genutzt werden, um eine Bereichssicht auf die Elemente zu bekommen. Einzelheiten dazu werden im Kapitel 5.8.2 *OrderedSet* auf Seite 90 vorgestellt.

Abschließend wird noch die Methode find() besprochen: Diese Methode liefert einen Iterator, und zwar einen zu der Containerklasse gehörigen, zurück, der auf das erste gefundene Element in der Menge zeigt. Wird kein passendes Objekt gefunden, wird der Iterator zurückgegeben, der hinter das letzte Element zeigt.

Die abstrakte Klasse Map noch einmal

Wen wundert es, dass es auch in den beiden Containern *HashMap* und *OrderedMap* Methoden gibt, die nicht bereits in der Klasse *Map* definiert sind? Abbildung 3.38 zeigt das gedachte Interface *ExtendedMap*, das diese Methode zusammenfasst.

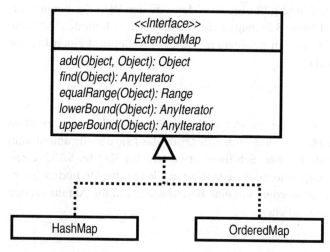

Abbildung 3.38: Eine gedachte Interface-Hierarchie für Map-Methoden

Die add()-Methode der abstrakten Klasse *Map* erlaubt nur das Hinzufügen eines *Pair*-Objekts, wie in Kapitel 3.3.3 *Die abstrakte Klasse Map* gezeigt wurde. Mit einer Variante dieser Methode (add(Object key, Object value)) können Sie den Schlüssel *key* und den Wert *value* einzeln gemäß den Regeln der Methode add() der Map hinzufügen. Die Regel besagt Folgendes: Sind in der *Map* keine Duplikate erlaubt, ändert die add(Object key, Object value)-Methode nichts und gibt stattdessen den assoziierten Wert des Schlüssels *key* zurück. Sind hingegen Duplikate möglich, wird der neue Eintrag in die *Map* eingefügt. Listing 3.59 zeigt dafür ein Beispiel.

```
HashMap m = new HashMap(false);
m.add(new Integer(1), "I");
m.add(new Integer(2), "II");
m.add(new Integer(3), "III");
m.add(new Integer(4), "IV");
Object r = m.add(new Integer(4), "IIII");
if (r != null)
    System.out.println("Hinzufügen nicht möglich, da " + r +
      " bereits enthalten ist.");

ForwardIterator fi = m.find(new Integer(2));
Pair p = (Pair) fi.get();
System.out.println("Wert von " + p.first + " ist " + p.second + ".");
```

Listing 3.59: Die Methoden add() *und* find() *als Beispiel*

Für die Zahl 4 gibt es zwei römische Ziffern, IV und IIII. Der Versuch, einen weiteren Eintrag mit Schlüssel 4 der *Map* hinzuzufügen, scheitert, da in dieser Map keine Duplikate erlaubt sind. Aus diesem Grund gibt die add()-Methode den Wert des bereits vorhandenen Schlüssels zurück. Listing 3.59 zeigt außerdem noch die Methode find(), die das erste Paar Schlüssel/Wert zu dem gegebenen Schlüssel findet und einen Iterator zurückgibt. Hier ist die Ausgabe:

```
Hinzufügen nicht möglich, da IV bereits enhalten ist.
Wert von 2 ist II.
```

Die Map-Methoden equalRange(), lowerBound() und upperBound() haben den gleichen Zweck wie bei den Mengen *HashSet* und *OrderedSet*, nur dass sie als Argument kein Objekt im Allgemeinen, sondern einen Schlüssel erwarten. Im Kapitel 5.10.2 *OrderedMap* wird ein Beispiel gezeigt, wie in einer sortierten Menge die Methoden lowerBound() und upperBound() benutzt werden, um eine Bereichssicht auf die Abfahrtszeiten von Zügen in einer Stadt zu ermöglichen.

Weitere gemeinsame Methoden

Jeder Container besitzt die Methode swap(), mit der alle Elemente eines anderen Containers vom gleichen Typ ausgetauscht werden. Es dürfen auf diese Weise nur Elemente zwischen gleichen Klassen ausgetauscht werden.

3.5 Die Containerklassen

Außerdem hat jeder Container eine `equals()`-Methode, die im Gegensatz zu `equals()` der Klasse *Object* als Parameter eine Instanz erwartet, die vom gleichen Typ wie der Container ist. Eine *HashSet* beispielsweise ruft innerhalb der `equals(Object o)`-Methode die spezialisierte `equals(HashSet s)`-Methode auf:

```
public boolean equals( Object object ) {
  return object instanceof HashSet && equals((HashSet) object);
}
```

Die spezialisierte `equals()`-Methode überprüft, ob beide Mengen gleich sind.

Die `clone()`-Methode eines Containers in JGL wird ähnlich realisiert. In jedem Container gibt es eine `copy()`-Methode, die als Argument einen Container c vom gleichen Typ erwartet. Von diesem Container c werden alle Attribute übernommen, so dass damit eine shallow copy dieses Containers erzeugt wurde. Die `clone()`-Methode erzeugt einen neuen, leeren Container, der im Konstruktor `copy()` aufruft. Als Beispiel zeigen wir das Klonen einer *HashSet*:

```
public synchronized Object clone() {
  return new HashSet(this);
}
```

Der Copy-Konstruktor sieht so aus:

```
public HashSet(HashSet set) {
  copy(set);
}
```

Wie bereits im Kapitel 3.5.3 *JGLs Containerklassen und ihre Iteratoren* erwähnt, besitzen alle Containerklassen die Methoden `begin()` und `end()`, die dieselbe Funktion haben wie die `start()`- und `finish()`-Methoden, aber einen spezialisierten Iterator zurückgeben.

4 Die Algorithmen des Collections Frameworks und JGL im Überblick

Dieses Kapitel beschreibt die algorithmischen Möglichkeiten der beiden Standardbibliotheken. Fast alle vorgestellten Algorithmen lassen sich über funktionale Objekte spezialisieren. Aus diesem Grund möchten wir zuerst die funktionalen Objekte beschreiben, bevor wir eine Übersicht über die vorhandenen Algorithmen geben.

4.1 Funktionale Objekte

Funktionale Objekte sind Klassen, mit denen das Verhalten eines Algorithmus beeinflusst wird. Der am häufigsten vorkommende Fall ist wohl, dass über Comparatoren die Sortierreihenfolge verändert wird. Comparatoren sind aber nur ein Spezialfall von funktionalen Objekten, die in der so genannten generischen Programmierung zum Einsatz kommen, deshalb wird zuvor eine Übersicht über diese Programmierung gegeben.

4.1.1 Vorteile generischer Programmierung

In den folgenden Kapiteln werden die algorithmischen Möglichkeiten der Standardbibliotheken vorgestellt. Ohne eine Parametrisierung ihrer Methoden wäre die Anzahl so groß, dass die beiden Frameworks zu unübersichtlich wären, um sie anzuwenden. In beiden Bibliotheken wurde daher die Möglichkeit vorgesehen, einen Algorithmus zu beeinflussen, ohne ihn selbst zu verändern. Dieses Prinzip wird als so genannte *Generische Programmierung* bezeichnet. Eine Definition für diesen Begriff lautet zum Beispiel:

▶ Generische Programmierung dient dazu, Programme leichter an bestimmte Fragestellungen anpassen zu können und übertragbar zu machen, indem sie allgemeiner als herkömmliche formuliert sind. Aus diesen allgemeinen Programmen werden gewöhnliche Programme als Spezialfälle erzeugt, indem ihre Parameter geeignet instanziiert werden. Typisch für generische Programme ist, dass Parameter eine komplexe Struktur haben. So lassen sich z.B. primitive Daten, Objekte, aber auch ganze Programme als Argumente übergeben.

▶ In der generischen Programmierung findet eine Trennung zwischen Datentypen und Algorithmen statt. Ein Quicksort-Algorithmus beispielsweise sollte unabhängig von dem verwendeten Datentyp zu verwenden sein.

Der Begriff generisch ist in der Bezeichnung »Generic Collection Library for Java« enthalten. Dies deutet darauf hin, dass JGL diesen Ansatz verfolgt. In der Tat sind hier die Algorithmen – weitestgehend – von den Containerklassen getrennt. Die Schnittstelle zwischen den Datentypen und den Algorithmen sind Iteratoren. Das Collections Framework hingegen realisiert diesen Ansatz weniger konsequent als JGL, es verwendet nur einen Teilaspekt davon, nämlich die Comparatoren. Als erstes Beispiel wenden wir uns nun den Comparatoren des Collections Frameworks zu.

4.1.2 Comparatoren im Collections Framework

Angenommen Sie möchten Objekte in einem Container sortieren, die kein natürliches Ordnungskriterium besitzen, d.h. die das Interface *Comparable* nicht implementieren, oder Sie möchten Objekte nicht nach ihrer natürlichen Ordnung sortieren. Das ist bereits dann der Fall, wenn die Zahlen nicht aufsteigend, sondern absteigend geordnet werden sollen.

Für diese Fälle existiert im Collections Framework das Interface *Comparator*, das zwei *Objects* nach einem selbst gewählten Ordnungskriterium vergleicht. Abbildung 4.1 zeigt *Comparator* in der UML-Darstellung. Ein *Comparator* ist von der Funktionalität mit dem *Comparable*-Interface vergleichbar, das bereits im Kapitel 1.3.3 *Universelle Algorithmen* mit Comparatoren auf Seite 66 beschrieben ist.

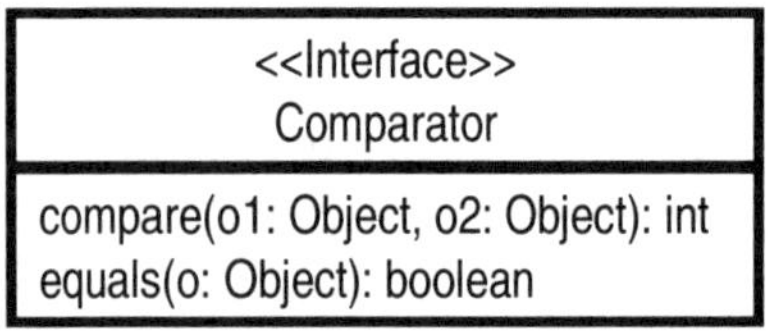

```
<<Interface>>
Comparator
─────────────────────────
compare(o1: Object, o2: Object): int
equals(o: Object): boolean
```

Abbildung 4.1: Das Interface Comparator

Die relevante Methode von *Comparator* ist `compare(Object o1, Object o2)`. Sie erwartet zwei zu vergleichende Objekte. Folgend sind wichtige Eigenschaften dieser Methode aufgezeigt, die bei der Verwendung zu beachten sind.

> Ist das erste Objekt `o1` im Sinne des Ordnungskriteriums größer als das zweite Objekt `o2`, so liefert `compare()` eine Integerzahl größer *null*. Ist hingegen `o1` kleiner als `o2`, so ist der Rückgabewert negativ. Im Falle der Gleichheit beider Objekte ist der Rückgabewert gleich *null*.

4.1 Funktionale Objekte

Ferner verlangt die Vereinbarung für Comparatoren folgendes Verhalten:

1. `sgn(compare(x, y)) == -sgn(compare(y, x))`

   Werden zwei Objekte x, y miteinander verglichen, so ist der in der Reihenfolge umgekehrte Vergleich y, x vom Vorzeichen verschieden. Die Methode `sgn()` gibt +1 für eine positive, -1 für eine negative Zahl und 0 für die Zahl 0 zurück.

2. Falls `compare(x, y) > 0` und `compare(y, z) > 0` ist, dann muss gelten: `compare(x, z) > 0`

   Mit Worten: Ist x größer als y und y größer als z, so muss auch x größer z sein. Als selbstverständlich kann auch folgende Bedingung verstanden werden:

3. Aus `compare(x, y) == 0` folgt `sgn(compare(x, z)) == sgn(compare(y, z))` für alle z.

   Stellt der Comparator die Gleichheit von x und y fest, so muss der Vergleich mit weiteren Objekten für x und y die gleichen Ergebnisse liefern.

> Vergleicht ein *Comparator* zwei Objekte miteinander und stellt ihre Gleichheit fest, so bedeutet dies nicht zwingend die Gleichheit der Objekte im Sinne ihrer `equals()`-Methode. Als Grundlage des Vergleichs können bei `equals()` und `compare()` unterschiedliche Kriterien herangezogen werden.

Nachdem wir die Regeln für einen Comparator betrachtet haben, wenden wir uns nun der konkreten Realisierung zu.

Noch einmal zusammengefasst: Sie möchten Objekte nach einem eigenen Ordnungskriterium miteinander vergleichen, um sie beispielsweise in einem Container sortiert vorzuhalten. Das Collections Framework sieht hierzu vor, dass Sie eine eigene Klasse schreiben, die das Interface *Comparator* implementiert.

Eine Sortiermethode kann mit Hilfe einer Instanz dieser Klasse die Reihenfolge von Elementen festlegen. Um je zwei Elemente miteinander zu vergleichen, wird die Methode `compare()` von der übergebenen Comparatorinstanz aufgerufen.

Als Beispiel nehmen wir die Aufgabe, einen *Comparator* zu schreiben, der für Objekte, die bereits miteinander vergleichbar sind – d.h. die Klassen der zu vergleichenden Objekte implementieren das Interface *Comparable* –, ein inverses Ordnungskriterium realisiert. Konkret ausgedrückt: Vergleicht Comparator zwei Objekte a und b miteinander, die eine natürliche Größer-Kleiner-Relation besitzen a > b, so ist das Ergebnis des Comparators invers dazu, also a < b. Dies ist übrigens ein schönes Beispiel für eine polymorphe Methode. Es lassen sich auf diese Weise beliebige Objekte in umgekehrter Reihenfolge anordnen, für die eine Größer-Kleiner-Relation existiert.

In Listing 4.1 ist eine erste Version des *Comparators* gezeigt. Als sprechender Klassenname wurde `BackwardsOrder` gewählt. Die Methode `compare()` erwartet zwei Objekte o1 und o2, die zu Beginn nach *Comparable* gecastet werden. Wir gehen also implizit davon aus, dass die übergebenen Objekte das Interface *Comparable* implementieren. Tun sie das nicht, so löst die Virtual Machine eine *ClassCastException* aus.

Der Vergleich findet in der letzten Zeile der Methode statt. Zu beachten ist, dass nicht c1 mit c2 auf größer oder kleiner verglichen wird, sondern c2 mit c1. Dies ist der eigentliche Grund für das invertierte Ergebnis.

```
import java.util.*;

public class BackwardsOrder implements Comparator {

  /**
   * Vergleicht zwei Objekte miteinander. Das Vergleichsergebnis
   * ist entgegengesetzt dem natürlichen der Objekte.
   * @return > 0  für o1 > o2
   *         == 0 für o1 == o2
   *         < 0  für o1 < o2
   */
  public int compare(Object o1, Object o2) {
    Comparable c1 = (Comparable) o1;
    Comparable c2 = (Comparable) o2;

    return c2.compareTo(c1);
  }

}
```

Listing 4.1: Comparator, der für Objekte die reziproke Ordnung realisiert

Betrachten wir jetzt einen Anwendungsfall. Im Listing 4.2 ist ein kleines Testprogramm gezeigt, das zehn Zahlen in eine Liste einfügt und die Liste mit dem in Listing 4.1 gezeigten *Comparator* sortiert.

```
public static void main(String []s) {
  List list = new ArrayList();

  for (int i = 0; i < 10; i++)
    list.add(new Integer(i));

  // Ausgabe der Liste vor dem Sortieren
  System.out.println("vor dem Sortieren: " + list);

  // Sortieren der Liste mit dem BackwardsOrder Comparator
  Collections.sort(list,new BackwardsOrder());

  // Ausgabe der Sortierten Liste
  System.out.println("nach dem sortieren: " + list);
}
```

Listing 4.2: Testprogramm für den BackwardsOrder Comparator

4.1 Funktionale Objekte

Das Ergebnis ist nachfolgend angegeben:

```
vor dem Sortieren: [0, 1, 2, 3, 4, 5, 6, 7, 8, 9]
nach dem Sortieren: [9, 8, 7, 6, 5, 4, 3, 2, 1, 0]
```

Der bisher betrachtete *Comparator* BackwardsOrder ist eigentlich vollständig. Unschön ist jedoch, dass beim Aufruf der Sortiermethode eine neue Instanz der Klasse Backwards-Order erzeugt wird. Die Klasse enthält keine Variablen, die einer eigenen Instanz bedürften. Benötigen Sie diesen *Comparator* mehrmals in einer Anwendung, so muss entweder jedes Mal eine neue Instanz erzeugt oder die erzeugte Instanz in einer Variablen zwischengespeichert werden.

Aus diesem Grund hat sich für funktionale Objekte in Java allgemein ein besonderes Sprachkonstrukt durchgesetzt – nämlich die direkte Implementierung und Instanziierung eines Interfaces ohne die Vergabe eines Klassennamens. Das erzeugte Objekt wird direkt einer Konstanten zugewiesen, worüber es zur Laufzeit abrufbar ist. Die Veränderung im Quelltext zeigt Listing 4.3.

In Java wird die Deklaration einer Konstanten durch das Schlüsselwort static final eingeleitet, gefolgt vom Typ und dem Bezeichner, in diesem Fall BACKWARDS_ORDER, sowie einer obligatorischen Zuweisung. Zugewiesen wird die Instanz eines Interfaces, das selbstverständlich noch implementiert werden muss. Das kann direkt im Anschluss in geschweiften Klammern erfolgen. Alle im Interface deklarierten Methoden sind, wie gewohnt, innerhalb dieses Blocks zu realisieren.

```java
public static Comparator BACKWARDS_ORDER = new Comparator() {
    /*
     * vergleicht zwei Objekte miteinander. Das Vergleichsergebnis
     * ist entgegengesetzt dem natürlichen der Objekte.
     * @return > 0 für o1 > o2
     *         == 0 für o1 == o2
     *         < 0 für o1 < o2
     */
    public int compare(Object o1, Object o2) {
        Comparable c1 = (Comparable) o1;
        Comparable c2 = (Comparable) o2;

        return c2.compareTo(c1);
    }
};
```

Listing 4.3: Der Comparator *BACKWARDS_ORDER* als Konstante

Die Veränderung des Aufrufs der Methode sort() ist in Listing 4.4 gezeigt.

```
Collections.sort(list, BACKWARDS_ORDER);
```

Listing 4.4: Aufruf der Methode *sort()* mit einem konstanten Comparator

Bisher haben wir gezeigt, wie eine abgewandelte Ordnung für Objekte, die das Interface *Comparable* implementieren, realisiert werden kann. Die meisten einfachen Klassen des JDK implementieren schon dieses Interface, so beispielsweise *Byte, Character, Double, Float, Long, File, Date* und viele andere.

Nun wollen wir zeigen, wie ein *Comparator* für Klassen zu implementieren ist, die das Interface *Comparable* nicht implementieren. Als Beispiel nehmen wir die Klasse *Person* unserer Miniwelt. Zuerst stellt sich die Frage, nach welchen Kriterien die Personen in einem sortierten Container vorliegen sollen. Sortiert nach dem Vor- oder Nachnamen ist ebenso denkbar wie auch die Festlegung der Reihenfolge nach dem Geburtsdatum. Möglich ist auch, dass die Anforderungen einer Anwendung alle drei Varianten verlangt. In diesem Fall könnten Sie drei unterschiedliche Comparatoren für Personen bereitstellen.

Es lassen sich noch zwölf weitere Kombinationsmöglichkeiten konstruieren, wenn die Reihenfolge nicht nur durch ein Kriterium, sondern durch zwei oder drei festgelegt wird. Tabelle 4.1 zeigt alle 15 möglichen Kombinationen der Kriterien. Jede Zelle der Tabelle stellt eine mögliche Kombination dar.

Nachname	Vorname	Geburtsdatum
Nachname, Vorname	Vorname, Nachname	Geburtsdatum, Nachname
Nachname, Geburtsdatum	Vorname, Geburtsdatum	Geburtsdatum, Vorname
Nachname, Vorname, Geburtsdatum	Vorname, Nachname, Geburtsdatum	Geburtsdatum, Nachname, Vorname
Nachname, Geburtsdatum, Vorname	Vorname, Geburtsdatum, Nachname	Geburtsdatum, Vorname, Nachname

Tabelle 4.1: Sortierkriterien für Person

Exemplarisch schreiben wir einen Comparator, der zwei Personen vergleicht, und Nachname, Vorname und Geburtsdaten in der angegebenen Reihenfolge als Kriterien heranzieht.

```
public static Comparator COMPARING_PERSON = new Comparator() {
   /*
    * Vergleicht zwei Personen auf kleiner, größer oder gleich.
    * @return  > 0  für o1 > o2
    *          == 0 für o1 == o2
```

4.1 Funktionale Objekte

```
     *              < 0  für o1 < o2
     */
     public int compare(Object o1, Object o2) {
       Person p1 = (Person) o1;
       Person p2 = (Person) o2;

       int result = p1.getLastname().compareTo(p2.getLastname());

       if (result == 0) {
         // Nachnamen sind gleich -> überprüfe Vorname.
         result = p1.getForename().compareTo(p2.getForename());

         if (result == 0) {
           // Nachnamen und Vornamen sind gleich ->
           // überprüfe Geburtsdatum
           result = p1.getBirthDate().compareTo(p2.getBirthDate());
         }
       }
       return result;
     }
   };
```

Listing 4.5: *Comparator zum Vergleich zweier Personen*

Zu Beginn werden die übergebenen Objekte nach Person gecastet. Die Methode getLastname() liefert einen String zurück. Strings implementieren bereits das Interface *Comparable*, so dass der Vergleich des Nachnamens direkt mit Hilfe der Methode compareTo() erfolgen kann. Im Fall der Gleichheit des Nachnamens werden die Vornamen verglichen. Sind auch die Vornamen identisch, so kann noch das Geburtsdatum der Personen verglichen werden. Die Methode getBirthDate() liefert ein *Date* zurück, das auch direkt verglichen werden kann.

Betrachten wir noch den Fall, dass in einem zu sortierenden Container Objekte von unterschiedlichem Typ abgelegt werden sollen, die abgesehen von *Object*, nicht von einer gemeinsamen Vaterklasse abstammen. Alle bisher besprochenen Comparatoren würden beim Vergleich unterschiedlicher Typen eine *ClassCastException* auslösen. Möchten Sie Objekte unterschiedlicher Typen in einem Container gemeinsam sortiert halten, so lässt sich die Programmierung eines spezifischen Comparators nicht vermeiden.

Nehmen wir an, eine *SortedSet* soll Objekte unserer Miniwelt, die zum Ausdruck anstehen, aufnehmen. Der Benutzer kann Züge, Waggons oder auch Personen in diesen Druck-Container hinzugeben. Beim Ausdruck sollen erst alle ausgewählten Züge, gefolgt von den ausgewählten Waggons und Personen, erscheinen.

Das Listing 4.6 zeigt einen *Comparator* zur Lösung dieser Aufgabe. Die Methode compare() überprüft mittels instanceof den Klassentyp des ersten Parameters. Ist dieser unbekannt, so wird eine *ClassCastException* ausgelöst, anderenfalls wird auch das zweite Argument nach ihrem Klassentyp befragt.

Der Vergleich zwischen einem Train und einem Waggon geht stets zu Gunsten des Zuges aus. Auch der Vergleich zwischen Waggon und Person gibt dem Waggon den Vortritt. Nach den *Comparator*-Regeln ist damit auch der Vergleich zwischen Train und Person festgelegt. Der Vergleich zwischen gleichen Klassentypen ist jeweils für sich geregelt. Vergleiche zwischen Waggons können von der Klasse Waggon selbst erledigt werden, sie implementiert das Interface *Comparable*. Das Gleiche gilt beim Vergleich zwischen Zügen. Beim Vergleich von Personen setzen wir den oben beschriebenen *Comparator* COMPARING_PERSON ein.

```
public static Comparator COMPARING_PRINT_OBJCTS =
                                  new Comparator() {
  /*
   * Vergleicht Züge, Waggons und Personen miteinander und
   * untereinander.
   * Regel: Züge > Waggon > Personen.
   * @return > 0 für o1 > o2
   *         == 0 für o1 == o2
   *         < 0 für o1 < o2
   */
  public int compare(Object o1, Object o2) {

    if (o1 instanceof Train) {
      if (o2 instanceof Train)
        return ((Train)o1).compareTo(o2);
      else if (o2 instanceof Waggon)
        return 1;
      else if (o2 instanceof Person)
        return 1;
      else
        new ClassCastException();

    }
    else if (o1 instanceof Waggon) {

      if (o2 instanceof Train)
        return -1;
      else if (o2 instanceof Waggon)
        return ((Waggon)o1).compareTo(o2);
      else if (o2 instanceof Person)
        return 1;
      else
        new ClassCastException();

    }
    else if (o1 instanceof Person) {

      if (o2 instanceof Train)
        return -1;
      else if (o2 instanceof Waggon)
```

```
                return -1;
            else if (o2 instanceof Person)
                return Person.COMPARING_PERSON.compare(o1, o2);
            else
                new ClassCastException();

        }
        else
            throw new ClassCastException();
        return -1;
    }

};
```
Listing 4.6: Vergleich unterschiedlicher Typen miteinander

Beim Erzeugen der *SortedSet* ist der Comparator dem Konstruktor zu übergeben, so werden die Elemente bereits beim Einfügen in ihrer richtigen Reihenfolge angeordnet.

```
SortedSet print = new TreeSet(COMPARING_PRINT_OBJCTS);
```
Listing 4.7: Erzeugen einer SortedSet mit selbst definiertem Ordnungskriterium

Abschließend noch eine Bemerkung zur Methode equals() des *Comparators*. Jeder Comparator sollte eigentlich equals() überschreiben. Die Methode equals() eines Comparators darf nur *true* zurückliefern, wenn das zu vergleichende Objekt ebenfalls ein Comparators ist, der ein identisches Verhalten an den Tag legt. Für zwei Comparatoren c1 und c2 muss demnach gelten:

```
sgn(c1.compare(o1, o2)) == sgn(c2.compare(o1, o2))
```

Und zwar für alle Objekte o1 und o2, die jemals verglichen werden! An dieser Stelle mag man sich nun fragen, woher die equals()-Methode alle Objekte kennen soll, um die oben genannte Entscheidung zu treffen. Selbst wenn man die Sache ernst nehmen würde und alle existierenden Objekte der Virtual Machine durchprobiert, kann damit nicht sichergestellt werden, dass im nächsten Augenblick ein Objekt existiert, das ein Unterschied im Verhalten der Comparatoren nachweist.

Wie kann dennoch eine praktikable Lösung realisiert werden? Es ist davon auszugehen, dass niemand ernsthaft auf die Idee käme, für eine Anwendung mehrere Comparatoren zu entwickeln, die sich in ihrem Verhalten gleichen und auch noch mit equals() daraufhin verglichen werden. Falls doch, sollten Sie folgendermaßen vorgehen: Verwenden Sie die statische Variante des Comparators; gemeint ist damit, der Comparator wird durch eine Konstante referenziert zugewiesen. So genügt es zu überprüfen, ob es sich um die gleichen Instanzen handelt. Eine mögliche Realisierung zeigt Listing 4.8.

```
public static Comparator COMPARING_PRINT_OBJCTS = new Comparator() {
  ...
  public boolean equals(Object o) {
    if (o == this)
      return true;
    else
      return false;
  }
};
```
Listing 4.8: Die Methode `equals()` für Comparatoren

Da bereits die Basisklasse *Object* ihre `equals()`-Methode auf diese Weise realisiert, erübrigt sich das Überschreiben von `equals()` im Comparator.

Kann jedoch nicht sichergestellt werden, dass nur eine Instanz eines *Comparators* existiert, können auch die Klassentypen der Comparatoren miteinander verglichen werden. Listing 4.9 zeigt eine mögliche Realisierung.

```
public boolean equal(Object o) {
  return this.getClass().equals(o.getClass());
}
```
Listing 4.9: Vergleich der Klassentypen

Das Reflection-Package ermöglicht es, zur Laufzeit Informationen über die Klasse eines Objekts abzufragen. Bereits *Object* bietet mit der Methode `getClass()` Zugriff auf ein Objekt, das die Informationen über die zugrunde liegenden Klasse enthält. Mittels der Methode `equals()` lassen sich diese »Meta-Objekte« miteinander vergleichen.

4.1.3 Prädikate in JGL

Auch die Generic Collection Library for Java besitzt das Prinzip eines *Comparator*-Objekts, das im letzten Abschnitt beschrieben wurde. Die Interfaces, die diese Aufgabe in der Generic Collection Library for Java übernehmen, werden als *Unary*- bzw. *BinaryPredicate* bezeichnet. Ihre Funktionalität umfasst alle Eigenschaften des Collections Frameworks und erlaubt darüber hinaus sogar einen noch flexibleren Umgang mit funktionalen Objekten. Wir haben solche Prädikate bereits in dem einführenden Beispiel im Kapitel 1.2.4 *Ein umfangreicheres Beispiel aus der Praxis* kennen gelernt. Hier möchten wir näher auf sie eingehen. Abbildung 4.2 zeigt die beiden Interfaces in der UML-Notation.

Beide Interfaces besitzen nur eine Methode, `execute()`. Die Prädikate unterscheiden sich jedoch in der Anzahl der Parameter, die diese Methode besitzt. Analog zu der Methode `compare()` eines *Comparator*-Interfaces haben die beiden als Parameter übergebenen Objekte des *BinaryPredicates* den Zweck, in einer geeigneten Weise miteinander verglichen zu werden. In diesem Zusammenhang erfüllt ein solches Binary Predicate die Aufgabe eines *Comparators* des Collections Frameworks.

4.1 Funktionale Objekte

```
            <<Interface>>
            UnaryPredicate
 execute(Object): boolean
```

```
            <<Interface>>
            BinaryPredicate
 execute(Object, Object): boolean
```

Abbildung 4.2: Die beiden Prädikate der Generic Collection Library for Java

Die beiden Typen von Prädikaten lassen sich aber noch effektiver für die Algorithmen der Generic Collection Library for Java einsetzen. Denn zum einen können mit der allgemeinen `execute()`-Methode Objekte nicht nur verglichen, sondern in einer beliebigen Weise – je nach Kontext – verknüpft werden, zum anderen bietet ein *UnaryPredicate* auch die Möglichkeit, nur ein Objekt einer Prüfung zu unterziehen. Ein vergleichbares Prädikat gibt es im Collections Framework noch nicht.

BinaryPredicate als Comparator

Nach so viel Theorie möchten wir Ihnen ein erstes Beispiel für ein *BinaryPredicate* nicht vorenthalten. Eine Liste von Zahlen soll absteigend sortiert werden. Dazu nehmen wir wieder die Liste aus dem einführenden Beispiel aus Kapitel 1.2.2 *Sortieren eines Arrays von Integerzahlen*.

```java
public class SecondExampleReverseJGL {
...
    // Das Array, das absteigend sortiert werden soll:
    public static int[] numbers = {
        1, 3, -2, 4, 3, 8, -4, 0, 1, 5, -2, 7, -6, 3, 3, -1, 3
    };
...
}
```

Listing 4.10: Dieses Array soll absteigend sortiert werden.

Der Aufruf der Sortiermethode sieht in diesem Fall etwas anders aus (siehe Listing 4.11) – es wird ein weiterer Parameter REVERSE übergeben.

```java
// Kleide das Array in eine JGL-Containerklasse ein
// und sortiere es:
Sorting.sort(new IntArray(numbers), REVERSE);
System.out.println("nachher: " + print(numbers));
```

Listing 4.11: Der Aufruf der `sort()`-Methode mit einem Prädikat als zweitem Argument

Das erste Argument der sort()-Methode ist – wie gehabt – eine Sequenz, die sortiert werden soll. Um ein natives Array in einen JGL-Container umzuwandeln, verwenden wir die Wrapperklasse IntArray. Als zweites Argument erhält die Methode sort() ein Prädikat, REVERSE, das den Algorithmus anweist, rückwärts zu sortieren. Die Ausgabe zeigt die absteigende Reihenfolge:

```
nachher: 8 7 5 4 3 3 3 3 3 1 1 0 -1 -2 -2 -4 -6
```

Das *BinaryPredicate* REVERSE haben wir so realisiert (siehe Listing 4.12) – es ist in seiner Funktionalität mit dem BACKWARDS_ORDER Comparator aus Listing 4.3 auf Seite 90 vergleichbar:

```
public class SecondExampleReverseJGL {
...
  private static final BinaryPredicate REVERSE =
  new BinaryPredicate() {
    public boolean execute(Object o1, Object o2) {
      int i =((Integer) o1).intValue();
      int j =((Integer) o2).intValue();
      if (j < i)        // Ist j kleiner als i?
        return true;    // Ja, dann gehört j vor i, also true.
      else
        return false;
    }
  };
...
}
```

Listing 4.12: *Ein BinaryPredicate in JGL, das den Sortieralgorithmus* Sorting.sort() *dazu anweist, eine Folge von Integerzahlen absteigend zu sortieren.*

Innerhalb der Methode execute() werden zuerst beide Objekte zu einem Integer-Objekt gecastet und deren Werte den int-Variablen i bzw. j zugewiesen. Dies ist durchaus zulässig, wenn wir mit Sicherheit wissen, dass diesem Prädikat nur *Integer*-Objekte übergeben werden. Anschließend erfolgt der Vergleich der Zahlen: Falls j kleiner ist als i, j also vor i stehen muss, dann wird true zurückgegeben. Der andere Fall besagt, dass j größer oder gleich i ist. Hier beenden wir die Methode mit false.

Wann *true* und wann *false* das Ergebnis sind, sagt uns die folgende Definition eines *BinaryPredicates*, das als *Comparator* benutzt wird:

> Ein Objekt *a* wird vor einem Objekt *b* platziert, falls das Prädikat mit dem Aufruf execute(a, b) **als Ergebnis** *true* **ergibt.**

4.1 Funktionale Objekte

Weiterhin fordert die Generic Collection Library for Java für *BinaryPredicates*, die als Comparatoren eingesetzt werden:

> Das Prädikat sollte *false* zurückgeben, falls beide übergebenen Objekte gleich sind. Zusammengefasst heißt das für den Rang der Objekte:
>
> $R(a) < R(b) \Leftrightarrow$ execute(a, b) == true
>
> $R(a) \geq R(b) \Leftrightarrow$ execute(a, b) == false

Beide Eigenschaften sind in unserer Implementierung des REVERSE-Prädikats erfüllt. Listing 4.13 zeigt die allgemeinere Version, die die compareTo()-Methode eines *Comparable*-Interfaces nutzt. In dieser Version ist es mit Listing 4.3 auf Seite 213 direkt zu vergleichen.

```
public class SecondExampleReverseJGL {
...
  private static final BinaryPredicate REVERSE_2 =
  new BinaryPredicate() {
    public boolean execute(Object o1, Object o2) {
      Comparable co1 = (Comparable) o1;
      Comparable co2 = (Comparable) o2;
      if (co2.compareTo(co1) < 0) // Ist o2 kleiner als o1?
        return true;               // Dann gehört o2 vor o1, also true.
      else
        return false;
    }
  };
...
}
```

Listing 4.13: *Dasselbe BinaryPredicate wie in Listing 4.12, das die* compareTo()*-Methode des Comparable-Interfaces zum Vergleich der Integerzahl nutzt.*

Da in diesem Prädikat ausschließlich Integerzahlen erwartet werden, dürfen die übergebenen Objekte nach Comparable gecastet werden, da Integerzahlen dieses Interface geerbt haben. Damit ist es wie im Kapitel 4.1.2 Comparatoren im Collections Framework möglich, die Objekte ganz allgemein mit der compareTo()-Methode zu vergleichen. Das Objekt co2 gehört vor co1, falls compareTo() eine Zahl kleiner 0 liefert. Dann gibt das Prädikat *true* zurück.

Abschließend noch eine Bemerkung zu diesen Implementierungen: Die Prädikate REVERSE bzw. REVERSE_2 sind Konstanten, und zwar konstante Prädikate, da ihnen das Schlüsselwort static final voransteht. Der Vorteil dieser Realisierung wurde im vorangegangenen Kapitel 4.1.2 *Comparatoren im Collections Framework* bereits erklärt. Immer dann, wenn solche Prädikate nur für eine sich nie ändernde Aufgabe eingesetzt werden, bietet es sich an, diese als konstant zu deklarieren. Der Algorithmus, der dieses Objekt als Argument übergeben bekommt, erhält so eine Konstante, die dessen

Aufgabe näher spezifiziert. Auf der anderen Seite ist ein Prädikat ein vollwertiges Objekt, das beliebige Attribute und Methoden besitzen darf. Damit ist es wiederum möglich, diesem Objekt die Verantwortung für die Spezialisierung des Algorithmus zukommen zu lassen. Ein Beispiel dafür ist das im einführenden, umfangreichen Beispiel gezeigte Prädikat zum Sortieren von Zugverbindungen (siehe Listing 1.19 auf Seite 31). Wir zeigen noch einmal dieses Prädikat (siehe Listing 4.14)

```java
/**
 * Sortiert Züge aufsteigend nach dem Zug-Namen.
 */
private class TrainSort implements BinaryPredicate {

  public void setCriteria(int how) {
    switch (how) {
    case TRAIN_TIME:
      criteria = TRAIN_TIME;
      break;
    case TRAIN_NAME:
      criteria = TRAIN_NAME;
      break;
    default:
      throw new RuntimeException("Nicht unterstütztes Kriterium " +
        how);
    }
  }

  public boolean execute(Object o1, Object o2) {
    switch (criteria) {
    case TRAIN_TIME:
      RouteTimeTrain rtt1 = (RouteTimeTrain) o1;
      RouteTimeTrain rtt2 = (RouteTimeTrain) o2;
      Date time1 = rtt1.getTime();
      Date time2 = rtt2.getTime();
      return (time1.compareTo(time2) < 0);

    case TRAIN_NAME:
      RouteTimeTrain rtt3 = (RouteTimeTrain) o1;
      RouteTimeTrain rtt4 = (RouteTimeTrain) o2;
      String n1 = rtt3.getTrain().getName();
      String n2 = rtt4.getTrain().getName();
      return (n1.compareTo(n2) < 0);
    }
    return false;
  }

  private int criteria = TRAIN_TIME;
};
```

Listing 4.14: *Ein BinaryPredicate zum Sortieren von Zugverbindungen*

4.1 Funktionale Objekte

Dieses Prädikat ist als eine private Klasse realisiert, die mit `new()` instanziiert wird. Sie besitzt eine Membervariable `criteria`, die das Sortierkriterium enthält, nämlich die Verbindungen nach dem Zugnamen oder der Zeit geordnet anzuzeigen. Über die Methode `setCriteria()` wird diese Eigenschaft geändert. Der Vorteil gegenüber einer Lösung mit mehreren konstanten Prädikaten liegt darin, dass die eigentliche Logik in diesem Prädikat gekapselt und nicht anderswo verstreut im Sourcecode ist.

Eine letzte Möglichkeit, die wir in diesem Zusammenhang erwähnen möchten, ist, dass ein Objekt selbst ein Standardprädikat implementiert, so wie die Klasse *Integer* beispielsweise das *Comparable*-Interface bereits geerbt hat. Beispielsweise könnte die Klasse *RouteTimeTrain* das Interface *BinaryPredicate* implementieren und damit eine Sortierreihenfolge für Objekte dieser Art vorgeben. Diese Implementierung ist jedoch mit dem Problem behaftet, dass aus dem Methodenname `execute()` nicht klar wird, welchen Zweck dieses Prädikat hat. Diese Doppeldeutigkeit besteht bei dem *Comparable*-Interface nicht, da aus dem Namen klar hervorgeht, wozu es verwendet wird. Eine bessere Lösung sind Prädikate als öffentliche Konstanten. In Listing 4.15 ist das Binary Predicate `SORT_TRAIN_TIME` der Klasse `RouteTimeTrain` gezeigt, das eine Sortierung nach 1.) dem Zugnamen und 2.) der Zeit bewirkt. Dieses Prädikat lässt sich als Konstante als weiteres Argument für einen Sortieralgorithmus verwenden. Dabei wurde wieder ausgenutzt, dass sich innere Klassen, die keine eigenen Membervariablen benötigen, mit dem Zusatz `static` wie Konstanten einsetzen lassen.

```
public class RouteTimeTrain {
...

    /**
     * @return Ein Prädikat, das die Standard-Sortierreihenfolge
     * für diese Klasse vorschlägt, nämlich erst Zugname, dann Zeit.
     */
    public static final BinaryPredicate SORT_TRAIN_TIME =
      new BinaryPredicate() {
      public boolean execute(Object o1, Object o2) {
          RouteTimeTrain rtt1 = (RouteTimeTrain) o1;
          RouteTimeTrain rtt2 = (RouteTimeTrain) o2;
          String n1 = rtt1.getTrain().getName();
          String n2 = rtt2.getTrain().getName();
          int r = n1.compareTo(n2);
          if (r == 0) {
              // Gleicher Zugname, Zeit entscheidet.
              Date time1 = rtt1.getTime();
              Date time2 = rtt2.getTime();
              return (time1.compareTo(time2) < 0);
          }
          else
              return (r < 0); // Zugname entscheidet.
      }
```

```
  };
  ...
}
```

Listing 4.15: *Ein BinaryPredicate als Standard-Sortierreihenfolge für Container, die Objekte der Klasse* RouteTimeTrain *enthalten.*

Die folgende Programmsequenz sortiert die Elemente im Container rtts entsprechend der von der Klasse RouteTimeTrain vorgeschlagenen Reihenfolge (siehe Listing 4.16).

```
Sequence rtts =
  new Array(Miniworld.getAllRouteTimeTrains().toArray());

Sorting.sort(rtts, RouteTimeTrain.SORT_TRAIN_TIME);

ForwardIterator fi = rtts.start();
while (fi.hasMoreElements()) {
  System.out.println(fi.nextElement());
}
```

Listing 4.16: *Sortieren der Zugverbindungen nach der Standardreihenfolge Zugname, Zeit*

Hier ein Auszug der Ausgabe des Programms. Die toString()-Methode der Klasse *RouteTimeTrain* gibt leider den Zug an letzter Stelle aus:

```
Kassel - Heidelberg, 275 km, Zeit: 7:45:00, IC-Zug: Bach, 10 Wagen
Heidelberg - Kassel, 275 km, Zeit: 9:45:00, IC-Zug: Bach, 10 Wagen
Kassel - Heidelberg, 275 km, Zeit: 11:45:00, IC-Zug: Bach, 10 Wagen
Heidelberg - Kassel, 275 km, Zeit: 13:45:00, IC-Zug: Bach, 10 Wagen
...
Berlin - Kassel, 390 km, Zeit: 9:00:00, ICE-Zug: Schubert, 12 Wagen
Kassel - Heidelberg, 275 km, Zeit: 12:00:00, ICE-Zug: Schubert, 12 Wagen
Heidelberg - München, 340 km, Zeit: 14:00:00, ICE-Zug: Schubert, 12 Wagen
München - Dresden, 465 km, Zeit: 17:00:00, ICE-Zug: Schubert, 12 Wagen
Dresden - Berlin, 195 km, Zeit: 12:00:00, ICE-Zug: Schubert, 12 Wagen
```

Sonstige Einsatzmöglichkeiten eines Binary Predicate

In einigen wenigen Fällen nutzt JGL ein Binary Predicate, um Elemente direkt miteinander zu vergleichen. In diesem Fall wird es nicht als Comparator eingesetzt, sondern als Ersatz für die equals()-Methode der Elemente. Der Rückgabewert der execute()-Methode ist *true*, falls zwei Objekte in irgendeiner Form gleich sind, oder *false*, wenn nicht. In der Klasse *HashSet* beispielsweise können Sie auf diese Weise eine Alternative für die equals()-Methode der Elemente im Konstruktor übergeben.

UnaryPredicate

Wenn Sie in einer Liste von Zahlen die Anzahl der Zahlen, die kleiner als 0 sind, bestimmen wollen, können Sie dafür auch ein Prädikat benutzen. Allerdings ist es für diese Aufgabe nicht notwendig, zwei Objekte miteinander zu vergleichen, denn die

4.1 Funktionale Objekte

Eigenschaft »kleiner 0« bezieht sich ja auf nur ein Objekt. Für diese Zwecke gibt es das Interface *UnaryPredicate*, das im Unterschied zum *BinaryPredicate* nur ein Argument in der execute()-Methode erwartet.

Um die Funktionsweise zu demonstrieren, wollen wir nun für das Array aus dem zweiten einführenden Beispiel (siehe Kapitel 1.2.2 *Sortieren eines Arrays von Integerzahlen*) feststellen, wie viele Zahlen kleiner 0 sind. Dafür bietet JGL die Methode Counting.countIf() im Package *com.objectspace.algorithms*. Listing 4.17 zeigt den Aufruf:

```
// Kleide das Array in eine JGL-Containerklasse ein
// und ermittle die Anzahl Zahlen < 0:
IntArray a = new IntArray(SecondExample.numbers);
int c = Counting.countIf(a, NEGATIVE);
System.out.println("Anzahl Zahlen < 0: " + c);
```

Listing 4.17: Die Methode Counting.countIf() *zählt die Anzahl der Elemente in einem Container, die der Bedingung* NEGATIVE *genügen.*

Als Argument für countIf() werden der Container – hier also wieder das eingebettete Array – und ein Zählkriterium NEGATIVE übergeben. Das Kriterium ist wie im vorletzten Beispiel ein konstantes Prädikat (siehe Listing 4.18).

```
public class SecondExampleCountJGL {
  ...
  private static final UnaryPredicate NEGATIVE =
  new UnaryPredicate() {
    public boolean execute(Object o) {
      int i =((Integer) o).intValue();
      if (i < 0)      // Ist die Zahl < 0?
        return true;  // Ja, also true.
      else
        return false;
    }
  };
}
```

Listing 4.18: Das UnaryPredicate, das true zurückgibt, falls eine Zahl kleiner 0 ist

Die Anweisungen in der execute()-Methode prüfen, ob die Zahl i kleiner Null ist. In diesem Fall wird true zurückgegeben. Schauen wir uns die Ausgabe an:

```
Anzahl Zahlen < 0: 5
```

Fünf Zahlen in dem Array sind also kleiner als 0. Wir möchten nicht vergessen zu erwähnen, dass dieses Prädikat noch allgemeiner formuliert werden kann. Im Kapitel 1.3.3 *Universelle Algorithmen* haben wir bereits erwähnt, dass in Java viele Algorithmen datentypunabhängig gehalten werden können, weil alle Objekte von *Objekt* oder anderen Basisklassen abgeleitet sind. Können wir ein Prädikat, das *true* bei Zahlen kleiner 0 liefert, auch für alle Zahlentypen schreiben? Ja, denn der Bubblesort-Algorithmus im Kapitel 1.2.2 *Sortieren eines Arrays von Integerzahlen* (siehe Listing 1.5 auf Seite 28) ist mit der Basisklasse *Number* vom Zahlentyp unabhängig geworden. Deshalb formulieren wir dieses eben gezeigte Prädikat so um, dass es für alle Zahlendarstellungen (*Float, Integer, ...*) wiederverwendet werden kann (siehe Listing 4.19).

```
public class SecondExampleCountJGL {
  ...
  private static final UnaryPredicate NEGATIVE_2 =
  new UnaryPredicate() {
    public boolean execute(Object o) {
      Number i =(Number) o;   // Wandle o in ein Number-Objekt um.
      if (i.intValue() < 0)   // Ist die Zahl < 0?
        return true;          // Ja, also true.
      else
        return false;
    }
  };
  ...
}
```

Listing 4.19: *Eine allgemeine Form des Prädikats aus Listing 4.18, das ein Objekt vom Typ Number erwartet und dies zum Vergleich benutzt*

Das Objekt o wird zu einem Objekt vom Typ Number gecasted. Dessen Methode floatValue() liefert den float-Wert der Zahl, die wir zum Vergleich heranziehen wollen. Mit dieser Verallgemeinerung steht uns unser Prädikat NEGATIVE_2 für alle Container zur Verfügung, die Zahlen speichern. Das *Comparable*-Interface hätte auch verwendet werden können, allerdings ist in dieser Lösung direkt zu erkennen, dass nur Zahlen verglichen werden sollen. Es wird eine *ClassCastException* erzeugt, falls das Argument keine Zahl ist.

In dem Beispiel aus Kapitel 1.2.4 *Ein umfangreicheres Beispiel aus der Praxis* auf Seite 13 haben wir auch schon von einem UnaryPredicate Gebrauch gemacht. Das Prädikat FilterView gibt dann *true* zurück, wenn das als Argument übergebene Objekt eine Zugverbindung ist, die angezeigt werden soll.

Vordefinierte Prädikate

JGL bietet standardmäßig im Paket *com.objectspace.jgl.predicates* 39 Prädikate, die Sie nutzen können, um die Algorithmen zu parametrisieren. Beispielsweise hätten wir für das Prädikat REVERSE aus Listing 4.12 das vorhandene *GreaterNumber* nutzen können und das Prädikat *NegativeNumber* hätte die Entwicklung unseres eigenen Prädikates NEGATIVE überflüssig gemacht. *NegativeNumber* ist genau wie unser NEGATIVE_2 ganz allgemein für Zahlen vom Typ Number geschrieben worden. Im Kapitel 6.1 *Vordefinierte funktionale Objekte von JGL* auf Seite 365 finden Sie eine Übersicht über alle 39 vordefinierten Prädikate.

4.1 Funktionale Objekte

Verknüpfen von Prädikaten

Das äußerst flexible Konzept funktionaler Objekte und die große Anzahl von fertigen Prädikaten erlauben es, die allgemein gehaltenen Algorithmen sehr gut an die eigenen Bedürfnisse anzupassen. JGL geht noch einen Schritt weiter und stellt Prädikate zur Verfügung, die die Aufgabe haben, zwei Prädikate zu verknüpfen. Diese besonderen Prädikate werden als *Binders* bzw. *Composers* bezeichnet. In Listing 4.20 ist ein Beispiel dafür gezeigt:

```
Container a = new IntArray(SecondExample.numbers);
System.out.println("a = " + a);

// Zusammengesetztes Prädikat für Zahlen > 5:
UnaryPredicate greater5 =
  new BindSecondPredicate(new GreaterNumber(), new Integer(5));
int r = Counting.countIf(a, greater5);
System.out.println(r + " von " + a.size() + " Zahlen sind > 5.");
```

Listing 4.20: *Ein zusammengesetztes Prädikat, das true liefert, falls eine Zahl größer als fünf ist*

Dieses Programm findet in einem Array von Integerzahlen die Anzahl der Zahlen, die größer als 5 sind. Dazu verwenden wir die Methode Counting.countIf(), die als zweites Argument eine Bedingung – hier Zahl > 5 – benötigt. Eine Bedingung wird in JGL mit einem UnaryPredicate formuliert.

In dem Container a werden die Zahlen aus dem Array gespeichert. Die Variable greater5 ist eine Instanz des vordefinierten Prädikats BindSecondPredicate, das im Konstruktor ein BinaryPredicate und eine Konstante benötigt. Als BinaryPredicate übergeben wir das ebenfalls vordefinierte Prädikat GreaterNumber(), das *true* liefert, falls eine erste Zahl größer als eine zweite ist. Das konstante Objekt ist eine Referenz auf eine Integerzahl 5. Das unäre Prädikat BindSecondPredicate mit seinem Parameter *x* macht Folgendes: Es ruft in seiner execute()-Methode das binäre Prädikat GreaterNumber() auf mit dem Argument *x* als erstem und der Konstanten 5 als zweitem Parameter. Das Ergebnis dieses zusammengesetzten Prädikats ist *true*, falls eine Zahl > 5 ist, oder *false*, wenn nicht.

Dies ergibt die Ausgabe:

```
a = int[]( 1, 3, -2, 4, 3, 8, -4, 0, 1, 5, -2, 7, -6, 3, 3, -1, 3 )
2 von 17 Zahlen sind > 5.
```

An diesem Beispiel wird deutlich, dass die Verknüpfung der Prädikate ein mächtiges Instrument darstellt, um die vordefinierten Prädikate für spezielle Fragestellungen anzupassen. Die Anzahl der Kombinationsmöglichkeiten allein für die vorhandenen Prädikate ist damit sehr groß. In Kapitel 6.1 Vordefinierte funktionale Objekte von JGL werden alle Prädikate, die andere miteinander verbinden, ausführlich behandelt.

Eigentlich sind das Unary- und das BinaryPredicate nur ein Spezialfall einer *Unary-* bzw. *BinaryFunction*, denen wir uns im nächsten Abschnitt zuwenden wollen.

4.1.4 Funktoren in JGL

Eine Verallgemeinerung eines JGL-Prädikates stellen die *Unary*- and *BinaryFunction* dar. Der Unterschied zu den beiden Prädikaten ist der Rückgabewert der execute()-Methode: Funktoren liefern Objekte und nicht einen booleschen Wert zurück. Abbildung 4.3 zeigt die beiden Funktoren in der UML-Darstellung.

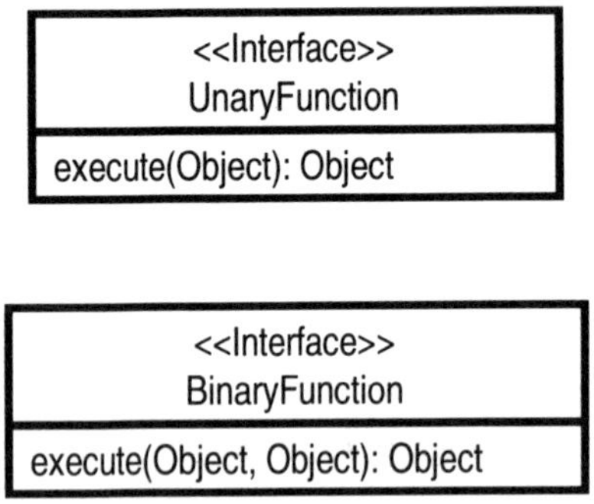

```
┌─────────────────────────┐
│      <<Interface>>      │
│      UnaryFunction      │
├─────────────────────────┤
│ execute(Object): Object │
└─────────────────────────┘

┌─────────────────────────────────┐
│         <<Interface>>           │
│         BinaryFunction          │
├─────────────────────────────────┤
│ execute(Object, Object): Object │
└─────────────────────────────────┘
```

Abbildung 4.3: Die Interfaces Unary- und BinaryFunction der Generic Collection Library for Java

Mit Funktoren ist es möglich, Elemente in Containerklassen in irgendeiner geeigneten Weise zu bearbeiten. Beispielsweise ist es denkbar, bestimmte Objekte in einem Container durch andere auszutauschen. Üblicherweise gibt die execute()-Methode eines Funktors ein neues Objekt zurück.

Unäre Funktoren

Anders als im Abschnitt über Prädikate wollen wir hier mit der *UnaryFunction* beginnen. Ein solcher Funktor eignet sich sehr gut dazu, alle Elemente in einem Container gezielt zu manipulieren bzw. auszutauschen. Im Listing 4.21 beispielsweise sollen alle Zahlen in dem aus den obigen Beispiel (siehe Listing 4.10 auf Seite 219) vorgestellten Array durch ihren Betrag ersetzt werden.

```
Container a = new IntArray(SecondExample.numbers);
Container b = new Array();
System.out.println("Array = " + a);

// Bilde den Betrag:
UnaryFunction abs = new AbsNumber();
Transforming.transform(a, b, abs);
System.out.println("Betrag = " + b);
```

Listing 4.21: Programmausschnitt, der den Betrag einer jeden Zahl in einem Array bildet

4.1 Funktionale Objekte

Dazu erzeugen wir eine Instanz eines von uns entwickelten Funktors `AbsNumber`, dessen Implementierung in Listing 4.22 gezeigt ist. Die Methode `Transforming.transform()` durchläuft alle Elemente des ersten Containers a und ruft den Funktor abs auf. Dessen Ergebnis wird in dem Zielcontainer b elementweise gespeichert. Die println-Ausgabe liefert:

```
Array = int[]( 1, 3, -2, 4, 3, 8, -4, 0, 1, 5, -2, 7, -6, 3, 3, -1, 3 )
Betrag = Array( 1, 3, 2, 4, 3, 8, 4, 0, 1, 5, 2, 7, 6, 3, 3, 1, 3 )
```

Die Klasse `AbsNumber` überprüft in einer aufeinander folgenden if-Abfrage, ob es sich um eine abgeleitete Klasse der Klasse `Number`, also um Integer, Float usw. handelt. Ist dies der Fall, gibt der Funktor dieselbe Klasse wie das Argument zurück, dessen Wert dem Betrag der übergebenen Zahl entspricht. Handelt es sich bei dem übergebenen Objekt nicht um eine Zahl, so erzeugt `AbsNumber` eine entsprechende Exception.

```
/**
 * Der Betrag einer Zahl.
 */
class AbsNumber implements UnaryFunction {
  public Object execute(Object o) {
    if (o instanceof Integer) {
      Integer i = (Integer) o;
      return new Integer(Math.abs(i.intValue()));
    }
    else if (o instanceof Float) {
      Float f = (Float) o;
      return new Float(Math.abs(f.floatValue()));
    }
    // ... anderen Number-Klassen.
    else
      throw new RuntimeException("Not a number: " + o);
  }
}
```

Listing 4.22: *Der Betrag einer Zahl als UnaryFunction*

Ein Beispiel für einen vordefinierten Funktor, den wir an dieser Stelle besprechen möchten, ist die Klasse *NegateNumber*. Sie kehrt das Vorzeichen einer Zahl um. Listing 4.23 zeigt den Programmauszug.

```
// Kehre das Vorzeichen um:
b.clear();
UnaryFunction negate = new NegateNumber();
Transforming.transform(a, b, negate);
System.out.println("Vorzeichenwechsel = " + b);
```

Listing 4.23: *Das vordefinierte Prädikat NegateNumber kehrt das Vorzeichen einer Zahl um.*

Zuerst werden alle Elemente des Zielcontainers b vom vorigen Beispiel mit der Methode `clear()`entfernt. Anschließend wird dieselbe `transform()`-Methode verwendet, um alle Zahlen aus Container a mit umgekehrten Vorzeichen in den Container b zu kopieren. Hier die Ausgabe:

```
Vorzeichenwechsel = Array( -1, -3, 2, -4, -3, -8, 4, 0, -1, -5, 2, -7, 6, -3, -3,
1, -3 )
```

Binäre Funktoren

Binäre Funktoren, also Objekte, die das Interface *BinaryFunction* implementieren, berechnen aus zwei Argumenten ein neues Objekt. Ein typisches Einsatzgebiet für solche Funktoren sind arithmetische Operationen mit Zahlen, z. B. *a + b*. Hierfür stellt JGL bereits vordefinierte binäre Funktoren bereit, die alle Grundoperationen wie +, – , × und / erlauben. Ihr Einsatzgebiet in den Algorithmen ist aber eigentlich beschränkt, denn im Gegensatz zu unären Funktoren oder den Prädikaten lassen sich nicht so einfach Anwendungen dafür finden.

Ein Beispiel für einen binären Funktor ist das Bearbeiten von zwei aufeinander folgenden Zahlen in einer Liste. Das Listing 4.24 zeigt einen Programmausschnitt, der angrenzende Zahlen miteinander multipliziert.

```
b.clear();
BinaryFunction times = new TimesNumber();
Counting.adjacentDifference(a, b, times);
System.out.println("Array multipliziert = " + b);
```

Listing 4.24: Beispiel für eine binäre Funktion: Alle angrenzenden Zahlen in einer Liste werden miteinander multipliziert.

Der vordefinierte Funktor `times = new TimesNumber()` in dem Package *com.objectspace.jgl.functions* multipliziert die beiden Parameter und gibt das Ergebnis zurück. Die Methode `adjacentDifference(a, b, times)` schließlich durchläuft alle Elemente im Container a und wendet den Funktor auf die Elemente an, beginnend mit dem zweiten Element und dessen Vorgänger. Das Ergebnis der Berechnung wird in den Container b geschrieben. Die Ausgabe lautet:

```
Array multipliziert = Array( 1, 3, -6, -8, 12, 24, -32, 0, 0, 5, -10, -14, -42, -
18, 9, -3, -3 )
```

Die Zahl -6 an Position 3 ergibt sich aus der Rechnung -3 · 2. Zur Erinnerung: Das Array aus dem zweiten einführenden Beispiel, das hier verwendet wurde, lautet: 1, 3, -2, 4, 3, 8, -4, 0, 1, 5, -2, 7, -6, 3, 3, -1, 3.

Verknüpfen von Funktoren

Funktoren lassen sich wie Prädikate miteinander kombinieren. Dies ist sinnvoll, wenn grundlegende Funktoren – ob selbst- oder vordefiniert – in ihrer Funktion erweitert werden sollen. In Anlehnung an das Beispiel aus Listing 4.20 möchten wir ein Beispiel zeigen, das den Funktor `BindSecond` gebraucht. Dieser Funktor erweist sich beispielsweise als nützlich, um alle Zahlen, die in einem Container hinterlegt sind, um den Wert eins zu erhöhen, denn innerhalb der Generic Collection Library for Java gibt es einen vordefinierten, binären Funktor `PlusNumber`, der zwei Zahlen addiert (analog zu *Times-Number*). Da wir als zweite Zahl stets den konstanten Wert eins nehmen möchten, verknüpfen wir den binären Funktor mit dem konstanten Objekt `new Integer(1)`. Listing 4.25 zeigt den Sourcecode.

```
// Addiere auf jede Zahl die 1:
b.clear();
UnaryFunction add1 =
    new BindSecond(new PlusNumber(), new Integer(1));
Transforming.transform(a, b, add1);
System.out.println("Array + 1 = " + b);
```

Listing 4.25: Ein zusammengesetzter Funktor, der eine Zahl um den Wert eins erhöht, wird auf alle Elemente eines Containers angewandt.

Das Schema ist dasselbe wie in den beiden vorigen Beispielen – auch hier kommt die `transform()`-Methode zum Einsatz. Der unäre Funktor `add1` gibt das Ergebnis zurück, das dessen binärer Funktor (`new PlusNumber()`) aus dem Argument der `execute()`-Methode und dem konstanten Objekt (`new Integer(1)`) berechnet. Das ist gerade $x + 1$. Im Kapitel 6.1.2 *Gebrauchsfertige Prädikate und Funktoren* werden alle vordefinierten Funktoren in einer Übersicht näher beschrieben.

4.2 Algorithmen des Collections Frameworks

Das Collections Framework fasst Algorithmen, die nicht bereits Bestandteil der Containerklassen sind, in einer Klasse zusammen. Die Klasse

> *Collections* im Package *java.util*

stellt eine Reihe statischer Methoden für Container bereit. Eine Aufteilung nach unterschiedlichen Containertypen findet nicht statt, so dass die Klasse *Collections* Methoden für *Collection, Set, SortedSet, List, Map* und *SortedMap* enthält.

Die meisten Algorithmen lassen sich allerdings nur auf das Interface *List* anwenden. Umsortierungsmethoden von Elementen einer Menge würden keinen Sinn ergeben.

Das Collections Framework stellt lediglich grundlegende Algorithmen wie das Suchen, Sortieren oder Füllen von Containern bereit. Hinsichtlich der Funktionalität bietet JGL an dieser Stelle weit mehr als das Collections Framework.

Die vorhandenen Algorithmen lassen sich in folgende Gruppen einteilen:

- Sortieren von Listen
- Zufälliges Mischen von Elementen einer Liste
- Weitere Listenoperationen
- Suchen von Elementen in einer Liste
- Suche nach Extremwerten in einem *Collection*

Die Klasse *Collections* heißt dennoch nicht Algorithmus, weil sie weitere Funktionalitäten bereitstellt, zum Beispiel die Möglichkeiten Container so zu verwandeln, dass nur noch lesender Zugriff gestattet ist, oder aus den sonst nicht threadsicheren Containern des Collections Frameworks threadsichere zu erzeugen.

Sortieren von Listen Das Sortieren von Listen der Klasse *Collections* beruht auf dem Mergesort-Verfahren. Es garantiert ein Verhalten von $n \log(n)$. Zwei Varianten der Methode sort() ermöglichen zum einen die Sortierung einer Liste nach der natürlichen Ordnung der Elemente und zum anderen die Übergabe eines zusätzlichen Comparators, der ein externes Ordnungskriterium definiert.

Zufälliges Mischen von Elementen einer Liste Zwei weitere statische Methoden der Klasse *Collections* ermöglichen das Mischen der Elemente einer Liste untereinander. Die erste Variante der Methode shuffle() benutzt dafür einen eigenen Zufallsgenerator, während die zweite Variante als Argument ein Objekt vom Typ *java.util.Random* erwartet, mit dessen Hilfe eine Zufallsreihe vorgegeben werden kann.

Weitere Listenoperationen Darunter sind drei Operationen zu verstehen:

- Die Methode reverse() ermöglicht die Reihenfolge der Elemente einer Liste umzukehren.
- Die Methode fill() ersetzt alle Elemente einer Liste mit einem zu übergebendem Objekt.
- Die Methode copy() kopiert die Elemente einer Liste in die einer zweiten. Dabei werden die Elemente der zu füllenden Liste überschrieben.

Suchen von Elementen in einer Liste Liegt eine sortierte Liste vor, so kann die Position eines Elements mit dem Aufwand $\log(n)$ ermittelt werden. Zugrunde liegt eine binäre Suche. Im Fall einer verketteten Liste kann der Aufwand der Suche jedoch auf $n \log(n)$ Schritte anwachsen.

Suche nach Extremwerten in einem Collection Um in einem *Collection* das größte bzw. kleinste Element zu ermitteln, existieren die Methoden `max()` und `min()`. Beide Operationen können auch mit einem *Comparator* aufgerufen werden, so lassen sich auch Elemente miteinander vergleichen, die keine natürliche Größer-kleiner-Relation definieren.

4.3 JGL-Algorithmen

Wie im Collections Framework sind auch in JGL die Algorithmen weitestgehend von den Containern getrennt. Alle Algorithmen der Generic Collection Library for Java befinden sich in dem Package:

> *com.objectspace.jgl.algorithms*

Die Klassen dieses Packages enthalten ausschließlich statische Methoden, die als Argument einen *Container* bzw. eine *Sequence* oder verschiedene Typen eines Iterators verlangen. Ein Algorithmus lässt sich im Allgemeinen durch die Angabe eines weiteren Prädikats (siehe Kapitel 4.1 *Funktionale Objekte*) zusätzlich konfigurieren. Die meisten Algorithmen weisen ein Standardverhalten auf. Beispielsweise lässt sich die Sortierreihenfolge über ein Prädikat verändern.

Die Namensgebung der Klassen und Methoden folgt einem Schema, bei dem der Zweck der Klasse durch ein beschreibendes Wort und die Endung -ing, beispielsweise *Sorting*, beschrieben wird. Innerhalb einer Klasse folgen die Methodennamen einem kurzen und erklärenden Wort, z. B. `sort()`.

4.3.1 Die Algorithmen im Schnelldurchlauf

Abbildung 4.4 zeigt alle Klassen mit Algorithmen in einer Übersicht. Wir haben die insgesamt 22 Klassen nach ihrer groben Funktionalität in sechs Gruppen eingeteilt, die im Folgenden besprochen werden.

Algorithmen, bei denen die Reihenfolge der Elemente verändert wird (a)

(Abbildung 4.4 a) In dieser Gruppe befinden sich Algorithmen, mit denen die Reihenfolge der Objekte in einem Container verändert wird. Vorweg gleich ein Hinweis:

Sortieren von Elementen Die wohl am häufigsten benötigten Algorithmen dieser Gruppe sind die Sortiermethoden. Die Klasse *Sorting* enthält für diesen Zweck zahlreiche Methoden. Die Objekte werden mit einer Variante des Quicksort-Algorithmus sortiert [User Guide V. 3.1/Sorting]. Die Funktionsweise des Quicksort-Algorithmus wurde in Kapitel 2.6.2 *Quicksort* auf Seite 106 kurz skizziert. Die verschiedenen Ausprägungen der `sort()`-Methoden erwarten entweder einen Container, der das Interface *Sequence* implementiert hat, oder einen Bereich aus Iteratoren.

234   4   Die Algorithmen des Collections Frameworks und JGL im Überblick

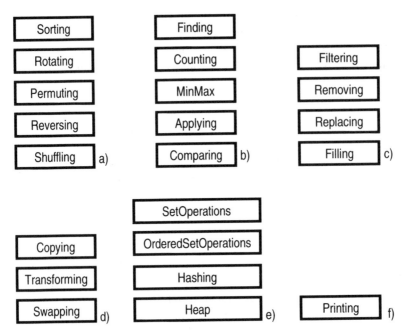

Abbildung 4.4: Die Algorithmen der Generic Collection Library for Java im Überblick. Alle Klassen enthalten ausschließlich statische Methoden. Erklärung der Gruppierungen a) bis f) im Text, siehe Überschriften.

> Bitte beachten Sie, dass mit Ausnahme der iterSort()-Methoden nur solche Container mit den hier vorgestellten Methoden bearbeitet werden dürfen, deren Elemente in ihrer Reihenfolge vertauscht werden können. Dies sind meist – aber nicht immer – Container, die das Interface *Sequence* implementieren, aber beispielsweise nicht die Klassen *OrderedSet* und *OrderedMap* bzw. das Interface *Container* selbst. Leider erlaubt JGL in einigen Methoden auch *falsche* Container als Parameter, was dazu führt, dass eine Exception generiert wird.

Im zweiten einführenden Beispiel wurde der sort()-Methode eine *Sequence* als Parameter übergeben (siehe Listing 1.6 auf Seite 18). Als Beispiel für einen Bereich aus Iteratoren möchten wir zeigen, wie nur ein Teil des Arrays sortiert wird (siehe Listing 4.26).

```
Sequence s = new IntArray(SecondExample.numbers);
System.out.println("s vorher:  " + s);
ForwardIterator fi = s.start();
fi.advance(s.size()/2);      // Springe zur Mitte des Arrays.
Sorting.sort(fi, s.finish()); // Sortiere nur zweite Hälfte.
System.out.println("s nachher: " + s);
```

Listing 4.26: Dieses Beispiel zeigt, wie über einen Bereich aus Iteratoren nur ein Teil eines nativen Arrays sortiert wird.

4.3 JGL-Algorithmen

Dazu wird das native Array aus dem zweiten Beispiel in einen JGL-Container umgewandelt und der Iterator fi auf das mittlere Element gesetzt. Die Methode Sorting.sort(fi, s.finish()) sortiert in diesem Fall nur die zweite Hälfte des Arrays, da der rechte Rand des Bereichs das Ende des Containers (s.finish()) ist. Dies zeigt die folgende Ausgabe:

```
s vorher:  int[]( 1, 3, -2, 4, 3, 8, -4, 0, 1, 5, -2, 7, -6, 3, 3, -1, 3 )
s nachher: int[]( 1, 3, -2, 4, 3, 8, -4, 0, -6, -2, -1, 1, 3, 3, 3, 5, 7 )
```

Ab dem neunten Element, der Zahl -6, liegt das Array nun aufsteigend sortiert vor.

Die Methoden iterSort() der Klasse *Sorting* geben einen Iterator zurück, der die Elemente des Containers sortiert durchläuft – die Container selbst bleiben aber von dieser logischen Sortierung unberührt. Näheres dazu erfahren Sie im Abschnitt 6.2.2 Sortieren indem diese Methoden im Detail behandelt werden.

Weitere Algorithmen in dieser Gruppe Die Klasse *Rotating* ermöglicht Ihnen, die Elemente schrittweise nach rechts oder links zu verschieben. Ein Container, der die Zahlen 1, 2, 3 enthält, besitzt nach Aufruf der Methode Rotating.rotate() beispielsweise die Anordnung 3, 1, 2. Möchten Sie einfach nur die Reihenfolge der Elemente in einem Container umkehren, so bieten sich die Methoden der Klasse *Reversing* an.

Die eben genannten Operationen sind ein Spezialfall einer Permutation. Eine Permutation ist eine gezielte Umsortierung einer Liste von Elementen. Für eine Liste mit z.B. drei Elementen gibt es sechs verschiedene Anordnungen: (1, 2, 3), (1, 3, 2), (2, 1, 3), (2, 3, 1), (3, 2, 1) und (3, 1, 2). Ganz allgemein gibt es für n Elemente $n! = n \cdot (n-1) \cdot \ldots \cdot 1$ verschiedene Reihenfolgen. Alle diese verschiedenen Anordnungen können Sie mit den Methoden der Klasse *Permuting* nach und nach erzeugen.

Da alle diese Methoden eher für Ordnung sorgen, wurde auch an eine Möglichkeit gedacht, Unordnung zu schaffen. Die Klasse *Shuffling* bietet Ihnen diverse Methoden, um die Objekte in einem Container in eine zufällige Reihenfolge zu bringen.

Algorithmen, mit denen Container ausgewertet werden (b)

(Abbildung 4.4 b) Diese Gruppe von Algorithmen erweist sich als nützlich, wenn Sie aus den Elementen eines Containers bestimmte Informationen gewinnen möchten.

Finden von Elementen Suchen Sie Objekte in einem Container, so liegen Sie mit der Klasse *Finding* richtig. Neben den üblichen Methoden zum Suchen von Elementen über die equals()-Methode finden Sie hier Verfahren, die beispielsweise gleiche benachbarte Elemente oder Objekte, die einem UnaryPredicate genügen, finden.

Zählen von Elementen Die Klasse *Counting* enthält einige Methoden zum Zählen von Elementen in einem Container, die bestimmte Eigenschaften erfüllen. Diese Eigenschaften werden über ein unäres Prädikat näher angegeben. Weiterhin lässt sich hier beispielsweise die Summe oder das Produkt aller Zahlen in einem Container bilden. Die Operation wird durch einen binären Funktor näher spezifiziert.

Das größte und das kleinste Element Die Methoden in *MinMax* ermitteln das minimale bzw. maximale Element bezüglich deren Hashwerten. Möchten Sie die Elemente nach einem anderen Kriterium bewerten, können Sie auch ein binäres Prädikat angeben, das als Comparator dient.

Rechnen in einem Container Falls Sie einen Container mit Zahlen haben und die Summe aller Elemente wissen möchten, können Sie die inject()-Methode der Klasse *Applying* dafür nutzen. Ein binärer Funktor *f* dient als eine Funktion und errechnet aus dem Wert des aktuellen Elements und dem bisherigen Ergebnis das neue Ergebnis. Bezeichnen wir die Elemente in einem Container mit e_1 bis e_n. Für jedes Element wird innerhalb der inject()-Methode die Berechnung

$$c_i = f(e_i, c_{i-1}) = e_i + c_{i-1}$$

ausgeführt. Mit dem Startwert $e_0 = 0$ erhalten wir so in c_n die Summe über alle Elemente. Ein Beispiel dafür und weitere Methoden zu dieser Klasse möchten wir in einem späteren Kapitel 6.3.5 Rechnen in Containern besprechen, da sonst der Rahmen eines Überblicks gesprengt würde.

Vergleich von mehreren Containern Die Klasse *Comparing* schließlich stellt Algorithmen zur Verfügung, mit denen zwei Container verglichen werden. Die Methode mismatch() beispielsweise findet den ersten Unterschied in einer Folge von Elementen und liefert als Ergebnis ein Paar aus Iteratoren, die auf die verschiedenen Elemente zeigen.

Algorithmen zum Manipulieren der Elemente eines Containers (c)

(Abbildung 4.4 c) Diese Gruppe von Algorithmen ändert einen Container direkt oder gibt eine neue Sicht auf einen Container zurück.

Das Filtern von Elementen Sind nur Elemente, die einer bestimmten Bedingung genügen, von Interesse, dann bietet sich die Methode Filtering.select() an: Diese Methode wählt nur Elemente aus, bei denen ein unäres Prädikat *true* liefert. Die Methode select() gibt es in zwei Ausführungen. Die erste Variante erwartet einen Container und kopiert alle ausgewählten Elemente in einen neuen Container, der vom gleichen Typ ist wie der ursprüngliche, und gibt diesen als Ergebnis zurück. Die andere Variante erwartet anstelle eines Containers einen Bereich aus Iteratoren.

Eine Eigentümlichkeit der Generic Collection Library for Java möchten wir am Beispiel der Methode Filtering.unique() aufzeigen. Diese Methode entfernt in einer Folge von Elementen alle aufeinander folgenden Duplikate. In Listing 4.27 werden die Zahlen 1, 1, 2, 2 und 3 in eine verkettete Liste eingefügt.

4.3 JGL-Algorithmen

```
Sequence s = new SList();
s.add(new Integer(1));
s.add(new Integer(1));
s.add(new Integer(2));
s.add(new Integer(2));
s.add(new Integer(3));

System.out.println("s vorher:  " + s);
OutputIterator end = Filtering.unique(s);
System.out.println("s nachher: " + s);

ForwardIterator fi = s.start();
// Durchlaufe den Container bis zum neuen "Ende":
while (!fi.equals(end))
   System.out.println(" " + fi.nextElement());
```

Listing 4.27: Das Auffinden und Entfernen von aufeinander folgenden gleichen Elementen in einer Liste

Anschließend wird die `unique()`-Methode aufgerufen. Sie liefert einen Iterator zurück, der auf das *neue* Ende des Containers zeigt. Die Anzahl der Elemente in diesem Container bleibt auf jeden Fall erhalten, auch wenn Duplikate entfernt wurden. Im Fall der `unique()`-Methode werden einfach alle Duplikate mit nachfolgenden Elementen, die verschieden sind, überschrieben, so lange bis alle Duplikate entfernt wurden. Die restlichen Elemente werden in dem Container gelassen, dafür wird das Ende des Containers durch den zurückgegebenen Iterator neu definiert.

Tatsächlich bleiben so die Elemente 2 und 3 am Ende der Liste von dieser Aktion unberührt, wie die Ausgabe beweist:

```
s vorher:  SList( 1, 1, 2, 2, 3 )
s nachher: SList( 1, 2, 3, 2, 3 )
 1
 2
 3
```

Der Iterator `end` zeigt hinter das letzte Element der duplikatfreien Liste, also direkt hinter die Zahl 3. Abbildung 4.5 zeigt diesen Sachverhalt in einer Grafik.

Diese etwas merkwürdig anmutende Strategie hat ihren Ursprung in der Standard Template Library für C++, aus der JGL hervorgegangen ist. Im Kapitel 9 Vergleich der Java-Standardbibliotheken mit der STL für C++ wird die STL mit JGL vergleichen.

In der Generic Collection Library for Java gibt es einige solcher Algorithmen, bei denen Elemente nicht wirklich aus einem Container gelöscht werden, sondern nur hinten angestellt werden. Ein weiterer Fall ist das Löschen von Objekten mit der `Removing.remove()`-Methode.

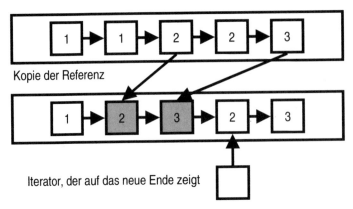

Abbildung 4.5: Das scheinbare Entfernen von Elementen in JGLs Algorithmen am Beispiel der unique()*-Methode*

Löschen von Objekten In der Klasse *Remove* befinden sich Methoden zum Löschen von Elementen. Wie im vorigen Beispiel der unique()-Methode werden die Elemente aber nicht aus dem Container entfernt. Prinzipiell benötigen Sie die Remove-Algorithmen aus dieser Klasse sowieso nicht, weil bereits das Interface *Container* sowie die Containerklassen Methoden zum Löschen bereitstellen.

Eine nützliche Variante ist die Gruppe der removeCopy()-Methoden: Hier werden solche Elemente aus einem Container in einen anderen kopiert, die *nicht* entfernt werden sollen – daher der Begriff removeCopy. Die Elemente, die nicht kopiert werden, werden über ein Objekt mit der equals()-Methode oder einem unären Prädikat bestimmt.

Ersetzen von Objekten In der Klasse *Replacing* befinden sich Algorithmen, mit denen Elemente in einem Container durch andere ersetzt werden. Wie auch in der Klasse *Removing* gibt es Methoden, mit denen diese Substitutionen beim Kopieren der Elemente in einen weiteren Container ausgeführt werden.

Füllen eines Containers mit Objekten Manchmal ist es sinnvoll, einen leeren Container mit einem bestimmten Objekt zu initialisieren. Die Klasse *Filling* bietet Ihnen hierfür einige nützliche Methoden. Die Füllmethoden kopieren aber lediglich eine Referenz des als Parameter übergebenen Objektes an die vorhandenen Plätze in dem Container. Es werden keine neuen Instanzen erzeugt!

Die fill()-Methode ersetzt alle Elemente, die bereits vorher vorhanden waren, mit dem neuen Objekt. Mit *null* belegte Adressen zählen ebenfalls dazu. Die fillN()-Methode hingegen überschreibt mit einem *OutputIterator* unabhängig von der Größe des Containers nur die ersten *N* Elemente mit dem neuen Element. Benutzen Sie als *OutputIterator* einen *InsertIterator*, lassen sich leere Container füllen. Listing 4.28 zeigt dazu ein Beispiel.

4.3 JGL-Algorithmen

```
Sequence a = new Array(5);  // Array aus fünf null-Elementen.
Integer k = new Integer(1);
Filling.fill(a, k);

System.out.println("a: " + a);

for (int i = 0; i < a.size(); i++) {
  Integer l = (Integer) a.at(i);
  if (l == k)
    System.out.println(l + " hat dieselbe Referenz wie  " + k);
}

Container s = new Stack();  // Leerer Stack.
Filling.fillN(new InsertIterator(s), 5, "Push!");
System.out.println("s: " + s);
```
Listing 4.28: Füllen eines Containers mit Elementen

Hier ist die Ausgabe dazu:

```
a: Array( 1, 1, 1, 1, 1 )
1 hat dieselbe Referenz wie  1
1 hat dieselbe Referenz wie  1
1 hat dieselbe Referenz wie  1
1 hat dieselbe Referenz wie  1
1 hat dieselbe Referenz wie  1
s: Stack( Array( Push!, Push!, Push!, Push!, Push! ) )
```

Wie wir später sehen werden, bieten viele Container, so z.B. das *Array*, dieselbe Funktionalität bereits im Konstruktor.

Algorithmen zum Manipulieren von zwei Containern (d)

(Abbildung 4.4 d) Diese Gruppe von Klassen beinhalten Algorithmen, die zwei Container betreffen.

Kopieren von Elementen – Copying Die Klasse *Copying* hält Methoden bereit, mit denen alle Elemente eines Containers in einen anderen kopiert werden. Diese Algorithmen eignen sich dazu, die Methode `addAll()` des Interfaces *Collection* des Collections Frameworks nachzuahmen. Im Kapitel 3.4.3 *Bereiche unter JGL – die Iteratorsicht* und speziell in Listing 3.47 auf Seite 186 wurde dazu bereits ein Beispiel gezeigt.

Bearbeiten von Elementen – Transforming Die beiden Algorithmen `collect()` und `transform()` der Klasse *Transforming* durchlaufen die Elemente eines Containers und wenden einen unären Funktor auf jedes Element an. `collect()` gibt dabei eine Kopie des ursprünglichen Containers zurück, wohingegen `transform()` den Zielcontainer als Argument in der Methode erwartet. Der Unterschied zu den Methoden der Klasse *Replacing* liegt darin, dass nicht nur einfach ein Objekt ersetzt wird, sondern eine Funktion (der unäre Funktor) das zu ersetzende Objekt berechnet.

Swapping Die Klasse *Swapping* stellt drei Algorithmen zur Verfügung, mit denen ein Element oder mehrere Elemente zweier Container ausgetauscht werden. Hierbei muss – falls zwei komplette Container ausgetauscht werden – die Anzahl der Elemente in beiden übereinstimmen. Vermutlich ist es aber in vielen Fällen angebrachter, einfach die Container selbst zu vertauschen und nicht deren Elemente, da diese Variante wesentlich schneller ist. Ist der Quell- und Zielcontainer derselbe, lassen sich über Iteratoren Teilbereich im gleichen Container austauschen.

Weitere Algorithmen für Datenstrukturen (e)

(Abbildung 4.4 e) Diese Gruppe stellt Algorithmen für spezielle Datenstrukturen zur Verfügung.

In der Klasse *Heap* befinden sich Methoden, mit denen ein Heap konstruiert und bearbeitet wird, *Hashing* stellt Algorithmen zum Berechnen von Hashwerten für einen Container bereit.

Die Containerklassen *HashMap* und *OrderedMap* besitzen bereits Methoden, um die Schnitt- oder Vereinigungsmenge zu bilden, obwohl diese Methoden auch als Algorithmus aufgefasst werden können und von daher in das Package *com.objectspace.jgl.algorithms* gehörten. Die Klasse *SetOperations* enthält diese und weitere Operationen für Mengen. Über Iteratoren ist es zusätzlich möglich, auch andere Container, etwa Arrays oder verkettete Listen, als Menge aufzufassen und auf ihre Elemente Mengenoperationen anzuwenden. Voraussetzung hierfür ist allerdings, dass die Sequenzen sortiert vorliegen.

Ausdrucken von Elementen (f)

(Abbildung 4.4 d) Diese Gruppe – bestehend aus einer Klasse – erklärt sich eigentlich von selbst. Alle Methoden der Klasse *Printing* dienen dazu, Elemente eines Containers auf die Standardausgabe (*System.out*) auszugeben.

4.3.2 Varianten der Algorithmen

Unterschiedliche Parameter

Insgesamt kennt JGL – wie wir gerade gesehen haben – eine Vielzahl von Algorithmen, jedoch gibt es für jede Methode meist verschiedene Varianten der Parameterübergabe, so dass sich dadurch die Anzahl insgesamt verringert. Ein Algorithmus bezieht sich entweder auf einen kompletten Container oder eine Untermenge seiner Elemente. Der Container oder Bereich wird durch die folgenden Parameter angegeben, d.h. eine Methode erwartet entweder

1. einen *Container* oder – falls eine Reihenfolge wichtig ist – auch eine *Sequence*, z.B.
   `Sorting.sort(Sequence s)` **oder**

2. einen Bereich aus zwei Iteratoren (von Element bis ausschließlich Element). Beispiel Sorting.sort(ForwardIterator a, ForwardIterator b).

Aus dieser Tatsache folgt ganz allgemein, dass es sehr viele *doppelte* Methoden gibt, die sich einzig durch die Parameter unterscheiden.

Es gibt auch Algorithmen, die zwei Container oder äquivalent zwei Bereiche benötigen. Diese Methoden erwarten also entweder

1. einen Bereich aus zwei Iteratoren (von Element bis ausschließlich Element) und einen weiteren *Container* (eventuell eine *Sequence*),
2. einen Bereich, bestehend aus zwei Iteratoren (von Element bis ausschließlich Element) und einem Iterator, der auf den Anfang des zweiten Bereichs zeigt, oder
3. zwei Bereiche, bestehend aus je zwei Iteratoren (von Element bis ausschließlich Element).

Eine Methode, die auf den Namen -if endet, z.B. countIf(), erwartet ein unäres Prädikat als Argument. In diesem Fall wird üblicherweise anstelle des Vergleichs eines Objekts mit dessen equals()-Methode das Prädikat benutzt, um ein Element eines Containers auszuwählen.

Generell gilt, dass sich die meisten Algorithmen durch ein Prädikat in ihrem Verhalten beeinflussen lassen – also z.B. die Sortierreihenfolge umkehren usw. In JGL ist bereits eine große Menge solcher funktionaler Objekte enthalten. Sie können auch selbst eigene funktionale Objekte kreieren. Das heißt, dass die Anzahl der Kombinationen sehr groß ist und die Funktionalität beliebig erweitert werden kann, ohne die Algorithmen selbst zu erweitern.

Iteratoren definieren die Reihenfolge von Elementen

Viele Algorithmen setzen direkt oder indirekt eine Reihenfolge der Elemente voraus. In einigen Fällen wird sogar ausdrücklich verlangt, dass ein Container das Interface *Sequence* implementiert hat. In allen anderen Fällen haben die Elemente die Reihenfolge, mit der sie über einen Iterator durchlaufen werden.

> Jede Methode, die einen *Container* als Parameter hat, besitzt eine äquivalente Variante, die einen Bereich aus zwei Iteratoren als Argument hat. Alle Aufrufe mit einem *Container* als Argument rufen intern die Variante mit einen Bereich aus zwei Iteratoren auf. Dies ist auch der Grund, warum Container, deren Objekte eigentlich keine Reihenfolge haben, für diese Art von Algorithmen eingesetzt werden können.

Dieses Prinzip, das sich in den gesamten Algorithmen der Generic Collection Library for Java findet, soll am Beispiel der equal()-Methode der Klasse *Comparing* veranschaulicht werden (siehe Listing 4.29). Diese Methode gibt *true* zurück, falls zwei Container dieselben Elemente in der gleichen Reihenfolge haben. Die Zahlen 2 und 10 im Konstruktor der *HashSet* bewirken, dass die Zahlen nicht zufällig sortiert sind. Näheres dazu erfahren Sie im Kapitel 5.7 *Mengen durch Hashing*.

```
Container s1 = new HashSet();
// Erzwinge HashSet ohne zufällige Sortierung:
Container s2 = new HashSet(new EqualTo(), 2, 10f);
Container a = new Array();
for (int i = 0; i < 5; i++) {
  s1.add(new Integer(i));
  s2.add(new Integer(i));
  a.add(new Integer(i));
}

System.out.println("s1: " + s1);
System.out.println("s2: " + s2);
System.out.println("a: " + a);

if (!Comparing.equal(s1, s2))
  System.out.println("s1 und s2 sind verschieden.");
if (Comparing.equal(s1, a))
  System.out.println("s1 und a sind gleich.");
```

Listing 4.29: Die Reihenfolge von Elementen im Container

Wie die nachfolgende Ausgabe zeigt, werden mit dieser Methode das Array a und die Menge s1 als gleich angesehen, da die Reihenfolge der Iteratoren gleich ist. Auch die der println()-Ausgabe, die intern Iteratoren nutzt, zeigt die gleiche Anordnung an. Die beiden Mengen s1 und s2 hingegen, die ja als gleich betrachtet werden könnten, da sie dieselben Elemente enthalten, sind verschieden. Hier noch die Ausgabe:

```
s1: HashSet( 0, 1, 2, 3, 4 )
s2: HashSet( 4, 2, 0, 3, 1 )
a: Array( 0, 1, 2, 3, 4 )
s1 und s2 sind verschieden.
s1 und a sind gleich.
```

Der Rückgabewert eines Algorithmus

In Abhängigkeit des Zwecks des Algorithmus werden folgende Ergebnisse zurückgegeben:

1. *void*, falls der Container direkt modifiziert wird. Beispiel: Sorting.sort().

2. Ein Iterator, der auf ein bestimmtes Element des modifizierten Containers zeigt. Beispiel: Filtering.unique().

3. Eine modifizierte Kopie des Containers (Sicht). Beispiel: Filtering.select()oder Transforming.transform().

4. Ein Objekt oder ein primitiver Datentyp, die das Ergebnis einer Berechnung darstellen. Beispiel: Counting.countIf().

Der zurückgegebene Iterator (Punkt 2) wird unter anderem für eine Besonderheit der Generic Collection Library for Java verwendet: Einige Algorithmen verändern beim Entfernen von Elementen die Größe des Containers nicht und kopieren stattdessen nur Elemente um. Das letzte Element definiert ein *neues* Ende des Containers, das der Iterator adressiert.

5 Die Containerklassen der Standardbibliotheken

In diesem Kapitel werden die Containerklassen der Standardbibliotheken einzeln besprochen. Der Schwerpunkt der Beschreibung liegt dabei nicht auf den Methoden der Klassen, sondern mehr auf den spezifischen Eigenschaften der Container. Die Funktionalität der Container wurde bereits in Kapiteln, in denen die Interfaces beschrieben wurden, erklärt (siehe z.B. Kapitel 3 *Einführung in das Collections Framework und JGL* auf Seite 109).

Alle Zahlen, die in diesem Kapitel genannt werden, beziehen sich auf das JDK 1.3 und die JGL-Version 3.1. Es ist denkbar, dass sich in zukünfigen Versionen die Konstanten geringfügig ändern werden.

5.1 Tabellarische Übersicht der Interfaces

In diesem Kapitel werden nochmals alle Methoden der Interfaces in tabellarischer Form aufgelistet. Einige Methoden, z.B. add(), werden in mehreren Interfaces genannt, um die Bedeutung für jedes Interface einzeln zu betonen.

5.1.1 Collections Framework

Dieses Kapitel bietet einen tabellarischen Überblick über die Interfaces des Collections Frameworks.

Collection

add(o: Object): boolean	fügt ein Element *o* einem *Collection* hinzu; der Rückgabewert vom Typ *boolean* gibt den Erfolg der Operation an
addAll(c: Collection): boolean	fügt einem *Collection* alle Elemente eines *Collection c* hinzu
clear()	löscht alle Elemente aus einem *Collection*
contains(o: Object): boolean	überprüft das Vorhandensein eines Elements *o* in einem *Collection*

Tabelle 5.1: *Das Interface Collection*

`containsAll(c: Collection): boolean`	überprüft, ob alle Elemente des *Collection c* im *Collection* enthalten sind
`equals(o: Object): boolean`	überprüft die Gleichheit zweier Container
`hashCode(): int`	gibt einen Hashwert als int-Zahl des *Collection* zurück
`isEmpty(): boolean`	überprüft, ob das *Collection* leer ist
`iterator(): Iterator`	gibt einen *Iterator* des *Collection* zurück
`remove(o: Object): boolean`	entfernt das erste Element aus dem *Collection*, das dem Objekt *o* im Sinne von `equals()` gleicht; der Rückgabewert gibt den Erfolg der Operation an
`removeAll(c: Collection): boolean`	löscht alle Elemente aus dem *Collection*, die den Elementen im *Collection c* im Sinne von `equals()` gleichen
`retainAll(c: Collection): boolean`	löscht alle Elemente aus dem *Collection*, die den Elementen im *Collection c* im Sinne von `equals()` nicht gleichen
`size(): int`	gibt die Anzahl der Elemente des *Collection* zurück
`toArray(): Object[]`	schreibt alle Elemente des *Collection* in ein natives *Object*-Array
`toArray(a: Object[]): Object[]`	schreibt alle Elemente des *Collection* in ein natives *Object*-Array des Array-Typs *a*

Tabelle 5.1: Das Interface Collection

Set

`add(o: Object): boolean`	fügt ein Element *o* einer *Set* hinzu; der Rückgabewert vom Typ *boolean* gibt den Erfolg der Operation an
`addAll(c: Collection): Boolean`	fügt einer *Set* alle Elemente eines *Collection c* hinzu
`clear(): void`	löscht alle Elemente aus der *Set*
`contains(o: Object): boolean`	überprüft das Enthaltensein eines Elements *o* in einer *Set*
`containsAll(c: Collection): boolean`	überprüft, ob alle Elemente des *Collection c* in der *Set* enthalten sind
`equals(o: Object): boolean`	überprüft die Gleichheit zweier *Sets*
`hashCode(): int`	gibt einen Hashwert der *Set* als int-Zahl zurück
`isEmpty(): boolean`	überprüft, ob die *Set* leer ist
`iterator(): Iterator`	gibt einen *Iterator* des *Collection* zurück
`remove(o: Object): boolean`	entfernt ein Element aus der *Set*, das dem Objekt *o* im Sinne von `equals()` gleicht; der Rückgabewert gibt den Erfolg der Operation an
`removeAll(c: Collection): boolean`	löscht alle Elemente aus der *Set*, die den Elementen in *Collection c* im Sinne von `equals()` gleichen

Tabelle 5.2: Das Interface Set

5.1 Tabellarische Übersicht der Interfaces

retainAll(c: Collection): boolean	löscht alle Elemente aus der *Set*, die den Elementen im *Collection* c im Sinne von equals() nicht gleichen
size(): int	gibt die Anzahl der Elemente der *Set* zurück
toArray(): Object[]	schreibt alle Elemente der *Set* in ein natives *Object*-Array
toArray(a: Object[]): Object[]	schreibt alle Elemente der *Set* in ein natives *Object*-Array des Array-Typs *a*

Tabelle 5.2: Das Interface Set

SordetSet

Das Interface *SortedSet* erweitert die Funktionalität des Interfaces *Set*.

comparator(): Comparator	gibt den *Comparator* zurück, der die Ordnung der *SortedSet* festlegt, oder *null*, falls eine natürliche Ordnung vorliegt
first(): Object	gibt das kleinsten Element im Sinne des Ordnungskriteriums zurück
last(): Object	gibt das größte Element der *SortedSet* zurück
headSet(Object toElement): SortedSet	gibt eine sortierte Menge zurück, deren Elemente alle kleiner sind als *toElement*
tailSet(Object fromElement): SortedSet	gibt eine sortierte Menge zurück, deren Elemente alle größer oder gleich *fromElement* sind
subSet(Object fromElement, Object toElement): SortedSet	gibt eine sortierte Menge zurück, deren Elemente alle größer oder gleich *fromElement* und kleiner *toElement* sind

Tabelle 5.3: Das Inteface SortedSet

List

add(o: Object): boolean	hängt ein Element *o* an eine *List* an, der Rückgabewert vom Typ *boolean* gibt den Erfolg der Operation an
add(index: int, o: Object)	fügt ein Element *o* an die Listenposition *index* der *List* ein; alle nachfolgenden Indizes verschieben sich um eine Position
addAll(c: Collection): boolean	fügt einer *List* alle Elemente eines *Collection* c hinzu
addAll(index: int, c: Collection): boolean	fügt alle Elemente des *Collection* c in die *List* ab der Listenposition *index* ein

Tabelle 5.4: Das Interface List

`set(index: int, o: Object): Object`	ersetzt das Element auf der Listenposition *index* mit dem Element *o*; der Rückgabewert liefert das ersetzte Element
`get(index: int): Object`	gibt den Eintrag der Listenposition *index* der *List* zurück
`indexOf(o: Object): int`	gibt die Listenposition zurück, an der das Element *o* das erste Mal in der *List* gefunden wird
`lastIndexOf(o: Object): int`	gibt die Listenposition zurück, an der das Element *o* das letzte Mal in der *List* aufgefunden wird
`contains(o: Object): boolean`	überprüft das Enthaltensein eines Elements *o* in einer *List*
`containsAll(Collection c): boolean`	überprüft, ob alle Elemente des *Collection* c in der *List* enthalten sind
`clear()`	löscht alle Elemente aus einer *List*
`equals(o: Object): boolean`	überprüft die Gleichheit zweier *List*-Container
`hashCode(): int`	gibt einen Hashwert einer *List* als int-Zahl zurück
`isEmpty(): boolean`	überprüft, ob die *List* leer ist
`iterator(): Iterator`	gibt einen *Iterator* der *List* zurück
`listIterator(): ListIterator`	gibt einen bidirektionalen *ListIterator* zurück; die Startposition des *ListIterator* ist vor dem ersten Element der *List*
`listIterator(index: int): ListIterator`	gibt einen bidirektionalen *ListIterator* zurück; die Startposition des *ListIterator* ist vor dem Element an Listenposition *index*
`subList(fromIndex: int, toIndex: int): List`	gibt eine *List* zurück, die einen Ausschnitt der *Liste* von der Listenposition *fromIndex* bis zur Listenposition *toIndex* exklusive repräsentiert
`remove(o: Object): boolean`	entfernt das erste Element aus der *List*, das dem Objekt *o* im Sinne von `equals()` gleicht. Der Rückgabewert gibt den Erfolg der Operation an
`remove(index: int): Object`	entfernt das Element auf der Listenposition *index* aus der *List*; der Rückgabewert liefert das entfernte Element
`removeAll(c: Collection): boolean`	löscht alle Elemente aus der *List*, die den Elementen im *Collection* c im Sinne von `equals()` gleichen

Tabelle 5.4: Das Interface List

retainAll(c: Collection): boolean	löscht alle Elemente aus der *List*, die den Elementen im *Collection* c im Sinne von equals() nicht gleichen
size(): int	gibt die Anzahl der Elemente der *List* zurück
toArray(): Object[]	schreibt alle Elemente der *List* in ein natives *Object*-Array
toArray(a: Object[]): Object	schreibt alle Elemente der *List* in ein natives *Object*-Array des Array-Typs *a*

Tabelle 5.4: Das Interface List

Das Interface Map

put(k: Object, v: Object): Object	verbindet Schlüssel mit dem Wert in einer *Map*
putAll(Map m): void	kopiert alle Schlüssel-Wert-Einträge der *Map* m in eine *Map*
get(k: Object): Object	gibt den zugehörigen Wert zum Schlüssel *k* zurück
size(): int	gibt die Anzahl der Schlüssel-Wert-Paare zurück
isEmpty(): boolean	überprüft, ob die *Map* leer ist
clear()	entfernt alle Schlüssel-Wert-Paare aus der *Map*
remove(k: Object): Object	entfernt aus einer *Map* zu einem Schlüssel *k* das zugehörige Schlüssel-Wert-Paar
containsKey(k: Object): boolean	überprüft das Enthaltensein eines Schlüssels *k* in einer *Map*
containsValue(v: Object): boolean	überprüft das Enthaltensein eines Wertes *v* in einer *Map*
keySet(): Set	liefert eine *Collection*-Sicht der Schlüssel als *Set* zurück
values(): Collection	liefert eine *Collection*-Sicht der Werte als *Collection* zurück
entrySet(): Set	liefert eine *Collection*-Sicht der Schlüssel-Wert-Paare als *Set* zurück
hashCode(): int	gibt einen Hashwert einer *Map* als int-Zahl zurück
equals(o: Object): boolean	vergleicht zwei *Maps* miteinander

Tabelle 5.5: Das Interface Map

SortedMap

Das Interface *SortedMap* erweitert die Funktionalität des Interface *Map*.

`comparator(): Comparator`	gibt den *Comparator* zurück, der die Ordnung der *SortedMap* festlegt, oder *null*, falls eine natürliche Ordnung vorliegt
`firstKey(): Object`	gibt den kleinsten Schlüssel zurück
`lastKey(): Object`	gibt den größten Schlüssel zurück
`headMap(toKey: Object): SortedMap`	gibt eine *SortedMap* zurück, deren Schlüssel alle kleiner sind als *toKey*
`subMap(fromKey: Object, toKey: Object): SortedMap`	gibt eine *SortedMap* zurück, deren Schlüssel größer oder gleich *fromKey* und kleiner als *toKey* sind
`tailMap(fromKey: Object): SortedMap`	gibt eine *SortedMap* zurück, deren Schlüssel größer oder gleich *fromKey* sind

Tabelle 5.6: *Das Interface SortedMap*

5.1.2 JGL

In diesem Kapitel werden alle Interfaces von JGL aufgeführt. Prinzipiell haben die Methoden der Container, die die folgenden Interfaces implementieren, die hier genannte Funktionalität. Weicht die semantische Bedeutung der Methoden von der hier genannten ab, wird dies in den nachfolgenden Kapiteln, in denen die Containerklassen näher beschrieben werden, ausdrücklich erwähnt.

Container

`isEmtpy(): boolean`	zeigt an, ob der Container leer ist
`size(): int`	gibt die Anzahl der Elemente in einem Container zurück
`maxSize(): int`	gibt die Anzahl der Elemente an, die maximal in dem Container gespeichert werden können

Tabelle 5.7: *Methoden, mit denen Informationen über die Größe des Containers abgefragt werden*

`add(o: Object): Object`	fügt das Element *o* dem Container hinzu; ein Rückgabewert ungleich *null* signalisiert, dass das Element nicht hinzugefügt werden konnte
`remove(e: Enumeration): Object`	löscht das Element in dem Container, auf das die Enumeration zeigt; das entfernte Element wird zurückgegeben

Tabelle 5.8: *Das Hinzufügen und Löschen von Elementen in einem Container, der das Container-Interface implementiert*

5.1 Tabellarische Übersicht der Interfaces

remove(e1: Enumeration, e2: Enumeration): int	löscht die Elemente aus dem Container, die durch die Enumerationen e_1 und e_2 markiert sind (einschließlich e_1 und e_2); die Anzahl entfernter Elemente wird zurückgegeben
clear()	löscht alle Elemente in dem Container

Tabelle 5.8: Das Hinzufügen und Löschen von Elementen in einem Container, der das Container-Interface implementiert

elements(): Enumeration	Enumeration, die auf das erste Element in dem Container zeigt; siehe start()
start(): ForwardIterator	Iterator, der auf das erste Element in dem Container zeigt
finish(): ForwardIterator	Iterator, der hinter das letzte Element zeigt

Tabelle 5.9: Methoden, die Iteratoren bereitstellen

Sequence

at(index: int): Object	gibt das Element an Position *index* zurück
front(): Object	gibt das erste Element zurück
back(): Object	gibt das letzte Element zurück
indexOf(o: Object): int	gibt Index des Objektes *o* zurück; wird das Objekt nicht gefunden, ist das Ergebnis -1
indexOf(indexFrom: int, indexTo: int, o: Object): int	ermittelt Index des Objekts *o* innerhalb des Bereichs *indexFrom* bis *indexTo*; wird das Objekt nicht gefunden, ist das Ergebnis -1
contains(o: Object): boolean	prüft, ob das Element *o* in der *Sequence* enthalten ist
count(o: Object): int	zählt die Anzahl der Elemente, die gleich zu *o* sind
count(indexFrom: int, indexTo: int, o: Object): int	zählt die Anzahl der Elemente, die gleich zu *o* sind und innerhalb der Positionen *indexFrom* und *indexTo* liegen

Tabelle 5.10: Methoden zum Abfragen von Elementen für Klassen, die das Interface Sequence implementieren

add(o: Object)	fügt Element *o* am Ende der Sequenz an
pushFront(o: Object)	fügt das Element *o* am Anfang der *Sequence* ein; alle nachfolgenden Indizes verschieben sich um eine Position
pushBack(o: Object)	siehe add()

Tabelle 5.11: Methoden zum Hinzufügen von Elementen für Klassen, die das Interface Sequence implementieren

`put(index: int, o: Object)`	überschreibt das Objekt an Position *index* mit Objekt *o*
`replace(o: Object, n: Object): int`	ersetzt alle Elemente, die gleich zu *o* sind, mit dem Objekt *n*. Gibt die Anzahl ersetzter Elemente zurück
`replace(indexFrom: int, indexTo: int, o: Object, n: Object): int`	ersetzt alle Elemente in dem Bereich von Position *indexFrom* bis *indexTo*, die gleich zu *o* sind, mit dem Objekt *n*; gibt die Anzahl ersetzter Elemente zurück

Tabelle 5.12: Methoden zum Ändern von Elementen für Klassen, die das Interface Sequence implementieren

`popFront(): Object`	entfernt das erste Element aus der Sequenz und gibt es zurück
`popBack(): Object`	entfernt das letzte Element aus der Sequenz und gibt es zurück
`remove(o: Object): int`	löscht alle Objekte, die zu *o* gleich sind, aus der Sequenz; gibt die Anzahl entfernter Elemente zurück
`remove(o: Object, m: int): int`	löscht maximal *m* Objekte, die zu *o* gleich sind, aus der Sequenz, gibt die Anzahl entfernter Elemente zurück

Tabelle 5.13: Methoden zum Löschen von Elementen für Klassen, die das Interface Sequence implementieren

Set

`get(o: Object): Object`	prüft, ob das Element *o* in der Menge enthalten ist; falls ja, wird das erste passende Objekt der Menge zurückgegeben, andernfalls *null*
`count(o: Object): int`	zählt die Anzahl der Elemente, die gleich zu *o* sind

Tabelle 5.14: Methoden zum Abfragen von Elementen für Klassen, die das Interface Set implementieren

`add(o: Object): Object`	fügt das Element *o* der Menge hinzu; sind Duplikate erlaubt, ist diese Operation immer möglich und *null* wird als Ergebnis zurückgegeben; sind keine Duplikate erlaubt, wird nur dann ein Element hinzugefügt, falls noch keins vorhanden war; der Rückgabewert ist dann *null*; andernfalls wird das bereits vorhandene Element zurückgegeben und die Menge unverändert gelassen
`put(o: Object): Object`	fügt das Element *o* der Menge hinzu; falls bereits ein Duplikat in der Menge vorhanden ist, wird dieses Objekt ersetzt und zurückgegeben, andernfalls ist der Rückgabewert *null*

Tabelle 5.15: Methoden zum Hinzufügen von Elementen für Klassen, die das Interface Set implementieren

`remove(o: Object): int`	löscht alle Elemente, die zu *o* gleich sind; die Anzahl entfernter Objekte wird zurückgegeben
`remove(o: Object, m: int): int`	löscht maximal *m* Elemente, die zu *o* gleich sind; die Anzahl entfernter Objekte wird zurückgegeben

Tabelle 5.16: Methoden zum Löschen von Elementen für Klassen, die das Interface Set implementieren

5.2 Arrays

Zweck

Ein Array dient der Speicherung von Objekten, auf die ein direkter Zugriff über einen Index nötig ist. Die Anzahl der Elemente darf variabel sein.

Auch bekannt als

Resizable Array, Vector (siehe nächsten Abschnitt)

Siehe auch

Adapterklassen für native Arrays (z.B. *ArrayAdapter*)

Motivation

Viele Algorithmen brauchen einen direkten Zugriff auf Elemente in einer Liste mit konstanter Zugriffszeit von O(1).

Kosten

Operation	Kommentar	Kosten
Zugriff	über Index	$O(1)$
Suchen		$O(n)$
Einfügen/Entfernen		$O(n)$
Einfügen/Entfernen am Anfang		$O(n)$
Einfügen/Entfernen am Ende	ohne Reallokation	$O(1)$
Einfügen/Entfernen mit Iterator		$O(n)$

Tabelle 5.17: *Eigenschaften der allgemeinen Containerklasse Array*

Implementierungen in den Standardbibliotheken

Sowohl das Collections Framework wie auch JGL bieten eine Implementierung eines variablen Arrays. Im Collections Framework sind dies

java.util.ArrayList

java.util.Vector

und in JGL

com.objectspace.jgl.Array

Kontext im Framework

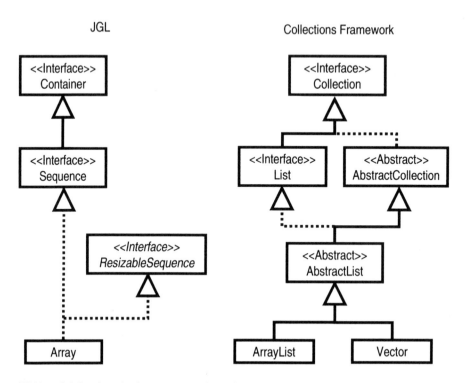

Abbildung 5.1: Die Array-Implementierungen Array, ArrayList bzw. Vector und ihr Kontext zum übrigen Framework

Eigenschaften

Im Gegensatz zu dem ursprünglichen Array-Begriff dürfen Arrays der Standardbibliotheken von variabler Länge sein. Ein Spezialfall ist das leere Array, das keinen Speicherplatz für Elemente bereithält. Im Konstruktor darf auch ein Initialwert für die Größe des Arrays übergeben werden. In diesem Fall wird ein Array mit leeren Plätzen (*null*) angelegt. D.h. Arrays können beliebige Elemente, einschließlich *null*-Referenzen, aufnehmen.

Das Löschen bedingt ein Verschieben aller hinter dem entfernten Objekt gelegenen Elemente um einen Platz. Achten Sie also darauf, dass Sie auf diese Weise keine falschen Indizes auf die nun verschobenen Einträge erhalten.

Die Kapazität k bezeichnet die Anzahl der Elemente, die der Container aufnehmen kann, bevor das interne Array erweitert wird, um Platz für neue Einträge zu schaffen. Beim Erzeugen eines neuen Containers mittels des Standardkonstruktors beträgt die Kapazität $k = 10$ in beiden Implementierungen *ArrayList* und *Array*. Beim Einfügen des

5.2 Arrays

elften Elements wird das interne Array neu angelegt und alle Einträge des alten Arrays werden in das neue Array übertragen. Dies erfolgt jedoch auf eine sehr effiziente Weise, indem die Methode `arraycopy()` der Klasse *System* verwendet wird. Diese Methode wird von der Java Virtual Machine direkt bereitgestellt, die Geschwindigkeit ist mit dem Kopieren eines Arrays in C++ vergleichbar.

Um sicherzustellen, dass die Methode `add()` in jedem Fall eine konstante Zeit benötigt, kann in einer Anwendung vor dem Einfügen von mehreren Elementen die Methode `ensureCapacity(int minCapacity)` verwendet werden. Damit wird garantiert, dass das Array die Kapazität `minCapacity` besitzt. Auf diese Weise werden zusätzliche Kosten vermieden, da das mehrmalige Allokieren und Kopieren des internen Arrays überflüssig wird.

Um die Kapazität einer *ArrayList* oder eines *Arrays* nicht ständig in der maximal erreichten Größe verharren zu lassen, steht eine weitere Methode `trimToSize()` bereit. Nach dem Entfernen von sehr vielen Elementen lohnt es sich, gelegentlich diese Methode aufzurufen. Sie setzt die Kapazität auf die tatsächlich benötigte Größe n der Liste zurück. Zu beachten ist jedoch, dass auch diese Operation das Kopieren des internen Arrays erfordert und dass bereits beim Einfügen eines weiteren Elements das interne Array erneut erweitert werden muss.

Das Einfügen oder Löschen von Elementen am Anfang und in der Mitte eines Arrays ist bei großen Arrays sehr teuer. Es müssen jeweils alle nachfolgenden Elemente um eine Position verschoben werden. Das ist auch der Fall, wenn einzelne Elemente über den Iterator gelöscht oder eingefügt werden. Das Austauschen bzw. Überschreiben von Elementen erfolgt in konstanter Zeit.

Sie sollten daher bei großen Sequenzen den Einsatz eines Arrays davon abhängig machen, wie oft Elemente am Anfang bzw. innerhalb der Sequenz eingefügt und entfernt werden müssen.

Nebeneffekte

Überschreitet die Anzahl der Elemente den allokierten Speicherplatz, wird neuer Platz reserviert und alle Elemente werden in den neuen Speicherbereich kopiert.

5.2.1 ArrayList

Die Klasse *ArrayList* bietet dem Benutzer die Schnittstelle der *List* (siehe Kapitel 3.2.4 *Das Interface List* auf Seite 90), ihre interne Realisierung beruht jedoch auf einem nativen Array. Die Vereinigung von Funktionalität auf der einen Seite und effizienter Datenstruktur auf der anderen schafft einen besonders nützlichen Container.

Ist beim Einfügen neuer Elemente die Kapazität des internen Arrays erreicht, so erweitert der Container automatisch seine Größe um 50 Prozent. Es stehen sogar zusätzliche Methoden bereit, die eine Beeinflussung der Allokation des internen Arrays zulassen.

Sie können als Benutzer einer *ArrayList* die Kapazität beim Erzeugen direkt vorgeben. Hierfür steht der Konstruktor `ArrayList(int initialCapacity)` bereit. Können Sie bereits die erforderliche Größe des Containers ungefähr absehen, lohnt es sich, von dieser Möglichkeit Gebrauch zu machen.

Das Collections Framework fordert von jeder Containerklasse einen Konstruktor, der ein *Collection* erwartet. So wird auch der Konstruktor `ArrayList(Collection c)` bereitgestellt, der alle Elemente des Collections kopiert. Vor dem Einfügen wird die Kapazität auf 10 Prozent größer als die Größe des Collections festgelegt, um auf einige zusätzliche Elemente vorbereitet zu sein. Tabelle 5.18 fasst die Konstruktoren von *ArrayList* zusammen.

`ArrayList()`	erzeugt eine leere *ArrayList* der Kapazität k = 10
`ArrayList(l: int)`	erzeugt eine leere *ArrayList* der Kapazität k = l
`ArrayList(c: Collection)`	erzeugt eine *ArrayList* der Kapazität k = c.size() · 1.1 und kopiert die Elemente von c

Tabelle 5.18: Konstruktoren der ArrayList

Das Listing 5.1 erzeugt drei Listen a, b, c über die drei Konstruktoren der Klasse *ArrayList*.

```
// Erzeugt eine leere Liste der Kapazität k = 10.
List a = new ArrayList();

// Erzeugt eine leere Liste der Kapazität k = 30.
List b = new ArrayList(30);

// Erzeugt eine Liste mit allen Elementen des Collections d
// und der Kapazität k = d.size() * 1.1;
List c = new ArrayList(d);
```

Listing 5.1: Konstruktoren der Klasse ArrayList

Das Besondere der *ArrayList* ist ihre konstante Zeit beim Zugriff auf ein Element über seinen Index. Außer für die Methode `get()` gilt dies auch für die Methoden `set()`, die ein vorhandenes Element durch ein neues ersetzen, das Gleiche gilt für die Methoden des *ListIterator*.

Aber auch bei der Methode `add()`, die ein Element am Ende der Liste anfügt, kann in den meisten Fällen von einer konstanten Zeit ausgegangen werden. Ist jedoch die Kapazität erschöpft, so werden alle Elemente in ein neues Array kopiert, d.h. der Zeitbedarf ist proportional zur Anzahl der enthaltenen Elemente $O(n)$.

Die Klasse *ArrayList* ähnelt der seit Java 1.0 bekannten Klasse *Vector* in Funktionalität und Verhalten. Seit Java 1.2 wurde die Klasse *Vector* mit dem Interface *List* nachgerüstet. Es gibt jedoch einen grundlegenden Unterschied zwischen *Vector* und *ArrayList*.

5.2 Arrays

Die Klasse *Vector* ist threadsicher, wohingegen die Containerklassen des Collections Frameworks, also auch *ArrayList*, keine Maßnahmen gegen gleichzeitig operierende Threads ergreift. Die Konsequenz daraus ist, dass die Klasse *Vector* erheblich langsamer ist als *ArrayList*. Möchten Sie dennoch eine *ArrayList* als einen threadsicheren Container verwenden, so können Sie wie in Listing 5.2 vorgehen.

Sie erzeugen eine *ArrayList* und übergeben diese der Methode synchronizedList() der Klasse *Collections*.

```
// Erzeugen einer Arraylist.
List list = new ArrayList();

// Aus einer ArrayList eine threadsichere ArrayList erzeugen.
List threadSaveList = Collections.synchronizedList(list);

threadSaveList.add("Eintrag 1");
```
Listing 5.2: Erzeugen einer thread-sicheren ArrayList

Die so zurückgegebene Liste ist eine Wrapperklasse, die in ihrem Inneren die übergebene *ArrayList* enthält. Alle Operationen, die nun über threadSaveList ausgeführt werden, sind threadsicher. Zu beachten ist dabei, dass Iteratoren der *ArrayList* nicht threadsicher sind. Iteratoren müssen noch extern abgesichert werden. Es sei an dieser Stelle auf das Kapitel 7.2 *Nebenläufigkeit* auf Seite 423 verwiesen.

5.2.2 Array

Die Array-Implementierung *Array* der Generic Collection Library for Java implementiert das Interface *Sequence* und hat, wie im Kapitel 3.3.4 Das Interface *Sequence* besprochen, die Methoden des gedachten Interfaces *ResizableSequence*.

Die Standardkapazität zu Beginn beträgt $k = 10$, wenn Sie keinen anderen Wert im Konstruktor übergeben. Ist die Kapazität des Arrays erschöpft – beispielsweise durch Einfügen eines neuen Elements –, wird ein neues Array mit ausreichendem Speicherplatz allokiert und das alte Array in das neue kopiert. Die neue Kapazität hängt von der aktuellen Größe des Arrays und der Anzahl der neuen Elemente ab. Die Kapazität wird mit jeder Reallokation verdoppelt ($k_n = 2 \cdot k$), bis die Größe einen Schwellenwert von 2.000 Elementen überschreitet. Ab diesem Zeitpunkt wird die Kapazität nur noch um je 2.000 Elemente erweitert ($k_n = k + 2.000$).

Das folgende Listing 5.3 demonstriert die verschiedenen Konstruktoren.

```
Array a = new Array();
Array b = new Array(5);
Array c = new Array(5, "A");
Array d = new Array(numbers);

System.out.println("a = " + a + ", Kapazität = " + a.capacity());
```

```
System.out.println("b = " + b + ", Kapazität = " + b.capacity());
System.out.println("c = " + c + ", Kapazität = " + c.capacity());
System.out.println("d = " + d + ", Kapazität = " + d.capacity());
```
Listing 5.3: Konstruktoren der Klasse Array

Die Ausgabe dazu lautet:

```
a = Array(), Kapazität = 10
b = Array( null, null, null, null, null ), Kapazität = 5
c = Array( A, A, A, A, A ), Kapazität = 5
d = Array( 1, 2, 3 ), Kapazität = 3
```

Ein leerer Konstruktor wie in Container a erzeugt ein Array mit der Kapazität von 10 zu Beginn.

> Wird ein Wert für die Kapazität übergeben (b), werden die Arrayplätze mit *null* initialisiert oder wie in c mit dem als weiteren Parameter übergebenen Objekt. Wie auch bei den *Filling*-Methoden werden nur die Referenzen vervielfältigt, d.h. die Objekte werden *nicht* geklont. Eine weitere Folge davon ist, dass beim ersten Aufruf der add()-Methode das neue Element nicht ab Position 0 angefügt wird, sondern ab Position 4.

Erhält der Konstruktor ein Array – hier numbers – als Argument, ist die Kapazität gleich der Größe des Arrays und alle Elemente des Arrays werden in den Container kopiert (d). Tabelle 5.19 fasst die Konstruktoren der Klasse *Array* zusammen.

Array()	erzeugt ein leeres Array mit Kapazität k = 10
Array(l: int)	erzeugt ein Array mit Kapazität k = l, das alle l Elemente mit *null* belegt
Array(l: int, o: Object)	erzeugt ein Array mit Kapazität k = l, das alle l Elemente mit o belegt
Array(a: Object[])	erzeugt ein Array mit einer Kapazität, das die Größe des übergebenen Arrays hat, und kopiert die Objekte aus dem nativen Array *a* in das Array

Tabelle 5.19: Konstruktoren der Klasse Array in JGL

Tabelle 5.20 zeigt eine Zusammenfassung der Methoden, mit denen die Kapazität eines Arrays verändert wird. Die Namen der Methoden sind gleich der der *ArrayList* im Collections Framework.

capacity(): int	aktuelle Kapazität k des Arrays
ensureCapacity(l: int)	reallokiert, falls nötig, neuen Speicherplatz, der mindestens eine Kapazität von k = l hat

Tabelle 5.20: Methoden zum Manipulieren der Kapazität in der JGL-Klasse Array

5.2 Arrays

trimToSize()	setzt $k = n$, falls die Kapazität k größer als die Anzahl der Elemente n ist
setSize(n: int):	setzt die Größe des Arrays auf n; ist die aktuelle Größe kleiner, werden *null*-Elemente hinzugefügt; ist die neue Größe n kleiner, werden die restlichen Elemente entfernt

Tabelle 5.20: Methoden zum Manipulieren der Kapazität in der JGL-Klasse Array

ArrayIterator (JGL)

Der zu der Klasse *Array* gehörende, spezialisierte Iterator ist *ArrayIterator*. Entsprechend der Dokumentation [JGL API V. 3.1] werden alle Referenzen auf Iteratoren ungültig, falls es zu einer Reallokation des nativen Arrays kommt. Beim Einfügen ohne Reallokation oder beim Löschen von Elementen verlieren lediglich die Plätze des Iterators, die hinter dem eingefügten bzw. gelöschten Element liegen, ihre Gültigkeit. Es gilt:

> Ein Iterator zeigt auf ein falsches Element, falls ein Objekt *vor* der aktuellen Iteratorposition eingefügt oder entfernt wird.

Der Grund dafür ist, dass sich durch diese Operation die Indizes des Arrays verschieben, ein *ArrayIterator* aber die Position durch den Arrayindex verwaltet. Das bedeutet aber auch, dass ein Iterator seine Gültigkeit behält, falls die Änderungen hinter der aktuellen Position gemacht werden. Das folgende Listing 5.4 zeigt ein Beispiel.

```
// Lege ein leeres Array an:
Array a = new Array();
// Fülle die Zahlen 0 bis 3 ein:
for (int i = 0; i < 4; i++)
  a.add(new Integer(i));

System.out.println("a = " + a + ", Kapazität = " + a.capacity());

ForwardIterator it = a.start();
it.advance(2);
Integer l = (Integer) it.get();  // Aktuelle Position.
System.out.println("l = " + l);

a.add(new Integer(4));            // Füge ein Element am Ende hinzu.
System.out.println("a = " + a + ", Kapazität = " + a.capacity());
l = (Integer) it.get();
System.out.println("l = " + l);

a.remove(3); // Lösche Element an Platz 3 (hinter Iteratorposition).
System.out.println("a = " + a + ", Kapazität = " + a.capacity());
l = (Integer) it.get();
System.out.println("l = " + l);
```

Listing 5.4: Finden die Änderungen an einem Array hinter der aktuellen Iteratorposition statt, bleibt der Iterator gültig.

Es wird ein Array a mit den Zahlen 0, 1, 2 und 3 angelegt. Einen Iterator it lassen wir hier auf das dritte Element zeigen, indem mit der Methode it.advance(2) um zwei Plätze nach vorn gesprungen wird. Die Variable l zeigt das aktuelle Element 2 an. Wird nun am Ende des Arrays ein weiteres ElemeNT 4 angehängt, dann bleibt der Iterator davon unberührt – die aktuelle Position zeigt immer noch auf das richtige Element 2. Genauso verhält es sich, wenn ein Element hinter der aktuellen Iteratorposition entfernt wird. Auch in diesem Fall verweist it auf das korrekte Element, die Zahl 2.

Die Ausgabe dieses Programmausschnitts sieht wie folgt aus:

```
a = Array( 0, 1, 2, 3 ), Kapazität = 10
l = 2
a = Array( 0, 1, 2, 3, 4 ), Kapazität = 10
l = 2
a = Array( 0, 1, 2, 4 ), Kapazität = 10
l = 2
```

Schauen wir nun, wie wir den Iterator in einen ungültigen Zustand bekommen. In Listing 5.5 wird ein Element an Position 0 im Array, also vor der aktuellen Iteratorposition, eingefügt. Die Folge ist, dass die it.get()-Methode nun auf das falsche Element 1 verweist.

```
a.insert(0, new Integer(-1));  // Füge ein Element am Anfang ein.
System.out.println("a = " + a + ", Kapazität = " + a.capacity());
l = (Integer) it.get();
System.out.println("l = " + l);

a.remove(1); // Lösche Element an Platz 0 (vor Iteratorposition).
System.out.println("a = " + a + ", Kapazität = " + a.capacity());
l = (Integer) it.get();
System.out.println("l = " + l);
```

Listing 5.5: *Finden die Änderungen an einem Array vor der aktuellen Iteratorposition statt, wird der Iterator ungültig.*

Der Iterator ist nicht darüber informiert worden, dass sich die interne Indizierung des Arrays *unter* seiner Position verändert hat. Ein *ArrayIterator* verwaltet intern einen Index *i*, auf den der Iterator aktuell im zugehörigen Array *a* zeigt. Die get()-Methode gibt den Wert a.at(i) zurück, der jetzt aber falsch ist, da *i* nicht mehr stimmt.

Die Ausgabe des Programms in Listing 5.5 lautet:

```
a = Array( -1, 0, 1, 2, 4 ), Kapazität = 10
l = 1
a = Array( -1, 1, 2, 4 ), Kapazität = 10
l = 2
```

Nach dem Löschen des Elements an Position 1 zeigt der Iterator it zufällig wieder an die richtige Stelle, da der Container wieder die richtige Größe hat.

5.2 Arrays

Anders als in der JGL-Dokumentation angegeben [JGL API V. 3.1], werden nicht *alle* Iteratoren automatisch ungültig, falls eine Reallokation stattfindet, d.h. wenn die Kapazität erhöht wird. Das folgende Beispiel soll dies demonstrieren.

```
// Lege ein Array mit 4 Plätzen (null) an:
Array a = new Array(4);
// Fülle die Plätze mit Zahlen 0 bis 3:
for (int i = 0; i < 4; i++)
    a.put(i, new Integer(i));

System.out.println("a = " + a + ", Kapazität = " + a.capacity());

// Durchlaufe die ersten beiden Elemente:
ForwardIterator it = a.start();
for (int i = 0; i < 2; i++) {
    Integer k = (Integer) it.get();
    System.out.println("k = " + k);
    it.advance();
}

a.add(new Integer(4));  // Erzwinge Reallokation.
System.out.println("a = " + a + ", Kapazität = " + a.capacity());

// Durchlaufe die restlichen Elemente:
while (it.hasMoreElements()) {
    Integer k = (Integer) it.get();
    System.out.println("k = " + k);
    it.advance();
}
```

Listing 5.6: *Dieses Beispiel zeigt, dass ein ArrayIterator gültig bleiben kann, falls in dessen Array eine Reallokation stattfindet.*

Das Array `a` wird mit den Zahlen 0, 1, 2 und 3 belegt. Der Aufruf der Methode `a.capacity()` zeigt an, wie groß die Kapazität ist: vier Plätze. Der Iterator `it`, der auf das erste Element zeigt, wird um zwei Positionen verschoben. Jetzt erzwingen wir eine Reallokation, indem ein weiteres, fünftes Element an das Array angehängt wird. Die Methode `a.capacity()` liefert 8 als Ergebnis. Anschließend lassen wir den Iterator `it` bis zum Ende weiterlaufen. Und tatsächlich verhält er sich korrekt und zeigt die verbleibenden Elemente 2, 3 und 4 an. Hier die komplette Ausgabe dieses Beispiels:

```
a = Array( 0, 1, 2, 3 ), Kapazität = 4
k = 0
k = 1
a = Array( 0, 1, 2, 3, 4 ), Kapazität = 8
k = 2
k = 3
k = 4
```

5.2.3 Vector

Der Vollständigkeit halber soll auch die Klasse *Vector* besprochen werden, obwohl dieser etablierte Container bereits seit Java 1.0 im Developer Kit enthalten ist und seit Java 2 durch die Klasse *ArrayList* ersetzt wurde. Eigentlich gehört die Klasse *Vector* nicht zum Collections Framework. Um mit den neuen Klassen und Algorithmen des Collections Frameworks kompatibel zu sein, implementiert *Vector* seit JDK 1.2 neben den bisherigen Methoden zusätzlich das Interface *List*.

Die Erweiterung der Klasse *Vector* um die Schnittstelle *List* führt zu einem eher unübersichtlichen Methodenumfang. Die meisten Operationen sind jetzt durch zwei Methoden vertreten, die sich nur durch ihren Namen unterscheiden.

Der wichtigste Unterschied zwischen einem Container des Collections Frameworks und der Klasse *Vector* liegt in der Eigenschaft des letzteren, threadsicher zu sein. Dieser Service wird durch ein deutlich schlechteres Laufzeitverhalten bezahlt. In den meisten Fällen ist es effizienter, nicht jede Methode eines Containers mit *synchronized* auszustatten, sondern einen Container während eines gesamten Bearbeitungsschritts zu sichern. So wird ein Container während des Iterierens über alle Elemente nur einmal gesperrt.

> Wenn Sie einen *List*-Container verwenden möchten, der seine Daten intern in einem nativen Array verwaltet, und eine von der Klasse *Vector* verwendete Abwärtskompatibilität zu alten Programmteilen aus Java 1.1 nicht erforderlich ist, sollten Sie stets die *ArrayList* dem *Vector* vorziehen.

Wird jedoch die Abwärtskompatibilität benötigt, da weite Programmteile die Klasse *Vector* verwenden, so sollten Sie für neue Programmteile Folgendes beherzigen:

> Greifen Sie auf Methoden der Klasse *Vector* stets über das *List*- oder *Collection*-Interface zu.

So wird es später einfach sein, den *Vector*-Container durch einen List-Container auszutauschen, der kompatibel zum Collections Frameworks ist.

Die interne Datenrepräsentation von *Vector* und *LinkList* ist sehr ähnlich. Immer dann, wenn die Kapazität des internen Array erschöpft ist, wird ein neues Array erzeugt und umkopiert. Mittels Konstruktoren lassen sich sowohl die initiale Kapazität als auch die Schritte der Vergrößerung festlegen.

Der Standardkonstruktor `Vector()` erzeugt einen leeren Vector der Kapazität $k = 10$. Die Vergrößerungsschritte sind so bestimmt, dass sich die Kapazität des Arrays jeweils verdoppelt.

Der Konstruktor `Vector(int initialCapacity)` ermöglicht es, die initiale Kapazität direkt vorzugeben. Auch hier wird die Kapazität jeweils verdoppelt.

5.2 Arrays

Die Klasse *Vector* ermöglicht zusätzlich, Einfluss auf die Erweiterung der Kapazität zu nehmen. Dem Konstruktor `Vector(int initialCapacity, int capacityIncrement)` kann als zweiter Parameter die Größe übergeben werden, um die sich die Kapazität jeweils erweitern soll.

Ein vierter Konstruktor wurde aus Kompatibilität zum Collections Framework eingeführt. `Vector(Collection c)` kann ein *Collection* übergeben, dessen Elemente kopiert werden. Die Kapazität des Containers ist 10% größer, als die eingefügten Elemente benötigen. Die Kapazität des Containers wird bei Bedarf jeweils verdoppelt. Tabelle 5.21 fasst die Konstruktoren der Klasse Vector zusammen.

`Vector()`	erzeugt einen leeren *Vektor* der Kapazität $k = 10$; die Kapazität verdoppelt sich bei Bedarf
`Vector(int l)`	erzeugt einen leeren *Vector* der Kapazität $k = l$; die Kapazität verdoppelt sich bei Bedarf
`Vector(int l, int I)`	erzeugt einen leeren *Vector* der Kapazität $k = l$; die Kapazität erhöht sich bei Bedarf jeweils um die Größe i
`Vector(Collection c)`	erzeugt einen *Vector* der Kapazität $k = c.size() * 1.1$; die Kapazität verdoppelt sich bei Bedarf

Tabelle 5.21: Konstruktoren der Klasse Vector

Im Listing 5.7 werden vier Vectorcontainer durch die vier unterschiedlichen Konstruktoren erzeugt.

```
// Erzeugt einen leeren Vector der Kapazität k = 10.
// Bei Bedarf verdoppelt sich jeweils die Kapazität.
List a = new Vector();

// Erzeugt einen leeren Vector der Kapazität k = 30.
// Bei Bedarf verdoppelt sich jeweils die Kapazität.
List b = new Vector(30);

// Erzeugt einen leeren Vector der Kapazität k = 30.
// Bei Bedarf erhöht sich die Kapazität jeweils um 10.
List c = new Vector(30, 10);

// Erzeugt einen Vector mit allen Elementen des Collection e.
// Bei Bedarf verdoppelt sich jeweils die Kapazität.
List d = new Vector(e);
```

Listing 5.7: Konstruktoren der Klasse Vector

Für einen Container der Klasse *Vector* gilt wie bei *ArrayList* und *Array*, dass der Zugriff auf einzelne Elemente über ihren Index in konstanter Zugriffszeit erfolgen kann. Dies gilt auch für das Anfügen von Elementen an das Ende der Liste bei ausreichender Kapazität. Beim Überschreiben einzelner Listenpositionen kann auch eine konstante Operationszeit garantiert werden.

> Das Hinzufügen oder Löschen eines Elements am Anfang hat das Kopieren aller nachfolgenden Elemente zur Folge.

Zur Manipulation der Kapazität eines Vektors steht die von der Klasse *ArrayList* bekannte Methode `ensureCapacity(int minCapacity)` bereit. Sie erhöht die interne Kapazität nach folgender Strategie: Ist die aktuelle Kapazität kleiner als die angegebene `minCapacity`, so wird die aktuelle Kapazität um die im Konstruktor angegebene Anzahl erhöht, wenn die so gewonnene Kapazität größer ist als die angegebenen `minCapacity`. Sollte dies nicht der Fall sein, dann wird die Kapazität auf die angegebene `minCapacity` gesetzt. Wenn beim Konstruieren des Containers keine Größe der Kapazitätserweiterung angegeben wird, dann wird folgende Strategie verwendet: Es wird überprüft, ob die angegebene `minCapacity` überhaupt kleiner ist als die aktuelle Kapazität. Trifft dies zu, so wird die aktuelle Kapazität verdoppelt, sofern die neu entstandene größer ist als die angegebene `minCapacity`.

Weitere Möglichkeit, den Vektors zu beeinflussen, ist die Methode `setSize(int newSize)`. Sie setzt die Liste auf die mit `newSize` angegebene Größe. Ist `newSize` kleiner als die Anzahl der Elemente, so werden alle über die Größe hinausragenden Elemente auf null gesetzt. Ist `newSize` größer als die Elementenzahl, wird am Ende der Liste die Differenz mit *null*-Referenzen aufgefüllt. Die Kapazität des Containers wird nur dann beeinflusst, wenn eine Kapazitätserhöhung unbedingt notwendig ist. In einem solchen Fall wird nach der oben beschriebenen Strategie verfahren.

Mittels der Methode `capacity()` kann die aktuelle Kapazität des *Vectors* ermittelt werden. Wird eine hohe Kapazität nicht mehr benötigt, so können Sie mit der Methode `trimToSize()` die Kapazität auf die Listengröße minimieren.

Durch die Einführung des *List*-Interface in die Klasse *Vector* sind die meisten Operationen durch zwei Methoden vertreten. Um Collections Framework-kompatibel zu sein, sollten Sie stets die Methoden des *List*- oder *Collection*-Interface benutzen. In der Tabelle 5.22 stellen wir die alten Methoden der Klasse Vektor vor. Die zweite Spalte zeigt die zugehörige Methode des Interfaces *List*, die anstelle der alten Methode verwendet werden soll.

Alte Methoden der Klasse *Vector*	Neue Methoden der Klasse *Vector* (Methoden des *List*-Interfaces)
`addElement(o: Object)`	`add(o: Object): boolean`
`copyInto(anArray: Object[])`	`toArray():Object[]` **oder**
	`toArray(Object[] a): Object[]`
`elementAt(index: int): Object`	`get(index: int): Object`

Tabelle 5.22: Gegenüberstellung der alten und neuen Methoden der Klasse Vector

5.2 Arrays

Alte Methoden der Klasse *Vector*	Neue Methoden der Klasse *Vector* (Methoden des *List*-Interfaces)
elements():Enumeration	iterator(): Iterator **oder**
	listIterator():ListIterator
firstElement(): Object	keine äquivalente Methode
insertElementAt(o: Object, index: int)	addAll(index: int, c: Collection): boolean
lastElement(): Object	keine äquivalente Methode
removeAllElements()	clear()
removeElement(o: Object): boolean	remove(o: Object): boolean
removeElementAt(index: int)	remove(index: int): Object
setSize(newSize: int)	keine äquivalente Methode

Tabelle 5.22: Gegenüberstellung der alten und neuen Methoden der Klasse Vector

5.2.4 Native Arrays

Bisher sind wir stillschweigend davon ausgegangen, dass die Größe der eingesetzten Containerklassen variabel ist. In einigen Fällen ist es jedoch ausreichend, Container konstanter Größe zu verwenden, denn so können auch native Arrays eingesetzt werden. Sie haben den Vorteil, dass der Zugriff auf ein Element über ihren Index, also z.B. a[3], erheblich schneller erfolgt als bei allen anderen Datenstrukturen. In diesem Kapitel soll gezeigt werden, wie native Arrays in den Standardbibliotheken genutzt werden.

Collections Framework

Das Collections Framework nutzt denUmstand, dass native Arrays schneller zu bearbeiten sind als Array-Container: Vor dem Ausführen von Algorithmen, die einen Indexzugriff erfordern (z.B. das Sortieren mit Mergesort), werden die Elemente eines Containers in ein natives Array kopiert und nach dem Ausführen werden sie der Reihe nach in den ursprünglichen Container zurückgeschrieben.

Die Klasse

> *java.util.Arrays*

stellt eine Reihe von Methoden für native Felder bereit. Sie stellen zugleich die grundlegenden Algorithmen für die Klasse *Collections* bereit, die nach Umwandlung ihrer Container in native Felder die Algorithmen der Klasse *Arrays* verwendet.

Immer dann, wenn Sie einen Container benötigen, der über seine gesamte Lebenszeit hinweg mit einer konstanten Kapazität auskommen sollte, ist der Einsatz von nativen Arrays anderen Containern vorzuziehen. Es sind bis auf die fehlende Flexibilität der

Kapazität keine weiteren Nachteile hinzunehmen. Die Klasse *Array* stellt die Methode `asList(Object[] a)` bereit, die aus einem beliebigen *Object*-Array eine *List* erzeugt, die als interne Datenhaltung das übergebene Array verwendet. Damit stehen alle besprochenen Methoden für Listen auch für ein natives Array zur Verfügung. In Listing 5.8 wird aus einem Feld von *Strings* eine *List* erzeugt und anschließend die *Collection*-Methode `contains()` aufgerufen, um zu prüfen, ob ein Element E in der Liste enthalten ist.

```
String s[] = {"F", "C", "A", "B", "E", "D"};

List list = Arrays.asList(s); // erzeugt eine List

if (list.contains("E"))
  System.out.println("E ist enthalten");
else
  System.out.println("E ist nicht enthalten");
```

Listing 5.8: Ausführen einer Listenmethode auf einem nativen Array

Somit ist es auch möglich, die erzeugte Liste der Klasse *Collections* zum Sortieren zu übergeben. Listing 5.9 erzeugt eine *List* aus einem nativen Feld und sortiert diese mit der Methode `Collections.sort()`.

```
String s[] = {"F", "C", "A", "B", "E", "D"};

List list = Arrays.asList(s); // erzeugt eine List

Collections.sort(list); // Sortieren der Liste

System.out.println(list);
```

Listing 5.9: Sortieren eines Arrays über das List-Interface

Als Ausgabe erscheint daraufhin:

```
[A, B, C, D, E, F]
```

Zu beachten ist jedoch, dass die Methode `Collections.sort()` intern die Methode `toArray()` der übergebenen Liste aufruft. Innerhalb von `toArray()` wird das Feld geklont, das heißt es wird dupliziert. Nach dem Aufruf von `Arrays.sort()` setzt die Methode `Collections.sort()` alle Elemente in sortierter Reihenfolge in das ursprüngliche Feld zurück.

Es ist daher effizienter, das Array direkt durch die Methode `Arrays.sort()` vor dem Erzeugen der Wrapper-Klasse zu sortieren. Das Listing 5.10 zeigt die Vorgehensweise.

5.2 Arrays

```
String s[] = {"F", "C", "A", "B", "E", "D"};

Arrays.sort(s);

List list = Arrays.asList(s);   // erzeugt eine List
System.out.println(list);
```
Listing 5.10: Direktes Sortieren eines Feldes mittels der Methode Arrays.sort()

Der von der Methode `Arrays.asList()` erzeugte *List*-Container bietet, bis auf die Methoden `add()`, `addAll()`, `remove()` und `clear()`, die gesamte Funktionalität einer Liste. Versuchen Sie eine der genannten Methoden aufzurufen, so wird eine *UnsupportedOperationException* ausgelöst. Nichts anderes gilt für die Methoden `add()` und `remove()` des zugehörigen *ListIterator*.

Wrapperklassen unter JGL

In der Generic Collection Library for Java gibt es keine Algorithmen, die direkt mit einem nativen Array arbeiten. Stattdessen *müssen* alle nativen Arrays zuvor mit einer Wrapperklasse in einen JGL-Container umgewandelt werden. Alle Adapterklassen befinden sich in dem Package

> *com.objectspace.jgl.adapters.*

Alle Wrapperklassen sind von der Basisklasse *ArrayAdapter* abgeleitet. Es gibt für jeden primitiven Datentyp einen entsprechenden Adapter. Ein Adapter, in dem sich die Größe des Arrays ändern kann, wird als Adapter-Buffer und einer, dessen Arraylänge sich nicht verändern darf, als Adapter-Array bezeichnet (siehe auch Kapitel 3.5.2 *JGL-Containerklassen* auf Seite 192).

Es gibt in diesem Package keinen Adapter-Buffer für native Arrays aus Objekten. Dieser Fall wird bereits durch die eigentliche Klasse *Array* abgedeckt, der z.B. im Konstruktor ein `Object[]`-Array übergeben werden kann. Als weiteren Spezialfall gibt es ebenfalls einen Adapter für die Klasse *Vector* des Packages *java.util*. Vor der Einführung des Collections Frameworks war es damit möglich, die Elemente in einem *Vector* zu bearbeiten, also z.B. zu sortieren. Tabelle 5.23 zeigt die möglichen Konstruktoren am Beispiel der Klasse *IntArray*.

`IntArray()`	erzeugt ein leeres Array mit Kapazität k = 10
`IntArray(ints: int[])`	erzeugt einen Array-Adapter, der sich auf das native Array *ints* bezieht
`IntArray(a: IntArray)`	erzeugt einen Array-Adapter, der ein shallow copy des Adapters *a* ist
`IntArray(b: IntBuffer)`	erzeugt einen Array-Adapter, der ein shallow copy des Buffers *b* ist; hierbei wird das interne Array des Buffers als natives Array verwendet

Tabelle 5.23: Konstruktoren eines Adapter-Arrays- bzw.-Buffers am Beispiel der Klasse IntArray

Für alle Adapterklassen, die sich auf einen primitiven Datentyp beziehen, gilt:

▸ Es gibt zu etlichen Methoden eine Variante, die mit dem primitiven Datentyp und nicht dem entsprechenden Objekt arbeitet. Haben Sie beispielsweise ein int-Array mit der Klasse `IntArray` ia gekapselt, dann liefert der Ausdruck `int i = ia.intAt(6)` den Integerwert an der Position 6 des int-Arrays. Mit der allgemeinen Version dieser Methode `ia.at(6)` hätten Sie den Rückgabewert noch nach int casten müssen. Das Gleiche gilt für die `get()`/`put()`-Methoden eines Iterators: Auch hier gibt es datentypabhängige Varianten. Für ein IntArray lauten sie z.B. `getInt()` und `put(int n)`.

▸ Es dürfen keine verschiedenen Objekte in einem Array gemischt werden. Im Gegensatz zu allen anderen Containerklassen sind die Elemente des Arrays fest vorgegeben. Bei einem Versuch, einen fremden Datentyp in dem Array zu speichern, wird eine *ClassCastException* geworfen.

Für ein Adapter-Array gilt insbesondere:

▸ Die Länge des Arrays ist unveränderlich. Alle Methoden, die versuchen, die Größe eines Arrays zu ändern, generieren eine entsprechende Exception, z.B. *InvalidOperationException* bei dem Versuch, mit `add()` ein neues Element anzufügen.

▸ Als Konsequenz daraus kann ein Iterator nicht ungültig werden, da keine Elemente durch Einfügen oder Löschen verschoben werden.

▸ Die Methode `get()` liefert das native Array.

Für einen Adapter-Buffer gilt:

▸ Die Anzahl der Elemente darf vergrößert und verkleinert werden, JGL verfolgt aber die Strategie, das Array nur anwachsen zu lassen. Werden Elemente entfernt, wird die Buffergröße nicht verringert.

Im Fall einer Vergrößerung des Arrays geht der Bezug zu dem nativen Array verloren, wie das folgende Beispiel und die Ausgabe zeigen.

```
private static int[] ints = {1, 2, 3, 4, 5};

private static void buffer() {
   IntBuffer ib = new IntBuffer(ints);
   ib.add(new Integer(10));   // Füge eine Zahl an.
   ib.put(0, -1);             // Ersetze erstes Element mit -1.
   int[] a = ib.get();        // Verweis auf das benutzte Array.

   System.out.println("a =    " + SecondExample.print(a));
   System.out.println("ints = " + SecondExample.print(ints));
}
```

Listing 5.11: Erweitern eines Wrapperarrays

```
a    =    -1 2 3 4 5 10
ints =     1 2 3 4 5
```

Nach dem Hinzufügen einer neuen Zahl wird eine Kopie eines Arrays angelegt. Alle weiteren Veränderungen, wie im Beispiel das Ersetzen eines Elements, beziehen sich somit nicht mehr auf das native Array. Deshalb die Warnung: Werden Elemente in einem Adapter-Buffer hinzugefügt, geht die Referenz zu dem nativen Array verloren. Die get()-Methode liefert dann zwar nach wie vor ein natives Array, jedoch nicht mehr das ursprüngliche. Dessen Größe wird also nicht verändert.

Als Folge der Erweiterbarkeit verhalten sich Iteratoren eines Buffers wie die eines gewöhnlichen Arrays (siehe Kapitel 5.2.2 *Array*).

5.3 Deque

Zweck

Eine Deque (sprich »Deck«) ist eine Containerklasse, die wie bei einem Array einen direkten Zugriff über einen Index erlaubt und zusätzlich schnelles Hinzufügen oder Löschen von Elementen an den Rändern ermöglicht.

Auch bekannt als

Double-Ended Queue

Siehe auch

Erweiterbare Arrays (*Array* und *ArrayList*) sowie doppelt verkettete Listen (*LinkedList* und *DList*)

Motivation

Viele Algorithmen brauchen einen direkten Zugriff auf Elemente in einer Liste, wie es in dem erweiterbaren Array der Fall ist. Zusätzlich müssen sich aber auch Objekte effizient an den Rändern des Arrays anfügen lassen. Diese Operation ist bei gewöhnlichen Arrays im Allgemeinen sehr langsam, nämlich O(n). Deques eignen sich prinzipiell für alle Datenstrukturen, die einen FIFO-Zugriff auf die Elemente benötigen.

Kosten

Operation	Kommentar	Kosten
Zugriff	über Index	$O(1)$
Suchen	Element	$O(n)$
Einfügen/Entfernen		$O(n)$
Einfügen/Entfernen am Anfang		$O(1)$

Tabelle 5.24: Eigenschaften der Containerklasse Deque

Operation	Kommentar	Kosten
Einfügen/Entfernen am Ende		$O(1)$
Einfügen/Entfernen mit Iterator		$O(n)$

Tabelle 5.24: *Eigenschaften der Containerklasse Deque*

Implementierungen in den Standardbibliotheken

Die Klasse *Deque* ist in der Generic Collection Library for Java implementiert:

> *com.objectspace.jgl.Deque*

Kontext im Framework

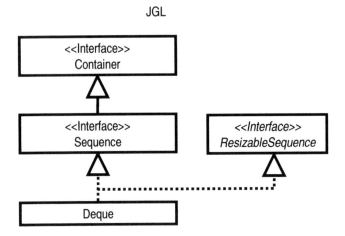

Abbildung 5.2: *Die Deque-Implementierung und ihr Kontext zum übrigen Framework*

Eigenschaften

Die Klasse *Deque* besitzt keine weiteren Methoden, die nicht bereits im Überblick besprochen wurden. Sie implementiert das *Sequence*-Interface, hat aber außerdem noch alle Methoden, die in unserem gedachten *ResizableSequence*-Interface definiert sind.

Intern benutzt die Deque der Generic Collection Library for Java ein verschachteltes Array. Näheres dazu erfahren Sie in Kapitel 2.2.2 *Abstrakter Datentyp für Deques* auf Seite 72. Zu Beginn ist die Größe des Arrays $B = 1024$, ein Block-Array hat die Größe $N = B / 8 = 128$.

5.3 Deque

In einer Deque sollten keine Elemente – außer am Rand – über ihre Position eingefügt werden, denn das Einfügen in der Mitte der Deque zwingt zum Umkopieren der Elemente nach der Strategie, die ebenfalls in Kapitel 2.2.2 *Abstrakter Datentyp für Deques* beschrieben wurde. Anders als im erweiterbaren Array kann hierfür aber die schnelle `arraycopy()`-Methode nicht sehr effizient genutzt werden, da jeweils nur kleine Arrayteile umkopiert werden.

Nebeneffekte

Wie auch bei den erweiterbaren Arrays kommt es zu zahlreichen Reallokationen, wenn sich die Größe der Deque ändert.

Konstruktoren Tabelle 5.25 zeigt die Konstruktoren der Klasse *Deque*. Mit Ausnahme des fehlenden Konstruktors für ein natives Array sind die gleichen Konstruktoren wie bei der Klasse *Array* vorhanden.

Deque()	erzeugt eine leere *Deque*
Deque (s: int)	erzeugt eine *Deque* mit s *null*-Elementen
Deque (s: int, o: Objekt)	erzeugt eine *Deque*, die s-mal das Element o enthält
Deque (d: Deque)	erzeugt eine *Deque*, die ein shallow copy der *Deque* d ist

Tabelle 5.25: Konstruktoren der Klasse Deque

Praktische Einsatzgebiete für eine Deque lassen sich schwerer finden als bei anderen Containerklassen, da sich eine Deque wegen ihrer Eigenschaften eher für künstliche als für natürliche Fragestellungen einsetzen lässt. Um aber zu betonen, dass das Einfügen an den Rändern wie auch der Zugriff über einen Index sehr schnell ist, möchten wir ein Beispiel anführen, in dem die Zahlen 0 bis 999 so in eine Deque eingefügt werden, dass jede dritte Zahl am Anfang, die restlichen an das Ende angehangen werden. Nach jeweils 100 Schritten werden das erste und letzte Element ausgegeben sowie die Elemente an den Positionen, die 25, 50 und 75 Prozent der Containergröße entsprechen. Listing 5.12 zeigt den Sourcecode.

```
Sequence d = new Deque();

for (int i = 0; i < 1000; i++) {
  // Jedes dritte Element wird vorne eingefügt,
  // die anderen hinten angefügt:
  if (i % 3 == 0)
    d.pushFront(new Integer(i));
  else
    d.pushBack(new Integer(i));

  // Gib alle 100 Schritte den Zwischenstand aus:
  if (i % 100 == 5) {
    float size = (float) d.size();
```

```
        int left   = (int) (0.25f * size);  // 25 %.
        int middle = (int) (0.5f  * size);  // 50 %.
        int right  = (int) (0.75f * size);  // 75 %.
        System.out.print(d.front());
        System.out.print(" " + d.at(left));
        System.out.print(" " + d.at(middle));
        System.out.print(" " + d.at(right));
        System.out.println(" " + d.back());
    }
}
```

Listing 5.12: Dieses Beispiel benutzt eine Deque, um Zahlen vorne und hinten möglichst schnell anzufügen. Auf die Elemente lässt sich effizient über einen Index zugreifen.

In dem Interface *Sequence* gibt es die speziellen Methoden `pushFront()` und `pushBack()`, die Elemente an den Rändern hinzufügen – diese werden für die gestellte Aufgabe genutzt. Die Ausgabe dafür lautet:

```
3 0 2 4 5
105 27 26 65 104
204 51 52 128 205
303 75 77 191 305
405 102 101 253 404
504 126 127 316 505
603 150 152 379 605
705 177 176 440 704
804 201 202 503 805
903 225 227 566 905
```

An den Rändern befinden sich größere Zahlen als in der Mitte.

DequeIterator

Der spezialisierte Iterator für die Klasse *Deque* ist der *DequeIterator*. Mit Ausnahme des Löschens eines Objekts am Rand wird ein Iterator ungültig, falls Elemente gelöscht werden.

5.4 Verkettete Listen

Zweck

Eine verkettete Liste eignet sich für Elemente, die eine Reihenfolge besitzen und deren Anzahl und Zusammensetzung sich oft ändert. Ein Zugriff über einen Index ist zwar möglich, aber langsam.

Auch bekannt als

Liste, doppelt verkettete Liste

5.4 Verkettete Listen

Siehe auch

Deque

Motivation

Algorithmen, die Daten temporär speichern, benötigen eine Datenstruktur, die mit geringen Kosten Elemente hinzufügen oder entfernen kann. Vor allem, wenn das Element nicht über den Index, sondern direkt über die Iteratorposition adressiert wird, lässt sich eine verkettete Liste effizient verändern.

Kosten

Operation	Kommentar	Kosten
Zugriff über Index		$O(n)$
Zugriff über Iterator		$O(1)$
Suchen		$O(n)$
Einfügen/Entfernen		$O(n)$
Einfügen/Entfernen am Anfang		$O(1)$
Einfügen/Entfernen mit Iterator		$O(1)$

Tabelle 5.26: *Laufzeiteigenschaften einer verketteten Liste*

Sowohl das Collections Framework wie auch JGL bieten eine Implementierung einer verketteten Liste. Im Collections Framework sind dies

java.util.LinkedList

und in JGL

com.objectspace.jgl.SList

com.objectspace.jgl.DList

Eigenschaften Das Besondere der verketteten Liste ist, dass Elemente mit einem Iterator an beliebiger Position der Liste in konstanter Zeit eingefügt und gelöscht werden können. Ein Zugriff mittels der Methode `get(int index)` unter dem Collections Framework und `at(int index)` unter JGL weist jedoch ein $O(n)$ Zeitverhalten auf. Dies gilt allgemein für alle *List*-Methoden, die über den Index eines Elements operieren.

Das Einketten und Ausketten von Elementen am Ende der Liste benötigt meist mehr Zeit als bei einer *ArrayList*. Der Grund ist, dass um jedes einzufügende Element ein Kapselobjekt erzeugt werden muss, das die Referenzierung der benachbarten Einträge realisiert. Auch die Operation des Verkettens ist aufwändiger als das einfache Beschreiben einer Position in einem nativen Array.

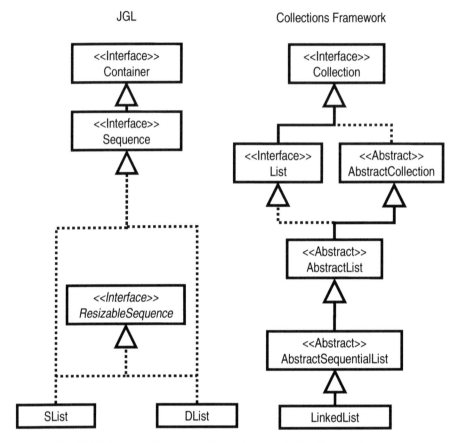

Abbildung 5.3: Die List-Implementierungen und ihr Kontext zum übrigen Framework

> Der Einsatz von verketteten Listen ist immer dann gegeben, wenn häufig Elemente am Anfang oder in der Mitte der Liste eingefügt oder gelöscht werden sollen. Das gilt insbesondere dann, wenn die Liste sehr groß werden kann.

Unter JGL unterstützt eine Liste außerdem das Zusammenfügen von verschiedenen Listen oder das Auftrennen in mehrere Listen. Dies ist zwar keine Eigenschaft eines Containers, gehört aber zu den grundlegenden Eigenschaften einer verketteten Liste.

Nebeneffekte

keine

5.4.1 LinkedList (Collections Framework)

Die Containerklasse *LinkedList* implementiert das Interface *List* mit allen optionalen Methoden. Wie alle Container des Collections Frameworks, kann die *LinkedList* beliebige Elemente aufnehmen, einschließlich *null*-Referenzen. Wie der Name erahnen lässt, ist die interne Datenorganisation als verkettete Liste realisiert; genauer gesagt als doppelt verkettete Liste. Das Collections Framework stellt keine einfach verkettete Liste bereit.

Zusätzlich zu den im *List*-Interface deklarierten Methoden definiert die Klasse *LinkedList* weitere Methoden. Eine *LinkedList* lässt sich effizient auch als einer der folgenden Spezial- Container verwenden.

▶ Queue (Warteschlange)

▶ Deque (doppelt endende Schlange)

▶ Stack (Stapel)

Die Konstruktoren der Klasse *LinkedList* beschränken sich auf die vom *List*-Interface geforderten Konstruktoren. Als Standard-Konstruktor legt LinkedList() eine leere verkettete Liste an.

Der Konstruktor LinkedList(Collection c) erwartet als Argument eine *Collection*. Alle Elemente der *Collection* werden in der Reihenfolge der Iteration in die *LinkedList* aufgenommen. Tabelle 5.27 fasst die Konstruktoren der Klasse *LinkedList* zusammen.

LinkedList()	erzeugt eine leere verkettete Liste
LinkedList(c: Collection)	erzeugt eine verkettete Liste, die alle Elemente der *Collection* c enthält

Tabelle 5.27: Konstruktoren der Klasse LinkedList

Listing 5.13 zeigt das Erzeugen von verketteten Listen mit dem Collections Framework.

```
// Erzeugt eine leere verkettete Liste.
List a = new LinkedList();

// Erzeugt eine verkettete Liste, die alle Elemente
// des Collection c enthält.
List b = new LinkedList(c);
```

Listing 5.13: Konstruktoren der Klasse LinkedList

Tabelle 5.28 führt alle Methoden auf, die zusätzlich zum *List*-Interface von der Klasse *LinkedList* bereitgestellt werden.

addFirst(o: Object)	fügt ein Element am Anfang der Liste ein
addLast(o: Object)	fügt ein Element am Ende der Liste ein; äquivalent zur Methode add()
getFirst(): Object	liefert das erste Element zurück
getLast(): Object	liefert das letzte Element zurück
removeFirst(): Object	entfernt das erste Element aus der Liste und liefert es zurück
removeLast(): Object	entfernt das letzte Element aus der Liste und liefert es zurück

Tabelle 5.28: Zusätzliche Methoden der Klasse LinkedList

Queue Bei einer Queue werden die Elemente an das Ende einer Liste angehängt und am Anfang der Liste wieder entnommen. Eine verkettete Liste eignet sich für diese Aufgabe besonders, da das Entfernen von Elementen am Beginn der Liste eine Komplexität von O(1) aufweist. Eine *ArrayList* hingegen müsste beim Entfernen des ersten Elements alle nachfolgenden Elemente um eine Position nach vorn kopieren.

Die *LinkedList* stellt Methoden bereit, die einer solchen Aufgabe besonders gerecht werden. Die in Tabelle 5.28 aufgeführten Methoden sind nicht im *List*-Interface enthalten, sie werden von der Klasse *LinkedList* zusätzlich bereitgestellt.

Die Methode removeFirst() kettet das erste Element aus der Liste und liefert es zurück. Mit der Methode addLast() kann ein Element an das Ende der Liste angefügt werden. Die im *List*-Interface definierte Methode add() verhält sich äquivalent zu addLast(). Listing 5.14 zeigt, wie ein Element an das Ende einer Warteschlange aufgenommen und vom Anfang der Schlange wieder ausgekettet werden kann.

```
LinkedList queue = new LinkedList();

// Fügt ein Element der Schlange hinzu.
queue.addLast(element);

// Nimmt ein Element aus der Schlange.
Object first = queue.removeFirst();
```

Listing 5.14: Realisieren einer Queue mit einer LinkedList

Alle benötigten Operationen für eine Queue lassen sich mit der *LinkedList* in konstanter Zeit erledigen. Tabelle 5.29 zeigt alle notwendigen Methoden mit ihrer Komplexität.

Methode	Komplexität
size(): int	O(1)
isEmpty(): boolean	O(1)
addLast(o: Object)	O(1)
removeFirst(): Object	O(1)
getFirst():Object	O(1)

Tabelle 5.29: Methoden und Komplexität einer Queue, realisiert durch eine LinkedList

5.4 Verkettete Listen

Deque Eine *Deque* fasst die Möglichkeiten einer Queue und eines Stacks zusammen. Sie erlaubt, Elemente am Ende einzufügen und am Anfang zu löschen wie auch umgekehrt. Eine *Deque* kann darüber hinaus sowohl am Beginn als auch am Ende wie ein Stack operieren. Die von JGL benutzte Definition einer Deque, die in diesem Buch verwendet wird, fordert außerdem, dass ein effizienter Zugriff über einen Index auf die Elemente möglich ist – diese Anforderung soll hier vernachlässigt werden. Stattdessen wird die Definition der Deque benutzt, wie sie beispielsweise in [Goodrich & Tamassia 1998, Sedgewick 1998] gezeigt ist.

Die hierzu benötigten Methoden werden von der *LinkedList* bereitgestellt. Tabelle 5.30 fasst die notwendigen Methoden mit ihrer Komplexität zusammen. Es zeigt sich auch hier, dass alle Methoden mit konstanter Zeit ausführbar sind.

Bereits Listing 5.14 zeigte das Einfügen von Elementen am Ende der *LinkedList*. Das genaue Gegenteil zeigt Listing 5.15, hier werden die Elemente am Anfang eingefügt und am Ende entfernt.

```
LinkedList deque = new LinkedList();

// Fügt ein Element der Deque hinzu:
deque.addFirst(element);

// Nimmt ein Element aus der Deque:
Object last = deque.removeLast();
```

Listing 5.15: Deque: Elemente vorn einfügen und hinten entnehmen

Alle benötigten Operationen für eine Deque lassen sich mit der *LinkedList* in konstanter Zeit erledigen. Tabelle 5.30 zeigt die hierfür notwendigen Methoden mit ihrer Komplexität.

Methode	Komplexität
size(): int	O(1)
isEmpty(): boolean	O(1)
getFirst(): Object	O(1)
getLast(): Object	O(1)
addFirst(o: Object)	O(1)
addLast(o: Object)	O(1)
removeFirst(): Object	O(1)
removeLast(): Object	O(1)

Tabelle 5.30: Methoden und Komplexität einer Deque, realisiert durch eine LinkedList

Stack Eine *LinkedList* lässt sich auch als Stack einsetzen. Es genügen hierfür die in Tabelle 5.31 aufgeführten Methoden. Auch jede Stack-Operation kann in konstanter Zeit durchgeführt werden. Zu erwähnen ist jedoch, dass die Klasse *ArrayList* diese Aufgabe noch schneller als die *LinkedList* erfüllt. Obwohl bei beiden Containern die benötigten Methoden die Komplexität O(1) besitzen. Der Grund dafür ist, dass alle Operationen eines Stacks sich am Ende der Liste durchführen lassen und ein Array diese Aufgabe besonders schnell durchführen kann, während die *LinkedList* ihre Elemente aufwändig ein- und ausketten muss.

Methode	Komplexität
isEmpty(): boolean	O(1)
size(): int	O(1)
addLast(o: Object)	O(1)
removeLast(): Object	O(1)

Tabelle 5.31: Methoden und Komplexität eines Stacks, realisiert durch eine LinkedList

Im Package *java.util* steht mit der Klasse *Stack* eine spezialisierte Containerklasse bereit, die auf der Klasse *Vector* basiert. In den meisten Fällen ist es ratsam, diese Klasse als Stack zu verwenden, da sie zum einen sehr schnell und zum anderen threadsicher ist.

Es gibt jedoch auch Fälle, bei denen es sich lohnt, an Stelle der Klasse *Stack* eine *LinkedList* als Stack zu verwenden, und zwar immer dann, wenn neben der reinen Stack-Funktionalität noch zusätzliche Zugriffsmöglichkeiten benötigt werden. So ist es gelegentlich erforderlich, einige Einträge, die sich nicht an der aktuellen Stack-Position befinden, herauszulöschen, weil sie beispielsweise aufgrund von externen Ereignissen ihre Gültigkeit verloren haben. Der Einsatz einer *LinkedList* als Stack ist in Listing 5.16 zu sehen.

```
// Erzeugen einer LinkedList als Stack.
LinkedList stack = new LinkedList();

// Ein Element in den Stack hinzufügen.
stack.addLast(element);

// Ein Element aus dem Stack herauslöschen.
Object element = stack.removeLast();
```
Listing 5.16: Verwenden einer LinkedList als Stack

5.4.2 SList und DList

Sowohl die *SList* wie auch die *DList* implementieren das *Sequence*-Interface, das im Kapitel 3.3.4 *Das Interface Sequence* beschrieben wurde. Zusätzlich haben beide Klassen weitere Methoden, die in keinem Interface definiert sind, aber für alle erweiterbaren Sequenzen gelten. Aus diesem Grund erben beide Listen auch von dem von uns gedachten Interface *ResizableSequence*-Interface, das im Kapitel 3.5.4 *Spezielle Design-Aspekte der Generic Collection Library for Java* eingeführt wurde. Beide Containerklassen sind sehr ähnlich, so dass im Folgenden nur die *DList* beschrieben wird.

Wann sollte welche Liste verwendet werden?

Als Faustregel gilt, dass Sie immer die *DList* an Stelle der einfachen *SList* verwenden können, der Mehraufwand für den Speicher hält sich in Grenzen, da nur eine zusätzliche Refererenz – der Zeiger auf das Vorgängerelement – pro Element gespeichert wird. Viele Algorithmen erwarten aber einen *BidirectionalIterator*, den nur die *DList* besitzt. Um sich bei der Anzahl der Algorithmen nicht von vornherein einzuschränken, bietet es sich also an, eine doppelt verkettete Liste zu benutzen. Ein Unterschied zur *DList* ist, dass die *SList* keine unique()-Methode besitzt. Die unique()-Methode wird später beschrieben. Auch in der *SList* wird sich jeweils das letzte Element gemerkt, um z.B. beim Aufruf der back()-Methode das Element direkt zurückgeben zu können. Dies garantiert allerdings keine konstante Anfügezeit von O(1) eines neuen Elements am Ende, da der Zeiger auf den Vorgängerknoten wegen der Verkettung in nur eine Richtung nicht bekannt ist.

Eigenschaften der SList und DList

Zwei Listen sind gleich im Sinne der equals()-Methode, wenn beide die gleichen Elemente in der gleichen Reihenfolge enthalten.

Tabelle 5.32 zeigt eine Übersicht der Konstruktoren. Wie auch bei der Klasse *Array* ist es möglich, eine Liste mit *k* Elementen zu initialisieren oder eine shallow copy einer Liste zu erzeugen.

DList()	erzeugt eine leere Liste
DList(k: int)	erzeugt eine Liste mit *k* null-Elementen
DList (k: int, o: Object)	erzeugt eine Liste mit *k* Elementen, die alle mit dem Objekt *o* belegt sind
DList(l: DList)	erzeugt eine Liste, die eine shallow copy der übergebenen Liste *l* ist

Tabelle 5.32: Konstruktoren der Klasse DList

Die Klassen *SList* und *DList* unterstützen das Einfügen bzw. Löschen von Elementen sowohl über einen Iterator als auch über einen Index. Besonders das Manipulieren der *DList* über eine Iteratorposition ist sehr schnell, da der Knoten nicht erst gesucht werden muss und Elemente direkt eingefügt bzw. entfernt werden können. Die Methoden pushFront(), pushBack() sowie popFront() und popBack() lassen sich sehr effizient mit O(1) Kosten realisieren. Schließlich besitzen *SList* und *DList* noch eine replace()-Variante, um Elemente zu ersetzen, deren Bereich über zwei Iteratoren eingegrenzt wird (siehe Tabelle 5.33).

Finden von Elementen *SList* und *DList* stellen zwei Varianten der find()-Methode zur Verfügung, mit denen Objekte lokalisiert werden und ein Iterator auf die Position zurückgegeben wird. Außerdem wurde die count()-Methode des Interfaces *Sequence* erweitert, indem sich der Bereich durch Iteratoren einschränken lässt.

find(o: Object): DListIterator	lokalisiert das erste Objekt, das gleich zu *o* ist
find(from: DlistIterator, to: DListIterator, o: Object): DListIterator	lokalisiert das erste Objekt, das innerhalb des Iteratorenbereichs *from* bis ausschließlich *to* gleich zu *o* ist
count(from: DlistIterator, to: DlistIterator, o: Object): int	zählt die Elemente innerhalb des Iteratorenbereichs *from* bis ausschließlich *to*, die gleich dem Objekt *o* sind
replace(from: DlistIterator, to: DlistIterator, o: Object, n: Object): int	ersetzt alle Elemente innerhalb des Iteratorenbereichs *from* bis ausschließlich *to*, die gleich dem Objekt *o* sind, mit dem Objekt *n*

Tabelle 5.33: Weitere Methoden der Klassen SList und DList

Splicen von Listen

Verkettete Listen eignen sich ideal dazu, zwei Listen miteinander zu verbinden. Falls eine Liste oder eine Teilliste mit einer anderen verknüpft wird, werden dabei keine Elemente kopiert, sondern die Elemente der Liste werden aus einem Container in den anderen *verschoben*. Deshalb heißen die Methoden, die Listen verknüpfen, nicht wie üblich concat(), sondern splice(). Dies soll verdeutlichen, dass dabei Elemente von einem Container in den anderen verlagert werden.

Die Listen der Generic Collection Library for Java bieten im Gegensatz zur *LinkedList* des Collections Frameworks diese splice()-Methoden an. Eine Anwendungsmöglichkeit des Verbindens von Listelementen ist zum Beispiel das Zusammenhängen von Waggons zweier Züge. Die Methode linkWaggons() der Klasse *Train* hängt die angegebene Zahl von Waggons eines anderen Zuges an den letzten eigenen Waggon an. In Listing 5.17 wird ein Zug mit vier Personenwagen und ein Zug mit drei Güterwagen erzeugt.

```
Train a = new Train("Worms", Train.IC);
Train b = new Train("Mozart", Train.RE);

for (int i = 1; i < 5; i++)
  a.addWaggon(new PassengerWaggon(i, 70));
for (int i = 1; i < 4; i++)
```

5.4 Verkettete Listen

```
    b.addWaggon(new GoodsWaggon(i));
  a.linkWaggons(b, 1);
```
Listing 5.17: Es werden ein Zug mit vier Personenwaggons und einer mit drei Güterwaggons erzeugt.

Anschließend werden durch den Aufruf der Methode a.linkWaggons(b, 1) die ersten zwei Güterwagen an das Ende des Personenzuges angehängt. In Listing 5.18 ist die Methode linkWaggons() der Klasse Train gezeigt.

```
  public class Train implements Comparable, Cloneable, Serializable {
  ...
    private DList waggons;              // Liste der Waggons.
  ...
    public void linkWaggons(Train t, int i) {
      DList l = t.getWaggons();
      waggons.splice(waggons.size(), l, 0, i);
    }
  ...
  }
```
Listing 5.18: Die splice()-Methode am Beispiel des Zusammenhängens von Waggons

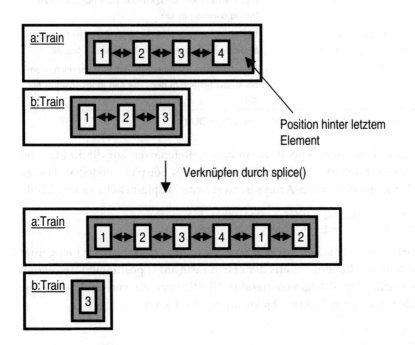

Abbildung 5.4: Anwendung der splice()-Methode

Mit `t.getWaggons()` wird eine Referenz auf die verkettete Liste des anderen Zugs erzeugt. Diese von uns benutzte Variante der `splice()`-Methode erwartet als ersten Parameter die Position in der Liste, *vor* der die neuen Elemente eingehängt werden sollen. Die weiteren Argumente bestehen aus der Liste der Waggons sowie einen durch Indizes markierten Bereich. Hier werden also insgesamt i + 1 Waggons aus der Liste entfernt und an die andere hinzugefügt. Abbildung 5.4 zeigt das Ergebnis der `splice()`-Aktion.

Die Klasse *DList* bietet insgesamt sechs verschiedene Varianten der `splice()`-Methode an. In Tabelle 5.34 sind die Methoden aufgelistet. Es gibt zwei Gruppen, die sich darin unterscheiden, ob die Elemente über einen Iterator oder einen Index referenziert werden. Die Variante über Iteratoren erlaubt einen schnelleren Zugriff auf die Elemente.

splice(pos: DlistIterator, l: DList)	fügt alle Elemente der Liste *l* an Position *pos* ein
splice(pos: int, l: DList)	fügt alle Elemente der Liste *l* an Indexposition *pos* ein
splice(pos: DlistIterator, l: DList, from: DlistIterator)	fügt das Element an Position *from* der Liste *l* an Position *pos* ein
splice(pos: int, l: DList, from: int)	fügt Element an Indexposition *from* der Liste *l* an Indexposition *pos* ein
splice(pos: DlistIterator, l: DList, from: DlistIterator, to: DlistIterator)	fügt alle Elemente innerhalb des Bereichs *from* bis ausschließlich *to* der Liste *l* an Position *pos* ein
splice(pos: int, l: DList, from: int, to: int)	fügt alle Elemente innerhalb des Indexbereichs *from* bis ausschließlich *to* der Liste *l* an Indexposition *pos* ein

Tabelle 5.34: Die unterschiedlichen Methoden `splice()` der Klasse DList

Das Splicen ist dann besonders schnell, wenn bereits Referenzen auf die Knoten der Liste vorliegen. Diese Methode möchten wir als weiteres Beispiel vorstellen. Hierzu werden die beiden folgenden String-Arrays in zwei Listen kopiert (siehe Listing 5.19).

```
private static final String[] TEXT1 = {"A", "B", "C", "D"};
private static final String[] TEXT2 = {"1", "2", "3", "4"};
```

Die Zahlen aus der Liste `txt2` sollen vor den String C in der ersten Liste `txt1` eingefügt werden. Hierfür wird ein Iterator `fil` aus der ersten Liste auf C positioniert. In diesem Fall ist es notwendig, den listeigenen Iterator *DListIterator* zu verwenden, da die `splice()`-Methoden sich nur auf *DList*-Objekte anwenden lassen.

```
DList txt1 = new DList();
Copying.copy(new ObjectArray(TEXT1), txt1);
DList txt2 = new DList();
Copying.copy(new ObjectArray(TEXT2), txt2);

DListIterator fil = txt1.begin();
```

5.4 Verkettete Listen

```
fi1.advance(2);   // Zeigt auf C.

DListIterator fi2 = txt2.begin();
fi2.advance(1);   // Zeigt auf 2
DListIterator fi3 = (DListIterator) fi2.clone();
fi3.advance(3);   // Zeigt hinter 4

System.out.println("txt 1 vorher:  " + txt1);
System.out.println("txt 2 vorher:  " + txt2);

// Kopiere Bereich [fi2, fi3[ nach Position fi1:
txt1.splice(fi1, txt2, fi2, fi3);

System.out.println("txt 1 nachher: " + txt1);
System.out.println("txt 2 nachher: " + txt2);
```
Listing 5.19: *Weitere Beispiele, die das Splicen von Listen veranschaulichen*

In der zweiten Liste `txt2` definieren wir einen Bereich aus Iteratoren `fi2` und `fi3`, dessen Anfang auf das Element 2 verweist. Das (offene) Ende des Bereichs ist ein Iterator, der hinter das letzte Element, also hinter die 4, zeigt. Anschließend wird die `splice()`-Methode aufgerufen. Die Argumente bedeuten in dieser Variante: Füge die Elemente – markiert durch den Bereich `fi2` bis ausschließlich `fi3` – *vor* `fi1` ein, und zwar aus der Liste `txt2`. Die Ausgabe ergibt:

```
txt 1 vorher:  DList( A, B, C, D )
txt 2 vorher:  DList( 1, 2, 3, 4 )
txt 1 nachher: DList( A, B, 2, 3, 4, C, D )
txt 2 nachher: DList( 1 )
```

Eigentlich ist es nicht notwendig, dieser Methode explizit die Liste `txt2` zu nennen, aus der die Elemente entfernt werden sollen, denn über die Bereichs-Iteratoren könnte der zugehörige Container mit der `getContainer()`-Methode erfragt werden. Da aber einige `splice()`-Methoden anstelle eines Bereichs aus Iteratoren einen Bereich aus Indizes erwarten und in diesem Fall der Quellcontainer nicht bekannt ist, wurde der Einfachheit halber dieser Parameter in allen `splice()`-Methoden beibehalten. Im vorigen Beispiel in der Methode `linkWaggons()` wurden die Elemente der Quellliste durch einen Bereich aus Indizes beschrieben. Dieser Aufruf der `splice()`-Methode ist der schnellste, weil direkt mit dem Umhängen der Elemente begonnen wird, ohne vorher das Element über den Index zu suchen.

Abschließend möchten wir noch zeigen, dass das Splicen auch auf nur eine Liste angewandt werden darf (siehe Listing 5.20). Hier wird das erste Element A der Liste `txt1` an das Ende der gleichen Liste angehängt.

```
// Hänge das erste Element an das Ende der Liste:
txt1.splice(txt1.end(), txt1, txt1.begin());
System.out.println("txt 1: " + txt1);
```
Listing 5.20: Das Splicen von Elementen innerhalb derselben Liste

Und hier ist die entsprechende Ausgabe:

```
txt 1: DList( B, 2, 3, 4, C, D, A )
```

Weitere Methoden der Klasse DList

Die Klasse *DList* – nicht aber *SList* – besitzt die Methode unique(), mit der aufeinander folgende gleiche Elemente entfernt werden. Im Gegensatz zu dem gleichnamigen Algorithmus in der Klasse Counting.unique() werden in der Liste doppelte Elemente tatsächlich entfernt und nicht nur umkopiert. Das Beispiel aus Kapitel 4.1.3 Prädikate in JGL in Listing 4.27, in dem doppelte Zahlen entfernt werden, verändert die Größe des Containers. Listing 5.21 zeigt das Beispiel unter Anwendung von unique() der Klasse *DList*.

```
private static final int[] NUMBERS = {1, 1, 2, 2, 3};

private static void unique() {
  DList l = new DList();
  Copying.copy(new IntArray(NUMBERS), l);

  System.out.println("l vorher:  " + l);
  l.unique();
  System.out.println("l nachher: " + l);
}
```
Listing 5.21: Das Entfernen von doppelten Elementen aus einer Liste

Die Ausgabe zeigt, dass der Container um zwei Elemente kleiner wurde.

```
l vorher:  DList( 1, 1, 2, 2, 3 )
l nachher: DList( 1, 2, 3 )
```

Iteratoren der SList und DList

Die Iteratoren von verketteten Listen sind in JGL kaum fehleranfällig. Das liegt an der einfachen Realisierung eines solchen Iterators: Jeder Iterator verweist auf den Knoten der verketteten Liste. Der Aufruf advance() beispielsweise springt einfach zu dem Nachfolgerknoten.

> Aus diesem Grund kann es nur beim Entfernen eines Elements, auf das der Iterator zeigt, zu einem Fehler kommen, Einfügeoperationen hingegen sind immer sicher.

In Listing 5.1 ist ein fehlerhafter Iterator einer Liste gezeigt.

```
DList l = new DList();
for (int i = 0; i < 5; i++)
  l.add(new Integer(i));

ForwardIterator fi = l.start();
fi.advance(2);        // Springe zur 2.
l.remove(fi);         // Lösche dieses Element.
Object o = fi.get();  // Worauf zeigt Iterator?
System.out.println("l = " + l + ", fi zeigt auf " + o);

l.remove(2);          // Lösche Position 2, die Zahl 3.
fi.advance();         // Springe zum nächsten Element.
o = fi.get();
System.out.println("l = " + l + ", fi zeigt auf " + o);
```
Listing 5.22: Dieses Beispiel zeigt, wie ein Iterator einer JGL-Liste ungültig wird.

Die Anweisung `l.remove(fi)` löscht das Element aus der Liste, auf die der Iterator gerade zeigt. Unbeeindruckt davon liefert die `fi.get()`-Methode das nicht mehr vorhandene Element zurück, was natürlich falsch ist. Wird nun noch das Nachfolgerelement der aktuellen Iteratorposition entfernt, also Element 3, so zeigt der Iterator nach Aufruf der `advance()`-Methode auf das alte, nun ebenfalls nicht mehr enthaltene Element 3. Hier die Ausgabe dazu:

```
l = DList( 0, 1, 3, 4 ), fi zeigt auf 2
l = DList( 0, 1, 4 ), fi zeigt auf 3
```

5.5 Stacks

Zweck

> Ein Stack (Stapel) ist ein Container, bei dem Elemente nur an einem Ende einer Liste aufgenommen und entfernt werden dürfen.

Auch bekannt als

Stapel

Siehe auch

Verkettete Liste, Erweiterbares Array

Motivation

Einige Algorithmen benötigen als weitere Information die Reihenfolge, in der Elemente dem Container, also dem Stack, zugefügt werden. Die Elemente werden in der umgekehrten Reihenfolge entfernt. Diese Container eignen sich z.B. für Backtracking-Algorithmen.

Kosten

Operation	Kommentar	Kosten
Einfügen/Entfernen am Ende		O(1)

Tabelle 5.35: *Eigenschaften der Containerklassen Stack*

Implementierungen in den Standardbibliotheken

Sowohl das Collections Framework wie auch JGL bieten eine Implementierung eines Stacks. Im Collections Framework ist dies die Klasse

java.util.Stack

und in JGL

com.objectspace.jgl.Stack

Kontext im Framework

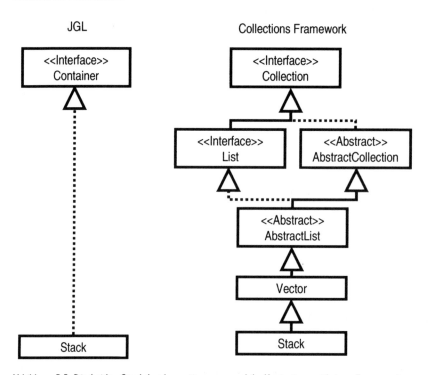

Abbildung 5.5: *Die beiden Stack-Implementierungen und ihr Kontext zum übrigen Framework*

Nebeneffekte

keine

5.5.1 Stack (Collections Framework)

Die Klasse *Stack* im Package *java.util* realisiert einen Container, der nach dem Prinzip last-in-first-out (LIFO) fungiert. Obwohl diese Klasse sich im Package *java.util* befindet und eine Containerklasse ist, gehört sie, wie die Klasse *Vector*, nicht zum Collections Framework. *Vector* und *Stack* stammen noch von Java 1.0 und werden nur aus Gründen der Kompatibilität unterstützt. Die Klasse *Stack* ist von der Klasse *Vector* abgeleitet, so dass sie ihre gesamte Funktionalität bietet, um die Operationen eines Stack zu erweitern. Wie *Vector* ist auch ein *Stack* threadsicher. Die von der Klasse *Stack* neu definierten Methoden sind in Tabelle 5.36 dargestellt.

Operation	Komplexität
empty(): boolean	O(1)
push(item: Object): Object	O(1) bis O(n)
pop(): Object	O(1)
peek(): Object	O(1)
search(o: Object): int	O(n)

Tabelle 5.36: Zusätzliche Methoden der Klasse Stack im Collections Framework

Die Methode empty() überprüft das Vorhandensein von Einträgen auf dem Stack, ihr Rückgabewert ist vom Typ *boolean*.

Mit der Methode push() können Einträge als oberstes Element auf dem Stack abgelegt werden. Die Methode push() ist zur Methode Vector.addElement() äquivalent.

Der oberste Eintrag des Stacks kann mit der Methode pop() abgefragt und entfernt werden. Im Fall eines leeren Stacks wirft diese Methode eine *EmptyStackException*.

Soll das erste Element nur abgefragt, aber nicht gleichzeitig entfernt werden, ist die Methode peek() zu verwenden. Auch peek() löst im Fall eines leeren Stacks eine *EmptyStackException* aus.

Mit der Methode search(Object o) kann überprüft werden, ob ein *Object* o sich auf dem Stack befindet. Ist dies nicht der Fall, wird -1 zurückgegeben. Befindet sich o auf dem Stack, so wird seine Position relativ zum obersten Eintrag des Stacks zurückgegeben, wobei mit dem obersten Eintrag von eins an gezählt wird. Abbildung 5.6 zeigt die Zählrichtung des Stacks. Wird in Abbildung 5.6 beispielsweise nach dem Eintrag C gefragt, so lautet der Rückgabewert der Methode search() drei. Dies kann auch so verstanden werden, dass nach dem dritten Aufruf von pop() das Element C zurückgegeben und vom Stack entfernt wird.

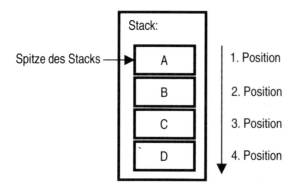

Abbildung 5.6: Positionen auf einem Stack

Die Klasse *Stack* stellt lediglich einen Standardkonstruktor Stack() bereit, der einen leeren Stack der Initialen Kapazität 10 erzeugt. Die Kapazität des Stacks erweitert sich bei Bedarf nach der in Kapitel 5.2.3 *Vector* auf Seite 262 beschriebenen Strategie.

Stack()	erzeugt einen leeren Stack der Kapazität 10

Tabelle 5.37: Konstruktor der Klasse Stack

Als Beispiel für einen Stack betrachten wir folgende Aufgabe. Zu einer Halle (Variable depot) führt nur ein Gleis, über das Züge in die Halle hinein- und wieder hinausfahren können. Bevor ein Zug die Halle verlassen kann, müssen erst alle Züge herausfahren, die nach ihm in die Halle eingefahren sind (Sackbahnhof). Ein Stack verhält sich auf die gleiche Weise; bevor ein bestimmter Eintrag von einem Stack mit pop() gelöscht werden kann, müssen erst alle später eingefügten Einträge mittels pop() entfernt werden. Im Listing 5.23 werden fünf Züge in das depot aufgenommen. Anschließend wird der Inhalt des depot ausgegeben. Mittels der Methode peek() kann das oberste Element des Stacks abgefragt werden, es entspricht dem Zug, der als Erster die Halle verlassen muss. Am Ende werden alle Züge in der richtigen Reihenfolge aus dem depot entfernt und ausgegeben.

```
// Erzeugen eines leeren Stack.
Stack depot = new Stack();

// Fünf Züge in die Halle fahren.
int i = 0;
Iterator it = Miniworld.getAllTrains().iterator();
while (it.hasNext() && i++ < 5)
  depot.push(it.next());

System.out.println("In der Halle sind:");
```

5.5 Stacks

```
  it = depot.iterator();
  while (it.hasNext())
    System.out.println(it.next());

  System.out.println("\nDer erste Zug ist " + depot.peek());

  // Alle Züge aus der Halle herausfahren.
  while (!depot.empty()) {
    Train t = (Train) depot.pop();
    System.out.println(t + " verlässt die Halle.");
  }
```

Listing 5.23: Beispiel für Stackoperationen mit java.util.Stack

Die Ausgabe des Programms lautet:

```
In der Halle sind:
RE-Zug: Albrecht, 6 Wagen
IC-Zug: Bach, 10 Wagen
ICE-Zug: Beethoven, 12 Wagen
RE-Zug: Bismarck, 6 Wagen
IC-Zug: Goethe, 10 Wagen

Der erste Zug ist IC-Zug: Goethe, 10 Wagen
IC-Zug: Goethe, 10 Wagen  verlässt die Halle.
RE-Zug: Bismarck, 6 Wagen  verlässt die Halle.
ICE-Zug: Beethoven, 12 Wagen  verlässt die Halle.
IC-Zug: Bach, 10 Wagen  verlässt die Halle.
RE-Zug: Albrecht, 6 Wagen  verlässt die Halle.
```

Um ausschließlich Containerklassen des Collections Frameworks zu verwenden, könnten Sie alternativ zur Klasse *Stack* die Containerklassen *ArrayList* oder *LinkedList* als Stack verwenden. Zu beachten ist, dass diese Klassen ohne weitere Maßnahmen nicht threadsicher sind. Tabelle 5.38 stellt die Methoden der Klasse *Stack* denen von *ArrayList* und *LinkedList* gegenüber.

Methoden der Klasse Stack	Methoden des List-Interfaces (ArrayList)	Methoden der Klasse LinkedList
empty(): boolean	isEmpty(): boolean	isEmpty(): boolean
push(item: Object): Object	add(o: Object): boolean	addLast(o: Object)
pop(): Object	remove(index: int): Object bzw. List.remove(list.size() - 1)	removeLast(): Object

Tabelle 5.38: Gegenüberstellung von Stack-Methoden verschiedener Containerklassen

Methoden der Klasse Stack	Methoden des List-Interfaces (ArrayList)	Methoden der Klasse *LinkedList*
peek(): Object	get(index: int): Object **bzw.** List.get(list.size() - 1)	getLast(): Object
search(o: Object): int	lastIndexOf(o: Object): int **bzw.** List.size() -lastIndexOf(o: Object)	lastIndexOf(o: Object): int **bzw.** List.size() -lastIndexOf(o: Object)

Tabelle 5.38: Gegenüberstellung von Stack-Methoden verschiedener Containerklassen

Das Listing 5.24 zeigt das Programm aus Listing 5.23, das nun anstelle der Klasse *Stack* die *LinkedList* aus dem Collections Framework verwendet.

```
// Erzeugen eines leeren Stacks:
LinkedList depot = new LinkedList();

// Fünf Züge in die Halle fahren:
int i = 0;
Iterator it = Miniworld.getAllTrains().iterator();
while (it.hasNext() && i++ < 5)
  depot.addLast(it.next());

System.out.println("In der Halle sind:");
it = depot.iterator();
while (it.hasNext())
  System.out.println(it.next());

System.out.println("\nDer erste Zug ist " + depot.getLast());

// Alle Züge aus der Halle herausfahren.
while (!depot.isEmpty()) {
  Train t = (Train) depot.removeLast();
  System.out.println(t + " verlässt die Halle.");
}
```
Listing 5.24: Beispiel für Stackoperationen mit einer LinkedList

5.5.2 Stack (JGL)

Die Klasse *Stack* im Generic Collection Library for Java implementiert lediglich das *Container*-Interface. Ein *Stack* verwendet intern eine beliebige Containerklasse, die das *Sequence*-Interface implementiert. Hier zeigt sich wieder einmal die Verwandtschaft zwischen JGL und der STL für C++. Standardmäßig benutzt *Stack* dafür die Klasse *Array*. In Listing 5.25 wird gezeigt, wie ein JGL-Stack instanziiert wird.

5.5 Stacks

```
Sequence s = new DList();  // Alternative Sequence für Stack,
s.add(new Integer(1));     // die bereits Elemente enthält.

Stack a = new Stack();     // Leerer Stack.
Stack b = new Stack(s);    // Stack mit DList
Stack c = new Stack(b);    // Kopie eines Stacks.

System.out.println("a = " + a);
System.out.println("b = " + b);
System.out.println("c = " + c);
```
Listing 5.25: *Die Konstruktoren eines Stacks in JGL*

Die Ausgabe liefert:

```
a = Stack( Array( ) )
b = Stack( DList( 1 ) )
c = Stack( DList( 1 ) )
```

Die toString()-Methode zeigt, dass intern tatsächlich eine *Sequence* verwendet wird. Standardmäßig erzeugt der leere Konstruktor, wie in Instanz a, einen Stack, der auf einem Array basiert. Die Instanz b verwendet eine doppelt verkettete Liste für die interne Darstellung. Hierbei übernimmt der Konstruktor alle bereits vorhandenen Elemente der übergebenen Sequenz. Wird – wie bei der Variablen c – ein Stack als Argument im Konstruktor übergeben, wird der übergebene Stack kopiert. Dabei wird auch der Typ der Klasse übernommen. Tabelle 5.39 fasst die Eigenschaften der Konstruktoren zusammen.

Stack()	erzeugt einen leeren Stack
Stack(s: Sequence)	erzeugt einen Stack, der die Sequence s zum Speichern der Elemente benutzt
Stack(s: Stack)	erzeugt einen neuen Stack aus dem Stack s durch ein shallow copy

Tabelle 5.39: *Konstruktoren der Klasse Stack (JGL)*

Die Klasse Stack der Generic Collection Library for Java verfügt über drei zusätzliche Methoden, die in keinem Interface vorhanden sind (siehe Tabelle 5.40). Mit dem Paar push() und pop() werden Elemente auf den Stack gelegt bzw. entfernt. Die Methode top() gibt das oberste Element zurück, ohne es zu entfernen. In Tabelle 5.40 sind außerdem die beiden remove()-Methoden gezeigt, die gemäß den Anforderungen an einen Stack verboten sind und beim Aufruf eine Exception generieren.

push(Object)	legt ein Element oben auf den Stapel
pop(): Object	entfernt das oberste Element auf dem Stack und gibt es zurück

Tabelle 5.40: *Zusätzliche Methoden der Klasse Stack (JGL)*

top(): Object	liefert das oberste Element auf dem Stack, ohne es zu entfernen
remove(e: Enumeration) remove(s: Enumeration, e: Enumeration)	Entfernen von Elementen ist definitionsgemäß nicht erlaubt, es wird eine *InvalidOperationException* generiert

Tabelle 5.40: Zusätzliche Methoden der Klasse Stack (JGL)

Schauen wir uns dasselbe Bespiel wie in der Realisierung des Stacks des Collections Framework (Kapitel 5.5.1) an. Auch hier sollen Züge in eine Halle (Variable depot) gefahren werden, die nur eine Zufahrt hat.

```
Stack depot = new Stack();

int i = 0;
Iterator it = Miniworld.getAllTrains().iterator();
while (it.hasNext() && i++ < 5)
  depot.push(it.next());

System.out.println("In der Halle sind:");
ForwardIterator fi = depot.start();
while (fi.hasMoreElements())
  System.out.println(fi.nextElement());

System.out.println("\nDer erste Zug ist " + depot.top());

while (depot.size() > 0) {
  Train t = (Train) depot.pop();
  System.out.println(t + "  verlässt die Halle.");
}
```

Listing 5.26: Beispiele für Stackoperationen in JGL

Die Ausgabe des Programms liefert:

```
In der Halle sind:
RE-Zug: Albrecht, 6 Wagen
IC-Zug: Bach, 10 Wagen
ICE-Zug: Beethoven, 12 Wagen
RE-Zug: Bismarck, 6 Wagen
IC-Zug: Goethe, 10 Wagen

Der erste Zug ist IC-Zug: Goethe, 10 Wagen
IC-Zug: Goethe, 10 Wagen   verlässt die Halle.
RE-Zug: Bismarck, 6 Wagen   verlässt die Halle.
ICE-Zug: Beethoven, 12 Wagen   verlässt die Halle.
IC-Zug: Bach, 10 Wagen   verlässt die Halle.
RE-Zug: Albrecht, 6 Wagen   verlässt die Halle.
```

Die Funktionalität eines JGL-Stacks ist gleich der eines Stacks im Collections Framework. Auf den Inhalt kann nur mit einem Iterator zugegriffen werden.

Iteratoren

Eine Besonderheit der Klasse *Stack* ist, dass sie keinen eigenen Iterator mitbringt, wie dies viele andere Containerklassen in JGL tun. Stattdessen erhalten sie immer einen *ForwardIterator*, der vom gleichen Typ ist wie die im Stack benutzte *Sequence*. Dies heißt, dass standardmäßig ein *ArrayIterator* zurückgegeben wird.

Das Löschen von Elementen ist nicht erlaubt – ein Versuch führt zu einer Exception, wie das Beispiel in Listing 5.27 zeigt:

```
try {
  ForwardIterator fi = depot.start();
  fi.advance(1);      // Wähle zweiten Zug von hinten.
  depot.remove(fi);   // Versuche den Zug zu entfernen.
}
catch (Exception e) {
  System.err.println(e);
}
```

Listing 5.27: Der Versuch, ein Element aus dem Stack über einen Iterator zu entfernen.

> Da in einem Stack die Elemente am Ende der zugrunde liegenden *Sequence* entfernt bzw. angehängt werden, bleiben Iteratoren nach diesen Operationen gültig, falls nicht der Iterator auf das oberste Element zeigt und dieses entfernt wird.

Da die Iteratoren zu einer *Sequence* über die put()-Methode das Austauschen von Elementen ermöglichen, können auch die Elemente auf dem Stack ersetzt werden. Listing 5.28 zeigt dies an einem Beispiel:

```
ForwardIterator fi = depot.start();
fi.advance(1);      // Wähle zweiten Zug von hinten.

Train t = new Train("Rubens", Train.RE);
fi.put(t);          // Ersetze ihn mit dem neuen Zug.

System.out.println("In der Halle sind:");
fi = depot.start();
while (fi.hasMoreElements())
  System.out.println(fi.nextElement());
```

Listing 5.28: Es ist möglich, ein Element auf dem Stack über einen Iterator zu verändern.

Der ForwardIterator fi zeigt an die zweite Stelle des Stacks. Durch den Aufruf von put(t) wird der alte Zug an dieser Stelle durch den neuen Zug Rubens ersetzt, ohne dass eine Exception dies verhindert. Da kein eigener Iterator für einen JGL-Stack existiert, kann dieses Ersetzen nicht abgefangen werden. Es ist eine Interpretationsfrage, ob diese Operation mit einem Stack möglich sein sollte.

5.6 Warteschlangen

Zweck

> Warteschlangen sind Container, bei denen Elemente nur an einem Ende zugefügt und am Ende entfernt werden dürfen. Bei einer einfachen Warteschlange behalten die Elemente im Container ihre Reihenfolge bei (FIFO-Prinzip). Bei einer Warteschlange mit Prioritäten hingegen verlassen die Elemente den Container nach ihrer Dringlichkeit.

Auch bekannt als

Queue, Priority Queue

Siehe auch

Einfach verkettete Liste

Motivation

Einige Algorithmen benötigen Elemente in einer vorgegebenen Reihenfolge, die entweder nach der Ankunft oder der Priorität des Objekts festgelegt wird.

Kosten

Operation	Kommentar	Kosten Queue	Kosten Priority Queue
Einfügen am Ende		$O(1)$	$O(\log n)$
Entfernen am Anfang		$O(1)$	$O(\log n)$

Tabelle 5.41: Eigenschaften der Containerklassen Queue und PriorityQueue

Implementierungen in den Standardbibliotheken

Lediglich die Generic Collection Library for Java bietet Container für Warteschlangen:

> *com.objectspace.jgl.Queue*
>
> *com.objectspace.jgl.PriorityQueue*

Allerdings lassen sich einfache Warteschlangen durch die Klasse *LinkedList* im Collections Framework nachahmen (siehe 5.4.2 *LinkedList (Collections Framework)*).

5.6 Warteschlangen

Kontext im Framework

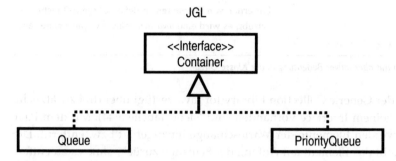

Abbildung 5.7: Beide Warteschlangen-Implementierungen erben direkt von dem Interface Container

Eigenschaften

Die Elemente einer Priority Queue müssen intern nicht sortiert vorliegen. Es muss nur sichergestellt sein, dass das nächste Elemente, das entfernt wird, die höchste Priorität hat. Die Implementierung einer *PriorityQueue* in JGL benutzt intern einen Heap, der in einem Array gehalten wird (siehe Kapitel 2.4.2 *Abstrakter Datentyp für Warteschlangen mit Prioritäten*). Falls Sie beispielsweise über einen Iterator auf das Array zugreifen, sind die Elemente nicht nach der Priorität sortiert.

Nebeneffekte

> Sie dürfen die Priorität eines Elements in einer *PriorityQueue* nicht nachträglich ändern, weil sonst der interne Heap inkonsistent wird.

5.6.1 Queue

Wie auch die JGL-Klasse *Stack* erlaubt eine *Queue*, intern eine beliebige Containerklasse zu verwenden, falls diese das *Sequence*-Interface implementiert hat. Standardmäßig wird für eine *Queue* eine *SList* – also eine einfach verkettete Liste – benutzt. Im Konstruktor können Sie deshalb auch eine alternative *Sequence* übergeben.

Queue()	erzeugt eine leere Warteschlange
Queue(s: Sequence)	erzeugt eine Warteschlange, die die Sequence s zum Speichern der Elemente benutzt
Queue(q: Queue)	erzeugt eine neue Warteschlange aus der Warteschlange q durch ein shallow copy

Tabelle 5.42: Konstruktoren der Klasse Queue

add(o: Object): Object	wie push() – der Rückgabewert ist immer *null*, da jedes Element hinzugefügt werden kann
remove(e: Enumeration)	Entfernen von Elementen ist definitionsgemäß nicht erlaubt, es wird eine *InvalidOperationException* generiert
remove(s: Enumeration, e Enumeration)	

Tabelle 5.43: Methoden mit alternativer Bedeutung in der Klasse Queue

Die Klasse *Queue* der Generic Collection Library for Java verfügt über drei zusätzliche Methoden, die in keinem Interface vorhanden sind (siehe Tabelle 5.44). Mit dem Paar push() und pop() werden Elemente der Warteschlange hinzugefügt bzw. entfernt. Die Methode front() gibt das Element am Anfang der Schlange zurück, ohne es zu entfernen.

push(Object)	fügt ein Element am Ende der Warteschlange hinzu
pop(): Object	entfernt das vorderste Element in der Schlange und gibt es zurück
front(): Object	liefert das vorderste Element in der Schlange, ohne es zu entfernen

Tabelle 5.44: Zusätzliche Methoden der Klasse Queue, die nicht im Interface Container enthalten sind

In Listing 5.29 ist ein Beispiel für eine Warteschlange zu sehen.

```
Queue queue = new Queue();

int i = 0;
Iterator it = Miniworld.getAllPersons().iterator();
while (it.hasNext() && i++ < 2)
  queue.push(it.next());

System.out.println("In der Schlange sind:");
ForwardIterator fi = queue.start();
while (fi.hasMoreElements())
  System.out.println(" " + fi.nextElement());

System.out.println("Am Anfang der Schlange steht " +
  queue.front());

while (queue.size() > 0) {
  Person p = (Person) queue.pop();
  System.out.println(p + " verlässt die Schlange.");
}
```

Listing 5.29: Beispiel für eine Warteschlange

Aus der Miniwelt betreten die ersten zwei Personen die Warteschlange, dargestellt durch den Aufruf der push()-Methode. Über einen *ForwardIterator* werden alle Elemente der *Queue* durchlaufen und mit der front()-Methode erhalten Sie eine Referenz

5.6 Warteschlangen

auf das vorderste Element, hier die Person Ralf Schulze. Solange sich noch Personen in der Warteschlange befinden, entfernen wir sie aus dem Container mit der Methode pop(). Hier ist die Ausgabe des Beispielprogramms:

```
In der Schlange sind:
 Ralf Schulze
 Jan Mayer
Am Anfang der Schlange steht Ralf Schulze
Ralf Schulze verlässt die Schlange.
Jan Mayer verlässt die Schlange.
```

5.6.2 PriorityQueue

Der Container *PriorityQueue* implementiert direkt das Interface *Container*. Laut Definition verlässt in einer *PriorityQueue* das Element mit höchster Priorität zuerst die Warteschlange [JGL API V. 3.1]. Die Priorität wird durch einen Comparator festgelegt.

> Das Element mit der höchsten Priorität ist dasjenige, das durch den Comparator an das *Ende* der Liste sortiert wird. Das heißt, es gilt:

$R(a) < R(b) \Rightarrow b$ hat höhere Priorität als $a \Rightarrow b$ verlässt vor a die Schlange

Wenn Sie beispielsweise als Comparator das Prädikat *LessNumber* verwenden, das Zahlen aufsteigend sortiert, und die Zahlen 3, 5, 1 in eine *PriorityQueue* einfügen, hat die 5 die höchste Priorität, denn $R(1) < R(3) < R(5)$. D.h., die Zahlen werden in der Reihenfolge 5, 3, 1 aus dem Container entfernt.

Wird der Warteschlange kein eigener Comparator im Konstruktor übergeben, wird als Standard-Comparator der *HashComparator* benutzt, der Elemente nach ihrem Hashwert aufsteigend anordnet. Tabelle 5.45 zeigt die Konstruktoren in einer Übersicht.

PriorityQueue()	erzeugt eine leere Prioritäten-Warteschlange; die Priorität der Elemente wird nach ihrem Hashwert bestimmt
PriorityQueue(bp: BinaryPredicate)	erzeugt eine Prioritäten-Warteschlange mit einem eigenen Comparator
PriorityQueue(pq: PriorityQueue)	erzeugt eine neue Prioritäten-Warteschlange aus der Warteschlange *pq* durch ein shallow copy

Tabelle 5.45: Konstruktoren der Klasse Queue

Die Klasse *PriorityQueue* besitzt analog zu der Klasse *Queue* ebenfalls drei zusätzliche Methoden, die in keinem Interface vorhanden sind (siehe Tabelle 5.46). Mit dem Paar push() und pop() werden Elemente der Prioritäten-Warteschlange hinzugefügt bzw. entfernt. Die Methode top() gibt das Element am Anfang der Schlange zurück, ohne es zu entfernen.

push(Object)	fügt ein Element in die Prioritäten-Warteschlange ein
pop(): Object	entfernt das Element mit höchster Priorität und gibt es zurück
top(): Object	gibt das Element zurück, das als Nächstes die Warteschlange verlässt
getComparator(): BinaryPredicate	gibt den benutzten Comparator zurück
add(o: Object): Object	wie push() – der Rückgabewert ist immer *null*, da jedes Element hinzugefügt werden kann
remove(e: Enumeration)	Entfernen von Elementen ist definitionsgemäß nicht erlaubt, es wird eine *InvalidOperationException* generiert
remove(s: Enumeration, e: Enumeration)	

Tabelle 5.46: Zusätzliche Methoden der Klasse PriorityQueue, die nicht im Interface Container enthalten sind

In Listing 5.31 sehen Sie ein Beispiel für eine Warteschlange mit Prioritäten, in die Elemente des Arrays in Listing 5.30 eingefügt werden.

```
public class PriorityQueueExamplesJGL {
...
  private static final int[] numbers = {
    4, 2, 8, 3, 4, 7, 1, 9
  };
...
}
```

Listing 5.30: Diese Zahlen werden in eine Warteschlange mit Prioritäten eingefügt.

Wir benutzen im Beispiel das vordefinierte binäre Prädikat GreaterNumber, das Zahlen in absteigender Reihenfolge sortiert. Da in der JGL-*PriorityQueue* Elemente mit höchster Dringlichkeit am gedachten Ende der sortierten Liste stehen, bedeutet dies, dass mit diesem Prädikat kleinere Zahlen zuerst mit der Methode pop() aus der Schlange entfernt werden.

```
PriorityQueue pq = new PriorityQueue(new GreaterNumber());

for (int i = 0; i < numbers.length; i++)
  pq.push(new Integer(numbers[i]));

System.out.println("In der Schlange sind:");
ForwardIterator fi = pq.start();
while (fi.hasMoreElements())
  System.out.println(" " + fi.nextElement());

System.out.println("Am Anfang der Schlange steht " +
  pq.top() + ".");

while (pq.size() > 0) {
```

5.6 Warteschlangen

```
        Object o = pq.pop();
        System.out.println(o + "  verlässt die Schlange.");
    }
```

Listing 5.31: Beispiele für eine Warteschlange mit Prioritäten

Das Durchlaufen der Warteschlange mit einen Iterator offenbart, dass die Elemente intern nicht nach der Priorität sortiert sind – die Reihenfolge entspricht der Einbettung eines Heaps in ein Array.

```
In der Schlange sind:
1
3
2
4
4
8
7
9
Am Anfang der Schlange steht 1.
1 verlässt die Schlange.
2 verlässt die Schlange.
3 verlässt die Schlange.
4 verlässt die Schlange.
4 verlässt die Schlange.
7 verlässt die Schlange.
8 verlässt die Schlange.
9 verlässt die Schlange.
```

Mit der while-Schleife am Ende des Listings werden alle Zahlen mit der pop()-Methode entfernt. Erst jetzt liefert der Container die Elemente in der richtigen Reihenfolge.

Iteratoren

Die Klasse *PriorityQueue* besitzt keinen eigenen Iterator. Stattdessen liefert sie den Iterator des verwendeten Arrays zurück – also einen *ArrayIterator*. Wie auch die Klassen *Stack* und *Queue* der Generic Collection Library for Java verbietet eine *PriorityQueue* das Löschen von Elementen mit einer Enumeration. Analog ist es ebenfalls möglich, ein Element über einen Iterator auszutauschen, wie das folgende Beispiel zeigt.

```
    ForwardIterator fi = pq.start();
    fi.advance(1);      // Zeige auf das zweite Element.
    Object o = fi.get();
    Integer n = new  Integer(10);
    System.out.println("Ersetze " + o + " mit " + n);
    fi.put(n);          // Überschreibe die alte Zahl.

    System.out.println("qp = " + pq);

    while (pq.size() > 0) {
```

```
            o = pq.pop();
            System.out.println(o + "  verlässt die Schlange.");
        }
```

Listing 5.32: Das Austauschen eines Elements über einen Iterator hat zur Folge, dass der intern benutzte Heap zerstört wird. Damit ist die Reihenfolge der Prioritäten verletzt.

Das zweite Element wird mittels des Iterators durch die Zahl 10 ausgetauscht. Die Ausgabe des Beispiels verdeutlicht, dass damit der interne Heap durcheinandergebracht wurde:

```
Ersetze 3 mit 10
qp = PriorityQueue( Array( 1, 10, 2, 4, 4, 8, 7, 9 ) )
1  verlässt die Schlange.
2  verlässt die Schlange.
7  verlässt die Schlange.
8  verlässt die Schlange.
4  verlässt die Schlange.
4  verlässt die Schlange.
9  verlässt die Schlange.
10 verässt die Schlange.
```

Die Reihenfolge, mit der die Elemente die Schlange verlassen, ist falsch.

5.7 Mengen durch Hashing

Zweck

> Mengen sind Container, deren Elemente gleichrangig behandelt werden. Eine Reihenfolge der Elemente wird nicht garantiert. Diese Art der Container verwenden Hashverfahren zur Speicherung der Elemente.

Auch bekannt als

Set

Siehe auch

Mengen durch Suchbäume (*TreeSet* und *OrderedSet*) sowie Maps.

Motivation

Viele Algorithmen benötigen einen Container, in dem Elemente assoziativ gespeichert sind. Ein index-basierter Zugriff oder eine Ordnung der Elemente ist nicht notwendig. Stattdessen sollen Einfüge- und Löschoperationen besonders effizient sein. Eine *Hash-Set* eignet sich besonders gut für Aufgaben, bei denen die Frage im Mittelpunkt steht, ob ein bestimmtes Element Bestandteil einer Menge bzw. eine Menge Teilmenge einer zweiten ist.

5.7 Mengen durch Hashing

Kosten

Operation	Kommentar	Kosten
Zugriff/Suchen	ohne Kollisionen	$O(1)$
	mit Kollisionen	$O(c)$
Einfügen/Entfernen	ohne Kollisionen	$O(1)$
	mit Kollisionen	$O(c)$

Tabelle 5.47: Eigenschaften der allgemeinen Containerklasse Set. c gibt die Anzahl zu erwartender Kollisionen an.

Implementierungen in den Standardbibliotheken

Sowohl das Collections Framework wie auch JGL bieten eine Implementierung einer Menge basierend auf dem Hashverfahren an. Im Collections Framework sind dies

java.util.HashSet

und in JGL

com.objectspace.jgl.HashSet

Kontext im Framework

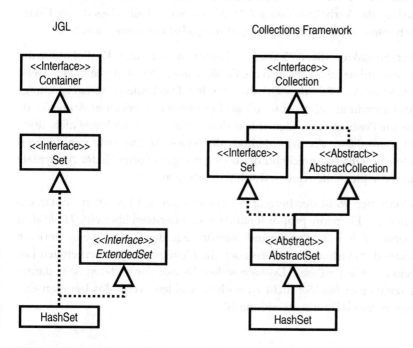

Abbildung 5.8: Die beiden HashSet-Implementierungen und ihr Kontext zum übrigen Framework. Das Interface ExtendedSet ist kein echtes Interface, sondern dient nur der Veranschaulichung (siehe Text).

Eigenschaften

In Kapitel 2.3.3 *Zugriff durch Hashing* wurde das Prinzip des Hashings vorgestellt und prinzipiell gezeigt, wie sich damit eine Menge implementieren lässt. Dieses Hashverfahren zum Speichern der Elemente wird in den beiden Klassen *HashSet* benutzt. Beide *HashSet*-Implementierungen verwenden die Modulo-Hashfunktion zum Berechnen des Behälters (Buckets), wobei hier der Betrag des Hashwerts durch Ausblenden des Vorzeichens des Integerwerts erreicht wird. Der Arrayplatz für ein Element a berechnet sich beispielsweise so:

```
index = (a.hashCode() & 0x7FFFFFFF) % tab.length;
```

Hierbei ist tab das Array, in dem die verkettete Liste mit den Elementen gespeichert ist, und N = tab.length ist die Größe des Arrays (Kapazität). Die Maske 0x7FFFFF zusammen mit der Und-Verknüpfung erzeugt eine Integerzahl > 0, allerdings entspricht z. B. die -1 nicht der +1, sondern 2147483647, also der größten Integerzahl Integer.MAX_VALUE. Diese Variante der »Betragsbildung« ist schneller als die Methode Math.abs().

Der Zugriff auf ein bestimmtes Element erfolgt in einer Hashtabelle meist in konstanter Zeit $O(1)$. Kommt es dabei zu einer Kollision, müssen noch weitere Elemente in der Liste durchlaufen werden, bis das gesuchte Element lokalisiert ist. Je größer die Anzahl der Buckets N = tab.length ist, d. h. je größer tab ist, desto unwahrscheinlicher ist eine Kollision. Die beiden Klassen *HashSet* ermöglichen Ihnen deshalb, Einfluss auf die Größe der Hashtabelle zu nehmen. Der Füllfaktor f bezeichnet gemäß Kapitel 2.3.3 *Zugriff durch Hashing* das Verhältnis von n / N. Als Faustregel gilt, dass dieser Faktor 0,75 nicht überschreiten sollte, damit Kollisionen möglichst vermieden werden.

Überschreitet der Füllfaktor die 0,75-Grenze, kommt es zu einer Reallokation der Hashtabelle: Die Anzahl der Buckets, also die Größe von tab, wird in geeigneter Weise erhöht, damit f den Wert von 0,75 danach unterschreitet. Das Umkopieren der Einträge ist bei der *HashSet* allerdings sehr viel teurer als beispielsweise bei einer *ArrayList*, da die neue und die alte Position eines Elements in dem Array tab in der Regel nicht übereinstimmen und somit die arraycopy()-Methode der Klasse *System* nicht genutzt werden kann. Stattdessen wird entsprechend der oben gezeigten Formel jeder Arrayplatz neu berechnet und die Elemente werden dorthin übertragen.

Ein besonderes Verhalten weist der Iterator der *HashSet* auf: Bei fast allen Containern ist das Durchlaufen der Elemente proportional zu n. Das Iterieren über eine *HashSet* ist jedoch proportional zu $N + n$. Der Grund hierfür liegt darin, dass beim Iterieren sowohl alle Buckets der Hashtabelle (N) als auch die Elemente in den verketteten Listen (n) abgearbeitet werden müssen. Deshalb sollten Sie auf der anderen Seite darauf achten, die Kapazität einer *HashSet* nicht zu hoch zu wählen, wenn das Iterieren eine zeitkritische Angelegenheit Ihrer Anwendung ist.

5.7 Mengen durch Hashing

Nebeneffekte

> Die Elemente in einer Hash-Menge dürfen sich nicht derart ändern, dass sich ihre Hashwerte ändern. In diesem Fall wird die Hashtabelle inkonsistent.

Die Modulo-Hashfunktion hat zur Folge, dass die Elemente nicht nach ihrem Hashwert sortiert sind. Der Hashwert könnte zwar – sozusagen durch die Hintertüre – dazu benutzt werden, eine Reihenfolge vorzugeben. Er sollte aber nicht dafür verwendet werden, da nicht garantiert ist, dass ein Element mit einem kleineren Hashwert auch tatsächlich vor einem Element mit größerem Hashwert platziert wird. Werden beispielsweise die Zahlen 1 bis 10 in zufälliger Reihenfolge in eine leere *HashSet* eingefügt, so könnten sie anschließend aufsteigend sortiert sein, da der Hashwert eines Integerobjekts gleich dem Zahlenwert ist und die Modulofunktion bei nur zehn Elementen keinen Überlauf verursacht. Trotzdem bedeutet dies für den Benutzer, dass die Elemente beim Iterieren über eine *HashSet* üblicherweise zufällig sind.

5.7.1 HashSet (Collections Framework)

Die Containerklasse *HashSet* implementiert das Interface *Set*. Wie oben besprochen wurde, ist es für die Effizienz einer *HashSet* nicht unerheblich, Auskunft über die erwartete Anzahl von Elementen zu geben. Die *HashSet* stellt hierfür mehrere Konstruktoren bereit.

Eine konstante Zugriffszeit kann nur dann garantiert werden, wenn es nicht allzu häufig zu Kollisionen der Array-Positionen kommt. Die Anzahl an Kollisionen hängt einerseits von der sinnvollen Vergabe der Hashwerte der Elemente ab, andererseits vom Füllungsgrad des Arrays. Auch der Füllungsgrad, ab dem das Array automatisch erweitert wird, kann vom Benutzer gewählt und einem Konstruktor der *HashSet* mitgegeben werden.

Die *HashSet* stellt vier Konstruktoren bereit:

Der Standardkonstruktor `HashSet()` erzeugt eine leere *HashSet* der Kapazität $N = 101$. Als Default-Loadfaktor ist 0,75 festgelegt. Das heißt, bei einem Füllungsgrad größer 75 Prozent wird eine neue, größere Hashtabelle angelegt. Ein Beispiel für die Neuberechnung einer Hashtabelle wird in Kapitel 5.9.1 *HashMap* (Collections Framework) in Tabelle 5.56 auf Seite 318 gegeben.

Wie jede *Collection*-Containerklasse stellt auch die Klasse *HashSet* einen Konstruktor bereit, der als Argument ein *Collection* erwartet. Alle Elemente des übergebenen *Collection* werden in die *HashSet* eingetragen, sofern es sich nicht um Duplikate handelt. Die Kapazität der Hashtabelle beträgt `2 * Collection.size()`, aber mindestens elf. Der Füllfaktor ist auch hier auf 0,75 festgelegt.

Der Konstruktor `HashSet(int initialCapacity)` ermöglicht dem Benutzer, die initiale Kapazität direkt vorzugeben. Der Loadfaktor beträgt wie bei den bisher besprochenen Konstruktoren 0,75.

Der Konstruktor `HashSet(int initialCapacity, float loadFactor)` gestattet es, sowohl die initiale Kapazität festzulegen als auch den `loadFactor` direkt zu setzen.

Tabelle 5.48 fasst die Eigenschaften der Konstruktoren der Klasse *HashSet* zusammen.

`HashSet()`	erzeugt eine leere *HashSet* der Kapazität 101; der Füllfaktor beträgt 0,75
`HashSet(c: Collection)`	erzeugt eine *HashSet* und fügt alle nicht doppelten Elemente ein; die Kapazität beträgt die doppelte Größe von c, aber mindestens 11; der Füllfaktor beträgt 0,75
`HashSet(initialCapacity: int)`	erzeugt eine leere *HashSet* der Kapazität *initialCapacity*; der Füllfaktor beträgt 0,75
`HashSet(initialCapacity: int, loadFactor: float)`	erzeugt eine leere *HashSet* der Kapazität *initialCapacity*; der loadFactor kann vorgegeben werden

Tabelle 5.48: Konstruktoren der Klasse HashSet

Listing 5.33 zeigt vier *HashSets* a, b, c und d, die mit jeweils einem der Konstruktoren erzeugt werden.

```
// Erzeugt ein leeres HashSet.
Set a = new HashSet();

// Erzeugt eine HashSet und füllt sie mit den Elementen von
// collection.
Set b = new HashSet(collection);

// Erzeugt eine leere HashSet der Kapazität 1000.
Set c = new HashSet(1000);

// Erzeugt eine leere HashSet der Kapazität 1000.
// der loadFactor beträgt 0.90.
Set d = new HashSet(1000, (float) 0.90);
```

Listing 5.33: Konstruktoren der Klasse HashSet

Die grundlegenden Operationen einer Menge sind das Hinzufügen, Löschen sowie die Abfrage nach Vorhandensein und Anzahl der Elemente. Diese Aufgaben können von einer *HashSet* mit den Methoden `add()`, `remove()`, `size()` und `contains()` meistens in konstanter Zeit durchgeführt werden. Ist die Kapazität beim Einfügen eines Elements nicht ausreichend, so ist die Komplexität der Methode `add()` $O(n)$. Die Methoden `contains()` und `remove()` können beim Auftreten von Kollisionen geringfügig erhöhte Laufzeiten aufweisen.

5.7 Mengen durch Hashing

Als Beispiel für eine *HashSet* wollen wir die Fahrstrecke eines Zuges über eine vorgegebene Stadt überprüfen. Um diese Frage beantworten zu können, müssten wir bei jeder Abfrage über alle *RouteTimeTrain*-Objekte, d.h. über jede Teilstrecke der gesamten *Miniworld* iterieren, und jeweils auf eine Verknüpfung zwischen einem Zug und einer Stadt überprüfen. In der Praxis bedeutet dies, Tausende von Objekten zu befragen.

Listing 5.34 zeigt, dass diese Aufgabe mit *HashSets* in konstanter Zeit gelöst werden kann, genauer gesagt mit zwei Operationen der Komplexität O(1), von möglichen Kollisionen in der Hash-Tabelle einmal abgesehen. Um eine solche Effizienz zu erreichen, ist einiges an Vorarbeit nötig, weil die Daten erst in die entsprechenden Container eingefügt werden müssen.

Als Hilfsmittel dient uns eine *HashMap*, die, wie wir später sehen werden, die gleichen Eigenschaften wie eine *HashSet* aufweist und von der Realisierung her identisch ist. Die Schlüssel der *Map* bestehen aus den Zügen der Miniworld. Als zugehöriger Wert wird für jeden Zug eine *HashSet* erzeugt, die alle Städte referenziert, über die der Zug fährt. Wir erzeugen also eine MultiMap, die aus einer *Map* und weiteren *HashSets* besteht.

Anfangs wird von der Miniworld ein Iterator über alle *RouteTimeTrain*-Objekte abgefragt und als Nächstes die *HashSet* `trainsCities` erzeugt, die später alle Züge mit ihren Städten assoziieren soll. In der while-Schleife werden jeweils die einzelnen *RouteTimeTrain*-Objekte behandelt. Enthält das aktuelle *RouteTimeTrain*-Objekt einen Zug, der noch nicht als Schlüssel in der *Map* enthalten ist, wird eine neue *HashSet* erzeugt und mit dem Zug in `trainsCities` abgelegt. Anschließend werden alle, noch nicht vorhandenen Städte in die *HashSet* des zugehörigen Zuges eingetragen. Dieser eher aufwändige Aufbau der Datenstruktur muss aber nur einmal, z.B. beim Start des Programms, durchgeführt werden.

Die eigentliche Abfrage ist nun trivial. Mit der Methode `get()` wird von `trainsCities` die *HashSet* für den `train` abgefragt. Mittels `contains()` kann überprüft werden, ob die Stadt `city` sich in der Menge der vom Zug angefahrenen Städte befindet. Beide Operationen `get()` und `contains()` weisen die Komplexität O(c) auf, wobei c die Anzahl der Kollisionen ist.

```
// Iterator über alle Zugstrecken.
Iterator routes = Miniworld.getAllRouteTimeTrains().iterator();

// Eine Map, die mit jedem Zug eine Menge von Städten
// assoziiert.
Map trainsCities = new HashMap();

// Iterieren über alle Strecken
while (routes.hasNext()) {
  RouteTimeTrain rtt = (RouteTimeTrain) routes.next();
  Set cities = null;
```

```
           // Ist der zugehörige Zug in der Map enthalten.
           if (trainsCities.containsKey(rtt.getTrain()))
              cities = (Set) trainsCities.get(rtt.getTrain());
           else {
              cities = new HashSet();
              trainsCities.put(rtt.getTrain(), cities);
           }

           if (!cities.contains(rtt.getRoute().getDepartureCity()))
              cities.add(rtt.getRoute().getDepartureCity());

           if (!cities.contains(rtt.getRoute().getDestinationCity()))
              cities.add(rtt.getRoute().getDestinationCity());
        }

        // ...

        // train ist der Zug Schubert, in city ist München gespeichert.

        // Liegt die Stadt auf dem Weg des Zugs?
        Set routeSet = (Set) trainsCities.get(train);

        if (routeSet.contains(city))
           System.out.println(train + " fährt über " + city);
        else
           System.out.println(train + " fährt nicht über " + city);
```
Listing 5.34: Beispiel für eine HashSet

In der Variablen train ist der Zug Schubert gespeichert, der – wie die Ausgabe zeigt – über München fährt:

```
ICE-Zug: Schubert, 8 Wagen fährt über München.
```

5.7.2 HashSet (JGL)

Die Klasse *HashSet* der Generic Collection Library for Java ist von dem Interface *Set* abgeleitet und verfügt somit über alle Eigenschaften der *Set*, die in Kapitel 3.3.2 *Das Interface Set* beschrieben wurden. Wie in Kapitel 3.5.4 *Spezielle Design-Aspekte der Generic Collection Library for Java* erläutert, besitzt eine *HashSet* aber noch weitere Methoden, die in dem gedachten Interface *ExtendedSet* definiert sind.

Eine *HashSet* kennt sieben verschiedene Konstruktoren, die in Tabelle 5.49 aufgelistet sind. Diese Zahl resultiert aus folgenden Kombinationen. Es gibt Parameter für

1. einen booleschen Wert, der angibt, ob Duplikate erlaubt sind;
2. ein Prädikat, mit dem der Standardvergleich der equals()-Methode ersetzt wird, sowie
3. die Werte für die Anfangskapazität N und den Füllfaktor f.

5.7 Mengen durch Hashing

Zu Punkt 2: Üblicherweise werden Duplikate anhand der equals()-Methode der Elemente erkannt. Es ist aber auch denkbar, eine Alternative für den Vergleich der Elemente zu nehmen, beispielsweise einen Vergleich auf Referenz-Ebene a == b anstelle von a.equals(b). In diesem Fall erwartet die Klasse *HashSet* ein binäres Prädikat. Dessen execute()-Methode liefert *true*, falls die Elemente als gleich betrachtet werden. Das vordefinierte Prädikat *EqualTo* beispielsweise bietet sich an, um Gleichheit auf Referenzebene zu verwenden. Die vordefinierten Prädikate werden im Kapitel 6.1 *Vordefinierte funktionale Objekte* von JGL beschrieben.

Zu Punkt 3: Der Defaultwert für den Füllfaktor *f* der *HashSet* beträgt – wie auch im Collections Framework – 0,75. Als Anfangskapazität werden aber nicht 101 Elemente, sondern $N = 257$ Buckets genutzt.

HashSet()	erzeugt eine leere *HashSet*, in der keine Duplikate erlaubt sind
HashSet(dp: boolean)	erzeugt eine leere *HashSet*, in der Duplikate erlaubt sind, falls *dp* *true* ist
HashSet(bp: BinaryPredicate)	erzeugt eine leere *HashSet*, die zum Vergleichen der Elemente nicht equals(), sondern das Prädikat *bp* verwendet
HashSet(bp: BinaryPredicate, dp: boolean)	erzeugt eine leere *HashSet*, die zum Vergleichen der Elemente nicht equals(), sondern das Prädikat *bp* verwendet; falls *dp* *true* ist, sind Duplikate erlaubt
HashSet(bp: BinaryPredicate, l: int, lr: float)	erzeugt eine leere *HashSet*, die zum Vergleichen der Elemente nicht equals(), sondern das Prädikat *bp* verwendet; die Kapazität der Hashtabelle wird $N = l$ gesetzt, als Loadfaktor wird $f = lr$ benutzt
HashSet(bp: BinaryPredicate, dp: boolean, l: int, lr: float)	erzeugt eine leere *HashSet*, die zum Vergleichen der Elemente nicht equals(), sondern das Prädikat *bp* verwendet; falls *dp* *true* ist, sind Duplikate erlaubt; die Kapazität der Hashtabelle wird $N = l$ gesetzt, als Loadfaktor wird $f = lr$ benutzt
HashSet(s: HashSet)	erzeugt eine *HashSet*, die ein shallow copy des *HashSets s* ist

Tabelle 5.49: Konstruktoren der JGL-Klasse HashSet

Viele der Parameter des Konstruktors lassen sich über entsprechende Methoden wieder abfragen. Diese Methoden sind in Tabelle 5.50 gezeigt. Es ist möglich, der *HashSet* zu verbieten, dass sie ihre Kapazität erweitert, beispielsweise um effizient alle Elemente durchlaufen zu können. Durch den Aufruf allowExpansion(false) wird dies verboten.

getLoadRatio(): float	zeigt den aktuellen Loadfaktor, also das Verhältnis $f = n/N$ an; *n* ist die Anzahl der Elemente, *N* die Kapazität der Hashtabelle
allowExpansion(b: boolean)	falls *b* *true* ist, darf die Hashtabelle in ihrer Kapazität erweitert werden, andernfalls nicht

Tabelle 5.50: Methoden der JGL-Klasse HashSet, mit denen ihre Eigenschaften abgefragt werden

expansionAllowed(): boolean	zeigt an, ob eine Erweiterung der Hashtabelle erlaubt ist
allowsDuplicates(): boolean	gibt *true* zurück, falls die Menge Duplikate enthalten darf
getComparator(): BinaryPredicate	gibt das benutzte Prädikat zum Vergleich der Elemente zurück

Tabelle 5.50: *Methoden der JGL-Klasse HashSet, mit denen ihre Eigenschaften abgefragt werden*

Ist die Kapazität der *HashSet* überschritten und ist die Erweiterung der Tabelle erlaubt, wird als nächste Größe 2 N + 1 gewählt.

Die Methoden upperBound() und lowerBound() könnten auch in einer *HashSet* für eine Bereichssicht auf die Elemente benutzt werden. Allerdings ist die Reihenfolge der Elemente meistens nicht im Voraus berechenbar, so dass diese Sicht keine sinnvollen Ergebnisse liefert. Ein Beispiel für eine Bereichssicht ist im Kapitel 5.8.2 *OrderedSet* gegeben.

HashSetIterator

Gemäß der Angaben der Entwickler der Generic Collection Library for Java kann das Einfügen bzw. Löschen von Elementen einen Iterator ungültig machen [JGL API V. 3.1/HashSet]. Da die Elemente jedoch pro Bucket in einer verketteten Liste gespeichert sind, werden Iteratoren nur höchst unwahrscheinlich ungültig, denn nach Kapitel 5.4.3 *SList und DList* sind verkettete Listen immer sicher. Kommt es allerdings zu einer Reallokation der Hashtabelle, werden alle Iteratoren mit hoher Wahrscheinlichkeit ungültig. Als Beispiel schauen wir uns Listing 5.35 an.

```
// Erzeuge HashSet mit N = 2 und Loadfaktor f = 1:
HashSet s = new HashSet(new EqualTo(), 2, 1f);

s.put("A");
s.put("B");
System.out.println("s: " + s);
ForwardIterator fi = s.start();
System.out.println("fi: " + fi.nextElement());
System.out.println("fi: " + fi.nextElement());

s.put("C");  // Dieser Eintrag erzwingt Reallokation.
System.out.println("s: " + s);

try {
  System.out.println("fi: " + fi.nextElement());
}
catch (Exception e) {
  System.err.println(e);
}
```

Listing 5.35: *Ungültigkeit eines Iterators nach der Reallokation der Hashtabelle*

Die Hashtabelle der HashSet s enthält nur zwei Buckets, also $N = 2$, und eine Reallokation tritt erst auf, nachdem der Füllfaktor von $f = 1$ überschritten wird. Dies ist ab dem dritten eingefügten Element der Fall, also bei Element C. Zuvor durchläuft der Iterator fi die ersten beiden Elemente der Menge. Nach der Reallokation sind die Elemente den Buckets neu zugewiesen. Und obwohl das Element A nun einen Nachfolger hat, nämlich wieder das Element B, kommt es zu einer Exception. D.h. der Iterator hat das dritte Element C nicht ausgegeben, obwohl er dies – theoretisch – könnte. Zugegeben, fi war bereits am Ende angelangt, aber trotzdem hat er C übersehen! Hier noch die Ausgabe des Beispiels:

```
s: HashSet( B, A )
fi: B
fi: A
s: HashSet( A, B, C )
java.util.NoSuchElementException: HashSetIterator
```

5.8 Mengen mit Suchbäumen

Zweck

Mengen sind Container, deren Elemente gleichrangig behandelt werden. Als Nebeneffekt des intern verwendeten Suchbaums besitzen die Elemente in dieser Menge automatisch eine Ordnung.

Auch bekannt als

Set

Siehe auch

Mengen durch Hashverfahren (*HashSet*) sowie Maps; falls für die Ordnung der Elemente nur Extremwerte wichtig sind, siehe auch *PriorityQueue*.

Motivation

Einige Algorithmen benötigen einen Container, in dem viele Einfüge- und Löschoperationen angewendet werden und dessen Elemente trotz dieser Dynamik immer eine Ordnung besitzen sollen. Anstatt einen Container bei jedem Lesezugriff explizit zu sortieren, bietet sich eine geordnete Menge an, die bedingt durch ihren intern verwendeten Suchbaum die Elemente immer geordnet speichert.

Kosten

Operation	Kommentar	Kosten
Zugriff/Suchen		$O(\log n)$
Einfügen/Entfernen		$O(\log n)$

Tabelle 5.51: Eigenschaften der Containerklasse TreeSet und OrderedSet, die intern einen Suchbaum verwenden

Implementierungen in den Standardbibliotheken

Sowohl das Collections Framework wie auch JGL bieten eine Implementierung einer Menge. Im Collections Framework ist dies

java.util.TreeSet

und in JGL

com.objectspace.jgl.OrderedSet

Kontext im Framework

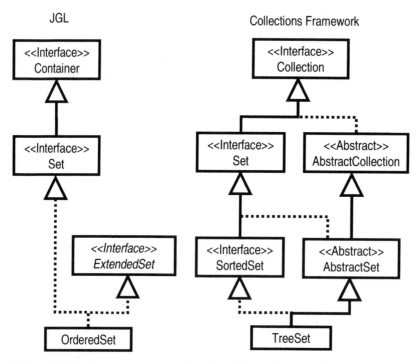

Abbildung 5.9: Die Set-Implementierungen TreeSet und OrderedSet und ihr Kontext zum übrigen Framework

Eigenschaften

Beide Implementierungen *TreeSet* und *OrderedSet* verwenden intern einen Rot-Schwarz-Baum. Das Prinzip, wie Elemente in einem ausgeglichenen Suchbaum gespeichert werden, ist im Kapitel 2.3.4 *Zugriff durch Suchbäume* gezeigt. Als Nebeneffekt von Suchbäumen sind die Elemente entsprechend ihres Comparators geordnet. Diese

Eigenschaft bedingt etwas höhere Kosten in den Grundoperationen: Die Methoden add() und remove() der Klassen *TreeSet* und *OrderedSet* und contains() der *TreeSet* bzw. get() der *OrderedSet* weisen ein Zeitverhalten auf, das proportional zu log(*n*) ist. Die gleichen Operationen benötigten bei der *HashSet* hingegen in den meisten Fällen eine konstante Zeit O(1).

Der Nutzen der sortierten Reihenfolge ist beim Iterieren über die Elemente des Containers erfahrbar. Das Interface *SortedSet* definiert eine Reihe weiterer Methoden, die von dieser Eigenschaft Gebrauch machen.

Nebeneffekte

> Die Elemente in einer geordneten Menge dürfen sich nicht derart ändern, dass sich das Verhalten ihres Comparators ändert. In diesem Fall wird der Suchbaum inkonsistent.

5.8.1 TreeSet

Die Klasse *TreeSet* implementiert das Interface *SortedSet*. Das ist eine Menge, deren Elemente aufsteigend angeordnet sind, vorausgesetzt, sie sind alle untereinander vergleichbar, und zwar durch die Implementierung des Interfaces *Comparable* oder durch einen *Comparator*, der beim Konstruieren der *TreeSet* übergeben wird. Der Versuch, ein nicht vergleichbares Element einzufügen, führt zu einer *ClassCastException*.

Die *TreeSet* stellt vier Konstruktoren bereit:

Der Standardkonstruktor TreeSet() erzeugt eine leere Menge. Elemente werden beim Einfügen nach ihrer natürlichen Ordnung sortiert (*Comparable*). Alle Elemente sollten also untereinander vergleichbar sein, sonst kommt es zu einer *ClassCastException*. Für zwei Elemente e1 und e2 muss folgender Vergleich vertauschbar definiert sein: e1.compareTo(e2).

Der Konstruktor TreeSet(Comparator c) erwartet als Argument einen Comparator, der zwei Elemente miteinander auf größer-kleiner-gleich vergleicht. Lassen sich zwei Elemente e1 und e2 nicht mit c.compare(e1, e2) vergleichen, wird eine *ClassCastException* ausgelöst.

Der Konstruktor TreeSet(Collection c) fügt alle Elemente des Collection C in natürlicher Reihenfolge (*Comparable*) in die Menge ein, sofern es sich nicht um Duplikate handelt. Als Duplikat gilt ein Element, dessen equals()-Methode für ein Element der Menge *true* ergibt.

Der Konstruktor TreeSet(TreeSet s) erwartet als Argument wieder eine *TreeSet*. Im Unterschied zum vorherigen Konstruktor werden hier mit Sicherheit alle Elemente übernommen. Nutzt die übergebene *TreeSet* s zum Vergleich ihrer Elemente einen *Comparator*, so wird auch die erzeugte *TreeSet* diesen Comparator zum Vergleich verwenden.

Tabelle 5.52 fasst die Eigenschaften der Konstruktoren von *TreeSet* zusammen.

`TreeSet()`	erzeugt eine leere *TreeSet*, die ihre Elemente in natürlicher Ordnung vorhält
`TreeSet(c: Comparator)`	erzeugt eine leere *TreeSet*, die ihre Elemente nach dem Vergleichsergebnis des *Comparator* anordnet
`TreeSet(c: Collection)`	erzeugt eine *TreeSet*, die alle Elemente des *Collection* übernimmt, die nicht als Duplikat vorliegen
`TreeSet(s: SortedSet)`	erzeugt eine *TreeSet*, die alle Elemente von s übernimmt; ordnet s ihre Elemente mittels Comparator, so wird auch die resultierende *TreeSet* ihre Elemente nach diesem *Comparator* anordnen

Tabelle 5.52: Konstruktoren der Klasse TreeSetKonstruktoren der Klasse TreeSet

Listing 5.36 zeigt das Erzeugen von sortierten Mengen.

```
// Erzeugt eine leere TreeSet.
SortedSet a = new TreeSet();

// Erzeugt eine leere TreeSet, die einen Comparator verwendet.
SortedSet b = new TreeSet(comparator);

// Erzeugt eine TreeSet und übernimmt die Elemente von
// collection.
SortedSet c = new TreeSet(collection);

// Erzeugt eine TreeSet, es werden der Comparator und alle
// Elemente übernommen.
SortedSet d = new TreeSet(b);
```

Listing 5.36: Comparatoren der Klasse TreeSet

Die Klasse *TreeSet* implementiert mit dem Interface *SortedSet* auch das Interface *Set*. Eine sortierte Menge ist nur eine Untergruppe einer Menge, die eine Aussage über die Reihenfolge ihrer Elemente trifft. Es ist ohne weiteres möglich, eine *TreeSet* einer Referenz vom Typ *Set* zuzuweisen.

```
SortedSet sortedSet = new TreeSet();
Set set = sortedSet;// Ok
```

Eine *Set* hat jedoch sehr strikte Verhaltensregeln. So dürfen beispielsweise keine Duplikate in der Menge enthalten sein. Um dies zu gewährleisten, vergleicht die *Set* ihre Elemente mittels der `equals()`-Methode. Die *SortedSet* vergleicht ihre Elemente hingegen mit den Methoden `compareTo()` des *Comparable*-Interfaces bzw. `Comparator.compare()`. Um Inkonsistenzen zu vermeiden, sollte das Ergebnis in Bezug auf die Gleichheit von Elementen zwischen der Methode `equals()` und `compareTo()` bzw. `Comparator.compare()` übereinstimmen.

5.8.2 OrderedSet

Die Klasse *OrderedSet* der Generic Collection Library for Java ist die Implementierung des *Set*-Interfaces mit einem Red-Black-Tree als interne Datenstruktur. Alle Methoden des Interfaces *Set* gelten auch für eine *OrderedSet*. Beachten Sie aber bitte, dass auch alle Methoden des *ExtendedSet*-Interfaces, das in Kapitel 3.5.4 *Spezielle Design-Aspekte der Generic Collection Library for Java* vorgestellt wurde, in einer *OrderedSet* verfügbar sind.

Im Gegensatz zum Collections Framework kann es in keinem Fall zu einem Laufzeitfehler kommen, falls die *OrderedSet* keinen eigenen Comparator zugeteilt bekommt, da standardmäßig die Hashwerte zum Vergleich der Objekte verwendet werden:

> Als Default-Comparator benutzt die *OrderedSet* die Hashwerte der Elemente:
>
> $R(x) < R(y) \Leftrightarrow$ x.hashCode() < y.hashCode()
>
> $R(x) \geq R(y) \Leftrightarrow$ x.hashCode() >= y.hashCode()

Es gibt hierfür das vordefinierte Prädikat *HashComparator* im Package *com.objectspace.jgl.predicates*, das im Kapitel 6.1 *Vordefinierte funktionale Objekte von JGL* vorgestellt wird.

In Tabelle 5.53 ist eine Übersicht über alle Konstruktoren einer *OrderedSet* gezeigt.

OrderedSet()	erzeugt eine leere *OrderedSet*, die ihre Elemente nach dem Hash-Comparator angeordnet hält
OrderedSet(bp: BinaryPredicate)	erzeugt eine leere *OrderedSet*, die ihre Elemente nach dem Vergleichsergebnis des *Comparator* anordnet
OrderedSet(dp: boolean)	erzeugt eine leere *OrderedSet*, die Duplikate erlaubt, falls *dp* true ist
OrderedSet(bp: BinaryPredicate, dp: boolean)	erzeugt eine leere *OrderedSet*, die ihre Elemente nach dem Vergleichsergebnis des *Comparator* anordnet und Duplikate erlaubt, falls *dp* true ist
OrderedSet(s: OrderedSet)	erzeugt eine leere *OrderedSet*, die ihre shallow copy der Menge *s* ist

Tabelle 5.53: Konstruktoren der Klasse OrderedSetKonstruktoren der Klasse OrderedSet

Wie in Kapitel 3.3.2 *Das Interface Set* bereits erwähnt, dürfen die Mengenoperationen, also die Methoden union() etc., nur verwendet werden, wenn keine Duplikate erlaubt sind. Tabelle 5.54 listet weitere Methoden der Klasse *OrderedSet* auf, die bisher nicht besprochen wurden.

allowsDuplicates(): boolean	gibt *true* zurück, falls die Menge doppelte Elemente enthalten darf
getComparator(): BinaryPredicate	gibt das benutzte Prädikat zum Vergleich der Elemente zurück

Tabelle 5.54: Weitere Methoden der Klasse OrderedSet

Analog zu der Methode subSet() des Interfaces *SortedSet* stellt die Klasse *OrderedSet* über Iteratoren die Möglichkeit bereit, einen Bereich zu beschreiben. Hierzu gibt es die Methoden lowerBound() und upperBound(), die je einen Iterator zurückgeben, der auf das erste Element des linken Rands bzw. hinter das letzte Element des rechten Randes zeigt. Diese Methoden wurden bereits in Kapitel 3.5.4 *Spezielle Design-Aspekte der Generic Collection Library for Java* erläutert, an dieser Stelle sollen sie vertieft werden. Listing 5.37 zeigt dafür ein Beispiel:

```
private static final String[] chars = {
  "X", "A", "K", "U", "B", "A", "L", "K", "I", "U"
};

private static void range() {
  // Erzeuge eine Menge mit Duplikaten, deren
  // Strings absteigend angeordnet sind:
  OrderedSet s = new OrderedSet(new GreaterString(), true);
  Copying.copy(new ObjectArray(chars), s);

  System.out.println("s: " + s);

  // Erzeuge einen Bereich, der alle Elemente von U bis B
  // enthält:
  ForwardIterator fi1 = s.lowerBound("U");
  ForwardIterator fi2 = s.upperBound("B");

  // Erzeuge eine Bereichssicht:
  Set hs = (Set) s.clone();
  hs.clear();
  Copying.copy(fi1, fi2, new InsertIterator(hs));

  System.out.println("hs: " + hs);
}
```

Listing 5.37: Methoden der Klasse OrderedSet, um einen Bereich zu beschreiben

Es wird eine Menge s mit Duplikaten erzeugt, die die Elemente des Arrays chars in absteigender Ordnung speichert. Der Iterator, den die Methode lowerBound() liefert, verweist auf das erste U, das in dem ausgeglichenen Baum gespeichert ist. Der zweite Iterator, der von der upperBound()-Methode zurückgegeben wird, zeigt hinter das letzte Element B, also auf das erste A. Zuerst wird die Menge s geklont, um die Eigenschaften »absteigende Sortierreihenfolge« und »Duplikate erlaubt« in die neue Menge hs zu übertragen. Leider werden auf diese Weise auch die Elemente mit kopiert, weshalb `clear()` aufgerufen wird. Eine andere Möglichkeit wäre gewesen, die Menge hs mit `new` zu instanziieren und den gleichen Konstruktor wie bei s zu verwenden. Hier haben wir einmal die `clone()`-Methode benutzt. Die Elemente U bis B aus der Iteratorsicht werden mit einem *InsertIterator* und dem `copy()`-Algorithmus in den leeren Container hs eingefügt. Die Ausgabe zeigt, dass in der Menge hs tatsächlich die Untermenge U bis B enthalten ist.

```
s: OrderedSet( X, U, U, L, K, K, I, B, A, A )
hs: OrderedSet( U, U, L, K, K, I, B )
```

5.9 Maps mit Hashing

Zweck

> Maps sind Container, deren Einträge aus Schlüssel/Wert-Paaren bestehen. Die Einträge werden gleichrangig behandelt. Eine Reihenfolge der Elemente wird nicht garantiert. Diese Art der Container verwenden Hashverfahren zur Speicherung der Schlüssel.

Auch bekannt als

Assoziativer Container

Siehe auch

Maps mit Suchbäumen (*TreeMap* und *OrderedMap*) bzw. Mengen

Motivation

In Algorithmen, die einen schnellen Zugriff auf Elemente über einen Schlüssel brauchen, ist der Einsatz von HashMaps sinnvoll. Hierbei sollen ein index-basierter Zugriff oder eine Ordnung der Schlüssel nicht nötig sein. Stattdessen sollen Einfüge- und Löschoperationen besonders effizient sein.

Kosten

Operation	Kommentar	Kosten
Suchen/Zugriff auf Schlüssel	ohne Kollision	$O(1)$
	mit Kollision	$O(c)$
Einfügen/Entfernen von Einträgen	ohne Kollision	$O(1)$
	mit Kollision	$O(c)$

Tabelle 5.55: Eigenschaften der Containerklassen HashMap; c ist die erwartete Anzahl von Elementen in der verketteten Liste bei einer Kollision

Implementierungen in den Standardbibliotheken

Sowohl das Collections Framework als auch JGL bieten eine Implementierung einer Map, die auf dem Hashverfahren basiert. Im Collections Framework sind dies

java.util.HashMap

und in JGL

com.objectspace.jgl.HashMap

Kontext im Framework

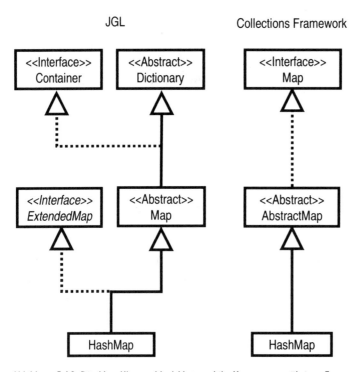

Abbildung 5.10: Die Map-Klassen HashMap und ihr Kontext zum übrigen Framework

Eigenschaften

Bis auf die Besonderheit, dass die Einträge aus einem Schlüssel-Wert-Paar bestehen, gelten die gleichen Eigenschaften wie bei einer *HashSet* (siehe Kapitel 5.7 *Mengen durch Hashing*).

5.9 Maps mit Hashing

Nebeneffekte

> Die Schlüssel einer *HashMap* dürfen sich nicht derart ändern, dass sich ihre Hashwerte ändern. In diesem Fall wird die Hashtabelle inkonsistent.

Es gelten die gleichen Nebeneffekte bezüglich der Modulo-Hashfunktion wie bei der *HashSet* (siehe Kapitel 5.7 *Mengen durch Hashing*).

5.9.1 HashMap (Collections Framework)

Die Containerklasse *HashMap* implementiert das Interface *Map*. Es können beliebige Werte und Schlüssel eingefügt werden, auch *null*-Referenzen, solange keine Duplikate der Schlüssel auftreten. Die Einträge, Schlüssel und Wert, werden von der Klasse *HashMap* in einer Hashtabelle verwaltet. Daraus folgt – wie bereits in Kapitel 5.7.1 *HashSet* (Collections Framework) auf Seite 303 besprochen –, dass die Einträge nicht in einer vom Benutzer definierten Reihenfolge vorliegen.

Das Prinzip der *HashMap* lässt sich mit dem der *HashSet* vergleichen. Der Unterschied ist, dass eine *HashMap* zu jedem Eintrag noch zusätzlich einen Wert ablegt. In der aktuellen Implementierung des Collections Frameworks wird zur Realisierung der *HashSet* intern eine *HashMap* verwendet, die als Wert eine *null*-Referenz ablegt. Dies ist aus Sicht des Speicherverbrauchs sehr fragwürdig. Die Zielsetzung bei der Entwicklung des Collections Frameworks war wohl, eine erste funktionierende Implementierung der Interfaces zu erhalten. In den zukünftigen Versionen des JDKs wird sich dies vermutlich ändern – in der Version 1.3 ist das noch nicht der Fall.

Somit lassen sich die Eigenschaften, die bereits für eine *HashSet* beschrieben wurden, direkt auf *HashMap* übertragen. Die Basisoperationen Einfügen, Löschen und Suchen von Einträgen können in den meisten Fällen in konstanter Zeit erfolgen. Die Methoden `put()`, `remove()`, `get()` und `containsKey()` haben, von zwei Ausnahmen abgesehen, die Komplexität O(1). Die Ausnahmen sind eventuelle Kollisionen beim Zugriff auf eine Hashtabelle (siehe hierzu Kapitel 2.3.3 *Zugriff durch Hashing* auf Seite 79) und die Allokationen von neuem Speicher während der Methode `put()`, weil die Kapazität der Hashtabelle nicht ausreicht.

Die Konstruktoren der *HashMap* erlauben, die initiale Kapazität und den Füllungsgrad direkt vorzugeben. Unter dem Füllgrad ist die prozentuale Grenze zu verstehen, ab der die Kapazität einer Hashtabelle erweitert wird.

Der Standardkonstruktor `HashMap()` erzeugt eine neue leere *Map* der Kapazität 101. Der Füllfaktor, ab dem eine größere Kapazität der Hashtabelle angefordert wird, beträgt defaultmäßig 0,75. Das bedeutet, ab einem Füllungsgrad von 75 Prozent wird eine neue Hashtabelle angelegt. Dieser Wert ist verhältnismäßig optimal. Wird erst bei einem größeren Füllungsgrad neuer Speicher allokiert, so kommt es häufiger zu Kollisionen der Hashtabelle. Bei einem viel niedrigeren Wert kann es zu häufigem Nachallokieren von Speicher kommen, was jedes Mal ein neues Einsortieren aller bereits enthaltenen Elemente bedeutet.

Der Konstruktor `HashMap(int i)` legt eine leere *Map* der Kapazität i an. Der Faktor, ab dem die Hashtabelle neu angelegt wird, ist auch hier 0,75. Immer dann, wenn bereits beim Konstruieren der *HashMap* die Anzahl der enthaltenen Elemente bekannt ist, kann es von Vorteil sein, die erforderliche Kapazität direkt vorzugeben. Dies gilt vor allem, wenn die Anzahl der Elemente sehr groß sein wird. Zu beachten ist, dass der Füllfaktor mit einberechnet werden muss. Ist beispielsweise abzusehen, dass in der *HashMap* maximal 1.800 Einträge aufgenommen werden, so muss die anzugebende Kapazität größer als

$$2.400 = 1.800 \cdot \frac{4}{3}$$

sein. Würde man die 1.800 Elemente in eine *HashMap* einfügen, die durch den Standardkonstruktor erzeugt wurde, so wäre fünfmal eine neue Hashtabelle angelegt worden. Die Strategie beim Vergrößern der Kapazität ist die jeweilige Verdopplung der schon vorhandenen Kapazität. Tabelle 5.56 zeigt in der ersten Spalte die Anzahl der Allokationen, in der zweiten Spalte die jeweilige Kapazität und in der dritten Spalte die Anzahl von Elementen, bei der die Kapazität automatisch erweitert wird.

Allokation	Kapazität N der Hashtabelle	Schwelle zur neuen Allokation
0 (zu Beginn)	101	75
1	202	151
2	404	303
3	808	606
4	1.616	1.212
5	3.232	2.424

Tabelle 5.56: Anzahl der neuen Allokation für 1.800 Elemente

Es zeigt sich, dass nach fünf Allokationen die Kapazität $N = 3.232$ beträgt, also viel größer als der von uns vorgeschlagene Wert $N = 2.400$ ist. Es lohnt sich daher, den erwarteten Bedarf im Zweifelsfall nach oben aufzurunden. Dabei sollte die Verhältnismäßigkeit gewahrt bleiben. Nicht nur der zusätzliche Speicherbedarf ist zu bedenken, auch die Laufzeit beim Iterieren über die Hashtabelle mittels *Collection*-Sichten. Es zählen dann nicht die Einträge, sondern die abzulaufenden Positionen der Hashtabelle, die Kapazität der *HashMap* also.

Der Konstruktor `HashMap(int k, float l)` gestattet es, sowohl die initiale Kapazität als auch den Füllfaktor direkt vorzugeben.

Konstruktor `HashMap(Map t)` erzeugt eine neue *Map* mit den gleichen Schlüssel-Wert-Paaren wie die übergebene `Map`. Die Kapazität ist doppelt so groß wie die Anzahl der Einträge der übergebenen `Map t`. Der `loadFactor` beträgt auch hier wieder $f = 0{,}75$.

Tabelle 5.57 fasst die Eigenschaften der Konstruktoren zusammen.

`HashMap()`	erzeugt eine leere *HashMap* der Kapazität 101; der Füllfaktor beträgt 0,75
`HashMap(i: int)`	erzeugt eine leere *HashMap* der Kapazität *i*; der Füllfaktor beträgt 0,75
`HashMap(k: int, l: float)`	erzeugt eine leere *HashMap* der Kapazität *k*; der Füllfaktor beträgt *l*
`HashMap(m: Map)`	erzeugt eine *HashMap* der Kapazität 2 * `m.size()`; der Füllfaktor beträgt 0,75

Tabelle 5.57: Konstruktoren der Klasse HashMap

Listing 5.38 zeigt das Erzeugen von vier *HashMaps* a, b, c und d mit je einem der Konstruktoren.

```
// Erzeugt eine leere HashMap.
Map a = new HashMap();

// Erzeugt eine leere HashMap der Kapazität 1000.
int capacity = 1000;
Map b = new HashMap(capacity);

// Erzeugt eine leere HashMap der Kapazität 1000 mit
// einem Füllfaktor von 80 Prozent.
float loadFactor = 0.80f;
Map c = new HashMap(capacity, loadFactor);

// Erzeugt eine HashMap, die alle Elemente der übergebenen
// map enthält.
Map d = new HashMap(map);
```
Listing 5.38: Konstruktoren der Klasse HashMap

Der Zugriff auf ein Element über den zugehörigen Schlüssel kann, wie besprochen, in vielen Fällen in konstanter Zeit erfolgen. Dies gilt *nicht* für Operationen, die direkt auf einen Wert zugreifen, wie z.B. die Methode `containsValue(Object value)`. Hier wird zum Finden des Werts im worst case über alle Elemente iteriert.

Welche Eigenschaften weisen die Bereichssichten einer *HashMap* auf? Auch hier ist zwischen einer Bereichssicht der Schlüssel und einer Bereichssicht der Werte zu unterscheiden.

Elementare Methoden der *Collection*-Sicht von Schlüsseln, wie beispielsweise `contains()` oder `remove()`, weisen wie die *HashMap* ein annähernd konstantes Zeitverhalten auf.

```
// Neue HashMap anlegen.
Map d = new HashMap();

// Erzeugen einer Collection-Sicht auf die Schlüssel:
Set keys = d.keySet();

// Operation auf den Schlüsseln.
boolean containKey = keys.contains(key_1);


Collection values = d.values();

// Operation auf den Werten.
boolean containValue = values.contains(value_1);
```
Listing 5.39: Operation auf einer Collection-Sicht der Schlüssel und der Werte

Hingegen weisen die Methoden der *Collection*-Sicht der Wert-Einträge ein Zeitverhalten proportional zur Kapazität des Containers auf.

Die dritte Sicht einer *Map* liefert eine *Set* von Schlüssel-Wert-Paaren (Interface *Entrys*). Das Zeitverhalten entspricht der ersten Sicht aller Schlüssel.

```
Set entrys = d.entrySet();

// Operation auf den Werten.
boolean containEntry = entrys.contains(entry_1);
```
Listing 5.40: Operation auf einer Collection-Sicht der Entrys

Tabelle 5.58 stellt die Eigenschaften der Methoden der *Collection*-Sichten den Werten, Schlüsseln und *Entrys* gegenüber.

Methoden	Set der Schlüssel	Collection der Werte	Set der Entrys
add()	-	-	-
addAll()	-	-	-
clear()	O(1)	O(1)	O(1)
contains()	O(1) bis O(n)	O(n + k)	O(1) bis O(n)
containsAll()	O(m) bis O(m · n)	O(m · n)	O(m) bis O(m · n)
equals()	O(n + k)	O(n + k)	O(n + k)
hashCode()	O(n + k)	O(n + k)	O(n + k)
isEmpty()	O(1)	O(1)	O(1)
iterator() / iterieren	O(1) / O(n + k)	O(1) / O(n + k)	O(1) / O(n + k)
remove()	O(1) bis O(n)	O(n + k)	O(1) bis O(n)

Tabelle 5.58: Komplexität von Methoden der Collection-Sichten

5.9 Maps mit Hashing

Methoden	Set der Schlüssel	Collection der Werte	Set der Entrys
removeAll()	O(m) bis O(m · n)	O(m · (n + k))	O(m) bis O(m · n)
retainAll()	O(m) bis O(n · m)	O(m · (n + k))	O(m) bis O(m · n)
size()	O(1)	O(1)	O(1)
toArray()	O(n + k)	O(n + k)	O(n + k)
toArray()	O(n + k)	O(n + k)	O(n + k)

Tabelle 5.58: Komplexität von Methoden der Collection-Sichten

▶ n: Anzahl der enthaltenen Elemente.

▶ N: Kapazität der Hashtabelle, es sollte $N > n$ gelten.

▶ m: Anzahl der Elemente eines weiteren *Collection*.

Das nachfolgende Beispiel verdeutlicht die Einsatzmöglichkeiten einer *HashMap* (siehe Listing 5.41). Falls ein Zug sich verspätet, soll die Zeit in Minuten in einer Map hinterlegt werden. Als Schlüssel dient der Zug, die Verspätung ist eine Integerzahl.

```
Collection c = Miniworld.getAllTrains();

Map delays = new HashMap();
// Trage einige Verspätungen ein:
Iterator it = c.iterator();
it.next();
delays.put(it.next(), new Integer(10));
it.next();
it.next();
delays.put(it.next(), new Integer(25));
it.next();
Object schubert = it.next();
delays.put(schubert, new Integer(5));

// Schaue nach Verspätungen:
it = c.iterator();
while (it.hasNext()) {
  Object train = it.next();
  if (delays.containsKey(train)) {
    Object time = delays.get(train);
    System.out.println("(" + train + ") verspätet sich um " +
      time + " Minuten.");
  }
  else
    System.out.println("(" + train + ") ist pünktlich.");
}
```

```
Object result = delays.put(schubert, new Integer(10));
if (result != null)
  System.out.println("Alter Eintrag (" + schubert +
    ", " + result + " Minuten Verspätung) wurde geändert.");
```

Listing 5.41: *In diesem Beispiel werden Verspätung für Züge in einer HashMap eingetragen. Der Schlüssel ist der Zug, der Wert ist eine Integerzahl, die Verspätungen in Minuten angibt.*

Aus der Miniwelt wird ein Iterator bereit gestellt, der alle Züge durchläuft. Bei einigen Zügen wird eine Verspätung in die Map eingetragen. Der Zug `schubert` wird später benötigt, um den Eintrag mit diesem Schlüssel zu ändern. Mit der Methode `contains-Key()` lässt sich nachschauen, ob ein Eintrag für einen Zug vorliegt. Ist dies der Fall, wird die Verspätung, also der Wert des Eintrags, durch `get()` ausgelesen. Die Methode `put()` ersetzt einen Eintrag. In unserem Fall wird die Verspätung für den Zug `schubert` von fünf auf zehn Minuten erhöht. Hier ist die Ausgabe zu diesem Beispiel:

```
(RE-Zug: Albrecht, 6 Wagen) ist pünktlich.
(IC-Zug: Bach, 10 Wagen) verspätet sich um 10 Minuten.
(ICE-Zug: Beethoven, 12 Wagen) ist pünktlich.
(RE-Zug: Bismarck, 6 Wagen) ist pünktlich.
(IC-Zug: Goethe, 10 Wagen) verspätet sich um 25 Minuten.
(IR-Zug: Hegel, 8 Wagen) ist pünktlich.
(ICE-Zug: Schubert, 12 Wagen) verspätet sich um 5 Minuten.
Alter Eintrag (ICE-Zug: Schubert, 12 Wagen, 5 Minuten Verspätung) wurde geändert.
```

5.9.2 Hashtable

Bereits das JDK 1.0 führte die Klasse *Hashtable* ein, als Containerklasse zur Abbildung von Schlüsseln auf Werte. Sie gehört, wie die Klasse *Vector*, nicht direkt zum Collections Framework. Seit der JDK Version 1.2 implementiert *Hashtable* zusätzlich das Interface *Map* und ist somit zum Collections Framework schnittstellenkompatibel. Abgesehen von der gemeinsamen Schnittstelle unterscheidet sich die *Hashtable* erheblich von den Containerklassen des Collections Frameworks. Ihre elementare Funktionalität erbt sie nicht von der Klasse *AbstractMap*, sondern von der Klasse *Dictionary*, die auch aus der JDK Version 1.0 stammt. Während alle Klassen des Collections Frameworks das Interface *Map* implementieren, die *null*-Referenzen als Schlüssel und auch als Wert akzeptieren, unterstützt die *Hashtable* keine *null*-Referenzen. Wie auch die *Vector*-Klasse ist *Hashtable* threadsicher.

Wie der Name bereits zu erkennen gibt, verwaltet die Klasse *Hashtable* ihre Schlüssel-Wert-Paare in einer Hashtabelle. Die initiale Kapazität dieser Tabelle kann beim Erzeugen des Containers bestimmt werden. Wie bei der *HashSet* und *HashMap* kann mit einem zusätzlich bestimmbaren Füllfaktor die Schwelle vorgegeben werden, ab der die interne Hashtabelle mit einer größeren Kapazität neuorganisiert wird.

Die Klasse *Hashtable* besitzt vier mit der Klasse *HashMap* vergleichbare Konstruktoren. Der Standard-Konstruktor `Hashtable()` erzeugt eine neue leere *Hashtable* der Kapazität

5.9 Maps mit Hashing

101. Der default-Faktor, ab dem eine größere Kapazität der Hashtabelle angefordert wird, beträgt 0.75. Das bedeutet, dass ab einem Füllgrad von 75 Prozent eine neue Hashtabelle angelegt wird.

Der Konstruktor `Hashtable(int i)` legt eine leere *Hashtable* der Kapazität i an. Der Faktor, ab dem die Hashtabelle neu angelegt wird, ist auch hier 0,75.

Der Konstruktor `Hashtable(int k, float l)` gestattet es, sowohl die initiale Kapazität als auch den Füllfaktor direkt vorzugeben.

Konstruktor `Hashtable(Map t)` erzeugt eine neue *Map* mit den gleichen Schlüssel-Wert-Paaren wie die übergebene *Map* t. Die Kapazität ist doppelt so groß wie die Anzahl der Einträge der übergebenen *Map* t. Der `loadFactor` beträgt auch hier 0,75.

Tabelle 5.59 fasst die Eigenschaften der Konstruktoren zusammen:

`Hashtable()`	erzeugt eine leere *Hashtable* der Kapazität 101; der Füllfaktor beträgt 0,75
`Hashtable(i: int)`	erzeugt eine leere *Hashtable* der Kapazität *i*; der Füllfaktor beträgt 0,75
`Hashtable(k: int, l: float)`	erzeugt eine leere *Hashtable* der Kapazität *k*; der Füllfaktor beträgt *l*
`Hashtable(t: Map)`	erzeugt eine *Hashtable* der Kapazität 2 * t.size(); der Füllfaktor beträgt 0,75

Tabelle 5.59: Konstruktoren der Klasse Hashtable

Listing 5.42 zeigt das Erzeugen von vier *Hashtables* a, b, c und d mit je einem der Konstruktoren.

```
// Erzeugt eine leere Hashtable.
Map a = new Hashtable();

// Erzeugt eine leere Hashtable der Kapazität 1000:
int capacity = 1000;
Map b = new Hashtable(capacity);

// Erzeugt eine leere Hashtable der Kapazität 1000 mit
// einem Loadfaktor von 80 Prozent.
float loadFactor = 0.80f;
Map c = new Hashtable(capacity, loadFactor);

// Erzeugt eine Hashtable, die alle Elemente der übergebenen
// Map enthält.
Map d = new Hashtable(map);
```

Listing 5.42: Konstruktoren der Klasse Hashtable

Die Abwärtskompatibilität zu den Java-Versionen vor 1.2 verlangt die Bereitstellung von *Enumeration*. Die Methode `elements()` liefert eine solche *Enumeration* über die Werte der *Hashtable*. Da die Klasse *Hashtable* gleichzeitig über die *Collection*-Sichten des *Map*- Interface Zugriff auf einen *Iterator* bietet, kann sie gut als Übergangslösung von alter zur neuen Software eingesetzt werden. In alten Softwareteilen, die noch mit *Enumeration* arbeiten, kann nach wie vor die Methode `elements()` verwendet werden. In den neu zu entwickelnden Softwareprojekten findet der Zugriff auf die *Hashtable* nur noch über die *Collection*- Interfaces statt.

Enumeration und *Iterator* unterscheiden sich in ihrem Verhalten erheblich. Während der Lebenszeit eines *Iterators* dürfen keine Veränderungen an der Containerklasse vorgenommen werden, die nicht direkt über den Iterator erfolgen. Die Folge einer Veränderung der Containerklasse nach dem Erzeugen des Iterators wäre eine *ConcurrentModificationException* bei der nächsten Iteratoroperation. Eine *Enumeration* hingegen erlaubt Veränderungen an der Containerklasse, ohne dass *Exceptions* ausgelöst werden.

Listing 5.43 zeigt das unterschiedliche Verhalten von *Enumeration* und *Iterator*. In eine `Hashtable ht` werden drei Schlüssel-Wert-Paare eingefügt. Um über alle Werte iterieren zu können, wird eine `Enumeration e` erzeugt. Zusätzlich wird über die *Collection*-Sicht `values()` ein *Iterator* `i` erzeugt, der die gleiche Aufgabe wie `e` zu erfüllen hat. Im nächsten Schritt wird der Eintrag mit dem Schlüssel `Integer(1)` aus der *Hashtable* gelöscht. Die Ausgabe des Programms zeigt, dass über die im Container `ht` vorhandenen Werte iteriert werden kann, trotz seiner Veränderung mittels `e`.

Anders verhält sich der Iterator `i`. Bereits beim ersten Aufruf der Methode `next()` wird die *ConcurrentModificationException* geworfen.

```
Hashtable ht = new Hashtable();
ht.put(new Integer(1), "eins");
ht.put(new Integer(2), "zwei");
ht.put(new Integer(3), "drei");

Enumeration e = ht.elements();
Iterator i = ht.values().iterator();
ht.remove(new Integer(1));

System.out.println("\nEnumeration");
// Zugriff über Enumeration:
while (e.hasMoreElements()) {
  Object o = e.nextElement();
  System.out.println(o);
}

System.out.println("\nIterator");
// Zugriff über Iterator:
try {
  while (i.hasNext()) {
    Object o = i.next();
```

```
    System.out.println(o);
    }
  }
  catch (Exception exc) {
    System.out.println(exc);
  }
```

Listing 5.43: Iterator und Enumeration der Klasse Hashtable

Die Ausgabe des Programms lautet:

```
Enumeration
drei
zwei

Iterator
java.util.ConcurrentModificationException
```

Obwohl die *Hashtable* keine *null*-Referenzen verwaltet, die folglich vom Entwickler nicht zu erwarten sind, kann der Rückgabewert der Methode nextElement() *null* sein, falls alle Einträge während der Iteration mittels e aus der *Hashtable* gelöscht werden. Der Iterator meldet jede externe Veränderung und verhindert auf diese Weise Laufzeitfehler, die zu einem undefinierten Programmverhalten führen könnten. Es empfiehlt sich, stets Iteratoren anstelle von *Enumeration* zu verwenden.

5.9.3 HashMap (JGL)

Die Klasse *HashMap* der Generic Collection Library for Java ist von der abstrakten Klasse *Map* abgeleitet und verfügt somit über alle Eigenschaften der *Map*, die im Kapitel 3.3.3 *Die abstrakte Klasse Map* beschrieben wurden. Sie besitzt aber noch weitere Methoden, die in dem gedachten Interface *ExtendedMap* definiert sind, welches im Kapitel 3.5.4 *Spezielle Design-Aspekte der Generic Collection Library for Java* erläutert wurde.

Wie auch die Klasse *HashSet* kennt eine *HashMap* sieben verschiedene Konstruktoren, die in Tabelle 5.60 aufgelistet sind. Sie sind nötig, um die Eigenschaften einer auf Hashverfahren basierenden *Map* zu parametrisieren.

Der Defaultwert für den Loadfaktor f der *HashMap* beträgt 0,75. Als Anfangskapazität werden wie auch bei der *HashSet* $N = 257$ Buckets genutzt.

HashMap()	erzeugt eine leere *HashMap*, in der keine Duplikate erlaubt sind
HashMap(dp: boolean)	erzeugt eine leere *HashMap*, in der Duplikate erlaubt sind, falls *dp true* ist
HashMap(bp: BinaryPredicate)	erzeugt eine leere *HashMap*, die zum Vergleichen der Schlüssel nicht equals(), sondern das Prädikat *bp* verwendet
HashMap(bp: BinaryPredicate, dp: boolean)	erzeugt eine leere *HashMap*, die zum Vergleichen der Schlüssel nicht equals(), sondern das Prädikat *bp* verwendet; falls *dp true* ist, sind Duplikate erlaubt

Tabelle 5.60: Konstruktoren der JGL-Klasse HashMap

HashMap(bp: BinaryPredicate, l: int, lr: float)	erzeugt eine leere *HashMap*, die zum Vergleichen der Schlüssel nicht equals() , sondern das Prädikat *bp* verwendet; die Kapazität der Hashtabelle wird $N = l$ gesetzt, als Füllfaktor wird $f = lr$ benutzt
HashMap(bp: BinaryPredicate, dp: boolean, l: int, lr: float)	erzeugt eine leere *HashMap*, die zum Vergleichen der Schlüssel nicht equals() , sondern das Prädikat *bp* verwendet; falls *dp* true ist, sind Duplikate erlaubt; die Kapazität der Hashtabelle wird $N = l$ gesetzt, als Füllfaktor wird $f = lr$ benutzt
HashMap(m: HashMap)	erzeugt eine *HashMap*, die ein shallow copy der *HashMap m* ist

Tabelle 5.60: Konstruktoren der JGL-Klasse HashMap

Viele der Parameter des Konstruktors lassen sich wie auch bei der *HashSet* über die Methoden abfragen, die in Tabelle 5.61 gezeigt sind. Es ist möglich, der *HashMap* zu verbieten, dass sie ihre Kapazität erweitert, beispielsweise um effizient alle Elemente durchlaufen zu können. Durch den Aufruf allowExpansion(false) wird dies verboten.

getLoadRatio(): float	zeigt den aktuellen Loadfaktor, also das Verhältnis $f = n/N$; *n* ist die Anzahl der Elemente, *N* die Kapazität der Hashtabelle
allowExpansion(b: boolean)	falls *b* true ist, darf die Hashtabelle in ihrer Kapazität erweitert werden, andernfalls nicht
expansionAllowed(): boolean	zeigt an, ob eine Erweiterung der Hashtabelle erlaubt ist
allowsDuplicates(): boolean	gibt *true* zurück, falls die Map Duplikate enthalten darf
getComparator(): BinaryPredicate	gibt das benutzte Prädikat zum Vergleich der Elemente zurück

Tabelle 5.61: Methoden der JGL-Klasse HashMap, mit denen ihre Eigenschaften abgefragt werden

Als Beispiel für eine *HashMap* in JGL möchten wir das vorige Beispiel aus dem Collections Framework übernehmen (siehe Listing 5.44). Die put()-Anweisung fügt neue Einträge in die Map ein.

```
Container c = Miniworld.getAllTrainsJGL();

HashMap delays = new HashMap();   // Ohne Duplikate
// Trage einige Verspätungen ein:
ForwardIterator fi = c.start();
fi.advance(1);
delays.put(fi.get(), new Integer(10));
fi.advance(3);
delays.put(fi.get(), new Integer(25));
fi.advance(2);
Object schubert = fi.get();
delays.put(schubert, new Integer(5));

// Schaue nach Verspätungen:
fi = c.start();
while (fi.hasMoreElements()) {
```

5.9 Maps mit Hashing

```
        Object train = fi.nextElement();
        Object time = delays.get(train);
        if (time != null)
          System.out.println("(" + train + ") verspätet sich um " +
            time + " Minuten.");
        else
          System.out.println("(" + train + ") ist pünktlich.");
      }

      Object result = delays.put(schubert, new Integer(10));
      if (result != null)
        System.out.println("Alter Eintrag (" + schubert +
          ", " + result+ " Minuten Verspätung) wurde geändert.");
```
Listing 5.44: *Dieser Ausschnitt zeigt, wie mit einer JGL-HashMap das Beispiel Zugverspätungen realisiert wird.*

Innerhalb der while-Schleife wird nach Verspätungen für alle Züge der Miniwelt gesucht. Dazu wird mit der `get()`-Methode abgefragt, ob ein Wert verschieden null vorliegt. Ist dies der Fall, liegt für diesen Zug eine Verspätung vor. Die Ausgabe dazu zeigt:

```
(RE-Zug: Albrecht, 6 Wagen) ist pünktlich.
(IC-Zug: Bach, 10 Wagen) verspätet sich um 10 Minuten.
(ICE-Zug: Beethoven, 12 Wagen) ist pünktlich.
(RE-Zug: Bismarck, 6 Wagen) ist pünktlich.
(IC-Zug: Goethe, 10 Wagen) verspätet sich um 25 Minuten.
(IR-Zug: Hegel, 8 Wagen) ist pünktlich.
(ICE-Zug: Schubert, 12 Wagen) verspätet sich um 5 Minuten.
Alter Eintrag (ICE-Zug: Schubert, 12 Wagen, 5 Minuten Verspätung) wurde geändert.
```

HashMapIterator

Für einen *HashMap*-Iterator gelten im Großen und Ganzen die gleichen Aussagen wie für einen *HashSet*-Iterator, weshalb an dieser Stelle auf Kapitel 5.7.2 *HashSet* (JGL) verwiesen sei. Beachten Sie also, dass Iteratoren einer *HashMap* prinzipiell ungültig werden können.

Da Iteratoren für eine *Map*, die über die Methode `begin()` erzeugt wurden, auf Objekte vom Typ *Pair* zeigen, hat ein *HashMapIterator* `it` zusätzlich die Methoden `it.key()` und `it.value()`, die im Gegensatz zu `it.get()` nicht ein *Pair*-Objekt, sondern gleich den Schlüssel bzw. den Wert des Eintrags zurückgeben, auf die der Iterator zeigt. Umgekehrt lässt sich der Wert direkt mit der Methode `it.value(Object o)` austauschen.

5.9.4 WeakHashMap

Die *WeakHashMap* ist eine besondere Containerklasse. Wie jede andere *Map* im Collections Framework bildet sie einen Schlüssel auf einen Wert ab. Die Besonderheit der *WeakHashMap* liegt in der Eigenschaft, Schlüssel-Wert-Paare nur so lange als Eintrag zu verwalten, wie der Schlüssel innerhalb des Programms noch von einem anderen

Objekt referenziert wird. Sobald die letzte nicht zur *WeakHashMap* gehörige Referenz auf einen Schlüssel gelöscht wird, entfernt die *WeakHashMap* automatisch ihren zugehörigen Schlüssel-Wert-Eintrag.

Listing 5.45 verdeutlicht das Verhalten einer *WeakHashMap*. Es werden Schlüssel in eine *WeakHashMap* eingefügt, auf die noch ein externer Verweis existiert. Sobald dieser gelöscht wird, werden die zugehörigen Einträge aus der *WeakHashMap* automatisch gelöscht.

Zu Beginn wird ein natives Feld mit *Integer*-Objekten angelegt. Anschließend werden diese *Integer*-Objekte als Schlüssel in die `WeakHashMap` `map` eingefügt. Die Ausgabe der `map` zeigt die Zuordnung der Schlüssel zu ihren Werten. Ein Teil der externen Verweise wird nun entfernt, indem den ersten vier Einträgen des Arrays *null* zugewiesen wird. Die erneute Ausgabe zeigt: Die Schlüssel-Wert-Paare, deren Schlüssel aus dem Array entfernt wurden, sind auch in der *WeakHashMap* nicht mehr enthalten.

Vor der zweiten Ausgabe des Containers wird allerdings noch der Garbage Collector aufgerufen. Dies geschieht, weil dieser für das eigentliche Entfernen der Einträge aus der *WeakHashMap* zuständig ist. Der Garbage Collector tritt immer dann in Aktion und entfernt alle überflüssigen Objekte aus dem Speicher, wenn das Programm gerade nichts Besseres zu tun hat. Dies Selbstständigkeit des garbage collector lässt den Zeitpunkt, an dem er seiner Aufgabe nachgeht, nicht sicher vorhersagen. Einen gewissen Einfluss erhält der Programmierer über die Methode `System.gc()`, sie stößt den Garbage Collector an, seiner Bestimmung nachzugehen. Aber selbst diese Methode garantiert nicht, dass zu diesem Zeitpunkt alle nutzlosen Objekte entfernt werden. Ohne den Aufruf `System.gc()` wäre es jedoch sehr unwahrscheinlich, dass die Einträge noch vor der erneuten Ausgabe der *Map* entfernt werden.

```
Integer[] keys = new Integer[10];
for (int i = 0; i < 8; i++)
  keys[i] = new Integer(i);

Map map = new WeakHashMap();

// Einfügen in die WeakHashMap.
for (int i = 0; i < 8; i++)
  map.put(keys[i], "Wert");

// Ausgabe der Map
System.out.println("Vor Entfernen der externen Referenzen:\n"
  + map);

for (int i = 0; i < 4; i++)
  keys[i] = null;

// Expliziter Aufruf des garbage collector.
System.gc();
```

5.9 Maps mit Hashing

```
// Ausgabe der Map
System.out.println("Nach Entfernen der externen Referenzen:\n"
    + map);
```
Listing 5.45: Das Verhalten einer WeakHashMap

Als Ausgabe des Programms erscheint:

```
Vor Entfernen der externen Referenzen:
{7=Wert, 6=Wert, 5=Wert, 4=Wert, 3=Wert, 2=Wert, 1=Wert, 0=Wert}

Nach Entfernen der externen Referenzen:
{7=Wert, 6=Wert, 5=Wert, 4=Wert}
```

Eine *WeakHashMap* kann wie alle anderen Maps des Collections Framework beliebige *Objects* sowohl als Schlüssel als auch als Wert aufnehmen, einschließlich der *null*-Referenz. Dabei ist zu beachten ist, dass ein Eintrag in einer *WeakHashMap*, der als Schlüssel eine *null*-Referenz enthält, niemals automatisch gelöscht wird.

Die interne Datenstruktur der *WeakHashMap* beruht auf einer Hashtabelle. Die *WeakHashMap* ist wie alle anderen Containerklassen des Collections Frameworks nicht threadsicher. Da sie jedoch die Schnittstelle einer »normalen« *Map* besitzt, können Sie, um einen threadsicheren *Container* zu erhalten, wie in Listing 7.5 auf Seite 433 beschrieben vorgehen.

Der Standard-Konstruktor WeakHashMap() erzeugt eine neue, leere WeakHashMap der Kapazität 101. Der Default-Faktor, ab dem eine größere Kapazität der Hashtabelle angefordert wird, beträgt 0,75.

Der Konstruktor WeakHashMap(int i) legt eine leere WeakHashMap der Kapazität i an. Der load-Faktor wird auch von diesem Konstruktor mit 0,75 initialisiert.

Der Konstruktor WeakHashMap(int i, float l) erzeugt eine leere WeakHashMap der Initialen-Kapazität i und dem load-Faktor l.

Die WeakHashMap ist die einzige Containerklasse des Collections Frameworks, die keinen Copy-Konstruktor bereitstellt.

WeakHashMap()	erzeugt eine leere *WeakHashMap* der Kapazität 101; der Füllfaktor beträgt 0,75
WeakHashMap(i: int)	erzeugt eine leere *WeakHashMap* der Kapazität *i*; der Füllfaktor beträgt 0,75
WeakHashMap(k: int, l: float)	erzeugt eine leere *WeakHashMap* der Kapazität *k*; der Füllfaktor beträgt *l*

Tabelle 5.62: Konstruktoren der Klasse WeakHashMap

Listing 5.46 zeigt das Erzeugen von drei *WeakHashMaps* a, b und c mit je einem der Konstruktoren.

```
// Erzeugt eine leere WeakHashMap.
Map a = new WeakHashMap();

// Erzeugt eine leere WeakHashMap der Kapazität 1000.
int capacity = 1000;
Map b = new HashMap(capacity);

// Erzeugt eine leere WeakHashMap der Kapazität 1000 mit
/ einem Füllfaktor von 80 Prozent:
float loadFactor = 0.80f;
Map c = new WeakHashMap(capacity, loadFactor);
```

Listing 5.46: *Konstruktoren der Klasse WeakHashMap*

Die *WeakHashMap* ist für alle Aufgaben einsetzbar, in denen ein Objekt einem zweiten temporär zugeordnet werden soll. In einer Anwendung lassen sich auf diese Weise einfache Assoziationen zwischen Objekten realisieren, die automatisch gelöst werden, sobald die Anwendung keine Referenzen mehr auf das als Schlüssel eingetragene Objekt hält.

5.10 Maps mit Suchbäumen

Zweck

Maps sind Container, deren Elemente gleichrangig behandelt werden. Als Nebeneffekt des intern verwendeten Suchbaums besitzen die Elemente in dieser Menge automatisch eine Ordnung.

Auch bekannt als

Sortierte Map

Siehe auch

Maps basierend auf Hashverfahren (*HashMap*) und Mengen.

Motivation

Algorithmen, die Werte über ihren Schlüssel in einer Map speichern, viele Einfüge- und Löschoperationen ausführen und deren Schlüssel trotz dieser Dynamik immer eine Ordnung besitzen sollen, können eine *TreeMap* oder *OrderedMap* verwenden. Anstatt die Schlüssel bei jedem Lesezugriff zu sortieren, wird die Map bedingt durch ihren intern verwendeten Suchbaum automatisch sortiert.

5.10 Maps mit Suchbäumen

Kosten

Operation	Kommentar	Kosten
Suchen		$O(\log n)$
Einfügen/Entfernen		$O(\log n)$

Tabelle 5.63: Eigenschaften der Containerklassen TreeMap und OrderedMap

Implementierungen in den Standardbibliotheken

Sowohl das Collections Framework als auch JGL bieten eine Implementierung einer Map, die auf dem Hashverfahren basiert. Im Collections Framework ist dies

> java.util.TreeMap

und in JGL

> com.objectspace.jgl.OrderedMap

Kontext im Framework

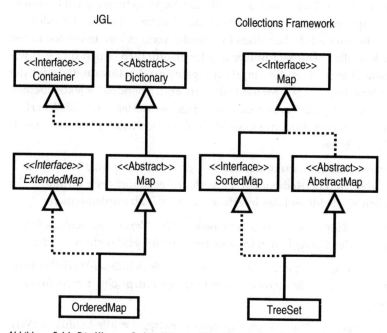

Abbildung 5.11: Die Klassen OrderedMap und TreeMap und ihr Kontext zum übrigen Framework

Eigenschaften

Bis auf die Besonderheit, dass die Einträge aus einem Schlüssel-Wert-Paar bestehen, gelten die gleichen Eigenschaften wie bei einer *TreeSet* bzw. *OrderedSet* (siehe Kapitel 5.8 *Mengen mit Suchbäumen*).

Nebeneffekte

> Die Schlüssel einer geordneten Map dürfen sich nicht derart ändern, dass sich das Verhalten ihres Comparators ändert. In diesem Fall wird der Suchbaum inkonsistent.

5.10.1 TreeMap

Die Containerklasse *TreeMap* implementiert das Interface *SortedMap*. Sie hält ihre Schlüssel-Wert-Paare in der aufsteigend geordneten Reihenfolge der Schlüssel vor. Die interne Datenhaltung ist als Red-Black-Tree realisiert. Auf dieser Datenstruktur lassen sich Algorithmen anwenden, die für die Methoden containsKey(), get(), put() und remove() eine Komplexität von O(log n) aufweisen. Die verwendeten Algorithmen entsprechen den von Th. Corman, Ch. E. Leiserson und R. L. Rivests herausgegebenen Empfehlungen für Algorithmen [Corman et al. 1990].

Die Reihenfolge kann wieder durch zwei unterschiedliche Vorgehensweisen bestimmt werden: Entweder implementieren die Schlüssel das Interface *Comparable* oder ein externes Ordnungskriterium wird über einen *Comparator* vorgegeben. In beiden Fällen ist die Vergleichbarkeit aller Schlüssel untereinander erforderlich. Auch hier gilt wie bereits bei der Klasse *TreeSet*, dass die Vergleichsergebnisse des *Comparator* oder der Methode CompareTo() mit der equals()-Methode der zu vergleichenden Objekte übereinstimmen müssen, da eine *TreeMap* neben dem Interface *SortedMap* auch das Interface *Map* implementiert. Und eine *Map* die Gleichheit ihrer Schlüssel über die equals-Methode der Einträge definiert.

Auch die *TreeMap* stellt vier Konstruktoren bereit. Der Standardkonstruktor TreeMap() erzeugt eine leere *TreeMap*. Die Reihenfolge entspricht der natürlichen Ordnung der Schlüssel, dabei haben alle Schlüssel das Interface *Comparable* zu implementieren.

Der Konstruktor TreeMap(Comparator c) erzeugt eine leere *TreeMap*, deren Schlüssel nach dem Vergleichsergebnis des übergebenen *Comparator* c aufsteigend sortiert werden.

Der Konstruktor TreeMap(Map m) erzeugt eine *TreeMap*, die alle Schlüssel-Wert-Paare der übergebenen Map enthält. Die Reihenfolge der Einträge entspricht der natürlichen Ordnung der Schlüssel.

Der Konstruktor TreeMap(SortedMap m) erzeugt eine *TreeMap*, die alle Schlüssel-Wert-Paare der übergebenen *SortedMap* enthält. Die Reihenfolge der neuen Map entspricht der Reihenfolge der übergebenen *SortedMap* m. Ordnet m ihre Elemente über einen *Comparator*, so wird auch die neue ihre Elemente mit dem gleichen *Comparator* anordnen.

5.10 Maps mit Suchbäumen

Tabelle 5.64 fasst die Eigenschaften der Konstruktoren zusammen.

`TreeMap()`	erzeugt eine leere *TreeMap*; natürliche Reihenfolge der Schlüssel
`TreeMap(c: Comparator)`	erzeugt eine leere *TreeMap*; Reihenfolge der Schlüssel über *Comparator* c definiert
`TreeMap(m: Map)`	erzeugt eine *TreeMap*, die alle Elemente der *Map* m enthält; natürliche Reihenfolge der Schlüssel
`TreeMap(m: SortedMap)`	erzeugt eine *TreeMap*, die alle Elemente der *SortedMap* m enthält; Reihenfolge der Schlüssel über *Comparator* c definiert

Tabelle 5.64: Konstruktoren der Klasse TreeMap

In Listing 5.47 werden vier *TreeMaps* mit jeweils einem der Konstruktoren erzeugt.

```
// Erzeugt eine leere TreeMap.
Map a = new TreeMap();

// Erzeugt eine leere TreeMap. Die Reihenfolge der Schlüssel
// ist durch den Comparator festgelegt.
Map b = new TreeMap(comparator);

// Erzeugt eine TreeMap und füllt alle Einträge der Map ein.
Map c = new HashMap(map);

// Erzeugt eine TreeMap und füllt alle Einträge der treeMap
// ein. Gegebenenfalls Übername des Comparators.
Map d = new HashMap(treeMap);
```
Listing 5.47: Konstruktoren der Klasse TreeMap

Die Eigenschaften der *Collection*-Sichten einer *TreeMap* unterscheiden sich in ihrem Laufzeitverhalten von denen der *HashMap*. Das Zeitverhalten von *HashMap* schwankt beim Zugriff auf einen Wert über die Schlüsselsicht im ungünstigsten Fall zwischen $O(1)$ und $O(n)$. Eine analoge Operation wird von einer *Collection*-Sicht der *TreeMap* mit garantiertem Zeitverhalten von $O(\log n)$ erledigt. Tabelle 5.58 stellt die Methodeneigenschaften der *Collection*-Sichten den Werten, Schlüsseln und *Entrys* gegenüber.

Methoden	Set der Schlüssel	Collection der Werte	Set der Entrys
add()	-	-	-
addAll()	-	-	-
clear()	$O(1)$	$O(1)$	$O(1)$
contains()	$O(\log n)$	$O(n)$	$O(\log n)$
containsAll()	$O(m)$ bis $O(m \cdot n)$	$O(m \cdot n)$	$O(\log n)$

Tabelle 5.65: Komplexität von Methoden der Collection-Sichten

Methoden	Set der Schlüssel	Collection der Werte	Set der Entrys
equals()	O(n)	O(n)	O(n)
hashCode()	O(n)	O(n)	O(n)
isEmpty()	O(l)	O(l)	O(l)
iterator() / iterieren	O(l) / O(n)	O(l) / O(n)	O(l) / O(n)
remove()	O(log n)	O(n)	O(log n)
removeAll()	O(m · log n)	O(n · m)	O(m · log n)
retainAll()	O(m · log n)	O(m · n)	O(log n)
size()	O(l)	O(l)	O(l)
toArray()	O(n)	O(n)	O(n)
toArray()	O(n)	O(n)	O(n)

Tabelle 5.65: Komplexität von Methoden der Collection-Sichten

Das Interface *SortedSet* stellt neben den *Collection*-Sichten zusätzlich drei Bereichssichten zur Verfügung, nämlich `headMap()`, `tailMap()` und `subMap()`, deren Operationsverhalten der Containerklasse gleicht.

Am Abfahrtsplan eines Bahnhofs wollen wir ein Beispiel für Bereichssichten entwickeln. In Listing 5.48 werden alle Züge einer Stadt in eine *TreeMap* eingefügt, dabei bilden die Abfahrtszeiten die Schlüssel und die Züge die Werte der *TreeMap*. In drei unterschiedlichen Bereichssichten werden jeweils zeitliche Ausschnitte des Fahrplans extrahiert und ausgegeben.

```
SortedMap timetable= new TreeMap();

Iterator routes = Miniworld.getAllRouteTimeTrains().iterator();

// Alle Verbindungen von city nach der Zeit geordnet in die
// TreeMap einfügen.
while (routes.hasNext()) {
  RouteTimeTrain rtt = (RouteTimeTrain) routes.next();
  if (city == rtt.getRoute().getDepartureCity())
    timetable.put(rtt.getTime(), rtt.getTrain());
}

// Erzeuge lokales Zeitformat.
DateFormat timeFormat =
  DateFormat.getTimeInstance(DateFormat.SHORT, Locale.GERMANY);

// Erzeuge Abfragezeiten
Date time12 = null;
Date time18 = null;
try {
  time12 = timeFormat.parse("12:00");
  time18 = timeFormat.parse("18:00");
```

5.10 Maps mit Suchbäumen

```
}
catch (ParseException e) {
  System.out.println(e);
}

// Abfrage der Bereichssichten.
SortedMap headMap = timetable.headMap(time12);
SortedMap subMap = timetable.subMap(time12, time18);
SortedMap tailMap = timetable.tailMap(time18);

// Ausgabe der Bereichssichten
System.out.println(city);
System.out.println("\nbis 12:00");
System.out.println(headMap);
System.out.println("\nab 12:00 bis 18:00");
System.out.println(subMap);
System.out.println("\nab 18:00");
System.out.println(tailMap);
```
Listing 5.48: Abfahrtsplan einer Stadt in drei Zeitbereichen

Die Ausgabe dieses Beispiels sieht wie folgt aus:

```
München
bis 12:00
{09:00=ICE-Zug: Beethoven, 12 Wagen}

von 12:00 bis 18:00
{17:00=ICE-Zug: Schubert, 12 Wagen}

ab 18:00
{19:00=IR-Zug: Hegel, 8 Wagen}
```

5.10.2 OrderedMap

Die Klasse *OrderedMap* ist wie die Klasse *HashMap* eine Ableitung der abstrakten Klasse *Map*, die wiederum von der abstrakten Klasse *Dictionary* abstammt. *OrderedMap* benutzt intern einen Red-Black-Tree zum Speichern der Einträge. Wie auch bei der Klasse *HashMap* gibt es eine Reihe von Methoden, die in Kapitel 3.5.4 *Spezielle Design-Aspekte der Generic Collection Library for Java* vorgestellt wurden.

Als Default-Comparator wird wie bei der vergleichbaren Implementierung einer Menge der Hashwert verwendet :

Als Default-Comparator für zwei Schlüssel k_1 und k_2 benutzt die *OrderedMap* den Hashwert:

$R(k_1) < R(k_2) \Leftrightarrow$ k1.hashCode() < k2.hashCode()

$R(k_1) \geq R(k_2) \Leftrightarrow$ k2.hashCode() >= k2.hashCode()

Über einen Konstruktor ist es jedoch möglich, einen alternativen Comparator zu verwenden. In Tabelle 5.66 sind die Konstruktoren aufgelistet.

OrderedMap()	erzeugt eine leere *OrderedMap*; die Schlüssel werden nach ihrem Hashwert sortiert
OrderedMap(bp: BinaryPredicate)	erzeugt eine leere *OrderedMap*; die Schlüssel werden nach dem Comparator *bp* sortiert
OrderedMap(dp: boolean)	erzeugt eine leere *OrderedMap*; falls *dp true* ist, sind Duplikate der Schlüssel erlaubt
OrderedMap(bp: BinaryPredicate, dp: boolean)	erzeugt eine leere *OrderedMap*; die Schlüssel werden nach dem Comparator *bp* sortiert; falls *dp true* ist, sind Duplikate der Schlüssel erlaubt
OrderedMap(m: OrderedMap)	erzeugt eine *OrderedMap*, die ein shallow copy der Map *m* ist

Tabelle 5.66: Konstruktoren der Klasse OrderedMap

Tabelle 5.67 listet weitere Methoden der Klasse *OrderedMap* auf, die bisher nicht besprochen wurden.

allowsDuplicates(): boolean	gibt *true* zurück, falls die Map doppelte Schlüssel enthalten darf
getComparator(): BinaryPredicate	gibt das benutzte Prädikat zum Vergleich der Schlüssel zurück

Tabelle 5.67: Weitere Methoden der Klasse OrderedMap

Wir möchten das Beispiel aus dem vorigen Kapitel 5.10.1 *TreeMap* auch in der JGL-Implementierung zeigen. Listing 5.49 zeigt den Programmteil, der die Abfahrtszeiten aus dem Fahrplan ermittelt und die Einträge (Zeit, Zug) in die Map einfügt.

```
City city = (City) Miniworld.getAllCities().last();
OrderedMap timetable= new OrderedMap();

Iterator routes = Miniworld.getAllRouteTimeTrains().iterator();

// Alle Verbindungen von city nach der Zeit geordnet in die
// OrderedMap einfügen.
while (routes.hasNext()) {
  RouteTimeTrain rtt = (RouteTimeTrain) routes.next();
  if (city.equals(rtt.getRoute().getDepartureCity()))
    timetable.put(rtt.getTime(), rtt.getTrain());
}
```

Listing 5.49: Einfügen der Abfahrtszeiten und Züge in die OrderedMap

Die Bereichssichten des Collections Frameworks lassen sich unter JGL nur mit einem Bereich aus Iteratoren realisieren (siehe Listing 5.50). Dieser Umstand zwingt uns dazu, ein paar Zeilen Sourcecode mehr zu schreiben, da es keine `toString()`-Methode für Bereiche aus Iteratoren gibt, wie sie für die Bereichssichten des Collections Frameworks verwendet wird.

Die Iteratoren geben ein *Pair*-Objekt zurück, weshalb für die `println()`-Ausgabe der Schlüssel und der Wert extrahiert werden. Typisch für Iteratoren ist, dass sie geklont werden, damit mit der Kopie die Elemente durchlaufen werden und der Originaliterator nach wie vor auf die gleiche Stelle zeigt.

```
// Abfrage der Bereichssichten:
ForwardIterator from12 = timetable.lowerBound(time12);
ForwardIterator from18 = timetable.lowerBound(time18);

// Ausgabe der Bereichssichten:
System.out.println("Abfahrt von " + city + " bis 12:00 Uhr:");
ForwardIterator fi = timetable.start();
while (!fi.equals(from12)) {
  Pair p = (Pair) fi.nextElement();
  Date d = (Date) p.first;
  System.out.println(" " + timeFormat.format(d) + ": " + p.second);
}

System.out.println("Abfahrt von " + city + " von 12:00 bis 18:00 Uhr:");
fi = (ForwardIterator) from12.clone();
while (!fi.equals(from18)) {
  Pair p = (Pair) fi.nextElement();
  Date d = (Date) p.first;
  System.out.println(" " + timeFormat.format(d) + ": " + p.second);
}

System.out.println("Abfahrt von " + city + " ab 18:00 Uhr:");
fi = (ForwardIterator) from18.clone();
while (!fi.equals(timetable.finish())) {
  Pair p = (Pair) fi.nextElement();
  Date d = (Date) p.first;
  System.out.println(" " + timeFormat.format(d) + ": " + p.second);
}
```

Listing 5.50: Bereichssichten in einer OrderedMap am Beispiel der Abfahrtszeiten von Zügen

Die Ausgabe ergibt wie auch im Collections-Framework-Beispiel:

```
Abfahrt von München bis 12:00 Uhr:
 09:00: ICE-Zug: Beethoven, 12 Wagen
Abfahrt von München von 12:00 bis 18:00 Uhr:
 17:00: ICE-Zug: Schubert, 12 Wagen
Abfahrt von München ab 18:00 Uhr:
 19:00: IR-Zug: Hegel, 8 Wagen
```

OrderedMapIterator

Wie auch die Iteratoren der *OrderedSet* lassen sich *OrderedMap*-Iteratoren durch Einfügeoperationen nicht in einen ungültigen Zustand bringen. Lediglich das Löschen von Elementen bringt diejenigen Iteratoren in einen inkonsistenten Zustand, die auf die entfernten Objekte zeigen.

Iteratoren für eine *Map*, die über die Methode `begin()`erzeugt werden, zeigen auf Objekte vom Typ *Pair*. Um die Schlüssel und Werte, auf die ein Iterator zeigt, einzeln lesen zu können, hat ein *OrderedMapIterator it* wie auch der *HashMapIterator* die Methoden `it.key()` und `it.value()`, die im Gegensatz zu `it.get()` nicht ein *Pair*-Objekt, sondern gleich den Schlüssel bzw. den Wert des Eintrags zurückgeben. Umgekehrt lässt sich der Wert direkt mit der Methode `it.value(Object o)` austauschen.

5.11 Weitere Methoden des Collections Frameworks

In diesem Kapitel werden weitere Konzepte des Collections Frameworks gezeigt, die bisher nicht berücksichtigt wurden.

5.11.1 Read-Only-Zugriff

Das Collections Framework stellt einen Mechanismus bereit, der jeden Container des Collections Frameworks unabhängig von seiner Implementierung in einen Read-Only-Container verwandelt. Das heißt, bei solchen Containern lassen sich keine Elemente hinzufügen oder entfernen.

Bevor gezeigt wird, wie solche unveränderbaren Container erzeugt werden, möchten wir auf die Frage eingehen, welchen konkreten Vorteil Read-Only-Container bieten.

In vielen Anwendungen gibt es Daten, die sich während der Laufzeit des Programms nicht verändern. Können diese Daten in Listen, Mengen oder Maps organisiert werden, so kann es sinnvoll sein, sie in Read-Only-Containern zu verwalten. Vor allem bei größeren Projekten, in denen mehrere Entwickler Zugriff auf die Daten erhalten, ist es erforderlich, Daten vor unbeabsichtigter Veränderung zu schützen. Benötigen z.B. zwei Entwickler dieselben Elemente einer Liste, jedoch in unterschiedlicher Reihenfolge, so kann die Situation eintreten, dass der eine Entwickler sich darauf verlässt, die Daten in gewohnter Reihenfolge zu erhalten, und der andere den Container aber in seinem Sinne umsortiert hat. Die Auswirkungen zeigen sich nicht selten erst im späteren Einsatz der Software und dann mit entsprechenden Folgen. Zahlreiche Beispiele zeigen, wie große Projekte an solchen Banalitäten gescheitert sind (z.B. Ariane V, Mars Polar Lander der NASA usw.).

Das Collections Framework realisiert Read-Only-Container mittels Wrapperklassen. Das bedeutet, um einen vorhandenen Container wird ein zweiter Container gleichen Typs erzeugt, der die Methodenaufrufe an den inneren Container weitergibt. Handelt es sich um eine Methode, die eine Veränderung des Containers mit sich führt, wird eine *UnsupportedOperationException* ausgelöst. Abbildung 5.12 zeigt das Prinzip des Read-Only-Wrappercontainers.

Abbildung 5.12: Prinzip von Read-Only-Wrappercontainer

Für jedes Container-Interface des Collections Frameworks existiert ein eigener Read-Only-Container, der Containerklassen des entsprechenden Typs kapselt. Da die Wrapperklassen ihre internen Containerklassen über die Container-Interface des Collections Frameworks ansprechen, können auch eigene implementierte Containerklassen vor Veränderungen geschützt werden.

Die interne Containerklasse wird nun dadurch geschützt, dass der Anwendung nur eine Referenz auf die Wrapperklassen zur Verfügung gestellt wird.

Die Eigenschaft, dass nicht die Containerklasse selbst das Verändern verbietet, sondern nur die sie umgebende Klasse, eröffnet eine weitere Einsatzmöglichkeit. Eine Klasse, die beispielsweise für die Konsistenz einer Liste verantwortlich ist, führt kontrollierte Operationen auf ihrer Liste aus, so dass die Konsistenz der Liste garantiert bleibt. Um die Schnittstelle der verwaltenden Klasse nicht unnötig zu verkomplizieren, werden die Listenmethoden nicht aufs Neue bereitgestellt. Alternativ dazu wird die Liste als Read-Only-Container nach außen freigegeben. Die verwaltende Klasse hält intern zusätzlich noch eine Referenz auf die eigentliche Liste und ist somit in der Lage, die Liste zu verändern, während außerhalb dieser Klasse nur lesend auf die Liste zugegriffen werden kann.

Als Beispiel nehmen wir die Klasse *Train* unserer Miniwelt. Sie ist für die Verwaltung ihrer Waggons verantwortlich. In Abhängigkeit vom Zugtyp dürfen nur eine bestimmte Anzahl von speziellen Waggons hinzugefügt werden. Um Fehler zu vermeiden, soll die Klasse *Train* alle Operationen auf mögliche Inkonsistenzen hin überprüfen. Um der späteren Anwendung einen möglichst komfortablen Zugriff auf die Waggons zu gewährleisten, könnte eine Methode Waggons() eine Read-Only-Liste zurückliefern.

Eine Alternative wäre, eine eigene Containerklasse zu entwickeln oder von einer existierenden eine spezielle abzuleiten, welche die genannten Konsistenzprüfungen vor Verändern der Liste durchführt. Die Klasse *Train* direkt als Containerklasse zu realisieren wäre unnatürlich, da sie eine Reihe weiterer Aufgaben, die über das Verwalten der Waggons hinausgehen, zu erledigen hat.

Nachdem der hohe Stellenwert der Read-Only-Container dargestellt wurde, soll im Folgenden seine Erzeugung gezeigt werden.

Die Erzeugung der jeweiligen Container ist denkbar einfach. Die Klasse *Collections* stellt hierzu sechs statische Methoden bereit, die einen übergebenen Container in einen Read-Only-Container verwandelt. Das Listing 5.51 erzeugt eine nicht veränderbare *List*. In eine *ArrayList* werden vier Städtenamen aufgenommen und anschließend der statischen Methode unmodifiableList(List l) der Klasse *Collections* übergeben. Der zurückgegebene Container ist vom Typ *List*. Jeder Versuch, eine Veränderung der Liste über die Referenz roList durchzuführen, löst eine *UnsupportedOperationException* aus.

Listing 5.51 zeigt hingegen eine brauchbare Read-Only-Liste, die vier Städte enthält.

```
List list = new ArrayList(4);
list.add("Berlin");
list.add("Hamburg");
list.add("Frankfurt");
list.add("München");

List roList = Collections.unmodifiableList(list);
```

Listing 5.51: Erzeugt eine nicht veränderbare Liste von Städten.

Die Erzeugung der Read-Only-Container, bei welcher der Klassentyp des erzeugten Objektes nicht direkt offen gelegt wird, entspricht in etwa einem Architekturprinzip, das in der Nomenklatur der Entwurfsmuster als abstrakte Fabrik (engl. *Abstract Factory*) bezeichnet wird [Gamma et al. 1994, Grand 1998].

Abbildung 5.13 zeigt die relevanten Methoden der Klasse *Collections*, die zur Erzeugung von Read-Only-Containern zuständig sind.

Die zu erzeugende Read-Only-Wrapperklasse muss nicht vom gleichen spezialisierten Interfacetyp sein wie die interne Containerklasse. Es ist beispielsweise möglich, für die Containerklasse des Typs *TreeSet* eine Wrapperklasse vom Typ *SortedSet* als auch von den Typen *Set* oder *Map* zu erzeugen. Listing 5.52 zeigt diese Möglichkeit, indem für eine *TreeSet*, die vier Städte enthält, eine nicht veränderbare Wrapperklasse vom Typ *Collection* erzeugt wird.

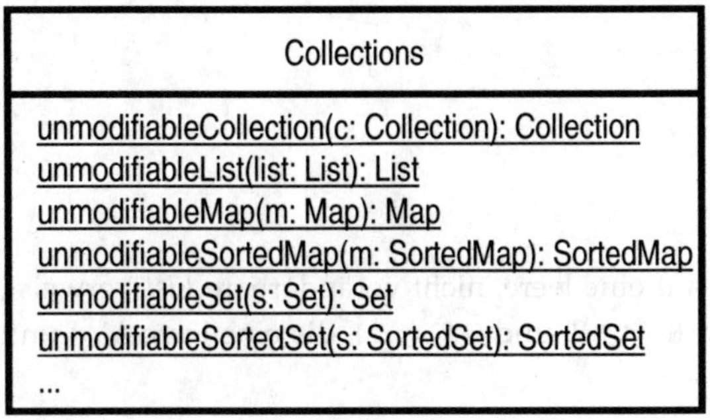

Collections
unmodifiableCollection(c: Collection): Collection unmodifiableList(list: List): List unmodifiableMap(m: Map): Map unmodifiableSortedMap(m: SortedMap): SortedMap unmodifiableSet(s: Set): Set unmodifiableSortedSet(s: SortedSet): SortedSet ...

Abbildung 5.13: Unmodifiable-Methoden der Klasse Collections

```
SortedSet sortedSet = new TreeSet();
sortedSet.add("Berlin");
sortedSet.add("Hamburg");
sortedSet.add("Frankfurt");
sortedSet.add("München");

Collection roC = Collections.unmodifiableCollection(sortedSet);
```
Listing 5.52: Erzeugt eine nicht veränderbare Collection, die eine SortedSet kapselt.

Abschließend sei noch erwähnt, dass ein Read-Only-Container lediglich die Containerklasse vor Veränderungen schützt. Das bedeutet, die Reihenfolge der Elemente bleibt erhalten und es dürfen keine neuen Elemente eingefügt oder gelöscht werden.
Ein Read-Only-Container schützt jedoch nicht die Einträge des Containers vor Veränderung.

Enthält beispielsweise eine Read-Only-*Set* eine Menge von Objekten des Typs *Person*, so können bei dieser Menge keine neuen Personen hinzugefügt oder entfernt werden, die Personen selbst können jedoch verändert werden.

5.11.2 *Singleton* und *Empty* Container

In manchen Fällen ist es erforderlich, einen leeren Container oder solche mit nur einem einzigen Element zu erstellen. So erfordert der Rückgabewert einer Methode beispielsweise ein *Collection*, doch aufgrund einer besonderen Situation, z.B. einer Fehlersituation, können keine Daten zurückgegeben werden. Um nun nicht extra einen neuen Container zu erstellen, stellt die Klasse *Collections* drei konstante Referenzen auf leere Container bereit. Listing 5.53 zeigt eine Methode namens `getNewData()`, die eine Liste von neuen Daten zurückgibt. Sind jedoch keine neuen Daten vorhanden, ist eine leere Liste zurückzugeben. Jetzt kann einfach die `EMPTY_LIST` der Klasse *Collections* zurückgegeben werden.

```
public List getNewData() {
  if (newData == 0)
    return Collections.EMPTY_LIST;
  ...
}
```
Listing 5.53: Einsatz eines leeren Containers

Neben der Konstanten EMPTY_LIST, die auf eine leere, nicht veränderbare *List* verweist, gibt es noch zwei weitere Konstanten, EMPTY_MAP und EMPTY_SET, die eine leere *Map* und eine leere *Set* referenzieren.

Beim Programmieren mit dem Collections Framework benötigen Sie in einigen Fällen auch Container, die nur ein einziges Element enthalten. So z.B. wenn Sie alle Einträge aus einer Liste entfernen möchten, die einem vorgegebenen Objekt gleichen. Die Methode remove(Object o) des Interfaces *Collection* entfernt stets nur das erste Exemplar eines vorgegebenen Objektes. Möchten Sie sichergehen, dass auch mögliche Duplikate entfernt werden, sollten Sie die Methode removeAll(Collection c) verwenden. Ein denkbares Vorgehen wird in Listing 5.54 gezeigt.

```
List list = new ArrayList();
list.add(new Person("Peter", "Großmann", "30.01.1952"));

Miniworld.getAllPersons().removeAll(list);
```
Listing 5.54: Löschen von Duplikaten mit Hilfe einer Liste

Da Sie für diese Operation eine Liste oder Menge benötigen, die nur einen Eintrag benötigt, können Sie alternativ zu Listing 5.54 einen Singleton-Container verwenden. So ist es möglich, die gesamte Operation in eine Zeile zu schreiben.

```
Miniworld.getAllPersons().removeAll(
    Collections.singleton(new Person("Peter", "Großmann",
                          "30.01.1952")));
```
Listing 5.55: Löschen von Duplikaten mittels Singleton-Container

Neben der Methode singleton(Object o), die eine *Set* mit dem einzigen Eintrag des übergebenen *Objekts o* zurückliefert, stellt die Klasse *Collections* zwei weitere Methoden bereit, die Singelton-Container erzeugen. So liefern die Methode singletonList(Object o) eine *List* und die Methode singletonMap(Object key, Object value) eine *Map* zurück.

Der Grund für die unterschiedliche Namensgebung liegt darin, dass die JDK Version 1.2 nur die Methode singleton(Object o) bereitstellte. Erst die Version JDK 1.3 bietet zusätzlich zwei weitere Methoden für Listen und Maps, aus deren Namen der erzeugte Containertyp hervorgeht.

5.11.3 Die *Enumeration* im Collections Framework

Die statische Methode `enumeration(Collection c)` der Klasse *Collections* liefert für einen beliebigen Container vom Typ *Collection* eine *Enumeration*. Somit lassen sich ältere, vor JDK 1.2 entwickelte Programme mit den Containern des Collections Frameworks verwenden. Die alten Containerklassen *Vector* und *Hashtable* verwendeten als Iteratoren die Klasse *Enumeration*, so dass alte Methoden oft eine *Enumeration* als Parameter erwarten.

Listing 5.56 erzeugt eine *Enumeration* von einer Containerklasse vom Typ *Collection*. Nachfolgend wird die *Enumeration* dazu verwendet, alle Einträge der Containerklasse einzeln auszugeben.

```
Collection cities = Miniworld.getAllCities();

Enumeration e = Collections.enumeration(cities);

while (e.hasMoreElements())
    System.out.println(e.nextElement());
```
Listing 5.56: Enumeration von einem Collection

Die Ausgabe des Programms lautet:

```
Berlin
Dresden
Hamburg
Heidelberg
Kassel
München
```

Die Begeisterung über die Methode `enumeration()` verflüchtigt sich schnell, denn es handelt sich nicht um die erwünschte Schnittstelle zwischen dem Collections Framework und JGL. Obwohl JGL für eine Reihe von Methoden *Enumeration* als Parameter angibt, führt der entsprechende Aufruf stets zu einer *Exception*. Die Ursache dafür ist im Design von JGL zu suchen: Eine *Enumeration* wird in JGL nicht als generischer Iterator verwendet, wie dies im Collections Framework der Fall ist, sondern dient lediglich als Basisklasse für containerspezifische Iteratoren. Jeder Iterator von JGL ist ausschließlich für einen spezifischen Container zu verwenden. Somit ist es unmöglich, eine in JGL verwendbare *Enumeration* für einen Container des Collections Frameworks zu erzeugen.

5.12 Eigene Erweiterungen

Dieses Kapitel beschreibt eigene Erweiterungen der Standardbibliotheken. Zu Beginn wird gezeigt, wie sich mit besonderen Iteratoren auch Read-Only-Sichten unter JGL realisieren lassen, und anschließend werden zwei Erweiterungen des Collections Frameworks vorgestellt: Wir besprechen zum einen, wie eigene Container realisiert werden, die vorhandene Interfaces implementieren. Anschließend wird eine eigene Warteschlange mit Prioritäten im Collections Framework entworfen.

5.12.1 Read-Only-Sichten unter JGL

Wie wir in Kapitel 5.11.1 Read-Only-Zugriff gesehen haben, ist es im Collections Framework möglich, Container für Änderungen zu sperren. In diesem Fall erhalten Sie eine Referenz auf einen Container, bei dem alle Methoden, die ihn ändern können, überschrieben sind. Wird versucht, eine dieser Methoden aufzurufen, wird eine Exception ausgelöst. Innerhalb der Generic Collection Library for Java gibt es keine solchen unveränderbaren Container. In diesem Kapitel möchten wir Ihnen deshalb eine Möglichkeit aufzeigen, wie ein Container unveränderbar gemacht werden kann.

Innerhalb des Collections Frameworks wurden in der Klasse *Collections* sechs statische Methoden (`unmodifiableCollection()` usw.) benötigt, um jedes Interface unveränderlich zu machen. Da die Interfaces des Collections Frameworks sehr gut strukturiert sind und die gesamte Funktionalität eines Containers quasi durch das Interface gegeben ist, sind damit alle Containerklassen abgedeckt. In der Generic Collection Library for Java hingegen gibt es nur drei Interfaces (*Container*, *Sequence* und *Set*) und die vielen Methoden, die einen Container verändern können, sind nur in der Containerklasse selbst, nicht aber in einem Interface implementiert. Folglich müsste für jede Containerklasse eine Adapterklasse geschrieben werden, die nicht mehr erlaubte Methoden überschreibt und eine Exception auslöst. Das ist uns zu viel Arbeit und wir wählen eine Alternative:

Wir fassen das »Unveränderbarmachen« eines Containers als Algorithmus auf. Wie in der Generic Collection Library for Java üblich, werden alle Algorithmen in einer Klasse zur Verfügung gestellt, die ausschließlich statische Methoden enthält. Daher möchten wir in einer Klasse *Protecting* zwei Methoden `unmodify()` implementieren, die je einen *InputIterator* zurückgeben und als Parameter einen *Container* oder einen *ForwardIterator* erwarten. Laut Schnittstellendefinition ist ein *InputIterator* definitionsgemäß nur lesend zu gebrauchen – es können keine Elemente über die `put()`-Methode in seinem zugehörigen Container ausgetauscht werden. In Listing 5.57 wird ein Beispiel für deren Anwendung gezeigt.

```
Container c  = new Array();
for (int i = 0; i < 5; i++)
   c.add(new Integer(i));

// Beispiel für Container:
InputIterator ri1 = Protecting.unmodify(c);
InputIterator ri2 = (InputIterator) ri1.clone();
ri2.advance(2);   // ri2 zeigt jetzt auf 2.
System.out.println("Mit Container von 0 bis 1:");
while (!ri1.equals(ri2))
   System.out.println(" " + ri1.nextElement());
```

5.12 Eigene Erweiterungen

```
System.out.println("Versuche put():");
try {
  // Es darf nicht gecastet werden:
  ForwardIterator fi = (ForwardIterator) ri1;
  fi.put(new Integer(-1)); // Ohne Erfolg.
}
catch (Exception e) {
  System.out.println(e);
}
```

Listing 5.57: Aufruf der Methode unmodify( ), die einen Read-Only Iterator zurückgibt. Als Parameter wird ein Container übergeben.

Es wird ein Container erzeugt, der die Zahlen 0 bis 4 enthält. Über die Methode Protecting.unmodify(c) erhalten wir einen InputIterator ri1, den wir mit ri2 klonen. ri2 wird um zwei Positionen nach vorn gesetzt, er zeigt also auf die Zahl 2. Damit erhalten wir die folgende Ausgabe:

```
Mit Container von 0 bis 1:
0
1
```

Wird dennoch versucht, den *InputIterator* auf einen gewöhnlichen *ForwardIterator* zu casten, so erhält man eine entsprechende Exception, wie die folgende Ausgabe des Beispiels zeigt.

```
Versuche put():
java.lang.ClassCastException: com.addisonwesley.jsl.kap5.EncapsulatedInputIterator
```

Weiterhin bietet die Klasse Protecting die unmodify( )-Methode auch mit einem Iterator als Argument an, wie Listing 5.58 zeigt. Iteratoren lassen sich also nachträglich »unmodifizierbar« machen.

```
// Beispiel für Iterator:
ForwardIterator fa = c.start();
ForwardIterator fe = c.finish();
InputIterator ra = Protecting.unmodify(fa);
InputIterator re = Protecting.unmodify(fe);
System.out.println("Mit Iterator:");
while (!ra.equals(re))
  System.out.println(" " + ra.nextElement());
```

Listing 5.58: Aufruf der Methode unmodify( ), die einen Read-Only-Iterator zurückgibt. Als Parameter wird ein Iterator übergeben.

Mit start() erhalten wir einen Iterator fa, der auf das erste Element des Containers zeigt – diesen Iterator wandeln wir durch den Aufruf von Protecting.unmodify(fa) in einen Read-Only-InputIterator ra um. Genauso verfahren wir mit dem Iterator fe, der auf das Ende des Containers zeigt. Das Durchlaufen des Iterators fa, solange er von fe verschieden ist, ergibt

```
Mit Iterator:
0
1
2
3
4
```

als Ausgabe.

Die benutzten Methoden in *Protecting*, dessen Sourcecode in Listing 5.59 zu sehen ist, geben je einen *EncapsulatedInputIterator* zurück, den wir uns nun näher ansehen wollen.

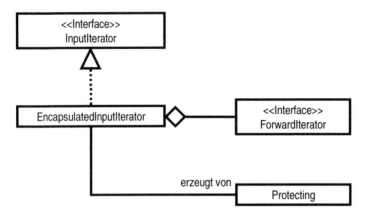

Abbildung 5.14: Die Lösung für einen InputIterator als Adapter für ForwardIteratoren

```
public class Protecting {

  /**
   * @param c Ein Container
   * @return Einen Read-only-Iterator, der auf das erste Element
   * im Container zeigt.
   */
  public static InputIterator unmodify(Container c) {
    return new EncapsulatedInputIterator(c.start());
  }

  /**
   * @param fi ForwardIterator
   * @return Einen Read-only-Iterator, der auf das gleiche
   * Element zeigt wie der übergebene Iterator.
   */
  public static InputIterator unmodify(ForwardIterator fi) {
    return new EncapsulatedInputIterator(fi);
  }
}
```

Listing 5.59: Gemäß den JGL-Konventionen werden Algorithmen in statischen Methoden bereitgestellt – hier sind es die beiden unmodify()-Methoden, die als Argument einen Container oder einen Iterator erwarten.

5.12 Eigene Erweiterungen

In Abbildung 5.14 sehen Sie die UML-Darstellung unserer Lösung.

EncapsulatedInputIterator

Die Methoden der Klasse *Protecting* geben einen *EncapsulatedInputIterator* zurück. Ein *EncapsulatedInputIterator* ist eine Klasse, die sich wie ein *InputIterator* verhält und eine Adapterklasse für diesen darstellt. Intern besitzt sie einen Iterator (myIterator), der auf einen Iterator eines beliebigen Containers zeigt (vergleiche Abbildung 5.15 und Listing 5.60). Für alle Methode eines *InputIterators*, die der *ForwardIterator* myIterator hat, gibt es ein Gegenstück in der Klasse *EncapsulatedInputIterator* – damit liegt die Kontrolle über die Methoden des interen Iterators bei der Klasse *EncapsulatedInputIterator*. Auf diese Weise wird verhindert, dass die put()-Methoden des internen Iterators aufgerufen werden können, da sie nicht mehr nach außen weitergereicht werden. Eine weitere Ableitung dieses gekapselten Iterators werden außerdem noch in Kapitel 6.5.2 *Filtern von Elementen Iteratorsicht unter JGL* brauchen.

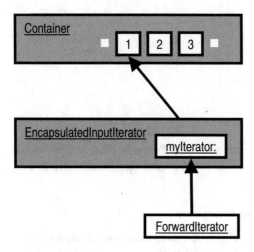

Abbildung 5.15: Das Prinzip eines gekapselten Iterators

```
public class EncapsulatedInputIterator implements InputIterator {

    private ForwardIterator myIterator; // Der gekapselte Iterator.
    private Container myContainer;      // Der Container des Iterators.
    ...
}
```
Listing 5.60: Die Membervariablen eines gekapselten Iterators

In Listing 5.61 ist gezeigt, wie die Methoden des gekapselten Iterators myIterator in die des EncapsulatedInputIterators eingebettet sind. Die Kontrolle wird an den internen Iterator weiter gereicht.

```
public class EncapsulatedInputIterator implements InputIterator {
  ...
  public Object nextElement() {
    Object o = get();
    advance();
    return o;
  }

  public Object get() {
    return myIterator.get();
  }

  public Object get(int steps) {
    return myIterator.get(steps);
  }


  public void advance() {
    myIterator.advance();
  }

  public void advance(int steps) {
    myIterator.advance(steps);
  }
  ...
}
```

Listing 5.61: Der indirekte Zugriff auf den Iterator

Jede Methode des Interfaces *InputIterator* wird auf diese Weise implementiert, wobei einfach die gleiche Methode in `myIterator` aufgerufen und gegebenenfalls dessen Ergebnis zurückgegeben wird.

5.12.2 Eigene Containerklassen im Collections Framework

In den meisten Fällen ist es nicht notwendig, eigene Containerklassen zu implementieren. Die Containerklassen des JDKs sind in Bezug auf Performance und Speicherverbrauch bereits optimiert.

Möchten Sie dennoch eigene Implementierungen für die *Collection*-Interfaces vornehmen, so ist auf die Funktionalität der abstrakten Containerklassen zurückzugreifen. Die abstrakten Klassen implementieren die meisten Methoden der Interfaces, indem sie auf elementare Methoden zurückgreifen, die von Ihnen bereitgestellt werden.

Aus unterschiedlichen Gründen kann es notwendig werden, neue Containerklassen zu implementieren. Zunächst wollen wir uns einige Anforderungen anschauen, die es erforderlich machen, eigene Containerklassen zu entwickeln.

5.12 Eigene Erweiterungen

▶ Die Containerklassen des JDKs sind nicht für häufige nebenläufige Zugriffe optimiert. Benötigen Sie einen parallelen Zugriff auf Container, so sind die synchronisierten Wrapperklassen der Klasse *Collections* ungeeignet. Jeder Zugriff sperrt den gesamten Container vor dem Zugriff konkurrierender Threads. Alternativ hierzu könnten Sie *Sets* und *Maps* implementieren, die eine Hashtabelle verwenden, die lediglich das Bucket sperrt, auf das ein Thread gerade zugreift. Auf einem Mehrprozessor-Rechner könnten so verschiedene Threads gleichzeitig auf eine Containerklasse zugreifen.

▶ Enthält ein Container Daten, die von weiteren Anwendungen benötigt werden und zusätzlich persistent vorgehalten werden sollen, können Sie Container entwickeln, die mit einer externen Datenbank verbunden sind.

▶ Übersteigen die Daten den Umfang des Arbeitsspeichers einer Anwendung, könnten Sie Container entwickeln, die jeweils nur einen Teil der Daten vorhalten und nur bei Bedarf nachladen. Der Zugriff erscheint dann für den Container-Anwender als transparent.

▶ Sie können auch Daten, die Ihre Anwendung beispielsweise über angeschlossene Geräte erhält, mit der Schnittstellen des Collections Frameworks zur Verfügung stellen. Der Schlüssel einer Read-Only-*Map* könnte so das Gerät und der Wert die zugehörigen Daten repräsentieren.

▶ Benutzt Ihr Projekt bereits eine andere API, z.B. JGL, und Sie entschließen sich zukünftig nur noch das Collections Framework zu verwenden, könnten Sie Wrapperklassen schreiben, die Containerklassen von JGL kapseln.

▶ Die Containerklassen des JDK sind für den allgemeinen Gebrauch konzipiert. Es lassen sich Container entwickeln, die für spezielle Aufgaben optimiert sind.

▶ Benötigen Sie beispielsweise eine *SortedSet* für eine sehr große Zahl von Objekten, so ist die derzeitige Implementierung der *TreeSet* (JDK 1.3) nicht geeignet, da als ihre interne Datenstruktur eine *TreeMap* benutzt wird, deren Werteeinträge stets auf *null* gesetzt werden. Die *TreeSet* benötigt somit doppelt so viel Speicher wie eigentlich erforderlich.

▶ Collections Framework stellt derzeit keine Mengen-Container bereit, die Duplikate enthalten können, obwohl die Definition des Collections Frameworks dies nicht ausdrücklich verbietet. Es könnte sich lohnen, einen solchen Container zu entwickeln.

▶ Collections Framework stellt derzeit keinen Container bereit, der sich als Prioritätswarteschlange eignen würde. Benötigen Sie eine entsprechende Funktionalität, so verwenden Sie entweder JGL oder implementieren Sie eine entsprechende Erweiterung.

Es lässt sich eine Reihe weiterer Rechtfertigungen für die Implementierung eigener Containerklassen für Interfaces des Collections Frameworks aufzählen. Wie Sie nun eigene Container, auf den abstrakten Containerklassen aufbauend, entwickeln, wird nachfolgend an einem einfachen Beispiel gezeigt.

Die Klasse *java.util.Arrays* implementiert beispielsweise eine Liste, die intern auf einem nativen Array basiert, welches beim Konstruieren der Liste übergeben wird. Folglich lässt sich die Liste in der Größe nicht variieren, es können keine Elemente eingefügt oder entfernt werden. Der Quellcode in Listing 5.62 der Klasse *Arrays* zeigt, dass nur wenige Methoden implementiert werden müssen, der größte Teil stellt die abstrakten Klassen *AbstractCollection* und *AbstractList* bereit.

Für diese *ArrayList* genügt es, die Methoden size(), get() und set() zu implementieren, um eine funktionierende Liste zu erhalten.

```
private static class ArrayList extends AbstractList implements
                                    java.io.Serializable {
  private Object[] a;

  ArrayList(Object[] array) {
    if (array == null)
      throw new NullPointerException();
    a = array;
  }

  public int size() {
    return a.length;
  }

  public Object get(int index) {
    return a[index];
  }

  public Object set(int index, Object element) {
    Object oldValue = a[index];
    a[index] = element;
    return oldValue;
  }
}
```

Listing 5.62: Die interne Klasse ArrayList der Klasse Arrays

Die Performance der *ArrayList* lässt sich erheblich verbessern, indem einige weitere Methoden überschrieben werden. Genau dies wird auch in der Original-Implementierung der *ArrayList* gemacht. Als zusätzliche Methoden werden toArray(), contains() und indexOf(), wie in Listing 5.63 gezeigt, überschrieben.

5.12 Eigene Erweiterungen

```
    private static class ArrayList extends AbstractList implements
                                    java.io.Serializable {
      public Object[] toArray() {
        return (Object[]) a.clone();
      }

      public int indexOf(Object o) {
        if (o==null) {
          for (int i = 0; i < a.length; i++)
            if (a[i] == null)
              return i;
        } else {
          for (int i = 0; i < a.length; i++)
            if (o.equals(a[i]))
              return i;
        }
        return -1;
      }

      public boolean contains(Object o) {
        return indexOf(o) != -1;
      }

      ...

    }
```

Listing 5.63: Zusätzlich überschriebene Methoden der Klasse Arrays.ArrayList

Die Klasse *AbstractCollection* implementiert die Methode `toArray()` – das Füllen eines nativen Arrays erfolgt jedoch mittels des *Iterators*, der über alle Elemente der Liste läuft. Die Implementierung der Klasse *ArrayList* kann das interne Array mittels der Methode `clone()` in kürzerer Zeit kopieren.

Auch die Methode `indexOf()` beschleunigt das Auffinden eines Indizes. Es muss nicht über alle Elemente iteriert werden – was für jedes Element einen zusätzlichen Methoden-Aufruf bedeuten würde –, sondern es wird direkt auf die Plätze des nativen Arrays zugegriffen. Das Gleiche gilt für die Methode `contains()`, die, wie gezeigt, `indexOf()` zur Realisierung ihrer Aufgabe verwendet.

Abbildung 5.16 zeigt die abstrakten Klassen des Collections Frameworks, die Sie für die Implementierung eigener Containerklassen verwenden können.

Bei der Verwendung der Klasse *AbstractCollection* müssen Sie zur Datenverwaltung einen *Iterator* und die Methode `size()` implementieren, um instanziierbare Containerklassen zu erhalten.

Bei der Implementierung einer eigenen *Set* verwenden Sie die abstrakte Klasse *AbstractSet*. Auch hier ist die Datenverwaltung, die Methode `size()` und ein zugehöriger *Iterator*, die Mindestvoraussetzung.

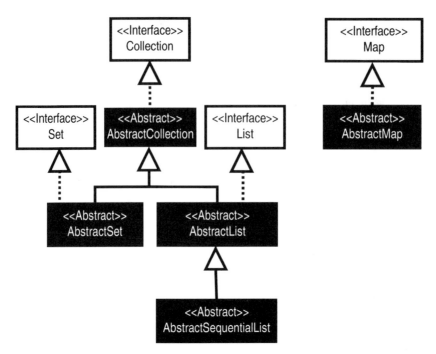

Abbildung 5.16: Abstrakte Klassen des Collections Frameworks

Für eine Liste, die von der Klasse *AbstractList* abgeleitet ist, sind noch die Methoden `get()`, `set()` und `size()` sowie `add()` und `remove()` zu überschreiben. Die Klasse *AbstractList* implementiert, im Gegensatz zu den Sets, die bereits die erforderlichen Iteratoren.

Auch für *Maps* existiert die abstrakte Klasse *AbstractMap*, deren Funktionalität Sie bei der Implementierung einer eigenen *Map* verwenden können. Die Minimalanforderung ist hier die Methode `entrySet()` mit einer entsprechenden Datenstruktur.

Aus Performance-Gründen sollten Sie in Abhängigkeit von der zugrunde liegenden Datenstruktur zusätzliche Methoden überschreiben.

5.12.3 Eine Prioritätenwarteschlange im Collections Framework

Das Collections Framework lässt sich nicht nur durch eigens entwickelte Containerklassen erweitern, indem Sie eigene Implementierungen der Interfaces erstellen. Sie können auch selbst Interfaces entwerfen, die auf die bereits vorhandene Funktionalität aufbauend speziellere Aufgaben lösen. Das Collections Framework bietet beispielsweise kein geeignetes Interface, welches die Funktionalität einer Prioritätswarteschlange exakt spezifiziert.

5.12 Eigene Erweiterungen

Neben der in Kapitel 2.4.1 ADT für Warteschlangen auf Seite 90 vorgestellten Definition des abstrakten Datentyps Prioritätswarteschlange lassen sich weitere, davon abweichende Definitionen finden. Eine mögliche Schnittstelle für eine Prioritätswarteschlange ist in Tabelle 5.68 dargestellt.

put(priority: Object, o: Object)	fügt ein Objekt *o* mit der Priorität *priority* in die Prioritätswarteschlange ein
peek(): Object	gibt den Eintrag mit höchster Priorität zurück
get(): Object	gibt den Eintrag mit höchster Priorität zurück und entfernt diesen Eintrag aus der Prioritätswarteschlange

Tabelle 5.68: Der abstrakte Datentyp Prioritätswarteschlange

Im Folgenden soll beispielhaft eine Erweiterung des Collections Frameworks um eine Prioritätswarteschlange gezeigt werden. Dabei wollen wir auf die Anforderungen an ein geeignetes Interface sowie seinen Platz in der Hierarchie eingehen und anschließend die Ausschnitte der Implementierung betrachten.

Eine Prioritätswarteschlange kann weder als eine Menge noch als eine Liste angesehen werden, wohl lässt sie sich aber als eine Sammlung von Objekten beschreiben. Ein Interface, das die Schnittstelle einer Prioritätswarteschlange beschreibt, ist folglich von dem Interface *Collection* abgeleitet. Dies ist zugleich die minimale Voraussetzung für die Kompatibilität zu den restlichen Containern und Algorithmen des Collections Frameworks.

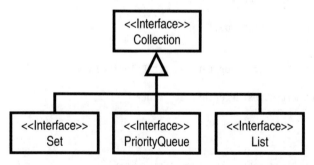

Abbildung 5.17: Das Interface PriorityQueue in der Interface-Hierarchie des Collections Framework

Anforderungen an eine Schnittstelle sollen zum einen minimal- und zum anderen vollständig sein. Für eine Prioritätswarteschlange bedeutet dies, dass Methoden bereitstehen müssen, die das Einreihen der Einträge nach der Priorität ermöglichen und den Eintrag mit der höchsten Priorität aus der Warteliste abfragen und entfernen. Listing 5.64 zeigt die Definition unserer Schnittstelle für Prioritätswarteschlangen.

Die Methode `put(Object priority, Object o)` fügt ein Objekt o mit der Priorität priority in die Warteschlange ein. Als priority werden Objekte erwartet, die unter sich eine Größer-kleiner-Relation definieren, also das *Comparable*-Interface implementiert haben.

Die Methode `peek()` liefert das Element mit der höchster Priorität zurück, ohne es jedoch aus der Prioritätswarteschlange zu löschen.

Die Methode `get()` liefert das Element mit der höchsten Priorität zurück und entfernt es aus der Warteschlange.

Neben den elementaren Methoden einer Prioritätswarteschlange werden noch zwei weitere Hilfsmethoden bereitgestellt. So gibt die Methode `get(Object priority)` für eine auszuwählende Priorität eine Liste mit allen Elementen dieser Priorität zurück. Auch diese `get()`-Methode entfernt zugleich alle zurückgegebenen Elemente aus der Warteschlange.

Die Methode `entryIterator()` liefert einen besonderen Iterator. Die `next()`-Methode des *Iterators* gibt anstelle der Warteschlangen-Einträge jeweils ein *PriorityQueue.Entry* zurück. Das als inneres Interface definierte *Entry* enthält einen Warteschlangeneintrag gemeinsam mit seiner Priorität. Die Iterations-Reihenfolge entspricht der Reihenfolge, mit der die Elemente durch die Methode `get()` aus der Warteschlange entfernt würden.

```
public interface PriorityQueue extends Collection {

    /**
     * Schreibt einen Wert in eine PriorityQueue.
     * @Parameters priority - legt die Priorität eines Eintrags fest.
     * @Parameters o - einzufügendes Element.
     */
    public void put(Object priority, Object o);

    /**
     * Entfernt das Element mit höchster Priorität aus der PriorityQueue
     * und liefert es zurück.
     * @return Gibt das Element mit höchster Priorität zurück.
     */
    public Object get();

    /**
     * @return Gibt das Element mit der höchsten Priorität zurück.
     */
    public Object peek();

    /**
     * Entfernt alle Elemente einer Priorität und liefert sie
     * als List zurück.
     * @Parameters priority - definiert die zu entfernende Priorität.
     * @return liefert eine Liste der entfernten Elemente zurück.
     */
```

5.12 Eigene Erweiterungen

```
    public List get(Object priority);

    /**
     * Iterator über alle PriorityQueue.Entry.
     */
    public Iterator entryIterator();

    /**
     * Eintrag, welcher einen Wert und eine Priorität enthält.
     */
    public interface Entry {
      public Object getValue();
      public Object getPriority();
    };
}
```

Listing 5.64: Das Interface PriorityQueue

Betrachten wir im Folgenden eine konkrete Realisierung einer *PriorityQueue*. Zuerst zeigen wir die Realisierung der internen Datenstruktur einer Prioritätswarteschlange.

Eingefügte Daten sollen nach der Priorität geordnet zurückgegeben werden. Werte gleicher Priorität sollen nach dem Warteschlangen-Prinzip (FIFO, first in first out) behandelt werden.

Die gewählte Realisierung verwendet zur Verwaltung der Daten eine *SortedMap*, die als Schlüssel die Priorität und als Wert eine *List* verwendet, die Werte gleicher Priorität aufnimmt.

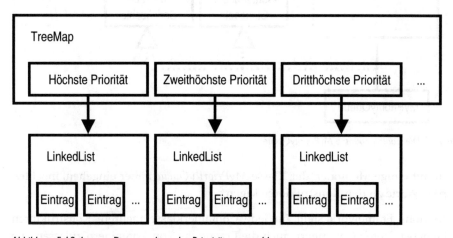

Abbildung 5.18: Interne Datenstruktur der Prioritätswarteschlange

Die vom Collections Framework für das Interface *SortedMap* bereitgestellte Containerklasse *TreeMap* verwaltet die Einträge nach den Schlüsseln sortiert in einem Suchbaum, so dass der Zugriff auf den größten Eintrag sehr schnell erfolgen kann. Die Klasse *LinkedList* eignet sich besonders zur Realisierung von Warteschlangen. Es lassen sich effizient Werte an den Anfang der Liste einfügen und am Ende entnehmen.

Um nicht alle Methoden des Interfaces *Collection* implementieren zu müssen, leiten wir unsere Containerklasse mit dem Namen *MyPriorityQueue* von der Klasse *AbstractCollection* ab. Abbildung 5.17 zeigt die komplette Vererbungsstruktur der Containerklasse *MyPriorityQueue*. Hierzu gehören auch die Markierungsinterfaces *Cloneable* und *Serializable*, die von jeder Containerklasse des Collections Frameworks implementiert werden – so auch von unserer Prioritätswarteschlange.

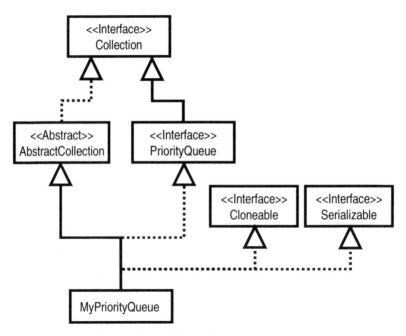

Abbildung 5.19: Die Containerklasse MyPriorityQueue

Bevor wir auf einige Methoden der Klasse *MyPriorityQueue* näher eingehen, möchten wir ein paar Worte zu den Konstruktoren sagen.

Das Collections Framework stellt für jede Containerklasse mehrere Konstruktoren bereit, die neben leeren Containern auch die Erzeugung von Containern zulassen, die beim Konstruieren alle Elemente eines weiteren Containers aufnehmen. Die Klasse *MyPriorityQueue* enthält insgesamt vier Konstruktoren, die Listing 5.64 zeigt.

```java
import java.io.Serializable;
import java.util.*;

/**
 * Prioritätswarteschlange
 */
public class MyPriorityQueue extends AbstractCollection
            implements PriorityQueue, Cloneable, Serializable {
  private SortedMap priorities;

  /**
   * Standard Konstruktor.
   */
  public MyPriorityQueue() {
    priorities = new TreeMap();
  }

  /**
   * Konstruktor
   * @param c - Comparator.
   */
  public MyPriorityQueue(Comparator c) {
      priorities = new TreeMap(c);
  }

  /**
   * Konstruktor
   * @param c - Collection.
   */
  public MyPriorityQueue(Collection c) {
      priorities = new TreeMap();
      Iterator i = c.iterator();
      while (i.hasNext())
        add(i.next());
  }

  /**
   * Konstruktor
   * @param c - PriorityQueue.
   */
  public MyPriorityQueue(PriorityQueue c) {
    Iterator i = c.entryIterator();
      while (i.hasNext()) {
        PriorityQueue.Entry e = (PriorityQueue.Entry) i.next();
        put(e.getPriority(), e.getValue());
      }
  }
  ...
}
```

Listing 5.65: Die Konstruktoren der Klasse *MyPriorityQueue*

Der Standardkonstruktor erzeugt eine leere *MyPriorityQueue*. Intern wird lediglich eine leere *TreeMap* zur Verwaltung der Prioritäten erzeugt.

Der zweite Konstruktor erwartet als Parameter einen *Comparator*, der eine Ordnung auf die Prioritätsobjekte definiert.

Der dritte Konstruktor erwartet ein *Collection*, so dass sich die Prioritätswarteschlange bereits beim Konstruieren mit einem beliebigen Container des Collections Frameworks füllen lässt. Die Priorität der einzelnen Einträge wird über ihre natürliche Ordnung untereinander definiert.

Der vierte Konstruktor ist ein Copykonstruktor, er erwartet als Argument eine *PriorityQueue* c und übernimmt alle Einträge aus c, wobei die Reihenfolge und die Prioritäten der einzelnen Einträge erhalten bleiben. An dieser Stelle zeigt sich die Notwendigkeit eines *PriorityQueue.Entry*-Interfaces. Um eine beliebige Implementierung der *PriorityQueue* kopieren zu können, wird auf alle Einträge gemeinsam mit der zugehörigen Priorität sequenziell zugegriffen.

Die wichtigsten Methoden der *PriorityQueue* sind put() und get(). Die Methode put(Object priority, Object o), in Listing 5.66 gezeigt, fügt ein *Object* o einer vorgegebenen Priorität in die Warteschlange ein. Zu Beginn der Methode put() wird überprüft, ob eine Warteschlange dieser Priorität existiert. Wird in der *SortedMap* kein entsprechender Schlüssel gefunden, muss eine neue Warteschlange erzeugt und der *SortedMap* mit der angegebenen Priorität hinzugefügt werden. Im letzten Schritt wird der Eintrag o der entsprechenden Warteschlange hinzugefügt.

```
public void put(Object priority, Object o) {
  List list = (List) priorities.get(priority);

  if (list == null) {
    list = new LinkedList();
    priorities.put(priority, list);
  }

  list.add(o);
}
```
Listing 5.66: Die Methode put()

Listing 5.67 zeigt die Methode get(). Zu Beginn wird überprüft, ob die *SortedMap* überhaupt Einträge enthält. Als Nächstes wird die Warteschlange der höchsten Priorität abgefragt. Enthält diese Liste Einträge, wird der erste Eintrag entfernt. Handelt es sich um eine leere Liste, so wird die Liste aus der *SortedMap* entfernt und die get() Methode rekursiv aufgerufen. Leere Listen können entstehen, wenn – wie später gezeigt – über einen *Iterator* Elemente aus der Prioritätswarteschlange gelöscht werden.

5.12 Eigene Erweiterungen

```
public Object get() {
  if (priorities.isEmpty())
    return null;

  List list = (List) priorities.get(priorities.firstKey());

  Object element = null;

  if (list.isEmpty()) {
    priorities.remove(priorities.firstKey());
    element = get();
  }
  else
    element = list.remove(0);

  if (list.isEmpty())
    priorities.remove(priorities.firstKey());

  return element;
}
```
Listing 5.67: Die Methode get()

Die Methode peek() gibt das Element der höchsten Priorität zurück, ohne es aus der Prioritätswarteschlange zu entfernen. Die Vorgehensweise gleicht der Methode get(), nur dass anstelle von remove(0) die Methode get(0) aufgerufen wird.

Das Interface *Collection* stellt die Methode add(Object o) bereit, die ein Element einer Sammlung hinzufügt. Die Prioritätswarteschlange erwartet zu einem Wert stets eine Priorität, nach der sie ihre Einträge anordnet. Die unter JGL bereitgestellte Prioritätswarteschlange *com.objectspace.jgl.PriorityQueue* verwendet die jeweiligen Einträge zur Festlegung ihrer Priorität, entweder durch die Auswertung des Hashwerts oder durch einen zusätzlichen Comparator, welcher eine Ordnung zwischen den Elementen definiert. Die add()-Methode unserer *PriorityQueue* verfährt auf ähnliche Weise, indem sie die Einträge auch als Priorität verwendet (siehe Listing 5.68).

```
public boolean add(Object o) {
  put(o, o);
  return true;
}
```
Listing 5.68: Die überschriebene Methode add() aus dem Interface Collection

Die im Interface *Collection* deklarierte Methode remove() ermöglicht es, ein vorgegebenes *Object* o aus der *PriorityQueue* zu löschen. Die Klasse *AbstractCollection* stellt zwar bereits eine Default-Implementierung der remove()-Methode bereit, in diesem Fall lohnt es sich, diese Methode zu überschreiben, um leere Warteschlangen aus der Datenstruktur zu entfernen. Die im Listing 5.69 gezeigte remove()-Methode iteriert über alle Einträge der *SortedMap* und versucht bei jeder Warteschlange den Eintrag zu entfernen. Wurde ein Eintrag gelöscht, bricht die Methode ab.

```
public boolean remove(Object o) {
  Iterator i = priorities.entrySet().iterator();

  while (i.hasNext()) {
    Map.Entry e = (Map.Entry) i.next();
    List l = (List) e.getValue();
    if (l.remove(o)) {
      if (l.size() == 0)
        priorities.remove(e.getKey());
      return true;
    }
  }
  return false;
}
```

Listing 5.69: Die Methode remove() *aus dem Collection-Interface*

Das Interface *Collection* erwartet auch das Überschreiben der Methode size(), die in Listing 5.70 gezeigt ist. Die Methode size() iteriert über alle Warteschlangen und zählt die Einträge zusammen.

```
public int size() {
  int size = 0;
  Iterator i = priorities.values().iterator();

  while (i.hasNext())
    size += ((List) i.next()).size();

  return size;
}
```

Listing 5.70: Die Methode size()

Das Collections Framework erwartet, mit Ausnahme der Listen, von jeder Containerklasse die Realisierung eines Iterators. Listing 5.71 zeigt den als innere Klasse von *MyPriorityQueue* realisierten *Iterator*. Die Methode next() durchläuft alle Einträge in der Reihenfolge, in der sie von der Methode get() zurückgegeben wurden. Die zwei Iteratoren priorityIterator und listIterator halten jeweils die aktuelle Position der Priorität bzw. die Position in der zugehörigen Warteschlange. Der priorityIterator wird durch den Konstruktor auf die höchste Priorität gesetzt und der listIterator auf die erste Position der zugehörigen Warteschlange. Wurden alle Einträge einer Priorität durchlaufen, wird der priorityIterator auf die nächste Priorität gesetzt und dem listIterator ein neuer *Iterator* der zugehörigen Warteschlange zugewiesen.

Die Methode remove() gestattet es, den zuletzt zurückgelieferten Eintrag zu löschen. Werden alle Einträge einer Warteschlange während der Iteration entfernt, kann nicht garantiert werden, dass alle leeren Warteschlangen entfernt werden.

```java
private class MyPriorityQueueIterator implements Iterator {
  private Iterator priorityIterator;
  private Iterator listIterator = null;

  /**
   * Standard Konstruktor.
   */
  MyPriorityQueueIterator() {
    priorityIterator = priorities.values().iterator();

    if (priorityIterator.hasNext())
      listIterator = ((List) priorityIterator.next()).iterator();
  }

  /**
   * @return true falls der Iterator noch nicht am Ende ist.
   */
  public boolean hasNext() {
    if (listIterator == null)
      return false;

    while (!listIterator.hasNext()) {
      if (priorityIterator.hasNext())
        listIterator = ((List) priorityIterator.next()).iterator();
      else
        return false;

      if (listIterator == null)
        return false;
    }

    return true;
  }

  /**
   * @return Gibt das nächste Element zurück.
   */
  public Object next() {
    if (listIterator == null)
      return null;

    while (!listIterator.hasNext()) {
      if (priorityIterator.hasNext())
        listIterator = ((List) priorityIterator.next()).iterator();
      else
        return null;

      if (listIterator == null)
        return null;
    }
```

```
      return listIterator.next();
    }

    /**
     * Entfernt das zuletzt zurückgegebene Element.
     */
    public void remove() {
      listIterator.remove();
    }
  };
```
Listing 5.71: Iterator der Klasse MyPriorityQueueIterator

Listing 5.72 zeigt ein Beispiel der *PriorityQueue*. Es werden fünf Elemente mit drei unterschiedlichen Prioritäten hinzugefügt. Mittels eines Iterators werden alle Einträge gelesen, anschließend mittels der Methode get() aus der Liste entfernt und dabei ausgegeben (siehe Listing 5.72).

```
PriorityQueue priorityQueue = new MyPriorityQueue();

Integer priority1 = new Integer(1);
Integer priority2 = new Integer(2);
Integer priority3 = new Integer(3);

priorityQueue.put(priority1, "A");
priorityQueue.put(priority3, "B");
priorityQueue.put(priority3, "C");
priorityQueue.put(priority2, "D");
priorityQueue.put(priority1, "E");

Iterator i = priorityQueue.iterator();

while (i.hasNext())
  System.out.println(i.next());

System.out.println("Entfernen der Einträge mittels get()");

while (!priorityQueue.isEmpty())
  System.out.println(priorityQueue.get());
```
Listing 5.72: Einsatz der PriorityQueue

Als Ausgabe des Programms erscheint:

```
A
E
D
B
C

Entfernen der Einträge mittels get()
A
E
D
B
C
```

Wie erwartet werden zuerst die Objekte mit Priorität 1, also A und E, aus der Schlange entfernt. Im Gegensatz zu der Warteschlange mit Prioritäten unter JGL verlassen also Objekte, die ihr Comparator an den Anfang sortiert, zuerst die Schlange. Außerdem wird bei Objekten mit gleicher Priorität die Reihenfolge eingehalten.

6 Algorithmen für Containerklassen

6.1 Vordefinierte funktionale Objekte von JGL

In der Generic Collection Library for Java gibt es eine Vielzahl von vordefinierten funktionalen Objekten. Beim näheren Hinsehen stellt sich aber heraus, dass sich viele dieser Prädikate und Funktoren in Gruppen einteilen lassen, die lediglich für verschiedene Datentypen mehrfach vorhanden sind. Diese Objekte werden in diesem Kapitel im Detail besprochen.

6.1.1 Der Aufbau von funktionalen Objekten

Um die Vielzahl der Prädikate und Funktoren zu katalogisieren ist es wichtig, sich den prinzipiellen Aufbau eines universellen funktionalen Objekts näher anzuschauen.

Als Beispiel schauen wir uns eine Implementierung des *BinaryComposePredicates* an. Dieses Prädikat hat drei Membervariablen P, S und T und gibt das Ergebnis des binären Prädikats P zurück, nachdem zuvor die Parameter der Methode execute(), x und y, durch je zwei unäre Funktoren S und T ausgewertet wurden. Ein Standardbeispiel hierfür ist, dieses Prädikat als Comparator für Container zu verwenden, in denen Strings nach ihrer Länge sortiert werden. Das Prädikat P ist dann ein Comparator *LessNumber*, der Zahlen aufsteigend sortiert. Da die Argumente für die execute()-Methode aber vom Typ *String* sind, wird zuvor die Länge der Strings jeweils mit dem unären Funktor *LengthString* durch die Funktoren S und T berechnet und dann verglichen. Listing 6.1 zeigt das Beispiel.

```
public final class BinaryComposePredicate implements BinaryPredicate {

    private BinaryPredicate P;
    private UnaryFunction S;
    private UnaryFunction T;

    public BinaryComposePredicate(BinaryPredicate P,
        UnaryFunction S, UnaryFunction T) {
      this.P = P;
      this.S = S;
      this.T = T;
    }
```

```
public boolean execute(Object x, Object y) {
  return P.execute(S.execute(x), T.execute(y));
}
```

Listing 6.1: Beispiel für die Realisierung des Prädikats BinaryComposePredicate

Listing 6.2 zeigt im Pseudo-Javacode den Aufbau eines allgemeinen Prädikats bzw. Funktors. Eine Klasse, die diese Eigenschaften haben soll, implementiert entweder das *UnaryPredicate*- oder das *BinaryPredicate*-Interface bzw. das *UnaryFunction*- oder *BinaryFunction*-Interface. Im Konstruktor der Klasse NewPredicate bzw. NewFunction werden die benötigten Parameter übergeben und in Membervariablen gespeichert.

```
class NewPredicate|NewFunction implements ...Predicate|...Function {

  private Object V;
  private ...Predicate P, Q, R, ...;
  private ...Function S, T, U, ...;

  public NewPredicate|NewFunction(...) {
    // Speichere Parameter in Membervariablen, falls vorhanden.
  }

  public boolean|Object execute(Object x, ...) {
    // Berechne den Rückgabewert:
    return ...;
  }
}
```

Listing 6.2: Pseudo-Sourcecode, der die Funktionsweise von zusammengesetzten bzw. vordefinierten Prädikaten und Funktoren demonstriert.

JGL benutzt als Parameter z. B. auch weitere Prädikate, abgekürzt mit P oder Q, die für Verknüpfungen benötigt werden, oder eine Referenz auf ein Objekt, abgekürzt V, das für verschachtelte Aufrufe gebraucht wird. Innerhalb der execute()-Methode der Klasse NewPredicate bzw. NewFunction gibt es zahlreiche Möglichkeiten, den Rückgabewert zu bestimmen. Aus diesem Grund sind von Tabelle 6.2 bis Tabelle 6.5 alle Kombinationen, die JGL verwendet, in knapper Darstellung aufgelistet. Sie ist an [JGL User Guide V. 3.1] angelehnt.

Eine Zusammenfassung der Abkürzungen zeigt Tabelle 6.1.

6.1 Vordefinierte funktionale Objekte von JGL

	Notation	Sourcecode	Bemerkung
Membervariablen, die – falls benötigt – im Konstruktor des Prädikates übergeben werden	P, Q, R	UnaryPredicate P	Unäres Prädikat
	P, Q, R	BinaryPredicate P	Binäres Prädikat
	S, T	UnaryFunction	Unäre Funktion
	S, T	BinaryFunction	Binäre Funktion
	x	Object x	Argument der execute()-Methode
	V	Object V	Objekt (Konstante)
Rückgabewert der execute()-Methode zusätzlicher Prädikate	P(x)	P.execute(x)	Aufruf der execute()-Methode eines unären Prädikates
	P(x, y)	P.execute(x, y)	Aufruf der execute()-Methode eines binären Prädikates
	P(x) && Q(x)	P.execute(x) && Q.execute(x)	Operator für zwei Prädikate, hier UND-Verknüpfung auf unäre Prädikate
Rückgabewert der execute()-Methode zusätzlicher Funktionen	S(x)	S.execute(x)	Aufruf der execute()-Methode einer unären Funktion
	S(x, y)	S.execute(x, y)	Aufruf der execute()-Methode einer binären Funktion

Tabelle 6.1: Abkürzungen, die für die folgenden Tabellen benötigt werden; Anlehnung an die Bezeichnungen [JGL User Guide V. 3.1]

6.1.2 Gebrauchsfertige Prädikate und Funktoren

Je nachdem, ob ein Prädikat ein oder zwei Argumente hat, handelt es sich um ein unäres oder binäres Prädikat. Um Prädikate mit Funktoren zu verbinden, damit wie oben erwähnt die Länge zweier Strings verglichen werden kann, gibt es die Prädikate *UnaryComposePredicate* bzw. *BinaryComposePredicate*.

Gruppe	Name des unären Prädikats	Rückgabe
Verknüpfungen für ein unäres Prädikat und einen Funktor	UnaryComposePredicate	P(S(x))
Verknüpfungen für Prädikate	BindFirstPredicate	P(V, x)
	BindSecondPredicate	P(x, V)
Logische Operatoren für *UnaryPredicates*-Objekte	UnaryNot	!P(x)
	UnaryAnd	P(x) && Q(x)
	UnaryOr	P(x) || Q(x)
	UnaryTern	P(x)? Q(x): R(x)
Logischer Operator für *Boolean*-Objekte	LogicalNot	!x

Tabelle 6.2: Vordefinierte unäre Prädikate der Generic Collection Library for Java

Gruppe	Name des unären Prädikats	Rückgabe
Vergleiche für *Number*-Objekte	`PositiveNumber`	$x > 0$
	`NegativeNumber`	$x < 0$
Sonstige	`InstanceOf`	x instanceOf V
	`ConstantPredicate`	V

Tabelle 6.2: Vordefinierte unäre Prädikate der Generic Collection Library for Java

Gruppe	Name des binären Prädikats	Rückgabe
Verknüpfungen für ein binäres Prädikat und zwei Funktoren	`BinaryComposePredicate`	$P(S(x), T(y))$
	`SwappedBinaryPredicate`	$P(y, x)$
Verknüpfungen für *Binary-Predicate*-Objekte	`BinaryNot`	$!P(x, y)$
	`BinaryAnd`	$P(x, y)$ && $Q(x, y)$
	`BinaryOr`	$P(x, y) \parallel Q(x, y)$
	`BinaryTern`	$P(x, y)? Q(x, y): R(x, y)$
Vergleiche für *String*-Objekte	`NotEqualString`	*x.equals(y)* == *false*
	`LessString`	*x.compareTo(y)* < 0
	`LessEqualString`	*x.compareTo(y)* £ 0
	`EqualString`	*x.compareTo(y)* == 0
	`GreaterEqualString`	*x.compareTo(y)* ≥ 0
	`GreaterString`	*x.compareTo(y)* > 0
Vergleiche für *Number*-Objekte	`NotEqualNumber`	$x \ne y$
	`LessNumber`	$x < y$
	`LessEqualNumber`	$x \le y$
	`EqualNumber`	$x == y$
	`GreaterEqualNumber`	$x \ge y$
	`GreaterNumber`	$x > y$
Vergleiche für *Collator*-Objekte	`NotEqualCollator`	*compare(x.toString(), y.toString())* != 0
	`LessCollator`	*compare(x.toString(), y.toString())* < 0
	`LessEqualCollator`	*compare(x.toString(), y.toString())* <= 0
	`EqualCollator`	*compare(x.toString(), y.toString())* == 0
	`GreaterEqualCollator`	*compare(x.toString(), y.toString())* >= 0
	`GreaterCollator`	*compare(x.toString(), y.toString())* > 0

Tabelle 6.3: Vordefinierte binäre Prädikate der Generic Collection Library for Java

Gruppe	Name des binären Prädikats	Rückgabe
Vergleiche für *CollatorKey*-Objekte	NotEqualCollationKey	*compareTo(x.toString(), y.toString())* != 0
	LessCollationKey	*compareTo(x.toString(), y.toString())* < 0
	LessEqualCollationKey	*compareTo(x.toString(), y.toString())* <= 0
	EqualCollationKey	*compareTo(x.toString(), y.toString())* == 0
	GreaterEqualCollationKey	*compareTo(x.toString(), y.toString())* >= 0
	GreaterCollationKey	*compareTo(x.toString(), y.toString())* > 0
Gleichheit im Sinne von equals()	EqualTo	*x.equals(y)*
	NotEqualTo	*!x.equals(y)*
Gleiche Referenzen	IdenticalTo	*x == y*
	NotIdenticalTo	*x != y*
Verknüpfungen für *Boolean*-Objekte	LogicalAnd	*x && y*
	LogicalOr	*x || y*
Sonstige	HashComparator	*x.hashCode()<y.hashCode()*
	ConstantPredicate	V

Tabelle 6.3: Vordefinierte binäre Prädikate der Generic Collection Library for Java

Collator-Objekte sind Comparatoren, mit denen besondere Eigenschaften natürlicher Sprache berücksichtigt werden. Z.B. wird in den Telefonbüchern der Umlaut ü als ue behandelt. Ein Prädikat, das Kollatoren verwendet, erwartet die abstrakte Basisklasse für Kollatoren *java.text.Collator* im Konstruktor. Wenn Strings häufiger untereinander verglichen werden, wie dies bei Sortieralgorithmen der Fall ist, ist es sinnvoller, einen *CollatorKey* zu verwenden. Diese Klasse, die ebenfalls im Package *java.text* zu finden ist, berechnet für einen String einen Zahlenwert, so dass sich anschließend Strings über ihre Zahlenwerte schneller vergleichen lassen. Der *CollatorKey* wird dem Prädikat ebenfalls im Konstruktor übergeben.

Die Klasse *Collator* implementiert das *Comparator*-Interface, d.h. sie vergleicht die Strings in der compare()-Methode. *CollatorKey* hingegen implementiert das *Comparable*-Interface, so dass die Strings über compareTo() verglichen werden.

Gruppe	Name der unären Funktion	Rückgabe
Verknüpfungen für Funktoren	UnaryCompose	S(T(x))
	BindFirst	S(V, x)
	BindSecond	S(x, V)
Funktor, der aus einem *boolean*-Wert ein Objekt *Boolean* macht	UnaryPredicateFunction	P(x) als *Boolean*
Funktor für *Number*-Objekte, Rückgabe vom gleichen Typ wie Parameter x	NegateNumber	-x
Sonstige Funktoren	ToString	x.toString()
	LengthString	x.toString().length()
	Hash	x.hashCode()
Funktoren für *Pair*-Objekte	SelectFirst	x.first
	SelectSecond	x.second
Sonstige	IdentyFunction	x
	ConstantFunction	V

Tabelle 6.4: Vordefinierte unäre Funktionen der Generic Collection Library for Java

Gruppe	Name der binären Funktion	Rückgabe
Verknüpfungen für Funktoren	BinaryCompose	S(T(x), U(y))
	SwappedBinaryFunction	S(y, x)
	BinaryPredicateFunction	P(x, y) als *Boolean*
Funktoren für *Number*-Objekte, Rückgabewert vom gleichen Typ wie Parameter x	ModulusNumber	x mod y
	PlusNumber	x + y
	MinusNumber	x − y
	TimesNumber	x · y
	DividesNumber	x / y
Sonstige Objekte	ConstantFunction	V
	PlusString	x.toString + y.toString()

Tabelle 6.5: Vordefinierte binäre Funktionen der Generic Collection Library for Java

6.1.3 *ComparableComparator* für JGL

Zum Abschluss dieses Kapitels möchten wir noch einen Comparator *ComparableComparator* vorstellen, der ein Bindeglied zwischen den Prädikaten in JGL und dem Java 2 *Comparable*-Interface darstellt.

Da der Entwurf der Generic Collection Library for Java vor der Veröffentlichung von Java 2 abgeschlossen wurde, gibt es bisher noch keine Möglichkeit, das *Comparable*-Interface für funktionale Objekte zu nutzen. Viele der oben gezeigten Prädikate sind speziell für bestimme Klassen wie *Number*-Objekte oder Strings formuliert. Diese Klassen implementieren seit Java 2 alle das *Comparable*-Interface, da diese Objekte eine natürliche Ordnung aufweisen. Die Mächtigkeit der vordefinierten Prädikate lässt sich allerdings leicht auf *alle* Objekte erweitern, die das *Comparable*-Interface besitzen, in dem ein eigens dafür geschriebener Comparator als Schnittstelle benutzt wird. In Listing 6.3 ist er gezeigt.

```java
public class ComparableComparator implements BinaryPredicate {
  /**
   * @return true, falls o1.compareTo(o2) < 0 ist.
   */
  public boolean execute(Object o1, Object o2) {
    Comparable c1 = (Comparable) o1;
    Comparable c2 = (Comparable) o2;
    return (c1.compareTo(c2) < 0);
  }
}
```

Listing 6.3: *Ein Comparator für JGL, der das Comparable-Interface nutzt*

Gemäß der JGL-Konvention gibt ein Comparator dann und nur dann *true* zurück, wenn ein Element o1 vor dem anderen o2 positioniert werden soll (vergleiche Kapitel 4.1.3 *Prädikate in JGL*).

6.2 Sortieren und Umordnen von Objekten

In diesem Kapitel wird gezeigt, wie die Elemente in einem Container umgeordnet werden. Vor allem die sehr häufig benötigten Sortiermethoden möchten wir hier vorstellen.

6.2.1 Sortieren im Collections Framework

Die Klasse *Collections* stellt zwei polymorphe Sortiermethoden zur Verfügung, die es ermöglichen, einen Container vom Typ *List* zu sortieren. Das eingesetzte Sortierverfahren ist eine abgewandelte Form des in Kapitel 2.6.1 *Mergesort* auf Seite 104 vorgestellten Mergesort. Seine Eigenschaften sind zum einen ein garantiertes Zeitverhalten von $n \log n$ sowie zum anderen Stabilität beim Sortieren gleicher Elemente.

> Unter Stabilität ist zu verstehen, dass zwei, nach der Ordnungsrelation gleich große Elemente, vor und nach dem Sortieren die gleiche relative Position zueinander einnehmen. Befindet sich ein Element a vor einem gleich großen Element b, so wird sich das Element a nach dem Sortieren weiterhin vor dem Element b befinden.

Um eine Liste sortieren zu können, müssen alle Elemente der Liste untereinander vergleichbar sein. Der Vergleich kann wieder auf zweierlei Weisen geschehen: Entweder weisen die Elemente untereinander ein »natürliches« Ordnungskriterium auf, d.h. sie sind vergleichbar und ihre zugrunde liegende Klasse implementiert das Interface *Comparable*, oder es muss ein externes Ordnungskriterium in Form eines *Comparators* existieren.

Die statische Methode `sort(List list)` erwartet als Parameter lediglich die zu sortierende Liste. Die zweite Variante `sort(List list, Comparator c)` erwartet zusätzlich einen *Comparator*, der die Elemente in gewünschter Weise vergleicht. Beide Methoden erzeugen eine *ClassCastException*, sollten zwei Elemente sich nicht miteinander vergleichen lassen.

Die übergebene *List* sollte selbstverständlich veränderbar sein. Bei der Übergabe eines Read-Only-Containers kommt es zu einer *UnsupportedOperationException*. Es genügt, wenn einzelne Elemente mittels der Methode `set()` des *ListIterator* ersetzt werden können, eine Größenveränderung der Liste ist nicht erforderlich. So lässt sich auch eine Liste sortieren, die mit der Methode `asList(Object[] a)` der Klasse *Arrays* erzeugt wurde und intern das übergebene native Array als lineare Liste verwendet. Das Hinzufügen weiterer Elemente ist bei einer solchen Liste nicht gestattet.

Die Sortiergeschwindigkeit ist weitgehend unabhängig von der verwendeten Containerklasse. Die Begründung hierfür liefert uns ein Blick in die Realisierung der Methode `sort()`. Vor dem eigentlichen Sortieren werden alle Elemente mittels der Methode `toArray()` in ein natives Array geschrieben. Das Sortieren erfolgt dann anschließend mit einer Methode `sort()` der Klasse *Arrays*. Diese Klasse stellt eine Reihe von Methoden für native Arrays bereit. Nach dem Sortieren des Arrays werden die Daten zurück in den Container geschrieben, indem mittels eines *ListIterators* jede Position der Liste durch den zugehörigen Wert des nativen Arrays ersetzt wird. Listing 6.4 zeigt die Realisierung der Methode `sort()` der Klasse *Collections*.

```
public class Collections {
  ...
  public static void sort(List list) {
    Object a[] = list.toArray();
    Arrays.sort(a);
    ListIterator i = list.listIterator();
    for (int j = 0; j < a.length; j++) {
      i.next();
      i.set(a[j]);
    }
  }
  ...
}
```

Listing 6.4: Die Methode `sort()` *der Klasse Collections*

In drei nachfolgenden Beispielen wird gezeigt, wie unter dem Collections Framework Listen sortiert werden. Das erste Beispiel sortiert eine Liste von Städtenamen. Hierbei genügt es, die zu sortierende Liste der statischen Methode sort() der Klasse *Collections* als Argument zu übergeben.

```
System.out.println(list);

Collections.sort(list);

System.out.println(list);
```
Listing 6.5: Sortieren einer Liste von Strings

Die Ausgabe des Programms zeigt die Liste vor bzw. nach dem Sortieren:

```
[Kassel, Dresden, Berlin, Heidelberg, Hamburg, München]
[Berlin, Dresden, Hamburg, Heidelberg, Kassel, München]
```

Das zweite Beispiel zeigt, wie die Liste der Städte nach einem selbst definierten Ordnungskriterium sortiert werden kann. Hierzu ist ein *Comparator* erforderlich, der ein Ordnungskriterium definiert. Listing 6.6 zeigt einen *Comparator*, der die »natürliche« Reihenfolge der Elemente umkehrt.

```
public final static Comparator BACKWARDS = new Comparator() {
  public int compare(Object o1, Object o2) {
    return ((Comparable) o2).compareTo(o1);
  }
};
```
Listing 6.6: Comparator zur Umkehrung der Reihenfolge

Der zugehörige Aufruf der Methode sort() ist in Listing 6.7 gezeigt. Auch hier wird die Liste der Städte vor und nach dem Sortieren ausgegeben.

```
System.out.println(list);

Collections.sort(list, BACKWARDS);

System.out.println(list);
```
Listing 6.7: Sortieren einer Liste mit einem Comparator

Die Ausgabe des Programms lautet:

```
[Heidelberg, Dresden, Berlin, Kassel, München, Hamburg]
[München, Kassel, Heidelberg, Hamburg, Dresden, Berlin]
```

Für den Spezialfall der Umdrehung der Reihenfolge stellt die Klasse *Collections* die Methode reverseOrder() bereit, die einen *Comparator* zurückliefert. So lässt sich das obige Programm, wie in Listing 6.8 gezeigt, verkürzen.

```
Collections.sort(list, Collections.reverseOrder());
```
Listing 6.8: Rückwärtssortieren einer Liste

Eine Alternative für das Rückwärtssortieren einer Liste ist die Möglichkeit, die Liste zuerst vorwärts zu sortieren und anschließend mit der Methode reverse() die Reihenfolge der Elemente umzukehren. Listing 6.9 zeigt den zugehörigen Quellcode.

```
Collections.sort(list);
Collections.reverse(list);
```

Listing 6.9: *Rückwärtssortieren einer Liste mittels der Methoden* sort() *und* reverse()

Betrachten wir noch den Fall, wenn nicht eine gesamte Liste sortiert wird, sondern nur ein Teilbereich. Wie in Listing 6.10 gezeigt, genügt es, von einer Liste eine Bereichssicht zu erzeugen und diese der Methoden Collections.sort() zu übergeben.

```
System.out.println("voher: " + list);
List subList = list.subList(5, 10);
Collections.sort(subList);
System.out.println("nachher: " + list);
```

Listing 6.10: *Sortieren einer Bereichssicht*

Die Programmausgabe zeigt, wie lediglich der angegebene Bereich sortiert wurde:

```
voher: [15, 14, 13, 12, 11, 10, 9, 8, 7, 6, 5, 4, 3, 2, 1]
nachher: [15, 14, 13, 12, 11, 6, 7, 8, 9, 10, 5, 4, 3, 2, 1]
```

In einigen Fällen liegen die zu sortierenden Daten nicht in Form einer Liste, sondern direkt in einem nativen Array vor. Hierbei ist zu unterscheiden, ob es sich bei den Daten um Objekte oder um native Datentypen wie *int*, *float* handelt. Ein Array, das Objekte beinhaltet, lässt sich einfach mit der Methode Arrays.asList(Object[] a) in eine Liste einbetten und mit den oben gezeigten Methoden sortieren. Anders ist es, wenn es sich um ein Array nativer Daten handelt. Ein solches Array lässt sich nicht einfach in eine Liste verwandeln, da alle Container Objekte als Daten erwarten. Eine Lösung dieses Problems bietet die Klasse *Arrays*. Sie stellt eine Reihe von statischen Methoden bereit, um Arrays verschiedener elementarer Datentypen zu sortieren. Tabelle 6.6 listet alle Sortiermethoden der Klasse Arrays auf. Die Vielzahl der Methoden ist erforderlich, da für jeden Datentyp gesonderte Methoden bereitgestellt werden müssen. Zusätzlich bietet die Klasse Array noch Methoden für Objekt-Arrays, von der, wie in Listing 6.4 gezeigt, auch die Klasse *Collections* Gebrauch macht.

sort(a: byte[])	sortiert ein *byte*-Array
sort(a: byte[], fromIndex: int, toIndex: int)	sortiert ein Intervall eines *byte*-Arrays
sort(a: char[])	sortiert ein *char*-Array
sort(a: char[], fromIndex: int, toIndex: int)	sortiert ein Intervall eines *char*-Arrays
sort(a: double[])	sortiert ein *double*-Array

Tabelle 6.6: *Sortiermethoden für Arrays nativer Daten und Objekt der Klasse Arrays*

6.2 Sortieren und Umordnen von Objekten

sort(a: double[], fromIndex: int, toIndex: int)	sortiert ein Intervall eines *double*-Arrays
sort(a: float[])	sortiert ein *float*-Array
sort(a: float[], fromIndex: int, toIndex: int)	sortiert ein Intervall eines *float*-Arrays
sort(a: int[])	sortiert ein *int*-Array
sort(a: int[], fromIndex: int, toIndex: int)	sortiert ein Intervall eines *int*-Arrays
sort(a: long[])	sortiert ein *long*-Array
sort(a: long[], fromIndex: int, toIndex: int)	sortiert ein Intervall eines *long*-Arrays
sort(a: short[])	sortiert ein *short*-Array
sort(a: short[], fromIndex: int, toIndex: int)	sortiert ein Intervall eines *short*-Arrays
sort(a: Object[])	sortiert ein *Object*-Array
sort(a: Object[], c: Comparator)	sortiert ein *Object*-Array mit einem Comparator
sort(a: Object[], fromIndex: int, toIndex: int)	sortiert ein Intervall eines *Object*-Arrays
sort(a: Object[], fromIndex: int, toIndex: int, c: Comparator)	sortiert ein Intervall eines *Object*-Arrays mit einem *Comparator*

Tabelle 6.6: Sortiermethoden für Arrays nativer Daten und Objekt der Klasse Arrays

6.2.2 Sortieren mit JGL

JGL sortiert eine Sequenz mit einem modifizierten Quicksort-Algorithmus: Ist die Anzahl der Elemente kleiner 16, wird durch Einfügen sortiert. Anders als das Mergesort-Verfahren, das im Collections Framework benutzt wird, ist ein Quicksort-Algorithmus nicht stabil. Die Reihenfolge gleicher Elemente kann sich also nach dem Sortieren geändert haben.

Wie im Collections Framework ist es auch unter JGL möglich, eine gesamte Sequenz oder nur eine Untermenge daraus mit der Methode sort() zu sortieren. Die Untermenge wird durch ein Paar aus zwei Iteratoren definiert, die eine Bereichssicht darstellen (siehe Kapitel 3.4.3 Bereiche unter JGL – die Iteratorsicht). Werden sort() zwei Iteratoren übergeben, deren zugehörige Container nicht das Interface *Sequence* implementieren, kommt es zu einer Exception.

In Tabelle 6.7 sind die vier Varianten der sort()-Methode aufgelistet.

sort(s: Sequence)	sortiert die Elemente in einer *Sequence* nach ihrem Hashcode
sort(s: Sequence, cp: BinaryPredicate)	sortiert die Elemente in einer *Sequence* gemäß des Comparators *cp*
sort(from: ForwardIterator, to: ForwardIterator)	sortiert die Elemente in dem Iterator-Bereich *from* bis ausschließlich *to* nach ihrem Hashcode

Tabelle 6.7: Die vier sort()*-Methoden der JGL-Klasse Sorting*

sort(from: ForwardIterator, to: ForwardIterator, cp: BinaryPredicate)	sortiert die Elemente in dem Iterator-Bereich *from* bis ausschließlich *to* gemäß des Comparators *cp*

Tabelle 6.7: Die vier sort()*-Methoden der JGL-Klasse Sorting*

In dem Überblick im Kapitel 4.3.1 Die Algorithmen im Schnelldurchlauf wurde bereits gezeigt, wie über Iteratoren nur ein Teil eines Arrays sortiert wird.

Anders als im Collections Framework gibt es keine eigene sort()-Methode für Objekte oder primitive Datentypen in nativen Arrays. Wie im zweiten einführenden Beispiel in Kapitel 1.2.2 *Sortieren eines Arrays von Integerzahlen* bereits gezeigt, wird das Array vorher in einen JGL-Container eingepackt, bevor es sortiert wird.

> Wird der sort()-Methode kein eigener Comparator übergeben, so werden die Elemente im Gegensatz zum Collections Framework *nicht* entsprechend der compareTo()-Methode des *Comparable*-Interface sortiert, sondern nach ihrem Hashcode.

Als Standard-Comparator wird also der *HashComparator* aus dem Package *com.objectspace.jgl.predicates* benutzt.

Möchten Sie jedoch Elemente mit natürlicher Ordnung sortieren, also Objekte, die das *Comparable*-Interface implementieren, so können Sie den im Kapitel 6.1.3 *Comparable-Comparator für JGL* von uns vorgestellten *ComparableComparator* anwenden (siehe Listing 6.3 auf Seite 371). Damit haben Sie die gleiche Funktionalität wie im Collections Framework.

Als Beispiel werden wie im vorigen Kapitel die Städte nach ihren Namen sortiert (siehe Listing 6.11).

```
Sequence s = (Sequence) Miniworld.getAllCitiesJGL();

// Falsche Reihenfolge:
Sorting.sort(s);
System.out.println("falsch:  " + s);

// Richtige Reihenfolge:
Sorting.sort(s, new LessString());
System.out.println("richtig: " + s);
// oder
Sorting.sort(s, new ComparableComparator());
System.out.println("richtig: " + s);
```

Listing 6.11: Vorsicht ist geboten, wenn man sich darauf verlässt, Objekte nach ihrem Hashcode anzuordnen.

Aus der Miniwelt werden alle Städte in die Sequence s kopiert, anschließend wird sie mit dem Aufruf sort(s) ohne eigenen Comparator sortiert. Schauen wir, was passiert:

```
falsch:   Array( Hamburg, Heidelberg, Dresden, Berlin, München, Kassel )
richtig:  Array( Berlin, Dresden, Hamburg, Heidelberg, Kassel, München )
richtig:  Array( Berlin, Dresden, Hamburg, Heidelberg, Kassel, München )
```

Die Städtenamen wurden mit der sort()-Methode ohne weiteren Parameter nicht in die richtige Reihenfolge sortiert! Viele Objekte haben einen Hashcode, der ihrer natürlichen Reihenfolge entspricht. So zum Beispiel Integerzahlen. Auch Strings, die nicht allzu lang sind, liefern korrekte Ergebnisse. Doch längere Strings erzeugen einen Überlauf des Integerzahlenformats, so dass negative Hashwerte entstehen. In diesem Fall ist die Reihenfolge wie im Beispiel oben nicht mehr garantiert.

Stattdessen sollte der JGL-eigene LessString-Comparator oder der von uns vorgestellte ComparableComparator verwendet werden. Alternativ hätte auch ein Kollator, z.B. LessCollatorKey, verwendet werden können (siehe Kapitel 6.1.2 Gebrauchsfertige Prädikate und Funktoren).

6.2.3 Ändern der logischen Reihenfolge von Elementen in JGL

In einigen Fällen kann es Sinn ergeben, die Elemente eines Containers nicht wirklich umzusortieren, sondern nur eine temporäre neue Reihenfolge herzustellen. Dies wird beispielsweise erreicht, indem alle Elemente des Containers in einen neuen Container – z.B. ein Array – kopiert und dieses dann sortiert wird. JGL bietet dafür eine andere Alternative:

Die Varianten der Methode Sorting.iterSort() geben Ihnen einen Iterator zurück, der die Elemente des Containers in der sortierten Reihenfolge durchläuft. Der eigentliche Container bleibt von dieser *logischen* Sicht unberührt – die Reihenfolge seiner Elemente wird nicht verändert.

Am Beispiel der Streckenlänge zwischen den Städten unserer Miniwelt möchten wir dies verdeutlichen: Unsere Aufgabe ist es, alle Strecken nach ihrer Länge absteigend sortiert aufzulisten. Listing 6.12 zeigt, wie dies realisiert wird, ohne dass eine Kopie aller Strecken angefertigt werden muss.

```
Container s = Miniworld.getAllRoutesJGL();

BinaryPredicate greater = new BinaryNot(Route.LESS_LENGTH_SORT);
Range r =
  Sorting.iterSort(s.start(), s.finish(), greater);
System.out.println("Der Länge nach:");
while (r.begin.hasMoreElements()) {
   System.out.println(" " + r.begin.nextElement());
}
System.out.println("Unsortiert:");
ForwardIterator fi = s.start();
```

```
while (fi.hasMoreElements()) {
  System.out.println(" " + fi.nextElement());
}
```

Listing 6.12: *Container können mit der* iterSort()*-Methode nur scheinbar sortiert werden.*

Aus der Klasse Miniworld holen wir uns eine Referenz s auf einen Container, der alle Strecken enthält. Wie Sie sehen, spielt es keine Rolle, von welchem Typ (*Array, SList* usw.) diese Containerklasse ist – eine Referenz auf das Interface *Container* genügt. Die Methode iterSort() gibt ein Objekt Range zurück. Ein *Range* hat nur zwei öffentliche Variablen: begin und end. Dies sind Iteratoren, die auf den Anfang bzw. hinter das Ende des logisch sortierten Containers zeigen (siehe Abbildung 6.1). Das Durchlaufen der Enumeration zeigt, dass die Strecken korrekt sortiert wurden:

```
Der Länge nach:
Dresden - Heidelberg, 535 km
Heidelberg - Dresden, 535 km
Dresden - München, 465 km
München - Dresden, 465 km
...
Heidelberg - Kassel, 275 km
Kassel - Heidelberg, 275 km
Berlin - Dresden, 195 km
Dresden - Berlin, 195 km
Unsortiert:
Kassel - Heidelberg, 275 km
Heidelberg - Kassel, 275 km
Heidelberg - Dresden, 535 km
Dresden - Heidelberg, 535 km
...
Dresden - Berlin, 195 km
Berlin - Dresden, 195 km
Berlin - Hamburg, 300 km
Hamburg - Berlin, 300 km
```

Um nach der Länge sortieren zu können, brauchen wir einen neuen Comparator. In der Klasse *Route* gibt es einen Comparator, der die Strecken ihrer Länge nach aufsteigend sortiert. Die Realisierung des Prädikats LESS_LENGTH_SORT sieht so aus (siehe Listing 6.13):

```
public class Route {
...
  public static final BinaryPredicate LESS_LENGTH_SORT =
    new BinaryPredicate() {
      public boolean execute(Object o1, Object o2) {
        Route r1 = (Route) o1;
        Route r2 = (Route) o2;
        // Kurze Strecken zuerst:
        return r1.getLength() < r2.getLength();
      }
```

```
};
...
}
```

Listing 6.13: *Das Prädikat* LESS_LENGTH_SORT, *das die Streckenlänge aufsteigend sortiert.*

Um absteigend zu sortieren, wurde das vordefinierte Prädikat BinaryNot verwendet.

Tabelle 6.8 gibt eine Zusammenfassung der iterSort()-Methoden.

iterSort(c: Container): Range	Erzeugt eine logische Sortierreihenfolge gemäß des Hashcodes der Elemente
iterSort(c : Container, cp: BinaryPredicate): Range	erzeugt eine logische Sortierreihenfolge unter Verwendung eines eigenen Comparators
iterSort(f: ForwardIterator, l: ForwardIterator): Range	erzeugt eine logische Sortierreihenfolge gemäß des Hashcodes der Elemente für einen Iteratorbereich
iterSort(f: ForwardIterator, l: ForwardIterator, cp: BinaryPredicate): Range	erzeugt eine logische Sortierreihenfolge unter Verwendung eines eigenen Comparators für einen Iteratorbereich

Tabelle 6.8: *Die vier* iterSort()*-Methoden der Klasse Sorting*

> Diese Art des Sortierens lässt sich auf *alle* Container anwenden, also auch auf solche, die nicht das Interface *Sequence* implementiert haben.

Beispielsweise können Sie auf diese Weise eine geordnete Menge (*OrderedSet*) umsortieren. Die Elemente dieser Containerklasse, die intern einen ausgeglichenen Suchbaum verwendet, könnten auf keinen Fall umsortiert werden, da in diesem Fall die Baumstruktur verletzt würde. Warum es mit iterSort() doch geht, erfahren Sie im nächsten Abschnitt.

Hinter die Kulissen geschaut

Schauen wir uns einmal Listing 6.14 an. In der Liste s werden die Zahlen 2, 7, 3, 5 und 1 gespeichert. Mit der Methode iterSort() sortieren wir diese Liste logisch um und erhalten in der Variablen r das Ergebnis.

```
Container s = new SList();
s.add(new Integer(2));
s.add(new Integer(7));
s.add(new Integer(3));
s.add(new Integer(5));
s.add(new Integer(1));
```

```
System.out.println("s vorher:  " + s);
Range r = Sorting.iterSort(s.start(), s.finish());
while (r.begin.hasMoreElements()) {
  Integer i = (Integer) r.begin.get();
  Integer j = new Integer(-i.intValue());
  System.out.println(i + " wird zu " + j +".");
  r.begin.put(j);       // Ersetze das Element im Originalcontainer.
  r.begin.advance();
}
System.out.println("s nachher: " + s);
```

Listing 6.14: Logische Sicht auf einen sortierten Container durch Iteratoren

Der Aufruf der Methode r.begin.put(j) ersetzt das Element, auf das der zurückgegebene Iterator zeigt, durch dessen negativen Wert. Die Ausgabe dieses Programmstücks zeigt, dass tatsächlich der Originalwert, d.h. die Zahlen 2, 7, 3 usw., verändert werden. Die beiden Iteratoren, die uns die iterSort()-Methode zurückliefert, verweisen also tatsächlich auf den Originalcontainer und nicht bloß auf eine einfache Kopie.

```
a vorher:   SList( 2, 7, 3, 5, 1 )
1 wird zu -1.
2 wird zu -2.
3 wird zu -3.
5 wird zu -5.
7 wird zu -7.
a nachher: SList( -2, -7, -3, -5, -1 )
```

Eine Sicht auf einen Container, der duch zwei Iteratoren festgelegt ist, haben wir als Iteratorsicht bezeichnet (siehe Kapitel 3.4.3 *Bereiche unter JGL – die Iteratorsicht*).

Unter einer logischen Iteratorsicht verstehen wir hier einen Bereich aus Iteratoren, der eine neue Sichtweise auf einen Container erzeugt und Änderungen an seinem Container nach wie vor zulässt.

In unserem Beispiel ist die neue Sichtweise das Umsortieren der Elemente. In Abbildung 6.1 ist gezeigt, wie diese logische Sicht realisiert wird.

Intern wird ein Array, hier mit a bezeichnet, mit der gleichen Größe wie der zu sortierende Container angelegt. Jeder Arrayplatz enthält einen Iterator vom gleichen Typ wie der Container, der je auf ein Element in dem Container zeigt, das den gleichen Index hat wie sein Arrayplatz in a. Der Trick besteht nun darin, dieses Array mitsamt den Iteratoren zu sortieren. Der Rückgabewert ist ein *Range*-Objekt, das zwei Iteratoren enthält, die selbst auf Iteratoren zeigen – deshalb *IteratorIterator* genannt. Dieser Iteratortyp kann in gewohnter Weise über das interne Array a laufen und er erlaubt außerdem den, wenn auch indirekten, Zugriff auf das ursprüngliche Element in dem Container s. Deshalb konnten wir selbst mit der logischen Sortierung den Originalcontainer verändern.

6.2 Sortieren und Umordnen von Objekten

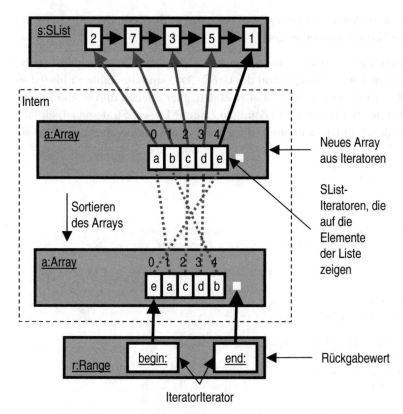

Abbildung 6.1: Eine logische Iteratorsicht wird durch ein eingebettetes Array erzeugt, dessen Elemente aus Iteratoren bestehen, die auf die jeweiligen Elemente ihres Containers zeigen.

Eine eigene Implementierung eines solchen *IteratorIterators* stellen wir als eigene Erweiterung im Kapitel 6.5.2 *Filtern von Elementen als Iteratorsicht unter JGL* vor.

6.2.4 Sonstige Methoden, die die Reihenfolge ändern

Außer dem Sortieren eines Containers sind noch weitere Fälle denkbar, die die Reihenfolge der Elemente verändern.

Permutieren

Viele Algorithmen benötigen die systematische Erzeugung von verschiedenen Anordnungen der Elemente einer Liste. Solche systematischen Anordnungen erhält man durch Permutationen. In der Klasse

Permuting im Package *com.objectspace.jgl.algorithms*

der Generic Collection Library for Java gibt es entsprechende Methoden, die aus einer *Sequence* eine neue Permutation erzeugen.

Als Beispiel für Permutationen wird das so genannte Magische Quadrat gelöst (siehe Listing 6.15). In einem Magischen Quadrat der Größe 3 × 3 sind die Zahlen 1 bis 9 derart angeordnet, dass die Summen sowohl aller Zeilen, aller Spalten und beider Diagonalen gleich sind. Wie aber lassen sich Lösungen finden? Unsere Strategie ist, einfach alle Zahlen systematisch umzusortieren und für jede Konfiguration zu schauen, ob sie die Eigenschaft »Magisch« hat.

```
int[] n = new int[9];              // Array mit den Zahlen 1 ... 9.
for (int i = 1; i <= 9; i++)
  n[i-1] = i;

Sequence s = new IntArray(n);         // Wrapperklasse.
BinaryPredicate LESS = new LessNumber();  // < Comparator

int max = 9*8*7*6*5*4*3*2*1;       // Anzahl Permutationen.
int i = 0;
while (i++ < max) {
  Permuting.nextPermutation(s, LESS);

  // Berechne Summe für Zeilen, Spalten und Diagonalen:
  int s1 = n[0] + n[1] + n[2];     // Zeilen.
  int s2 = n[3] + n[4] + n[5];
  int s3 = n[6] + n[7] + n[8];

  int s4 = n[0] + n[3] + n[6];     // Spalten.
  int s5 = n[1] + n[4] + n[7];
  int s6 = n[2] + n[5] + n[8];

  int s7 = n[0] + n[4] + n[8];     // Diagonalen.
  int s8 = n[2] + n[4] + n[6];

  // Summe für alle Zeilen, Spalten und Diagonalen gleich?
  if (s1 == s2 && s2 == s3 && s3 == s4 && s4 == s5 &&
      s5 == s6 && s6 == s7 && s7 == s8) {
    System.out.println("Summe: " + s1);
    System.out.println(n[0] + " " + n[1] + " " + n[2]);
    System.out.println(n[3] + " " + n[4] + " " + n[5]);
    System.out.println(n[6] + " " + n[7] + " " + n[8]);
  }
}
```

Listing 6.15: Dieses Beispiel permutiert die Liste von Zahlen, um Lösungen für das Magische Quadrat-Problem zu finden.

In dem nativen Array n werden hierfür die Zahlen 1 bis 9 gespeichert. Das Array wird anschließend in eine JGL-Sequence s überführt, damit sich der Algorithmus Permuting.nextPermutation() darauf anwenden lässt. Da diese Methode einen Comparator benötigt, bekommt sie LESS = new LessNumber() übergeben, aber prinzipiell ist es für das Magische Quadrat ohne Bedeutung, in welcher Reihenfolge die Permutationen erzeugt werden. Innerhalb der while-Schleife werden in den Variablen s1 bis s8 die Summen für die Zeilen, Spalten und Diagonalen berechnet. Sind alle Summen gleich, ist eine gültige Konfiguration gefunden, die auf die Standardausgabe ausgegeben wird. Hiervon wird ein kurzer Ausschnitt gezeigt:

```
Summe: 15
2 7 6
9 5 1
4 3 8
Summe: 15
2 9 4
7 5 3
6 1 8
...
```

Natürlich ist dieser Algorithmus nicht optimal, da sehr viele – nämlich insgesamt 9! = 392.880 – Anordnungen getestet werden, von denen viele symmetrisch sind. Spiegeln Sie beispielsweise einmal die beiden Matrizen der Ausgabe an ihrer \-Diagonalen. Dafür ist dieser Algorithmus sehr simpel und dabei wollen wir es belassen.

Rotieren

In der Klasse

> *Rotating* im Package *com.objectspace.jgl.algorithms*

finden Sie Methoden, um die Elemente einer *Sequence* zu rotieren. Die Elemente werden dabei nach links verschoben, wobei die Objekte am linken Rand an das Ende der Liste rechts wieder eingefügt werden. Listing 6.16 zeigt ein Beispiel.

```
Container a = new Array();
for (int i = 0; i < 10; i++)
    a.add(new Integer(i));

ForwardIterator fi = a.start();
fi.advance(a.size()/2);
System.out.println("vorher: " + a);
Rotating.rotate(a.start(), fi, a.finish());
System.out.println("nachher: " + a);
```

Listing 6.16: Rotiere alle Zahlen um die halbe Länge der Liste nach links.

Der Iterator fi wird auf die Mitte der Liste positioniert. Die Methode rotate() erwartet als erstes bzw. letztes Argument den Bereich, in dem rotiert wird – hier also die gesamte Liste. Die Ausgabe ergibt:

```
vorher:  Array( 0, 1, 2, 3, 4, 5, 6, 7, 8, 9 )
nachher: Array( 5, 6, 7, 8, 9, 0, 1, 2, 3, 4 )
```

Diese Klasse von Algorithmen erwartet immer einen Bereich aus Iteratoren. Mit der Methode `rotateCopy(ForwardIterator start, ForwardIterator middle, ForwardIterator end, OutputIterator result)` wird die rotierte Liste als Kopie in einen anderen Container übertragen. Falls Sie den *InputIterator* als `OutputIterator` result für einen leeren Container verwenden, erzeugen Sie so eine rotierte Kopie.

Umdrehen der Reihenfolge

Im Package

> *com.objectspace.jgl.algorithms* in der Klasse *Reversing*

sind vier Methoden, mit denen die Reihenfolge der Elemente in einem Container umgedreht wird. Obwohl zwei der Methoden ganz allgemein einen *Container* erwarten, lassen sich diese Algorithmen tatsächlich nur auf JGL-Sequenzen anwenden, die einen bidirektionalen Iterator assoziiert haben.

Die Methoden `reverseCopy()` kopieren analog zu den `rotateCopy()`-Methoden von oben die Elemente in einen anderen Container. Ob der Einfachheit dieser Methoden möchten wir auf ein Beispiel verzichten und gleich mit dem Mischen von Elementen fortfahren.

Die Klasse

> *Collections* im Package *java.util*

stellt die Methode `reverse(List l)` bereit, welche die Reihenfolge der Elemente einer Liste umkehrt. Listing 6.17 fügt zehn *Integer*-Zahlen in eine *ArrayList*, die Methode `reverse()` kehrt die Reihenfolge der Elemente um. Sollte es sich bei der übergebenen Liste um einen Read-Only-Container handeln, so dass der *ListIterator* die Methode `set()` nicht unterstützt, kommt es zu einer *UnsupportedOperationException*.

```
List list = new ArrayList();
for (int i = 0; i < 10; i++)
  list.add(new Integer(i));

try {
  Collections.reverse(list);
}
catch (UnsupportedOperationException e) {
  System.out.println(e);
}

System.out.println(list);
```

Listing 6.17: Umdrehen der Reihenfolge der Elemente einer Liste

Die Ausgabe des Programms lautet:

```
[9, 8, 7, 6, 5, 4, 3, 2, 1, 0]
```

Alles Zufall – Shuffling

Shuffling mit dem Collections Framework Unter Shuffling versteht man eine Operation, welche die Elemente einer Liste in zufälliger Reihenfolge anordnet. Die Klasse

Collections im Package *java.util*

stellt zwei Varianten dieser Operation bereit. Die Methode `shuffle(List list)` vertauscht alle Elemente nach einem Standard-Zufallsverfahren. Wird diese Methode auf zwei gleiche Listen angewandt, so wird man als Ergebnis mit hoher Wahrscheinlichkeit zwei unterschiedliche Listen erhalten.

```
List list = new ArrayList();
for (int i = 0; i < 10; i++)
  list.add(new Integer(i));

try {
  Collections.shuffle(list);
}
catch (UnsupportedOperationException e) {
  System.out.println(e);
}

System.out.println(list);
```
Listing 6.18: Zufälliges Vertauschen aller Elemente

Die Ausgabe des Programms lautet:

```
[2, 7, 3, 6, 9, 0, 4, 1, 5, 8]
```

Die Methode `shuffle(List list, Random rnd)` erwartet zusätzlich ein Objekt vom Typ *Random*. Die Klasse *Random* befindet sich im gleichen Package *java.util* wie das Collections Framework. *Random* generiert Pseudozufallszahlen, die sich durch initiale Werte beeinflussen lassen. Zwei Instanzen der Klasse *Random*, die mit gleichen Startwerten erstellt werden, erzeugen identische Pseudozufallsreihen. Der Standardkonstruktor (ohne Argument) benutzt als Initialwert die aktuelle Systemzeit in Millisekunden Genauigkeit. Auf den meisten PC-Betriebssystemen lässt sich damit nur eine Genauigkeit von 10 ms erreichen. Instanzen von *Random*, die mit dem Standardkonstruktor erzeugt wurden, erzeugen demnach mit hoher Wahrscheinlichkeit unterschiedliche Pseudozufallsreihen.

Listing 6.19 zeigt das zufällige Anordnen einer Liste mittels der `shuffle()`-Methode.

```
List list = new ArrayList();
for (int i = 0; i < 10; i++)
  list.add(new Integer(i));

Random rnd = new Random(1);

try {
  Collections.shuffle(list, rnd);
}
catch (UnsupportedOperationException e) {
  System.out.println(e);
}

System.out.println(list);
```
Listing 6.19: Zufälliges Anordnen einer Liste mittels der `shuffle( )`*-Methode*

Die Ausgabe des Programms lautet:

[3, 6, 8, 9, 4, 2, 0, 7, 1, 5]

Eine erneute Ausführung des Programms liefert das gleiche Ergebnis:

[3, 6, 8, 9, 4, 2, 0, 7, 1, 5]

Betrachten wir noch das Zeitverhalten der Shuffel-Operation. Die Durchführung der Shuffel-Operation erfordert den direkten Zugriff auf die Listenpositionen. Das Zeitverhalten einer *ArrayList* entspricht O(n), ist also linear, während das Zeitverhalten einer verketteten Liste O(n^2) entspricht.

Einen Fehler ergibt die Übergabe eines Read-Only-Container, die Folge ist auch hier eine *UnsupportedOperationException*.

Shuffling mit der Generic Collection Library for Java Wie auch im Collections Framework gibt es unter JGL im Package

com.objectspace.jgl.algorithms in der Klasse *Shuffling*

Methoden, die die Reihenfolge der Elemente einer *Sequence* durcheinanderbringen. Unglücklicherweise erlaubt diese Klasse als Argument einen beliebigen Container, obwohl nur Sequenzen erlaubt sind, die einen bidirektionalen Iterator haben, also die Klassen *Array*, *Deque*, *DList* sowie die Array-Adapterklassen. Die Klasse *SList* führt zu folgendem Verhalten (siehe Listing 6.20).

```
try {
  Container slist = new SList();
  for (int i = 0; i < 10; i++)
    slist.add(new Integer(i));

  System.out.println("vorher: " + slist);
```

```
    Shuffling.randomShuffle(slist);
    System.out.println("nachher: " + slist);
  }
  catch (Exception e) {
    System.err.println(e);
  }
```

Listing 6.20: *So geht es nicht: Obwohl die Methode* randomShuffle() *einen Container als Argument erwartet, kann dessen Reihenfolge nicht verändert werden.*

Die Ausgabe verrät, dass eine *SList* leider auch nicht erlaubt ist:

```
vorher: SList( 0, 1, 2, 3, 4, 5, 6, 7, 8, 9 )
java.lang.ClassCastException: com.objectspace.jgl.SListIterator
```

Das ist wundersam, da eine einfach verkettete Liste sehr wohl eine *Sequence* ist, die gemischt werden könnte.

6.3 Auswerten von Containern

In diesem Kapitel werden Algorithmen beschrieben, die einen Container in irgendeiner Form auswerten. Dabei wird sein Inhalt nicht verändert.

6.3.1 Suchen von Objekten

Binäres Suchen in einer Liste im Collections Framework

Eine häufig benötigte Operation auf Sequenzen ist das Suchen eines Elements. Hierzu steht bereits die Methode indexOf(Object o) des Interfaces *List* zur Verfügung. Im Mittel muss diese Methode jedoch die Hälfte aller Elemente durchsuchen, um ein gesuchtes Element aufzufinden. Sollte sich das Element am Ende der Liste befinden, so ist erforderlich, alle Elemente zu durchsuchen. Die Anzahl der Vergleiche beim Suchen eines Elements lässt sich jedoch erheblich reduzieren, wenn die Liste sortiert vorliegt und ein Binärsuchverfahren verwendet wird. Dieses Verfahren garantiert das Auffinden eines Elements nach bereits log *n* Schritten. Bei einer Liste von 100.000 Elementen wird ein Element nach spätestens 17 Vergleichen aufgefunden. Soll in großen Listen gesucht werden, so kann es sinnvoll sein, die Liste sortiert vorzuhalten.

Das Collections Framework stellt in der

> Klasse *Collections* im Package *java.util*

für das Suchen in sortierten Listen zwei Methoden bereit, die eine binäre Suche realisieren. Der Methode binarySearch(List list, Object key) wird die Liste und ein gesuchtes Element übergeben. Um in einer Liste zu suchen, die mittels eines *Comparators* sortiert wurde, steht die Methode binarySearch(List list, Object key, Comparator c) bereit, die zusätzlich einen *Comparator* erwartet.

Als Ergebnis wird die Listenposition des gesuchten Elements zurückgegeben. Befindet es sich jedoch nicht in der Liste, so wird eine negative Zahl zurückgegeben. Sie entspricht der negativen Listenposition minus eins, an der sich das Element in der sortierten Liste befinden würde, wenn es enthalten wäre. Sollte die Liste nicht vorliegen, so ist das Ergebnis undefiniert. Falls die Listenelemente untereinander nicht verglichen werden können, kommt es zu einer *ClassCastException*.

In Listing 6.21 wird eine Liste von Zügen erzeugt und sortiert. Ein ausgewählter Zug wird nun in der Liste gesucht. Die Ausgabe des Rückgabewerts zeigt seine Listenposition. Anschließend wird der angegebene Zug aus der Liste entfernt und erneut gesucht. Der negative Rückgabewert zeigt an, dass der gesuchte Zug nicht enthalten ist. Die -7 bedeutet, das gesuchte Objekt hätte sich in der sortierten Liste an der Listenposition 7 – 1, also an der Listenposition 6 befunden.

```
// Ein beliebiger Zug
Train train = (Train) Miniworld.getAllTrains().last();

// Schreibe alle Züge in eine Liste.
List list = new ArrayList(Miniworld.getAllTrains());
// Sortieren der Liste.
Collections.sort(list);

// Suche den Zug in der Liste.
int position = Collections.binarySearch(list, train);
System.out.println("Position: " + position);

// Lösche Zug aus der Liste
list.remove(train);
position = Collections.binarySearch(list, train);
System.out.println("Position: " + position);
```

Listing 6.21: Binäre Suche in einer sortierten Liste

Als Ausgabe des Programms erscheint:

```
Position: 6
Position: -7
```

Die binäre Suche erfordert einen direkten Zugriff auf die Listenpositionen. Um in einer verketteten Liste auf eine vorgegebene Listenposition zu gelangen, müssen alle Elemente vor oder nach dem gesuchten Element durchlaufen werden. Die Lokalisation eines Elementes mit dem Verfahren der binären Suche würde ungefähr $n \log n$ Schritte benötigen. Um ein solches Verhalten zu vermeiden, überprüft die Methode binary-Search() zu Beginn, ob es sich bei der übergebenen Liste um ein Objekt des Typs *AbstractSequentialList* handelt. Ist dies der Fall, so wird anstelle der binären Suche die Liste linear durchsucht.

6.3 Auswerten von Containern

Betrachten wir noch den Fall, einen Eintrag in einem nativen Array zu suchen, das anstelle von Objekten elementare Daten enthält. Die Klasse *Arrays* stellt hierfür für jeden elementaren Datentyp eine statische Methode bereit. Tabelle 6.9 zeigt alle Such-Methoden der Klasse *Arrays*. Die beiden letzten aufgeführten Methoden Klasse *Arrays* erlauben es, auch Objekte in einem nativen Array zu suchen.

binarySearch(a: byte[], key: byte)	binäre Suche in einem *byte*-Array
binarySearch(a: char[], key: char)	binäre Suche in einem *char*-Array
binarySearch(a: double[], key: double)	binäre Suche in einem *double*-Array
binarySearch(a: float[], key: float)	binäre Suche in einem *float*-Array
binarySearch(a: int[], key: int)	binäre Suche in einem *int*-Array
binarySearch(a: long[], key: long)	binäre Suche in einem *long*-Array
binarySearch(a: short[], key: short)	binäre Suche in einem *short*-Array
binarySearch(a: Object[], key: Object)	binäre Suche in einem *Object*-Array
binarySearch(a: Object[], key: Object, c: Comparator)	binäre Suche in einem *Object*-Array mit Comparator

Tabelle 6.9: Suchmethoden der Klasse Arrays

Gleiche aufeinander folgende Elemente

Stellen Sie sich vor, Sie haben eine Liste mit Zahlen und wollen wissen, wann zum ersten Mal eine Zahl doppelt vorkommt. In diesem Fall müssten Sie so lange die Liste durchsuchen, bis zwei aufeinander folgende Zahlen gleich sind. Für diesen Zweck bietet JGL die Methode adjacentFind() in dem Package

com.objectspace.jgl.algorithms und der Klasse *Finding*

an. Diese Methode funktioniert sowohl mit einem Container wie auch mit einem Bereich aus zwei Iteratoren. Falls außerdem eine alternative equals()-Methode für den Vergleich nötig sein sollte, kann auch ein binäres Prädikat für diesen Zweck verwendet werden.

Als Beispiel möchten wir in der Liste aus dem zweiten einführenden Beispiel die ersten doppelten Zahlen ermitteln (siehe Listing 6.22).

```
Sequence s = new IntArray(SecondExample.numbers);
System.out.println("s: " + s);
InputIterator fi = Finding.adjacentFind(s);
System.out.println("Erste doppelte Zahl: " + fi.get());
```

Listing 6.22: Ein kurzes Beispiel, um zwei aufeinander folgende Zahlen zu finden.

```
s: int[]( 1, 3, -2, 4, 3, 8, -4, 0, 1, 5, -2, 7, -6, 3, 3, -1, 3 )
Erste doppelte Zahl: 3
```

Die Zahlen 3 und 3 gegen Ende des Arrays sind doppelt. Da die Methode nur Iteratoren auf die gleichen Elemente zurückgibt, lässt sich der Index des Elements leider nicht ermitteln.

Weitere Methoden der JGL-Klasse Finding

In der eben beschriebenen Klasse gibt es noch weitere Funktionen, um Elemente zu suchen. Alle haben gemein, dass über ein unäres Prädikat das zu findende Objekt charakterisiert wird.

Die Methode findIf() entspricht der find()-Methode, die über equals() die Elemente vergleicht, benutzt jedoch anstelle von equals() ein unäres Prädikat. findIf() gibt einen Iterator auf das gefundene Element zurück. Im Gegensatz dazu gibt die äquivalente Methode detect() das Objekt selbst zurück.

Die Methoden some() und every() geben *true* zurück, falls mindestens eins bzw. alle Elemente eines Containers oder eines Bereichs aus zwei Iteratoren einem unären Prädikat genügen.

6.3.2 Das größte und das kleinste Element

Die beiden Frameworks stellen Methoden bereit, mit denen nach dem größten bzw. kleinsten Element in einem Container gesucht wird. Dabei wird davon ausgegangen, dass die Elemente in dem Container unsortiert sind. Diese Algorithmen haben eine Laufzeit von $O(n)$, da alle Elemente betrachtet werden müssen, um die Extremwerte zu ermitteln. Einen Spezialfall bilden die Mengen, die einen Suchbaum als interne Datenstruktur haben: Hier lassen sich die Extremwerte direkt über entsprechende Methoden abfragen und die Kosten sind mit $O(\log n)$ geringer, da die Daten bereits sortiert vorliegen.

Die Algorithmen zum Finden der Extremwerte erlauben auch die Suche mit einem alternativen Comparator, d.h. das größte und kleinste Element beziehen sich nicht auf die natürliche Ordnung der Elemente, wie es über das *Comparable*-Interface gegeben ist.

Als Beispiel möchten wir die kürzeste bzw. längste Strecke in unserem Schienennetz der Miniwelt finden.

Collections Framework

Um das größte bzw. kleinste Element eines Containers zu ermitteln, stellt die Klasse *Collections* die Methoden min() und max() bereit. Diese Methoden erwarten als Argument einen beliebigen Container vom Typ *Collection*. Die Voraussetzung dafür ist die Vergleichbarkeit aller Elemente des Containers untereinander. Die Methode min(Collection coll) und max(Collection coll) geben das kleinste bzw. größte Element des Containers im Sinne der natürlichen Ordnung der Elemente zurück. Den beiden

6.3 Auswerten von Containern

Methoden min(Collection coll, Comparator comp) und max(Collection coll, Comparator comp) kann zusätzlich ein Comparator übergeben werden, nach dessen Ordnungsrelation das größte bzw. kleinste Element ermittelt wird. Können zwei Elemente eines Containers nicht verglichen werden, so kommt es zu einer *ClassCastException*. Im Fall eines leeren Containers lösen die min()- und max()-Methoden eine *NoSuchElementException* aus.

Das Listing 6.23 ermittelt die kleinste und die größte Strecke unserer Miniwelt.

```
Collection routes = Miniworld.getAllRoutes();

Route minRoute = (Route) Collections.min(routes);
System.out.println("Die kürzeste Strecke ist: " + minRoute);

Route maxRoute = (Route) Collections.max(routes);
System.out.println("Die längste Strecke ist: " + maxRoute);
```

Listing 6.23: Berechnung des kleinsten und des größten Elements eines Containers

Die Ausgabe des Programms lautet:

```
Die kürzeste Strecke ist: Berlin - Dresden, 195 km
Die längste Strecke ist: Heidelberg - Dresden, 535 km
```

Für Container vom Typ *Map* steht keine direkte Methode für die Ermittlung der Extremwerte von Schlüssel und Wert zur Verfügung. Über die *Collection*-Sichten ist es aber für Schlüssel und Werte gleichermaßen möglich, die oben gezeigten min()- und max()-Methoden zu verwenden.

Die Suche nach dem kleinsten und dem größten Element erfordert das Durchsuchen aller Objekte der Collection. Die min()- und max()-Methoden sollten allerdings nicht auf bereits sortierte Container angewendet werden. Das Interface *SortedSet* stellt, äquivalent zu min() und max(), die Methoden first() und last() bereit.

JGL

Die Methoden minElement() bzw. maxElement() liefern einen Iterator auf das minimale bzw. maximale Element des Containers zurück. Die Methoden gibt es in folgenden Kombinationen:

▶ Container oder Bereich aus zwei Iteratoren

▶ Standardcomparator oder eigener Comparator

Als Standardcomparator wird – wie in JGL üblich – der *HashComparator* benutzt, der Elemente nach ihrem Hashwert vergleicht.

Listing 6.24 zeigt das Programmbeispiel. In dem Container c sind alle Strecken hinterlegt. Da die Klasse *Route* keinen Hashwert hat, der die Elemente der Länge nach anordnet, verwenden wir stattdessen den dafür vorgesehenen Comparator LESS_LENGTH_SORT, der als konstantes Prädikat in der Klasse selbst vorhanden ist. Diesen Comparator hatten wir bereits in Kapitel 6.2.3 *Ändern der logischen Reihenfolge von Elementen in JGL* in Listing 6.13 benutzt.

```
Container c = Miniworld.getAllRoutesJGL();

InputIterator rMin =
  MinMax.minElement(c, Route.LESS_LENGTH_SORT);
InputIterator rMax =
  MinMax.maxElement(c, Route.LESS_LENGTH_SORT);

System.out.println("Minimale Strecke: " + rMin.get());
System.out.println("Maximale Strecke: " + rMax.get());
```

Listing 6.24: Die Methoden in JGL, um das kleinste bzw. größte Element in einem Container zu finden.

Die Ausgabe zeigt das gleiche Ergebnis wie das Collections-Framework-Beispiel:

```
Minimale Strecke: Dresden - Berlin, 195 km
Maximale Strecke: Heidelberg - Dresden, 535 km
```

6.3.3 Unterschiede zwischen Elementen

Unterschiedliche Elemente

Mit der Methode

Comparing.mismatch() **im Package** *com.objectspace.jgl.algorithms*

lässt sich in zwei Containern das erste unterschiedliche Element ermitteln. Die Methode gibt es in mehreren Varianten: Sie erwartet entweder einen Container oder einen Bereich aus Iteratoren als Parameter und zusätzlich kann die equals()-Methode für den Vergleich der Elemente durch ein binäres Prädikat ersetzt werden. Bei Containern, deren Elemente keine Position besitzen (z.B. *HashSet*), entscheidet die Reihenfolge der Iteratoren, wie die Elemente verglichen werden.

Als Beispiel für die Methode mismatch() sollen zwei Texte zeilenweise verglichen werden. Um den Algorithmus nicht zu komplex werden zu lassen, gelten folgende Randbedingungen:

▶ Es werden die Zeilen paarweise verglichen. D.h. eingefügte oder entfernte Blöcke werden auf diese Weise nicht ermittelt.

▶ Am Ende dürfen noch weitere Zeilen in einem Text folgen.

6.3 Auswerten von Containern

Listing 6.25 zeigt die zu vergleichenden Texte.

```
private static final String[] TEXT1 = {
  "Das ist ein Beispieltext.",
  "Wir benutzen ihn, um Unterschiede",
  "zu entdecken." ,
  "Dies ist der letzte Satz."
};

private static final String[] TEXT2 = {
  "Das ist ein Beispieltext.",
  "Wir benutzen ihn um Unterschiede",
  "zu entdecken.",
  "Dies ist der letzte Satz.",
  "Hoppla!"
};
```

Listing 6.25: Zwei Texte, die auf Unterschiede untersucht werden sollen.

In Listing 6.26 ist das Beispiel aufgelistet. Zuerst werden die String-Arrays in zwei Sequenzen s1 und s2 kopiert. Die Iteratoren s1it und s2it zeigen auf den Anfang der Texte, wohingegen s1end und s2end auf das Ende verweisen. Mit der Methode mismatch() wird innerhalb des markierten Bereichs der jeweils erste Unterschied gesucht. Der Rückgabewert ist ein Paar aus Iteratoren, die auf die unterschiedlichen Elemente zeigen. Die while-Schleife wird so lange durchlaufen, bis einer der beiden Iteratoren am Ende angelangt ist. Falls jetzt noch Elemente in einem Container übrig sind, werden sie mit den beiden letzten while-Schleifen ausgegeben.

```
// Kopiere den Text in Container:
Sequence s1 = new SList();
Copying.copy(new ObjectArray(TEXT1), s1);
Sequence s2 = new Array();
Copying.copy(new ObjectArray(TEXT2), s2);

ForwardIterator s1it = s1.start();
ForwardIterator s2it = s2.start();
ForwardIterator s1End= s1.finish();
ForwardIterator s2End = s2.finish();

while (!s1it.equals(s1End) && !s2it.equals(s2End) {
  // Suche nach Unterschieden:
  Pair error = Comparing.mismatch(s1it, s1End, s2it);
  s1it = (ForwardIterator) error.first;
  s2it = (ForwardIterator) error.second;

  if (!s1it.equals(s1End)) // Am Ende angelangt?
    System.out.println("1: " + s1it.nextElement());

  if (!s2it.equals(s2End)) // Am Ende angelangt?
    System.out.println("2: " + s2it.nextElement());
```

```
}
// Durchlaufe die restlichen Zeilen:
while (!s1it.equals(s1End))
    System.out.println("1: " + s1it.nextElement());
while (!s2it.equals(s2End))
    System.out.println("2: " + s2it.nextElement());
```

Listing 6.26: Ein Programm zum Finden von Unterschieden in Textzeilen

Hier ist die Ausgabe:

```
1: Wir benutzen ihn, um Unterschiede
2: Wir benutzen ihn um Unterschiede
2: Hoppla!
```

Natürlich ist dieses kleine Beispiel kein brauchbares Programm zum Finden von Unterschieden, aber es zeigt u.a., wie sich Iteratoren quasi als Zeiger auf Objekte einsetzen lassen.

Lexikografischer Vergleich zweier Container

Mit den Methoden

`Comparing.lexicographicalCompare()` des Packages *com.objectspace.jgl.algorithms*

lassen sich die Elemente eines Containers lexikografisch vergleichen. Ein solcher Vergleich wird üblicherweise zwischen Zeichenketten gemacht, beispielsweise, um die Namen in einem Telefonbuch zu sortieren. Dabei werden die Zeichen paarweise von links nach rechts verglichen, bis ein Unterschied auftritt – das Wort mit dem »kleineren« Buchstaben ist das kleinere Wort. Gibt es bis zum Ende eines Worts keine Unterschiede, entscheidet die Länge der Wörter über die Reihenfolge. Die Methode `compareTo()` der Klasse *String* arbeitet nach diesem Prinzip.

Die Methode gibt es in den üblichen Ausführungen: Sie erwartet entweder einen Container oder einen Bereich aus Iteratoren als Parameter und das Vergleichskriterium lässt sich durch einen eigenen Comparator anpassen. Beachten Sie bitte bei Containern, deren Elemente keine Position besitzen (z.B. *HashSet*), dass die Reihenfolge der Vergleiche einzig von der Reihenfolge der Iteratoren abhängt.

In Listing 6.27 ist ein Beispiel gezeigt, das das Verfahren auf Zahlen anwendet, die in je drei Containern c1, c2 und c3 gespeichert sind.

```
private static final int[] NUMBERS1 = {1, 2, 3, 4};
private static final int[] NUMBERS2 = {1, 2, 3, 4, 5};
private static final int[] NUMBERS3 = {1, 2, 3, 5};

private static void lexicographicalOrder() {
    // Kleide die Arrays in Container ein:
    Container c1 = new IntArray(NUMBERS1);
```

```
        Container c2 = new IntArray(NUMBERS2);
        Container c3 = new IntArray(NUMBERS3);

        String r =
          Comparing.lexicographicalCompare(c1, c1)? "c1 < c1": "c1 >= c1";
        System.out.println(r);

        r = Comparing.lexicographicalCompare(c1, c2)? "c1 < c2": "c1 >= c2";
        System.out.println(r);

        r = Comparing.lexicographicalCompare(c1, c3)? "c1 < c3": "c1 >= c3";
        System.out.println(r);

        r = Comparing.lexicographicalCompare(c2, c3)? "c2 < c3": "c2 >= c3";
        System.out.println(r);
    }
```

Listing 6.27: *Ein Beispiel für die* `lexicographicalCompare()`*-Methode*

Vergleicht man einen Container mit sich selbst, so ist er natürlich nicht kleiner, d. h. es gilt c1 >= c2. Der Vergleich c1 mit c2 ergibt, dass c1 < c2 ist, da c2 um eine Zahl länger ist und zuvor keine Unterschiede in der Liste zu finden sind. c1 ist ebenfalls kleiner als c3, da an vierter Stelle die Zahl 4 kleiner als 5 ist. Das Gleiche gilt für c2 im Vergleich zu c3, obwohl der Container c2 mehr Elemente besitzt als c3. Hier noch die vollständige Ausgabe des Beispiels:

```
c1 >= c1
c1 < c2
c1 < c3
c2 < c3
```

6.3.4 Filtern von Elementen

In vielen Fällen ist es sehr nützlich, nur eine Untermenge der Elemente eines Containers zu betrachten. Damit ist nicht eine Bereichssicht der Elemente gemeint, sondern das Herausfiltern von Objekten, die eine bestimmte Eigenschaft haben. In der Klasse

> *Filtering* des Packages *com.objectspace.jgl.algorithms*

sind hierfür die Methoden `select()` und `reject()` vorhanden, die diese Aufgabe erfüllen. Mit den Methoden `unique()` und `uniqueCopy()` hingegen lassen sich aufeinander folgende doppelte Einträge eliminieren.

Filtern durch ein unäres Prädikat

Der Unterschied der `select()`-Methode zu `reject()` ist, dass `select()` alle Elemente wählt, die die gewünschte Eigenschaft haben, wohingegen `reject()` genau diese Elemente nicht auswählt. Wie in JGL üblich, werden die Eigenschaften durch ein unäres Prädikat beschrieben. Die beiden Methoden erwarten entweder einen Iterator oder einen Bereich aus Iteratoren als Parameter. Als Beispiel wollen wir alle Zugverbindungen, die länger sind als 300 km, in einen neuen Container kopieren (siehe Listing 6.28).

```
Container c = Miniworld.getAllRoutesJGL();

// Dummy-Strecke der Länge 300 km:
Route route = new Route(null, null, 300);
UnaryPredicate less300 =
  new BindSecondPredicate(Route.LESS_LENGTH_SORT, route);

Container d = Filtering.reject(c, less300);

System.out.println("Alle Strecken > 300 km: " + d);
```
Listing 6.28: *Alle Strecken der Miniwelt, die länger als 300 km sind.*

Wir erinnern uns, dass es in der Klasse *Route* ein Prädikat gibt, das als Comparator eingesetzt diese Objekte aufsteigend sortiert (siehe Listing 6.13 auf Seite 379). Nun soll es für eine weitere Aufgabe genutzt werden: Zusammen mit dem Prädikat BindSecondPredicate less300 soll es *true* bei allen Verbindungen länger als 300 km zurückgeben. Deshalb wird dem Prädikat greater300 als konstanter Parameter das Objekt route übergeben, das genau diese Länge hat (vergleiche Verknüpfen von Prädikaten in Kapitel 4.1.3 *Prädikate in JGL*).

Nach dieser Vorbereit wird die Methode reject() aufgerufen, die einen neuen Container vom selben Typ wie c zurückgibt, der alle Elemente enthält, die nicht dem Prädikat less300 genügen. Das sind also alle Strecken, die länger als 300 km sind. Die Ausgabe dazu lautet:

```
Alle Strecken > 300 km: Array( Heidelberg - Dresden, 535 km, Dresden - Heidelberg,
535 km, Berlin - Hamburg, 300 km, Hamburg - Berlin, 300 km, Kassel - Berlin, 390
km, Berlin - Kassel, 390 km, München - Heidelberg, 340 km, Heidelberg - München,
340 km, Hamburg - Kassel, 310 km, Kassel - Hamburg, 310 km, München - Dresden,
465 km, Dresden - München, 465 km)
```

Da der Rückgabewert vom gleichen Typ wie der übergebene Container ist, dürfen nicht alle Container gefiltert werden, wie Listing 6.29 zeigt.

```
try {
  Container a  = new IntArray(SecondExample.numbers);
  System.out.println("a = " + a);

  Container b = Filtering.select(a, new NegativeNumber());
  System.out.println("Zahlen < 0: " + b);
}
catch (Exception e) {
  System.err.println(e);
}
```
Listing 6.29: *Ein Fehler tritt auf, falls versucht wird, ein natives Array zu filtern. Im Beispiel sollten alle Zahlen < 0 aus dem Array des zweiten einführenden Beispiels in den Container* b *übertragen werden.*

Die Ausgabe zeigt, dass eine Exception erzeugt wird:

```
a = int[]( 1, 3, -2, 4, 3, 8, -4, 0, 1, 5, -2, 7, -6, 3, 3, -1, 3 )
com.objectspace.jgl.InvalidOperationException: cannot execute remove() on a native
array
```

Der Grund liegt darin, dass keine Kopie einer Wrapperklasse für ein natives Array angelegt werden kann, die kein Buffer ist. Wollten Sie dies trotzdem erreichen, müssten Sie einen Buffer, und zwar die Klasse *IntBuffer*, nehmen, um das native Array zu kapseln.

Die Methoden `select()` und `reject()` gibt es je in zwei Ausführungen: Zum einen können Sie wie im Beispiel oben direkt einen Container als Parameter übergeben, zum anderen lässt sich auch ein Bereich aus zwei Iteratoren übergeben. Im letzten Fall werden nur die Elemente des Bereichs gefiltert.

Entfernen von aufeinander folgenden doppelten Elementen

Als weitere Methode in der Klasse *Filtering* gibt es die `unique()`-Methode, die bereits in Listing 4.27 auf Seite 237 vorgestellt wurde. Mit ihr werden aufeinander folgende gleiche Elemente aus dem Container entfernt, wobei die Größe allerdings nicht verändert wird, sondern nur vorhandene Duplikate überschrieben werden.

Schließlich umfasst diese Klasse noch einige Varianten der Methode `uniqueCopy()`, mit der analog zu `unique()` gleiche, aufeinander folgende Elemente entfernt werden. Allerdings wird die Ergebnismenge in einem anderen Container gespeichert.

Alle diese Methoden gibt es wieder in den üblichen Parameterkombinationen: Container oder Iterator-Bereich sowie ein binäres Prädikat, mit dem sich die `equals()`-Methode zum Vergleich der aufeinander folgenden Elemente ersetzen lässt.

6.3.5 Rechnen in Containern

Zählen von Elementen

Die Klasse

> *Counting* des Packages *com.objectspace.jgl.algorithms*

enthält einige Methoden zum Zählen von Elementen. Außerdem lassen sich einfache Rechnungen in Containern ausführen, die Zahlen enthalten.

Da nicht alle JGL-Container ein Interface implementieren, das die `count()`-Methode definiert, gibt es in dieser Klasse eine weitere `count()`-Methode, die zählt, wie oft ein Objekt in einem Container vorkommt. Beispielsweise könnten Sie damit Objekte in einem *Stack* oder *Queue* zählen. Zusätzlich lassen sich auch Elemente zählen, die einem unären Prädikat genügen – in diesem Fall heißen die Methoden `countIf()`.

Die Methode `accumulate()` wendet eine binäre Funktion auf alle Elemente eines Containers an, der ausschließlich Objekte vom Typ *Number* enthalten darf. Dabei ist das erste Argument der Funktion das Ergebnis der letzten Rechnung. Im nächsten Abschnitt werden wir eine Verallgemeinerung dieser Methode vorstellen, in Abbildung 4.3 ist das Prinzip zu sehen, das auch für `accumulate()` gilt. Auf diese Weise lässt sich beispielsweise die Summe aller Zahlen in dem Container bilden.

Als Beispiel hierfür summieren wir das Array des zweiten einführenden Beispiels auf (siehe Listing 6.30).

```
Sequence s = new IntArray(SecondExample.numbers);
System.out.println("Array: " + s);

Object sum = Counting.accumulate(s, new Integer(0));
Object product =
    Counting.accumulate(s, new Integer(1), new TimesNumber());

System.out.println("Summe:   " + sum);
System.out.println("Produkt: " + product);
```

Listing 6.30: Dieses Programm addiert alle Zahlen des Arrays auf bzw. bildet deren Produkt.

Die Methode `accumulate()` benutzt als Standard-Funktor `PlusNumber`, der zwei Zahlen addiert. Um das Produkt zu bilden, wurde `TimesNumber` gewählt, der zwei Zahlen miteinander multipliziert. Die Ausgabe lautet:

```
Array: int[]( 1, 3, -2, 4, 3, 8, -4, 0, 1, 5, -2, 7, -6, 3, 3, -1, 3 )
Summe:   26
Produkt: 0
```

In dieser Klasse gibt es noch die Methode `adjacentDifference()`, die einen binären Funktor je auf zwei aufeinander folgende Elemente anwendet und das Ergebnis in einen anderen Container schreibt. Ein Beispiel hierfür wurde bereits in dem Übersichtskapitel 4.1.4 *Funktoren in JGL* im Listing 4.24 auf Seite 230 gezeigt.

Inject

In der Klasse

Applying des Packages *com.objectspace.jgl.algorithms*

gibt es die Methode `inject()`, die vielleicht am deutlichsten zeigt, was unter generischer Programmierung zu verstehen ist. Diese Methode wurde bereits im Kapitel 4.3.1 *Die Algorithmen im Schnelldurchlauf* kurz angesprochen.

Das Prinzip dieser Methode ist ähnlich wie `accumulate()` der Klasse *Counting*. Mit einem Startwert beginnend werden alle Elemente eines Containers durchlaufen. Hierbei wird ein neues Ergebnis aus dem Ergebnis der vorausgegangenen Berechnung und

6.3 Auswerten von Containern

einem Wert des aktuellen Elements mittels einer Funktion F berechnet. Die Methode inject() erwartet im Gegensatz zu accumulate() ein beliebiges Objekt und keine Zahl. D.h. inject() stellt eine Verallgemeinerung dar.

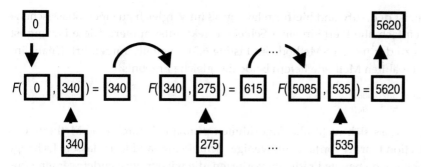

Abbildung 6.2: Das Prinzip der inject()-Methode. Die Zahlen innerhalb der Rechtecke stehen für die Streckenlänge einer Route, die für die Berechnung in F verwendet werden. F addiert diese Streckenlängen auf und erzeugt eine neue Instanz der Klasse Route.

Die Methode routeLength() in Listing 6.31 zeigt ein Beispiel, in dem über inject() die gesamte Streckenlänge der Miniwelt berechnet wird. In Abbildung 4.3 ist das Prinzip grafisch veranschaulicht.

```
private static final BinaryFunction ADD_ROUTES = new BinaryFunction() {
  public Object execute(Object o1, Object o2) {
    Route r1 = (Route) o1;
    Route r2 = (Route) o2;
    return new Route(null, null, r1.getLength() + r2.getLength());
  }
};

private static void routeLength() {
  Container c = Miniworld.getAllRoutesJGL();

  Route nullRoute = new Route(null, null, 0);  // Startwert.
  Route route = (Route) Applying.inject(c, nullRoute, ADD_ROUTES);
  System.out.println("Gesamtlänge: " + route.getLength() + " km.");

  // Oder die "klassische" Lösung:
  int length = 0;                 // Streckenlänge zu Beginn 0.
  ForwardIterator fi = c.start();
  while (fi.hasMoreElements()) {
    Route r = (Route) fi.nextElement();
    length += r.getLength();      // Addiere einfach die Strecken auf.
  }
  System.out.println("Gesamtlänge: " + length + " km.");
}
```

Listing 6.31: Zwei Möglichkeiten, um die gesamte Streckenlänge der Miniwelt zu ermitteln

Der Startwert ist die Instanz nullRoute der Klasse *Route*, die die Streckenlänge 0 hat. Als Funktor wird die binäre Funktion ADD_ROUTES genommen, die als Ergebnis eine neue *Route* zurückgibt, die ihre eigene Streckenlänge plus die bisher errechnete Länge als Wert hat.

Wie Sie sehen, ist der Aufwand hierfür relativ groß im Vergleich zu einer »klassischen« Lösung, die einfach alle Werte in einer Schleife direkt aufsummiert. Diese Lösung ist im Anschluss zu der inject()-Methode im Listing 6.31 ebenfalls aufgeführt. Unabhängig von der gewählten Methode liefern beide das gleiche Ergebnis:

```
Gesamtlänge: 5620 km.
Gesamtlänge: 5620 km.
```

Hier sehen Sie, dass sich nicht alle Algorithmen prinzipiell durch eine Methode der Generic Collection Library for Java mit weniger Schreibaufwand lösen lassen. Es hängt sehr viel davon ab, ob bereits Prädikate vorliegen, die wieder verwendet werden können. Nur dann lassen sich die Algorithmen kompakt – sozusagen in einer Zeile – in den Sourcecode einfügen.

Es gibt in dieser Klasse noch eine weitere Gruppe von Methoden: forEach(). Die beiden Varianten dieser Methode forEach() sind eine eher überflüssige Beigabe dieser Klasse: Hier werden alle Elemente eines Containers oder Bereichs aus Iteratoren durchlaufen und für jedes Element wird eine unäre Funktion mit dem Element als Argument aufgerufen. Dummerweise wird der Rückgabewert der unären Funktion nirgends weiter verarbeitet. Sicherlich lässt sich die Funktionalität der forEach()-Methode einfacher realisieren.

6.3.6 Mengenoperationen für Sequenzen in JGL

In der Klasse

SetOperations des Packages com.objectspace.jgl.algorithms

befinden sich einige Methoden, mit denen Mengenoperationen auf beliebige Container angewendet werden können. Die einzige Voraussetzung ist, dass die Elemente in einer sortierten Reihenfolge von den Iteratoren der Container geliefert werden. Um die Elemente zu vergleichen, benötigen alle Algorithmen der Klasse *SetOperations* einen Comparator. Standardmäßig wird der *HashComparator* verwendet. Wichtig ist, dass die Sortierreihenfolge der Elemente in den Containern dem verwendeten Comparator entspricht. Wird eine Mengenoperation, z.B. das Bilden der Schnittmenge, auf zwei Container angewendet, deren Zahlen aufsteigend sortiert sind, muss der *LessNumber*-Comparator benutzt werden. Listing 6.32 zeigt ein Beispiel.

6.3 Auswerten von Containern

```java
private static final float[] numbers = { 4.5f, 3.1f, -10.4f, 4f};

private static void setOperations() {
  Sequence s1 = new FloatArray(numbers);
  Sequence s2 = new FloatBuffer(numbers);
  s2.pushFront(new Float(1.7f));   // Ein weiteres Element.
  Shuffling.randomShuffle(s1);     // Mische die Listen.
  Shuffling.randomShuffle(s2);

  BinaryPredicate less = new LessNumber();

  System.out.println("s1: " + s1);
  System.out.println("s2: " + s2);

  // Die Listen sind nicht sortiert, deshalb falsches Ergebnis:
  Sequence s = new DList();
  SetOperations.setIntersection(s1, s2,
      new InsertIterator(s), less);
  System.out.println("falsch, s: " + s);

  Sorting.sort(s1, less);
  Sorting.sort(s2, less);

  // Die Listen sind jetzt sortiert, deshalb richtiges Ergebnis:
  s.clear(); // Nicht vergessen, den Container zu leeren.
  SetOperations.setIntersection(s1, s2,
      new InsertIterator(s), less);
  System.out.println("richtig, s: " + s);
}
```

Listing 6.32: Mengenoperationen für Sequenzen in JGL am Beispiel der Durchschnittsmenge

Die vier Zahlen in dem Array numbers werden sowohl in den Container s1 wie auch in s2 eingefügt. s2 erhält zusätzlich noch die Zahl 1,7. Nun werden beide Container gemischt, damit die Reihenfolge der Elemente in beiden Containern zufällig ist. Das Ergebnis der Schnittmenge SetOperations.setIntersection() wird in die Sequences durch einen InsertIterator eingefügt. Die Ausgabe zeigt, dass das Ergebnis falsch ist:

```
s1: float[]( 3.1, -10.4, 4.0, 4.5 )
s2: FloatBuffer( 4.0, 3.1, -10.4, 4.5, 1.7 )
falsch, s: DList( 4.0, 4.5 )
richtig, s: DList( -10.4, 3.1, 4.0, 4.5 )
```

Erst nachdem beide Listen sortiert sind, liefert setIntersection() zusammen mit dem Prädikat less das richtige Ergebnis.

In der Klasse *SetOperations* gibt es Mengenoperationen zum Bilden der Schnittmenge setIntersection(), der Vereinigungsmenge setUnion(), der Differenz setDifference() sowie der symmetrischen Differenz setSymmetricDifference() zweier Mengen. Außerdem lässt sich mit includes() abfragen, ob eine Menge in einer anderen enthalten ist.

Da alle Algorithmen auch einen Bereich aus zwei Iteratoren verarbeiten, lassen sich damit Untermengen bearbeiten. Besonders zwischen Mengen der Klasse *OrderedSet*, deren Elemente als Nebeneffekt des Suchbaums beim Durchlaufen mit einem Iterator sortiert ausgegeben werden, lassen sich diese Algorithmen einfach anwenden.

6.4 Verändern von Containern mit JGL

Im Gegensatz zum Collections Framework gibt es unter JGL die Möglichkeit, über unäre Funktoren die Elemente eines Containers neu zu berechnen. In diesem Kapitel wollen wir Ihnen einige Möglichkeiten dafür zeigen.

6.4.1 Ersetzen von Elementen in JGL

Austauschen von Objekten mit berechneten Elementen

In der Klasse

> *Transforming* des Packages *com.objectspace.jgl.algorithms*

gibt es Methoden, mit denen über einen unären Funktor die Elemente eines Containers ausgetauscht werden. Jedes Element wird durch ein neues, vom Funktor berechnetes Objekt ersetzt.

Die Methode `collect()` erwartet einen Container oder einen Bereich aus zwei Iteratoren sowie das unäre Prädikat als Argument. Sie gibt einen neuen Container vom gleichen Typ zurück, der die Änderungen enthält. Die `transform()`-Methode hingegen fügt die Ergebnisse der Berechnung an einen neuen Container an. Es können sowohl ein wie auch zwei Container bearbeitet werden – bei zwei Containern wird eine binäre Funktion erwartet, die die Elemente beider Container verknüpft. Im Listing 6.33 sind einige Beispiele für die verschiedenen Varianten gezeigt.

```
// Natives Array:
Container a = new IntArray(SecondExample.numbers);
System.out.println("a, Array: " + a);

// Teile Zahlen durch 2:
UnaryFunction div2 =
  new BindSecond(new DividesNumber(), new Float(2));

Container b = null;
try {
  // collect() mit nativen Arrays ist nicht möglich:
  b = Transforming.collect(a, div2);
}
catch (Exception e) {
  System.out.println(e);
```

```
}

// Hänge die berechneten Elemente an b an:
b = new DList();
Transforming.transform(a, b, div2);
System.out.println("b, Zahlen/2: " + b);

// Addiere auf jede Zahl die 1:
UnaryFunction add1 =
  new BindSecond(new PlusNumber(), new Integer(1));
Container c = Transforming.collect(b, add1);
System.out.println("c, Zahlen/2 + 1: " + c);

// Verändere das native Array direkt:
Transforming.transform(a, a.start(), div2);
System.out.println("a, Zahlen/2:  " + a);

// Addiere a und  b auf, hänge das Ergebnis an d an:
Container d = new Deque();
Transforming.transform(a, b, d, new PlusNumber());
System.out.println("d, Array/2 + Zahlen/2: " + d);
```
Listing 6.33: *Die verschiedenen Möglichkeiten, die Transform-Klasse zu nutzen*

In dem Container a wird das native Array des zweiten einführenden Beispiels gespeichert. Diese Zahlen wollen wir durch 2 teilen, wofür der zusammengesetzte Funktor div2 erzeugt wird. Der Versuch, mit der collect()-Methode eine Kopie des Containers a zu bekommen, schlägt fehl, da sich ein natives Array nicht kopieren lässt. Als Grund gibt JGL seltsamerweise an, dass die Elemente des Containers nicht durch clear() entfernt werden können. Die zweite Möglichkeit funktioniert: Es wird eine leere Liste in dem Container b angelegt und transform() aufgerufen. Diese Methode hängt die von div2 berechneten Elemente an b an. Da b leer ist, befinden sich nun alle Zahlen des Arrays geteilt durch 2 darin.

Da wir in b einen Container haben, der im Simme von collect() geklont werden darf, wird noch einmal die collect()-Methode aufgerufen – diesmal, um die Zahlen in b um 1 zu erhöhen. Dies wird durch die zusammengesetzte Funktion add1 erreicht.

Es ist auch möglich, die transform()-Methode auf denselben Container anzuwenden. Der Aufruf Transforming.transform(a, a.start(), div2) bewirkt, dass in dem nativen Array SecondExamples.numbers alle Zahlen durch 2 geteilt werden. Der Trick ist, dass als Zieliterator der Anfangsiterator desselben Containers, also a, angegeben wird.

Schließlich bleibt noch zu zeigen, wie zwei Container mit transform() bearbeitet werden: Hierzu werden die Zahlen aus a und b paarweise aufaddiert und im Zielcontainer d gespeichert. Die Ausgabe des Beispiels ist folgende:

```
a, Array: int[]( 1, 3, -2, 4, 3, 8, -4, 0, 1, 5, -2, 7, -6, 3, 3, -1, 3 )
com.objectspace.jgl.InvalidOperationException: cannot execute clear() on a native
array
b, Zahlen/2: DList( 0, 1, -1, 2, 1, 4, -2, 0, 0, 2, -1, 3, -3, 1, 1, 0, 1 )
c, Zahlen/2 + 1: DList( 1, 2, 0, 3, 2, 5, -1, 1, 1, 3, 0, 4, -2, 2, 2, 1, 2 )
a, Zahlen/2:  int[]( 0, 1, -1, 2, 1, 4, -2, 0, 0, 2, -1, 3, -3, 1, 1, 0, 1 )
d, Array/2 + Zahlen/2: Deque( 0, 2, -2, 4, 2, 8, -4, 0, 0, 4, -2, 6, -6, 2, 2, 0,
2 )
```

Zum Abschluss dieses Kapitels soll noch gezeigt werden, wie über den Mechanismus der inneren Klassen die `transform()`-Methode wie eine Schleife formuliert wird. Es soll an alle Züge der Miniwelt je ein Waggon angehängt werden. Normalerweise würde man wohl in einer while-Scheife, z. B. mit einem Iterator, alle Züge durchlaufen und die Objekte direkt verändern. Listing 6.34 zeigt das Beispiel in generischer Programmierweise.

```
Container trains = Miniworld.getAllTrainsJGL();
System.out.println("vorher: " + trains);

Transforming.transform(trains, trains.start(), new UnaryFunction() {
  public Object execute(Object o) {
    Train train = (Train) o;
    // Hänge einen neuen Waggon an den Zug an:
    Waggon waggon = new PassengerWaggon(train.getSize() + 1, 30);
    train.addWaggon(waggon);
    return train;   // Gib verändertes Objekt zurück.
  }
 }
);
System.out.println("nachher: " + trains);
```

Listing 6.34: Dieser `transform()`-Aufruf hängt an alle Züge der Miniwelt einen neuen Waggon an.

Innerhalb der `execute()`-Methode wird das übergebene Objekt o nach Train gecastet. An diesen Zug train wird der neue Waggon angehängt. Der Rückgabewert ist dasselbe Objekt, allerdings mit einem Waggon mehr. Hier die Ausgabe:

```
vorher: Array( RE-Zug: Albrecht, 6 Wagen, IC-Zug: Bach, 10 Wagen, ICE-Zug:
Beethoven, 12 Wagen, RE-Zug: Bismarck, 6 Wagen, IC-Zug: Goethe, 10 Wagen, IR-Zug:
Hegel, 8 Wagen, ICE-Zug: Schubert, 12 Wagen )
nachher: Array( RE-Zug: Albrecht, 7 Wagen, IC-Zug: Bach, 11 Wagen, ICE-Zug:
Beethoven, 13 Wagen, RE-Zug: Bismarck, 7 Wagen, IC-Zug: Goethe, 11 Wagen, IR-Zug:
Hegel, 9 Wagen, ICE-Zug: Schubert, 13 Wagen )
```

Es ist eine Frage des Geschmacks, ob diese Variante der »klassischen« Variante mit while-Schleife vorgezogen werden sollte. Zumindest lässt sich der Schreibaufwand durch die Verwendung der inneren Klasse in Grenzen halten.

Ersetzen von Elementen mit Konstanten

Anders als die Methoden der Klasse *Transforming* bietet die Klasse

> *Replacing* des Packages com.objectspace.jgl.algorithms

Methoden in etlichen Varianten, mit denen sich Elemente entweder durch den Vergleich zu einem anderen oder durch die Auswahl eines unären Prädikats mit einem bestimmten Objekt ersetzen lassen. Da es sich dabei immer um ein und dasselbe Objekt handelt, kann dieses neue Element als eine Art Konstante aufgefasst werden.

In der einfachsten Form ersetzten die Varianten der Methode replace() ein Objekt durch ein anderes, das diesem gemäß der equals()-Methode gleicht. Diese Funktionalität bietet bereits das *Sequence*-Interface und – wenn keine Duplikate erlaubt sind – die Methode put() des Interfaces *Set*. Die Methode replaceIf() hingegen wählt die zu ersetzenden Elemente durch ein unäres Prädikat aus. Schließlich gibt es für beide Fälle, remove() und removeIf(), noch die Möglichkeit, die Elemente einschließlich ihrer Ersetzungen in einen anderen Container zu kopieren, wobei der ursprüngliche Container unverändert bleibt.

Als das alles umfassende Beispiel sollen die Zahlen des nativen Arrays SecondExample.numbers so verändert werden, dass alle Zahlen < 0 durch 0 selbst ersetzt werden und das Ergebnis in dem Container d gespeichert ist (siehe Listing 6.35).

```
Container a = new IntArray(SecondExample.numbers);
System.out.println("a vorher: " + a);

Container d = new Array();
// Ersetze alle Zahlen < 0 mit 0, Ergebnis in d:
Replacing.replaceCopyIf(a, d, new NegativeNumber(), new Integer(0));

System.out.println("a nachher: " + a);
System.out.println("d: " + d);
```

Listing 6.35: *Das Ersetzen aller Zahlen, die kleiner als 0 sind, durch 0.*

Die Methode replaceCopyIf() erledigt diese Aufgabe, wie die folgende Ausgabe zeigt:

```
a vorher:  int[]( 1, 3, -2, 4, 3, 8, -4, 0, 1, 5, -2, 7, -6, 3, 3, -1, 3 )
a nachher: int[]( 1, 3, -2, 4, 3, 8, -4, 0, 1, 5, -2, 7, -6, 3, 3, -1, 3 )
d: Array( 1, 3, 0, 4, 3, 8, 0, 0, 1, 5, 0, 7, 0, 3, 3, 0, 3 )
```

Das ursprüngliche Array SecondExample.numbers ist unverändert geblieben.

6.4.2 Füllen und Kopieren von Listen im Collections Framework

Die Klasse

Collections im Package *java.util*

stellt noch zwei weitere Methoden für Listen bereit, die Methode copy() und fill(). Diese wollen wir im Folgenden besprechen.

Die copy-Methode Die Methode copy(List dest, List src) kopiert alle Elemente von src nach dest. Die kopierten Elemente in der Zielliste dest erhalten die gleiche Listenposition wie in der Quellliste src. Die Einträge der Zielliste werden dabei überschrieben. Voraussetzung für eine fehlerfreie Ausführung ist, dass die Zielliste mindestens gleich lang ist wie die Quellliste, andernfalls kommt es zu einer *IndexOutOfBoundsException*. Ist die Zielliste jedoch länger als die Quellliste, dann bleiben die nicht überschriebenen Elemente der Zielliste erhalten. Die Zielliste dest darf natürlich kein Read-Only-Container sein, sonst kommt es zu einer *UnsupportedOperationException*.

Listing 6.36 zeigt das Kopieren einer Liste src in eine Liste dest. Die Quellliste src enthält fünf und die Zielliste dest sieben Einträge.

```java
List src = new ArrayList();
List dest = new ArrayList();

for (int i1 = 0; i1 < 5; i1++)
  src.add(new String("src_" + i1));

for (int i2 = 0; i2 < 7; i2++)
  dest.add(new String("dest_" + i2));

System.out.println("Listen vor dem Kopieren:");
System.out.println("src  " + src);
System.out.println("dest " + dest);

try{
  Collections.copy(dest, src);
}
catch (IndexOutOfBoundsException e) {
  System.out.println(e);
}
catch (UnsupportedOperationException e) {
  System.out.println(e);
}

System.out.println("\nListen nach dem Kopieren:");
System.out.println("src  " + src);
System.out.println("dest " + dest);
```

Listing 6.36: Kopieren von Listen

Die Ausgabe des Programms lautete:

```
Listen vor dem Kopieren:
src [src_0, src_1, src_2, src_3, src_4]
dest [dest_0, dest_1, dest_2, dest_3, dest_4, dest_5, dest_6]

Listen nach dem Kopieren:
src [src_0, src_1, src_2, src_3, src_4]
dest [src_0, src_1, src_2, src_3, src_4, dest_5, dest_6]
```

Die Ausgabe zeigt, dass die Einträge der Quellliste die der Zielliste an den entsprechenden Listenpositionen überschrieben haben. Die Einträge dest_5 und dest_6 blieben der Zielliste erhalten, da die Quellliste zwei Einträge weniger als die Zielliste besitzt.

Die fill()-Methode Die Methode fill(List list, Object o) füllt eine Liste mit dem übergebenen *Object* o, indem alle Einträge der Liste durch das gleiche Objekt ersetzt werden. Listing 6.37 verdeutlicht dies an einer Liste mit sieben *Integer* Zahlen.

```
List list = new ArrayList();

for (int i = 0; i < 7; i++)
  list.add(new Integer(i));

System.out.println("Listen vor der fill-Methode:");
System.out.println(list);

try {
  Collections.fill(list, new String("Eintrag"));
}
catch (UnsupportedOperationException e) {
  System.out.println(e);
}

System.out.println("\nListen nach der fill-Methode:");
System.out.println(list);
```
Listing 6.37: Füllen einer Liste mit einem Objekt

Die Ausgabe des Programms lautet:

```
Listen vor der fill-Methode:
[0, 1, 2, 3, 4, 5, 6]

Listen nach der fill-Methode:
[Eintrag, Eintrag, Eintrag, Eintrag, Eintrag, Eintrag, Eintrag]
```

Die Ausgabe des Programms zeigt, dass alle sieben Einträge der Liste durch das gleiche String-Objekt »Eintrag« ersetzt wurden.

Die Methode fill() bewirkt eine *UnsupportedOperationException*, falls es sich bei der übergebenen Liste um einen Read-Only-Container handelt.

6.4.3 Löschen von Elementen mit Algorithmen in JGL

In der Klasse

Removing des Packages *com.objectspace.jgl.algorithms*

sind etliche Methoden zum Löschen von Elementen enthalten. Die Klasse ist wie viele der JGL-Algorithmen eine Adaption des entsprechenden STL-Algorithmus'. Da in JGL das Löschen von Elementen in ausreichender Form in jedem Container möglich ist, hat diese Klasse an Bedeutung verloren. Der Vollständigkeit halber möchten wir Sie kurz vorstellen.

Der wichtigste Unterschied zu den remove()-Methoden der Container ist, dass die Methoden der *Removing*-Klasse die Größe des Containers unverändert lassen. Dieses merkwürdig anmutende Prinzip wurde am Beispiel der Filtering.unique()-Methode im Kapitel 4.3.1 Die Algorithmen im Schnelldurchlauf bereits erläutert. Werden *k* Elemente über die *Removing*-Klasse gelöscht, ist anschließend der Zustand der letzten *k* Elemente undefiniert. Der zurückgegebene Iterator, nennen wir ihn newEnd, zeigt auf das erste undefinierte Element, also auf das ($n - k + 1$)-te Element. Falls Sie nun die undefinierten Elemente tatsächlich entfernen möchten, rufen Sie die remove()-Methode des Containers selbst auf, die einen Bereich aus Iteratoren erwartet. Für die bedingte Variante removeIf() gibt Listing 6.38 ein Beispiel.

```
Sequence a = new Array();
a.add("Ich werde nicht gelöscht.");
a.add("Ich werde gelöscht.");
a.add("Ich werde nicht gelöscht.");
a.add("Ich werde gelöscht.");

System.out.println("a vorher:  " + a);

// Alle Strings, deren Länge kleiner 22 ist:
BinaryPredicate less =
  new BinaryComposePredicate(new LessNumber(),
    new LengthString(), new IdentityFunction());
UnaryPredicate up = new BindSecondPredicate(less, new Integer(22));

// Lösche alle Elemente, die up genügen:
ForwardIterator newEnd = Removing.removeIf(a, up);
a.remove(newEnd, a.finish());

System.out.println("a nachher:  " + a);
```

Listing 6.38: *Ein Beispiel, das alle Strings aus dem Container* a *entfernt, die kürzer als 22 Zeichen sind*

Um das Beispiel nicht zu langweilig zu gestalten, werden alle Strings in dem Container a gelöscht, deren Länge kleiner als 22 Zeichen ist. Dazu sind zwei verschachtelte Prädikate nötig. Das zweite, up, ruft das erste Prädikat, less, mit der Zahl 22 als konstantem, zweiten Parameter auf. less ist ein zusammengesetztes Prädikat, das zwei Zahlen mit dem binären Prädikat LessNumber() miteinander vergleicht. Da aber nicht direkt Zahlen, sondern die Länge eines Strings verglichen werden soll, wird zuvor mit LengthString() die Länge errechnet. Die IdentityFunction() gibt einfach das Argument, also die Zahl 22 zurück. Verwirrt? Hier ist eine kompakte Darstellung: Sei x das Argument des unären Prädikats, dann ist der Rückgabewert *LessNumber(LengthString(x), 22)*. Generische Programmierung ist eben Gewöhnungssache. Hier die Ausgabe:

```
a vorher:   Array( Ich werde nicht gelöscht., Ich werde gelöscht., Ich werde nicht
gelöscht., Ich werde gelöscht. )
a nachher:  Array( Ich werde nicht gelöscht., Ich werde nicht gelöscht. )
```

Der Iterator newEnd zeigt auf das neue Ende des Containers. Erst der Aufruf von a.remove(newEnd, a.finish()) entfernt die restlichen, undefinierten Elemente aus dem Container a.

Die remove()-Methoden arbeiten nur mit einer *Sequence* – bei dem Versuch, Objekte aus einem anderen Container zu löschen, wird eine Exception erzeugt.

Es gibt in Anlehnung an die replaceCopy()- bzw. replaceCopyIf()-Methoden auch in der Klasse *Removing* Methoden, die den ursprünglichen Container unverändert lassen und stattdessen die nicht gelöschten Elemente in einen anderen Container bzw. eine andere Sequenz kopieren. Sie heißen entsprechend removeCopy() bzw. removeCopyIf().

6.4.4 Austauschen aller Elemente zweier Container in JGL

Zum Abschluss wollen wir noch erwähnen, dass sich mit der Klasse

> *Swapping* des Packages *com.objectspace.jgl.algorithms*

Elemente zweier Container austauschen lassen. Die Methode iterSwap(ForwardIterator fi1, ForwardIterator fi2) tauscht die Elemente aus, auf die fi1 und fi2 verweisen. Es ist natürlich möglich, dass beide Iteratoren zu demselben Container gehören.

Die Methoden swapRanges() tauschen komplette Container oder einen Bereich aus, der durch zwei Iteratoren markiert wird. Dabei muss gewährleistet sein, dass entweder beide Container oder die Bereiche gleich groß sind.

6.5 Eigene Erweiterungen

In diesem Kapitel werden eigene Erweiterungen der algorithmischen Möglichkeiten vorgestellt. Zuerst möchten wir ein unäres Prädikat für das Collections Framework besprechen und anschließend möchten wir das Filtern von Elementen mit Iteratoren unter JGL zeigen.

6.5.1 Unäre Prädikate mit dem Collections Framework

Über die Praxistauglichkeit generischer Programmierung lässt sich sicherlich streiten. Ab welcher Verschachtelungstiefe von Prädikaten Quellcode endgültig unleserlich wird, ist eine Frage, die von Programmierern unterschiedlich bewertet wird. Oft wird die explizite Ausformulierung von Schleifen den verschachtelten Funktionsaufrufen mit komplizierten Parametrierungen vorgezogen.

Listing 6.39 zeigt ein kompliziertes Beispiel generischer Programmierung mit JGL-Prädikaten. Die Aufgabe ist es, alle Strings mit weniger als 22 Zeichen aus einem Container zu löschen. Um diese Aufgabe mit JGL-Prädikaten zu lösen, ist ein beachtlicher Aufwand notwendig.

```
BinaryPredicate less =
  new BinaryComposePredicate(new LessNumber(),
    new LengthString(), new IdentityFunction());
UnaryPredicate up = new BindSecondPredicate(less, new Integer(22));

// Lösche alle Elemente, die up genügen:
ForwardIterator newEnd = Removing.removeIf(a, up);
a.remove(newEnd, a.finish());
```

Listing 6.39: Löscht alle Strings aus einem JGL- Container, die kleiner als 22 Zeichen sind

In vielen Fällen ist ein solcher Quellcodeausschnitt nur noch für den Autor und den Compiler ohne Mühe zu interpretieren. Betrachten wir die Lösung der gleichen Aufgabe durch eine einzelne Schleife, so wird wohl jeder Programmierer zustimmen, dass neben der besseren Performance die Lesbarkeit enorm verbessert wird.

```
Iterator i = a.iterator();

while (i.hasNext())
  if (((String) i.next()).length() < 20)
    i.remove();
```

Listing 6.40: Löscht alle Strings aus einem Collection-Container, die kleiner als 22 Zeichen sind

Dies ist wohl auch einer der Gründe, weshalb SUN den Einsatz von verschiedenen Prädikaten nicht in das Algorithmen-Konzept des Collections Frameworks aufgenommen hat. Es wurde lediglich ein binäres Prädikat, der *Comparator,* als Vergleichsobjekt zweier Elemente eingeführt.

Ohne gleich einer komplexen generischen Programmierung fürsprechen zu wollen, wäre es für mancherlei Aufgabe wünschenswert, über den Mechanismus unärer Prädikate verfügen zu können. In ähnlicher Mannigfaltigkeit wie Comparatoren lassen sich unäre Prädikate für eine Reihe von Aufgaben einsetzen. Eine häufig gestellte Aufgabe ist das Filtern von Einträgen aus Containern, die mittels unärer Prädikate auf elegante

6.5 Eigene Erweiterungen

Weise gelöst werden kann. Es bleibt zu hoffen, dass in einer der nächsten JDK-Versionen das Collections Framework um ein entsprechendes Interface mit zugehörigen Algorithmen erweitert wird.

Im Folgenden soll eine proprietäre Lösung eines unären Prädikats für das Collections Framework vorgestellt werden. Den Einsatz von unären Prädikaten werden wir anhand zweier Beispiele zeigen.

Grundlage unseres unären Prädikates ist das Interface *Selector*. Ein *Selector* stellt nur die Methode `isMember(Object o)` bereit, die als Parameter ein *Object* erwartet und als Rückgabewert ein *boolean* liefert. Eine implementierende Klasse hat in der Methode `isMember()` zu entscheiden, ob das übergebene *Object* o der vom *Selector* gestellten Anforderung genügt.

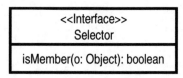

Abbildung 6.3: *Eine Möglichkeit, ein unäres Prädikat für das Collections Framework zu definieren*

Listing 6.41 zeigt den Quellcode des Interfaces *Selector*. Zu bemerken ist, dass die Methode `isMember()` im Falle eines nicht auswertbaren Arguments eine *ClassCastException* hervorruft.

```
public interface Selector {
  /*
   * @return true, falls o zu der Auswahl gehört.
   */
  public boolean isMember(Object o) throws ClassCastException;
}
```

Listing 6.41: *Das Interface Selector*

Neben dem Interface *Selector* werden Methoden benötigt, mit denen unäre Prädikate auf Containerklassen des Collections Frameworks angewandt werden können. Abbildung 6.4 zeigt die Klasse *Selectors*, welche für die unterschiedlichen Containertypen des Collections Frameworks je eine `select()`-Methode bereitstellt. Die statischen Methoden erwarten einen Container sowie einen *Selector* als Argument. Der Rückgabewert ist ein neuer Container vom Typ des Methodennamens, der alle Elemente enthält, die der übergebene *Selector* aus dem Container c als Mitglied identifiziert.

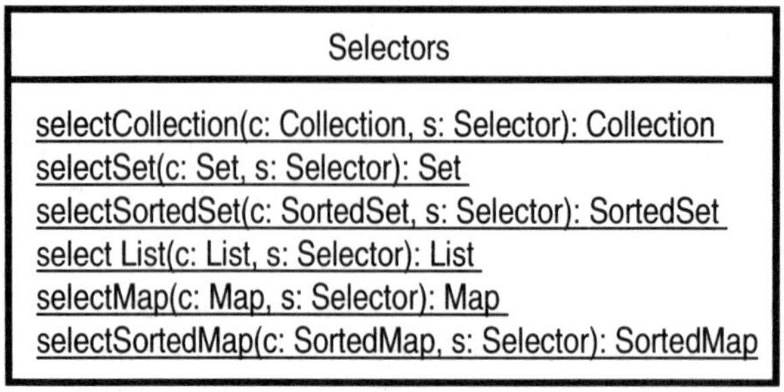

Selectors
selectCollection(c: Collection, s: Selector): Collection
selectSet(c: Set, s: Selector): Set
selectSortedSet(c: SortedSet, s: Selector): SortedSet
select List(c: List, s: Selector): List
selectMap(c: Map, s: Selector): Map
selectSortedMap(c: SortedMap, s: Selector): SortedMap

Abbildung 6.4: Die selbst geschriebene Klasse Selectors

Listing 6.42 zeigt die zugehörige Implementierung der Klasse *Selectors*.

```
import java.util.*;
import java.util.Map.*;

public class Selectors {

  /*
   * Filtert eine Collection mit einem Selector.
   * @Parameters c - Collection-Container.
   * @Parameters s - Selector.
   * @return Das Filterergebnis als Collection.
   */
  public static Collection selectCollection(Collection c, Selector s)
                  throws ClassCastException {
    Collection aim = new ArrayList();
    select(c.iterator(), aim, s);
    return aim;
  }

  /*
   * Filtert eine Set mit einem Selector.
   * @Parameters c - Set-Container.
   * @Parameters s - Selector.
   * @return Das Filterergebnis als Set.
   */
  public static Set selectSet(Set c, Selector s)
                  throws ClassCastException {
    Set aim = new HashSet();
    select(c.iterator(), aim, s);
    return aim;
  }

  /*
   * Filtert eine SortedSet mit einem Selector.
   * @Parameters c - SortedSet-Container.
```

6.5 Eigene Erweiterungen

```
 * @Parameters s - Selector.
 * @return Das Filterergebnis als SortedSet.
 */
public static SortedSet selectSortedSet(SortedSet c, Selector s)
                    throws ClassCastException {
  SortedSet aim = new TreeSet();
  select(c.iterator(), aim, s);
  return aim;
}


/*
 * Filtert eine List mit einem Selector.
 * @Parameters c - List-Container.
 * @Parameters s - Selector.
 * @return Das Filterergebnis als List.
 */
public static List selectList(List c, Selector s)
                    throws ClassCastException {
  List aim = new ArrayList();
  select(c.iterator(), aim, s);
  return aim;
}


/*
 * Filtert eine Map mit einem Selector.
 * Der Selector erhält als Parameter einen Map.Entry-Eintrag.
 * @Parameters c - Map-Container.
 * @Parameters s - Selector.
 * @return Das Filterergebnis als Map.
 */
public static Map selectMap(Map c, Selector s)
                    throws ClassCastException {
  Map aim = new HashMap();
  select(c.entrySet().iterator(), aim, s);
  return aim;
}


/*
 * Filtert eine SortedSet mit einem Selector.
 * Der Selector erhält als Parameter einen Map.Entry-Eintrag.
 * @Parameters c - SortedSet-Container.
 * @Parameters s - Selector.
 * @return Das Filterergebnis als SortedSet.
 */
public static SortedMap selectSortedSet(SortedMap c, Selector s)
                              throws ClassCastException {
  SortedMap aim = new TreeMap();
  select(c.entrySet().iterator(), aim, s);
  return aim;
}
```

```
/*
 * Private Methode, die die Filteroperation für Collection-
 * Container ausführt.
 */
private static void select(Iterator i,Collection c, Selector s)
                                    throws ClassCastException {
  Object o = null;

  while (i.hasNext()) {
    o = i.next();
    if (s.isMember(o))
      c.add(o);
  }
}

/*
 * Private Methode, die die Filteroperation für Map-
 * Container ausführt.
 */
private static void select(Iterator i, Map m, Selector s)
                                    throws ClassCastException {
  Entry o = null;

  while (i.hasNext()) {
    o = (Map.Entry) i.next();
    if (s.isMember(o))
      m.put(o.getKey(), o.getValue());
  }
}
```

Listing 6.42: Die Klasse Selectors definiert Select-Methoden für Selektoren.

Betrachten wir im Folgenden den Einsatz von unären Prädikaten. Der erste *Selector* NEGATIVE_NUMBER soll aus einem Container negative Zahlen identifizieren. Listing 6.43 zeigt die Definition des Selectors. Handelt es sich bei dem übergebenen Object c um eine Zahl, so wird sie auf kleiner null überprüft. Alle anderen Objekte liefern *false* zurück. Dieser Selector kann auf beliebige Objekte angewendet werden, es werden stets nur negative Zahlen unabhängig vom Datentyp als Mitglied anerkannt.

```
/**
 * Unäres Prädikat, um negative Zahlen zu identifizieren.
 */
public static final Selector NEGATIVE_NUMBER = new Selector() {
  /**
   * return true, falls das Object o kleiner null ist.
   */
  public boolean isMember(Object o) {
    if ( o instanceof Number)
      if (((Number) o).doubleValue() < 0)
        return true;
```

6.5 Eigene Erweiterungen

```
      return false;
    }
};
```
Listing 6.43: Selector zur Selektion von negativen Zahlen

Listing 6.44 zeigt ein kleines Testprogramm, das negative Integer-Zahlen aus einem Container extrahiert. Die eigentliche Extraktion der Zahlen erfolgt durch die Methode `selectSet()`, die als Argument eine *Set* von Zahlen sowie den *Selector* NEGATIVE_NUMBER erhält.

```
Set source = new HashSet();
for (int i = -8; i <= 8; i++)
  source.add(new Integer(i));

System.out.println(source);

Set aim = Selectors.selectSet(source, NEGATIVE_NUMBER);

System.out.println(aim);
```
Listing 6.44: Extrahieren von negativen Zahlen

Als Ausgabe des Programms erscheint:

```
[-1, -2, -3, -4, -5, -6, -7, -8, 8, 7, 6, 5, 4, 3, 2, 1, 0]
[-1, -2, -3, -4, -5, -6, -7, -8]
```

Als zweites Beispiel betrachten wir die Lösung einer Aufgabe aus dem umfangreichen Beispiel des Kapitels 1.2.4 *Ein umfangreicheres Beispiel aus der Praxis*. Es sollten aus einer Liste von Zugverbindungen all diejenigen herausgefiltert werden, die von einer vorzugebenden Stadt ausgehen. Um nicht für jede Stadt einen eigenen *Selector* schreiben zu müssen, kann dem Konstruktor des *Selectors* RouteCityFilter eine Stadt als Argument übergeben werden, für welche die Selektion vorgenommen wird.

```
/**
 * Unäres Prädikat zur Selektion von Zugverbindungen aus
 * einer Stadt.
 */
class RouteCityFilter implements Selector {
  private City city;

  /**
   * Konstruktor
   * @param city - zu selektierende Stadt.
   */
  public RouteCityFilter(City city) {
    this.city = city;
  }

  /**
```

```
    * return true falls die Zugverbindung in der Stadt beginnt.
    */
   public boolean isMember(Object o) {
     Route route = ((RouteTimeTrain) o).getRoute();
     City city = route.getDepartureCity();
     return this.city.equals(city);
   }
 }
```
Listing 6.45: Selector zur Selektion von Zugverbindungen aus einer Stadt

Die Methode isMember() erwartet als Argument ein *Object* vom Typ *RouteTimeTrain*, andernfalls kommt es zu einer *ClassCastException*.

Die Filterung der Zugverbindungen wird durch die selectList() Methode der Klasse *Selectors* durchgeführt. Neben der Liste von Verbindungen wird der Methode eine Instanz der *Selector*-Klasse *RouteCityFilter* übergeben, die ihrerseits eine *City* als Argument erwartet.

```
   List kassel = Selectors.selectList(rtt,
              new RouteCityFilter(new City("Kassel")));
```
Listing 6.46: Filterung von Zugverbindungen einer Stadt

In Verbindung mit den Mengenoperationen des Collections Frameworks wie addAll(), containsAll(), removeAll() und retainAll() wird aus dem vorgestellten Konzept eines einfachen unären Prädikats ein flexibel einsetzbares Konstrukt. Es bleibt abzuwarten, ob SUN in einer der nächsten Versionen des JDKs das Konzept des unären Prädikats einführt. Die select()-Methoden der Klasse *Selectors* sollte dann in der Klasse *Collections* untergebracht sein.

6.5.2 Filtern von Elementen als Iteratorsicht unter JGL

In der Klasse *Filtering* von JGL finden sich Methoden zum Filtern von Elementen in einem Container. Die zwei Methoden

```
   select(Container c, UnaryPredicate up): Container
   select(InputIterator from, InputIterator to, UnaryPredicate up): Container
```

bewerkstelligen genau diese Aufgabe. Allerdings geben beide Methoden einen Container zurück, der laut Anforderung vom gleichen Typ ist wie der Parameter c. Keine Methode liefert einen Iterator als Sicht auf die gefilterten Elementen. Wie wir in Kapitel 6.3.4 *Filtern von Elementen* gesehen haben, kommt es sogar zu einer Exception, wenn es sich bei dem übergebenen Container um eine Wrapperklasse für ein natives Array handelt.

In diesem Kapitel möchten wir Ihnen deshalb zeigen, wie auch ein natives Array – und natürlich auch andere Container – durch eine Iteratorsicht gefiltert werden. Fangen wir mit einem Beispiel an (siehe Listing 6.47):

6.5 Eigene Erweiterungen

```
Container a = new IntArray(SecondExample.numbers);
System.out.println("Array vorher:  " + a);
ForwardIterator fi = MyFiltering.select(a, new NegativeNumber());

while (fi.hasMoreElements()) {
  Integer i = (Integer) fi.get();
  System.out.println(" " + i);
  if (i.equals(new Integer(-4)))
    fi.put(new Integer(999));
  fi.advance();
}

System.out.println("Array nachher: " + a);
```
Listing 6.47: Eine logische Sicht auf ein gefiltertes natives Array

In unserer eigenen Klasse `MyFiltering` haben wir eine Methode `select()`, die identisch mit der aus *Filtering* ist bis auf die Ausnahme, dass sie einen *ForwardIterator* zurückliefert. Dieser Iterator `fi` erzeugt beim Durchlaufen die folgende Ausgabe.

```
Array vorher:  int[]( 1, 3, -2, 4, 3, 8, -4, 0, 1, 5, -2, 7, -6, 3, 3, -1, 3 )
 -2
 -4
 -2
 -6
 -1
Array nachher: int[]( 1, 3, -2, 4, 3, 8, 999, 0, 1, 5, -2, 7, -6, 3, 3, -1, 3 )
```

Als natives Array wurde das aus dem zweiten einführenden Beispiel (siehe Listing 1.4 auf Seite 5) genommen. Das vordefinierte Prädikat `NegativeNumber` gibt *true* für Zahlen kleiner null zurück. Wie die Ausgabe zeigt, verweist der Iterator tatsächlich nur auf die negativen Zahlen des Arrays. Zeigt der Iterator auf die Zahl -4, dann ersetzen wir diese Zahl mit 999 mittels der `put()`-Methode. Die letzte Zeile zeigt, dass in dem nativen Array die Zahl -4 durch 999 ersetzt wurde. Dies bedeutet, dass der zurückgegebene Iterator tatsächlich auf die ursprünglichen Elemente verweist.

Ein Blick hinter die Kulissen der Klasse `MyFiltering` zeigt, dass die Klasse `FilterIterator` einen solchen Iterator erzeugt (siehe Listing 6.48).

```
public class MyFiltering {
  ...
  public static ForwardIterator select(Container c, UnaryPredicate up) {
    return new FilterIterator(c, up);
  }
  ...
  public static ForwardIterator select(InputIterator from,
    InputIterator to, UnaryPredicate up) {
    return new FilterIterator(from, to, up);
```

            }
        ...
    }

Listing 6.48: Die Methoden der Klasse MyFiltering

Die Methode haben wir in Anlehnung an die Klasse *Filtering* in zwei Ausprägungen implementiert. Eine erwartet einen Container, die andere zwei Iteratoren, die einen Bereich markieren.

ViewIterator

Bevor die Klasse *FilterIterator* selbst erklärt wird, werfen wir einen Blick auf die anderen Klassen, die es in ihrem Zusammenhang gibt. Im Kapitel 6.2.3 *Ändern der logischen Reihenfolge von Elementen in JGL* wurde gezeigt, wie in der Generic Collection Library for Java mit den Methoden iterSort() ein Container logisch umsortiert wird, ohne dass die Reihenfolge seiner Elemente wirklich geändert wird. In Abbildung 6.1 auf Seite 366 wurde dies demonstriert. Dieser Ansatz soll hier auch verwendet werden, um den vorgestellten *FilterIterator* zu realisieren.

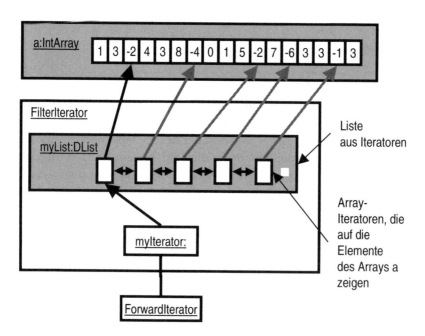

Abbildung 6.5: Die Klassen, die an der Realisierung einer Iteratorsicht zum Filtern von Elementen in einem Container zuständig sind

6.5 Eigene Erweiterungen

Grundlage für einen *FilterIterator* ist ein Iteratortyp, der ganz analog zu JGLs *IteratorIterator* intern einen weiteren Container besitzt, dessen Elemente Iteratoren sind, die auf die Elemente des eigentlichen Containers zeigen. Durch die Anpassung des internen Containers ist es möglich, eine beliebige Sicht auf den eigentlichen Container zu erlauben.

Abbildung 6.5 zeigt die Vorgehensweise: Die Elemente der internen Liste `myList` zeigen auf die Elemente, die für die Sicht von Bedeutung sind. Es wird über die interne Liste iteriert, die Methoden `get()` und `put()` verweisen aber auf die Elemente in dem Originalcontainer a.

```
public class ViewIterator extends EncapsulatedIterator {

    // In einer Liste werden die Iteratoren gespeichert:
    private DList myList = new DList();
...
}
```
Listing 6.49: In einer verketteten Liste werden die Iteratoren gespeichert.

```
public class ViewIterator extends EncapsulatedIterator {
...
    public Object get() {
      return ((ForwardIterator) getIterator().get()).get();
    }

    public Object get(int steps) {
      return ((ForwardIterator) getIterator().get(steps)).get();
    }

    public void put(Object o) {
      ((ForwardIterator) getIterator().get()).put(o);
    }

    public void put(int steps, Object o) {
      ((ForwardIterator) getIterator().get(steps)).put(o);
    }
...
}
```
Listing 6.50: Die Realisierung der `get()`- und `put()`-Methoden der Klasse ViewIterator

Nehmen wir die Methode `get()` als Beispiel: Zuerst wird mit der Anweisung `((ForwardIterator) getIterator().get()` das Element in der verketteten Liste erfragt, auf die `myIterator` zeigt. Die Methode `getIterator()` liefert den intern verwendeten Iterator zurück. Da dieses Element selbst wieder ein Iterator ist, der auf das zugehörige Element im Originalcontainer zeigt, liefert das nochmalige Aufrufen von `get()` das tatsächliche Element.

FilterIterator

Nach dieser Vorarbeit bleibt noch zu erwähnen, wie die richtigen Elemente in die verkettete Liste gelangen. Hierfür ist die Klasse FilterIterator von der Klasse ViewIterator abgeleitet. *ViewIterator* ist ein universeller IteratorIterator, der eine beliebige Sicht auf einen Container zulässt – ihn wollen wir als *FilterIterator* spezialisieren. Ein *FilterIterator* ist eine private Klasse innerhalb von *MyFiltering*, der nach außen nur durch das Interface *ForwardIterator* bekannt gegeben wird.

FilterIterator hat zwei Konstruktoren. Die eigentliche Arbeit wird in dem zweiten Konstruktor geleistet, der einen Bereich aus zwei Iteratoren als Parameter übergeben bekommt. Der erste Konstruktor wandelt einen Container in einen Bereich aus Iteratoren um und ruft den zweiten Konstruktor auf (siehe Listing 6.51).

```
public class MyFiltering {
...
  private static class FilterIterator extends ViewIterator {

    public FilterIterator(Container c, UnaryPredicate up) {
      this(c.start(), c.finish(), up);
    }

    public FilterIterator(InputIterator from, InputIterator to,
      UnaryPredicate up) {

      // Filtere den Container:
      while (!from.equals(to)) {
        Object o = from.get(); // Element, auf das Iterator zeigt.
        if (up.execute(o)) {   // Erfüllt Objekt das Kriterium?
          // Füge Iterator mit Position in die Liste ein:
          getList().add(from.clone());
        }
        from.advance();
      }
      setIterator(getList().start());
    }
  }
}
```

Listing 6.51: Die private Klasse FilterIterator

Innerhalb des zweiten Konstruktors wird der gesamte Bereich – also alle Elemente des Containers – durchlaufen und mit dem UnaryPredicate up geprüft, ob die Bedingung erfüllt ist. Ist dies der Fall, wird eine Kopie der Iteratorposition gemacht und dieser Iterator der internen Liste zugefügt (add(from.clone()). Abschließend wird der Iterator mit der Anweisung setIterator(getList().start()) auf die erste Position gesetzt.

6.5 Eigene Erweiterungen

Vererbungshierarchie

In Kapitel 5.12.1 *Read-Only-Sichten unter JGL* hatten wir angekündigt, dass der *EncapsulatedInputIterator* wieder verwendet wird – hier erfahren Sie, wie.

Ein *EncapsulatedInputIterator* kapselt einen *ForwardIterator* und schützt den assoziierten Container vor Veränderungen, indem er nur das Interface *InputIterator* implementiert. Ein *ViewIterator* arbeitet ebenfalls auf einem *ForwardIterator*, allerdings ist es kein externer Iterator, sondern der der internen Liste. Viele der gekapselten Methoden können jedoch aus *EncapsulatedInputIterator* übernommen werden. Eine Erweiterung ist aber noch nötig: Ein *ViewIterator* soll auch das Ändern seines Containers zulassen. Deshalb leiten wir von *EncapsulatedInputIterator* einen *EncapsulatedIterator* ab, der das *ForwardIterator*-Interface implementiert und somit auch put()-Methoden zur Verfügung stellt. Davon ist schließlich der *ViewIterator* abgeleitet. Abbildung 6.6 zeigt diesen Sachverhalt in einem UML-Klassendiagramm.

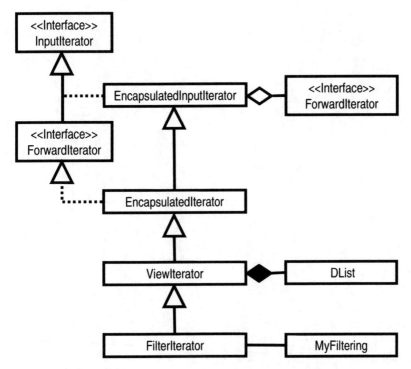

Abbildung 6.6: Die Klassen, die für die Realisierung einer Iteratorsicht zum Filtern von Elementen in einem Container zuständig sind

7 Spezielle Aspekte Javas

7.1 Objektserialisierung

Java stellt einen Mechanismus bereit, der die Serialisierung von Objekten als Byte-Strom, ihre persistente Speicherung, z.B. auf die Festplatte, und das Wiedereinlesen der gespeicherten Daten ermöglicht. Nicht nur einzelne Objekte, sondern auch komplette Grafen von Objekten lassen sich serialisieren. Hierbei findet Java selbstständig geschlossene Grafen, die, um Rekursionen zu vermeiden, für die Serialisierung getrennt und beim Einlesen wieder verknüpft werden.

Die Objektserialisierung kann für unterschiedliche Aufgaben genutzt werden: So lässt sich der aktuelle Zustand eines kompletten Applets speichern und bei Bedarf wieder herstellen. *RMI (Remote Method Invocation)* nutzt die Objektserialisierung, um Objekte über ein Netzwerk zu verteilen. Auch für das Speichern und Laden der Daten einer Java-Anwendung in eine Datei wird die Objektserialisierung verwendet. Für die Datenverwaltung wird nicht immer eine relationale oder objektorientierte Datenbank benötigt.

> Alle Containerklassen, die in diesem Buch beschrieben sind, lassen sich auf diese Art serialisieren.

Die Daten unserer *Miniworld* lassen sich beispielsweise direkt in Dateien speichern. Um alle Züge mit ihren Waggons zu sichern, genügt es, den Container, der die Züge enthält, in eine Datei zu schreiben. Der Container sichert alle enthaltenen Elemente der Reihe nach. Die Elemente, in unserem Beispiel die Züge, speichern ihre Daten, d.h. den Zugnamen und die Liste der Waggons. Auch die Waggons speichern ihrerseits ihre Daten.

Listing 7.1 zeigt das Speichern aller Züge mit ihren Waggons. Um den Container in ein File zu speichern, erzeugen wir eine Instanz von *ObjectOutputStream*, die wir mit einem *FileOutputStream* verknüpfen. Die eigentliche Serialisierung der Objekte wird durch die Methode `writeObject()` der Klasse *java.io.ObjectOutputStream* bewerkstelligt.

```
FileOutputStream outputStream;
ObjectOutputStream objectStream;
Collection train = Miniworld.getAllTrains();

try {
  outputStream = new FileOutputStream("Trains.disk");
  objectStream = new ObjectOutputStream(outputStream);

  // Serialisiert den Container.
  objectStream.writeObject(train);

  objectStream.flush();
  objectStream.close();
}
catch (FileNotFoundException e) {
  System.out.println(e);
}
catch (IOException e) {
  System.out.println(e);
}
```

Listing 7.1: Serialisieren eines Containers

Für die Serialisierung einer Klasse in Java stellt seine Klassenbibliothek ein so genanntes Markierungs-Interface, *Serializable,* bereit. Eine Klasse, die von den *ObjectOutputStream* bzw. *ObjectInputStream* serialisiert wird, muss dieses Interface implementieren. Der Name Markierungs-Interface besagt lediglich, dass dieses Interface weder Methoden noch Konstanten deklariert. Nach [Grand 1998] handelt es sich dabei um ein *Marker Interface* Entwurfsmuster. Es wird allein dazu verwendet, den Klassen *ObjectOutputStream* und *ObjectInputStream* mitzuteilen, dass der Programmierer einer Klasse dieselbe zur Serialisierung vorgesehen hat. Folglich sollte der Programmierer einige Denkarbeit darauf leisten, welche Variablen persistent und welche bei der Deserialisierung errechnet bzw. in Abhängigkeit der neuen Laufzeitumgebung neu zugewiesen werden sollen.

Wenn zum Beispiel eine Klasse einen Verweis auf ein Fenster der Anwendung enthält, so ist es wenig hilfreich, diese Fensterklasse mit zu serialisieren, weil nämlich die Klasse *java.awt.Frame* aktuelle Verweise auf Ressourcen des Betriebsystems verwaltet, die bei einem Neustart der Anwendung ihre Gültigkeit verlieren würden. Um mitzuteilen, dass eine Variable nicht serialisiert werden soll, sieht Java das Schlüsselwort *transient* vor. Transiente Variablen werden beim Deserialisieren mit ihren Standardwerten initialisiert.

Betrachten wir noch die Deserialisierung. Darunter wird die Rekonstruktion eines serialisierten Objektes aus seiner serialisierten Form verstanden. Alle von diesem Objekt referenzierten Objekte und ihre Verknüpfungen werden in der aktuellen Laufzeitumgebung rekonstruiert. Die konkrete Vorgehensweise, um ein Objekt wiederherzustellen, in unserem Fall die Liste aller Züge, ist in Listing 7.2 dargestellt.

```
FileInputStream inputStream;
ObjectInputStream objectStream;

try {
    inputStream = new FileInputStream("Trains.disk");
    objectStream = new ObjectInputStream(inputStream);

    // Serialisiert den Container.
    Collection trains = (Collection) objectStream.readObject();
    objectStream.close();
}
catch (FileNotFoundException e) {
    System.out.println(e);
}
catch (ClassNotFoundException e) {
    System.out.println(e);
}
catch (IOException e) {
    System.out.println(e);
}
```

Listing 7.2: Einlesen einer serialisierten Containerklasse

Persistente Objekte sind ganz allgemein sehr nützlich, um Informationen auf einfache Art auf der Festplatte zu speichern. Unter Verwendung von Containerklassen erweitern sich die Einsatzmöglichkeiten abermals: Zum Beispiel wäre es denkbar, die High-Score-Daten eines Spiels nicht in eine ASCII- oder binäre Datei zu schreiben, sondern einfach den Container zu sichern. Sie könnten dafür z.B. eine *SortedMap* oder *OrderedMap* verwenden, in der als Schlüssel die Punkte und als Wert der Name des Spielers eingetragen sind.

7.2 Nebenläufigkeit

Nebenläufigkeit bedeutet, dass ein Programm während der Ausführung ganz oder teilweise parallel abgearbeitet wird, meistens mit dem Ziel, die Laufzeit zu verkürzen. Besitzt der Computer mehr als einen Prozessor, so kann das Programm tatsächlich parallel ausgeführt werden. Hat der Rechner hingegen nur einen Prozessor, wird das Programm *quasi* parallel ausgeführt, indem die CPU nacheinander, zeitlich verschachtelt, die parallelen Teilprogramme abarbeitet. Die Sprache Java unterstützt bereits in ihrer Spezifikation die Entwicklung paralleler Applikationen, indem bestimmte Schlüsselwörter, wie etwa *synchronized*, und die Klasse *Thread* zu den grundlegenden Elementen der Sprache gehören.

Die Java Virtual Machine macht von diesen Möglichkeiten regen Gebrauch, denn genau genommen besteht *jede* Java-Applikation aus parallel ausgeführten Teilprogrammen, wovon eines das eigentliche, von Ihnen geschriebene Programm ist. Der

Garbage-Collector ist ein Beispiel für ein weiteres Programm, das parallel zum eigentlichen läuft, denn er deallokiert als Hintergrundprozess ungebrauchte Variablen. Die Teilprogramme, die parallel ausgeführt werden, bezeichnet man als *Threads* (engl. für Faden). Diese Bezeichnung hat ihren Ursprung darin, dass die nebenläufige Verarbeitung eines Programms mit vielen einzelnen Fäden, die den zurückgelegten Weg im Sourcecode darstellen, gut vergleichbar ist. Die Bezeichnung Thread darf übrigens nicht mit dem Begriff *Prozess* gleichgestellt werden, denn ein Prozess im engeren Sinne ist ein eigenständiges, vom Betriebssystem von anderen Prozessen abgegrenztes Programm. Zwar können auf einem Multi-Tasking-Betriebssystem diese Prozesse parallel ausgeführt werden, aber ohne eine Prozess/Prozess-Kommunikation kann im Allgemeinen kein Algorithmus nebenläufig ausgeführt werden, ohne dass die voneinander abhängigen Prozesse koordiniert werden müssen. Ein Thread hingegen benutzt den gleichen Speicher wie die anderen zu einem Programm gehörenden Threads, so dass damit eine sehr einfache Kommunikation der Threads untereinander möglich ist. Das heißt aber auch, dass Variablen von mehreren Threads womöglich ungewollt verändert werden können, und das kann zu zahlreichen Problemen führen. Diese Problematik und ihr Bezug zu den Containerklassen möchten wir in diesem Kapitel behandeln.

7.2.1 Probleme durch parallelen Zugriff auf Container

Die Containerklassen des Collections Frameworks sind im Gegensatz zu den JGL-Containern nicht ohne weiteres threadsicher. Verändern zwei Threads einen Container des Collections Frameworks quasi gleichzeitig, so ist das resultierende Verhalten undefiniert. Es ist davon auszugehen, dass der Container durch eine gleichzeitige Veränderung so zerstört wird, dass es früher oder später zu Laufzeitfehlern kommt.

Unter einem threadsicheren Container ist hierbei ein Container zu verstehen, der von mehreren Threads »gleichzeitig« angesprochen werden kann, ohne dass die interne Konsistenz der Datenstruktur verloren geht. Betrachten wir zum Verständnis des Problems zwei Beispiele.

Nebeneffekte durch Nebenläufigkeit

Das erste Beispiel in Abbildung 7.1 zeigt die Ausführung zweier Threads, die zur gleichen Zeit je einen Eintrag in dieselbe Liste schreiben. Die Zeitscheibe des Thread-1 läuft in diesem Beispiel zu einem denkbar ungünstigen Zeitpunkt ab, so dass es zu einer Inkonsistenz der Datenhaltung kommt, die aber zu keinem Laufzeitfehler führt.

Die folgenden Abbildungen sind folgendermaßen zu interpretieren: Entlang der horizontalen Achse sind die Threads aufgeführt, während in der vertikalen Achse die Zeit von oben nach unten verläuft. Die Anweisungen sind in der Reihe der Ausführung dargestellt. Der graue Balken auf der linken Seite der Threads zeigt den Zeitpunkt, zu dem die einzelnen Threads ausgeführt werden.

7.2 Nebenläufigkeit

Nach dem Erzeugen einer *ArrayList* versucht Thread-1 den Wert 3 und Thread-2 den Wert 8 in die list zu schreiben. Zu Beginn befindet sich Thread-1 in Aktion – der abbiegende Pfeil in der Abbildung 7.1 soll den Wechsel in den Rumpf der Methode add() anzeigen.

Die Variable lastPos hält den Index des letzten Elements der Liste. In diesem Beispiel soll lastPos den Wert 2 enthalten und die Variable capacity, die die Größe des nativen Arrays angibt, 100 betragen, so dass die Kapazität beim Eintragen der zwei Werte nicht erweitert wird. Nachdem die Variable lastPos inkrementiert wurde, läuft die Zeitscheibe von Thread-1 ab und Thread-2 kommt an die Reihe. Da Thread-1 zwischen dem Erhöhen der Variable lastPos und dem Schreiben seines Wertes unterbrochen wurde, bleibt die Arrayposition 3 ohne Werteintrag. Thread-2 inkrementiert die Variable lastPos ebenfalls vor dem Schreiben, so dass sein Wert auf der Position 4 zum Liegen kommt. Nachdem auch die Zeitscheibe von Thread-2 zu Ende ist, kommt Thread-1 wieder an die Reihe. Seine erste Aktion wird das Schreiben des Wertes an die Position von lastPos sein. Die Variable lastPos steht jedoch noch auf Position 4 – der Eintrag wird von Thread-2 folglich überschrieben.

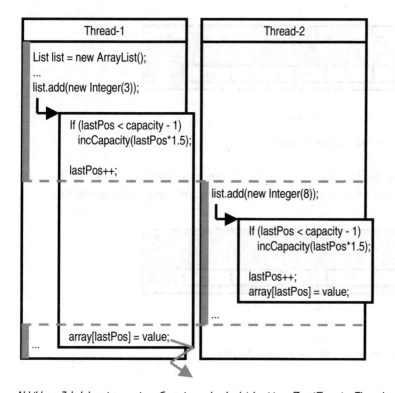

Abbildung 7.1: Inkonsistenz eines Containers durch gleichzeitigen Zugriff zweier Threads

Betrachten wir im Folgenden die Veränderungen des Containers, die während der Durchführung der gezeigten Befehle vor sich gehen: Die Abbildung 7.2 zeigt die list vor dem Aufruf der add()-Methoden. Es befinden sich zu diesem Zeitpunkt bereits drei Einträge in der Liste, so dass lastPos auf die Position 2 zeigt.

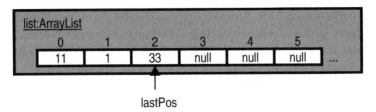

Abbildung 7.2: Der Container vor dem Einfügen

Abbildung 7.3 Zeigt den Container während des ersten Threadwechsels. Die Variable lastPos zeigt bereits auf die Position 3, der Wert von Thread-2 wurde noch nicht eingetragen.

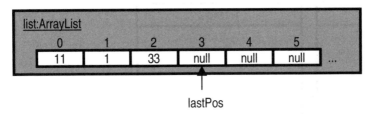

Abbildung 7.3: Der Container während des Threadwechsels

Der Thread-2 setzt die Variable lastPos erneut um eine Position weiter, so dass der Wert 8 an die Position 4 zum Liegen kommt, was in Abbildung 7.4 dargestellt wird.

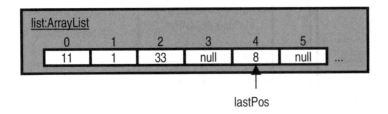

Abbildung 7.4: Der Container während des zweiten Threadwechsels

Nach dem erneuten Thread-Wechsel schreibt Thread-1 den Wert 3 an die Position lastPos. Da lastPos nun auf die Position 4 verweist, wird der Wert 8 fälschlicherweise überschrieben. Abbildung 7.5 zeigt den inkonsistenten Zustand des Containers nach den Einfüge-Operationen. Die resultierenden Fehler sind zum einen, dass die Position 3 keinen Eintrag erhielt, und zum anderen, dass der Wert 8 durch den Wert 3 überschrieben wurde.

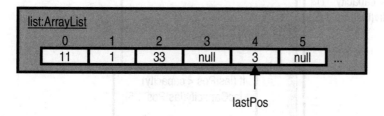

Abbildung 7.5: Der inkonsistente Container nach den add( )-Operationen

Laufzeitfehler durch Nebenläufigkeit

Das erste Beispiel hat gezeigt, wie durch das »gleichzeitige« Verändern eines Containers durch zwei Threads die Konsistenz der Daten zerstört werden kann. Das zweite Beispiel zeigt, wie es durch das »gleichzeitige« Verändern eines Containers zu einem unmittelbaren Laufzeitfehler kommen kann.

Im zweiten Beispiel wurde die gleiche Aufgabe gestellt, zwei Threads fügen »gleichzeitig« ihre Werte in einen gemeinsamen Container ein. Als Randbedingung soll die Größe des nativen Arrays wieder 100 betragen, die Variable lastPos beträgt nun jedoch 98, so dass vor einer Erweiterung der Kapazität nur noch ein Wert in das Array eingetragen werden darf.

Abbildung 7.6 zeigt, dass sich zu Beginn wieder Thread-1 im Besitz des Prozessors befindet. Die Zeitscheibe von Thread-1 ist in diesem Beispiel bereits nach der if-Abfrage abgelaufen. Thread-2 überprüft wie auch Thread-1 anfangs ebenfalls die Kapazität des Arrays und kommt zum gleichen Schluss, dass der Eintrag ohne Erweiterung des Arrays in die Liste eingefügt werden kann. Nach einem erneuten Threadwechsel erhöht Thread-1 die Variable lastPos um eins und versucht, den Wert an die Position 100 zu schreiben. Erlaubte Positionen des nativen Arrays liegen zwischen 0 und 99, so dass es zu einer *ArrayIndexOutOfBoundsException* kommt.

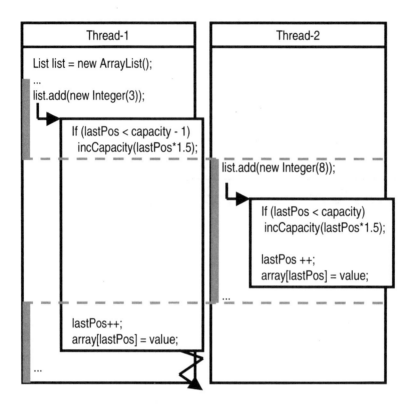

Abbildung 7.6: Laufzeitfehler durch gleichzeitigen Zugriff zweier Threads

Lösungsansätze

Dateninkonsistenzen und Laufzeitfehler dieser Art können – anders als im Collections Framework – bei gleichzeitiger Bearbeitung eines Containers durch mehrere Threads in JGL nicht auftreten, da jede Methode als *synchronized* deklariert wurde. Eine *synchronized*-Methode garantiert, dass zur selben Zeit nur von einem Thread diese und alle anderen *synchronized*-Methoden eines Objektes bearbeitet werden dürfen. Alle anderen Threads warten quasi vor dem Methodenrumpf auf die Genehmigung, in die Methode eintreten zu dürfen. So ist garantiert, dass *synchronized*-Methoden von einem Thread an einem Stück abgearbeitet werden. Ein Thread kann zwar auch in einer *synchronized*-Methode unterbrochen werden. Werden alle Methoden, die relevante Daten eines Objektes verändern, als *synchronized* deklariert, führt ein Thread seine Arbeit unter den gleichen Bedingungen fort. Eine Einführung in das Threadkonzept von Java erhalten Sie z.B. in [Oaks 1997].

Der Grund, weshalb im Collections Framework nicht ebenso alle Methoden der Container als threadsicher deklariert wurden, ist der folgende: Die Synchronisation von Threads ist sehr zeitaufwändig und kann bis zu 40% der Zeit eines einfachen Metho-

7.2 Nebenläufigkeit

denaufrufs in Anspruch nehmen. Wie wir später sehen werden, genügt es in vielen Fällen nicht, den Container nur vor einem inkonsistenten Zustand zu schützen. Es ist vielmehr sicherzustellen, dass während der Durchführung einer gesamten Transaktion keine Veränderungen an einem oder gar mehreren Containern vorgenommen werden.

Obwohl jede Java-Anwendung mehrere Threads umfasst – in Swing werden Ereignisse (engl. *Events*) von einem eigenen Thread erzeugt und ausgeführt –, ist es in vielen Fällen nicht notwendig, threadsichere Container zu verwenden, solange ein Programm ausschließlich über Ereignisse gesteuert wird und keine weiteren Threads erzeugt werden, die Aufgaben im Zusammenhang mit Containern im Hintergrund erledigen.

Ist es in einer Anwendung notwendig, dass mehrere Threads »gleichzeitig« einen Container verändern, so stellt das Collections Framework einen Mechanismus bereit, beliebige Container in threadsichere Container des gleichen Typs zu verwandeln.

7.2.2 Threadsicherheit im Collections Framework und JGL

Synchronisieren von Containern im Collections Framework

Die Vorgehensweise, um Container des Collections Frameworks threadsicher zu machen, ist für den Anwender denkbar einfach: Die Klasse

> *Collections* im Package *java.util*

stellt für alle Interfaces, wie *Collection*, *List*, *Set* usw., `synchronized`-Methoden bereit. Um einen beliebigen Container threadsicher zu machen, übergeben Sie den Container der für das entsprechende Interface zuständigen `synchronized`-Methode. Als Beispiel erzeugen wir eine threadsichere *List* (siehe Listing 7.3).

```
List syncList = Collections.synchronizedList(new ArrayList());
```
Listing 7.3: Erzeugen einer threadsicheren ArrayList

Als Rückgabewert der Methode `Collections.synchronizedList()` erhält man einen Container vom Typ *List*, der das Verhalten einer *ArrayList* aufweist. Wird der Methode `synchronizedList(List list)` anstelle einer *ArrayList* eine *LinkedList* übergeben, so weist die zurückgegebene *List* das Verhalten einer *LinkedList* auf.

```
List syncList = Collections.synchronizedList(new LinkedList());
```
Listing 7.4: Erzeugen einer threadsicheren LinkedList

Der zugrunde liegende Mechanismus ist, dass die `synchronized`-Methode der Klasse *Collections* eine neue Containerklasse vom Typ *List* erzeugt, welche die übergebene Containerklasse kapselt. Jede Methode dieser Klasse ist, wie unter JGL, als *synchronized* deklariert. Der Methodenaufruf eines solchen threadsicheren Containers wird direkt an die gekapselte, nicht threadsichere Containerklasse weitergereicht.

Abbildung 7.7 zeigt ein UML-Klassendiagramm, das die Beziehung zwischen den beteiligten Klassen von threadsicheren Listen darstellt. Die Klassenmethode synchronizedList(List list) erzeugt einen Container vom Typ *SynchronizedList*. Diese Klasse implementiert das Interface *List*. Der Rückgabewert der synchronizedList-Methode liefert der Anwendung lediglich eine Referenz auf eine *List*, so dass die Klasse *SynchronizedList* dem Anwender verborgen bleibt. Die Klasse *SynchronizedList* hält als Aggregation eine *List*, an die sie alle synchronisierten Methodenaufrufe weitergibt. Um welche konkrete Liste es sich hierbei handelt, entscheidet der Benutzer durch die Übergabe einer konkreten Containerklasse. Auf diese Weise können sogar selbst entwickelte Containerklassen in threadsichere Container verwandelt werden, sofern sie eines der *Collection*-Interfaces implementieren.

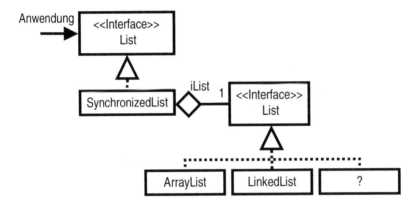

Abbildung 7.7: *Das Prinzip der Kapselung von threadsicheren Containern unter dem Collections Framework*

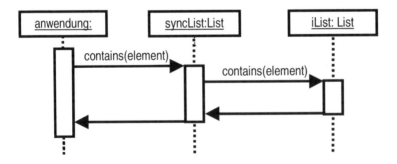

Abbildung 7.8: *Delegation eines Methodenaufrufs an die gekapselte Containerklasse*

Abbildung 7.8 zeigt ein Sequenzdiagramm, das die Delegation der synchronisierten Methodenaufrufe an die gekapselte Containerklasse verdeutlicht. Ein Nachteil der thread-sicheren Container im Collections Framework ist das schlechtere Laufzeitver-

7.2 Nebenläufigkeit

halten, da zusätzlich zur Synchronisation jeder Methodenaufruf an die gekapselte Containerklasse weiter delegiert wird.

Die Klasse *Collections* stellt für jeden Interface-Typ des Collections Frameworks eine spezifische Synchronisationsmethode bereit. Das Listing 7.5 zeigt für jeden Interface-Typ die entsprechende Erzeugung eines threadsicheren Containers.

```
// Erzeugen einer synchronisierten Collection:
Collection syncCollection =
        Collections.synchronizedCollection(new ArrayList());

// Erzeugen einer synchronisierten Set:
Set syncSet = Collections.synchronizedSet(new HashSet());

// Erzeugen einer synchronisierten SortedSet:
SortedSet syncSortedSet =
        Collections.synchronizedSortedSet(new TreeSet());

// Erzeugen einer synchronisierten List:
List syncList = Collections.synchronizedList(new LinkedList());

// Erzeugen einer synchronisierten Map:
Map syncMap = Collections.synchronizedMap(new HashMap());

// Erzeugen einer synchronisierten SortedMap:
SortedMap syncSortedMap =
        Collections.synchronizedSortedMap(new TreeMap());
```

Listing 7.5: Erzeugen von threadsicheren Containerklassen im Collections Framework

Ein so erzeugter threadsicherer Container ist vor Inkonsistenzen, wie sie Abbildung 7.1 und Abbildung 7.6 zeigen, geschützt. Wie auch in JGL sind die Iteratoren von threadsicheren Containerklassen des Collections Frameworks *nicht* threadsicher und müssen vom Benutzer selbst synchronisiert werden.

Threadsicherheit unter JGL

Alle Container der Generic Collection Library for Java sind threadsicher. Damit können keine der oben beschriebenen Fehlerarten auftreten. Allerdings betrifft die Synchronisation nicht die Iteratoren der Container. Da alle Iteratoren jedoch intern auf den geschützten Container zugreifen, ist dies auch nicht notwendig.

7.2.3 Synchronisation von Transaktionen

Um Laufzeitfehler und Dateninkonsistenzen zu vermeiden, genügt es oft nicht, einen Container mit *synchronized*-Methoden auszustatten. Es ist vielmehr sicherzustellen, dass während der Durchführung einer gesamten Transaktion keine Veränderungen an einem oder mehreren Containern vorgenommen werden.

Unter einer Transaktion ist hier die Ausführung einer Operation auf Daten zu verstehen, die aus mehreren elementaren Operationen – wie z. B. das Einfügen oder Löschen von Elementen – auf einen oder auf mehrere Container besteht.

Oftmals müssen neben den Containern auch die verwalteten Objekte während einer Transaktion vor Veränderungen geschützt werden. Betrachten wir die folgenden Fälle, bei denen es darum geht, die Datenkonsistenz während einer Transaktion sicherzustellen.

Mittelwertberechnung Wir möchten den Mittelwert einer Menge von *Integer*-Zahlen berechnen. Zusätzlich sind mehrere Threads damit beschäftigt, neue Elemente in die Menge einzufügen oder alte Werte aus der Menge zu entfernen. Um den Mittelwert für einen bestimmten Zeitpunkt zu berechnen, ist die konstante Anzahl der Elemente während der Berechnung unbedingte Voraussetzung. Diese Aufgabe kann auf zwei Weisen gelöst werden:

▶ Entweder Sie benutzen einen threadsicheren Container und kopieren für jede Mittelwertsberechnung den gesamten Inhalt in einen zweiten Container, der anschließend ohne Veränderungen ausgewertet wird,

▶ oder Sie verhindern, dass während der Berechnung neue Elemente in den Container eingefügt oder gelöscht werden.

Die zweite Lösung soll im Folgenden näher betrachtet werden. Um sicherzustellen, dass während einer Transaktion keine Veränderungen an dem Container vorgenommen werden, muss jeder Sourcecode-Abschnitt, der Veränderungen am Container vornimmt, in einen Synchronisationsblock geschrieben werden. Dann allerdings ist es nicht mehr notwendig, den Container selbst threadsicher zu machen, da stets nur ein Thread, der den Container verändert, in den Abschnitt eintreten kann. Die synchronisierten Container der Generic Collection Library for Java würden in diesem Fall nichts zur Sicherheit beitragen.

Listing 7.6 zeigt die Lösung der gestellten Aufgabe am Beispiel des Collections Frameworks: Es werden sowohl alle Methoden, die Änderungen an den Containern vornehmen, als auch der gesamte Abschnitt, in dem die Berechnung des Mittelwertes erfolgt, in einen Synchronisationsblock geschrieben. Es ist damit garantiert, dass während der Mittelwerts-Berechnung eines Threads kein anderer Einträge in den Container einfügt oder entfernt.

```
// Erzeugen eines nicht-synchronisierten Sets:
Set intSet = new HashSet();
...

// 1. Bereich, in dem der Mittelwert berechnet wird:
synchronized (intSet) {
    Iterator i = intSet.iterator();
```

```
    int m = 0;

    while (i.hasNext())
      m += ((Integer) i.next()).intValue();

    if (intSet.size() > 0)
      m /= intSet.size();
    else
      m = 0;
  }
  ...

  // 2. geschützter Bereich für die add()-Methode:
  synchronized (intSet) {
    intSet.add(intValue);
  }
  ...

  // 3. geschützter Bereich für die remove()-Methode:
  synchronized (intSet) {
    intSet.remove(intValue);
  }
```

Listing 7.6: *Synchronisation eines Containers: Während der Mittelwertberechnung wird der Container* intSet *für andere Zugriffe gesperrt.*

Das Schlüsselwort synchronized dient zur Kennzeichnung der Abschnitte. Hinter *synchronized* wird ein *Object* angegeben, um zu kennzeichnen, welche kritischen Abschnitte zueinander gehören und nur von einem Thread betreten werden dürfen. Alle geschützten Blöcke, die sich auf ein Objekt beziehen, können nur hintereinander abgearbeitet werden.

Eine Anweisungsfolge, die auf diese Weise geschützt wird, heißt *kritischer Abschnitt* (engl. *critical section*). Die gezeigte Lösung wird als wechselseitiger Ausschluss bezeichnet. Sie bedeutet, dass sich stets nur ein Thread in einem solchen Abschnitt zur gleichen Zeit befinden darf. Es können zu einem Objekt bzw. in unserem Fall zu einem Container mehrere kritische Abschnitte existieren. In Listing 7.6 gibt es zwei weitere Bereiche, die die add()- bzw. remove()-Methode des Containers intSet schützen.

Entfernen von Elementen aus zwei Containern Als nächstes Beispiel (siehe Listing 7.7) betrachten wir eine Transaktion, an der zwei Container beteiligt sind. Ein Objekt element soll nur dann aus zwei Mengen m1 und m2 gelöscht werden, wenn dieses Element zur gleichen Zeit in beiden Mengen enthalten ist. Hierbei muss sichergestellt werden, dass sich beide Container während der Transaktion nicht verändern. Daher ist es notwendig, die Transaktion in zwei verschachtelte Synchronisationsblöcke einzuschließen. Der erste Synchronisationsblock schützt den Container m1 vor einer Veränderung, der zweite Synchronisationsblock m2. Auch hier werden alle Codestellen, die Veränderungen an den Containern vornehmen, in Synchronisationsblöcken eingeschlossen.

```
// Erzeugen einer synchronisierten Liste:
Set m1 = new HashSet();
Set m2 = new HashSet();
...

synchronized (m1) {
  synchronized (m2) {
    if (m1.contains(element) && m2.contains(element)) {
      m1.remove(element);
      m2.remove(element);
    }
  }
}
...

synchronized (m1) {    // Immer die gleiche Reihenfolge benutzen.
  synchronized (m?) {
  ...
  }
}
```

Listing 7.7: Synchronisation zweier Container, in denen Elemente gelöscht werden

Alle Codeabschnitte, die beide Container schützen, müssen in der gleichen Reihenfolge synchronisiert werden – in diesem Fall erst m1 und dann m2. Denn werden in verschiedenen Blöcken unterschiedliche Synchronisationsreihenfolgen benutzt, kann es dazu kommen, dass sich Threads gegenseitig den Zugang verwehren und aus dieser Situation nicht mehr herauskommen. Diese Situation wird als *dead lock* bezeichnet. Für weitere Informationen zu dead locks verweisen wir auf entsprechende Literatur, z.B. [Oaks 1997].

8 Vergleich der beiden Frameworks

Dieses Kapitel vergleicht die beiden Frameworks miteinander. Zuerst werden die Containerklassen in ihrer Geschwindigkeit für bestimmte Operationen verglichen. Anschließend gehen wir auf die konzeptuellen Unterschiede, wie das Design der Interfaces und die Mächtigkeit der Algorithmen, ein. Als Abschluss geben wir Lösungsvorschläge, welche Containerklasse sich am besten für bestimmte Fragestellungen einsetzen lässt.

8.1 Performance

In diesem Kapitel werden die Containerklassen beider Frameworks auf ihre Performance hin untersucht. Diese Messungen sollen Einblick in die Leistungsfähigkeit der Container für verschiedene Operationen geben, wie beispielsweise das Anfügen oder Löschen von Objekten.

8.1.1 Aufbau der Tests

Für fast alle Container der beiden Standardbibliotheken wurde die Performance grundlegender Operationen gemessen. Nicht berücksichtigt wurden Warteschlangen und Stacks. Grundlegende Operationen sind:

1. Das Einfügen und Löschen von Elementen in einer Sequenz oder einer Menge

    Bei einer *List* oder einer *Sequence* werden neue Elemente durch die add()-Methode an das Ende angehängt. Bei Mengen (Interface *Set*) hingegen wird das Element durch add() im Collections Framework bzw. put() bei JGL hinzugefügt. Zum Entfernen der Elemente wurde eine geeignete Variante der remove()-Methode aufgerufen, d.h. das zu löschende Element muss zuvor gesucht werden.

2. Das Einfügen und Löschen von Einträgen in eine bzw. aus einer Map

    Bei Maps (Interface *Map*, *SortedMap* bzw. abstrakte Klasse *Map*) werden neue Einträge durch die put()-Methode eingefügt. Zum Entfernen der Einträge wird eine Variante der remove(Object key)-Methode aufgerufen.

3. Das Einfügen und Löschen von Elementen über einen Index bei Sequenzen

   Container, die das Interface *List* oder eine *Sequence* implementieren, erlauben das Einfügen bzw. Löschen von Elementen über eine Positionsangabe, also über einen Index. Hierbei werden drei Fälle getestet: Das Einfügen bzw. Löschen am Anfang (Index 0), an einer zufälligen Position oder am Ende der Sequenz (Index `size() - 1`). Unter JGL wurden für die Ränder die speziellen Methoden `pushFront()`, `popFront()` usw. verwendet.

4. Vorhandensein von Elementen in Sequenzen und Mengen

   Sowohl in Mengen als auch in Sequenzen wird die `contains()` oder eine adäquate Methode aufgerufen, um das Vorhandensein eines Objekts in dem Container zu überprüfen.

5. Vorhandensein von Schlüsseln oder Werten in Maps

   Für Maps wird die `containsKey()`- bzw. `containsValue()`- oder eine adäquate Methode aufgerufen, um das Vorhandensein eines Schlüssels oder eines Wertes zu überprüfen.

6. Zugriff auf Elemente über Index

   Für die Sequenzen *List* und *Sequence* wird gemessen, wie lange ein Zugriff auf ein Elemente über die Indexposition dauert. Die Methoden lauten im Collections Framework `get()` und in JGL `at()`.

7. Durchlaufen der Elemente mit einem Iterator

   Für alle Container werden alle Elemente vorwärts mit einem Iterator durchlaufen.

8. Sortieren von Sequenz

   In diesem Performancetest wird die *List* oder *Sequence* nach ihrem Standard-Comparator sortiert. Da die Elemente Integerzahlen sind, werden sie aufsteigend sortiert.

9. Suchen des kleinsten Elements eines Containers

   In einem Container wird das kleinste Element gemäß des Standard-Comparators bestimmt. Da in den Containern Integerzahlen gespeichert sind, wird also die kleinste Zahl gesucht.

Die Performancetests sind so ausgelegt, dass mit Ausnahme der beiden Algorithmen pro Test eine Operation M-mal wiederholt wird. Nach jeder Operation hat sich im Allgemeinen die Größe des Containers geändert und damit ändern sich auch die Kosten für die nächste Operation. $M = 50$ bei der Operation »Einfügen Element über Index« bedeutet beispielsweise, dass die Zahlen 0 bis 49 als Elemente an zufälliger Position in die Sequenz eingefügt werden. Bei einer verketteten Liste bedeutet dies, dass zuerst der Knoten gesucht und dann ein neues Element eingefügt wird. Die Kosten für eine Operation sind in diesem Fall O(n), wenn n die momentane Größe des Containers angibt. Insgesamt ist die erwartete Zeit t also die Summe über alle Operationen,

$$t \equiv \sum_{n=1}^{M} O(n)$$

Nach Abschluss aller Operationen enthält der Container 50 Objekte. Die dafür benötigte Zeit t wird als Zielgröße in Millisekunden gemessen. Die Zeit t beinhaltet also eine ganze Reihe von Operationen – Einzelmessungen nur einer Operation ließen sich ohnehin nicht in der geforderten Genauigkeit bestimmen. Zur Bestimmung der Zeit wird die Methode System.currentTimeMillis() vor und nach dem Test aufgerufen.

Sowohl für die Elemente als auch für die Schlüssel und Werte werden stets Integerzahlen, also Objekte der Klasse *Integer*, verwendet, wohingegen für die zufälligen Indizes gewöhnliche int-Zahlen benutzt werden. Die Elemente bzw. Indizes werden aus einem zuvor angelegten Array ausgelesen. Diese so genannte Operationsliste besteht aus M Zahlen, 0, ..., $M-1$, in zufälliger Reihenfolge, also einer zufälligen Permutation. Bei Operationen, die bereits einen gefüllten Container erwarten, wird der Container zuvor mit ebenfalls M Zahlen initialisiert. Diese so genannte Initialisierungsliste enthält die gleichen Zahlen wie die Operationsliste, jedoch in einer anderen, zufälligen Reihenfolge. Durch die beiden unabhängigen Listen ist gewährleistet, dass bei Such- oder Löschoperationen die Elemente nicht in der gleichen Reihenfolge gesucht bzw. gelöscht werden, wie sie in den Container eingefügt wurden.

Für praktische Anwendungen sollten auf einen Container zwischen 50 bis 500 Operationen angewendet werden. Container mit mehr Elementen dürften für praktische Anwendungen eher unrealistisch sein. Aus diesem Grund wurden alle Performancetests mit M = 50, 100, 200, 300, 400, 500, 750, 1.000, 2.500 und 5.000 Operationen ausgeführt.

Jede Messung wurde fünfmal wiederholt, ermittelt wurde der Mittelwert und der Standardfehler. Die Messungen wurden auf einer Sun SPARCstation-20, 2 × 60 MHz SuperSPARC Prozessoren, 256 MB RAM ausgeführt. Für die Messungen wurde das JDK 1.2.2-001 (classic virtual machine, native threads, sunwjit) benutzt. Trotz der langsamen 60-Mhz-Prozessoren liegen viele Zeiten im Bereich zwischen 5 bis 20 Millisekunden, die von der Hardware gerade noch gemessen werden können. Ein Interpretermodus, der zu längeren Zeiten führen würde, ist für Performance-Messungen allerdings nicht geeignet, da es beispielsweise wegen der in C geschriebenen System.arraycopy()-Methode zu Verzerrungen kommt. In diesem Fall würden Container, die ein natives Array verwenden, sicherlich sehr viel schneller als beispielsweise verkettete Listen sein.

Für jede Messung ist die Java Virtual Machine neu gestartet worden, um einen gleichen Zustand zu garantieren. So ist damit beispielsweise sichergestellt, dass der Garbage-Collector die Messungen nicht in zufälliger Weise beeinflusst. Hinweise, die bei Performance-Messungen in Java beachtet werden sollten, sind in [Wilhelms & Kopp 1999] aufgeführt.

Im Gegensatz zu den allgemeinen Performancetests, die von D. M. Sonoski [Sonoski 2000] gemacht wurden, möchten wir nicht testen, um wie viel schneller native Arrays im Vergleich zu Containern sind. Stattdessen sollen die Unterschiede zwischen den einzelnen Containern bzw. der synchronisierten Variante untersucht werden. Die Ergebnisse werden im nächsten Kapitel gezeigt.

8.1.2 Verschiedene Operationen

In diesem Kapitel werden die Ergebnisse der oben besprochenen Performancetests vorgestellt. Für einige Tests, die ein besonders auffälliges Verhalten haben, werden Grafiken gezeigt, die den Verlauf darstellen. Auf der x-Achse ist dabei die Anzahl der Operationen aufgetragen, die, wie oben erwähnt, im Bereich zwischen 50 und 5.000 liegt. Die y-Achse zeigt die nötige Ausführungszeit in Millisekunden. Der Standardfehler wurde der Übersichtlichkeit halber nicht mit abgebildet, da er in allen Messungen sehr klein war.

In diesem Kapitel sind alle Klassen des Collections Frameworks nicht synchronisiert, die JGL-Klassen hingegen alle implementierungsbedingt synchronisiert – für sie können keine unsynchronisierten Werte ermittelt werden.

Einfügen von Elementen

Einfügen eines Elements Dieser Versuch zeigt, wie schnell Elemente in einen Container eingefügt werden können. Hierbei spielt es keine Rolle, wo der Container die Elemente gespeichert hat, es interessiert nur die Zeit, neue Objekte in einem Container einzufügen. Abbildung 8.1 zeigt die Ergebnisse in halb-logarithmischer Darstellung.

Das nicht synchronisierte Array des Collections Frameworks, die Klasse *ArrayList*, ist am schnellsten für $M > 300$. Für Container, in die weniger als etwa 300 Elemente eingefügt werden, sind die beiden verketteten Listen schneller. Am langsamsten sind die Suchbäume, also die Container *TreeSet* und *OrderedSet*.

Einfügen eines Schlüssels Die Werte zum Einfügen eines Schlüssels in eine Map sind sehr ähnlich zu den Werten der Mengen, so dass wir auf eine Grafik verzichten. Erstaunlich ist, dass im Mittel die Map-Implementierungen des Collections Frameworks sogar etwas schneller als die entsprechenden Sets sind. Vermutlich liegt dies daran, dass in der aktuellen Version des Java Developer Kits die Klassen *HashSet* und *TreeSet* intern eine Map benutzen und es so zu einem Overhead kommt (vergleiche Kapitel 3.2.5 Das Interface *Map* auf Seite 90).

8.1 Performance

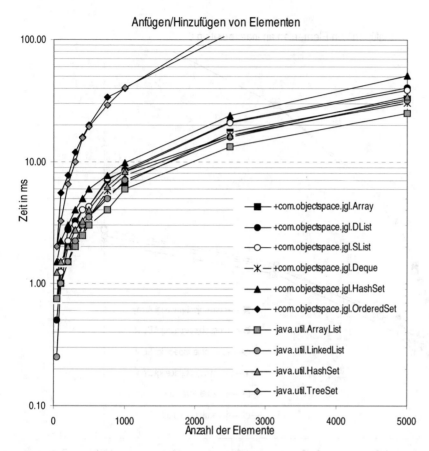

Abbildung 8.1: Die Zeit, um Elemente in einen Container einzufügen. x-Achse: die Größe des Containers, y-Achse: die Zeit in Millisekunden. Ein + bedeutet synchronisiert, − nicht synchronisiert.

Einfügen über Indexposition am Anfang Die Arrayimplementierungen *ArrayList* und *Array* sind, wie zu erwarten, deutlich langsamer als die anderen Sequenzen: Etwa 2.000 ms im Vergleich zu etwa 40 ms beim Einfügen von 5.000 Elementen. Am schnellsten ist diese Operation bei der *Deque*, die bei M = 5.000 im Mittel nur 34 ms benötigt.

Einfügen über zufällige Indexposition Die Kosten für diese Operationen sind sowohl bei verketteten Listen als auch bei Arrays O(n): In eine verkettete Liste lässt sich zwar das Element in O(1) einfügen, es muss aber zuvor gesucht werden. Bei einem Array hingegen ist die Position über den Index in O(1) ermittelt, dafür werden alle nachfolgenden Elemente um einen Platz verschoben.

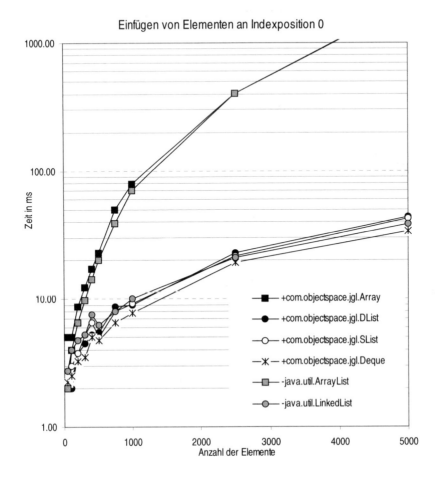

Abbildung 8.2: Die Zeit, um Elemente an Indexposition 0 in einen Container einzufügen. x-Achse: die Größe des Containers, y-Achse: die Zeit in Millisekunden. Ein + bedeutet synchronisiert, – nicht synchronisiert.

Wie Abbildung 8.3 zeigt, ist insgesamt das zufällige Einfügen in verkettete Listen schneller als bei Arrays. Die Klasse *Deque* schneidet bei dieser Operation am schlechtesten ab, denn zum einen muss erst die Position des Indexes errechnet werden und zum anderen können die nachfolgenden Elemente nicht an einem Stück durch die System.arraycopy()-Methode verschoben werden. Interessanterweise ist die einfach verkettete Liste *SList* im Mittel deutlich langsamer als die doppelt verketteten Listen *DList* und *LinkedList*. Der Grund dafür ist, dass in der JGL-Version 3.1 das Einfügen eines Elements in zwei Schritten abläuft: Zuerst wird der Knoten gesucht, vor dem das neue Objekt eingefügt wird, anschließend wird in einem weiteren Durchlauf abermals der Vorgängerknoten für die Rückwärtsverkettung ermittelt – eigentlich überflüssig.

8.1 Performance

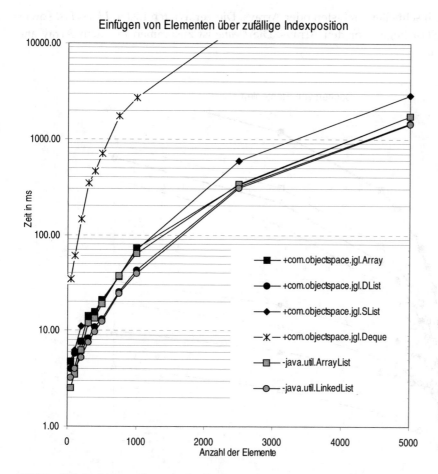

Abbildung 8.3: Die Zeit, um Elemente über ihre Position in eine Sequenz einzufügen. x-Achse: die Größe des Containers, y-Achse: die Zeit in Millisekunden. Ein + bedeutet synchronisiert, – nicht synchronisiert.

Löschen von Elementen

Löschen über Element Am differenziertesten sind die Zeiten bei der Löschoperation über ein Element, bei der das zu entfernende Elemente zuvor gesucht werden muss (siehe Abbildung 8.4). Mit Abstand ist hier die *HashSet*-Implementierung des Collections Frameworks am schnellsten. Wie in Abbildung 8.4 zu erkennen ist, ist für kleine Containergrößen das Löschen aus einer verketteten Liste mit Ausnahme der eben erwähnten *HashSet* schneller als aus allen anderen Containern. Wie auch bei den Einfügeoperationen sind die geordneten Mengen langsamer als Hashmengen, aber immer noch deutlich schneller als Listen oder Arrays. Die verketteten Listen *LinkedList* sowie *DList* und *SList* liegen vor den Arrays. Die *Deque* ist zusammen mit dem Array am langsamsten.

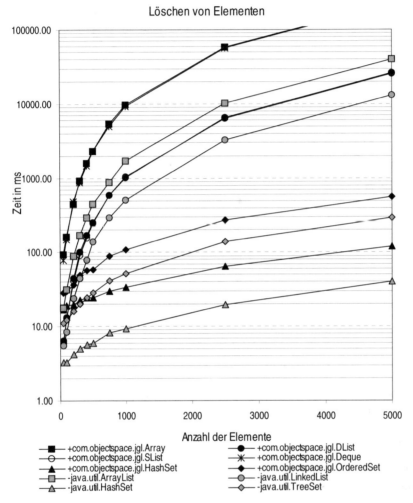

Abbildung 8.4: Die Zeit, um alle Objekte aus einem Container zu löschen. Das Element wird zuvor in dem Container gesucht (`equals()`*-Methode als Vergleichskriterium). x-Achse: die Größe des Containers, y-Achse: die Zeit in Millisekunden. Ein + bedeutet synchronisiert, − nicht synchronisiert.*

Löschen über Schlüssel Das Löschen von Map-Einträgen über ihren Schlüssel verhält sich ganz ähnlich zu den Elementen, weshalb auf eine eigene Abbildung verzichtet wird. Bei 5.000 Elementen sind die Zeiten im Collections Framework 36 zu 40 ms

(*HashMap* zu *HashSet*) bzw. bei JGL 116 zu 121 ms (*HashMap* zu *HashSet*). Bei den Maps mit Suchbäumen sind die Zeiten im Collections Framework 290 zu 293 ms (*TreeMap* zu *TreeSet*), unter JGL hingegen 580 zu 559 ms (*OrderedMap* zu *OrderedSet*).

Löschen über Indexposition am Anfang Erwartungsgemäß ist das Entfernen von Objekten am Anfang bei den Arrayimplementierungen *ArrayList* und *Array* am langsamsten, bei 5.000 Operationen etwa 500 ms. Die verketteten Listen *LinkedList*, *SList* und *DList* liegen in einer Gruppe nahe beieinander mit Zeiten um die 25 ms bei 5.000 Operationen. Die *Deque* ist annähernd so schnell wie verkettete Listen (40 ms bei 5.000 Operationen).

Löschen über Indexposition am Ende Das Entfernen eines Elements am Ende geht bei den Arrays am schnellsten, gefolgt von den doppelt verketteten Listen *LinkedList* und *DList*. Am schlechtesten schneidet die *SList* ab: Da sich der Vorgängerknoten des letzten Elements nur durch lineares Suchen ermitteln lässt, ist das Entfernen eines Elements der einfach verketteten Liste nur in O(*n*) möglich. Dieser Umstand zeigt sich deutlich im Verhalten der *SList*.

Interessanterweise sind die nicht synchronisierten Container des Collections Frameworks langsamer als die entsprechenden JGL-Container, die ja sogar synchronisiert sind.

Löschen über zufällige Indexposition Das Löschen von Elementen über ihre Indexposition verhält sich sehr ähnlich wie das Einfügen über die Indexposition (siehe Abbildung 8.3). Aus diesem Grund bringen wir keine eigene Abbildung. Am langsamsten ist auch hier die Deque, gefolgt von der einfach verketteten Liste *SList* in JGL. Die doppelt verketteten Listen *LinkedList* und *DList* sind etwas langsamer als die Arrayimplementierungen. Am schnellsten lassen sich Elemente über Indexpositionen aus der *ArrayList* löschen.

Enthaltensein eines Elements

Suchen von Objekten Diese Operation ist vergleichbar mit der Operation »Löschen eines Elements« (siehe Abbildung 8.4), da in beiden Fällen zuerst das Objekt lokalisiert werden muss. Bei dieser Operation aber ist es nicht mehr notwendig, das Element zu entfernen, was im Allgemeinen weitere Aktionen nach sich zieht. Die Hashingverfahren sind am schnellsten, gefolgt von Suchbäumen. Die Collections-Framework-Listen *ArrayList* und *LinkedList* sind deutlich schneller als die entsprechenden JGL-Container. Auch in dieser Operation ist die *Deque* am langsamsten.

Die Operation »Enthaltensein eines Elements« ist im Mittel etwas langsamer als die Löschaktionen, da die Containergröße nicht abnimmt.

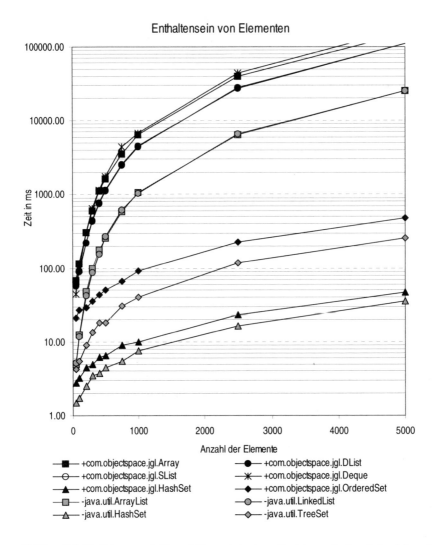

Abbildung 8.5: Die Zeit, um zu prüfen, ob Elemente in einem Container enthalten sind. x-Achse: die Größe des Containers, y-Achse: die Zeit in Millisekunden. Ein + bedeutet synchronisiert, − nicht synchronisiert.

Suchen eines Schlüssels Wie auch bei den Mengen sind bei Maps Hashingverfahren schneller als Suchbäume. Die JGL-*HashMap* zeigt auch bei wenigen Elementen eine schlechte Performance und ist bei bis zu 300 Elementen in etwa so schnell wie *OrderedSet*.

Zugriff auf die Elemente in einer Sequenz über Index Abbildung 8.6 zeigt die Ergebnisse, bei denen die Zugriffszeit auf die Elemente einer Sequenz über den Index gemessen wurde. Die Collections-Framework-Implementierungen sind sowohl bei

8.1 Performance

den verketteten Listen als auch bei den erweiterbaren Arrays den JGL-Containern überlegen. Zu beachten ist, dass die Zugriffszeit auf Elemente in einer JGL-*Deque* annähernd so schnell ist wie über die Klasse *Array*.

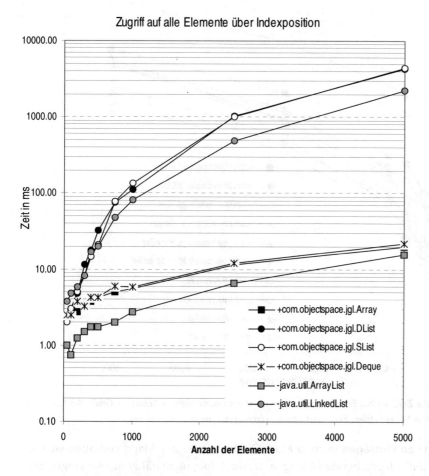

Abbildung 8.6: Die Zugriffszeit auf Elemente in einer Sequenz über Index. x-Achse: die Größe des Containers, y-Achse: die Zeit in Millisekunden. Ein + bedeutet synchronisiert, – nicht synchronisiert.

Iterieren über die Elemente

Durchlaufen von Elementen Abbildung 8.7 zeigt die Ergebnisse. Der Iterator der *Deque* ist am langsamsten. Das ist verständlich, da dieser Iterator ständig prüft, ob ein Sprung zum nächsten Block stattfindet – diese if-Abfragen kosten viel Zeit. Erstaunlich ist, dass der *ArrayIterator* des JGL-Arrays deutlich langsamer als der Iterator der Klasse *ArrayList* ist.

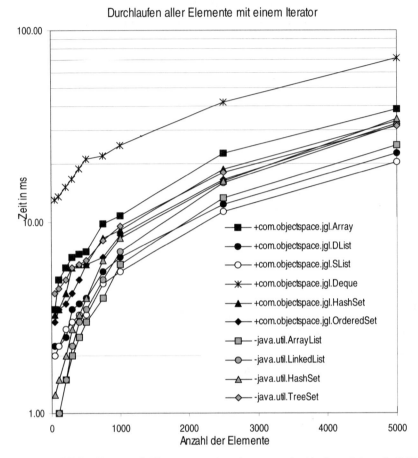

Abbildung 8.7: Die Zeit, um alle Elemente mit einem Iterator zu durchlaufen. x-Achse: die Größe des Containers, y-Achse: die Zeit in Millisekunden. Ein + bedeutet synchronisiert, − nicht synchronisiert.

Durchlaufen von Einträgen in einer Map Die Iteratoren der Maps verhalten sich sehr ähnlich wie die entsprechenden Mengen, weshalb hier nicht näher auf sie eingegangen wird.

8.1.3 Algorithmen: Sortieren und minimales Element

In dieser Gruppe von Performancetests wird die Operation nicht M-mal wiederholt, sondern der Algorithmus wird genau einmal ausgeführt. Nach wie vor aber gibt es zu jedem Test fünf Wiederholungen.

Sortieren von Elementen

Beim Sortieren von Elementen in einer Sequenz treten deutliche Unterschiede zwischen den beiden Frameworks auf. Abbildung 8.8 zeigt ein Diagramm in halb-logarithmischer Darstellung. Am schnellsten sortiert der Mergesort-Algorithmus, den das Collections Framework verwendet. Die *ArrayList* und die *LinkedList* zeigen ein gleiches Verhalten. Die Methode `Collections.sort()` kopiert, wie im Kapitel 4.2 Sortieren von Listen auf Seite 90 besprochen, vor dem Sortieren alle Elemente des Containers in ein natives Array und sortiert dort. Anschließend werden die Elemente wieder zurückkopiert. Dieser Ansatz zahlt sich offenbar aus, denn die vergleichbaren JGL-Container *Array* und *Deque* lassen sich nur deutlich langsamer sortieren.

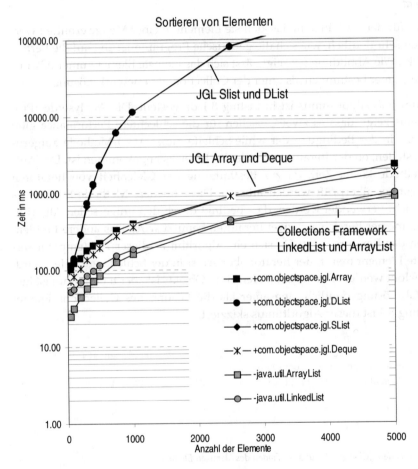

Abbildung 8.8: Die Zeit, um die Elemente eines Container zu sortieren. x-Achse: die Größe des Containes, y-Achse: die Zeit in Millisekunden. Ein + bedeutet synchronisiert, − nicht synchronisiert.

Am schlechtesten schneiden die JGL-Listen *DList* und *SList* ab. Der Grund hierfür ist, dass der von JGL verwendete Quicksort-Algorithmus nur mit Iteratoren arbeitet und permanent die Distanz zwischen zwei Iteratoren mit der Methode distance() errechnet wird. Bei einem Array lässt sich die Distanz einfach über den Abstand der Indizes ermitteln, bei einer Liste hingegen müssen alle Elemente zwischen den Iteratorpositionen gezählt werden.

Solange ein Container sortiert wird, dürfen keine Veränderungen an ihm vorgenommen werden. Aus diesem Grund blockiert die Methode den Container für die gesamte Sortierzeit. Daraus folgt, dass die Zeit für synchronisierte und nicht synchronisierte Container prinzipiell die gleiche ist.

Kleinstes Element

Die Ergebnisse für den Test, in dem das kleinste Element in einer Menge ermittelt werden soll, zeigen sehr deutlich, wie sich die generische Programmierung auf die Performance auswirkt. Wie Abbildung 8.9 zeigt, lässt sich das kleinste Element unter JGL nur wesentlich langsamer bestimmen als unter der Collections-Framework-Lösung.

Ein Auszug des JGL-Algorithmus ist in Listing 8.1 dargestellt. Die Analyse des Programmfragments zeigt, dass es zwei Ursachen für die schlechtere Performance gibt: Zum einen wird in der Bedingung der while-Schleife die equals()-Methode aufgerufen, um festzustellen, ob der Iterator am Ende des Bereichs angekommen ist. Der Aufruf dieser Methode kostet Zeit, da zur Bestimmung der Gleichheit von Iteratoren etliche Bedingungen überprüft werden müssen. Die schnellere Methode hasMoreElements() kann nicht verwendet werden, da – bedingt durch den universellen Algorithmus – ein allgemeiner Bereich aus zwei Iteratoren benutzt wird. Das andere Problem ist das Klonen des Iterators first. Da sich ein Algorithmus dieser Art temporär das jeweils kleinste Element merkt, der Iterator aber selbst in der Schleife verändert wird, muss first geklont werden. Das Instanziieren eines Objekts ist aber teuer. Somit ist insgesamt die JGL-Lösung deutlich langsamer als die Lösung des Collections Frameworks. In Listing 8.2 ist dieser Algorithmus skizziert.

```
...
while (!first.equals(last)) {           // Kein hasMoreElements()
  if (comparator.execute(first.get(), result.get()))
    result = (InputIterator) first.clone();  // Klonen des Objekts.

  first.advance();                      // first wird verändert.
}
return result;
```

Listing 8.1: *Auszug aus dem JGL-Algorithmus zum Finden des kleinsten Elements*

8.1 Performance

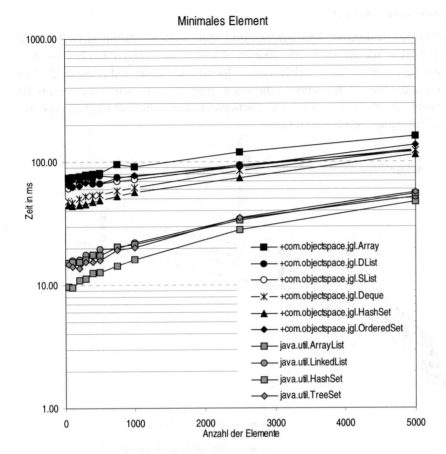

Abbildung 8.9: *Vergleich der Algorithmen zum Bestimmen des kleinsten Elements. x-Achse: die Größe des Containers, y-Achse: die Zeit in Millisekunden. Ein + vor dem Klassennamen bedeutet synchronisiert, ein – nicht synchronisiert.*

Da das Collections Framework Bereichssichten erlaubt, die wiederum einen gewöhnlichen Iterator haben, der bis zum Ende durchlaufen wird, kann die schnelle hasNext()-Methode genutzt werden. Ein weiterer Geschwindigkeitszuwachs ergibt die direkte Zuweisung der temporären Variable result = next, da hier kein Objekt geklont werden muss.

```
...
while (i.hasNext()) {
  Comparable next = (Comparable)(i.next());
  if (next.compareTo(candidate) < 0)
    result = next;
}
return result;
```

Listing 8.2: *Die effiziente Lösung des Collections Frameworks für die Bestimmung des kleinsten Elements in einem Container.*

8.1.4 Synchronisierte Klassen

Die Container des Collections Frameworks sind ohne weiteres Zutun nicht threadsicher. Dadurch sind die meisten Operationen, wie wir im vorigen Kapitel gesehen haben, etwas schneller als die vergleichbaren Operationen unter JGL, dessen Containerklassen immer threadsicher sind. In diesem Kapitel möchten wir erläutern, ob die Wrapperklassen, die die Container des Collections Frameworks nachträglich synchronisieren, zu Performanceeinbußen führen.

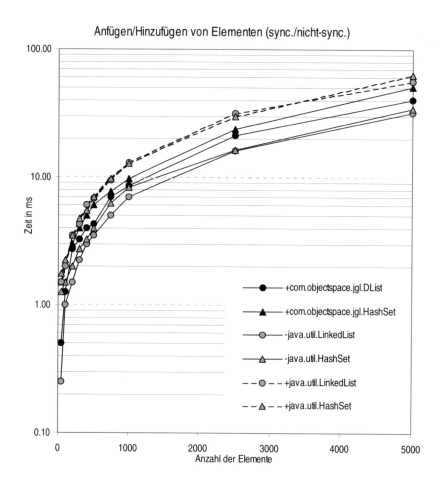

Abbildung 8.10: Vergleich zwischen synchronisierten und nicht synchronisierten Methoden. Hier werden Elemente dem Container hinzugefügt. x-Achse: die Größe des Containers, y-Achse: die Zeit in Millisekunden. Ein + vor dem Klassennamen bedeutet synchronisiert, ein – nicht synchronisiert. Eine gestrichelte Linie symbolisiert bei Containern des Collections Frameworks, dass es sich um synchronisierte Container handelt.

8.1 Performance

Die Ergebnisse der Performancetests haben ergeben, dass es Fälle gibt, in denen die synchronisierten Klassen des Collections Frameworks langsamer als die JGL-Klassen sind. In vielen Fällen jedoch spielt es für das Zeitverhalten keine Rolle, ob die Container threadsicher sind oder nicht.

Vor allem bei Operationen, die sehr wenig Zeit in Anspruch nehmen, kommt es vor, dass die synchronisierten Container des Collections Frameworks, die nicht synchronisiert schneller als die entsprechenden JGL-Container sind, nun etwas langsamer sind. Als Beispiel hierfür möchten wir die Operation »Anfügen eines Elements« für die verkettete Listen und Hash-Sets zeigen (siehe Abbildung 8.10).

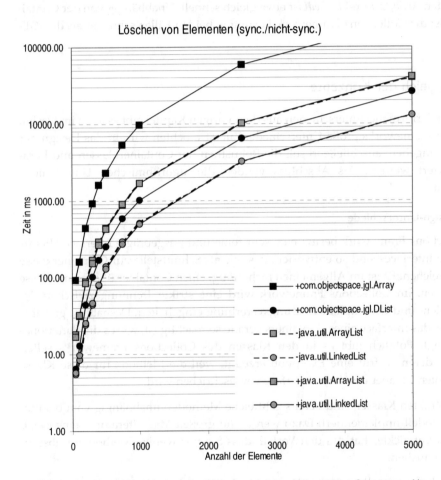

Abbildung 8.11: Vergleich zwischen synchronisierten und nicht synchronisierten Operationen. Hier werden alle Elemente aus dem Container gelöscht. x-Achse: die Größe des Containers zu Beginn, y-Achse: die Zeit in Millisekunden. Ein + vor dem Klassennamen bedeutet synchronisiert, ein – nicht synchronisiert. Eine gestrichelte Linie symbolisiert bei Containern des Collections Frameworks, dass es sich um synchronisierte Container handelt.

Diese Operation dauert selbst bei dem Hinzufügen von 5.000 Elementen nur um die 40 ms. Die Container *LinkedList* und *HashSet* des Collections Frameworks sind unsynchronisiert schneller als die entsprechenden JGL-Implementierungen *DList* und *HashSet*. Die threadsicheren Container hingegen liegen nun oberhalb der JGL-Zeiten.

Umgekehrt gibt es aber auch Fälle, bei denen sich die Wrapperklassen zum Synchronisieren nicht negativ auf die Performance auswirken. In Abbildung 8.11 ist ein Beispiel hierfür für Arrays und verkettete Listen aufgeführt.

Das Löschen aller Elemente führt nur bei kleinen Containergrößen zu einem leichten Performanceverlust. Ab etwa 1.000 Elementen sind die synchronisierten und nicht synchronisierten *ArrayList* und *LinkedList* etwa gleich schnell. Unabhängig von der Containergröße ist die Collections-Framework-Lösung in beiden Fällen schneller als die JGL-Lösung.

8.2 Vergleich der Konzepte

Außer den Performanceunterschieden aus dem vorigen Kapitel gibt es auch im Design der beiden Frameworks große Unterschiede. Zuerst möchten wir auf das Design der Interfaces eingehen, anschließend soll die Robustheit der Containerklassen und Iteratoren erörtert werden. Als Abschluss werden die algorithmischen Unterschiede besprochen.

8.2.1 Design-Unterschiede

Das Collections Framework besitzt eine sehr feine und ausgeprägte Interface-Hierarchie. Diese Interfaces sind so entworfen, dass sie als Schnittstelle zur Containerklasse völlig ausreichen. Es ist im Allgemeinen nicht nötig, einen Container über seine Klasse anzusprechen. Im Collections Framework wird eine strikte Trennung zwischen der Schnittstellen- und der Implementierungsvererbung eingehalten. Deshalb ist gewährleistet, dass das Interface eines Containers gerade so mächtig ist, wie es die Funktionalität verlangt. Folglich gibt es in den Klassen des Collections Frameworks selten Methoden, deren Aufruf eine Exception erzeugt, weil die Methode für diese Klasse zwar verboten ist, aber durch ein Interface vorgeschrieben wird.

In den abstrakten Klassen sind bereits zahlreiche Methoden unabhängig vom benutzten Datenmodell implementiert. Dazu werden im großen Maße Iteratoren eingesetzt. Für Sie als Entwickler hat das den Vorteil, dass Sie nur wenige Methoden selbst zu schreiben brauchen.

Im Vergleich dazu ist die Interface-Hierarchie der Generic Collection Library for Java nahezu simpel. Es gibt nur einen *Container*, eine *Sequence*, eine *Set* sowie die abstrakte Klasse *Map*, die als Interface eingesetzt wird. Auf den ersten Blick scheint dieses Framework also einfacher zu handhaben zu sein. Doch dem ist nicht so: Eine Eigentüm-

8.2 Vergleich der Konzepte

lichkeit der Generic Collection Library for Java ist, dass viele gemeinsame Methoden keine Entsprechung in einem Interface haben. Im Kapitel 3.5.4 Spezielle Design-Aspekte der Generic Collection Library for Java wurden zu diesem Zweck die gedachten Interfaces eingeführt, um einen besseren Überblick über alle Methoden zu bekommen. Als Beispiel möchten wir die Methode find(Object o) anführen. Diese Methode ist in beiden Containerklassen der Generic Collection Library for Java vorhanden, die das Interface *Set* implementieren. Die Methode kann aber nicht in das Interface *Set* aufgenommen werden, da der Rückgabewert einen containerabhängigen Iterator, nämlich *HashSetIterator* bzw. *OrderedSetIterator*, zurückgibt. Es wäre aber problemlos möglich, einen allgemeinen Iterator, beispielsweise den *ForwardIterator*, als Ergebnis zurückzugeben, so wie es bei den Methoden start() und finish() der Fall ist. Würde ein spezialisierter Iterator gebraucht, kann jederzeit gecasted werden.

Da in JGL die Maps ebenfalls das Interface *Container* implementieren, gibt es eine add()-Methode, die nur ein Argument vom Typ *Object* erwartet. Weil in Maps aber nur Paare bestehend aus Schlüssel und Wert eingetragen werden dürfen, ist die add()-Methode eingeschränkt worden, indem eine Exception erzeugt wird, falls das Argument nicht vom Typ *Pair* ist. Ein sicherlich klareres Design wäre es gewesen, erst keine solche Methode zur Verfügung zu haben. Diesen Weg geht das Collections Framework: Hier findet eine Trennung zwischen Containern, die das *Collection*-Interface, und Containern, die das *Map*-Interface implementieren, statt.

JGL benutzt mit Ausnahme der Klassen *Map* und *ArrayAdapter* keine abstrakten Klassen, von denen Container abgeleitet sind. Zum einen sind daher viele ähnliche Methoden in verschiedenen Containern unnötigerweise doppelt programmiert, die durch eine entsprechende Basismethode abgedeckt sein könnten. Zum anderen muss jeder Entwickler, der eigene Erweiterungen für die Generic Collection Library for Java schreibt, alle geforderten Methoden der Interfaces ebenfalls selbst programmieren, wohingegen im Collections Framework auf die bereits implementierten Methoden der abstrakten Klassen zurückgegriffen werden kann.

Iteratoren

Vergleicht man die Iterator-Hierarchie der beiden Frameworks, so fällt auf, dass JGL eine wesentlich feinere Unterteilung der Iteratoren vornimmt. Insgesamt ist das Design der Iteratoren-Hierarchie gelungen, selbst eine Unterscheidung zwischen lesenden und schreibenden Iteratoren wurde getroffen. Umso erstaunlicher ist es, dass der Read-Only-Zugriff auf Iteratoren nicht konsequenter genutzt wird. Die Fehleranfälligkeit wird durch nicht modifizierbare Sichten auf einen Container zweifellos vermindert. Deshalb wäre es wünschenswert, wenn JGL wie im Collections Framework einen unveränderlichen Container zur Verfügung stellen würde. Dies könnte beispielsweise wie in der von uns vorgestellten Erweiterung geschehen (siehe Kapitel 5.12.1 *Read-Only-Sichten* unter JGL ab Seite 344).

Im Gegensatz zum Collections Framework arbeiten alle Algorithmen in JGL mit Iteratoren. Deshalb liegt es nahe, die Iteratoren mit so viel Funktionalität auszustatten, wie es nur geht. Ein Beispiel hiefür ist die `distance()`-Methode des *ForwardIterators*. Der Abstand zweier Iteratoren kann aber nur in einem Array einfach errechnet werden, indem die Differenz der Indizes der Elemente gebildet wird, auf den die Iteratoren zeigen. In einer verketteten Liste hingegen müssen alle Elemente zwischen den beiden Iteratoren gezählt werden. Dieser Umstand macht sich auf sehr unangenehme Weise im Quicksort-Algorithmus bemerkbar: Wie in der generischen Programmierung üblich, arbeitet dieser Sortieralgorithmus ausschließlich mit Iteratoren. Zwischen diesen Iteratoren werden ständig die Abstände berechnet. Wird eine *SList* oder *DList* sortiert, ist die Ausführungszeit erheblich höher als beim Sortieren eines *Array*-Containers (siehe Kapitel 8.1.3 *Algorithmen: Sortieren und minimales Element*).

In beiden Frameworks lassen sich Elemente über einen Iterator löschen und hinzufügen. Im Collections Framework sind die `remove()`-Methoden im Iterator, in JGL hingegen in dem Basisinterface *Container* verankert. Das Hinzufügen über einen Iterator macht aber nicht für alle Containertypen einen Sinn. Beispielsweise wäre es nutzlos, Elemente auf diese Art und Weise in eine Menge einzufügen, da die Position ohnehin erst berechnet werden müsste. Das Collections Framework trägt diesem Umstand Rechnung und bietet nur in dem Interface *ListIterator* die `add()`-Methode. Da dieser Iterator nur für Sequenzen, also Klassen, die das *List*-Interface implementieren, angeboten wird, sind die Anforderungen perfekt umgesetzt. JGL bietet in allen Containerklassen, bei denen das Einfügen über einen Iterator einen Sinn ergibt, entsprechende Methoden an. Leider sind diese Methoden aber in keinem Interface, also beispielsweise dem Interface *Sequence*, definiert. Der Grund dafür ist, dass in ihrer Größe unveränderliche Adapter, wie z.B. das *IntArray*, die ebenfalls das *Sequence*-Interface implementieren, nicht über entsprechende Methoden verfügen sollen. Das heißt, dass auch in diesem Fall das Design in der Generic Collection Library for Java verbessert werden könnte.

Ein ähnliches Problem tritt auf, wenn Elemente über einen Iterator ausgetauscht werden. Wird z.B. in einer Menge, die intern einen Suchbaum benutzt, ein Element durch die `put()`-Methode eines JGL-Iterators ersetzt, kann es leicht passieren, dass der Baum inkonsistent wird. Das Collections Framework wiederum umgeht auch dieses Problem, indem es außer im *ListIterator* für Sequenzen kein Austauschen der Elemente zulässt.

Bereichssichten

Bereichssichten sind Untermengen von Elementen eines Containers. Im Collections Framework gibt es hierfür eigens Methoden, die solche Sichten zurückgeben. Das Besondere an einer Sicht ist, dass die Untermenge vom gleichen Typ wie der eigentliche Container ist: Die Bereichssicht einer Liste gibt ein Objekt vom Typ *List* und eine *SortedSet* eine *SortedSet* zurück. Eine Bereichssicht in der Generic Collection Library for Java wird durch einen Bereich aus zwei Iteratoren erreicht.

Der Vorteil, Bereichssichten *nicht* mit Iteratoren zu realisieren, liegt darin, dass sich die Anzahl der Methoden der Algorithmen nicht verdoppelt, weil ein und dieselbe Methode sowohl für einen ganzen Container als auch für eine Untermenge davon verwendet werden kann. In JGL hingegen muss es jeden Algorithmus in einer Version geben, in der als Parameter ein *Container* oder eine *Sequence* erwartet wird oder die einen Bereich aus zwei Iteratoren verwendet. Dieser Umstand könnte dazu führen, dass gerade Neueinsteiger durch die Unübersichtlichkeit der vielen gleich lautenden Methoden verwirrt sind.

Dennoch bietet das Konzept, Sichten mit Iteratoren zu realisieren, auch Vorteile. So ist es beispielsweise möglich, mit Hilfe des in Kapitel 6.2.3 Ändern der logischen Reihenfolge von Elementen in JGL auf Seite 90 vorgestellten *IteratorIterator* einen Container logisch umzusortieren, ohne den eigentlichen Container zu verändern. Weiterhin ist es damit auch denkbar, Container umzuordnen, die sich im Collections Framework überhaupt nicht sortieren ließen, so z. B. eine JGL-*HashSet* oder *OrderedSet*.

In vielen praktischen Fällen ist es sehr nützlich, einen Container bereits beim Erzeugen mit new mit Elementen eines anderen zu füllen. Das Collections Framework stellt hierfür einen Konstruktor, dem ein Container vom Typ *Collection* übergeben wird, dessen Elemente kopiert werden, bzw. die addAll()-Methode bereit. In JGL ist diese Funktionalität in allgemeiner Form, also zwischen unterschiedlichen Containern, nur über die *Copying*-Algorithmen möglich. Um Bereiche aus Iteratoren mit diesem Algorithmus in einen neuen Container zu kopieren ist weiterhin der *InsertIterator* nötig, um den Zielcontainer zu füllen, da leere Container keine Elemente zum Überschreiben besitzen.

8.2.2 Fehleranfälligkeit

Solange es noch Browser oder andere Java-Umgebungen gibt, die auf Java 1.1 basieren, wird JGL in der derzeitigen Version 3.1 nicht an Bedeutung verlieren. Eine Konsequenz daraus ist, dass JGL das *Comparable*-Interface nicht nutzen kann, da es in Java 1.1 noch nicht eingeführt wurde. JGL verwendet aus dieser Not heraus als Ersatz den Hashwert eines Elements. Dies führt aber in den wenigsten Fällen dazu, dass Objekte in ihrer natürlichen Ordnung sortiert werden. Stattdessen ist es in den meisten Fällen nötig, einen eigenen Comparator zu verwenden. Durch das Konzept des *Comparable*-Interface werden Programmierfehler vermieden, da anders als unter JGL ein »vergessener« Comparator zu keinem Fehler führt. In dem Package *com.objectspace.jgl.predicates* gibt es dafür eine Reihe von vordefinierten binären Prädikaten. Viele dieser Comparatoren lassen sich seit Java 2 viel kompakter mit dem *Comparable*-Interface realisieren, aber wohlgemerkt erst seit Java 2.

Das Collections Framework bietet keine Containerklassen für Warteschlangen oder den Typ Deque. Einfache Warteschlangen werden zwar in praktischen Anwendungen nicht so oft benötigt und lassen sich z.B. durch die *LinkedList* im Collections Framework nachahmen, sie unterstützen aber mit ihrer eingeschränkten Funktionalität das Paradigma, dass eine Klasse nur so viel machen *darf*, wie sie auch soll. Dem Entwickler werden durch diese Klassen gewollte Einschränkungen auferlegt.

Threadsicherheit

Da in Java Multi-Threading ein fester Bestandteil der Sprache ist und in jedem Programm – wenn auch meist unbemerkt – mehrere Threads aktiv sind, kann es relativ leicht zu Problemen mit Nebenläufigkeit kommen (vergleiche Kapitel 7.2 Nebenläufigkeit). Es lässt sich im Voraus schwer sagen, ob eine Klasse, die einen Container benutzt, immer nur in nicht parallelen Programmen eingesetzt wird. Die Möglichkeit, eine Klasse in einer Multi-Threading-Umgebung wieder zu verwenden, ist eigentlich immer gegeben. Aus diesem Grund ist es eher von Vorteil, wenn Containerklassen immer threadsicher sind, selbst wenn sie nur für den nicht parallelen Einsatz konzipiert wurden. Diesen Ansatz verfolgt die Generic Collection Library for Java, deren Container alle mit entsprechenden *synchronized*-Statements threadsicher sind. Im Collections Framework hingegen müssen Container ausdrücklich durch den Aufruf syn-chronizedCollection() etc. multi-threading-fähig gemacht werden. Die Vorteile liegen auf der Hand: Zum einen sind nicht synchronisierte Klassen schneller, zum anderen haben wir in Kapitel 7.2 Nebenläufigkeit gesehen, dass in den meisten Fällen ohnehin ganze Transaktionen bei nebenläufigen Anwendungen geschützt werden müssen.

Iteratoren

Die Iteratoren unter JGL sind zwar im Allgemeinen sehr robust gegenüber Veränderungen in den Containerklassen. Werden sie aber ungültig, kommt es zu keiner Exception, sondern es tritt ein undefiniertes Verhalten auf. Im Collections Framework hingegen werden alle Iteratoren ungültig, wenn der Container extern verändert wurde (siehe Kapitel 3.4.1 *Iteratoren des Collections Frameworks*).

8.2.3 Algorithmen

Das Collections Framework hat im Vergleich zu JGL relativ wenige Algorithmen. Es werden nur das Sortieren, binäres Suchen, das Suchen von minimalen bzw. maximalen Elementen sowie einige Füllalgorithmen angeboten. JGL hingegen bietet auf den ersten Blick ein sehr viel größeres Angebot an Algorithmen. Interessanterweise gibt es unter JGL keine Möglichkeit, in einer sortierten Sequenz binär zu suchen.

Die Vielzahl der JGL-Algorithmen verzerrt aber den tatsächlichen Umfang. Zum einen lassen sich etliche Algorithmen durch eine adäquate Methode auch innerhalb des Collections Frameworks realisieren, zum anderen sind einige Algorithmen in JGL selbst doppelt vorhanden. Alle Mengenoperationen wie etwa das Bilden der Schnittmenge

8.2 Vergleich der Konzepte

befinden sich sowohl in den Mengen-Containern selbst als auch in den Klassen *SetOperations* bzw. *OrderedSetOperations*. Der Grund, warum die Mengenoperationen auch in Algorithmen, sozusagen doppelt, aufgeführt sind, liegt darin, dass sich auch sortierte Sequenzen als Menge behandeln lassen. Sind also zwei Klassen, die das *Sequence*-Interface implementieren, bereits sortiert, brauchen sie nicht erst in echte Mengen umgewandelt zu werden. Das Collections Framework erlaubt zwar auch Mengenoperationen auf dem Interface *List*, z.B. `containsAll()`, allerdings kann dieser Algorithmus nicht den Vorteil ausnutzen, dass zwei Sequenzen bereits sortiert vorliegen.

Ein wirklich deutlicher Unterschied in der Philosophie beider Frameworks kommt beim Vergleich der funktionalen Objekte zu Tage. Im Collections Framework gibt es – mit Ausnahme der Comparatoren – keine funktionalen Objekte. Sieht man davon ab, dass in JGL die binären Prädikate fast ausschließlich als Comparatoren gebraucht werden, so fehlen dennoch alle unären Prädikate sowie sämtliche Funktoren. Das Filtern von Elementen oder vergleichbare Algorithmen, die ein unäres Prädikat benötigen, lassen sich also nicht im Collections Framework realisieren. Natürlich ist das Interface für ein *UnaryPredicate* keine komplizierte Angelegenheit, so dass es jeder nachprogrammieren kann. Trotzdem wäre es gut, wenn das Collections Framework auch hierfür eine einheitliche Schnittstelle bereitstellen würde, wie es beim *Comparator*- bzw. *Comparable*-Interface geschehen ist. Im Kapitel 6.5.1 *Unäre Prädikate mit dem Collections Framework* haben wir das *Selector*-Interface eingeführt, das die Aufgabe eines unären Prädikats übernimmt. Auf der anderen Seite stellt sich bei allen generischen Programmen die Frage, ob sich der Mehraufwand überhaupt lohnt. Meistens werden ohnehin nur kleine Abfragen benötigt, die ebenso gut in einer while-Schleife programmiert werden könnten. Durch das Iterator-Pattern sind Fehler durch falsche Indizierung, wie sie bei nativen Arrays auftreten könnten, von vornherein unterbunden.

Ein lästiges Manko ist das Design der Parameter einiger JGL-Algorithmen. Hier sind als Parameter Container erlaubt, die aber zu einer Exception führen, falls sie dem Algorithmus übergeben werden. Hier wäre es wünschenswert, wenn nur solche Interfaces als Parameter benutzt werden, die tatsächlich erlaubt sind. Die `randomshuffle()`-Methode der Klasse *Shuffling* erlaubt als Argument beispielsweise ein Objekt, das Interface *Container* implementiert, erwartet aber in Wirklichkeit Container, die einen bidirektionalen Iterator besitzen. Mit Ausnahme der *OrderedSet* und *OrderedMap* sind das nur Container, die das Interface *Sequence* implementieren. Die Elemente der Klassen *OrderedSet* und *OrderedMap* hingegen lassen sich trotz bidirektionalen Iterators nicht zufällig anordnen, da in diesem Fall ihr Suchbaum ungültig würde.

8.3 Kochrezepte – welche Lösung bietet sich an?

In diesem Kapitel werden – kurz und knapp – Vorschläge unterbreitet, welche Container sich am besten für bestimmte Zwecke eignen. Zu Beginn zeigen wir, wie sich anhand einiger Fragen eine Containerklasse grob auswählen lässt. Anschließend möchten wir darstellen, wie sich aus einer konkreten Fragestellung und den Performanceergebnissen der richtige Container ermitteln lässt. Zum Abschluss werden einige grundlegende Fragen beantwortet.

Dieses Kapitel wiederholt in einer knappen Form und aus praktischer Sicht die in diesem Buch vorgestellten Konzepte. Prinzipiell sind alle Aussagen bereits in den vorangegangen Kapiteln behandelt worden.

8.3.1 Welcher Containertyp ist der richtige?

Die folgenden Fragen sollen Ihnen die Gelegenheit geben, einen Container für Ihre Problemstellung zu finden. Aus dem ausgewählten Container folgt das zu benutzende Framework.

Dieser Entscheidungsbaum gibt nur eine sehr grobe Übersicht über den zu benutzten Container. Er verweist jeweils auf die schnellste Implementierung eines Containers, falls mehrere Container zur Auswahl stehen.

▸ Frage: *Ist es wichtig, dass die Elemente über einen Index angesprochen werden?*

    Ja   → Weiter mit Frage 1

    Nein   → Weiter mit Frage 2

Sequenzen (ab Frage 1)

▸ Frage 1: *Werden häufig Elemente eingefügt oder gelöscht?*

    Ja   → Weiter mit Frage 1.1

    Nein   → Verwenden Sie eine *ArrayList* oder – falls Sie JGL benötigen – ein *Array*.

▸ Frage 1.1: *Werden Elemente nur an den Rändern eingefügt und gelöscht?*

    Ja   → Verwenden Sie die JGL-*Deque*.

    Nein   → Verwenden Sie die *LinkedList* oder – falls Sie JGL benötigen – eine *DList*.

Assoziative Container (ab Frage 2)

▸ Frage 2: *Sollen die Elemente mit einem weiteren Objekt assoziiert sein?*

    Ja   → Weiter mit Frage 2.1 (Maps)

    Nein   → Weiter mit Frage 2.2 (Sets/Warteschlagen/Stacks)

Maps (ab Frage 2.1)

▶ **Frage 2.1:** *Ist es notwendig, die Elemente sortiert zu halten?*
  Ja   → Weiter mit Frage 2.1.1
  Nein   → Weiter mit Frage 2.1.2

▶ **Frage 2.1.1:** *Sind Duplikate vorhanden?*
  Ja   → Verwenden Sie die JGL-*OrderedMap* mit Duplikaten.
  Nein   → Verwenden Sie die *TreeMap* des Collections Frameworks.

▶ **Frage 2.1.2:** *Sind Duplikate vorhanden?*
  Ja   → Verwenden Sie die JGL-*HashMap* mit Duplikaten.
  Nein   → Verwenden Sie die *HashMap* des Collections Frameworks.

Sets / Warteschlangen / Stacks (ab Frage 2.2)

▶ **Frage 2.2:** *Soll der Zugriff auf die Elemente eingeschränkt werden?*
  Ja   → Verwenden Sie je nach Abhängigkeit einen *Stack* des Collections Frameworks oder die JGL-Warteschlangen *Queue* bzw. *PriorityQueue*.
  Nein   → Weiter mit Frage 2.2.2

Sets (ab Frage 2.2.2)

▶ **Frage 2.2.2:** *Ist es notwendig, die Elemente ständig sortiert zu halten?*
  Ja   → Weiter mit Frage 2.2.2.1
  Nein   → Weiter mit Frage 2.2.2.2

▶ **Frage 2.2.2.1:** *Sind doppelte Objekte vorhanden?*
  Ja   → Verwenden Sie die JGL-*OrderedSet* mit Duplikaten.
  Nein   → Verwenden Sie die *TreeSet* des Collections Frameworks.

▶ **Frage 2.2.2.2:** *Wird oft geprüft, ob ein Element in dem Container enthalten ist?*
  Ja   → Weiter mit Frage 2.2.2.2.1
  Nein   → Verwenden Sie eine *ArrayList* oder – falls Sie JGL benötigen – ein *Array*.

▶ **Frage 2.2.2.2.1:** *Sind doppelte Objekte vorhanden?*
  Ja   → Verwenden Sie die JGL-*HashSet* mit Duplikaten.
  Nein   → Verwenden Sie die *HashSet* des Collections Frameworks.

8.3.2 Systematische Vorgehensweise

In vielen Fällen ist die Auswahl der richtigen Containerklasse ohne Schwierigkeiten möglich. Entweder Sie wissen ohnehin, welcher Containertyp für Ihre Anwendung am geeignesten erscheint, oder Sie durchlaufen die im obigen Kapitel gestellten Fragen.

In einigen Fällen allerdings ist die Auswahl der geeigneten Containerklasse nicht so einfach. Verlangt das zu lösende Problem Anforderungen an Container, die nur von verschiedenen Typen optimal gelöst werden können, muss ein Kompromiss eingegangen werden.

Sind die Operationen auf Container in Ihrer Anwendung eine zeitkritische Angelegenheit, dann sollten Sie sich bei der Auswahl der Container etwas Zeit nehmen.

▶ Falls eine Anwendung ausschließlich das Collections Framework nutzt und der Zugriff auf die Container nur über die Interfaces erfolgt, so lassen sich die Containerklassen auch im Nachhinein noch austauschen. Damit ist es leicht möglich, am Ende der Programmentwicklung einen bestimmten Container auszuwählen, nachdem alle Anforderungen bis ins Detail bekannt sind.

Eine analytische Herangehensweise für die Auswahl der geeigneten Containerklasse ist:

1. Zeitkritische Operationen und häufig benötigte Methoden auf eine Containerklassen zu identifizieren. Daraus ergibt sich eine engere Auswahl von Containern, die in Frage kommen.
2. Als Nächstes sollte für die gefundenen Methoden ungefähr ermittelt werden, wie oft sie aufgerufen werden.

Mit diesen Daten können Sie nun die optimale Containerklasse ermitteln:

1. Suchen Sie im Kapitel 5 Die Containerklassen der Standardbibliotheken diejenigen Container heraus, die sich für die gestellte Aufgabe eignen.
2. Anschließend schauen Sie im Kapitel 8.1.2 Verschiedene Operationen oder 8.1.3 Algorithmen: Sortieren und minimales Element nach und lesen für alle Container und Methoden die gemessenen Zeiten ab.

Beispiel

1. Methoden identifizieren:

    a) Zu Beginn des Programms werden Elemente eingefügt.

    b) Diese Einträge sollen sortiert vorliegen.

    c) Es werden alle Elemente mehrmals durchlaufen.

    d) Bestimmte Elemente werden gesucht.

2. Häufigkeit der Methodenaufrufe abschätzen:
   a) Einmaliges Einlesen von ca. 2.000 Objekten.
   b) Einmaliges Sortieren der Elemente.
   c) Ca. 100mal Durchlaufen aller Einträge mit einem Iterator.
   d) Ca. 5mal Suchen eines Eintrags.
3. Als geeignete Container lassen sich sortierte Mengen und Sequenzen identifizieren, d.h. die Mengen *TreeSet* und *OrderedSet* bzw. die Sequenzen *LinkedList*, *ArrayList*, *SList*, *DList*, *Array* und *Deque*.
4. Nun werden die Werte aus den Performance-Abbildungen ausgelesen (siehe Tabelle 8.1). Die Summe aller Zeiten ergibt einen Hinweis, welcher Container am besten für die gestellte Aufgabe zu verwenden ist. In diesem Beispiel ist es die *ArrayList* des Collections Frameworks.

	a)	b)	c)	d)	Summe
TreeSet	80 ms	-	100 · 15 ms	5 · 80 ms / 2.000	1.580 ms
OrderedSet	90 ms	-	100 · 17 ms	5 · 180 ms / 2.000	1.790 ms
LinkedList	12 ms	300 ms	100 · 11 ms	5 · 3.300 ms / 2.000	1.420 ms
ArrayList	10 ms	300 ms	100 · 12 ms	5 · 3500 ms / 2.000	1.218 ms
SList	17 ms	40.000 ms	100 · 13 ms	5 · 14.000 ms / 2.000	41.352 ms
DList	17 ms	40.000 ms	100 · 13 ms	5 · 14.000 ms / 2.000	41.352 ms
Array	12 ms	700 ms	100 · 23 ms	5 · 21.000 ms / 2.000	3.065 ms
Deque	12 ms	700 ms	100 · 33 ms	5 · 21.000 ms / 2.000	4065 ms

Tabelle 8.1: Beispielrechnung: Die rechte Spalte gibt die Summe aller Operationen an. In diesem Beispiel ist die ArrayList der geeignetste Container.

Zu beachten ist, dass in Spalte d) die Werte durch 2.000 geteilt werden. Dies ist nötig, da in einem Container der Größe 2.000 nur fünf – und nicht alle 2.000 – Elemente gesucht werden. Die Performancemessungen in Kapitel 8.1.2 Verschiedene Operationen wenden aber die Operationen auf alle Elemente an.

8.3.3 Fragenkatalog

In diesem Kapitel werden einige Fragen behandelt, die sich während der Benutzung der Standardbibliotheken ergeben.

▹ Wann soll ich das Collections Framework, wann JGL nehmen?

Sollten Sie eine Anwendung neu entwickeln, ist der Einsatz des Collections Frameworks vermutlich sinnvoller. Zum einen bieten diese Containerklassen eine bessere Performance, zum anderen sind sie Bestandteil des JDKs.

Wenn Sie Applets entwickeln, sind Sie momentan noch auf JGL angewiesen, denn die meisten Browser unterstützen zur Zeit nur das JDK 1.1. Damit steht Ihnen das Collections Framework *nicht* zur Verfügung. JGL hingegen ist mit dem JDK 1.1 kompatibel.

▹ Welches Framework ist das bessere?

Diese Frage lässt sich natürlich nicht so einfach beantworten. Auf den ersten Blick scheinen beide Bibliotheken das gleiche Ziel zu verfolgen. Der größte Unterschied liegt in den algorithmischen Fähigkeiten. Hier bietet das Collections Framework zwar alle wichtigen Algorithmen, unterstützt jedoch keine Prädikate und funktionalen Objekte. Das Collections Framework setzt seinen Schwerpunkt auf Containerklassen, wohingegen JGL eine ausgeglichene Mischung von Containerklassen *und* Algorithmen darstellt.

Längerfristig wird es für JGL allerdings schwer sein, gegen das im JDK verankerte Collections Framework bestehen zu können.

▹ Gibt es eine Schnittstelle zwischen den beiden Frameworks?

Prinzipiell nein. Die einzige Ausnahme eine JGL-Wrapperklasse für den Container *Vector* des Collections Frameworks. Vom Collections Framework zu JGL besteht keine Schnittstelle. Denkbare Möglichkeiten, Elemente zwischen den Containern auszutauschen, sind das Umkopieren über die `toArray()`-Methode oder die *Enumeration*.

▹ Ich möchte eine vorher nicht bekannte Anzahl von Elementen in einen Container temporär einfügen. Die Reihenfolge der Elemente spielt keine Rolle. Welchen Container nehme ich?

Das Einfügen von Elementen ist bei der *ArrayList* des Collections Frameworks am schnellsten. Verkettete Listen sind etwas langsamer, da die Instanziierung eines neuen Knotens zusätzlichen Aufwand bedeutet.

▹ Die Eigenschaften der Elemente ändern sich sehr oft. Hat das Auswirkungen auf die Container?

8.3 Kochrezepte – welche Lösung bietet sich an?

Ja, falls die Elemente in assoziativen Containern gespeichert sind, können die Einträge inkonsistent werden, z.B. falls sich der Hashwert nachträglich geändert hat oder in einer Menge ohne Duplikate plötzlich Duplikate enthalten sind.

▶ Was ist schneller: Mengen mit Hashverfahren oder geordnete Mengen?

Falls Sie weniger als 10.000 Elemente in einer Menge speichern, sind auf Hashverfahren basierende Mengen schneller. Am schnellsten ist die *HashSet* des Collections Frameworks.

▶ Lassen sich im Collections Framework auch MultiMaps und MultiSets verwenden?

Ja, aber nur indirekt. Siehe Kapitel 3.2.5 Das Interface *Map* auf Seite 90.

▶ Ich möchte Elemente einmalig sortieren. Soll ich sie in eine geordnete Menge einfügen oder in einer Sequenz sortieren?

Das Einfügen in eine *TreeSet* ist am schnellsten. Das Einfügen in ein Array und anschließendes Sortieren ist langsamer als die Elemente gleich sortiert einzufügen.

▶ Welche Container lassen sich am schnellsten sortieren?

Die Collections Framework Klassen *ArrayList* und *LinkedList*. Sortieren Sie auf keinen Fall verkettete Listen von JGL, also die Container *SList* oder *DList*. Diese Klassen sind implementierungsbedingt sehr viel langsamer als alle anderen Sequenzen.

▶ Ich möchte in einem Container einmalig das kleinste und das größte Element bestimmen. Soll ich die min-max-Algorithmen benutzen oder die Elemente temporär in eine geordnete Menge kopieren?

Die min-max-Algorithmen sind schneller als das temporäre Umkopieren.

9 Vergleich der Java-Standardbibliotheken mit der STL für C++

Für C++-Entwickler steht seit einigen Jahren die *Standard Template Library* (STL) zur Verfügung. Die Architektur der STL und JGL weisen viele Ähnlichkeiten auf – die Generic Collection Library for Java ist im Prinzip eine Adaption der STL für Java. Im Gegensatz dazu unterscheiden sich die STL und das Collections Framework im Design wesentlich deutlicher.

Dieses Kapitel ist für C++-Programmierer gedacht, die sich mit den Standardbibliotheken von Java beschäftigen wollen und die Konzepte der STL bereits kennen. Wir werden die Ansätze der in diesem Buch beschriebenen Java-Standardbibliotheken mit dem Ansatz der STL vergleichen und auf die jeweiligen Vor- und Nachteile eingehen.

Die Container der Java-Standardbibliotheken sind in Gruppen eingeteilt. Diese Unterteilung basiert auf der Hierarchie ihrer *Interfaces* und ihrer abstrakten Klassen. Eine wohl definierte Unterteilung anhand einer Klassenhierarchie existiert hingegen in der STL nicht. Aus diesem Grund ist die STL für Anfänger schwerer zu überschauen. Die allgemeinen Unterschiede zwischen den beiden Java-Standardbibliotheken und der STL werden im folgenden Abschnitt beschrieben.

9.1 Allgemeine Unterschiede

Bevor wir die Unterschiede und Gemeinsamkeiten der einzelnen Komponenten der Standardbibliotheken von Java und STL betrachten, werden wir die Ansätze und die sich daraus ergebenden Eigenschaften der Standardbibliotheken von Java und C++ diskutieren.

9.1.1 Template oder *Object*

Die Klassen der Java-Standardbibliotheken wurden für Objekte des Datentyps *Object* implementiert. Deswegen können alle Java-Objekte mit Hilfe der Java-Standardbibliotheken verarbeitet werden (siehe Kapitel 1.3.1 *Die Klasse Object und ihre Methoden*).

> Im Gegensatz zu Java und Smalltalk besitzen C++-Klassen keine standardmäßige, gemeinsame Basisklasse. Wenn Sie eine neue Klasse implementieren, wird diese nicht automatisch als Subklasse von einer gemeinsamen Basisklasse geerbt. Wegen der fehlenden gemeinsamen Basisklasse wäre eine ausschließlich auf einer Klassenhierarchie basierende Standardbibliothek in C++ nicht möglich gewesen.

Die ersten Entwürfe einer Containerklassen-Bibliothek für C++ verfolgten das Konzept einer gemeinsamen Basisklasse, wie es in Java einige Jahre später realisiert wurde. Eine bekannte Implementierung in C++ ist die *Object Oriented Program Support*-Bibliothek (OOPS-Bibliothek) von Keith Gorlen [Gorlen 1987, Gorlen 1990], die auf der Verwendung der Mehrfachvererbung basiert. Das Klassendiagramm in Abbildung 9.1. demonstriert mit Hilfe eines Beispiels die Architektur dieser Bibliothek. Die Klasse *Train* repräsentiert hier eine beliebige Containerklasse, die über die eingezeichnete Aggregation alle von *Waggon* abgeleiteten Typen aufnehmen kann.

Falls nun eine Klasse vom Typ *Engine* in den Container *Train* aufgenommen werden soll, geht dies nicht, weil *Engine* nicht von *Waggon* abgeleitet ist. Deshalb müsste – wenn *Engine* selbst nicht verändert werden soll – durch Mehrfachvererbung eine neue Klasse *ExtensionEngine* geschaffen werden, die sowohl von *Engine* wie auch von *Waggon* abgeleitet ist. Dann darf diese Klasse in den Container *Train* eingefügt werden. In Abbildung 9.1 repräsentiert die gestrichelte Linie diese Vererbung.

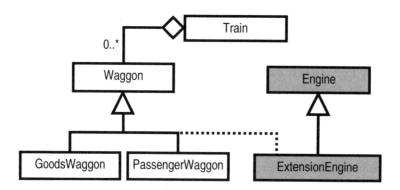

Abbildung 9.1: Mehrfachvererbung zur Erweiterung der Funktionalität der Klasse Train

Für C++ war diese Lösung nicht der beste Weg, um eine generische Containerklassen-Bibliothek zu verwirklichen, weil die Mehrfachvererbung Probleme mit sich bringt, wie beispielsweise die mögliche Mehrdeutigkeit geerbter Methoden.

Die Standardbibliothek von C++, wie wir sie heute kennen, konnte erst nach der Einführung des Template-Konzepts realisiert werden. Abbildung 9.2 zeigt das Prinzip der STL mit Hilfe eines *Class Diagrams*. Die Klasse *Container* repräsentiert dabei eine beliebige Containerklasse der STL, die für alle möglichen Datentypen ausgeprägt werden kann, indem für den Platzhalter *T* der jeweilige Datentyp eingesetzt wird.

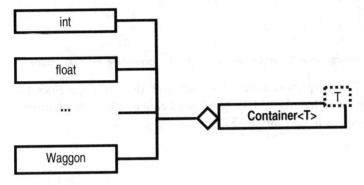

Abbildung 9.2: Verwendung des Template-Konzepts in der STL

> Die Klassenhierarchien der beiden Standardbibliotheken von Java besitzen keinerlei Äquivalent in der STL. Die unterschiedlichen Containerklassen der STL sind als getrennte und voneinander unabhängige Template-Klassen implementiert.

Ein Vorteil der Verwendung von *Interfaces* und abstrakten Klassen ist die Austauschbarkeit der Containerklassen. In der STL hingegen wird keine explizite Gruppierung der Containerklassen vorgenommen, was die Austauschbarkeit der Container-Arten ohne die Hilfe von Iteratoren erschwert.

Datentypbehandlung

> Im Gegensatz zur STL, deren Container stets den Datentyp zurückliefern, für den sie instanziiert wurden, werden in den beiden Standardbibliotheken von Java von den zur Verfügung gestellten Containern immer Objekte der gemeinsamen Basisklasse *Object* zurückgegeben. Dadurch wird eine korrekte Typumwandlung durch den Entwickler erforderlich, um den Containerinhalt richtig zu interpretieren.

In Listing 9.1 wird ein Container des Collections Frameworks erzeugt. In diesem Container wird ein Objekt der Klasse `PassengerWaggon` gespeichert. Wenn Sie versuchen, auf das Objekt ohne eine Datentypumwandlung zuzugreifen, tritt beim Compilieren ein Fehler auf, der auf die inkompatiblen Datentypen hinweist. Das von dem Java-Container zurückgelieferte Objekt ist vom Basistyp *Object* und wird vom Compiler nicht automatisch als Objekt des Datentyps `PassengerWaggon` erkannt.

```
// Collections Framework-Container wird erzeugt:
LinkedList container = new LinkedList();

// Einfügen eines Objekts in den Container:
container.add(new PassengerWaggon(3, 5));

// Falscher Zugriff auf das letzte Element, erzeugt Compilerfehler:
PassengerWaggon returnWaggon = container.getLast();

// Datentypumwandlung, richtige Abfrage:
PassengerWaggon returnWaggon = (PassengerWaggon) container.getLast()
```
Listing 9.1: Beispiel für die Notwendigkeit von Datentypumwandlungen bei der Verwendung von Java-Containern

In der STL wird keine Datentypumwandlung benötigt, weil der Datentyp eines Elements in den Containern erhalten bleibt. Listing 9.2 zeigt eine mögliche Implementierung des vorherigen Beispiels in C++ mit der STL.

```
// STL-Container wird erzeugt:
list<PassengerWaggon> container;

// Einfügen eines Objekts in den Container:
container.push_front(PassengerWaggon(3, 5));

...

// Zugriff ohne Datentypumwandlung auf das letzte Element:
PassengerWaggon returnWaggon = container.back();
```
Listing 9.2: Beispiel der Verwendung eines STL-Containers ohne Datentypumwandlung

Im Gegensatz zur STL erlauben die Standardbibliotheken von Java, Objekte unterschiedlicher Datentypen in einem Container zu verwenden, ohne zusätzliche Anforderungen zu stellen. Bei der STL wird der Datentyp bei der Instanziierung festgelegt.

In Listing 9.3 werden ein Objekt der Klasse PassengerWaggon und ein Objekt der Klasse GoodsWaggon im selben JGL-Container gespeichert.

```
// JGL-Container wird instanziiert:
Array container = new Array();

// Objekt der Klasse PassengerWaggon wird dem Container hinzugefügt:
container.pushBack(new PassengerWaggon(3, 5));

// Objekt der Klasse GoodsWaggon wird demselben Container hinzugefügt:
container.pushBack(new GoodsWaggon(4));
```

9.1 Allgemeine Unterschiede

```
// waggon1 wird aus dem Container gelesen:
PassengerWaggon returnWaggon1 = (PassengerWaggon) container.at(0);

// waggon2 wird aus dem Container gelesen:
GoodsWaggon returnWaggon2 = (GoodsWaggon) container.at(1);
```
Listing 9.3: *Beispiel für die Manipulation von Objekten unterschiedlicher Datentypen in einem Container der Generic Collection Library for Java.*

Der Versuch, in einen STL-Container vom Typ `vector<PassengerWaggon>` einen `GoodsWaggon` einzufügen, scheitert mit einem Compiler-Fehler, was nicht weiter überrascht. Verwendet man stattdessen einen Container, der Objekte der gemeinsamen Oberklasse `Waggon` der beiden Waggonarten verwaltet, lassen sich zwar sowohl Personen- wie auch Güterwaggons einfügen, beim Zugriff auf die Elemente des Containers erhält man jedoch stets nur ein Objekt vom Typ `Waggon`, das auch *nicht* in einen der spezialisierten Waggons gecastet werden kann. Auch über einen Referenz-Cast `PassengerWaggon p = (PassengerWaggon&) container.at(0)` erhält man keinen Zugriff auf die Besonderheiten des ursprünglich in den Container hineingesteckten `PassengerWaggon`, beispielsweise die Anzahl der Sitze, sondern stattdessen einen undefinierten Wert und früher oder später einen Programmabsturz. Damit haben wir einen wesentlichen Unterschied zwischen den Java-Containern und der STL:

> Die Container der STL speichern die *Werte* der Objekte und *nicht* die Objekte selbst, die in sie hineingesteckt werden. Stattdessen wird eine *Kopie* des Datenbereichs der eingefügten Objekte erstellt. Im Gegensatz zu dieser Wert-Semantik der STL besitzen die Standardbibliotheken von Java eine Referenz-Semantik, d.h. die Container verwalten Verweise auf die ihnen übergebenen Objekte.

Die erwähnte Kopie des Datenbereichs umfasst dabei nur den Teil der Daten, den der Container erwartet, also im Beispiel nur die Membervariablen von `Waggon`, nicht die Anzahl der Sitze bei einem potenziell übergebenen `PassengerWaggon`.

Die Java-Standardbibliotheken unterscheiden aufgrund ihrer Referenz-Semantik zwischen der Änderung eines Containers und dem Ändern des Inhalts eines Elements. Dieser Unterschied existiert in der STL *nicht*, eine Folge der Wert-Semantik. Lässt sich bei der STL der Inhalt des Elements ändern, so lässt sich immer auch das Element durch ein anderes austauschen, also – im Java Sprachgebrauch – eine Änderung am Container durchführen. Umgekehrt ist es bei der STL – anders als bei den Java-Standardbibliotheken – möglich, den Schreibzugriff auf ein Element bzw. die Elemente komplett zu sperren. Kapselt man z.B. einen Container und gibt nach außen nur Iteratoren vom Typ `const_iterator` zurück, ist weder der Container noch der Inhalt einzelner Elemente darüber veränderbar. Es lassen sich sogar nur diejenigen Methoden aufrufen, die explizit als `const` deklariert sind. Daher sollten Memberfunktionen in

C++, die keine Veränderungen an Membervariablen durchführen – typischerweise etwa lesende Zugriffsfunktionen auf private Variablen –, möglichst auch als `const` deklariert werden, z. B.

```
int PassengerWaggon::getSize() const;
```

Eine Referenz-Semantik wie bei den Java-Standardbibliotheken kann man allerdings auch mit den STL-Containern implementieren. Die einfachste Idee, Referenzen in den Containern zu speichern, also z. B. `vector<Waggon&>` zu instanziieren, scheitert leider mit einem Compiler-Fehler. Der Grund ist, dass intern Zeiger auf den zu verwaltenden Datentyp verwendet werden und Zeiger auf Referenzen nicht erlaubt sind. Die nächste Idee ist, den alten von C bekannten Trick zu verwenden und Zeiger auf den eigentlichen Objekttyp verwalten zu lassen: `vector<Waggon*>`. Dies funktioniert – abgesehen von den üblichen Problemen bei Zeigern, nämlich z. B., dass sie auf gar nicht mehr existierende Werte zeigen – ganz gut. Listing 9.3 lässt sich so beinahe eins zu eins nach C++ übertragen, wie Listing 9.4 zeigt. Um Objekte verschiedener Datentypen in einem Container unterzubringen, muss aber eine Klassenhierarchie wie in OOPS erstellt werden. Im Beispiel wird der Container vom Typ Zeiger auf `Waggon`, der gemeinsamen Basisklasse von `PassengerWaggon` und `GoodsWaggon`, instanziiert.

```
// STL-Container von gemeinsamer Basisklasse wird instanziiert:
vector<Waggon*> container;

// Objekt der Klasse PassengerWaggon wird dem Container hinzugefügt:
container.push_back(new PassengerWaggon(3, 5));

// Objekt der Klasse GoodsWaggon wird demselben Container hinzugefügt:
container.push_back(new GoodsWaggon(4));

// waggon1 wird aus dem Container gelesen:
PassengerWaggon *returnWaggon1 = (PassengerWaggon*) container.at(0);

// waggon2 wird aus dem Container gelesen:
GoodsWaggon *returnWaggon2 = (GoodsWaggon*) container.at(1);

// So nicht! Die folgende Zeile sortiert nach Speicheradressen
// und nicht nach dem operator<() von Waggon:
sort(container.begin(), container.end());
```

Listing 9.4: Unterschiedliche Datentypen, die aber eine gemeinsame Basisklasse haben, lassen sich bei Verwendung von Zeigern auch in einem STL-Container verwalten.

Perfekt ist diese Art der Referenz-Semantik jedoch nicht, wie schon im Quellcode vor der letzten Zeile angedeutet: Alle in den Container-Klassen und den Algorithmen verwendeten Vergleiche zwischen Elementen beziehen sich nun auf die Zeiger auf die Elemente – also auf ihre Adressen im Speicher – und *nicht* auf die von den Elementen überladenen Vergleichsoperatoren. Ein Ausweg ist, einen intelligenten, eigenen Zeigertyp in Form einer Klasse zu schreiben. Diese Zeigerklasse überschreibt die Vergleichsoperato-

9.1 Allgemeine Unterschiede

ren und reicht den Vergleich an das jeweilige Element, auf das sie zeigt, weiter (siehe z. B. [Josuttis 1996]). Wenn nur gelegentlich ein Algorithmus verwendet wird, der Vergleiche ausführt – wie das Sortieren in unserem Beispiel –, kann man das Problem auch über funktionale Objekte lösen, die vielen Algorithmen als optionale Parameter übergeben werden können. Das funktionale Objekt muss ebenfalls den Zeiger dereferenzieren und dann erst den Vergleich durchführen, wie in Listing 9.5 angedeutet.

```
// less-Funktor für Pointer auf Waggons als Funktion:
bool waggonLessFunction(const Waggon * &l, const Waggon * &r) {
  return *l < *r ? true:false;
}

// Alternativ als allgemeines Funktionsobjekt für Pointer-Elemente:
template<class T> struct ptr_less {
  bool operator()(const T* & l, const T* & r) const {
    return *l < *r ? true:false;
  };
};

...

// sort-Ausruf mit spezieller Vergleichsfunktion für Waggons:
sort(container.begin(), container.end(), waggonLessFunction);

...

// sort-Ausruf unter Verwendung des allgemeinen Funktionsobjekts.
// Zunächst spezialisierende Instanziierung für Waggon:
ptr_less<Waggon> waggonLessObject;

// Eigentlicher sort-Aufruf:
sort(container.begin(), container.end(), waggonLessObject);
```

Listing 9.5: Funktionales Objekt für Vergleiche zwischen Pointern auf Elemente

> Die Typ-Prüfung, die bei den Java-Standardbibliotheken zur Laufzeit realisiert wird – bei falschen Typen, d. h. bei unerlaubten Casts innerhalb der Bibliotheken, gibt es Exceptions – erfolgt bei der STL über das Templates-Konzept.

Zur Erläuterung nehmen wir an, dass Waggon keinen Vergleich implementiert (was tatsächlich auch so ist), also unter C++ den Operator < nicht überschreibt bzw. unter Java – im Fall des Collections Frameworks – das Interface *Comparable* nicht implementiert. Der Java-Code lässt sich kompilieren, aber man erhält eine Exception, sobald der Sortieralgorithmus ausgerufen wird, wenn wir nicht noch als zusätzlichen Parameter einen *Comparator* übergeben. Unter C++ ist es anders: Hier scheitert schon die Kompilierung, denn der Compiler erzeugt bei der Verwendung von Templates für jeden verwendeten Typ Code, also auch speziell für die Sortierung des Typs Waggon, bei der der Operator < benötigt wird, und stoppt dann an eben dieser Stelle. Damit ist zum großen

Teil auch der Vorteil hin, dass man schon vor dem Programmstart über derartige Fehler informiert wird und nicht erst zur Laufzeit böse Überraschungen erlebt. Denn man erhält bei der STL in einem solchen Fall meist nicht nur eine, sondern viele Fehlermeldungen bestehend aus oft mehreren hundert Zeichen, die auf Zeilen irgendwo tief im Inneren der STL verweisen, und man darf raten, woran es denn nun liegt. Für JGL ist das beschriebene Beispiel nicht geeignet, da dort – falls nicht anders angegeben – über den Hashwert sortiert wird. Da die Methode hashCode stets existiert, kommt es daher weder zu einem Compiler-Fehler noch zu einer Exception, sondern stattdessen im Allgemeinen zu unsinnigen Ergebnissen.

Wrapperklassen für primitive Datentypen

> Mit Hilfe der Templates kann die STL mit beliebigen Datentypen arbeiten. Die Standardbibliotheken von Java dagegen, insbesondere die Generic Collection Library for Java, können nicht direkt mit den primitiven Datentypen arbeiten, weshalb die Verwendung von Wrapper-Klassen erforderlich ist.

Mit folgender Anweisung kann ein Container der STL erzeugt werden, der den primitiven Datentyp *int* aufnimmt:

```
deque<int> containerInt;
containerInt.push_back(33);
```

Listing 9.6: Erzeugung eines STL-Containers für einen primitiven Datentyp

Die Erzeugung des korrespondierenden Containers in JGL sieht wie folgt aus:

```
// Wrapperklasse wird erzeugt
Integer wrapperInt = new Integer(33);

Deque containerInt = new Deque();
containerInt.pushBack(wrapperInt);
```

Listing 9.7: Erzeugung eines JGL-Containers, der primitive Datentypen aufnimmt.

9.1.2 Überladene Operatoren

Ein in der STL verbreiteter Ansatz ist das Überladen der Operatoren. Alle Containerklassen und Iteratoren der STL verwenden diesen Mechanismus, um beispielsweise auf Elemente zuzugreifen. Bei den Standardbibliotheken von Java kann dieser Mechanismus nicht angewendet werden, weil die Sprache ihn nicht unterstützt. Es werden stattdessen Standardnamen verwendet wie z. B. *set*, *get* und *execute*.

Vergleich der Containerklassen

Der Vergleich operator== ist eine Methode, die alle STL-Container haben. Ihre korrespondierende Methode in den Standardbibliotheken von Java für den Vergleich von Containern ist die equals()-Methode. Beide Methoden funktionieren nach demselben

Schema: Es wird geprüft, ob die Anzahl der Elemente in den beiden Container gleich ist, danach wird Element für Element verglichen und bei der ersten Ungleichheit unterbrochen. Sowohl in Java als auch in C++ beruht der Gleichheitsbegriff auf der Gleichheit der Objekte eines Containers. Bei Containern, bei denen die Reihenfolge eine Rolle spielt, wird sowohl in Java als auch in C++ zusätzlich darauf geachtet, ob die Elemente in derselben Reihenfolge vorliegen.

Zwei STL-Container gleichen Typs können auch mit Hilfe der folgenden Operatoren verglichen werden: operator<, operator>, operator>=, operator<=, operator!=. Die Container der Klasse *priority_queue* sind die einzigen Containerklassen, die diese Operatoren nicht anbieten. In JGL und im Collections Framework findet man zu diesen Operatoren keine korrespondierenden Methoden, die den Vergleich von Containern ermöglichen.

Wenn Elemente einer selbst definierten Klasse in einem STL-Container gespeichert werden und dieser mit einem anderen Container anhand der oben genannten Operatoren verglichen wird, dann müssen die Operatoren operator< und operator== der selbst definierten Klasse überladen werden. Nur mit Hilfe dieser Operatoren kann die STL die anderen Operatoren realisieren. Wenn diese beiden Operatoren nicht überladen sind, bringt der Compiler eine Fehlermeldung. Im Gegensatz dazu muss die Methode equals() für die selbst definierten Klassen nicht zwangsläufig überschrieben werden, wenn die Container der Standardbibliotheken von Java miteinander verglichen werden. Das Ergebnis des Vergleichs hängt dann von der Richtigkeit der Methode equals() der einzelnen Elemente ab (siehe Kapitel 1.3.1 *Die Klasse Object und ihre Methoden*).

Vergleich der Elemente eines Containers

Sowohl in den Standardbibliotheken von Java als auch in der STL werden für den Vergleich der Elemente dieselben Prinzipien verwendet, die auch bei dem Vergleich auf Containerebene benutzt werden: In der STL wird der operator== und in Java die entsprechende equals()-Methode auf die Objekte angewandt. Um auch die Operatoren operator< bzw. operator> in Java zu »überschreiben«, müsste die compareTo()-Methode des Interfaces *Comparable* genutzt werden (siehe Kapitel 1.3.3 *Universelle Algorithmen mit Comparatoren*).

Die assoziativen Container der STL verlangen von den Elementen das Überladen des operator<, falls kein anderes funktionales Objekt – ein Comparator im engeren Sinne – bei der Definition angegeben wird. Dieser Comparator ist notwendig, um die Elemente in den internen Suchbaum sortiert einzufügen. Dies entspricht im Collections Framework der Eigenschaft, dass die Elemente das *Comparable*-Interface implementiert haben, mit dem ein <-Vergleich gemacht werden kann. Haben die Elemente dieses Interface nicht implementiert, muss explizit ein eigener Comparator im Konstruktor übergeben werden. In JGL hingegen wird als Standard-Vergleichsoperator ein Comparator verwendet, der die Hashwerte der Objekte vergleicht, es kann aber auch ein eigener verwendet werden.

Zugriffsoperatoren

In der STL wird der `operator[]` bei denjenigen Containern überladen, die einen direkten Zugriff auf die Elemente durchführen. Mit dieser Methode kann sowohl ein Element in einem Container ersetzt als auch ein Element aus einem Container gelesen werden. Die Standardbibliotheken von Java implementieren diese zwei unterschiedlichen Operationen (Lesen und Ersetzen) in zwei verschiedenen Methoden. Bei den sequenziellen Containern heißen sie in JGL `at()` bzw. `put()`, während sie im Collections Framework `get()` bzw. `set()` heißen.

Dieser Operator wird auch in den *map*-Klassen der STL zur Verfügung gestellt. Der Schlüssel wird quasi als Array-Index verwendet. Der Operator wird dabei verwendet, um Elemente hinzuzufügen. Ein Nachteil bei der Verwendung dieses Operators bei den *map*-Klassen der STL sowohl für das Einfügen als auch für das Lesen von Elementen ist das unbeabsichtigte Einfügen eines Elements. Wenn man beispielsweise versucht, ein Element zu lesen, dieses aber nicht vorhanden ist, wird ein neues Element eingefügt.

Die Iteratoren der STL verwenden die arithmetischen Operatoren ++, +=, -=, -- um über die Container wandern zu können. Die korrespondierenden Methoden zu diesen Operatoren sind `advance()`, `nextElement()`, `next()` und `retreat()`. Eine Gegenüberstellung der Operatoren der STL mit den Methoden der Java-Standardbibliotheken wird im Kapitel 9.2.4 Vergleich der Iteratoren gegeben.

Der `operator()` spielt eine bedeutende Rolle bei der Verwendung von Funktionsobjekten in der STL, denn dieser Operator ist die korrespondierende Methode zu der Methode `execute()` der Funktionsobjekte von JGL (siehe Kapitel 9.3.2 Funktionale Objekte).

9.1.3 Aufbau des Frameworks

Die STL führt eine klare Trennung zwischen den Algorithmen und den Containerklassen durch: Sie sind in keinerlei Weise gekoppelt. Diese zwei Komponenten kommunizieren nur über die Iteratoren miteinander, die den Algorithmen als Parameter übergeben werden und einen bestimmten Bereich eines Containers definieren.

JGL bietet Algorithmen, die sowohl Iteratoren als auch Container als Eingabeparameter erwarten. Das Collections Framework dagegen erwartet als Eingabeparameter für die Algorithmen nur Containerklassen bzw. deren Interfaces. In Abbildung 9.3 wird die Architektur der STL und der Standardbibliotheken von Java skizziert.

> Das von der STL verwendete Design zur Trennung von Containern und Algorithmen wird in den Standardbibliotheken von Java nicht so streng realisiert.

9.1 Allgemeine Unterschiede

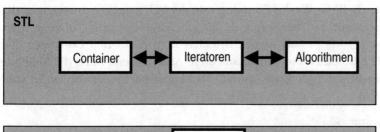

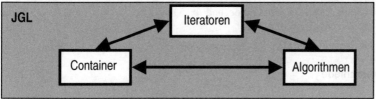

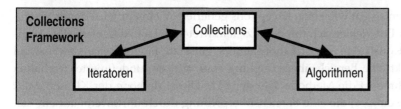

Abbildung 9.3: Beziehung der Komponenten bei der STL und den Standardbibliotheken von Java

Mit dieser Trennung wird in der STL die redundante Implementierung jedes Algorithmus für jeden Container vermieden. Wenn a die Anzahl der vorhandenen Klassen von Algorithmen und c die Anzahl der Klassen von Containern repräsentieren, wären in der STL ohne die Hilfe der Iteratoren $a \cdot c$ verschiedene Algorithmen-Klassen notwendig. Mit Hilfe von Iteratoren als Vereinheitlichung der Schnittstelle zwischen Containern und Algorithmen sind hingegen nur a Implementierungen nötig.

Ein daraus entstehender Nachteil ist, dass die Algorithmen von STL keinen direkten Zugriff auf die Container haben und somit beispielsweise die Methoden der Container nicht aufrufen können. Diese Einschränkung ergibt sich aus der Tatsache, dass die Algorithmen letztendlich nur mit Iteratoren der STL arbeiten können. Als Beispiel betrachten wir die Methode remove() der Klasse *Deque* von JGL. Dabei hat die zu *Deque* korrespondierende Klasse *deque* der STL keine remove()-Methode, mit deren Hilfe die Elemente des Containers gelöscht werden können. Wenn wir beispielsweise die Zahl 7 aus dem Container löschen wollen, ist in JGL nur folgende Anweisung nötig:

```
cont.remove(new Integer(7));   // cont ist eine Deque.
```

Dabei ändert sich auch die Größe des Containers. In der STL hingegen muss zuerst der Algorithmus `remove()` mit den Iteratoren als Eingabeparameter aufgerufen werden. Dabei hat der `remove()`-Algorithmus keinen direkten Zugriff auf den Container und kann deswegen die Methode `erase()` nicht aufrufen. Anschließend muss die Methode `erase()` mit dem Ergebnis der Methode `remove()` als Eingabeparameter verwendet werden (siehe Listing 9.8).

```
deque<int>::iterator pos;
pos = remove(container.begin(), container.end(), 7);
container.erase(pos, container.end());
```
Listing 9.8: Der Algorithmus `remove()` der STL

9.1.4 Weitere Unterschiede

Robustheit

In der STL werden so gut wie keine Exceptions generiert. Vielmehr wird davon ausgegangen, dass der Entwickler sich um potenziell auftretende Laufzeitfehler selbst kümmert und alle Konstrukte spezifikationsgemäß einsetzt. Findet beispielsweise bei einem STL-Objekt eine Bereichsüberschreitung statt, tritt ein undefiniertes Verhalten auf. Eine Ausnahme ist die Methode `at()` der STL. Diese Methode der Klassen *deque* und *vector* ist die einzige, die eine Bereichsüberprüfung durchführt, wenn auf ein Element zugegriffen wird. Die Exception *out_of_range* wird generiert, falls eine Bereichsverletzung auftritt.

> Im Gegensatz zu der STL sind die Standardbibliotheken von Java sehr robust gegenüber Laufzeitfehlern, weil ihre Klassen eine umfassende Fehlerprüfung implementieren und gegebenenfalls zur Laufzeit Exceptions werfen.

Namenskonventionen

Die Standardbibliotheken von Java und die STL besitzen in vielen Fällen Methoden und Klassen, die dieselbe Aufgaben erfüllen. Wie in den nächsten Kapiteln gezeigt wird, sind die Namen sowohl der Methoden als auch der Klassen ähnlich. Mit Hilfe des Namens kann man immer die Methoden und Klassen der Standardbibliotheken von Java und der STL voneinander unterscheiden.

JGL und Collections Framework verwenden die Java-Bezeichner-Konvention. Sie besagt, dass der erste Buchstabe des Namens einer Klasse großgeschrieben sein soll. Die zusammengesetzten Bezeichner werden ohne Trennzeichen geschrieben. Die Namen der Klassen und Methoden der STL beinhalten keine Großbuchstaben. Besteht der Bezeichner aus mehreren Wörtern, dann werden die einzelnen Wörter der Klassen und Methoden mit Hilfe eines Unterstrichs voneinander getrennt.

Als Beispiel seien die Methoden `pushBack()` und `push_back()` der Klassen *Deque* von JGL bzw. *deque* der STL genannt. Beide Methoden weisen dieselbe Funktionalität auf.

Threads

Die Container der Standardbibliotheken von Java sind im Gegensatz zu denen der STL so konzipiert, dass Containermanipulationen mit nebenläufigen Anwendungen, die in Java sehr oft durch das der Sprache innewohnende Thread-Konzept anzutreffen sind, nicht zu Inkonsistenzen führen. Die Containerklassen von STL sind dagegen von Haus aus nicht thread-sicher. Dies liegt v. a. daran, dass es in C++ keinen Standard für ein Thread-Konzept gibt. Die STL unterstützt daher nebenläufige Programmierung in keiner Weise.

9.2 Vergleich der Containerklassen und Iteratoren

In diesem Abschnitt werden die Unterschiede und Ähnlichkeiten sowohl der einzelnen JGL-Container als auch der Collections-Framework-Container mit den STL-Containern beschrieben. Für diesen Vergleich werden wir eine Gruppierung der Containerklassen in sequenzielle und assoziative Container durchführen. Ziel dieser Gruppierung ist es, einen gemeinsamen Nenner für unseren Vergleich zu finden, weil die Architekturen der Standardbibliotheken große Unterschiede untereinander aufweisen.

9.2.1 Sequenzielle Container

JGL besitzt vier sequenzielle Klassen, die das Interface *Sequence* implementieren: *Array, Deque, DList* und *SList*. Die sequenziellen Container des Collections Frameworks werden mit Hilfe der Klassen gebildet, die das Interface *List* implementieren. Zwei konkrete Klassen werden vom Collections Framework angeboten: *ArrayList* und *LinkedList*. Diese Klassen sind den sequenziellen Containern der STL sehr ähnlich. Tabelle 9.1 zeigt die sequenziellen Container der STL und ihre korrespondierenden Klassen von JGL und Collections Framework.

STL-Container	JGL-Container	Collections-Framework-Container
vector	Array	ArrayList
deque	Deque	
list	DList	LinkedList
	SList	

Tabelle 9.1: Vergleich der sequenziellen Container von JGL, Collections Framework und der STL

Wie Tabelle 9.1 zeigt, wird in der STL keine einfache verkettete Liste zur Verfügung gestellt. Im JGL dagegen wird eine solche Liste angeboten, ihr Name ist *SList*. STL und Collections Framework bieten nur die Klassen *list* bzw. *LinkedList*, die als doppelt verkettete Listen implementiert sind.

Alle sequenziellen Container der STL und der beiden Standardbibliotheken von Java bieten die Möglichkeit, mit Hilfe eines Indexes auf die Elemente zuzugreifen, mit Ausnahme der Klasse *list* der STL. Beim Zugriff auf einen ungültigen Index wird in Java eine Exception ausgelöst, während dies in der STL nicht geprüft wird und deshalb ein undefiniertes Verhalten auftritt.

Ein weiterer Unterschied zwischen den Standardbibliotheken von Java und STL besteht in der Definition von Bereichen:

> Bereichssichten werden in der STL nur mit Iteratoren als Eingabeparameter von Methoden definiert. In einer JGL-*Sequence* kann ein Bereich zusätzlich auch mit Indizes definiert werden. Im Collections Framework hingegen verwendet man ausschließlich Bereichssichten ohne Iteratoren.

Ein Beispiel dafür ist die Methode `insert()` der Klasse *Deque*. Sie kann in JGL mit dem unteren und oberen Index aufgerufen werden oder mit den entsprechenden Iteratoren. Bei der korrespondierenden Methode der Klasse *deque* der STL ist nur die Verwendung von Iteratoren als Eingabe zulässig. Im Collections Framework wird die korrespondierende Methode `addAll()` verwendet, deren Eingabeparameter das Ergebnis der Methode `subList()` ist.

Tabelle 9.2 zeigt die Methoden der sequenziellen Container von STL und ihre korrespondierenden bei den sequenziellen Containern der Standardbibliotheken von Java. In Tabelle 9.2 werden nur die Methoden gezeigt, die bei allen sequenziellen Containern zu finden sind. Zusätzliche Methoden der Container werden in den entsprechenden Abschnitten diskutiert. Eine ausführliche Beschreibung der Methoden der sequenziellen Container von *JGL* und *Collections Framework* finden Sie in Kapitel 3.3.4 *Das Interface Sequence* und Kapitel 3.2.4 *Das Interface List*.

STL-Methoden	JGL-Methoden	Collections-Framework-Methoden
clear()	clear()	clear()
empty()	isEmpty()	isEmpty()
size()	size()	size()
insert() **akzeptiert nur Iteratoren als Eingabe**	insert()	add(), addAll()
push_back()	add(), pushBack()	add()
pop_back()	popBack()	remove()
	popFront()	remove()

Tabelle 9.2: Gegenüberstellung der Methoden der sequenziellen Container der STL und der Standardbibliotheken von Java

9.2 Vergleich der Containerklassen und Iteratoren

STL-Methoden	JGL-Methoden	Collections-Framework-Methoden
	pushFront()	add() mit Index 0 aufgerufen
begin(), end()	start(), finish()	listIterator() kann mit Indizes
	elements(),	aufgerufen werden
	begin(), end() nicht	
	in den Interfaces	
rbegin(), rend()		
erase() kann nur mit Iteratoren	remove()	remove()
verwendet werden		
	contains()	contains(),
		containsAll()
swap()	swap()	
[] außer *list*	at()	get()
front(), back()	front(), back()	
[] außer *list*	put()	set()
	indexOf()	indexOf()
		toArray()
		subList() erzeugt eine *View*

Tabelle 9.2: *Gegenüberstellung der Methoden der sequenziellen Container der STL und der Standardbibliotheken von Java*

Die Methode addAll() der sequenziellen Container des Collections Framework entspricht dann der Methode insert() der sequenziellen Container der STL, wenn ein Bereich von Elementen hinzugefügt wird. Der Unterschied besteht darin, dass die addAll() keine Iteratoren erwartet, sondern ganz allgemein ein *Collection*, also beispielsweise eine View, die mit der Methode subList() erzeugt wird.

In JGL besitzen alle sequenziellen Container die Methode popFront(). In der STL dagegen besitzen nur die Klassen *deque* und *list* die korrespondierende Methode pop_front(). Im Collections Framework kann die Methode pop_front() der STL durch die Methode remove() nachgebildet werden.

> *Trotz der Namensähnlichkeit gibt es einen wichtigen Unterschied zwischen* popFront() *und* pop_front(). popFront() *liefert im Gegensatz zu* pop_front() *der STL das gelöschte Element zurück. Genauso wie* pop_front() *liefert* pop_back() *das Element nicht zurück, das von dem Container entfernt wurde.*

Die Methode at() wird bei allen sequenziellen Containern der STL angeboten, mit Ausnahme ihrer Klasse *list*. Außerdem wird für dieselbe Funktionalität auch der operator[] zur Verfügung gestellt. Wie im Kapitel 9.1.4 *Weitere Unterschiede* im Abschnitt

Robustheit angesprochen wurde, ist die Methode at() der STL die einzige Methode, die eine Bereichsüberprüfung durchführt. Falls eine Bereichsverletzung auftritt, wird die *Exception out_of_range* ausgelöst.

Die Methoden front() und back() werden standardmäßig sowohl von JGL als auch von STL bei allen sequenziellen Containern zur Verfügung gestellt. Collections Framework bietet keine korrespondierende Methode. Stattdessen wird die Methode get() verwendet, um das erste bzw. das letzte Element zu lesen.

Die Methode indexOf() ist eine Methode, die in den Klassen der STL standardmäßig nicht vorhanden ist. Diese Methode gibt als Ausgabe den Index eines beliebigen Objekts von einem beliebigen sequenziellen Container aus.

Die einzelnen Klassen der Standardbibliotheken von Java und C++ besitzen in vielen Fällen nicht nur die oben genannten Methoden. Um weitere Unterschiede und Gemeinsamkeiten zu identifizieren, werden wir die korrespondierenden Klassen näher betrachten.

Die Klassen vector, Array und ArrayList

Die Klasse *vector* der STL bietet nur die Methode push_back(), um Elemente am Ende des Containers hinzuzufügen. Obwohl das Einfügen und Löschen von Elementen am Anfang eines Containers der Klasse *Array* genau wie bei der Klasse *vector* langsam ist, werden die Methoden pushFront() bzw. popFront() in JGL zur Verfügung gestellt (siehe Abbildung 9.4).

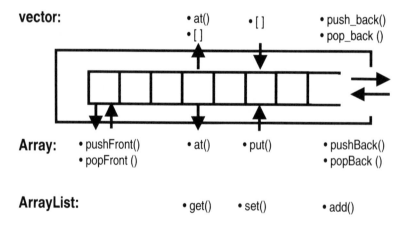

Abbildung 9.4: Eine grafische Darstellung der Klasse vector, Array und ArrayList

Die Klassen deque und Deque

Die Klasse *Deque* von JGL entspricht der *deque*-Klasse der STL. Abbildung 9.5 zeigt einige Methoden beider Klassen. In Collections Framework gibt es keine der Klasse *deque* der STL entsprechende Klasse.

Die Klasse *deque* der STL kann als eine Erweiterung der Klasse *vector* betrachtet werden. Alle im vorherigen Abschnitt beschriebenen Methoden sind in *deque* zu finden, mit Ausnahme der Methode `capacity()`. Die Klasse *deque* hat für den Zugriff auf ihre Elemente zwei zusätzliche Methoden gegenüber der Klasse *vector* der STL: `push_front()` und `pop_front()` (siehe Abbildung 9.5). Die sequenziellen Container von JGL besitzen standardmäßig die korrespondierenden Methoden `pushFront()` und `popFront()`.

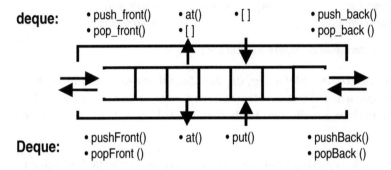

Abbildung 9.5: *Eine grafische Darstellung der Klasse deque der STL und der Klasse Deque von JGL*

Die Verwaltung der Speicherblöcke bei JGL unterscheidet sich sehr stark von der Art der Speicherverwaltung der STL. Während in JGL allokierte Blöcke nicht freigegeben werden, solange die *Deque* nicht zerstört wird, werden bei der *deque* die Speicherblöcke freigegeben, die nicht mehr gebraucht werden.

Die Klassen list, DList und LinkedList

Die Klasse *list* der STL hat mit Ausnahmen der Methoden `front()` und `back()` keine Methoden, um einen wahlfreien Zugriff auf die Elemente zu ermöglichen.

> Die Klasse *DList* von JGL und die Klasse *LinkedList* des Collections Frameworks bieten die Methoden `at()` und `get()`, um jeweils auf das Element mit dem Index i direkt zugreifen zu können (siehe Abbildung 9.6). Diese Methoden sind aber nicht besonders effizient, weil der Zugriff auf das n-te Element des Containers erst nach dem Durchlauf der ersten $n-1$ Elemente durchgeführt werden kann. Deswegen ist die häufige Verwendung dieser Methoden bei diesen Klassen nicht zu empfehlen. Die Klasse *list* der STL bietet deswegen keine korrespondierende Methode.

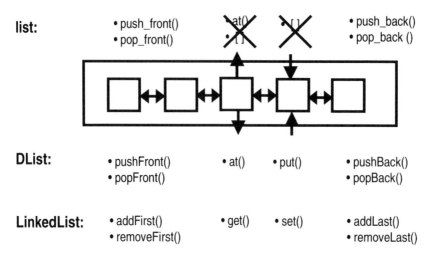

Abbildung 9.6: Eine grafische Darstellung der Klassen list, DList und LinkedList

Die Klasse *LinkedList* besitzt vier Methoden, die den Zugriff am Anfang und am Ende des Containers ermöglichen: getFirst(), getLast(), removeFirst() und removeLast(). Diesen Methoden entsprechen jeweils die Methoden front(), back(), pop_front() und pop_back() der STL.

> Die Methode pop_front(), genauso wie die Methode pop_back()(siehe vorherigen Abschnitt), löscht ein Element, ohne es zurückzugeben. Die Methoden removeLast() und removeFirst() von Collections Framework geben, wie die pop-Methoden von JGL, das Element zurück, das gelöscht wurde.

Die Klasse *list* der STL bietet einige zusätzliche Methoden, um Elemente zu löschen, anzuhängen und zu sortieren: splice(), sort(), remove() und remove_if().

Die Methode remove() wird in der STL nur in der Klasse *list* angeboten. Im Gegensatz dazu gibt es in allen sequenziellen Containern von JGL und Collections Framework mindestens eine Variante der Methode remove().

Die Klasse *list* bietet auch die Methode remove_if(). Diese bekommt als Eingabeparameter ein Funktionsobjekt, das für das zu entfernende Element *true* ausgibt.

In der JGL-Klasse *DList* werden auch Splice-Methoden zur Verfügung gestellt. Die Position der Elemente in der Klasse *DList*, in die die Elemente eingereiht werden sollen, kann sowohl über Indizes (siehe Kapitel 5.4.3 *SList und DList* Abschnitt *Splicen von Listen*) als auch, wie in der STL-Klasse *list* nur möglich, über Iteratoren spezifiziert werden.

9.2 Vergleich der Containerklassen und Iteratoren

Weiterhin bietet STL die Möglichkeit, mit Hilfe der Methode `sort()` der Klasse *list* die Elemente nachträglich zu sortieren. Normalerweise würde man die Algorithmen der STL anwenden, genauso wie es in JGL und im Collections Framework der Fall ist. Die Methode `sort()` der Klasse *list* verwendet als Eingabeparameter einen Vergleichsoperator, der das Sortierkriterium festlegt.

9.2.2 Assoziative Container

In diesem Abschnitt werden die Klassen verglichen, die ihre Elemente assoziativ speichern. Tabelle 9.3 zeigt eine Gegenüberstellung der assoziativen Container der Standardbibliotheken von Java und der STL.

STL-Container	JGL-Container	Collections-Framework-Container
set	*OrderedSet* (ohne Duplikate)	TreeSet
multiset	*OrderedSet* (mit Duplikaten)	
	HashSet (ohne Duplikate)	HashSet
	HashSet (mit Duplikaten)	
map	*OrderedMap* (ohne Duplikate)	TreeMap
multimap	*OrderedMap* (mit Duplikaten)	
	HashMap (ohne Duplikate)	HashMap
	HashMap (mit Duplikaten)	

Tabelle 9.3: Gegenüberstellung der assoziativen Container von STL, JGL und des Collections Frameworks

Das Collections Framework stellt im Gegensatz zu JGL und der STL keinen assoziativen Container zur Verfügung, der Duplikate akzeptiert (siehe Tabelle 9.3).

> In JGL können die assoziativen Containerklassen entweder mit oder ohne Duplikaten arbeiten. Mit Hilfe eines Parameters im Konstruktor wird festgelegt, ob Duplikate erlaubt sind. In der STL werden dagegen unterschiedliche Containerklassen zur Verfügung gestellt: *set* und *map* akzeptieren keine Duplikate, während *multiset* und *multimap* mit Duplikaten arbeiten können.

Wie Sie sehen, bietet die STL keinen Container, dessen Elemente über Hash-Werte verwaltet werden. Stattdessen werden alle Elemente eines beliebigen assoziativen Containers der STL in Form eines ausgeglichenen Baums aufgebaut.

In den Standardbibliotheken von Java wird die Methode `equals()` der Basisklasse *Object* überschrieben, um die Elemente vergleichen zu können. Um Elementen einen Rang zuzuweisen, nach dem sie sortiert werden, wird in JGL die `hashCode()`-Methode benutzt, falls kein eigener Comparator – ein so genanntes binäres Prädikat – verwendet wird. Im Collections Framework hingegen wird das *Comparable*-Interface für Elemente verwendet, für die eine natürliche Ordnung vorliegt, oder – wie auch in JGL – ein eigener Comparator, also eine Klasse, die das Interface *Comparator* implementiert.

> Statt den `operator==` zu überladen, der die korrespondierende Methode zu `equals()` darstellt (siehe Kapitel 9.1.2 Überladene Operatoren), erwartet ein assoziativer Container der STL, dass dessen Elemente den `operator<` definieren. Mit Hilfe dieses Operators wird sowohl die Reihenfolge festgelegt wie auch die Gleichheit der Elemente überprüft: Zwei Elemente in der STL sind gleich, wenn keines von beiden kleiner als das andere ist.

Wenn man für eine selbst definierte Klasse in der STL den `operator<` nicht überlädt, dann bekommt man vom Compiler eine Fehlermeldung und das Programm kann nicht kompiliert werden. Im Gegensatz dazu tritt in JGL bzw. im Collections Framework kein Fehler auf, eventuell wird ein zur Laufzeit des Programms undefiniertes Verhalten ausgelöst, wenn bei der Verwendung eines assoziativen Containers die Methoden `equals()` (und unter JGL `hashCode()`) nicht überladen worden sind bzw. die Elemente im Collections Framework kein *Comparable*-Interface besitzen.

Wie auch in den Standardbibliotheken Javas ist es in der STL möglich, einen eigenen Comparator zu benutzen. Dazu werden in der STL die so genannten Funktionsobjekte verwendet (siehe Kapitel 9.3.2 *Funktionale Objekte*).

Mengen

Im Collections Framework sind die Klassen, die Mengen von Elemente darstellen, und die Klassen, die Schlüssel-Wert-Paare implementieren, in getrennten Hierarchien realisiert. Ihre Methoden unterscheiden sich sehr stark voneinander. Im Gegensatz dazu besitzen die *set*-Klassen der STL alle Eigenschaften und Methoden der *map*-Klassen. In Tabelle 9.4 werden nur die Methoden der Mengen Klassen gegenübergestellt.

STL-Methoden	JGL-Methoden	Collections-Framework-Methoden
`empty()`	`isEmpty()`	`isEmpty()`
`size()`	`size()`	`size()`
`max_size()`	`maxSize()`	
`insert()`	`add()`	`add()`
	`put()` im Sinne der Methode `add()`	`addAll()`

Tabelle 9.4: Gegenüberstellung der Methoden der set-Container der STL und der Mengen der Standardbibliotheken von Java

9.2 Vergleich der Containerklassen und Iteratoren

STL-Methoden	JGL-Methoden	Collections-Framework-Methoden
find() kann verwendet werden, um die Funktionalität von contains() nachzubilden	find() kann auch in JGL verwendet werden, um die Funktionalität von contains() nachzubilden	contains(), containsAll()
erase()	remove()	remove() removeAll()
count()	count()	
	copy()	
find() erwartet ein Objekt	find()	
lower_bound(), upper_bound()	lowerBound(), upperBound()	
equal_range()	equalRange()	
swap()	swap()	
begin(), end()	begin(), end() start(), finish(), elements()	iterator()
rbegin, rend()		
	allowsDuplicates()	
	difference()	removeAll()
	intersection()	retainAll()
	properSubsetOf()	
	subsetOf()	
	symmetricDifference()	
	union()	addAll() toArray() toArray()

Tabelle 9.4: *Gegenüberstellung der Methoden der set-Container der STL und der Mengen der Standardbibliotheken von Java*

Die STL-Methode `insert()` entspricht der JGL-Methode `add()`. Die Methode `put()` von JGL ermöglicht bei den Mengen entweder das Einfügen eines Elements oder das Ersetzen eines Container-Elements. Im Gegensatz dazu gibt es in der *set*-Klasse der STL und in den Mengen des Collections Frameworks keine Methode, die das Ersetzen eines Elements realisiert.

Die Methoden `contains()` und `containsAll()` des Collections Frameworks haben keine korrespondierenden Methoden, weder in der STL noch in JGL. Die Methoden können mit Hilfe der Methode `find()` nachgebildet werden, die sowohl in JGL als auch in der STL als Methode vorhanden ist. Als Ausgabe wird nicht *true* oder *false* ausgegeben. Stattdessen wird ein Iterator als Ergebnis zurückgegeben, der auf die Position des gefundenen Elements zeigt oder auf das Ende des Containers.

> Sowohl die STL als auch das Collections Framework bieten keine Möglichkeit, um auf die Elemente eines Containers, der eine Menge implementiert, direkt zuzugreifen. Die Zugriffe werden immer mit Hilfe von Iteratoren, bzw. Views durchgeführt. JGL hingegen stellt die Methode get() zur Verfügung, die einen direkten Zugriff auf die Elemente des Containers erlaubt.

Im Gegensatz zu den sequenziellen Containern der STL bieten die *set*-Klassen der STL nur mit Hilfe der Methode erase() die Möglichkeit, Elemente eines Containers zu löschen. Die entsprechende Methode im Collections Framework und JGL ist die remove()-Methode.

Die Mengen von JGL und des Collections Frameworks bieten außerdem eine Reihe von Methoden, die Mengenoperationen durchführen. In der STL werden diese Operationen ausschließlich als Algorithmen angeboten. Folgende Algorithmen der STL sind die korrespondierenden Methoden zu den in Tabelle 9.4 gezeigten Methoden von JGL und des Collections Frameworks:

- set_union(): entspricht der Funktionalität der Methode union() von JGL und der Methode addAll() des Collections Frameworks.
- set_intersection(): wird in JGL durch die Methode intersection() und im Collections Framework durch die Methode retainAll() realisiert.
- set_difference(): wird mit Hilfe der Methode difference() von JGL und der Methode removeAll() des Collections Frameworks realisiert.
- set_symmetric_difference(): entspricht der Funktionalität der Methode symmetricDifference() in JGL.

Die Klassen set/multiset, OrderedSet und TreeSet In der STL wird die Klasse *set* bzw. *multiset* standardmäßig mit dem Sortierkriterium sortiert, das aus dem Funktionsobjekt less besteht. Bei den *OrderedSet*-Containern wird der Hash-Wert ihrer Elemente als Default-Sortierkriterium verwendet, um eine Baumstruktur aufzubauen, während im Collections Framework die Methode compareTo() des Interfaces *Comparable* als Sortierkriterium verwendet wird. In Abbildung 9.7 werden einige Methoden der Klassen *set*, *TreeSet* und *OrderedSet* gegenübergestellt.

Maps

In Tabelle 9.5 werden die Methoden der *map*-Container der STL gegenübergestellt, mit den Containern der Standardbibliotheken von Java, die Container von Schlüssel-Wert-Zuordnungen realisieren.

9.2 Vergleich der Containerklassen und Iteratoren

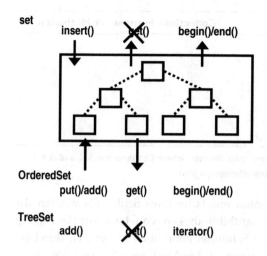

Abbildung 9.7: Wichtige Methoden der Klassen set, TreeSet und OrderedSet und deren Implementierung als ausgeglichener Baum

STL-Methoden	JGL-Methoden	Collections-Framework-Methoden
empty()	isEmpty()	isEmpty()
max_size()	maxSize()	
size()	size()	size()
insert()	add()	
	keys()	keySet()
	elements()	values()
begin(),end()	begin(), end(), start(), finish()	entrySet()
operator []	put(), get()	put(), get() putAll()
	Durch die JGL-Methoden get() und values() können die CollectionsFramework-Methoden nachgestellt werden	containsKey(), containsValue()
erase()	remove()	remove()
count()	count() countValues()	
find()	find()	

Tabelle 9.5: Gegenüberstellung der Methoden der Klassen map der assoziativen Container von STL und der Methoden der Schlüssel-Wert-Container der Standardbibliotheken von Java

STL-Methoden	JGL-Methoden	Collections-Framework-Methoden
lower_bound(), upper_bound()	lowerBound(), upperBound()	
equal_range()	equalRange()	
swap()	swap()	
rbegin(), rend()		
	allowsDuplicates()	

Tabelle 9.5: Gegenüberstellung der Methoden der Klassen map der assoziativen Container von STL und der Methoden der Schlüssel-Wert-Container der Standardbibliotheken von Java

Für das Einfügen und Lesen von Elementen mit Hilfe ihres Schlüssels werden die Methoden put() und get() in den Standardbibliotheken von Java zur Verfügung gestellt. Derselbe direkte Zugriff über den Schlüssel kann auch in der STL durchgeführt werden. Dazu wird der operator[] verwendet. Die Methode put() und der operator[] werden sowohl für das Einfügen neuer Elemente als auch für das Ersetzen von im Container bereits existierenden Elementen benutzt.

Die Methode erase() der *map*-Klassen der STL ist, wie bei den *set*-Klassen, vergleichbar mit der Methode remove() vom Collections Framework und JGL. Die erase()-Methode wird entweder mit Iteratoren aufgerufen oder mit dem zu löschenden Element.

Die Klassen map/multimap, TreeMap und OrderedMap In der STL werden die Schlüssel der Klassen *map* und *multimap* standardmäßig mit dem Funktionsobjekt *less* angeordnet. Dazu muss man wie auch bei den *set*-Klassen bei selbst definierten Klassen den operator< überladen. Bei den *OrderedMap*-Containern wird der Hashwert des Schlüssels als standardmäßiges Sortierkriterium verwendet. Im Collections Framework wird der Schlüssel mit Hilfe des Interfaces *Comparable* angeordnet. Beide Klassen können auch mit einem eigenen Comparator arbeiten. Abbildung 9.8 zeigt einige Methoden der STL und der Standardbibliotheken von Java.

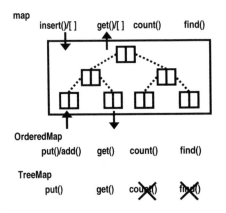

Abbildung 9.8: Eine grafische Darstellung der Klassen map, TreeMap und OrderedMap

9.2.3 Adapter-Container

Die Container, die wir in diesem Abschnitt betrachten, werden aufgrund ihrer internen Struktur Adapter-Container genannt. Dies sind die Klassen *queue, priority_queue* und *stack*. Tabelle 9.6 zeigt eine Gegenüberstellung der Adapter-Containerklassen der Standardbibliotheken von Java und der STL.

STL-Container	JGL-Container	Collections-Framework-Container
queue	Queue	
priority_queue	PriorityQueue	
stack	Stack	Stack

Tabelle 9.6: Gegenüberstellung der Adapter-Container von STL, JGL und des Collections Frameworks

Wie aus Tabelle 9.6 zu entnehmen ist, besitzt das Collections Framework eine einzige zu der STL korrespondierende Adapter-Containerklasse: die Klasse *Stack*. Sie wird, wie in Kapitel 5.4.2 *LinkedList (Collections Framework)* Abschnitt Stack gezeigt wurde, aus der Klasse *Vector* abgeleitet. Deswegen besitzt diese Klasse alle Methoden der Klasse *Vector*. Diese Container verwenden intern einen sequenziellen Container. Dabei passen sie die Schnittstellen so an, dass die Anforderungen des Adapters erfüllt werden.

Im Gegensatz zur STL und JGL verwendet das Collections Framework keine Aggregation als Beziehung zwischen den Klassen, stattdessen wird die Klasse *Stack* von *Vector* abgeleitet.

In Tabelle 9.7 werden einige Methoden der Adapter-Containerklassen von STL und der Standardbibliotheken von Java aufgelistet.

STL-Methoden	JGL-Methoden	Collections Framework-Methoden
push()	push(), add()	push(), add()
pop() **gibt das Element nicht zurück**	pop()	pop()
empty()	isEmpty()	isEmpty()
		search() **gibt die Position aus**
		peek() **übergibt das Objekt, ohne es zu löschen**

Tabelle 9.7: Gegenüberstellung der wichtigen Methoden der Adapter-Containerklassen der STL und der Standardbibliotheken von Java

Von den vorgestellten Methoden der STL zeigt die Methode pop() ein besonderes Verhalten: Sie hat die Aufgabe, ein Element aus dem Container auszulesen, ohne es zurückzugeben. Beispielsweise muss man bei der STL-Klasse *queue* vorher die

Methode `front()` aufrufen, um das Element auszulesen, danach kann man `pop()` verwenden, um das Element aus dem Container zu entfernen. Dagegen wird in JGL und Collections Framework sinnvollerweise beim Aufrufen der Methode `pop()` das Element ausgelesen und zurückgegeben.

> Die STL-Methoden der Adapter-Containerklassen zum Auslesen von Elementen testen nicht, ob Elemente im Container vorhanden sind. Der Anwender der Klassen muss sicherstellen, dass Elemente in dem Container existieren. Wenn man versucht, von einem leeren Container ein Element zu lesen, tritt ein undefiniertes Verhalten auf.

Um weitere Unterschiede zwischen der Adapter-Containerklassen der STL und der Adapter-Containerklassen der Standardbibliotheken von Java zu identifizieren, werden wir die einzelnen Klassen näher betrachten.

Die Klassen queue und Queue

Beide Klassen implementieren eine FIFO-Queue (siehe Kapitel 2.4.2 Abstrakter Datentyp für Warteschlangen mit Prioritäten). Der erste Unterschied ist die sequenzielle Klasse, auf die Adapter-Containerklassen standardmäßig aufgebaut werden. In der STL verwendet die Klasse *queue* die Klasse *deque*, während die *Queue* von JGL standardmäßig nicht die zu *deque* korrespondierende Klasse *Deque* benutzt, stattdessen wird die Klasse *SList* verwendet. Neben den oben gezeigten Methoden bieten beiden Klassen die Methoden `back()` und `push()` an. Die Methode `back()` wird sowohl in der STL als auch in JGL verwendet, um auf das zuletzt eingefügte Element zuzugreifen.

Die Klassen priority_queue und PriorityQueue

Diese Klassen arbeiten wie die Klassen *queue* und *Queue*, mit dem Unterschied, dass die Elemente nicht nach dem FIFO-Prinzip verwaltet werden. Die Elemente werden nach einer festgelegten Priorität ausgegeben. In der STL wird der `operator<` als Standardkriterium eingesetzt, während in JGL als Standardkriterium der Hashwert der Elemente angewendet wird. Wie auch bei den assoziativen Containern kann das Standardkriterium mit einem alternativen Comparator geändert werden.

Der Standard-Container der Klasse *priority_queue* ist die Klasse *vector*. In JGL hingegen ist nur die Klasse *Array* als interne Sequenz der Klasse *PriorityQueue* erlaubt. Zusätzlich zu den Standard-Methoden ist `top()` in beiden Klassen zu finden. Die `top()`-Methode gibt bei beiden Bibliotheken das Element mit höchster Priorität zurück.

Die Klassen stack und Stack

Sowohl die beiden Standardbibliotheken von Java als auch die STL bieten diese Klasse, die das LIFO-Prinzip anwendet. In der STL wird als Standard-Container die Klasse *deque* verwendet. In JGL jedoch wird die Klasse *Array* verwendet, die aber mit einer beliebigen Sequenz ausgetauscht werden darf. Die in Tabelle 9.6 gezeigten Methoden werden bei diesen Klassen verwendet, um Elemente einzufügen und zu lesen. Details über diese Klassen werden im Kapitel 5.5 Stacks beschrieben.

9.2.4 Vergleich der Iteratoren

Für Iteratoren existieren in der STL keine Klassenhierarchien. Sie werden direkt von den Containern zur Verfügung gestellt und sind deswegen von der Art des Containers abhängig.

> Sowohl in STL als auch in JGL existieren fünf Kategorien von Iteratoren, die in Abhängigkeit der von ihnen definierten Operationen abgebildet sind. Die funktionale Abhängigkeit der Iteratoren von STL wurde in JGL quasi eins zu eins als Interfacehierarchie abgebildet.

Die fünf Interfaces von JGL mit Ausnahme der *Enumeration* entsprechen den fünf Kategorien der STL-Iteratoren (siehe Abbildung 9.9). Die RandomAccess-Iteratoren besitzen in beiden Bibliotheken die größte Funktionalität von allen Iteratoren. Sie werden anhand der Funktionalität der darunter liegenden Iteratoren gebildet.

Das Collections Framework besitzt im Gegensatz zu STL und JGL eine sehr einfache Iteratoren-Hierarchie. Genau genommen werden im Collections Framework nur zwei Interfaces bereitgestellt: *Iterator* und *ListIterator*. Das Collections Framework bietet jedoch einen neuen und mächtigeren Mechanismus, der Bereichssichten auf einen Container zur Verfügung stellt. Dadurch wird eine vergleichbare Funktionalität erreicht (siehe Kapitel 3.2.4 *Das Interface List*).

Die Art der Iteratoren hängt sowohl in JGL als auch in der STL davon ab, welche Containerklasse verwendet wird. In Tabelle 9.8 werden die STL- und JGL-Container mit den von ihnen verwendeten Iteratoren gezeigt.

Iterator-Art	JGL-Container	STL-Container
Forward-Iteratoren	HashMap	
	HashSet	
	SList	
Bidirectional-Iteratoren	DList	list
	OrderedMap	map, multimap
	OrderedSet	set, multiset
RandomAccess-Iteratoren	Array	vector
	Deque	deque

Tabelle 9.8: Iteratorenarten und ihre entsprechenden JGL- und STL-Container

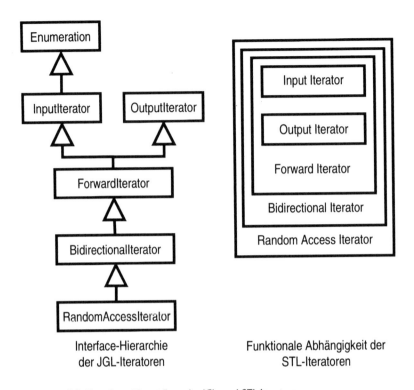

Abbildung 9.9: Eine Gegenüberstellung der JGL- und STL-Iteratoren

Ein Vergleich der Methoden, die die Iteratoren in den Standardbibliotheken anbieten, ist in Tabelle 9.9 zu sehen.

STL-Methoden	JGL-Methoden	Collections-Framework- Methoden
	hasMoreElements()	hasNext()
operator ++, advance() ist als Funktion in der STL definiert	advance(), nextElement()	next()
distance() ist als Funktion in der STL definiert	distance()	
operator --	retreat()	previous()
operator =	clone()	
operator * operator ->	get()	next()
operator * operator ->	put()	add(), set()

Tabelle 9.9: Methoden für Iteratoren

9.2 Vergleich der Containerklassen und Iteratoren

STL-Methoden	JGL-Methoden	Collections-Framework- Methoden
operator []	get(), put()	next(), set()
operator ==	equals()	
operator += n operator -= n	advance(n), retreat(n)	
operator <, operator >, operator >=, operator !=	nur less()	
	isCompatibleWith()	
	getContainer()	
	index()	nextIndex(), previousIndex()
		remove()
		add()
	atBegin(), atEnd()	

Tabelle 9.9: Methoden für Iteratoren

Sowohl die Container der STL als auch die Container von JGL sind für die Iteratoren halboffene Bereiche. Sie besitzen Methoden, die Iteratoren zurückgeben. Diese Methoden sind in der STL begin() und end(). In JGL gibt es nicht nur die begin()- und end()- Methoden, sondern auch die gleichwertigen Methoden start() und finish() (siehe Kapitel 3.3.1 *Das Interface Container*).

Das Collections Framework bietet zwei Methoden, die Iteratoren zurückliefern, die auf den Anfang eines Containers zeigen: iterator() und listIterator() (in Kapitel 2.5.2 *Unterschiedliche Realisierungen von Iteratoren*).

Mit dem operator++ wird über einen Iterator entlang eines Containers gewandert. Dafür wird in JGL die Methode advance() verwendet. Im Gegensatz zu der Methode next() von Collections Framework geben die Methoden advance() und operator++ nicht das Element aus, auf dem der Iterator sich befindet. Um auf die Elemente zugreifen zu können, werden in der STL der operator* und der operator-> angewendet. In JGL wird die Methode get() verwendet.

Das Collections Framework stellt zwei besondere Methoden zur Verfügung, die weder in der STL noch in JGL vorhanden sind. Die Methode remove() eines Iterators von Collections Framework erlaubt das von der Methode next() zuletzt übergebene Element zu löschen. Die Methode add() fügt ein Element hinzu. Diese beide Operationen werden in der STL durch Methoden in den Containerklassen realisiert.

9.3 Algorithmen

9.3.1 Vergleich der Algorithmen

Die Algorithmen in JGL, Collections Framework und in der STL sind bis auf wenige Ausnahmen nicht Teil der Containerklassen. Sie werden stattdessen als getrennte Klassen implementiert. Wie im Kapitel 9.1.3 Aufbau des Frameworks mit Hilfe der Methode `remove()` verdeutlicht wurde, sind Iteratoren in der STL das Bindeglied zwischen Algorithmen und den Containerklassen. JGL-Algorithmen dagegen können nicht nur wie in STL mit den Iteratoren eines Container-Typs arbeiten, sondern auch mit den Containern selbst. Im Collections Framework benötigen die Algorithmen ausschließlich Containerklassen.

Eine weitere Gemeinsamkeit aller Algorithmen der STL ist die fehlende Fehlerprüfung:

> Die STL-Algorithmen erwarten konsistente Eingabeparameter. Wenn z.B. die Iteratoren ungültig sind, dann tritt ein undefiniertes Verhalten auf. JGL und Collections Framework werfen dagegen Exceptions, die abgefangen werden können.

Die Algorithmen von JGL entsprechen in etwa dem Funktionsumfang der STL. Die Anzahl der Algorithmen im Collections Framework ist dagegen sehr gering. In JGL und in der STL werden die zur Verfügung gestellten Algorithmen in unterschiedlichen Kategorien zusammengefasst. In beiden Bibliotheken gibt es Algorithmen für das Sortieren, Modifizieren, Löschen, Suchen, Vertauschen und Verarbeiten nummerischer Werte der Elemente eines Containers. In der STL sind die Algorithmen nicht gruppiert, d.h. alle Algorithmen sind als getrennte Klassen implementiert. Die Gruppierung in der STL wurde zu Dokumentationszwecken eingeführt. In JGL sind die Algorithmen in Klassen gruppiert und im Collections Framework als Methoden der Klasse *Collections* bzw. *Arrays* implementiert worden. Für die Verwendung eines Algorithmus muss dieser nicht instanziiert werden, stattdessen wird wie bei der STL eine Klassenmethode aufgerufen.

Eine detaillierte Beschreibung der Algorithmen in JGL und Collections Framework wird in den Kapiteln 4 Die Algorithmen des Collections Frameworks und JGL im Überblick und 6 Algorithmen für Containerklassen gegeben.

9.3.2 Funktionale Objekte

Sowohl STL als auch JGL bieten die so genannten funktionalen Objekte oder Funktionsobjekte (siehe Kapitel 4.1 *Funktionale Objekte*). In der STL lassen sich anstelle von Funktionsobjekten auch C-Funktionen verwenden. Diese Eigenschaft ergibt sich aus der Art, wie die Funktionsobjekte in C++ umgesetzt worden. Die Implementierung eines funktionalen Objekts erwartet das Überladen des `operator()`.

9.3 Algorithmen

Unter JGL gibt es hierfür die binären und unären Prädikate bzw. Funktionen, die sich dadurch unterscheiden, dass der Rückgabewert vom Typ *boolean* oder allgemein ein *Object* ist. Diese Unterscheidung ist in der STL nicht nötig, da durch die Template sowohl primitive Datentypen wie auch Objekte zurückgegeben werden können. Ein funktionales Objekt bzw. ein Prädikat hat in JGL die Methode execute() (siehe Kapitel 4.1 *Funktionale Objekte*).

Im Collections Framework wird durch das Interface *Comparator* ein binäres Prädikat nachgebildet, das einen Comparator darstellt (siehe Kapitel 4.1.2 Comparatoren im Collections Framework). Funktionale Objekte im eigentlichen Sinne gibt es hier nicht.

Während in der STL für die Implementierung eines Funktionsobjekts immer von der Klasse binary_function abgeleitet wird (siehe Listing 9.10), muss in JGL von dem Interface *BinaryPredicate* oder *BinaryFunction* abgeleitet werden. In JGL wie auch in der STL existiert die Klasse *unary function*, die anstatt zweier Objekte nur ein Objekt zurückliefert (siehe Kapitel 4.1.3 *Prädikate in JGL*). Die entsprechenden Interfaces in JGL lauten *UnaryPredicate* bzw. *UnaryFunction*.

Die von uns in den vorherigen Kapiteln verglichenen assoziativen Container werden nach einem bestimmten Sortierkriterium angeordnet, das sich aber ändern lässt:

> Sowohl bei JGL als auch bei der STL wird das Sortierkriterium durch selbst definierte Funktionsobjekte geändert. Im Collections Framework wird das Sortierkriterium mit Hilfe des Interfaces *Comparator* geändert.

In Listing 9.9 wird ein Funktionsobjekt für die STL definiert. Das Objekt containerSet bekommt als zweiten Parameter das von uns definierte Funktionsobjekt biggerthan() übergeben. Dieses Objekt soll die Elemente des Containers in einer absteigenden Reihenfolge sortieren.

```
// Selbst definiertes Funktionsobjekt:
template <class T>
class biggerthan : binary_function<T, T, bool> {
  public:
    bool operator()(T _X, T _Y) const {
      return (X > Y);    // Benutze den operator>.
    }
};
void main() {

    // Ein Container der Klasse set mit Funktionsobjekt biggerthan
    // wird erzeugt:
    set<person1, biggerthan<Person> > containerSet;
    ...
}
```

Listing 9.9: Erzeugung eines set-Objekts in der STL mit einem selbst definierten Funktionsobjekt

Das von uns definierte Funktionsobjekt erwartet von den Elementen, die in dem Container gespeichert werden, dass sie den `operator>` überladen. Ist dies nicht der Fall, wird bereits beim Kompilieren eine Fehlermeldung erzeugt. Listing 9.10 zeigt ein entsprechendes Prädikat unter JGL.

```
public final class GreaterThan implements BinaryPredicate {
  public boolean execute(Object o1, Object o2) {
    Person p1 = (Person) o1;
    Person p2 = (Person) o2;
    return (p1.compareTo(p2) > 0);
  }
}
...
OrderedSet containerSet = new OrderedSet(new GreaterThan());
```

Listing 9.10: Erzeugung eines OrderedSet-Objekts in JGL mit einem selbst definierten Funktionsobjekt

Es wird zum einen angenommen, dass ein Objekt vom Typ *Person* übergeben wird, und zum anderen, dass die Klasse *Person* das *Comparable*-Interface implementiert. Dadurch lassen sich zwei Objekte vom Typ *Person* vergleichen, in dem die `compareTo()`-Methode aufgerufen wird.

A Anhang: Die UML-Notation

A.1 Grundzüge der Unified Modelling Language

Die heutige Standardnotation für die objektorientierte Modellierung ist die *Unified Modelling Language* (UML). Die UML ist eine Notationssprache, die aus den Erfahrungen von Grady Booch, Ivar Jacobson und James Rumbaugh (bekannt als die *Drei Amigos*) im Modellieren objektorientierter Sachverhalte entstanden ist [Fowler & Scott 1997, Booch et al. 1999].

Die UML besteht aus neun unterschiedlichen Modellierungssichten (*Views*), die wiederum in vier Gruppen gegliedert werden. Die Einteilung der Views hat zum Ziel, die Vorgehensweise in der Softwareentwicklung zu modellieren. Dadurch bekommt der Softwareentwickler eine umfangreiche Unterstützung bei der Entwicklung seines Systems.

A.2 Use Case View

Als Erstes soll der Entwickler herausfinden, was der Benutzer will. Hier finden wir die erste Gruppe, die als *Use Case View* bekannt ist. Der Schwerpunkt dieser View besteht darin, zu modellieren, wie der Benutzer das zu entwickelnde System verwendet. Ziel ist es, die Funktionalität eines Systems zu identifizieren. Die Gruppe enthält ein einziges Modell, dessen Name *Use Case Model* ist. Dieses Modell enthält als Element ein Diagramm, welches sich aus folgenden Teilen bilden lässt:

▶ *Actor* repräsentiert die beteiligten Personen, Systeme und Subsysteme, die das zu modellierende System benutzen oder mit ihm in Verbindung stehen. Die Actors werden normalerweise als visueller Stereotyp dargestellt.

▶ *Use Cases* sind die von den Actors ausgelösten Ereignisse. Diese Ereignisse sind die von dem System zu erfüllenden Aufgaben und nicht der Prozess selbst. Es wird beschrieben, welche Aktivitäten das System realisieren wird. Dabei sollen nur die Aktivitäten erscheinen, die für die Actors relevant sind. Die Use Cases werden im Diagramm als Ellipsen dargestellt.

Associations sind die Kommunikationsbeziehungen zwischen den Elementen des Systems. Die Beziehungen können zwischen den Actors und den Use Cases oder auch zwischen den Use Cases stattfinden. Eine Association wird als Pfeil dargestellt. Wenn entweder eine Delegation oder eine Generalisierung zwischen den Use Cases stattfindet, wird explizit die Art der Beziehung innerhalb von doppelten Winkelklammern eingeschlossen (z. B. <<Extends>>).

A.3 Logical View

Als Nächstes möchte der Entwickler seine Notizen und Ideen modellieren, was das System wie leistet. Dazu wurde die zweite Gruppe der UML konzipiert, die als *Logical View* bezeichnet wird. Diese Gruppe deckt alle Aspekte der Softwarespezifikation ab. Sie besteht insgesamt aus sechs Diagrammen, die die Modellierung von Klassen, Objekten, ihre statischen und ihre dynamischen Beziehungen sowie ihre Zustände beschreiben.

Das Klassendiagramm (engl. *Class Diagram*) ist die Hauptkomponente der Logical View. Es erlaubt nur eine statische Sicht auf die Elemente eines Systems: Die Struktur der Elemente wird gezeigt, aber das Verhalten und die Zustände der einzelnen Komponenten werden damit nicht modelliert. Um dies zu ermöglichen, bietet die Logical View der UML fünf weitere Diagramme. Wir verwenden innerhalb des Buchs jedoch nur das Klassendiagramm, Sequenzdiagramm und das Objektdiagramm sowie eine erweiterte Notation für die Kontextnotation.

A.3.1 Klassendiagramm

Mit Hilfe des Klassendiagramms kann man Klassen, Attribute der Klassen, Methoden und Beziehungen zwischen den Klassen darstellen. Das Klassendiagramm spielt eine besondere Rolle in der Logical View, weil es festlegt, wie die einzelnen Elemente des zu modellierenden Systems aussehen. Die anderen Diagramme basieren auf dieser Grundstruktur.

Kern des Klassendiagramms sind die Klassen. Sie werden durch Rechtecke dargestellt. Insgesamt kann das Rechteck (Klasse) maximal drei Rubriken beinhalten, die mit horizontalen Linien getrennt werden (siehe Abbildung 10.1). In der ersten Rubrik wird der Name der Klasse eingetragen, und es können bestimmte Eigenschaften der Klasse aufgeführt werden. Ist die Klasse ein Interface; so wird dies durch <<*Interface*>> vor dem Klassennamen deutlich gemacht. Optional ist der Eintrag von Attributen (zweite Rubrik) und/oder Methoden (dritte Rubrik). Die Attribute und Methoden werden mit ihren Zugriffsrechten, Namen, Datentypen und Initialwerten, falls vorhanden, in die Klasse eingetragen. Es gibt drei von der UML unterstützte Zugriffsrechte: *public* wird durch ein Plus-, *private* durch ein Minus- und *protected* durch ein »#«-Zeichen repräsentiert. In einer Klasse wird das Attribut unterstrichen gezeichnet, wenn es ein Klassenattribut (*static* Attribut) ist. Klassenmethoden werden ebenfalls unterstrichen. Außerdem ist es möglich, sowohl für jedes Attribut als auch für jede Methode eine Beschränkung zu definieren, welche innerhalb von geschweiften Klammern steht. Es ist nicht notwendig und auch nicht erwünscht, die Darstellung aller Attribute und Methoden einer Klasse in der UML-Notation einzutragen. Die Darstellung von unnötig vielen Details sollte vermieden werden, weil sonst das Abstraktionskonzept verletzt würde. In Abbildung A.1 wird, als Beispiel für die Darstellung einer Klasse in der UML, die Klasse *Person* unserer Miniwelt gezeigt. Dabei sind die Attribute *forename*, *lastname* und *birthDate* als *private* und die Konstruktoren und die Methoden als *public* deklariert. Die Attribute *forename* und *lastname* besitzen jeweils einen Initialwert und eine Vorbedingung.

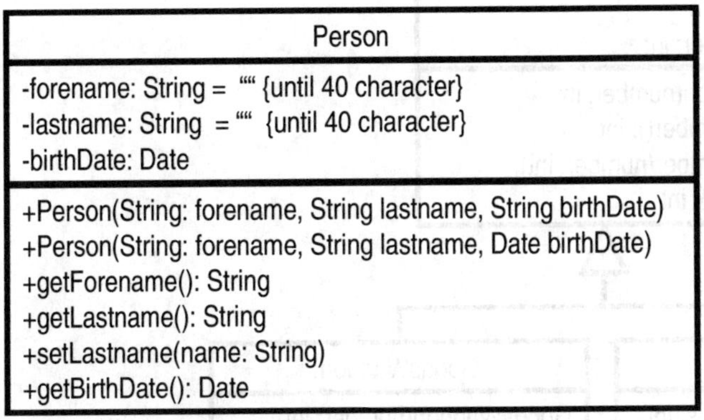

Person
-forename: String = "" {until 40 character} -lastname: String = "" {until 40 character} -birthDate: Date
+Person(String: forename, String lastname, String birthDate) +Person(String: forename, String lastname, Date birthDate) +getForename(): String +getLastname(): String +setLastname(name: String) +getBirthDate(): Date

Abbildung A.1: Das Klassendiagramm der Klasse Person

> Da die von uns dargestellten Methoden alle öffentlich sind, wurden das +-Zeichen der Übersichtlichkeit halber weggelassen. Methodennamen sind – wenn nicht anders gekennzeichnet – als *public* (+) zu verstehen.

An diese Darstellung wollen wir uns auch im Folgenden halten.

Es ist sehr unwahrscheinlich, dass in einem System nur eine Klasse vorkommt. Deshalb werden auch die Darstellung mehrerer Klassen und ihre statischen Beziehungen innerhalb des Klassendiagramms unterstützt. Für die Vererbung stellt die UML ein Element zur Verfügung, mit dessen Hilfe eine Vererbungshierarchie aufgebaut werden kann. In dem UML Klassendiagramm wird bewusst kein Unterschied zwischen Generalisierung und Spezialisierung durchgeführt. Die *Drei Amigos* sind der Meinung, dass die Anwendung der Vererbung als Generalisierung sehr viele Vorteile mit sich bringt. Im Gegensatz dazu wird das Substitutionsprinzip von der Spezialisierung nicht unterstützt (das Substitutionsprinzip besagt, dass jede Subklasse über ihre Oberklasse angesprochen werden soll).

Das Vererbungssymbol der UML ist ein gerichteter, nicht ausgemalter Pfeil, welcher von der abgeleiteten Klasse ausgeht und auf die Basisklasse zeigt (Achtung!). Sowohl die Modellierung von einfacher als auch mehrfacher Vererbung wird von der UML unterstützt. Abgeleitete Attribute können durch einen Schrägstrich gekennzeichnet werden, um zu verdeutlichen, dass diese Attribute in den Subklassen verwendet werden. In Abbildung A.2 wird die Vererbungshierarchie der abstrakten Klasse *Waggon* unserer Miniwelt gezeigt.

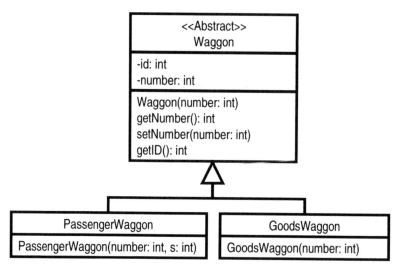

Abbildung A.2: Vererbungshierarchie der Klasse Waggon

Wenn eine Klasse Informationen von anderen Klassen benötigt, ist außer der Vererbung die Assoziation eine wichtige Abhängigkeitsbeziehung. Die Assoziation wird durch eine nicht gerichtete Kante zwischen den Teilnehmerklassen realisiert. Die Assoziation wird verwendet, um die Beziehungen zwischen den Instanzen von Klassen darzustellen. Die Art und Anzahl der Instanzen der Klassen werden mit Hilfe dieses Beziehungstyps unter die Lupe genommen. Die Anzahl der Instanzen wird durch kleine Zahlen oder Sternchen am Ende der Assoziationslinie dargestellt. Diese Anzahl der Instanzen einer Klasse, welche in Beziehung zu einer Instanz einer anderen Klasse stehen, wird als Kardinalität bezeichnet. Man kann auch ein Intervall definieren, in dem sich die Anzahl von Objekten befinden kann. Dabei wird die Unter- und Obergrenze angegeben, wie es Abbildung A.3 zeigt.

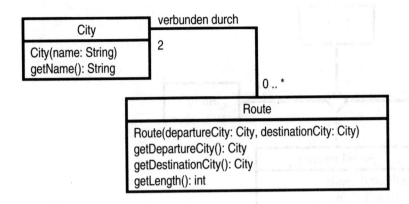

Abbildung A.3: Einfache Assoziation der UML- Notation zwischen der Klasse City und Route

Wie Sie sehen, ist eine Assoziation nicht nur durch ihre Kardinalität auf beiden Seiten gekennzeichnet, sondern auch mit einem Namen, welcher die Bedeutung der Beziehung erläutert.

Die Assoziation kann auch mit einer Klasse (Assoziationsklasse) beschrieben werden. Diese Klasse erlaubt es, Attribute und Methoden in die Assoziation einzufügen. Dies wird mit einer gestrichelten Linie an die Assoziationsbeziehung dargestellt. Die Assoziation kann auch zwischen mehr als zwei Klassen modelliert werden. Abbildung A.4 zeigt eine mögliche Darstellung der Beziehung zwischen der Klasse *Train*, der Klasse *Route* und der Klasse *Time*. Diese Beziehung wird mit Hilfe der Assoziationsklasse *RouteTimeTrain* vervollständigt, welche eine Beschreibung der Assoziation anbietet. Wir können daraus lesen, dass die Assoziation mit dem Ziel erzeugt wurde, einen Zeitplan aller Züge und Strecken zu erstellen. Diese Klasse definiert außerdem drei zusätzliche Methoden, mit deren Hilfe wir entweder ein Objekt der Klasse *Date*, *Route* oder *Train* zurückbekommen.

Die Aggregation ist ein spezieller Fall der Assoziation. Dabei bindet eine Klasse (das Aggregat) ein oder mehrere Objekte einer anderen Klasse. Die Aggregation wird durch eine nicht gefüllte Raute an der Seite des Aggregats gekennzeichnet. Die Klasse *Train* besteht aus einem oder mehreren Waggons. Die Waggons können unabhängig und getrennt von der Klasse *Train* existieren. Im Gegensatz dazu können bei einer Komposition die assoziierten Teile nicht weiter allein existieren, wenn das Ganze (das Aggregat) nicht existiert. Die Komposition wird in der UML-Notation auch durch eine ausgefüllte Raute auf der Seite des Aggregats gekennzeichnet. In Abbildung A.5 wird eine Aggregationsbeziehung präsentiert. Ein *Train* kann aus einem oder mehreren Waggons bestehen.

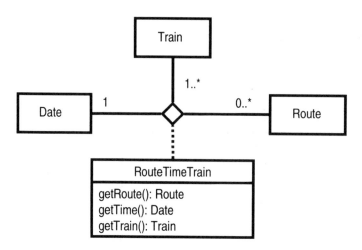

Abbildung A.4: Eine dreifache Assoziation mit einer Assoziationsklasse als Hilfsmittel

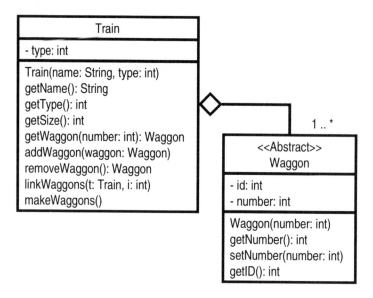

Abbildung A.5: Eine Aggregationsbeziehung zwischen den Klassen Train und Waggon

Mit dem Ziel, die Kompositionsbeziehung intuitiver zu gestalten bietet die UML eine andere Variante als eine ausgefüllte Raute, um die Komposition darzustellen. Die so genannte *Kontextnotation* erlaubt die Darstellung einer oder mehrerer Klassen innerhalb einer Klasse. Als Erweiterung der UML verwenden wir die Kontextnotation, nicht nur um Kompositionsbeziehungen, sondern auch um Aggregationsbeziehungen darzustellen. Ein Beispiel dafür wird in Abbildung A.6 gezeigt

A.3 Logical View

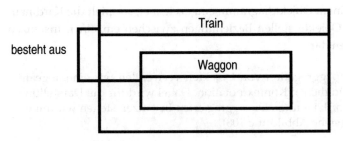

Abbildung A.6: Kontextnotation der Aggregationsbeziehung

A.3.2 Objektdiagramm

Das Objektdiagramm (engl. *Object Diagram*) ist konzipiert worden, um die erzeugten Klassendiagramme zu analysieren und zu testen. Dieses Ziel wird durch die Erzeugung und Dokumentation von Testbeispielen erreicht. Sie werden durch die Modellierung von Objekten im Sinne der objektorientierten Programmierung realisiert.

Die Klassendiagramme stellen eine Obermenge der Objektdiagramme dar. Objektdiagramme bestehen im Gegensatz zu den Klassendiagrammen maximal aus zwei Rubriken. Sie werden wie bei den Klassendiagrammen mit einer horizontalen Linien getrennt. In der oberen Rubrik wird der unterstrichene Name des Objekts eingetragen, gefolgt von einem Doppelpunkt und dem unterstrichenen Namen der Klasse. Die zweite, optionale Rubrik enthält eine Liste von Attributen der Klasse. Im Gegensatz zu den Klassendiagrammen besitzen die Objektdiagramme keine Rubrik für Methoden, weil die Methoden für alle Objekte dieselben wären. Die Attribute werden mit ihren Werten in das Objekt eingetragen. In Abbildung A.7 wird als Beispiel für die Darstellung eines Objekts in der UML das Objekt *beethoven* der Klasse *Train* gezeigt. Dabei besitzt es die Attribute *size* und *trainType*.

```
| beethoven:Train |
|-----------------|
| trainType = ICE
  name = beethoven
  size = 4        |
```

Abbildung A.7: Object Diagram der Klasse Train

Sind mehrere Objekte in einem Objektdiagramm eingezeichnet, so spielt die Kardinalität keine Rolle, denn die Objekte stellen Beziehungen zwischen einzelnen Instanzen und nicht zwischen Klassen dar.

> Für die Darstellung der Aggregation von Objekten verwenden wir eine abgeänderte Version der ursprünglichen Kontextnotation. Dabei wird für die Darstellung der Objekte nur eine Rubrik benutzt. Die aggregierten Instanzen stellen wir mit einer anderen Farben dar (siehe Abbildung 108).

Hier gibt es in der Instanz *beethoven* mehrere *Waggons*.

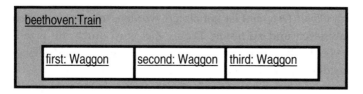

Abbildung A.8: *Kontextnotation des Objektdiagramms der Klasse Train*

A.3.3 Sequenzdiagramm

Im Sequenzdiagramm (engl. *Sequence Diagram*) wird die Interaktion zwischen den Objekten unter Berücksichtigung einer zeitlichen Reihenfolge erstellt. Die Objekte werden ebenfalls als Rechtecke gezeichnet. Innerhalb des Rechtecks steht der unterstrichene Name der Klasse gefolgt von einem Doppelpunkt und dem Namen des Objekts. Durch einen vertikalen Balken wird die Zeitachse von jedem Objekt gezeichnet. Der Aufruf einer Methode eines Objekts wird mit einem horizontalen Pfeil dargestellt. Die Spitze des Pfeiles zeigt auf das Objekt, dem die aufzurufende Methode gehört. Der Name der Methode, ihre Parameter und gegebenenfalls Vorbedingungen werden verwendet, um einen Nachrichtenaustausch zu kennzeichnen, d.h. jeder Methodenaufruf wird mit seinen Parametern und Vorbedingungen beschriftet. Abbildung A.9 zeigt ein Beispiel eines Sequenzdiagramms. Ein gerichteter Pfeil auf das Rechteck repräsentiert den Aufruf des Konstruktors einer Klasse, d.h. die Instanziierung eines Objekts. Ein »X« am Ende des Balkens signalisiert die Zerstörung des Objekts. In dem Beispiel wird ein Objekt der Klasse *AnyView* erzeugt. Das Objekt v_2 schickt eine Nachricht an das Objekt v_1. Danach ruft v_1 die Methode contentsChanged() des Objekts v_2. Nach dem Aufruf der Methode getData() von dem Objekt v_2 wird das Objekt v_2 zerstört.

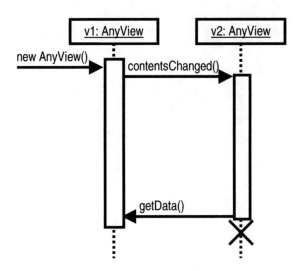

Abbildung A.9: Das Sequence Diagram der Objekte v_1 und v_2

A.4 Die Component View und die Deployment View

Die letzten zwei der von UML definierten vier Gruppen sind die *Component View* und die *Deployment View*. Sie werden nur vollständigkeitshalber in diesem Abschnitt beschrieben.

Die Component View erlaubt die Definition unterschiedlicher Subsysteme. Diese können als eine Sammlung von Klassen erfasst werden, die eine oder mehrere Komponenten definieren. Java bietet mit den Packages ein ähnliches Konzept. Dieses Konzept kann verwendet werden, um wieder verwendbare und erweiterbare Komponenten zu erzeugen, deren interne Details für die Anwender uninteressant sind und damit verborgen bleiben sollen. Die Komponenten sollten allein durch die Kenntnis ihrer Schnittstellen verwendet werden können.

Die Deployment View bietet die Möglichkeit, Hardware-Komponenten, Software-Module (wie z.B. Software-Bibliotheken) und deren Beziehungen untereinander darzustellen. Über die Funktionalität der Software wird in dieser Gruppe keine Aussage gemacht. Die Notation dieser View ist ähnlich wie die Notation des Klassendiagramms.

Weitere Details dieser zwei Gruppen und eine Vertiefung der hier vorgestellten Konzepte der UML sind in der einschlägigen Literatur zu finden [Oestereich 1998, Fowler & Scott 1997, Booch et al. 1999, Grand 1998].

B Literaturverzeichnis

Bücher

D. Flanagan (1999). Java in a Nutshell – A Desktop Quick Reference for Java Programmers. Covers Java 2. O' Reilly.

G. Booch, J. Rumbaugh, I. Jacobsen (1999). Das UML-Benutzerhandbuch. Addison-Wesley.

U. Breymann (1998). Komponenten entwerfen mit der C++ STL. Addison-Wesley. München.

M. Campione, K. Walrath, A. Huml (1999). The Java Tutorial Continued. The Rest of the JDK. Addison-Wesley.

Th. H. Cormen, Ch. E. Leiserson, R. L. Rivest (1990). Introduction to Algorithms (MIT Electrical Engineering and Computer Sciences Series). MIT Press.

M. Fowler, K. Scott (1997). UML Distilled, Applying the standard Object Modeling Language. The Addison-Wesley Object Technology Series. G. Booch, I. Jacobson und J. Rumbaugh (Hrsg.). Massachusetts.[1]

E. Gamma, R. Helm, R. Johnson und J. Vlissides (1994). Design Patterns – Elements of Reusable Object-Oriented Software. Addison-Wesley. Reading, Massachusetts.[1]

M. T. Goodrich und R. Tamassia (1998). Data Structures and Algorithms in Java. John Wiley & Sons. New York.

K. E. Gorlen (1987). An Object-Oriented Class Library for C++-Programs. Software-Practice and Experience (SPE). 17(12):899-922.

K. E. Gorlen (1990). Data Abstraction and Object-Oriented Programming in C++. John Wiley (vergriffen).

M. Grand (1998). Patterns in Java, Volume 1. A Catalog of Reusable Design Patterns Illustrated with UML. John Wiley & Sons, New York.

R. H. Güting (1992). Datenstrukturen und Algorithmen. Teubner. Stuttgart.

---

1. auch in deutscher Übersetzung erhältlich

N. Josuttis (1996). Die C++-Standardbibliothek. Addison-Wesley, Bonn.

D. E. Knuth (1973). The Art of Computer Programming, Vol. 3: Sorting and Searching. Addison-Wesley, Reading, Massachusetts.

S. Oaks, H. Wong (1997). Java Threads. O' Reilly.

B. Oestereich (1998). Objektorientierte Softwareentwicklung – Analyse und Design mit der Unified Modeling Language. Oldenbourg. München, Wien.

R. Orfali, D. Harley (1998). Client/Server Programming with Java and CORBA. John Wiley & Sons.

R. Sedgewick (1998). Algorithmen in C++. Addison-Wesley.

G. Wilhelms, M. Knopp (1999). Java professionell. MITP-Verlag. Bonn.

A. Willms (2000). C++ STL – Verstehen, anwenden, erweitern. Galileo Press.

N. Wirth (1996). Algorithmen und Datenstrukturen mit Modula-2. Teubner. Stuttgart.

Zeitschriftenartikel, Internetartikel

G. M. Adelson-Velskii und Y. M. Landis (1962). An Algorithm for the Organization of Information. Soviet. Math. Dokl. 3:1259-1263.

S. Dvorak, B. Durian (1988). Unstable Linear Time O(1) Space Merging. The Computer Journal 31:279-283.

C. A. R. Hoare (1962). Quicksort. The Computer Journal 5:10-15.

B. C. Huang, M. A. Langston (1988). Practical In-Place Merging. Communications of the ACM 31:348-352.

L. Röwekamp (2000). Gesammelte Werke – Das Java Collections Framework – mehr als ein Container für Elemente. Java Magazin, April 2000, 21-29.

D. M. Sosnoski (2000). Java performance programming, Part 3: Managing Collections. Java World, Feb. 2000.

L. Vanhelsuwé (1999). The battle of the container frameworks: which should you use? Java World, Jan. 1999.

L. Vanhelsuwé (1998). Speed up batch file processing using generic programming and core reflection. Java World, Nov. 1998.

Internetquellen

Collections Trail. Teil des Java Tutorials, das unter *http://www.javasoft.com/docs/books/tutorial/collections/index.html* zu finden ist.

Java Docs. Alle Online-Dokumente von Sun. *http://www.javasoft.com/docs/index.html*

Java 2 API. Für das JDK 1.3. *http://www.javasoft.com/products/jdk/1.3/docs/api/index.html*

JDSL Webadresse. Die Bibliothek, die Gegenstand des Buchs von M. T. Goodrich und R. Tamassia ist, kann unter WWW-Adresse *http://www.cs.brown.edu/cgc/jdsl* heruntergeladen werden.

JGL API V. 3.1. Enthalten im Package für JGL Version 3.1 unter *http://www.objectspace.com/products/prodJGL.aps*

JGL User Guide V. 3.1. Enthalten im Package für JGL Version 3.1 unter *http://www.objectspace.com/products/prodJGL.aps*

JGL Webadresse. The Generic Collection Library for Java. *http://www.objectspace.com/products/prodJGL.aps*

Voyager Webadresse. Object Request Broker der Firma Objectspace. *http://www.objectspace.com/products/prodVoyager.asp*

LEDA Webadresse. Die Bibliothek LEDA ist unter der WWW-Adresse *http://www.mpi-sb.mpg.de/LEDA* zu finden.

Index

!

2-3-4 Baum, Definition eines 87

A

AbstractCollection 351
  Die Klasse 188
AbstractList, Die Klasse 188
AbstractMap, Die Klasse 191
AbstractSequentialList, Die Klasse 188
Abstrakter Datentyp *siehe* ADT
Adapterklasse *siehe* Wrapperklasse
ADT 57
  für ein Dictionary 78
  für eine Map 78
  für eine Menge 77
  für eine Priority Queue 94
  für eine Queue 93
  für eine Sequenz 65
  für einen Stack 98
Algorithmus
  Übersicht für das Collections Framework 231
  Übersicht für JGL 233
  Unterschiede der Konzepte 458
  verschiedene Rückgabewerte (JGL) 242
  verschiedene Varianten (JGL) 240
Array 482
  Die allgemeine Containerklasse 253
  Die Klasse 257
Array-Implementierungen 254
ArrayIndexOutOfBoundsException 429
ArrayIterator, Die Klasse 259
ArrayList 482
  Die Klasse 255
ArrayStoreException 119
Austauschen von Objekten mit berechneten Elementen 402
AVL-Baum 86

B

Beispiel aus der Praxis 13
  Lösung mit Collections Framework 22
  Lösung mit JGL 27
Bereichssicht
  im Interface SortedMap 154
  in einer List 138
  in einer SortedSet 128
  in JGL 185
  Unterschiede der Konzepte 456
BidirectionalIterator 183
Binäre Suche 387
BinaryFunction 228, 366
BinaryPredicate 218
  als equals()-Ersatz 224
  Eigenschaften eines 220
Binder 227
Block-Array 74
Bubblesort
  Laufzeitanalyse von 60
  mit Comparable-Objekten 55
  Zweites einführendes Beispiel 5
bubbleSort()
  für Number-Objekte 52
  Laufzeitanalyse von 60
  mit Comparable-Objekten 55
  Zweites einführendes Beispiel 5
Bucket 80

C

City 132, 305, 334, 336, 415
  Die Klasse 11
ClassCastException 117, 119, 127, 141, 212, 268

clone() 41
  deep copy 45
  shallow copy 45
CloneNotSupportedException 46
Collection 114, 245
Collections 231, 371, 406
  und Read-Only-Container 340
Collections Framework 1
  Implementierungshierarchie 188
  Übersicht 109
Collection-Sichten 144
Comparable 54
  bei TreeMap 332
  bei TreeSet 311
  compareTo() 54
  Geforderte Eigenschaften von 55
  im Interface SortedMap 154
  im Interface SortedSet 125
ComparableComparator 370, 376
Comparator 210
  bei OrderdMap 335
  bei OrderedSet 313
  bei TreeMap 332
  bei TreeSet 311
  BinaryPredicate 218
  geforderte Eigenschaften von 211
  im Collections Framework 210
  im Interface SortedMap 154
  im Interface SortedSet 127
  Verschiedene Definitionen für 56
compare() 210
compareTo() 54
Composer 227
ConcurrentModificationException 140, 173, 324
Container 57
  abgeleitet von Map (JGL) 194
  Das Interface 157, 250
  mit Container-Interface (JGL) 192
  mit Sequence-Interface (JGL) 194
  mit Set-Interface (JGL) 193
  nur lesend 338
  Read-Only 338
  Synchronisieren eines 431
Containerklasse 3
  alle ... der Standardbibliotheken 245
  des Collections Framework 187
  Eigene ... im Collections Framework 348
  Serialisieren einer 423

und ihre Iteratoren in JGL 195
und Nebenläufigkeit 426
von JGL 192
CORBA 112

D

dead lock 436
deep copy 45
Deque 72, 483
  als Array aus Arrays 73
  als verkettete Liste 73
  Block-Array 74
  Die Klasse 269
  mittels LinkedList 277
DequeIterator, Die Klasse 272
Dictionary 76
  basierend auf Hashing 79
  basierend auf Suchbäumen 82
  die abstrakte Klasse 163
Divide-and-Conquer 104
DList 483
  Die Klasse 279
DListIterator 284
Double-Ended Queue siehe Deque
Duplikat
  im Interface Set 121
  in der Klasse HashMap (JGL) 325
  in der Klasse OrderedSet 313

E

Elementare Instruktion 59
Empty 341
EmptyStackException 287
EncapsulatedInputIterator, Die Klasse 347
Entfernen von Elementen, scheinbares (JGL) 237, 408
Enumeration 179
  und das Collections Framework 343
equals() 35
  Geforderte Eigenschaften von 39
Erweiterungen
  ComparableComparator 370
  der Algorithmen 409
  von Klassen des Collections Frameworks 348
Exception 103
  ArrayStoreException 119

bei dem Funktor AbsNumber 229
bei JGL-Iteratoren 197
beim EncapsulatedIterator 345
beim Filtern eines nativen Arrays (JGL) 397
ClassCastException 117, 119, 127, 141, 212, 268
CloneNotSupportedException 46
ConcurrentModificationException 140, 173, 324
EmptyStackException 287
IllegalArgumentException 117, 119, 143, 160, 165
IllegalStateException 173, 177
IndexOutOfBoundsException 133, 168
InvalidOperationException 202, 268, 292
NoSuchElementException 131, 172
und die STL 473
UnsupportedOperationException 114, 116f., 119, 136, 143, 173, 339
execute() 218, 228, 365
ExtendedMap 206
ExtendedSet 201
Extremwert 390
   Ermitteln von 233
   Ermitteln von (JGL) 236

F

FIFO 93, 355
FilterIterator, Die Klasse 420
Filtern
   von Elementen (JGL) 236, 395
   von Elementen als Iteratorsicht 347, 381, 416
ForwardIterator 182, 195
Fragenkatalog 464
Funktionales Objekt 209
   Vordefiniertes (JGL) 365
Funktor 228, 398
   binärer 230
   unärer 228

G

Generische Programmierung 209
GoodsWaggon, Die Klasse 11

H

hashCode() 39, 80
   Geforderte Eigenschaften von 41
Hashing 79
   geschlossenes 81
   Modulo-Hashfunktion 80
   offenes 81
HashMap 485
   Die Klasse 303, 317
HashMap (JGL) 163
   Die Klasse 325
HashMap-Implementierungen 316
HashMapIterator 327
HashSet 485
   Die Klasse 303, 317
HashSet (JGL) 161
   Die Klasse 306
HashSet-Implementierungen 301
HashSetIterator 308
Hashtable, Die Klasse 322
Heap 95

I

IllegalArgumentException 117, 119, 143, 160, 165
IllegalStateException 173, 177
import-Anweisung, Packages der Standardbibliotheken 7
IndexOutOfBoundsException 133, 168
Inkonsistenz, durch Nebenläufigkeit 426
InputIterator 181
   für Read-Only-Sichten 344
InsertIterator 186
Interface
   BidirectionalIterator 183
   Collection 114, 245
   Comparable 54
   Container 157, 250
   Das Schlüsselwort 46
   ForwardIterator 182
   InputIterator 181
   List 131, 247
   ListIterator 174
   Map 141, 249
   Map.Entry 146
   OutputIterator 181
   PriorityQueue 355

RandomAccessIterator 184
Selector 411
Sequence 168, 251
Set 121, 246
Set (JGL) 161, 252
SortedMap 153, 250
SortedSet 125, 247
  Tabellarische Übersicht 245
  vom Collections Framework 112
  von JGL 155
Interface-Hierarchien 49
InvalidOperationException 202, 268, 292, 296, 298
Iterator 99
  der PriorityQueue (JGL) 299
  eines Stacks (JGL) 293
  Hierarchie in JGL 197
  im Collections Framework 171
  im Interface Container 157
  in JGL 179
  Ungültigkeit eines 103
  Unterschiede der Konzepte 455
  Verwendung eines 99
  von Maps (JGL) 166
Iteratorbereich, und Algorithmen 241
Iteratorsicht, zum Filtern von Elementen 416

J

JGL
  Implementierungshierarchie 192
  Spezielle Designaspekte 197
  Übersicht 110
  Übersicht der Packages 111
JList 14

K

Key 76
Klassendiagramm 500

L

Laufzeitfehler, und Nebenläufigkeit 429
Lexikografischer Vergleich 394
LIFO 98
Lineare Liste 66
LinkedList 483
  Die Klasse 275, 294, 491

List 131, 247
List-Implementierungen, in den Standardbibliotheken 274
ListIterator 174
ListModel 15
Loadfaktor 82, 303, 317, 325
Logical View 500

M

Map 141, 249
  basierend auf Hashing 315
  basierend auf Suchbäumen 330
  die abstrakte Klasse (JGL) 163
  Spezielle Designaspekte (JGL) 205
Map.Entry 146
Map-Implementierungen, basierend auf Suchbäumen 331
Menge 76
  basierend auf Hashing 79, 242, 300, 316f.
  basierend auf Suchbäumen 82, 309, 332
Mengenoperationen für Sequenzen 400
Mergesort 104
Miniwelt, Beschreibung der 8
Miniworld, Die Klasse 13
Mischen von Containern 385
Modulo-Hashfunktion 80
MultiMap, im Collections Framework 151
MyCollection 48
MyFiltering, Die Klasse 417
MyList, Die Klasse 48
MyPriorityQueue, Die Klasse 356

N

Natives Array 66
  und das Collections Framework 265
  und JGL 267
  Wrapperklasse in JGL 194
Nebenläufigkeit 425
  ArrayIndexOutOfBoundsException 429
  dadurch bedingte Nebeneffekte 426
  Performance bei synchronisierten Klassen 452
  und Transaktionen 433
NoSuchElementException 131, 172
Number, Die Klasse 52

Index

O

Object 32
  clone() 41
  equals() 35
  hashCode() 39
  Methoden der Klasse 32
  toString() 32
Object Oriented Program Support *siehe* OOPS
Objektdiagramm 505
Objektserialisierung 423
O-Notation 62
  Typische Algorithmen 64
OOPS 468
OrderedMap 163, 485
  Die Klasse 335
OrderedMapIterator 338
OrderedSet 161, 485
  Die Klasse 313
OutputIterator 181

P

Pair 337
  Die Klasse 165
Parallele Programme *siehe* Nebenläufigkeit
PassengerWaggon, Die Klasse 11
Performance 437
  Aufbau der Tests 437
  Bestimmen des kleinsten Elements 450
  Durchlaufen aller Elemente 447
  Einfügen von Elementen 440
  Enthaltensein von Elementen 445
  Löschen von Elementen 443
  Sortieren von Elementen 449
  Synchronisierte Klassen 452
  Verschiedene Operationen 440
Permutieren 381
Person 36, 40, 43
  Anordnen von Elementen vom Typ 214
  Beispiel für Hashing 80
  Die Klasse 10
Prädikat
  binäres 218f.
  unäres 218, 224
  unäres ... im Collections Framework 410, 459
  Verknüpfen von 227
  vordefiniertes (JGL) 226, 367

Prioritätenwarteschlange 352
Priority Queue 94, 294
  mittels eines Heaps 95
PriorityQueue 492
  Das Interface 355
  Die Klasse 297
  im Collections Framework 352
  InvalidOperationException 298
Protecting, Die Klasse 346

Q

Queue 93, 294, 492
  Die Klasse 295
  InvalidOperationException 296
  mittels LinkedList 276
Quicksort 106

R

RandomAccessIterator 184
Read-Only-Container 338, 344
Read-Only-Sichten in JGL 344, 421, 455
Red-Black-Tree *siehe* Rot-Schwarz-Baum
Reihenfolge von Elementen, in JGL 241
Remote Method Invocation *siehe* RMI
ResizableSequence 199
RMI 423
Rotieren 383
Rot-Schwarz-Baum
  Definition eines 86
  für Mengen und Dictionaries 82
  mittels 2-3-4-Baum 91
Route 377, 391, 396, 399, 415
  Die Klasse 11
RouteTimeTrain 23, 223, 305, 334, 336
  Die Klasse 11

S

Schlüssel 76
Selector 411
Selectors, Die Klasse 412
Sequence 168, 251
  Spezielle Designaspekte 198
Sequenz, Definition einer 65
Sequenzdiagramm 506
Set 76, 121, 246
Set (JGL) 161, 252
  Spezielle Desingaspekte 201

Set-Implementierungen 310
shallow copy 45
Singleton 341
SList, Die Klasse 279, 308, 484
SListIterator 284
SortedMap 153, 250, 355
SortedSet 125, 247
Sortieralgorithmus 64, 104
Sortieren
    Ändern der logischen Reihenfolge (JGL) 377
    Comparable 372
    Comparator 372
    Exception durch falschen Container (JGL) 234
    Mergesort 104
    Quicksort 106
    Standardcomparator (JGL) 376
    von Elementen (JGL) 233, 235, 375
    von Elementen im Collections Framework 232, 371, 449
Splicen von Listen 280
Stack 98, 285, 492
    Die Klasse 287
    Die Klasse (JGL) 290
    InvalidOperationException 292
    mittels LinkedList 278
Stack-Implementierungen 286
Standard Template Library *siehe* STL
Standardbibliothek, Unterschiede der Konzepte 454
Stapel *siehe* Stack
STL 2
Suchbaum 82
Suchen
    binäres 387
    von Elementen 387
    von unterschiedlichen Elementen 392
synchronized 430

T

Teile-und-Herrsche-Prinzip *siehe* Divide-and-Conquer
Template 50, 467
Thread 425
Threadsicherheit 431
    Unterschiede der Konzepte 458
Train 43, 288, 292, 305, 321, 388, 404, 468
    Die Klasse 10
    Splicen von Waggons 280
TrainsListModel, Listing des 21

Transaktion, und Nebenläufigkeit 433
TreeMap 485
    Die Klasse 332
TreeSet 485
    Die Klasse 311
    Einführendes Beispiel 2

U

Umdrehen der Reihenfolge 384
UML 499
    Klassendiagramm 500
    Logical View 500
    Objektdiagramm 505
    Sequenzdiagramm 506
UnaryFunction 228, 366
UnaryPredicate 218
    als equals()-Ersatz 224
UnsupportedOperationException 114, 116f., 119, 136, 143, 173, 339
Use Case View 499

V

Value 76
Vector
    Die Klasse 262
    Vergleich mit List 264
Vergleich der Frameworks 437
Vergleich der Konzepte 454
Verkettete Liste 68
    doppelt 71
    einfach 68
    in den Standardbibliotheken 272
    Splicen von 280
ViewIterator, Die Klasse 418
Voyager 112

W

Waggon, Die Klasse 11
Warteschlange *siehe* Queue
WeakHashMap, Die Klasse 327
Wert 76
Wrapperklasse 7
    in JGL 194, 267
    Read-Only 340
    und die STL 474

Z

Zählen von Elementen 235, 397

THE SIGN OF EXCELLENCE

Entwurfsmuster

Elemente wiederverwendbarer
objektorientierter Software

Erich Gamma
Richard Helm
Ralph Johnson
John Vlissides

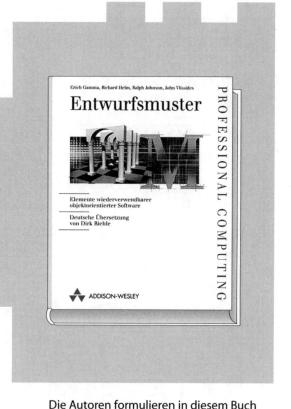

Die Autoren formulieren in diesem Buch 23 Entwurfsmuster, benennen und beschreiben sie und erläutern ihre Verwendung. Diese Entwurfsmuster bieten dem Programmierer einfache und prägnante Lösungen für sich häufig stellende Programmieraufgaben. Sie erlauben die Wiederverwendung bewährter Lösungsstrategien und ermöglichen die Verständigung über die eigene Arbeit.
Übersetzung aus dem Amerikanischen von Dirk Riehle.
Das Buch wurde mit dem „Software Productivity Award" ausgezeichnet.
**448 S., 1. Auflage 1996, geb., Großformat
DEM 79,90, ATS 583,00, CHF 73,00
ISBN 3-89319-950-0**

THE SIGN OF EXCELLENCE

Java Server und Servlets

Portierbare Web-Applikation effizient entwickeln

Peter Roßbach
Hendrik Schreiber

Servlets sind im Gegensatz zu Applets Java-Programme, die auf der Serverseite und nicht auf dem Client laufen. Sie sind die Grundbausteine javabasierter Webanwendungen (v.a. Online-Shops und Informationssystemen). Das Buch erklärt detailliert die Grundlagen der Server- und Servlet-Programmierung in Java. Darauf aufbauend entwickeln die Autoren das Webapp-Framework – ein Fundament zum Bau von webbasierten Java-Applikationsservern. Das Framework enthält ein Server-Toolkit, den servletfähigen Webserver jo!, die Erweiterung des Servlet-API durch Servlet Method Invocation (SMI) sowie eine Komponente zur objektorientierten Abbildung relationaler Datenbanken. Zur dynamischen HTML-Generierung kommen JavaServer-Pages zum Einsatz. Alle Bestandteile des Frameworks werden anhand von Beispielen ausführlich erklärt und besprochen.
Der wertvolle Sourcecode des Buches ist von der Website zum Buch (*http://www.webapp.de*) abrufbar.
Professionelle Programmierung
416 S., 1. Auflage 1999, geb.
DEM 79,90, ATS 583,00, CHF 73,00
ISBN 3-8273-1408-9

THE SIGN OF EXCELLENCE

Die Java™ 1.2 Fibel

Programmierung von Threads und Applets. Mit Beispielen zu Swing, Java2D, Security, Beans, RMI, IDL, SQL, Servlets, Sockets

Ralf Kühnel

Die 3., aktualisierte und erweiterte Auflage führt in bewährter Form in die Programmiersprache Java auf dem aktuellen Stand des JDK 1.2 ein.
Die neuen Bibliotheken (v.a. zur Entwicklung grafischer Oberflächen, zur Security und zur Verteilung) werden strukturiert beschrieben und anhand von Beispielen anschaulich erläutert. Die CD-ROM enthält die Beispiele des Buches sowie das gesamte Buch im HTML-Format.
**448 S., 3., aktual. und erw. Aufl. 1999, geb.,
1 CD-ROM
DEM 49,90, ATS 364,00, CHF 45,00
ISBN 3-8273-1410-0**

THE SIGN OF EXCELLENCE

Oracle8i und Java

Oracle JDeveloper 2.0
als Entwicklungswerkzeug

Steven Ponndorf
Wolf-Gert Matthäus

Topaktuell zur neuesten Oracle-Version führt dieses Buch in die Programmentwicklung mit dem Oracle JDeveloper 2.0 sowie die Datenbankarbeit mit Oracle 8i auf der Basis von Java/JDBC ein. Sie werden mit der Entwicklungsumgebung Oracle JDeveloper, grundlegenden Java-Sprachelementen sowie dem objektorientierten Programmieren mit Java vertraut gemacht. Außerdem lernen Sie, die Fähigkeiten von Oracle 8i in Stand-alone- sowie in Client-Server-Architekturen voll auszuschöpfen. Weitere Themen sind Java in der Datenbank und die neuen Internet Features des ORACLE 8i Servers.

**300 S., 1. Auflage 1999, geb., 1 CD-ROM
DEM 89,90, ATS 656,00, CHF 78,00
ISBN 3-8273-1485-2**

T H E   S I G N   O F   E X C E L L E N C E

Java-Programmierung mit IBM Visual Age

Florian Hawlitzek

In vier Teilen führt Sie dieses Buch kompetent und umfassend in die Software-Entwicklung mit IBM VisualAge for Java ein. Im ersten Teil erhalten Sie einen Überblick über die Konzepte der Programmiersprache Java und die Bestandteile der verschiedenen Versionen von VisualAge for Java. Daran anschließend wird die Entwicklungsumgebung von VisualAge mit ihren Browsern und Werkzeugen vorgestellt und schrittweise die Entwicklung einer einfachen Anwendung demonstriert. Der dritte Teil richtet sich an Java-Neulinge: Er gibt – speziell auf VisualAge zugeschnitten – eine Einführung in die Sprache. Im letzten Abschnitt wird VisualAge for Java für Fortgeschrittene behandelt. Schwerpunkte bilden dabei die grafische Programmierung mit dem Visual Composition Editor und die vielfältigen Enterprise Features.

480 Seiten, 1. Aufl. 1999, 1 CD-ROM
DEM 79,90, ATS 583,00, CHF 73,00
ISBN 3-8273-1526-3